AS INSTITUIÇÕES PARTICULARES
DE SOLIDARIEDADE SOCIAL

LICÍNIO LOPES
Assistente da Faculdade de Direito de Coimbra

AS INSTITUIÇÕES PARTICULARES DE SOLIDARIEDADE SOCIAL

AS INSTITUIÇÕES PARTICULARES
DE SOLIDARIEDADE SOCIAL

AUTOR
LICÍNIO LOPES

EDITOR
EDIÇÕES ALMEDINA. SA
Av. Fernão Magalhães, n.º 584, 5.º Andar
3000-174 Coimbra
Tel.: 239 851 904
Fax: 239 851 901
www.almedina.net
editora@almedina.net

PRÉ-IMPRESSÃO | IMPRESSÃO | ACABAMENTO
G.C. GRÁFICA DE COIMBRA, LDA.
Palheira – Assafarge
3001-453 Coimbra
producao@graficadecoimbra.pt

Junho, 2009

DEPÓSITO LEGAL
295691/09

Os dados e as opiniões inseridos na presente publicação
são da exclusiva responsabilidade do(s) seu(s) autor(es).

Toda a reprodução desta obra, por fotocópia ou outro qualquer
processo, sem prévia autorização escrita do Editor, é ilícita
e passível de procedimento judicial contra o infractor.

Biblioteca Nacional de Portugal – Catalogação na Publicação

LOPES, Licínio

As instituições particulares de solidariedade
social. – (Teses de mestrado)
ISBN 978-972-40-3915-2

CDU   364

À minha Mãe, a quem tudo devo
Ao meu Pai, pela sua infinita coragem de viver
Aos meus Irmãos

"A Cultura jurídica permanece, mesmo depois de esquecermos tudo"

José Joaquim Gomes Canotilho, frase proferida em aula do Curso Jurídico de 1986/1987-1991/1992

NOTA PRÉVIA

O trabalho que agora se publica corresponde, salvo algumas alterações legislativas entretanto verificadas, à dissertação de mestrado em Ciências Jurídico-Políticas apresentada em Outubro de 2000 e defendida em 31 de Maio de 2001, na Faculdade de Direito de Coimbra, perante um júri constituído pelos Professores Doutores Vieira de Andrade, Vital Moreira e Paulo Otero.

A investigação académica é resultado de um esforço individual, mas não solitário. Por isso, é altura oportuna para, publicamente, agradecer o contributo de todos os que tornaram possível a elaboração deste trabalho.

Em primeiro lugar, deixo aqui um penhorado reconhecimento aos membros do júri que apreciou e avaliou a dissertação.

Ao Senhor Professor Doutor Vieira de Andrade, a quem devo o gosto e a compreensão do Direito Administrativo, agradecemos o facto de ter aceite a responsabilidade da orientação da tese e por ter presidido ao júri, mas sobretudo a sua sempre sábia disponibilidade para o esclarecimento de todas as questões, dúvidas e interrogações, assim como o estímulo, o apoio e a confiança que dele sempre recebi. Sem isso não teria sido possível chegar até aqui.

Ao Senhor Professor Doutor Vital Moreira, para além de me ter encorajado e aconselhado vivamente para a investigação neste tema, fico a dever, pelas suas aulas de mestrado, um contributo decisivo para a compreensão de alguns dos problemas actuais do Direito Administrativo.

Ao Senhor Professor Doutor Paulo Otero, para além do facto de ter integrado o júri, quero, em especial, agradecer as valiosíssimas críticas e observações que o trabalho lhe mereceu. Ao Senhor Professro Doutor Paulo Otero o meu muito obrigado.

Ao Senhor Professor Doutor Barbosa de Melo agradeço o facto de, no ano de elaboração da dissertação, ter aceite, na qualidade de seu assistente e em pleno decurso do ano lectivo, a minha dispensa da colaboração em actividades académicas, e bem assim o estímulo que me deu.

Ao Senhor Professor Doutor Alves Correia, de quem fui aluno de mestrado, e a quem devo o incentivo para a publicação do meu primeiro trabalho académico, agradeço também o estímulo que me deu para avançar com esta investigação.

Aos Senhores Professores Doutores Coutinho de Abreu e Casalta Nabais agradeço o facto de me terem disponibilizado trabalhos ainda não publicados, e que tão preciosos se viriam a revelar para a minha investigação.

Ao Professor Doutor Pedro Gonçalves agradeço afectuosamente a sua sempre pronta disponibilidade para, não obstante a distância científica que nos separa, discutir e dialogar sobre o tema da investigação. Já mais esquecerei o ânimo e a confiança que me transmitiu e, acima de tudo, a amizade sempre manifestada.

Aos Senhores Professores Doutores António Santos Justo, Rui de Figueiredo Marques e António Vieira Cura e à Dr.ª Sandra Passinhas agradeço o apoio prestado no âmbito da disciplina de Direito Romano e História do Direito Português, em particular na fase final de elaboração do trabalho. Uma palavra também de agradecimento para a Dr.ª Lídia Gomes, pela sua sempre pronta disponibilidade. O mesmo reconhecimento é devido à Dr.ª Fernanda Maçãs e à Dr.ª Catarina Castro, na Cadeira de Direito Administrativo. À Dr.ª Catarina Castro e à Dr.ª Sandra Passinhas devo ainda a leitura crítica do trabalho, e ao Professor Doutor Miguel Mesquita o esclarecimento de questões processuais.

Ao Tribunal de Contas, à então Direcção-Geral da Acção Social, aos Serviços de Apoio Jurídico às IPSS e à União das Instituições Particulares de Solidariedade Social agradeço o acesso a informação sobre as IPSS, assim como a pronta disponibilidade para o fornecimento e envio da mesma.

A todos os funcionários da Biblioteca e da Sala de Revistas da Faculdade, o meu agradecimento pela sempre pronta e eficiente colaboração na procura e localização das obras pretendidas. E mesmo reconhecimento é devido à Biblioteca da Faculdade de Economia da Universidade de Coimbra e à Biblioteca da Procuradoria-Geral da República, a quem agradeço, através da pessoa da então sua Directora, Dr.ª Natália Nunes Rocha, toda a colaboração que me foi dispensada.

À minha família, aos amigos e colegas a minha gratidão pelo apoio e estímulo sempre recebido.

Por último, não posso deixar de fazer aqui um especial e reconhecido agradecimento aos Senhores Professores Doutores António Pinto Monteiro e João Calvão da Silva, pelo muito que lhes devo. Agradecimento que é extensivo ao meu amigo Professor Doutor Filipe de Albuquerque Matos.

Por último, o meu pedido de desculpas à Livraria Almedina pelo intolerável atraso na publicação do trabalho, o qual se fica a dever a outros afazeres não académicos.

Naturalmente que as deficiências ou defeitos deste trabalho, e que serão muitos (a investigação académica é sempre um objectivo inacabado), são exclusivamente imputáveis ao seu autor. Os seus méritos e deméritos são agora lançados ao juízo público.

PRINCIPAIS ABREVIATURAS

AAFDL	–	Associação Académica da Faculdade de Direito de Lisboa
AD	–	Acórdãos Doutrinais do Supremo Tribunal Administrativo
AJDA	–	Actualité Juridique – Droit Administratif
BAS	–	Boletim da Assistência Social
BDA	–	Boletim de Direito Administrativo (Brasil)
BFD	–	Boletim da Faculdade de Direito da Universidade de Coimbra
BGB	–	Burgerliches Gesetzbuch
BMJ	–	Boletim do Ministério da Justiça
CA	–	Código Administrativo
CEC	–	Centro de Estudios Constitucionales
CEFA	–	Centro de Estudos e Formação Autárquica
CPA	–	Código de Procedimento Administrativo
CPC	–	Código de Processo Civil
CRP	–	Constituição da República Portuguesa
CTF	–	Ciência e Técnica Fiscal
DA	–	Documentação Administrativa
DDC	–	Documentação e Direito Comparado
DJ	–	Direito e Justiça
DL	–	Decreto-Lei
DR	–	Diário da República
ED	–	Enciclopedia del Diritto
EDP	–	Estudos de Direito Público
ESC	–	Estudos Sociais e Corporativos
ETAF	–	Estatuto dos Tribunais Administrativos e Fiscais
IPSS	–	Instituições Particulares de Solidariedade Social
IT	–	Intervenção Social
LPTA	–	Lei de Processo dos Tribunais Administrativos e Fiscais
GG	–	Grundgesetz
OD	–	O Direito
PGR	–	Procuradoria-Geral da República
QGC	–	Quaderni de Giurisprudenza Commerciale
RAP	–	Revista da Administración Pública

RDA	–	Revista de Direito Administrativo
RD	–	Recueil Dalloz
RDC	–	Rivista di Diritto Commerciale
RDES	–	Revista de Direito e Estudos Sociais
RDP	–	Revista de Direito Público
RDPSP	–	Revue du Droit Public et de la Science Politique
REC	–	Revue des Études Cooperatives
REDA	–	Revista Espanhola de Derecho Administrativo
RFAP	–	Revue Française d'Administration Publique
RFDA	–	Revue Française de Droit Administratif
RFDUL	–	Revista da Faculdade de Direito da Universidade de Lisboa
RISA	–	Revue Internationale des Sciences Administratives
RLJ	–	Revista de Legislação e Jurisprudência
RMP	–	Revista do Ministério Público
RTC	–	Revista do Tribunal de Contas
RTDP	–	Rivista Trimestrale di Diritto Pubblico
RTDPC	–	Rivista Trimestrale di Diritto e Procedura Civile
RT	–	Revista dos Tribunais
STA	–	Supremo Tribunal Administrativo
STJ	–	Supremo Tribunal de Justiça

INTRODUÇÃO

1. Objecto da dissertação e razões de escolha do tema

A escolha do tema que tem por título As Instituições Particulares de Solidariedade Social (doravante IPSS) pretende contribuir para o esclarecimento de três pontos fundamentais, a saber:

– Em primeiro lugar, é nosso propósito situar estas instituições no quadro da ordem jurídica, e designadamente no âmbito de um particular ramo desta ordem – o Direito Administrativo;
– Em segundo lugar, procuraremos situar estas entidades no quadro mais global das organizações sem fins lucrativos, pondo em relevo a sua importância para a realização de interesses do Estado-colectividade;
– Em terceiro lugar, e na sequência dos pontos anteriores, tentaremos elaborar os grandes princípios que devem presidir ao ordenamento jurídico das IPSS, tendo em conta o objecto da sua actividade ou os interesses que prosseguem, e retiraremos daqui as consequências possíveis ou admissíveis em termos do regime jurídico a que devem estar sujeitas, sob o ponto de vista organizatório, substantivo e processual.

O nosso propósito é, pois, contribuir sobretudo para a clarificação das relações entre estas instituições e a Administração, sem esquecer também a relação com os directos beneficiários da sua actividade. E porque a grande fatia das instituições se encontra constituída na ordem jurídica canónica, não deixaremos, ao longo do nosso percurso, de fornecer também um contributo para o esclarecimento de alguns pontos susceptíveis de conflito entre os poderes do Estado e aquela ordem jurídica.

2. O problema e o método da sua abordagem

Quanto ao método, desde já confessamos as dificuldades com que nos debatemos na análise do problema identificado.

Somos forçados a reconhecer que, dada a complexidade, não só jurídica, mas também sociológica, económica e financeira, que perpassa toda a questão das IPSS, nem sempre será fácil manter uma coerente unidade metodológica do trabalho.

Aliás, a unidade será aqui substituída pela diversidade, sem que contudo deixemos fugir a linha metodológica que nos há-de orientar – a procura ou a determinação de um lugar no universo jurídico de uma realidade sociológica que, na generalidade dos países europeus, tem profundas raízes históricas.

E quando dizemos "no universo jurídico" estamos a referir-nos ao seu relevo no domínio do Direito Administrativo. O que não significa a redução dos diversos aspectos jurídicos e não jurídicos que aquela realidade convoca, e que vão desde a ordem jurídica civil ao Direito Constitucional, passando pelo Direito Financeiro, a Ciência da Administração, a Sociologia da Administração e as Ciências Sociais.

Mas sem prejuízo da mundividência jurídica e extra-jurídica das IPSS, será nossa preocupação nuclear descobrir a sua importância para o Direito Administrativo, fazendo referência, quando necessário, à importância dos outros ramos do direito.

Assim, e sem excluir a relevância de outros aspectos que também mereceriam ser tratados, iremos, em função dos pontos que nos propomos analisar, sistematizar o trabalho em duas partes.

Na I Parte, e de forma a permitir uma compreensão global do tema, tentaremos fornecer uma breve referência sobre os precedentes históricos destas instituições, realçando os aspectos da sua relação com os poderes públicos.

Na II Parte, abordaremos o estatuto das IPSS após a Constituição de 1976.

Nesta Parte tentaremos compreender o seu estatuto jurídico, a sua posição no quadro dos sectores (sector público, sector privado ou terceiro sector), e a sua relação com a organização administrativa da segurança social.

Neste âmbito, analisaremos o problema de saber se estas instituições desenvolvem apenas funções que interessam à Administração ou se, para além disso, não assumem também o desempenho de tarefas públicas.

Em caso afirmativo, tentaremos extrair daqui algumas consequências, designadamente, quanto aos seguintes aspectos: a relação das IPSS com o (sub)sistema de acção social, o modo por que se processa e disciplina esta relação, o regime jurídico que a mesma pode implicar, sob o ponto de vista substantivo e processual, para os actos praticados pelas IPSS.

Por último, faremos ainda referência ao problema da eventual concorrência ou conflito de competências – civil e eclesiástica – que poderá ocorrer numa determinada categoria de instituições, quer ao nível do direito substantivo, quer processual.

PARTE I

Origens, fundação, natureza, evolução histórica das instituições e sua relação com os poderes públicos

CAPÍTULO I

Origens e fundação das instituições em Portugal

1. Fundação das instituições

A História da Assistência revela-nos que a actividade de assistência social hoje desenvolvida pelas instituições particulares de solidariedade social e instituições similares sem fins lucrativos (isto é, entidades criadas ou fundadas por iniciativa de particulares) tem um passado longínquo[1].

De facto, desde a maior antiguidade pré-cristã que na Índia, Pérsia, China, Egipto, Gália, Germânia, Grécia, Roma, etc., é possível descortinar a existência de instituições de assistência que, muito embora com nomes diversos – de que são exemplo os eranistas

---

[1]Tomamos aqui o termo "assistência social" no seu sentido mais amplo, como abrangendo toda aquela actividade organizada, pública ou particular, dirigida à satisfação de necessidades materiais ou morais da população, especialmente da mais carecida ou socialmente desprotegida. Para o estudo do aparecimento e evolução histórica da assistência e das diferentes modalidades que assumiu ao longo dos tempos, vide FERNANDO DA SILVA CORREIA, *Origens e Formação das Misericórdias Portuguesas,* Henrique Torres-Editor, 1944, págs. 7 e segs., onde distingue seis períodos da História da Assistência: o primeiro período corresponderia à época anterior ao Cristianismo; o segundo, situava-se entre a expansão das doutrinas cristãs até ao estabelecimento do feudalismo; o terceiro iria até à época do Renascimento; o quarto prolongar-se-ia até à revolução Francesa; o quinto terminaria com os primeiros trabalhos do Serviço Social Moderno nos começos do séc. XX, e o sexto ocupar-se-ia da evolução desse Serviço Social. Sobre este tema, ver ainda do mesmo autor os *Estudos Sobre a História da Assistência,* in *BAS,* n.os n.os 10, 11 e 12, 1944. Certamente que hoje, com a formação do Estado Social no nosso século, poder-se-ia somar mais um período. Para uma visão da assistência social como elemento cultural da sociedade, A. U. FIALHO PINTO, *Assistência Social,* in *Enciclopédia Polis,* vol. I, págs. 422 e segs., onde elege como elemento essencial do conceito «assistência social» a não contrapartida por parte do beneficiário. Retomaremos adiante o conceito de assistência social.

gregos, os colégios romanos ou as guildas germânicas –, não deixavam, no entanto, de ter fundamentalmente as mesmas atribuições.

Estruturalmente, a razão de ser destas instituições residia no facto de congregarem diversas pessoas, umas reunindo membros de determinadas profissões, outras agregando indivíduos de diversos mesteres, e de combinarem finalidades de natureza profissional com as de auxílio mútuo em situações de desastre, doenças, misérias, fomes, guerras, pleitos judiciais, etc. No fundo, tratava-se de associações de pessoas reunidas em vista de um fim comum[2].

Estas instituições teriam sido, pois, as precursoras das corporações de mesteres e das confrarias medievais que se implantaram por todo o Mundo Cristão[3]. De facto, por toda a cristandade, sobretudo a partir dos séculos XII e XIII, foram surgindo inúmeras confrarias, irmandades ou confraternidades, umas com finalidade predominante de socorros mútuos, outras com a finalidade essencial de amparar ou proteger os mais necessitados, sem que os respectivos membros recebessem qualquer contrapartida ou benefício de natureza material, outras ainda a combinarem aquelas duas funções – a defesa de interesses profissionais e o auxílio, assistência ou o socorro mútuo[4]."

---

[2] Para a descrição histórica destas instituições de assistência vide FERNANDO DA SILVA CORREIA, *ob. cit.,* págs. 7 e segs.

[3] FERNANDO DA SILVA CORREIA, *ob. cit.,* pág. 197, afirma que "a origem das corporações de misteres confunde-se (...) frequentes vezes com a das confrarias, que, observadas com atenção, representam a cristianização de instituições antigas, umas abrangendo apenas membros duma profissão, outras servindo indivíduos de várias, ligados pelo fim em vista – a prática da caridade." O mesmo autor refere, na mesma página, que confrarias medievais "representam as precursoras, não só das modernas corporações profissionais, como das associações de previdência mutualista, e das de beneficência."

[4] Conforme nos dá notícia FERNANDO DA SILVA CORREIA, *ob. cit.,* pág. 197, e no seu estudo *Algumas teses sobre a história da Assistência em Portugal (Comunicação apresentada ao Congresso do Mundo Português de 1940),* in BAS, n.os 29 e 30/Julho-Agosto, 1945, págs. 159 e segs., "na Alemanha havia-as em quási todas as cidades. Havia-as na França, na Itália, em Portugal, em todos os países cristãos". Em Portugal houve confrarias de caridade desde a época da fundação da Nacionalidade, muitas delas criadas com o apoio institucional, ou pelo menos pessoal, dos reis e rainhas, e de que é exemplo, durante o reinado de D. Dinis, o grande impulso dado à criação de confrarias pela Rainha Santa Isabel, particularmente às de invocação do Espírito Santo, muito embora tivessem sido também criadas outras confrarias de vários tipos. Fenómeno semelhante terá sucedido em França, por acção de S. Luís que, ao remodelar as corporações de misteres no séc. XIII, estimulou ao mesmo tempo a criação de confrarias de caridade, destinadas a valer aos que

Por isso, nem sempre será fácil saber se uma determinada associação de pessoas assumia a natureza de corporação de mesteres ou de confraria, pois, como sublinha VITAL MOREIRA, além de associações profissionais de disciplina económica, as corporações desempenhavam funções de assistência (caixas de auxílio, hospitais, etc.) e religiosas (tinham um santo padroeiro e muitas vezes capela privativa)[5].

A função beneficente, previdente, mutualista, das corporações de mesteres, aproxima-as, assim, de outras instituições – as confrarias –, com as quais não raras vezes têm sido confundidas[6].

Contudo, segundo o critério dos fins essenciais ou que predominantemente unia os respectivos membros, será possível recortar duas realidades autónomas no quadro, disperso e nem sempre claro, do conjunto de organizações de base ou carácter popular coexistentes na época medieval[7].

Havia, assim, organizações em que o fim essencial que unia os respectivos membros residia na defesa dos interesses profissionais ou de classe, ou como hoje se diria, na defesa dos interesses corporativos (a defesa do prestígio da profissão, o ensino e aprendizagem das artes e dos ofícios, o aperfeiçoamento da técnica, a disciplina da profissão e da produção, etc.)[8], e na protecção mútua contra

---

necessitassem de qualquer auxílio. Cfr. *Grande Enciclopédia Portuguesa e Brasileira*, vol. 17, pág. 378. Das confrarias de caridade medievais europeias lembram-se, entre outras, as de invocação do Espírito Santo, N.ª S.ª de Rocamador (a quem confiada, segundo o mesmo autor, pág. 473, a administração de um grande número de hospitais, até aos fins do século XV), N.ª Sª da Piedade, Penitência, Santíssima Trindade, Ordem Terceira de S. Francisco, etc. Para FERNANDO DA SILVA CORREIA, no seu estudo *Algumas teses...*, as influências mais nítidas que se notam sobre a assistência em Portugal no início da Nacionalidade e no período que imediatamente a precedeu foram as vindas de Leão, Galiza, Borgonha e Roma.

[5] Cfr. VITAL MOREIRA, *Direito Corporativo, Tópicos das lições do ano lectivo de 1971-72 na Faculdade de Direito de Coimbra*, Unitas, Cooperativa Académica de Consumo, Coimbra-1972, pág. 95.

[6] Cfr. FERNANDO DA SILVA CORREIA, *ob. cit.*, págs. 284 e segs.

[7] É claro que, para além das organizações referidas no texto, existiam ainda as confrarias cujo fim essencial ou mesmo único residia na devoção, no culto católico. Sobre estas confrarias pode ver-se ISABEL DOS GUIMARÃES SÁ, *Confrarias e Misericórdias*, in *História dos Municípios e do Poder Local [dos finais da Idade Média à União Europeia]*, ed. Círculo de Leitores, págs. 55 e segs.

[8] É neste sentido que VITAL MOREIRA refere, ao tratar da organização corporativa medieval, *ob. cit.*, págs. 93 e segs., que as corporações assumiam a natureza de "associações profissionais de disciplina económica". Em sentido convergente, TEIXEIRA RIBEIRO, *Lições*

o risco, o infortúnio, a doença, valendo ou auxiliando, deste modo, os seus membros quando disso necessitassem[9]. Estas confrarias seriam essencialmente laicas, isto é, de instituição e administração profanas, pois eram "instituídas com licença do Rei, tinham estatutos aprovados por ele e muitas vezes se lê que o Rei acautela os seus bens para que não saiam da jurisdição civil, pondo a cláusula de que sejam administrados por leigos"[10].

Outras corporações, para além dos fins corporativos e de auxílio mútuo inerentes à organização corporativa, prosseguiam ainda fins de beneficência, de caridade ou de piedade, dando, assim, origem, a uma nova realidade no mundo jurídico – as confrarias. Estas eram, segundo FERNANDO DA SILVA CORREIA, associações essencialmente beneficentes, formadas umas vezes, é certo, dentro das corporações, mas agrupando outras vezes pessoas de profissões diversas, que "prescreviam principalmente deveres – deveres de beneficência, de caridade ou de piedade, ou apenas para com membros de determinada profissão (confrarias de mesteres) ou para acudir a quaisquer necessitados, fôssem quem fôssem"[11].

Daí que, segundo o mesmo autor, as corporações oferecessem dois aspectos: um de natureza civil, provavelmente o mais antigo; outro religioso. O primeiro correspondia à comunidade ou à corporação propriamente dita, e o segundo à confraria ou irmandade, representando, esta última vertente, o "coração da profissão"[12], dado que

---

de Direito Corporativo, 1938, págs. 14 e segs., e ROGÉRIO SOARES, *Lições de Direito Corporativo,* Coimbra-1968, págs. 9 e segs. TAMBÉM ISABEL DOS GUIMARÃES SÁ, *ob. cit.,* pág. 57, refere que se tratava de um "corpo profissional organizado dentro de uma lógica corporativa", e FRANCISCO BETHENCOURT, *História de Portugal,* sob a direcção de JOSÉ MATTOSO, vol. III, pág. 141, de um corpo com "afinidade profissional".

[9] Por esta razão, diz-nos J. QUELHAS BIGOTTE, *A Situação Jurídica das Misericórdias Portuguesas,* Tese de Doutoramento em Direito Canónico, pág. 5, que estas organizações constituíam "verdadeiras sociedades de socorros mútuos", e FERNANDO DA SILVA CORREIA, *ob. cit.,* pág. 286, que foram "precursoras das modernas associações de socorros mútuos, limitadas embora a um mester, ou grupo de mesteres".

[10] Cfr. J. QUELHAS BIGOTTE, *ob. cit.,* pág. 5.

[11] Cfr. FERNANDO DA SILVA CORREIA, *ob. cit.,* págs. 285 e segs.; Cfr. ROGÉRIO SOARES, *ob. cit.,* pág. 28, que alude ao fenómeno de manifestação de solidariedade dentro da profissão, adopta a sugestiva designação de "confrarias profissionais".

[12] A expressão é de LALLEMAND, *História de la Charité, Tomo III,* pág. 333, nota 1 e 334, nota 7, citado por FERNANDO DA SILVA CORREIA, *ob. cit.,* pág. 286. No mesmo sentido pode ver-se J. QUELHAS BIGOTTE, *ob. cit.,* págs. 5 e segs.

Origens e fundação das instituições em Portugal

a cargo da confraria ficavam os interesses beneficentes e espirituais, enquanto a primeira cuidava dos interesses profissionais e de classe[13].

A esta dúplice dimensão se refere ainda ROGÉRIO SOARES, ao dizer que o sentimento de precaridade individual "origina outro dos aspectos típicos das corporações: o seu espírito de solidariedade (...). Como confrarias religiosas que são, as corporações medievais desenvolvem uma vastíssima acção assistencial", traduzida na realização de algumas ou mais Obras de Misericórdia[14].

Neste sentido, as confrarias podem, pois, definir-se como associações de pessoas, da mesma ou diversas profissões, propondo-se realizar uma ou mais Obras de Misericórdia[15].

E, de facto, da investigação histórica resulta que as instituições de assistência, a que nos estamos a referir, nasceram em estreita ligação com a Igreja Católica, ou pelo menos inspiradas na sua doutrina, pois, na Idade Média "a doutrina da Igreja inspirava e orientava a prática da caridade e unificava, por assim dizer, a técnica da assistência"[16].

---

[13] Para MARCELLO CAETANO, *História do Direito Português- Fontes-Direito Público*, (1140-1495), 3ª ed., Editorial Verbo, págs. 502 e 503, as confrarias teriam passado da simples "solidariedade assistencial à consideração dos interesses profissionais", surgindo então as "associações profissionais" com regimentos sobre a disciplina dos seus ofícios.

[14] Cfr. ROGÉRIO SOARES, *ob. cit.* pág. 28. A este propósito lembre-se que não raro as confrarias apareciam associadas a ordens religiosas. Aliás, FERNANDO DA SILVA CORREIA, *ob. cit.*, pág. 287, diz mesmo que a Ordem Terceira mais não foi do que uma confraria.

[15] Cfr. FERNANDO DA SILVA CORREIA, *ob. cit.*, pág. 287.

[16] Neste sentido, FERNANDO DA SILVA CORREIA, *ob. cit.*, pág. 472 e também as págs.161 e segs., e especialmente as págs. 177 e segs., onde, no capítulo dedicado à assistência cristã na Idade Média, afirma que "desde o século X ao século XVI a assistência em todos os países civilizados foi orientada, essencialmente, para não dizer exclusivamente, pelo cristianismo", pois resultava da tradição e da orientação geral da Igreja – orientação a que não são alheias quer a doutrina de S. Tomás de Aquino sobre a caridade, quer a influência da doutrina e da acção desenvolvida pela Ordem de S. Francisco –, a responsabilidade dos bispos na ministração da assistência, auxiliados pelos párocos, e onde assumiram papel preponderante as Ordens Religiosas. No mesmo sentido, J. QUELHAS BIGOTTE, *ob. cit.*, pág. 2. O exercício da assistência envolvia diversas modalidades – estabelecimentos de acolhimento e de prestação de assistência aos desamparados, mendigos, órfãos, velhos, pobres; assistência médica hospitalar e domiciliária dirigida, sobretudo, aos doentes pobres; protecção da infância, em especial a criação dos órfãos e dos expostos, sendo que a prática desta assistência era realizada em locais ou estabelecimentos (hospitais, gafarias, albergues, albergarias, asilos, hospícios, etc.) muitos deles pertencentes à Igreja; o exercício colectivo da esmola independentemente da assistência prestada em estabelecimentos, a qual devia ser praticada não só pela Igreja, mas também pelos leigos em geral como um princípio de caridade cristã, que assim foi transformada numa verdadeira instituição medieval, etc.

Na verdade, o espírito que presidiu à sua criação (espírito de auxílio, fraternidade, caridade ou de piedade), o fundamento ético e cristão das Obras Misericórdias, bem como o predomínio do elemento religioso em todos os aspectos da vida medieval, não podiam deixar de exercer influência no surgimento das instituições de assistência medievais, concedendo também um marcado carácter ético-cristão aos fins por elas prosseguidos.

Por isso, alguns autores referem que estas organizações de leigos ou de "fiéis cristãos" – as confrarias – , tendo como "fim imediato o bem próximo", o "exercício da caridade para com o próximo" ou um "fim primordial de beneficência", tinham a natureza de "associações religiosas", "instituições religiosas" ou de "associações eclesiásticas", pois todas recebiam "aprovação da respectiva autoridade religiosa", e era a "legislação canónica que regulava o seu funcionamento".

Portanto, não se trataria de associações laicas ou leigas com o sentido que actualmente se lhes atribui (instituições com independência do poder eclesiástico), pois todas recebiam aprovação da respectiva autoridade religiosa[17]. As confrarias medievais seriam, assim, nesta perspectiva, associações religiosas segundo o conceito adoptado no Código de Direito Canónico de 1917, onde nos cânones 685 e 707 se definem as confrarias ou irmandades como "associações religiosas, erectas à maneira de corpo orgânico, pela autoridade eclesiástica, com o fim de exercer alguma obra de piedade, ou de caridade e de promoverem o incremento do culto católico", noção que, no essencial, se mantém no Código Canónico vigente, aprovado em 1983 (cânones 321 a 329). Contudo, os estudos da história geral demonstram que a questão ainda não é inteiramente líquida, como, aliás, se prova no ponto seguinte[18].

---

[17] Cfr. J. QUELHAS BIGOTTE, *ob. cit.,* pág. 6, baseando-se, entre outros autores, em FERNANDO DA SILVA CORREIA, *ob. cit.,* págs. 293 e 294.

[18] Embora o objecto deste trabalho não seja a discussão sobre a natureza religiosa ou laica destas associações, sempre se dirá que ainda hoje se podem levantar algumas dúvidas, pois como reconhece FERNANDO DA SILVA CORREIA, *ob. cit.* pág. 475, ainda está por escrever a história metódica e sistemática das velhas confrarias medievais portuguesas, e mais recentemente ISABEL DOS GUIMARÃES SÁ, *ob. cit.,* págs. 55 e segs., ao afirmar que muito embora as confrarias tenham origem em movimentos associativos laicos, só com o Concílio de Trento, realizado em 1564, é que, para resolver ambiguidades antigas, verdadeiramente ganha corpo a distinção entre confrarias laicas e eclesiásticas, sendo que as primeiras eram fundadas sem

2. As instituições e os poderes públicos nos primeiros séculos da nacionalidade

Para lá da natureza jurídica civil ou canónica das organizações, o que aqui importa sobretudo realçar é a sua relação com os poderes públicos[19].

Não obstante a inexistência, até ao fim da Idade Média, de um "sistema de serviços destinado a representar a satisfação de interesses gerais"[20] (não havendo, por conseguinte um sistema administrativo de assistência, ou, pelo menos, de um sistema de assistência criado por impulso do poder político, cujo estatuto geral fosse regulado e directamente tutelado por este[21]), tal não impediu que, pelo menos

---

a intervenção da autoridade eclesiástica enquanto que as segundas deviam a sua criação a um prelado, submetiam os seus estatutos a autorização do bispo e estavam sujeitas a visitações. No sentido da ideia do texto pode ver-se também a Grande Enciclopédia Portuguesa e Brasileira, onde, ao tratar o termo Confraria, se diz que "na Idade Média grande número de confrarias se instituíram sem reconhecimento da Igreja", e que só com o Concílio Tridentino (1595), a Constituição de Clemente VIII (1604) e de Paulo V (1610) foram estabelecidas regras precisas para a fundação de confrarias eclesiásticas: requeria-se o consentimento do ordinário, que examinava os seus estatutos, competindo-lhe dar ou não aprovação. Só, deste modo, uma confraria podia ser constituída e regida à luz do direito canónico. Do que parece não haver dúvidas é do facto de a algumas instituições religiosas ou ordens religiosas ter sido confiada a administração da maior parte dos hospitais do Reino, como sucedeu com a Ordem de Invocação de N.ª S.ª de Rocamador, sobre a qual FERNANDO DA SILVA CORREIA, *ob. cit.,* págs. 288 e 473, diz ter-se tratado, pelo menos entre nós, de uma verdadeira confraria.

[19] Falamos aqui em poderes públicos dado que, como é sabido, não existia nesta – Época Medieval – a ideia de Estado tal como a conhecemos hoje. Pois, como nos diz o ROGÉRIO SOARES, *ob. cit.,* pág. 32., "na Idade Média só muito vagamente se podia dizer que determinado território era um país, que determinada população constituía uma nação. Havia um grande fraccionamento, tanto do território como da soberania. Todos eram senhores e ninguém era senhor". Daí que, continua o mesmo autor, *Direito Administrativo,* Associação Académica da Universidade Lusíada, Porto-1992, págs. 17 e segs., "nenhuma figura abstracta (como Estado, Nação, Povo), nenhuma pessoa concreta (como rei, príncipe, imperador) recebem o encargo de representar, ordenar ou dirigir os interesses comuns do grupo que preenche uma certa zona territorialmente delimitada".

[20] Cfr. ROGÉRIO SOARES, *Direito Administrativo*, pág. 17.

[21] Note- se que mesmo em relação às corporações de mesteres, não obstante a sua formação ter ocorrido, entre nós, a partir do séc. XIII, mas sobretudo a partir da segunda metade do século XIV (1385), com a criação da Casa dos Vinte e Quatro em Lisboa, Santarém, Coimbra, Porto, Évora e da Casa dos Doze em Guimarães, etc., assim designadas

entre nós, o papel central da organização política da comunidade medieval portuguesa fosse claramente desempenhado pela realeza ou pelo "senhor central"[22].

E é neste processo de afirmação do poder político do "senhor central" que este, ainda durante a Época Medieval, vai legislar sobre a protecção dos fracos[23], fomentar, proteger e até criar ou participar na criação de confrarias, tivessem elas a finalidade de socorros mútuos, ou de beneficência ou assistência, ou reunissem ambas as finalidades.

Tal como sucedeu com as corporações dos mesteres, e dada a íntima relação existente entre estas e as confrarias (ao ponto de, como vimos, se confundirem), os monarcas não negligenciaram estas associações, pois também elas constituíam organismos jurídicos que uniam ou congregavam grande parte da população.

Por isso, estes agrupamentos autónomos de pessoas, reunidas em vista de um fim comum, para além da função social (e religiosa) desempenhada, não deixavam, naturalmente, de constituir também palco de disputa entre os reis e os senhores feudais, mas sobretudo entre aqueles e a Igreja Católica. À sua importância económica,

---

em virtude de os ofícios se encontrarem agrupados em 12 ou 24 grémios, cada qual com a sua bandeira e cada ofício ou grupo de ofícios com seu santo padroeiro. Só no fim do século XV, com D. João II e com D. Manuel, é que começa haver a regulamentação dos mesteres em Portugal. Até aí a base da regulamentação dos regimentos corporativos teria ficado a cargo do costume, forais, posturas municipais, ou de regimento directamente concedido pelos reis. Antes desta intervenção regulamentadora do poder real, e segundo FERNANDO DA SILVA CORREIA, *ob. cit.*, pág. 285, não havia em Portugal uma organização corporativa metódica, como a ordenada em França por S. Luís, em 1260, ao mandar redigir o Livro dos Mesteres.

[22] Expressão utilizada por ROGÉRIO SOARES, *Lições de Direito Corporativo,* pág. 9. A este propósito o autor, pág. 9, refere-se à verificação de um "fenómeno que transcende a Idade Média: a afirmação do poder central dos reis". No mesmo sentido, A. FRANCISCO DE SOUSA, *Fundamentos Históricos de Direito Administrativo*, Editores, Lisboa-1995, pág. 62. De forma mais desenvolvida, pode ver-se VITAL MOREIRA, *ob. cit.*, págs. 90 e segs., e ainda MARCELLO CAETANO, ob. cit., pág. 270, onde se refere ao processo de consolidação do Estado Português.

[23] Na verdade, segundo PAULO OTERO, *O Poder de Substituição em Direito Administrativo,* vol. I, Lex, 1995, pág. 517, na Cúria de Coimbra, de 1211, terão sido consagradas no pacote de leis gerais nacionais aí aprovado algumas "medidas régias visando aquilo que se pode chamar a pré-história da protecção social por via legal dos membros da sociedade mais desfavorecidos". Leis estas que procuravam evitar o "(...) gram dano e perjujzo dos mesquinho (...), já que ao rei competia (...) os defendermos dos poderosos".

social e religiosa, associava-se também a importância política para o monarca[24].

Fenómeno semelhante terá sucedido em outros países, designadamente em França, por acção de S. Luís que, ao remodelar as corporações de mesteres no séc. XIII (1260), a que já se fez referência em nota, estimulou ao mesmo tempo a criação de confrarias de caridade, destinadas a valer aos que necessitassem de qualquer auxílio[25].

As confrarias de beneficência eram, assim, também um centro de afirmação do poder político, a que logicamente se associava a concorrência de jurisdições e o consequente conflito entre elas – o conflito de jurisdição entre o direito do Estado e o direito da Igreja[26].

Deste modo, não é de admirar que algumas das confrarias tenham sido instituídas sob autorização régia[27], ou que os respectivos estatutos tenham sido aprovados, quer pelo poder civil, quer pelo

---

[24] Sobre a importância da formação das corporações como meio de afirmação do poder político dos monarcas pode ver-se ROGÉRIO SOARES, *Lições de Direito Corporativo*, pág. 9. De forma mais desenvolvida, pode ver-se VITAL MOREIRA, *ob. cit.*, págs. 95 e segs., onde refere a importância social, económica e política das corporações dos mesteres.

[25] Cfr. *Grande Enciclopédia Portuguesa e Brasileira*, vol. 17, pág. 378.

[26] A estes conflitos e à intervenção régia se refere também FERNANDO DA SILVA CORREIA, *ob. cit.*, págs. 291 e 294. Dos conflitos em geral, havidos entre a Igreja e a Corôa ao longo deste período, MARCELLO CAETANO, *ob. cit.*, pág. 289. Lembre-se que muitos destes conflitos, designadamente os conflitos de jurisdição, tinham a ver com o facto de o papa – chefe máximo da Cristandade – expedir continuamente determinações (por ex., bulas) para vigorarem no Reino, e que teriam dado origem ao chamado beneplácito régio. Instituto que, segundo MARCELLO CAETANO, *ob. cit.*, pág. 293, "pode ser definido como declaração do monarca pela qual ele atesta que, revista a determinação pontifícia, é legítima e autêntica e nada contém de ofensivo das normas e instituições vigentes no País, impedindo assim o conflito de leis". Naturalmente que aquele conflito, para além de ter origem, em primeiro lugar, numa questão política – a afirmação do poder político em face do poder espiritual representado pela Igreja –, não deixava também de estar ligado ao facto de nesta data ainda não existir entre nós um sistema regulamentador da hierarquia das fontes de direito, coisa que só veio a suceder com as Ordenações Afonsinas. Em todo o caso, tal não impediu que, a partir de meados do século XIII, sobretudo por influência do fenómeno do renascimento do direito romano justinianeu, o qual afirmava a autoridade imperial do príncipe, a lei fosse convertida em fonte predominante de direito, precisamente, por ser expressão da vontade daquele. E assim se inicia, conforme diz ALMEIDA COSTA, *História do Direito Português*, Almedina Coimbra, 3ª ed., 1996, págs. 256 e segs., o "caminho da centralização política e da relacionada unificação do sistema jurídico.

[27] Conforme nos dá conta GAMA BARROS, *História da Administração Pública em Portugal nos Séculos XII a XV*, Tomo II, pág. 165.

poder eclesiástico[28], ou ainda que o poder político régio vigiasse e até interferisse nestas organizações, com o fim de proteger a boa administração dos rendimentos ou a aplicação de esmolas[29].

Ora, esta interferência régia não pode encontrar cabal justificação apenas numa forma de privilégio e protecção real que estaria nos costumes do reino, como afirma QUELHAS BIGOTTE[30]. Assim como também não terão a mesma justificação as intervenções já verificadas no reinado de D. Afonso II, e que iriam ser retomadas por D. Dinis, as quais não deixaram de se repetir sucessivamente, e que, para além dos fins de desamortização em virtude da acumulação de bens, a que se associavam os abusos cometidos pelos representantes do clero na gestão das instituições que estavam sob a sua administração, tinham também por fim a devolução dessa administração aos leigos[31].

Do mesmo modo, não hão-de ser apenas os costumes do reino a explicar o facto de na Concordata de 1427 o Rei ter passado a superintender nas instituições de assistência fundadas e administradas por leigos, ficando os bispos com poderes de vigilância sobre as fundadas e administradas por clérigos[32].

A razão de ser dessa explicação é mais profunda – ela prende-se, como vimos, com o processo de afirmação e consolidação do poder político, e com a concomitante institucionalização de um sistema jurídico, criado e imposto por este poder[33].

---

[28] Cfr. J. QUELHAS BIGOTTE, *ob. cit.*, pág. 7.

[29] Cfr. J. QUELHAS BIGOTTE, *ob. cit.*, págs. 6 e 7, baseando-se em BERNARDINO DA SILVA CARNEIRO, *Elementos do Direito Eclesiástico Português*, Coimbra 1896. Por este conjunto de razões, não é de estranhar que muitas das confrarias tivessem sido criadas com o apoio institucional (e até pessoal) da realeza, especialmente dos reis e rainhas, e de que é exemplo, durante o reinado de D. Dinis, o grande impulso dado à criação de confrarias pela Rainha Santa Isabel, particularmente às de invocação do Espírito Santo, bem como a outras confrarias de vários tipos. Cfr. *Grande Enciclopédia Portuguesa e Brasileira*, vol. 17, pág. 378.

[30] Cfr. J. QUELHAS BIGOTTE, *ob. cit.*, pág. 7.

[31] Estas medidas repetir-se-iam mais tarde – cerca de dois séculos depois – , mas, como veremos, tiveram outra amplitude e profundidade.

[32] Cfr. FORTUNATO DE ALMEIDA, *História da Igreja*, Tomo II, Coimbra 1915, pág. 440, citado por J. QUELHAS BIGOTTE, *ob. cit.*, pág. 9.

[33] Sobre a afirmação da autoridade régia e da constituição do sistema jurídico a partir do reinado de D. Afonso III, vide ALMEIDA COSTA, *ob. cit.*, págs. 256 e segs., e MARCELLO CAETANO, *ob. cit.*, págs., 295 e segs.

Para além disso, não é inteiramente seguro que todas as instituições, designadamente as instituições de natureza associativa, tivessem natureza jurídico-canónica (ou apenas esta). A distinção que já então se faz entre as que são fundadas ou criadas por leigos e as que têm a sua génese na iniciativa dos prelados, fornece, para este efeito, uma indicação minimamente segura. A evolução seguinte confirmará esta conclusão. Em todo caso, dado o contexto político e ético-religioso da época, a que se associava a ausência de uma delimitação rigorosa de jurisdições, parece sustentável supor que, no processo de constituição das mesmas, houvesse, na grande maioria dos casos, a intervenção de ambas as autoridades, concedendo-lhes, assim, uma natureza jurídica mista.

2.1. *Síntese conclusiva*

Se é verdade que, durante a Idade Média, não tem sentido pensar-se num esquema de Administração Pública, e, consequentemente, num Direito Administrativo[34], que regulasse as relações entre os súbditos e o monarca, não menos verdadeiro será dizer-se que inerente à consolidação e centralização do poder político, a que assistimos a partir da segunda metade do século XIII[35], não deixaria de estar associado ou subjacente um processo de consciencialização daquilo a que, à falta de melhor expressão, designaremos por "bem comum do Reino", ainda que nesta altura se pudesse confundir com o património da coroa ou ser havido como o "bem comum da coroa".

E muito embora se possa dizer que a "história é mais produto da acção dos homens do que das respectivas intenções"[36], e que, por isso, à consolidação de um poder político central não teria correspon-

---

[34] Cfr. ROGÉRIO SOARES, *Direito Administrativo...*, pág. 18.

[35] A este propósito diz-nos MARCELLO CAETANO, *ob. cit.,* pág. 412, que a partir da crise de 1383-85 "radicava-se a vontade popular de não se submeter a um rei de outro reino, de possuir um rei próprio, «natural», de formar uma nação organizada em Estado independente. Assim, o Estado se consolidará em diálogo com a nação representada na reunião frequente das Cortes."

[36] Cfr. MANUEL ANTÓNIO COELHO DA ROCHA, *Ensaio sobre a História do Governo e da Legislação de Portugal para servir de Introdução ao Estudo do Direito Pátrio*, Coimbra, 1841, § 310.º, págs. 107-108.

dido concomitantemente a assunção esclarecida e progressiva de uma ideia de interesses gerais, de que só ao poder político (e não à Igreja ou a qualquer senhor feudal) coubesse cuidar, o certo é que nos referidos actos de interferência régia não pode, também, deixar de se descortinar, de algum modo, uma manifestação, ainda que ténue, da afirmação de poderes de regulamentação, vigilância e controlo sobre instituições que, não fazendo parte do aparelho ou da máquina que suporta o poder político de então, prosseguem determinados interesses, concretizados no exercício de actividades assistenciais ou de solidariedade assistencial (na designação que lhes é dada por MARCELLO CAETANO). Interesses estes que, um pouco mais tarde, viriam a ser claramente assumidos como interesses públicos ou colectivos, personalizados no e pelo monarca.

3. As instituições e a reforma da assistência social na Época Moderna: a secularização da assistência e a relação das instituições com os poderes públicos

A ideia nacional que começa a ganhar força no fim da Idade Média parece fornecer ao soberano a legitimidade ou o título que lhe faltava para, definitivamente, desenvolver um processo dirigido à centralização do poder.

Este processo pressupõe a ideia ou mesmo a noção de que há uma tarefa a cumprir. Não a tarefa particular da corporação ou do grupo delimitado, mas uma verdadeira "administração de interesses gerais do todo nacional", surgindo o monarca como o principal representante ou responsável pelo seu destino. Facto que, acompanhado pela criação de um corpo de funcionários, constitui o que começa (ou viria) a chamar-se Estado[37].

---

[37] Seguimos de perto ROGÉRIO SOARES, *Direito Administrativo*, pág. 19 e segs. JOSÉ ADELINO MALTEZ, *Nova História de Portugal – Do Renascimento à Crise Dinástica –*, sob a direcção de JOEL SERRÃO E A. H. DE OLIVEIRA MARQUES, e coordenação de JOÃO JOSÉ ALVES DIAS, Editorial Presença, 1998, pág. 340, refere-se a este processo do seguinte modo: "os homens de então fizeram uma história da construção do Estado sem talvez o saberem".

Origens e fundação das instituições em Portugal 31

E é neste contexto ou nesta "forma política de organização da sociedade"[38] que, sem solução de continuidade, se passa de intervenções régias, mais de carácter político e social do que jurídico, sobre as actividades assistenciais ou de solidariedade assistencial, para uma intervenção geral definidora do estatuto jurídico das instituições que tinham por objecto estas actividades[39]. Sinal inequívoco da institucionalização ou a assunção de uma ideia sobre a importância de um interesse, não restrito a um grupo ou corporação, mas de toda a comunidade.

Por isso, é ao poder político que cabe enquadrar esse interesse, regulamentando o estatuto das instituições de assistência e os poderes do Estado (e da sua máquina administrativa, que tinha vindo a montar-se) em relação às mesmas[40].

Assim sucedeu nas Ordenações Afonsinas, promulgadas por D. Afonso V em 1446.

Em relação às instituições fundadas ou criadas com o consentimento (autorização ou aprovação) dos prelados, era concedido a estes o direito de as visitar, prover e tomar contas aos respectivos administradores[41]. A resolução dos pleitos relacionados com a gestão destas instituições pertencia à jurisdição civil e não à eclesiástica.

Em relação às instituições de assistência fundadas e administradas por leigos, a jurisdição cabe em exclusivo a juízes leigos, a quem é concedido o poder (o poder-dever) de as visitar, de proverem pelo cumprimento da vontade dos instituidores, e, para além disso, "tomarão contas" aos administradores. Para os representantes da Igreja

---

[38] Expressão pertence a ROGÉRIO SOARES, *Direito Administrativo,* pág. 20.

[39] A intervenção do poder central no campo da assistência, como já se expôs no texto, não era nova, até porque, como refere ANDRÉ FERRAND DE ALMEIDA, *História de Portugal – No Alvorecer da Modernidade* – obra elaborada sob a direcção de JOSÉ MATTOSO, Editorial Estampa, pág. 169, "as preocupações com a pobreza são uma constante na actuação dos monarcas portugueses até ao século XV."

[40] Em outros reinos, terá ocorrido um fenómeno semelhante, designadamente em França, ainda durante o século XIV, mas sobretudo a partir do século XV, em que em volta do Rei passou a girar toda a reorganização das instituições de assistência.

[41] *Cfr. Ordenações e Leis do Reino de Portugal,* ed. de 1727, Titulo 62, § 39, pág. 417. De facto, aí se dispunha que em relação a todos os hospitais, capelas e albergarias que se "prove" terem sido fundados ou instituídos por autoridade e consentimento dos prelados, a eles ou aos seus representantes é concedido o direito de os visitar, prover e tomar contas aos respectivos administradores.

resta apenas o poder de zelarem pelo cumprimento da vontade dos instituidores em relação às "cousas pias", isto é, actos de culto e devoção.

Portanto, a partir de 1446, fica determinado o âmbito dos poderes da Igreja em relação às instituições de assistência fundadas por leigos – os seus poderes ficam reduzidos às matérias espirituais. Quanto ao resto, cabe aos poderes públicos prover e cuidar.

Contudo, a grande reforma, no domínio da assistência, viria a ser objectivada, em termos legislativos, no Regimento de 27 de Setembro de 1514, dado por D. Manuel [42].

Esta reforma assumiu claramente uma feição centralizadora, e em dois sentidos: por um lado, reestruturaram-se as actividades assistenciais, concentrando estas actividades em unidades que funcionariam como o epicentro da gestão das restantes; por outro, reforçou-se a acção interventora – dirigente e orientadora – do Estado, chegando este a intervir directamente na gestão ou administração das instituições[43]. A um só tempo o Estado elaborou uma política reformadora das instituições existentes: por um lado, reorganizou os serviços e actividades de assistência, e disciplinou o seu estatuto legal; por outro, fomentou ou impulsionou a constituição de novas instituições, cujo respectivo regime jurídico haveria de se enquadrar naquele estatuto geral. Neste sentido, as linhas estruturantes do regime consagrado no Regimento foram as seguintes:

– unificação, num único texto, de todas as disposições normativas existentes no país sobre a assistência, concedendo, assim, unidade ao exercício da actividade de assistência, regulamentando em pormenor o papel que ficaria a caber a cada categoria das diversas instituições assistenciais;

---

[42] Cfr. *Regimento de como os contadores das comarcas hão-de prover sobre capelas, hospitais, albergarias, confrarias, gafarias, obras, terços, e resíduos*, in *BAS*, 1945, n.ºs 23 e segs. Sobre este Regimento, e baseando-se em Fernando da Silva Correia, *ob. cit.*, págs. 456-457, diz-nos J. Quelhas Bigotte, *ob. cit.*, pág. 11: "após o ensaio do compromisso da primeira Misericórdia, em 1498, do regimento do hospital de todos os Santos, em 1505, e do Compromisso das Caldas, em 1507, este Regimento vinha coroar a obra reformadora da assistência medieval portuguesa..."

[43] Reforma que se enquadra dentro espírito centralizador e uniformizante próprio da sociedade do Antigo Regime. Cfr. *Dicionário Enciclopédico da História de Portugal*, publicações Alfa, vol. I.

Origens e fundação das instituições em Portugal 33

– definição do âmbito material de cada uma das jurisdições – da jurisdição civil e da eclesiástica – e de disposições tendentes a salvaguardar os bens das instituições;
– estabelecimento de poderes de controle e fiscalização do Estado sobre a constituição e gestão das mesmas. Nesta matéria, determinou-se, sobretudo no Título VIII, que os contadores das comarcas[44] detinham, em relação às instituições de assistência, entre outros;
– os poderes de fazer cumprir a vontade dos instituidores, incluindo as capelas fundadas por leigos, de exigir a prestação de contas, de visitarem (visitação)[45] as instituições (hospitais, albergarias, gafarias, confrarias,)[46], de inspeccionar os respectivos serviços e a gestão e fiscalizar tudo o que dissesse respeito a órfãos, de aplicar sanções aos administradores, incluindo a sua suspensão ou substituição[47].

---

[44] Os contadores das comarcas eram funcionários ou oficiais da fazenda que tinham por missão verificar as contas e inspeccionar a administração na área da sua comarca. Estes oficiais viriam também a desempenhar funções nos tribunais, tendo a seu cargo a função de efectuar a contagem das custas processuais.

[45] A visitação corresponderá, lato sensu, ao inquérito moderno (com fins de recolha de informação, análise, avaliação, mas que, tal como ali sucedia, também hoje pode servir para vários efeitos – administrativos, judiciais, etc.).

[46] As albergarias eram estabelecimentos instituídos ou fundados para albergar pobres, viajantes, caminhantes, peregrinos e até doentes, funcionando também como hospital. Muitos destes institutos foram fundados por clérigos, e por regra constituíam anexos de mosteiros ou igrejas, sendo neste caso administrados também por clérigos. Os restantes, por expressa determinação dos monarcas, deviam ser administrados por leigos e só a autoridade real poderia superintender na sua administração. Por sua vez, as gafarias eram institutos com funções hospitalares. Estes estabelecimentos destinavam-se sobretudo à recolha dos leprosos (gafos). Havia fundamentalmente três tipos de gafarias: as de instituição régia que eram administradas por delegados do rei (por ex., o hospital de S. Lázaro de Coimbra, onde a assistência aos leprosos era considerada uma espécie de serviço público); as de fundação e administração municipal, administradas pelo vereador da câmara com o pelouro da saúde; e as instituídas por particulares, algumas delas administradas por um provedor de nomeação régia. Estas fundações, com desaparecimento da lepra e em consequência da reforma da assistência do século XV-XVI, viriam a ser anexadas, sob autorização dos monarcas, pelas (novas) instituições de assistência.

[47] A reforma legislativa foi acompanhada, como se referiu, pela reorganização institucional dos estabelecimentos de assistência, que passou, sobretudo, pela fusão dos inúmeros e dispersos estabelecimentos de assistência, criando-se, assim, grandes unidades com fins de assistenciais (no domínio da assistência social e da saúde). Contudo, algumas destas

34 As Instituições de Solidariedade Social

Foi também nesta época – final do século XV e ao longo do século XVI – que surgiu um conjunto de instituições de fins assistenciais, cujas mais representativas são havidas como caracteristicamente portuguesas e a que se deu o nome de misericórdias, e que, a partir de então, passaram a ter um papel central ou polarizador da assistência social em Portugal[48].

O aparecimento, na época de Quinhentos, de novas instituições particulares de beneficência ou assistência social tem, assim, como referente histórico imediato as típicas confrarias medievais de beneficência ou caridade[49], mas o papel determinante cabe, sem dúvida, à acção impulsionadora da obra reformadora concebida pelo próprio poder político.

A confirmar esta ideia abona o facto de que as novas instituições que viessem a ser criadas no país depois de 1498, data da fundação da Misericórdia de Lisboa, só teriam autorização do Rei se os seus estatutos – designados por compromissos – fossem elaborados à semelhança dos daquela. O que significa que aqueles estatutos

---

novas unidades foram fundadas ou criadas directamente pelo poder político. Por isso, na linguagem técnica actual, estaríamos perante fundações ou institutos administrativos. Assim, por ex., com D. João II, em Lisboa, que, em 1479, reuniu o rendimento de 43 hospitais dispersos pela cidade (a maior parte pertencente a confrarias de mesteres), para fundar o Hospital de Todos os Santos. Deste hospital, inaugurado em 1501 com o nome de Hospital Real sob a invocação de Todos-os-Santos, descende o actual Hospital de S. José. D. João II concretizou, assim, o seu objectivo de criar "um amplo e solene hospital dos pobres". Esta media não deixa de significar que, já nesta época, era dever fundamental do Estado prosseguir (e concretizar) uma política assistencial. Medidas semelhantes foram tornadas extensivas à generalidade das instituições existentes. Refira-se ainda que esta reforma da assistência ocorreu na generalidade dos países da Europa, incluindo a Inglaterra, chegando mesmo ao ponto de se defender que algumas das instituições não deveriam ser independentes do Estado, como sucedeu em França e na Itália. Cfr. Fernando da Silva Correia, *ob. cit.,* pág. 470. No entanto, a reforma da assistência ocorrida em Portugal na época de Quinhentos é considerada pelos autores como a mais perfeita e avançada da Europa. Sobre os pormenores desta reforma e as causas sociais que lhe estiveram na origem, ver-se Fernando da Silva Correia, *ob. cit.,* págs. 467 e segs.

[48] A criação da primeira Misericórdia portuguesa – a Misericórdia de Lisboa – data oficialmente de 1498. Contudo, entre as confrarias de caridade, uma, pelo menos, já em 1314 era denominada da Misericórdia. Cfr. *Grande Enciclopédia Portuguesa e Brasileira*, vol. 17, pág. 378.

[49] Também designadas irmandades, em virtude de aos respectivos membros, para além de serem havidos como confrades, ser atribuído o estatuto de irmãos.

Origens e fundação das instituições em Portugal   35

foram convertidos, pelo próprio poder político, em modelo ou parâmetro jurídico da aprovação dos restantes. Doutrina que viria a ser sancionada pelas Ordenações, que compilaram os diplomas relativos à assistência entretanto promulgados, incluindo o Regimento de 1514[50].

As disposições do Regimento de 1514 foram compilados nas Ordenações – nas Ordenações Manuelinas (Livro II, Títulos XXV, especificamente sobre a fiscalização e controlo dos órgãos do poder central § 40), tendo destas passado para as Filipinas (Livro I, Título LXII, §§ 39 e segs.) Sobre os poderes do Estado, para além dos §§ 39, 40, 41, 42 e 43, podem ver-se, especialmente, os §§ 50, 51, 62, 63, 64 e 65.

E foram estas últimas que, até à época liberal, regeram os aspectos fundamentais do estatuto das instituições de assistência, bem como a sua relação com os poderes públicos[51].

3.1. *A relação das instituições com os poderes públicos. Síntese conclusiva*

Da reforma de Quinhentos podem retirar-se as seguintes conclusões, relativamente à assistência e às instituições de assistência, as quais valem para o período que vai até à época liberal, dado que, no essencial, permaneceu o regime então estabelecido.

---

[50] Assim, pode ler-se nas *Ordenações Filipinas,* ed. da Fundação Calouste Gulbenkian, com nota de apresentação de ALMEIDA COSTA, Livro I, Título LXII – Dos Provedores Contadores das Comarcas –, § 39, págs. 125 e 126, que "por quanto em algumas instituições se mandam cumprir algumas obras pias, sem se declarar quaes são, declaramos que são Missas.... E bem assi curar enfermos, camas para elles, vestir ou alimentar pobres, remir Captivos, criar enjeitados, agazalhar caminhantes pobres, e quaesquer obras de misericórdia semelhantes a estas..." Ou seja, as Obras de Misericórdia foram convertidas em modelo legal-estatutário das instituições de assistência.

[51] Embora tivessem sido objecto de algumas reformas para as adaptar às novas exigências – reformas de 1564, 1577, 1582 e, em 1618 (levadas a cabo por Filipe II). Houve, entretanto, uma tentativa de Marquês de Pombal para reformar os Compromissos da mesma instituição, tendo nomeado uma comissão para o efeito. Contudo, a reforma não chegou a concretizar-se.

Em primeiro lugar, ficou legal e definitivamente demarcado o âmbito material de jurisdições – a matéria temporal seria da exclusiva competência da autoridade política, ficando as matérias espirituais das instituições a cargo da jurisdição eclesiástica.

Em segundo lugar, a assistência passou decididamente a ser vista pelo poder político, não apenas como uma questão individual dos indigentes, mas como uma "questão social", como um bem integrante de um património comum da comunidade nacional, e que hoje se traduz por interesse público. A assistência ganha definitivamente um cunho institucional – é o que poderemos designar por evolução ou processo de secularização e de institucionalização da assistência social[52]. Daí a intervenção dos poderes públicos na construção de um sistema organizado de auxílio aos necessitados. Intervenção essa que assumiu duas vertentes: uma, directa, em que os poderes públicos criam e gerem instituições, outra, de natureza normativa e administrativa, traduzida quer na regulamentação do exercício particular da assistência, quer no exercício de poderes de vigilância e controlo.

Em terceiro lugar, o poder político, não obstante reconhecer a autonomia das instituições – referimo-nos designadamente aos organismos criados por leigos, cuja grande maioria tinha carácter associativo –, e de impulsionar a sua criação pela "sociedade civil", como hoje se diria, reservou para si o poder de autorizar a constituição e de as reconhecer à luz do direito comum. Para além disso, o mesmo poder montou uma máquina administrativa de controlo e vigilância sobre estas instituições.

Ou seja, a autoridade régia, embora não tendo procedido à integração das instituições na organização administrativa do Estado – isto é, sem publicizar, neste sentido, a assistência social –, não deixou, no entanto, e como sinal de reconhecimento da sua importância para o desenvolvimento de uma política assistencial em todo o país,

---

[52] Neste sentido, Sérvulo Correia, *Teoria da Relação Jurídica do Seguro Social – I*, in *ESC*, ano VII, n.º 27, pág. 26. Este processo, como já se referiu, ocorreria também em outros países europeus. Referindo-se especificamente ao caso francês, Michel Borgetto e Robert Lafore, *Droit de L'aide et L'action Sociales*, Domat Droit Public, Montchrestien, 1996, págs. 12-13.

de criar mecanismos de protecção e tutela de determinados interesses prosseguidos pelas instituições particulares de assistência.

Daí o conjunto de poderes que o Estado reserva para si, a generalidade deles constantes dos §§ das Ordenações a que se fez referência, e que aqui destacamos os seguintes:

- poderes de autorização (ou aprovação) da respectiva constituição em conformidade com os fins sociais (e espirituais) previamente estabelecidos[53];
- poderes de organização e disciplina normativa, exercidos através da concessão de regimentos que regulem o funcionamento das instituições;
- poderes de nomeação de membros para os órgãos de gestão;
- poderes de suspensão e de substituição dos administradores leigos por administração menos zelosa;
- poderes de orientação e mesmo de direcção (cujo exercício era muitas vezes motivado pelos conflitos internos, de natureza político-social, nomeadamente em períodos eleitorais), concretizados através da emanação, pelo Rei, de ordens e instruções directas;
- poderes de vigilância e controlo da gestão corrente, concretizados, entre outros meios, através da fiscalização, inspecção e exigência da prestação de contas[54].

---

[53] É um facto incontestado que o poder central nunca se demitiu de exercer o jus aprobationis dos estatutos, cfr. J. QUELHAS BIGOTTE, *ob. cit.,* pág. 112.

[54] Os poderes dos funcionários não se reduzem, pois, à função de carácter jurisdicional de resolução de eventuais conflitos de jurisdição entre o direito civil e o direito canónico. A sua função é mais vasta e tem sobretudo natureza administrativa e um carácter regular. O poder de visitar, de prover, de tomar contas, etc., não era, com certeza, exercido apenas em situações limite. Pois, assumido que estava pelo poder político o interesse que as instituições de assistência, embora fundadas por leigos, representavam para a comunidade, para a "coisa pública", havia que criar uma organização ou uma máquina administrativa que acompanhasse a gestão destas instituições, vigiando o cumprimento dos seus fins sociais – fins de assistência determinados pela vontade dos instituidores ou fundadores, provendo, se necessário, para que se cumpra esta vontade –, o que necessariamente envolvia o exercício de poderes de fiscalização com carácter de regularidade. E note-se que a lei não oficializa as instituições, isto é, não as integra administrativamente, como hoje poderíamos dizer, na organização pública, isto é, do Estado. Pelo contrário, reconhece que a sua criação se deve à iniciativa particular, que as mesmas devem ser administradas por leigos e que, acima de tudo, se deve respeitar e fazer cumprir a vontade dos instituidores, não só porque esta é

38   *As Instituições de Solidariedade Social*

Este último aspecto compreende-se ainda melhor se tivermos em conta os benefícios que o poder político concedia, embora discricionariamente, a estas instituições, privilégios de vária ordem (administrativa, judicial, fiscal), incluindo o reconhecimento de prerrogativas soberanas ou públicas[55], o financiamento ou subvenção pública das

---

naturalmente tida como valor fundamental, um valor em si mesmo, que ao direito cumpre reconhecer e proteger, mas também devido à utilidade social dos fins prosseguidos pela mesma ou resultantes da execução da mesma. Quer isto dizer que o poder político não deixava de reconhecer o valor da autonomia da vontade, objectivada na criação de um organismo jurídico. E reconhecer isto implicava aceitar o relevo, directo ou reflexo, dessa vontade no domínio das instituições de base popular ou de natureza associativa. É claro que ainda era cedo para se falar numa distinção legal e dogmática entre personalidade humana e personalidade colectiva (a este propósito lembrem-se as discussões doutrinais ocorridas no século XIX e ainda no nosso século, exaustivamente tratadas na obra de GUILHERME MOREIRA, *Da Personalidade Colectiva*, in *RLJ*, anos 40.º, 41.º e 42.º, 1907 – 1909, n.ºs 1732 e segs.). De qualquer forma, não pode deixar de se reconhecer que subjacente ao regime das Ordenações estava, de algum modo, o princípio do respeito pela autonomia da vontade, neste caso da vontade dos instituidores dos organismos de assistência, às quais, não raras vezes, haviam deixado o seu património para que este fosse canalizado para os fins associativos. Talvez não seja desajustado dizer que também neste domínio – domínio das instituições de base popular ou natureza associativa – se nota a influência do Direito Romano sobre as instituições do direito pátrio, designadamente no princípio do respeito pela autonomia da vontade, neste caso da vontade dos fundadores das instituições de assistência. Vontade essa que assim se projectava num organismo do mundo externo, moldando o modo e a vida da instituição. Por outro lado, a categoria de corporação e a figura de património autónomo também não era desconhecida do Direito Romano. Aliás, durante muito tempo o conceito de corporação identificou-se com o de pessoa colectiva, precisamente, por influência do Direito Romano. Sobre as pessoas colectivas no Direito Romano, corporações e fundações, ver A. SANTOS JUSTO, *Direito Privado Romano – I*, in *BFD*, *Stvdia Ivridica*, 50, Coimbra Editora, 2000, págs. 149-156, e A. MENEZES CORDEIRO, *O Levantamento da Personalidade Colectiva no Direito Civil e Comercial*, Almedina, 2000, págs. 23-29. Refira-se ainda que a assunção da personalidade colectiva no direito canónico ocorreu com muita mais facilidade do que no domínio no direito comum, que, aliás, neste particular aspecto sofreu influências daquele, como refere JOSÉ TAVARES, *Princípios Fundamentais de Direito Civil*, vol. II, Porto-Livraria Portuense, 1928, pág. 139.

[55] Conforme nos dá notícia A. MAGALHÃES BASTO, *A Santa Casa da Misericórdia do Porto*, Porto-1934, e referindo-se especificamente a estas instituições, já no ano de 1564 os privilégios eram tantos que as cópias constituíam um caderno de 36 folhas. É perfeitamente natural que a concessão de privilégios tivesse envolvido, com o tempo, a concessão de alguns poderes de autoridade, como nos parece ser o caso de as Misericórdias poderem exigir o cumprimento das suas dívidas nos termos estabelecidos para a Fazenda Pública. Cfr. COSTA GOODOLPHIM, *As Misericórdias*, Lisboa, 1897, págs. 36 e segs. e VICTOR RIBEIRO, *A Santa Casa da Misericórdia de Lisboa*, 1902, págs. 313 e segs., e FERNANDO DA SILVA CORREIA, *ob. cit.*, págs. 577 e segs.

Origens e fundação das instituições em Portugal

actividades, isenções ou benefícios fiscais, passando pela concessão de imunidades e também de privilégios aos respectivos administradores[56].

O exercício de poderes de vigilância e controlo evolui mais tarde para formas mais requintadas. Assim sucedeu já no século XVIII (1778), em que se determinou que a Santa Casa da Misericórdia de Lisboa remetesse mensalmente ao Rei um balancete com as contas do mês, o qual, a partir de 1820, passou a ser publicado no Diário do Governo. Obrigação que veio, pouco depois, a ser generalizada às restantes instituições, que deviam dar conta das receitas e despesas ao provedor ou corregedor das comarcas[57].

Dois dos pontos nucleares que viriam a marcar (e continuam a marcar) a relação jurídica-administrativa entre as instituições particulares de solidariedade social e a Administração têm uma tradição secular no nosso direito: (1) a concessão de subvenções, benefícios fiscais, regalias, privilégios e prerrogativas públicas; (2) o exercício de poderes típicos de uma relação tutelar (designadamente sob a forma de tutela integrativa, inspectiva e substitutiva) da Administração sobre as instituições de assistência, que, provavelmente, terá precedido e constituído o ensaio do exercício de poderes homólogos pelo Estado sobre os entes públicos menores.

Este quadro não é compreensível no quadro de uma relação de polícia: ele reflecte, já na época a que nos estamos a referir, um particular modo de ser político e jurídico dos poderes públicos na sua relação com determinadas instituições particulares, que só se torna verdadeiramente claro à luz de concepções caracterizadas não apenas por um espírito autoritário de exercício do poder, mas sobretudo por um espírito de colaboração com aquelas instituições, de fomento e incentivo às suas actividades, sendo esta relação enformada por uma disciplina normativa que reflecte a existência de um projecto

---

[56] Para além dos poderes que resultam da leitura do regime constante das Ordenações, também o exercício do conjunto de poderes referidos no texto parece ter-se verificado com regularidade até ao século XIX, conforme se deduz da leitura do trabalho, embora elaborado segundo a metodologia própria da História Geral, da autoria de ISABEL DOS GUIMARÃES SÁ, já referido, bem com da obra de ANDRÉ FERRAND DE ALMEIDA, pág. 169 e segs.

[57] Efectivamente, através do Decreto de 21 de Outubro de 1836 determinou-se que os Chefes de Distrito passassem a examinar, anualmente, os orçamentos e as contas das confrarias e irmandades, sem exceptuar as irmandades das Santas Casas. Cfr. COSTA GOODOLPFHIM, ob. cit., Lisboa 1897, e VICTOR RIBEIRO, ob. cit., págs.147-148 e 314.

político-social colectivo, assim como as correspondentes exigências de programação e planificação concretizadoras desse mesmo projecto.

Pode, pois, dizer-se que o Estado assumiu as actividades assistenciais como um interesse nacional que cumpria realizar de forma programada e planificada. Contudo, a sua concreta realização, na linha da tradição medieval, confia-a aos particulares – "aos homens de boa fama e sã consciência e honesta vida", como se afirma nos compromissos. E assim haveria de suceder ao longo dos séculos seguintes. Por isso, poderemos dizer, acompanhando CASALTA NABAIS, que pelas instituições de assistência ou beneficência passou, durante séculos, a realização daquilo que mais tarde viria a ser assumido como tarefa ou incumbência do Estado social e que tem feito história sob a designação de direitos sociais[58].

Pelo que talvez se possa concluir que os poderes públicos reconheceram, permitiram e autorizaram que particulares, congregados através de organismos de natureza associativa ou fundacional, levassem a cabo tarefas já reconhecidas como administrativas ou de interesse público, sendo, em alguns casos, investidos no exercício de funções públicas ou em regalias ou prerrogativas próprias dos poderes públicos. Em contrapartida eram, de perto, vigiados e controlados pelo Estado. Até porque, a final, naqueles organismos jurídicos, "estava o interesse do próprio Estado"[59].

Sendo assim, estaremos autorizados a dizer que no domínio da beneficência ou da assistência social (e também da saúde), o fenómeno da colaboração dos particulares com os poderes públicos na realização de interesses de relevância geral é uma realidade historicamente sedimentada, tendo provavelmente assumido nos tempos mais recentes

---

[58] Cfr. CASALTA NABAIS, *Algumas considerações sobre a solidariedade e a cidadania*, in *Separata do BFD*, vol. LXXV, 1999, pág. 166.

[59] Cfr. J. QUELHAS BIGOTTE, *ob. cit.,* pág. 183. É claro que só por simplicidade de linguagem se poderia dizer que existia aqui um qualquer princípio jurídico a enquadrar normativamente o exercício deste conjunto de poderes, pelo menos daqueles que extravasavam do texto do Regimento compilado nas Ordenações. É que o tempo a que nos referimos – séculos XV a XVIII – havia de construir progressivamente um modelo de Estado absoluto, até à qualificação deste, na época da iluminação, como Estado de polícia. Neste modelo de Estado a máquina administrativa actua sem qualquer subordinação ao direito. O seu único limite haveria de consistir na vontade do príncipe. Cfr. ROGÉRIO SOARES, *Direito Administrativo*, pág. 26.

Origens e fundação das instituições em Portugal

apenas uma outra dimensão e importância[60], tal como será antigo, também neste domínio, o fenómeno da privatização da Administração Pública ou o exercício de funções administrativas pelos particulares[61]. E isto sob dois aspectos: por um lado, envolvia o exercício por entidades particulares ou privadas de tarefas administrativas ou da realização de interesses públicos; por outro, este exercício podia ser acompanhado da transferência de poderes soberanos ou de poderes

---

[60] Reconhecendo que a colaboração entre privados e a Administração na realização de interesses gerais é um fenómeno antigo, tendo recentemente adquirido particular dimensão e importância, MARIO NIGRO, Amm*inistrazione Púbblica*, in *Enciclopedia Giuridica*, vol. II, 1988, págs. 5-6.

[61] E dizemos "também neste domínio" dado que o fenómeno da privatização de tarefas administrativas parece não ter sido estranho a outras áreas, designadamente na esfera económica, administrativa e jurisdicional. Neste sentido, ver PAULO OTERO, *Coordenadas jurídicas da privatização,* comunicação apresentada no "IV Colóquio Luso-Espanhol de Direito Administrativo", realizado em Coimbra, a 6 e 7 de Abril de 2000, subordinado ao tema "Os Caminhos da Privatização da Administração Pública". A propósito das instituições de beneficência, MARCELO REBELO DE SOUSA, *Lições de Direito Administrativo*, I, 1994/95, págs. 477-478, refere expressamente que "não é de hoje o fenómeno do desempenho da função administrativa do Estado-colectividade por entidades privadas", lembrando, precisamente, as disposições das Ordenações Manuelinas e das Ordenações Filipinas, e, em sua sequência, as disposições de todos os posteriores Códigos Administrativos sobre pessoas colectivas privadas de fim altruístico e não lucrativo, que exercem a função administrativa, e por isso viriam a merecer a qualificação de utilidade pública e a designação de corporações administrativas no Código de 1896. Os hospitais seriam um dos pontos centrais das reformas de D. João II e de D. Manuel I. Refira-se que este último monarca não consentiu que a administração dos hospitais por ele mandados construir fosse entregue às instituições de assistência, onde já se destacavam as misericórdias, por considerar que o exercício da actividade hospitalar não se enquadrava nos seus fins. Preferiu, antes, devolver a sua gestão à congregação dos loios. Assim sucedeu com os hospitais construídos em Lisboa, Porto, Coimbra, Évora e Santarém. Contudo, mais tarde viria a reponderar a sua decisão, concedendo às instituições de assistência, designadamente às misericórdias, a gestão dos hospitais do resto do país, tendo, simultaneamente, delegado nestas o poder de anexar ou unir numa só estrutura organizacional todos os hospitais existentes no âmbito da sua circunscrição territorial, ou, como se dizia, "nos seus domínios". Este processo culminou com D. Sebastião a conceder, em 1564, às misericórdias a "administração e governança" de todos os hospitais existentes. E a partir desta data, com excepção dos que viriam a ser designados por hospitais oficiais, designadamente os de Lisboa, Porto e Coimbra, a gestão dos hospitais ficou integralmente a cargo das instituições de assistência, designadamente das misericórdias, assim como ficou a seu cargo a cobertura do país com uma rede de hospitais. Cfr. CARLOS DINIS DA FONSECA, *História e Actualidade das Misericórdias,* Editorial Inquérito, 1996, págs. 195 e segs.

de império então já reservados à Administração. O caso dos hospitais não deixa de constituir, neste âmbito, um dos exemplos mais elucidativos.

Do mesmo modo, o referido quadro de relações entre o Estado e as instituições de assistência irá repetir-se mais tarde, mesmo no nosso século, designadamente no conjunto de poderes que o Estado reserva para si, sendo que pelo menos alguns deles havemos de vê-los hoje expressamente assumidos pelo direito administrativo como integrando o conteúdo daquilo a que a doutrina viria a designar por tutela administrativa.

Pelas razões assinaladas, podemos dizer com MARCELLO CAETANO, embora limitando o seu estudo às fundações, que a tutela do Estado sobre as instituições criadas ou fundadas por particulares [associações e fundações] tem fundas raízes no nosso Direito[62].

Do mesmo modo, e adaptando ao caso a categoria ou o conceito introduzido por ZANOBIBNI, a figura da "administração pública de direito privado" terá, também, raízes profundas no nosso direito[63].

Assim como tem raízes profundas o conceito de "corporações administrativas", que viria a ser adoptado nos Códigos Administrativos de oitocentos, bem como os posteriores conceitos de "pessoas colectivas de utilidade pública" e de "pessoas colectivas de direito privado e regime administrativo" ou de "pessoas colectivas de utilidade pública administrativa", ou ainda o de "instituições particulares (ou privadas) de assistência", e mais recentemente o conceito de "instituições particulares de solidariedade social".

---

[62] Cfr. MARCELLO CAETANO, *Das Fundações, Subsídios para Interpretação e Reforma da Legislação Portuguesa*, in *Colecção Jurídica Portuguesa*, Edições Ática, 1961, pág. 109.

[63] Cfr. GUIDO ZANOBINI, *Corso di Diritto Amministrativo*, vol. V, 2ª ed., Giuffrè-Editora, 1957, 293 e segs. E já antes, o mesmo autor, havia tratado o tema na *Rivista di Diritto Publico*, 1918, I, p. 169.

CAPÍTULO II
As instituições na Época Liberal

1. As instituições na Época liberal: a integração na estrutura administrativa

Com o Estado liberal afirmou-se o princípio do monopólio estadual da administração pública, de acordo, aliás, com os postulados da separação entre o Estado e a sociedade e entre as esferas pública e privada (VITAL MOREIRA).

Os corpos intermédios do antigo regime haviam sido eliminados[64]. Por isso, no princípio, falar de administração pública era falar do Estado. O Estado-Administração monopolizava a actividade administrativa (VITAL MOREIRA)[65].

---

[64] A eliminação, ou pelo menos, a interdição de organismos associativos na época a que nos estamos a referir constitui o culminar de um processo já iniciado no Antigo Regime. Em França, logo após a Revolução foram expressamente interditas as corporações (decreto 2-17 de Março de 1791), as associações de natureza profissional (lei Le Chapelier de 14-17 de Junho de 1791), tendo o Código Penal de 1810 instituído o "delito de associação" (arts. 291.º a 294.º). Cfr. JACQUES CHEVALLIER, *L` association entre public et privé, RDPSP,* 1981, ano 97, pág. 894. Entre nós, o Código Penal de 1852, no seu art. 282.º, punia severamente as associações que funcionassem sem autorização do Governo. E as Constituições liberais são, regra geral, omissas sobre as associações. A excepção vai para a Constituição de 1838. Na segunda metade do século, o Código Civil, no seu art. 359.º, n.º 3, viria a consagrar o direito de associação "entre os direitos originários", definindo-os como os que resultam da própria natureza do homem, e que a lei civil reconhece, e protege como fonte e origem de todos os outros, sendo que o direito de associação consistia na faculdade de pôr em comum os meios ou esforços individuais, para qualquer fim, que não prejudique os direitos de outrem ou da sociedade." No entanto, a sua constituição continuava sujeita a prévia autorização governamental (art. 282.º, do Código Penal de 1886).

[65] Cfr. VITAL MOREIRA, *Administração Autónoma e Associações Públicas*, Coimbra Editora, 1997, págs. 16 e 543. Segundo o autor, na época liberal predomina uma "concepção unitária, monolítica e centralizadora da Administração pública".

Vejamos, pois, quais os reflexos que esta concepção da Administração Pública teve no domínio das instituições de assistência ou beneficência.

Em primeiro lugar, em relação às instituições religiosas que desenvolviam simultaneamente funções laicas (funções sociais ou de beneficência) e religiosas (devoção e culto), determinou-se que nenhuma irmandade ou confraria podia ser instituída sem autorização do governo[66]. Todas as instituições – corporações e fundações – de assistência passaram, pois, a reger-se, quanto à sua constituição, apenas pela lei civil[67/68]. A consequência desta determinação era óbvia: todas as instituições de assistência passariam a reger a sua vida orgânica e funcional sob o domínio jurídico do poder temporal, ficando, assim, exclusivamente sujeitas ao poder civil e à sua jurisdição. Orientação que mereceu consagração legal, e que já vinha sendo acolhida pela jurisprudência[69].

---

[66] Imposição que vinha já de 1823, constante da Carta de Lei de 20 de Junho de 1823.

[67] Relembramos que continuamos a utilizar o termo "instituições" no seu sentido genérico, isto é, como abrangendo as corporações e as fundações. A este propósito refira-se que, entre nós, e na sequência da doutrina estrangeira sobre o tema, a distinção entre ambas as categorias é tratada pelos nossos autores do início do século. Assim, vide JOSÉ TAVARES, *Princípios Fundamentais de Direito Civil, vol. II*, Coimbra-1928, págs. 105 e segs., especialmente as págs. 138 e segs., e já antes GUILHERME MOREIRA tinha tratado ex professo o tema das pessoas colectivas, in *RLJ*, anos 40.º, 41.º e 42.º, 1907 – 1909, n.os 1732 e segs. Este estudo tem, precisamente, por título – *Da Personalidade Colectiva*. Diga-se que nas leis emitidas a partir desta época, incluindo os Códigos Administrativos, tais instituições viriam a ser normalmente designadas por corporações e/ou associações – as primeiras –, e por institutos – as segundas. No caso da assistência, os institutos aparecem normalmente designados por "institutos de piedade ou beneficência". Tal tem uma explicação. Esta reside no facto de o conceito de instituto ter origem no direito canónico para designar os estabelecimentos criados e organizados por uma vontade superior, e que a doutrina civilística viria, a partir do século XIX, a aproveitar para criar a categoria jurídica das fundações.

[68] Recordamos que a constituição da generalidade das instituições de assistência, pelo menos as que também desenvolviam funções espirituais ou religiosas, mesmo que fundadas por leigos, eram normalmente objecto de aprovação eclesiástica, sendo, por isso, também organismos canonicamente erectos.

[69] Esta orientação retirava-se da Lei de 22 de Junho de 1866, e veio a ser acolhida pelo Código Civil de 1867 (designadamente para efeitos de determinação da sua capacidade jurídica, à luz da interpretação conjugada das normas do artigo 37.º, que estabelece o elenco das pessoas morais, e do artigo 1781.º do mesmo Código, relativo à capacidade sucessória das mesmas). Fundamentalmente, o problema que se colocava tinha a ver com a capacidade das pessoas morais receberem doações inter vivos, heranças, legados e outras disposições

Em segundo lugar, todas as instituições de beneficência passaram a ser tratadas de igual modo, isto é, o regime liberal uniformizou o estatuto social destes organismos em face do Estado[70]: ou passaram para a sua directa dependência, transformando-os, assim, em simples departamentos ou serviços no quadro da organização administrativa do Estado, dissolvendo os órgãos de gestão e nomeando comissões administrativas, ou sofreram interferências directas (e profundas) do Estado, quer no seu regime estatutário, quer na sua gestão. Nada de muito diferente do que sucedia para os corpos administrativos, conforme resulta dos artigos 4.º e segs. do Código Administrativo de 1896[71].

O Estado modificou, pois, a estrutura e o regime destas instituições, podendo dizer-se, com MARCELLO CAETANO, que, em alguns casos, esta evolução representa uma "estatização de certa iniciativa privada"[72].

É que o direito de associação era incompatível com a estrutura da relação Estado-sociedade, pois a distinção entre o público e o privado subsumia-se na relação Estado-cidadão[73]. Logo, qualquer organismo de índole corporativa ou associativa era visto como elemento perturbador deste equilíbrio.

---

mortis causa estabelecidas em testamento. De acordo com a jurisprudência unânime do Supremo Tribunal de Justiça, as irmandades ou confrarias são havidas como corporações ou associações de beneficência e não cultuais, sendo, por isso, instituições seculares e não eclesiásticas. Como tal, não estariam abrangidas pela proibição imposta pela lei de receber doações, legados, etc. Aliás, esta doutrina já vinha sendo seguida pelo S.T.A. desde 1886, conforme acórdão de 10 de Fevereiro de 1922, publicado na *Revista dos Tribunais*, ano 40.º, n.os 955 e 956, págs. 296 e segs., e já tinha precedentes em assentos da Casa da Suplicação de 29 de Março de 1770 e de 21 de Julho de 1797, nos termos dos quais foram as irmandades, confrarias e todas as corporações de mão morta, declaradas incapazes de serem instituídas herdeiras, embora com capacidade para receber legados, uma vez que não fossem universais e com a obrigação de os alienar no prazo de um ano. Estes assentos resolveram as dúvidas suscitadas com a interpretação do § 21 da lei de 1 de Setembro de 1769, que proibia a instituição da alma por herdeira.

[70] Nos tempos anteriores, o tratamento de favor ou de privilégio estava inteiramente na disponibilidade dos monarcas, sendo exercido segundo critérios de sua vontade.

[71] Corpos administrativos eram, segundo o Código, no distrito a comissão distrital, no concelho a câmara municipal, na freguesia a junta de paróquia.

[72] Cfr. MARCELLO CAETANO, *Manual de Direito Administrativo*, Coimbra Editora, 10.ª ed., 1969, pág., 182. E de facto assim sucedeu, por exemplo, com a Misericórdia de Lisboa, que em 1834 e em 1851, foi transformada em estabelecimento oficial, ou seja, num organismo descentralizado do Estado, sob a forma de instituto público.

[73] Cfr. VITAL MOREIRA, *Administração Autónoma,* pág. 16.

É certo que a generalidade das instituições continuaram a ser encaradas como estabelecimentos com fins de beneficência. Só que a sua natureza associativa não poderia manter-se nos moldes tradicionais. Daí a profunda intervenção do Estado na sua estrutura económica-financeira[74], assim como no modus funcional das instituições, através do exercício de amplos e intensos poderes de controlo e fiscalização do Governo, e mesmo de orientação e de direcção, e que a lei e os Códigos Administrativos de oitocentos e do nosso século viriam a sancionar.

Pela circunstância destas instituições serem tratadas pelo legislador como corporações ou institutos de piedade ou beneficência, pareceria estar a reconhecer-se um espaço de autonomia e de liberdade inerentes a qualquer ente de direito privado, todavia a realidade surge-nos bem diferente.

Na verdade, a relação destas entidades com a Administração era tão intensa (e extensa) que as transforma em organismos auxiliares daquela, embora formalmente tidos como corporações ou institutos de assistência[75].

---

[74] As medidas de desamortização que D. Afonso II e D. Dinis tinham levado a cabo, voltam a repetir-se com o Estado liberal. Efectivamente, através das Leis de 4 de Abril de 1861 e de 22 de Junho de 1866, todos os estabelecimentos de assistência ficaram obrigados a vender os seus bens imóveis, considerados de bens de "mão morta" ou "imobilizados", convertendo o produto da venda em títulos. Tais bens estariam fora do comércio jurídico, prejudicando a economia do país. Para além de, na filosofia liberal, se julgar que tais bens seriam melhor administrados por cidadãos individualmente considerados. Fenómeno semelhante ocorreu na generalidade dos países europeus que sofreram influências das ideias liberais.

[75] A este propósito, diga-se que José Tavares, *ob. cit.,* págs. 152 e 153, embora sem considerar a posição destas corporações e institutos face à estrutura da organização administrativa, considerava-os, no entanto, "estabelecimentos ou institutos públicos personalizados", apresentando como fundamento o facto de se destinarem à realização de certos e determinados serviços públicos. A estes estabelecimentos já antes se tinham referido Justino António de Freitas, nas suas *Instituições de Direito Administrativo Portuguez,* Coimbra, Imprensa da Universidade, 1857, onde (págs. 88-92) os inseria no estudo da organização administrativa, incluindo-os no capítulo relativo às "atribuições sobre os municípios e estabelecimentos públicos" que a lei deferia ao Governador Civil (o mesmo sucedendo na sua ed. 2ª, Imprensa da Universidade, Coimbra, 1861, págs. 128-130), assim como José Frederico Laranjo, *Princípios e Instituições de Direito Administrativo*, Imprensa da Universidade, Coimbra, 1988, pág. 25, dizendo que "os corpos administrativos e os estabelecimentos públicos ou de utilidade pública, tendo alguma cousa de independentes, não podem

No Código Administrativo de 1878 é adoptada pela primeira vez, ao que sabemos, a terminologia legal de "institutos de piedade ou de beneficência" (art. 186.º), assim como a expressão técnica de "tutela administrativa" para designar os poderes tradicionalmente exercidos pela Administração sobre as instituições de assistência[76/77].

Por sua vez, o Código Administrativo de 1886 (artigo 220.º) vem introduzir uma regulamentação pormenorizada sobre as associações e institutos de piedade e beneficência, alargando também as competências do Governo sobre as mesmas.

No Código Administrativo de 1896 é adoptada, pela primeira vez, o conceito técnico de "corporações administrativas", estabelecendo-se para elas um regime específico. E daqui nasceu a distinção estabelecida entre as pessoas morais catalogadas no art. 37.º do Código Civil: apenas algumas delas são havidas como corporações administrativas[78].

---

todavia deixar de estar subordinados ao Estado; e na parte em que a sua acção não é subordinada (...) não pode ela deixar de estar coordenada com a do governo, de modo que d`uma e d`outra resulte uma harmonia de intuitos e de effeitos". Aos poderes do Governador Civil sobre as instituições de beneficência, antes do Código Administrativo de 1896, se refere também ANTÓNIO RIBEIRO DA COSTA E ALMEIDA, *Elementos de Direito Público e Administrativo Portuguez*, Livraria Portuense, 1985, págs. 145 e segs.

[76] Mas note-se que já antes do Código 1878 haviam sido tomadas medidas legislativas. Assim sucedeu com o Decreto n.º 23, de 16 de Maio, que procedeu, nesta matéria, a uma alteração orgânica na estrutura administrativa portuguesa: as competências dos (antigos) contadores e dos provedores passaram para os Prefeitos da províncias, designação que, segundo cremos, foi então adoptada entre nós. Mas, no essencial, as competências deste órgão quanto aos estabelecimentos de piedade, caridade e beneficência reproduziam a dos órgãos substituídos. Semelhantes poderes seriam atribuídos pelo Código Administrativo de 1836 (artigo 108.º, § 8) aos administradores gerais dos distritos. O Código Administrativo de 1842 transfere aquelas competências para os governadores civis, ficando aí claro (artigo 226.º), que quer as instituições eclesiásticas – as fundadas por prelados –, quer as fundadas por leigos, se encontravam sujeitas à jurisdição civil, isto é, aos poderes das autoridades civis. Sob este aspecto, no Código, não se fazia qualquer distinção.

[77] Efectivamente, no Código Administrativo de 1878, para além de clarificação técnica das competências do governador civil (art. 186.º), a terminologia usada pelo legislador nos textos anteriores – "visitar", "tomar as contas", "imediata protecção do Governo" (esta última ainda usada ainda no Código Administrativo de 1836), "inspecção", "fiscalização", "superintende", "superintender", etc. –, foi substituída pela de "tutela administrativa". Por sua vez, o Código Administrativo de 1886 (artigo 220.º) vem introduzir uma regulamentação pormenorizada sobre as associações e institutos de piedade e beneficência, alargando também as competências do Governo sobre as mesmas.

[78] Cfr. MARCELLO CAETANO, *Corporações Administrativas – Notas sobre o seu conceito e regime jurídico*, in *OD*, ano 66.º, n.º 2, Fevereiro de 1934, págs. 34 e segs. Designação que,

Subsumíveis no conceito de corporação administrativa são apenas as corporações e fundações de direito privado, ou na terminologia do Código Administrativo, as associações e os institutos de piedade ou beneficência, independentemente de os seus fins serem apenas de piedade ou apenas de beneficência, ou ambos conjuntamente[79]. Todas as restantes, por prosseguirem também fins desinteressados, mas não especialmente sujeitas a um regime de direito administrativo, serão apenas pessoas colectivas de mera utilidade pública.

O conceito de corporação administrativa ficava, assim, reservado para aquelas pessoas colectivas cujo objecto de actividade se traduz na satisfação de necessidades colectivas essenciais de que o Estado não se pode alhear, mesmo quando deixe aos particulares o encargo de por si as satisfazer. E deste modo, à margem e paralelamente à administração do Estado e dos corpos administrativos, surge uma outra administração de interesses gerais – verdadeira

---

como veremos, se manteria nos Códigos Administrativos posteriores, não obstante a emissão de leis avulsas sobre estas corporações, e que constavam do artigo 37.º do Código Civil, catalogando expressamente como pessoas morais o "Estado, a Igreja, as câmaras municipais, as juntas de paróquia, e quaisquer fundações ou estabelecimentos de beneficência, piedade ou instrução pública ...". Esta disposição juntava às pessoas colectivas de direito público outras que, embora de criação privada, "tinham contudo de comum com as primeiras, o desinteresse dos fins em relação aos que os prosseguiam". E era este fim desinteressado que "caracterizava a mera utilidade pública das corporações e fundações de direito privado", a que se refere aquela disposição.

[79] Da conjugação do n.º 4 do artigo 248.º e do § único do artigo 253.º resulta que são corporações administrativas, nos termos da letra deste último artigo, "todas as corporações, associações e institutos de piedade e beneficência, sujeitos à inspecção do governador civil conforme o disposto neste artigo." O que, nos termos do artigo 253.º, seriam todas as "irmandades, confrarias, corporações ou institutos de piedade ou beneficência, que por lei não estejam imediatamente subordinados ao governo..." Estavam imediatamente subordinadas ao Governo, segundo Jayme Arthur da Mota, in *Código Administrativo Anotado,* Coimbra – Imprensa da Universidade, 1896, a Misericórdia de Lisboa, a Casa Pia, o asilo de mendicidade, o Hospital de S. José e anexos e diversos recolhimentos da cidade de Lisboa. Refira-se ainda que o requisito da cumulatividade de prossecução de ambos os fins não era exigido, nem pela doutrina nem pela jurisprudência, como pressuposto de tal qualificação. Relativamente ao conceito de corporações administrativas, diga-se que também era susceptível de abranger os corpos administrativos, sendo, assim, uma expressão genérica e pouco rigorosa. Cfr. Guimarães Pedrosa, *Curso de Ciência da Administração e Direito Administrativo, 2.ª ed.,* Imprensa da Universidade, Coimbra, 1908, págs. 94 e segs. da Parte II.

administração pública que deve exercer-se concorrente e harmonicamente com aquela[80].

Estava assim justificada, no plano doutrinal, a razão pela qual o Código Administrativo tinha instituído um regime jurídico-administrativo de certas corporações e fundações de mera utilidade pública. E era a submissão a este regime que lhes conferia, para todos os efeitos, o carácter de corporações administrativas. Assim sucedia com as associações e fundações de piedade e beneficência sujeitas, segundo as expressões usadas nos artigos 248.º, n.º 4 e 253.º, § único, ambos do Código Administrativo, à "tutela administrativa" ou à "inspecção superior" do Governador Civil[81].

De entre os aspectos essenciais desse regime há, desde logo, a registar a atribuição de amplas competências fiscalizadoras às Câmaras Municipais sobre os estabelecimentos de beneficência de que não sejam administradoras, dado entender-se que "pela concessão e prestação do subsídio, adquire a câmara direito a fiscalizar o modo por que ele é aproveitado, e a verificar a utilidade prática com que o estabelecimento subsidiado se desempenha da sua missão" (art. 27.º do CA)[82]. Estes poderes envolviam a faculdade de fiscalizar, em

---

[80] Cfr. MARCELLO CAETANO, Corporações..., Segundo o autor, nem todas estas pessoas morais (na terminologia do Código Civil) são havidas pelo Código Administrativo como corporações administrativas, dado que ao "direito administrativo interessam sobretudo aquelas corporações e aqueles estabelecimentos que se aproximem não só pelos fins que visam, como ainda pelos meios que usam, dos serviços públicos". Sobre o tema pode ainda ver-se o estudo do mesmo autor, As pessoas collectivas no Código de 1867, in OD, ano XCIX, 1967, págs. 85 e segs. Refira-se que ALBERTO DA ROCHA SARAIVA, Princípios de Direito Administrativo Português, obra elaborada por JACINTO RODRIGUES BASTOS, segundo as prelecções daquele Professor ao curso do 2.º ano jurídico 1932-1933, Lisboa, 1932, pág. 50, incluía na designação genérica de pessoas colectivas de direito privado e utilidade pública todas as instituições que, embora não sendo serviços públicos nem pessoas administrativas, exercem uma colaboração com esta, o que justificava o exercício de uma vigilância das pessoas administrativas sobre tais pessoas colectivas.

[81] Reunidos estes requisitos, a utilidade pública destas "pessoas morais", ao contrário das restantes, não carecia de ser declarada por decreto. Tratava-se, pois, de um reconhecimento normativo.

[82] Cfr. anotação de JAYME ARTHUR DA MOTA ao art. 27 do Código Administrativo de 1896, aprovado por Carta de Lei de 4 de Maio de 1896, ed. Coimbra – Imprensa da Universidade-1896. Este Código manter-se-ia em vigor, no essencial, até à aprovação do Código de 1936, embora umas matérias fossem reguladas pelo Código de 1878 e outras pelo de 1896. Sobre o movimento codificador na área do Direito Administrativo, vide MARCELLO CAETANO, ob. cit., págs. 139 e segs.

concreto, a utilidade ou mérito de cada acto praticado pelos órgãos de administração do estabelecimento subsidiado, assim como avaliar a utilidade global da actividade desenvolvida pelo mesmo.

Mas os principais poderes, neste domínio, passariam a ser da competência do Governador Civil[83], a quem competia, nos termos do artigo 248.º, n.º 4, o exercício da tutela administrativa sobre os "corpos administrativos, as corporações e institutos de piedade ou beneficência e outros estabelecimentos públicos". Destacamos aqui os traços principais do regime desta tutela (n.ᵒˢ 8 e segs. do art. 252, e art. 253):

- aprovação dos estatutos das associações e das fundações, com o poder de eliminação de cláusulas que julgasse inconvenientes (n.ᵒˢ 8 e segs. do art. 252, e art. 253);
- exercício de poderes normativos de regulação da constituição e administração de estabelecimentos de beneficência ou outros de utilidade pública, quando sobre o assunto não hajam providenciado os seus instituidores;
- exercício de poderes de inspecção superior sobre as irmandades, confrarias, corporações ou institutos de piedade e beneficência, que por lei não estejam imediatamente subordinados ao governo. No exercício desta última função, o Governador Civil, conforme artigo 253.º, n.º 1 e segs.:
- regulava, por meio de instruções, a escrituração e a contabilidade das corporações e institutos;
- aprovava os seus orçamentos, podendo introduzir-lhe modificações e eliminar previsões de receitas e despesas, conforme julgasse conveniente;
- autorizava a prática de actos que pudessem influir sobre os mesmos orçamentos, isto é, autorizava os actos de gestão corrente, dado que os restantes necessitavam de autorização da Governo (cfr. n.º 2 do artigo 253.º);
- remetia as contas à Comissão Distrital e ao Tribunal de Contas, para julgamento (cfr. artigo 253, n.ᵒˢ 12 e 13);

---

[83] Sobre o conjunto de poderes tutelares ou, na designação do autor, de "atribuições tutelares" do Governador Civil sobre as corporações e institutos de piedade ou beneficência, antes do Código Administrativo de 1896, vide ANTÓNIO RIBEIRO DA COSTA E ALMEIDA, *Elementos de Direito Público e Administrativo*, Porto-Livraria Portuense, 1885, págs. 144 e segs.

As instituições na Época Liberal — 51

- dissolvia administrativamente (isto é, em resultado de processo administrativo conduzido pelo mesmo órgão), embora sob prévia autorização do Governo, as mesas ou administrações das associações ou institutos, nomeando livremente, em sua substituição e em geral com os mesmos poderes, comissões administrativas (n.º 3 e segs., do art. 253.º);

Para além disso, havia ainda a sujeição a amplos poderes de direcção, isto é, as corporações estavam ainda sujeitas ao poder de emissão de ordens concretas, que teriam, naturalmente, de executar (art. 252.º, do CA). O mesmo órgão podia, designadamente:

- ordenar às corporações e aos institutos de piedade ou beneficência que aplicassem uma parte das suas receitas ordinárias em actos de beneficência no distrito (cfr. artigo n.º 5 do artigo 253.º);
- ordenar ou proceder à sua extinção no caso, entre outros motivos, de as mesmas não terem observado as suas ordens relativas à modificação dos estatutos (cfr. n.º 4 do mesmo preceito).

Por último, a actividade financeira das corporações administrativas era regulada pelas regras da contabilidade pública, e os seus actos estavam sujeitos ao contencioso administrativo.

Este mesmo regime, não obstante algumas tentativas (frustradas) de modificação e até mesmo de revogação, iria manter-se com a implantação da República, sendo, nalguns aspectos, objecto de uma mais rigorosa delimitação[84].

---

[84] Desde logo, e em relação às associações com fins exclusivamente religiosos ou cultuais foi negada personalidade jurídica, tendo apenas capacidade para intervir em certos negócios de carácter patrimonial (arts. 17.º, 23.º, 24.º, 26.º, 28.º, 29.º e 32.º, da lei de separação do Estado das igrejas – Decreto de 20 de Abril de 1911). Só as associações religiosas que se propusessem prosseguir, principal ou simultaneamente, fins de assistência ou beneficência é que seriam reconhecidas, isto é, só a estas seria concedida personalidade jurídica, e as que se tivessem constituído antes da emissão da lei deviam reformular os seus estatutos, sob pena de dissolução e de reversão dos seus bens para o Estado (arts. 27.º, 39.º e 169.º, do mesmo decreto). Sobre o regime instituído por esta lei em relação às pessoas colectivas eclesiásticas, OLIVEIRA LIRIO, *As Igrejas e os Estado,* in *RDA*, Tomo VIII, 1964, págs. 221 e segs. A influência que a Igreja ainda exercia sobre a generalidade das instituições de assistência, sobretudo nas que se encontravam organizadas sob a forma de irmandade ou

52 As Instituições de Solidariedade Social

1.1. Síntese conclusiva

O regime administrativo, sinteticamente exposto, a que se encontravam sujeitas as corporações administrativas viria a constituir a principal fonte inspiradora da construção do conceito de pessoas colectivas de utilidade pública administrativa.

---

confraria, e que era a grande maioria, é, assim, claramente afastada (ou pelo menos reduzida) com a publicação da lei de separação do Estado e das igrejas. E onde aquela influência existia, ela ficou reduzida à acção espiritual. Orientação que veio a ser reforçada com a lei de 10 de Julho de 1912, donde resulta expressamente a qualificação das irmandades e confrarias como corporações de assistência e beneficência. A mesma orientação era seguida na jurisprudência, de que é exemplo sintomático o acórdão do Supremo Tribunal de Justiça, de 22 de Abril de 1924, in *RT, ano 43.º, 1924-1925, n.ºs 1009 a 1032*, pág. 21, onde, e ainda a propósito da aplicação do artigo 1781, § único, do Código Civil, se fixou a seguinte jurisprudência: "este diploma da República [a lei da separação] extinguiu todas as associações, congregações e corporações de natureza e instituição puramente eclesiástica e a nenhuma delas reconheceu individualidade jurídica". De modo que as outras corporações que ficaram subsistindo, ou que de novo se criaram, como as confrarias e irmandades, depois de harmonizarem os seus estatutos com a lei e os regulamentos respectivos, são, para todos os efeitos, corporações de assistência e beneficência (...), e portanto de instituição puramente civil." E o Supremo Tribunal expressamente se dispensou, para emitir esta decisão, ao contrário do que vinha sendo feito por esta alta instância jurisdicional, de fazer apelo aos preceitos legais dos diplomas de 9 de Setembro de 1769, e de 29 de Março de 1770 e outros posteriores, assim como aos assentos da Casa da Suplicação que fixaram a interpretação a dar a estes preceitos. Em todo caso, para as corporações cujo fim predominante fosse a piedade, viria, pouco depois, a ser publicada uma legislação própria, pelo menos quanto à sua constituição. Foi o que sucedeu com o Decreto com força de lei n.º 11.887, de 6 de Julho de 1926. Quanto ao resto, tudo parecia indicar para a sujeição destas corporações "às actuais disposições restritivas e tutelares da legislação vigente", tal como se referia no artigo 23.º da lei da separação. O que, em face da ausência de legislação avulsa, significaria uma remissão para as disposições do Código Administrativo. Estava, assim, definitivamente consumada a ideia liberal de que as instituições de beneficência (designadamente as de natureza associativa), em virtude da sua finalidade, constituem um domínio exclusivo do Estado, pelo menos na parte relativa ao exercício das actividades de assistência. A acção social das instituições ficou, pois, exclusivamente submetida ao poder administrativo do Estado, e que não era pouco. De facto, pelos Decretos de 28 de Outubro de 1910 e de 4 de Março de 1911, publicados na Collecção Oficial de Legislação Portuguesa, das mesmas datas, o Governo, para além de outros, manteve os poderes de dissolver os órgãos de gestão das instituições de assistência (cuja maioria se encontrava organizada sob a forma de associação, sobressaindo aqui as confrarias e irmandades), e de nomear, em sua vez, comissões administrativas. Diga-se ainda que a generalidade das competências administrativas sobre as instituições de assistência continuaram a ser exercidas pelos Governadores Civis, tal como se previa no Código Administrativo, e a que já fizemos referência. É certo que alguns dos

Segundo MARCELLO CAETANO, o conjunto destas características permitiam definir as corporações administrativas como "uma forma intermédia entre as pessoas colectivas de direito público e as pessoas colectivas de direito privado", constituindo "a classe das pessoas morais administrativas ou pessoas de utilidade pública administrativa", que, assim, se distinguem das "pessoas colectivas de direito público (Estado, pessoas territoriais ou autarquias locais, e institutos ou autarquias institucionais) e das pessoas de utilidade pública civil das quais a administração se desinteressa, uma vez declarada a utilidade pública."

É que as primeiras – as corporações administrativas – "visam fins de utilidade pública concorrentes, ou mesmo coincidentes, com os fins do Estado", daí se justificando a diferença do seu regime

---

poderes administrativos do Governo, nomeadamente os poderes de dissolução dos órgãos de gestão, foram objecto de algumas limitações. Mas por pouco tempo. Efectivamente, pelo artigo 4.º do Decreto de 25 de Maio de 1911 limitou-se a intervenção do Estado "à tutela, inspecção técnica, resolução de conflitos que surjam no seu seio e dissolução em caso de desvio irregular dos seus fins" (cfr. MARCELLO CAETANO, *ob. cit.,* pág. 37). E pela Lei n.º 88, de 7 de Agosto de 1913 e Lei n.º 621, de Junho de 1916, foi estabelecido que os órgãos de gestão das instituições de beneficência só poderiam ser dissolvidos por decisão judicial a emitir pelos tribunais administrativos e só com fundamentos prévia e expressamente previstos na lei. Contudo, dois anos após, através do Decreto n.º. 3.811, de 2 de Fevereiro de 1918 (publicado no D.G. n.º 25), regressou-se ao regime anterior, por se considerar que o interesse das próprias corporações seria, deste modo, melhor protegido. Por sua vez, o Decreto-Lei n.º 10.242, de 1 de Novembro de 1924 (D. G., n.º 246, 1ª Série, de 1-11-1924), que veio regulamentar a organização e prestação de assistência, sobretudo das Misericórdias e dos institutos municipais de assistência privada no âmbito das circunscrições municipais ou concelhias, para além de tipificar os fins sociais das corporações e daqueles institutos – como sejam a prestação de assistência ou socorros aos doentes, às grávidas e recém-nascidos, à infância desamparada ou desvalida, aos idosos, inválidos, incapacitados e marginais e anormais recuperáveis ou reeducáveis, etc. –, tentou introduzir algumas alterações no domínio da organização vigente, estabelecendo que as instituições de assistência deviam funcionar em regime descentralizado e de autonomia. No entanto, continua a estatuir-se, entre outras coisas, a sua sujeição à acção fiscalizadora do Estado (devendo apresentar ao Governo os orçamentos e contas), assim como a sua sujeição ao poder de dissolução administrativa em caso de incumprimento dos fins estatutários. Enfim, e pese embora a declarada intenção autonomizadora, o regime do Código Administrativo de 1896 manter-se-ia, no essencial, em vigor. Sobre o regime da tutela administrativa em geral, segundo o direito positivo então vigente, vide GUIMARÃES PEDROSA, *Exposição das Lições Sobre Tutela*, coligidas por JOÃO MARIA DE MAGALHÃES COLAÇO, Livreiros-Editores, Coimbra, 1912.

jurídico nas suas relações com a autoridade administrativa, e a sua consequente sujeição à tutela administrativa[85].

Em nosso entender, os poderes da Administração sobre as corporações não se limitavam à tutela administrativa, mesmo no conceito que lhe é dado por MARCELLO CAETANO, abrangendo também poderes de superintendência e de direcção[86].

De facto, através do exercício de tais prerrogativas, a Administração conformava substancialmente toda a gestão interna e externa das corporações: conformava o modelo de organização (interna) das corporações, fiscalizava e disciplinava técnica e juridicamente a sua actividade financeira; fiscalizava e disciplinava, por meio de instruções ou ordens concretas, a actividade social desenvolvida; e, por último, podia exercer amplos poderes disciplinares ou sancionatórios, quer sobre os órgãos eleitos ou designados (por exemplo, dissolução), quer sobre a própria pessoa colectiva (por exemplo, extinção)[87].

Estamos em face de verdadeiros poderes de orientação e de direcção que a lei atribuía ao Governador Civil, e que o mesmo poderia exercer como se de uma relação hierárquica se tratasse, ou, no mínimo, como uma relação de superintendência[88].

---

[85] Cfr. MARCELLO CAETANO, *Corporações...*, págs. 36 e 41. Nos termos do Código Administrativo, o legislador, como se diz no texto, apenas incluía no conceito de corporação administrativa as corporações e institutos de iniciativa particular e de utilidade pública local. No entanto, MARCELLO CAETANO propunha, no mesmo estudo (pág. 41), que o conceito de corporação administrativa e, portanto, de pessoas colectivas de utilidade pública administrativa fosse alargado aos Grémios, Mutualidades, Sindicatos Nacionais e Casas do Povo, pois a "ampliação da acção do Estado e multiplicação dos seus fins fazem com que outros interesses gerais tenham vindo a adicionar-se à «piedade e beneficência», unicamente contemplados no Código de 1896".

[86] Refira-se que MARCELLO CAETANO define a tutela administrativa como o "poder conferido ao órgão de uma pessoa colectiva de intervir na gestão de outra pessoa colectiva autónoma, autorizando, ou aprovando os seus actos, fiscalizando os seus serviços ou suprindo a omissão dos seus deveres legais, no intuito de coordenar os interesses próprios da tutela com os interesses mais amplos representados pelo órgão tutelar" (Cfr. *Manual.*, págs. 222-223).

[87] Isto, para além da vasta competência fiscalizadora das Câmaras Municipais.

[88] Embora tal facto não prejudique obviamente a existência de algum grau de autonomia das corporações e dos institutos de piedade ou beneficência em face do Estado-Administrador, grau esse sempre possível de equacionar no quadro de uma relação tutelar, o facto é que não podemos deixar de reconhecer que, no caso, tal grau seria mínimo. De facto, a participação da autoridade administrativa nos aspectos fundamentais da vida das corporações era tão intensa, que reduzia substancialmente o grau de autonomia e de liberdade

As instituições na Época Liberal

O que verdadeiramente se nos depara é uma espécie de entidades privadas, que, pelo regime a que se encontravam sujeitas, eram convertidas ou pelo menos tratadas mais como elementos da administração indirecta/desconcentrada do Estado, e menos como corporações e instituições (fundações) criadas pela iniciativa particular e nascidas no seio do direito privado. Nota esta que ainda permite qualificá-las como pessoas colectivas de direito privado. Mas verdadeiramente o aqui temos é um conjunto de pessoas colectivas que, não obstante não perderem a sua qualificação jurídica originária, são inseridas, pelo concreto regime a que se encontram sujeitas, no aparelho organizatório do Estado-Administração[89]. Tal conclusão está, aliás, em consonância quer com a concepção administrativa centralista e monolítica da época, quer com o reconhecimento oficial da beneficência pública em Portugal[90].

---

decisória dos órgãos de administração e dos associados, quer em relação à organização da pessoa colectiva, quer em relação à gestão corrente ou normal. Mas note-se que, em rigor, aquela margem de autonomia é reduzida a zero quando o Governo, ao abrigo de poderes sancionatórios, dissolve os órgãos de gestão da pessoa colectiva tutelada, substituindo-os, segundo critérios seus, por comissões administrativas que ficam na sua dependência. Neste caso, estaremos perante aquilo a que MARCELLO CAETANO (*Manual.*, pág.223) chama "tutela integral", que não é o mesmo que tutela administrativa.

[89] A conclusão a que chegamos no texto julgamos não se afastar muita daquela que nos fornece PAULO OTERO, *Institutos Públicos*, in *DJAP*, 1993, pág. 250. De facto, o autor insere na "estrutura administrativa mínima" do Estado liberal, mais concretamente no seu terceiro pólo, a "Administração traduzível no exercício privado de funções públicas, através da qual são chamadas entidades privadas a desempenhar funções administrativas, especialmente mediante a figura da concessão".

[90] Muito embora já existissem precedentes recentes que indiciavam a afirmação da assistência como serviço do Estado, de que constituem exemplos a criação, em 1788, da Casa Pia de Lisboa por Pina Manique, assim como a circunstância da Carta Constitucional de 1822 impor, no seu art. 240.º, que " as Cortes e o Governo terão particular cuidado da fundação, conservação, e aumento das casas de misericórdia e hospitais civis e militares (...), e de quaisquer outros estabelecimentos de caridade". Todavia, só a partir do Reinado de D. Maria II, por decreto de 1835, se estabeleceu, definitivamente, o carácter oficial da beneficência pública em Portugal, tendo, então, sido instituído o Conselho Geral de Beneficência e criados alguns estabelecimentos públicos (designadamente asilos). No reinado de D. Carlos foram criados, por decreto de 1901, os Serviços Centrais de Beneficência Pública, e já em pleno regime republicano, António José de Almeida criaria, no Ministério do Reino, a Direcção Geral da Assistência e a Provedoria Central da Assistência de Lisboa. Entretanto (1870-1905), foram criadas algumas caixas de pensões ou reforma. Colocando a assistência, pelo menos a partir de 1911, ao lado dos demais serviços públicos, vide

56   As Instituições de Solidariedade Social

Por isso, neste particular aspecto, permitimo-nos discordar da última parte da afirmação de FREITAS DO AMARAL, quando diz, referindo-se ao período que estamos a considerar (período de implantação do regime liberal em Portugal), que "as antigas corporações administrativas eram pessoas colectivas de direito privado, apenas sujeitas num ponto ou outro a um incipiente regime de direito público"[91].

Aliás, já GUILHERME MOREIRA, embora considerando que as corporações e instituições de piedade e de beneficência, que designa por corporações de utilidade pública, não poderiam ser consideradas pessoas colectivas públicas[92], em virtude de serem uma criação da iniciativa privada, não deixava, no entanto, de reconhecer que, em virtude das

---

ALFREDO MENDES DE ALMEIDA FERRÃO, *Serviços Públicos no Direito Português*, Coimbra Editora, 1962, págs. 202 e segs., sendo que o autor segue na sua obra um conceito orgânico de serviço público (pág. 1): "organismos criados pelo Estado e por ele geridos ou fiscalizados, destinados à satisfação de interesses gerais e necessidades imediatas da Nação".

[91] Cfr. FREITAS DO AMARAL, *Curso de Direito Administrativo*, 2ª ed., vol. I, Almedina, Coimbra, 1996, pág. 576

[92] Diferente era, como referimos em nota anterior, a opinião de JOSÉ TAVARES, *ob. cit.*, págs. 152 e 153, para quem estas corporações e institutos assumiam a natureza de "fundações públicas" ou de "estabelecimentos ou institutos públicos". Sobre o regime do Código Administrativo de 1896, aplicável, segundo a denominação do autor, às "pessoas colectivas de direito privado e utilidade pública" pode ver-se ainda a síntese de ALBERTO DA ROCHA SARAIVA, *Princípios Fundamentais de Direito Administrativo*, Lições coligidas por JACINTO RODRIGUES BASTOS, 1932, págs. 50 e 51. Aliás, deve até dizer-se que em favor da doutrina que qualificava as corporações e institutos de beneficência como pessoas colectivas públicas abonava o facto de o Código Civil tratar de umas e de outras indistintamente, o que para GUILHERME MOREIRA (vide, *ob. cit., RLJ, ano 41, n.º 1754*, págs. 81 e segs.), revelaria a confusão do Código Civil acerca da doutrina das pessoas colectivas, uma vez que em várias disposições (por exemplo, artigo 37.º, e especialmente os artigos 380.º e 381.º) reunia num só conceito – conceito de corporação pública – várias categorias de pessoas colectivas, quer de direito público, quer de direito privado. Como veremos, mais tarde, AFONSO RODRIGUES QUEIRÓ, *Lições de Direito Administrativo*, vol. I, *segundo as prelecções ao Curso do 2.º Ano Jurídico de 1957-1958*, págs. 261 e segs., viria a contestar o facto de uma corrente doutrinal distinguir as pessoas colectivas de direito público das pessoas colectivas de direito privado pelo critério ou acto da sua criação. Para este autor, o facto de uma pessoa colectiva ser criada ou fundada pela iniciativa ou vontade privada não poderia ser tido como critério decisivo daquela qualificação. Aliás, o mesmo autor viria a considerar as instituições de beneficência como pessoas colectivas de direito público.

funções exercidas, deviam considerar-se auxiliares da administração pública, estando sujeitas a uma ingerência directa do Estado e subordinadas até, no que respeita à sua administração, a normas correspondentes às que regulam os institutos públicos[93].

---

[93] Cfr. GUILHERME MOREIRA, *ob. cit.,* pág. 164, onde, aliás, afirma, a propósito da distinção entre pessoas colectivas de direito público e de direito privado, que a falta de precisão da doutrina neste aspecto se "devia à existência de corporações e instituições que, não devendo a sua origem ao Estado ou às autarquias locais, mas à iniciativa privada, exercem funções da mesma natureza que as do Estado e dessas autarquias, sobretudo as que têm fins desinteressados para os membros, como são as que se propõem fins de piedade e de beneficência. Essas pessoas colectivas que, em virtude das funções que exercem, se devem considerar auxiliares da administração pública, estão sujeitas a uma ingerência directa do Estado e subordinadas até, no que respeita à sua administração, a normas correspondentes às que regulam os institutos públicos (...) aos seus empregados são atribuídas garantias como as que têm os funcionários públicos, etc., podendo assim confundir-se com as corporações e institutos de direito público". O mesmo autor adianta, na pág. 611, que "as nossas corporações e institutos de piedade e beneficência são incluídas, quando tenham a sua origem na iniciativa privada, no grupo de pessoas colectivas de direito privado, quando é certo que o regime a que estão sujeitas é, em grande parte, e sob o ponto de vista administrativo, o mesmo que o das pessoas de direito público..."

CAPÍTULO III

As "instituições particulares de assistência" do regime corporativo do Estado Novo

1. A integração constitucional das instituições na Administração Pública

O carácter supletivo do Estado foi convertido em princípio fundamental – político e jurídico – que orientou o Estado Novo no domínio da assistência social (e na saúde)[94]. É esta a orientação seguida logo nas primeiras medidas legislativas sobre a matéria: o papel essencial é confiado às corporações e institutos de beneficência ou assistência, ou "instituições de assistência privada" (e aos "corpos administrativos"), reconhecendo-se às Misericórdias a função de "centro coordenador de toda a assistência social a realizar nas circunscrições concelhias"[95], no que foi acompanhado pelo alargamento da capacidade jurídica das instituições (concessão de poderes de

---

[94] Segundo VITAL MOREIRA, *Direito Corporativo*, pág. 104, "o centro de interesse desta doutrina é a revolução da «questão social». E como esta é de raiz espiritual e não material (Rerum Novarum), há que restaurar o espírito corporativo medieval, criando de novo, adaptadas às novas situações, associações profissionais, quer paralelas quer mistas, pelas quais operários e patrões devam resolver as suas questões num espírito de paz social. O estado não deve opor obstáculos à actividades dessas associações, devendo apenas velar por que elas se não afastem do "bem comum". O estado não deve intervir na vida social a não ser que os indivíduos e as "comunidades menores" (família, município, associações profissionais, morais, etc.) não satisfaçam aos fins da sociedade – só então o estado pode, e deve, intervir (princípio da subsidariedade)". Sobre os princípios do sistema corporativo português, vide ainda TEIXEIRA RIBEIRO, *Princípios e Fins do Sistema Corporativo Português,* in *BFD*, vol. XVI, 1939-1940, e ROGÉRIO SOARES, *Lições de Direito Corporativo*, págs. 225 e segs.

[95] Tendo mesmo chegado a prever-se a feitura de um Código das Misericórdias.

60 As Instituições de Solidariedade Social

aprovação de projectos de obras e de expropriação por utilidade pública)[96].

A Constituição Política do Estado Novo, de 1933, na versão originária, sob o Título – Das corporações morais e económicas – viria, no seu artigo 14.º, a constitucionalizar os organismos corporativos, fazendo entrar naquela classificação as corporações administrativas, ou seja, e segundo o artigo 15.º, as entidades com fins de assistência, beneficência ou caridade[97]. Conceito que, entretanto, foi

---

[96] Conforme terminologia usada no artigo 27.º do Decreto-Lei n.º 15.809, de 23 de Julho de 1928 (publicado no D. G., de 2 de Agosto), e do artigo 1.º do Decreto 15076, de 14 de Fevereiro de 1928 (publicado no D. G., de 27 do mesmo mês). Refira-se que nestes diplomas continua a atribuir-se ao Governo, entre outras faculdades, o poder de dissolução dos órgãos de gestão das corporações e institutos de assistência, nomeando livremente, em sua substituição, comissões administrativas. Para o efeito, bastaria apenas que aqueles órgãos manifestassem falta de zelo na administração dos estabelecimentos de beneficência e caridade. Neste aspecto, estes diplomas, pouco trouxeram de novo, a não ser alterações orgânicas que tiveram a ver com a determinação dos órgãos a quem foram atribuídas aquelas competências, o que nesta parte representou a revogação de algumas disposições do Código Administrativo. Efectivamente, muitas daquelas competências foram transferidas para a Direcção Geral da Assistência, que era um "órgão do Poder Central directamente dependente do Ministério do Interior", e que, para além de fiscalizar e superintender nos serviços e estabelecimento de assistência pública, cabia-lhe, conforme o artigo 1.º do referido diploma, a "inspecção das Misericórdias e outras instituições de assistência privada do País, cuja tutela também lhe pertence". Assim, entre outras faculdades, a esta Direcção competia a aprovação dos orçamentos das corporações e institutos, a confirmação prévia de qualquer autorização para a criação de organismos de assistência particular, etc. Neste âmbito foi ainda criado o Conselho de Inspecção das Misericórdias, sediado em Lisboa, com competências tutelares.

[97] Mas note-se que já as constituições liberais se tinham referido às instituições de assistência, assim como às actividades por estas desenvolvidas, o que, de algum modo, não deixa de revelar uma certa sensibilidade social do legislador constituinte liberal. Na verdade, "a existência de preocupações sociais no Direito do Estado é anterior ao século XX". Cfr. PAULO OTERO, O Poder de Substituição no Direito Administrativo, vol. II, Lex, Lisboa, 1995, pág. 527. Foi o caso, designadamente, da Constituição de 1822, que no Capítulo IV, sob o Título "Dos Estabelecimentos de Instrução Pública e de Caridade", dizia, no art. 240.º, que as "Cortes e o Governo terão particular cuidado da fundação, conservação e aumento das casas de miscricórdia (...), e de quaisquer outros estabelecimentos de caridade". Contudo, a relevância constitucional que o Estado Novo concedeu às instituições de assistência é, obviamente, incomparável. Apesar disso, MARCELLO CAETANO, no estudo referido (Corporações..., pág. 41), contestava a tendência redutora dos textos legais quanto ao leque de pessoas colectivas que deviam ser qualificadas como corporações administrativas. Para este autor, e tentando conciliar a sua posição com a Constituição, as corporações administrativas

também objecto de delimitação na lei civil[98]. Por esta via – através da Constituição – as corporações administrativas criadas pela iniciativa particular, passaram, pois, a fazer parte integrante da organização corporativa do Estado Novo, dado que "a constituição política não podia nem devia romper o tecido orgânico da constituição social. Pelo contrário: devia reconhecer os grupos intermédios entre o indivíduo e o Estado"[99].

Pouco tempo depois, o Código Administrativo de 1936 viria a qualificar as referidas instituições de assistência privada como pessoas morais colectivas de utilidade pública administrativa. Esta mesma qualificação passaria para o Código Administrativo do Estado Novo, de 1940[100].

Este diploma legislativo continuou, assim, a conferir um tratamento jurídico especial às associações e instituições de piedade e de beneficência, ou na nova terminologia, às associações beneficentes ou

---

deviam ser classificadas do seguinte modo: a) morais (de piedade, caso se entendesse deverem continuar em regime administrativo especial), e de beneficência; b) económicas (mutualidades e organizações sindicais ou gremialistas). Fora do conceito ficariam as fundações públicas. No entanto, MARCELLO CAETANO, acrescenta que os institutos de piedade, tal como as associações, deviam continuar a "considerar-se corporações administrativas porquanto, apesar de não constituir já hoje objecto de um serviço público, o seu fim é de tal importância social que o Estado se não pode dele desinteressar." No sentido de que o reconhecimento da utilidade pública administrativa podia, a qualquer momento, ser alargada por decreto a outras pessoas colectivas, cfr. MARQUES GUEDES, *Direito Administrativo, Lições ao 2.º ano jurídico de 1956-57, AAFDL*, 1957, pág. 213.

[98] Efectivamente, com a revisão do Código Civil de 1867, operada através do Decreto n.º 19.126, de 1930 (D. G. n.º 292), vem a ser introduzida na redacção do artigo 37.º o conceito de corporação administrativa. Neste preceito consideram-se como pessoas morais ou colectivas o "Estado (...) e quaisquer corporações administrativas e fundações ou estabelecimentos de beneficência, e bem assim as associações ou instituições das igrejas..." Para além de introduzir uma precisão conceitual – distinção entre corporações e fundações, até então quase sempre confundidas pelo legislador –, o Código Civil parece ter vindo a restringir o leque de organismos subsumíveis ao conceito de corporação administrativa. Doravante, corporações administrativas serão unicamente as associações de beneficência sujeitas à tutela pública. Neste sentido, MARCELLO CAETANO, *Corporações...*, pág. 38.

[99] Cfr. J. J. GOMES CANOTILHO, *Direito Constitucional e Teoria da Constituição*, Almedina, Coimbra-1998, pág. 172.

[100] Assim designado por MARCELLO CAETANO (*Manual...*, pág. 115). Estes Códigos consagraram, pois, a doutrina deste autor, exposta no estudo de 1934, a que já fizemos referência.

62   *As Instituições de Solidariedade Social*

humanitárias e aos institutos de assistência e educação, qualificando-os expressamente como pessoas colectivas de utilidade pública administrativa.

Por seu lado, as leis avulsas introduzem, pela primeira vez, os conceitos de "instituições de assistência privadas" ou de "instituições particulares de assistência", entendendo-se como tais aquelas instituições (associações ou fundações) cuja administração pertencesse a entidades privadas e cujas actividades fossem mantidas mediante a contribuição de fundos e receitas próprias (Decreto-Lei n.º 35108, de 7-11-1945, e Base V da Lei n.º 2120, de 19-7-63). Contudo, a introdução deste novo conceito em nada alteraria a sua qualificação ou natureza jurídica[101]: na prossecução de fins coincidentes ou concorrentes com os da Administração Pública continuava a residir o fundamento da qualificação da (sua) utilidade pública como administrativa[102].

---

[101] De facto, a introdução do novo conceito poderia fazer supor a intenção de o legislador adoptar dois regimes jurídicos distintos, consoante se tratasse de pessoas colectivas de utilidade pública administrativa ou instituições particulares de assistência. Mesmo que tivesse sido essa a intenção do legislador, esta última categoria nunca chegou a ganhar verdadeira autonomia, pelo menos quanto à disciplina das suas relações com o Estado. Daí lhes ser aplicável o mesmo regime das pessoas colectivas de utilidade pública administrativa. Ou seja, da leitura dos preceitos do Decreto-Lei n.º 35 108, resulta tratar-se de uma designação legal de uma certa espécie do género pessoas colectivas de utilidade pública administrativa definidas no Código Administrativo: precisamente, as associações de assistência, e também, em nosso opinião, os institutos (fundações) de assistência, pois esta última categoria de pessoas colectivas é referida especificamente em várias disposições dos textos legais. Mas também não pode excluir-se a hipótese de, em alguns casos, serem instituições criadas directamente por pessoas colectivas de utilidade pública administrativa ou por estas administradas. Neste caso, tratar-se-ia de entidades que estavam sob a sua directa responsabilidade ou que funcionavam como um seu apêndice, estando, por isso, submetidas ao mesmo regime. Isto significa que os novos diplomas legislativos complementam e concretizam (e em alguns casos até revogam) as disposições do Código Administrativo, no que diz respeito às instituições de assistência (em sentido semelhante ao que aqui defendemos, vide ANTÓNIO DA SILVA LEAL, *Ruptura com o Corporativismo*, in *Estudos Sobre a Constituição*, 1976, vol. III, pág. 344, nota 187).

[102] De facto, esta expressão abrange apenas as "associações que não tem por fim o lucro económico dos associados e fundações de interesse social (...), cujos fins coincidam com atribuições da Administração Pública". No fim não económico das associações e no interesse social das fundações residiria a razão de ser ou a essência da utilidade pública. Mas só a prossecução de fins coincidentes ou concorrentes com os da Administração Pública justificava o reconhecimento ou a qualificação da utilidade pública como administrativa. Neste sentido, segundo a artigo 416.º do Código Administrativo de 1940, sob o título –

Este último conceito passaria, através de uma lei de revisão, para a Constituição de 1933 (artigo 25.º), e por uma revisão posterior o n.º 4 do seu artigo 109.º atribuíram-se expressamente poderes de superintendência ao Governo sobre as pessoas colectivas de utilidade pública administrativa[103]. Aliás, do artigo 16.º, sob o Título "Dos organismos corporativos", na linha da versão originária, resulta que as entidades com fins de assistência, beneficência ou caridade (cfr. n.º 2) fazem parte integrante da organização corporativa do Estado[104].

Pode, pois, concluir-se que integração das instituições particulares de assistência no tecido orgânico de Administração Pública resulta directamente do plano jurídico-constitucional: esta categoria de pessoas colectivas, para além de ser um dos elementos constitutivos ou de participar na organização corporativa da Nação, estava, também, integrada, a par com os corpos administrativos, "no conjunto da administração pública", fazendo, por isso, parte da organização geral da Administração Pública portuguesa.

Conceito de pessoas colectivas de utilidade pública administrativa –, consideram-se abrangidas no conceito "as associações beneficentes ou humanitárias e os institutos de assistência ou educação, tais como hospitais, hospícios, asilos, casas pias, creches, lactários, albergues, dispensários, sanatórios, bibliotecas e estabelecimentos análogos, fundados por particulares, desde que umas e outros aproveitem em especial aos habitantes de determinada circunscrição e não sejam administrados pelo Estado ou por um corpo administrativo". Assim, quando as pessoas colectivas não reunissem esta segunda característica, ficavam fora do conceito, e, portanto, fora do regime do Código Administrativo, ainda que fossem qualificadas de utilidade pública. Esta seria, pois, apenas uma utilidade pública meramente civil, e, como tal, nunca poderia ser havida como administrativa (cfr. Marcello Caetano, *Manual...,* pág. 365). Quando muito poderiam ser qualificadas como pessoas colectivas de direito privado e utilidade pública, que constituem, segundo Afonso Queiró (*Lições...,* pág. 268) uma figura próxima daquilo a que a doutrina francesa designa por "estabelecimentos de utilidade pública".

[103] Referimo-nos, respectivamente, à Lei de Revisão n..º 1963, de 18 de dezembro de 1937, e à Lei de Revisão n.º 2009, de 17 de Setembro de 1945. Efectivamente, por força da alteração introduzida por esta última lei ao artigo 109.º, ao Governo caberia "superintender no conjunto da administração pública (...), fiscalizando superiormente os actos dos corpos administrativos e das pessoas colectivas de utilidade pública administrativa..."

[104] Para além disso, a sujeição dos empregados e servidores das pessoas colectivas de utilidade pública administrativa a disciplina análoga à dos funcionários dos corpos administrativos e restantes organismos corporativos resulta também directamente da Constituição (art. 25.º).

A regulamentação pormenorizada das mesmas encontrava-se estabelecida no Código Administrativo (Título, VIII, artigos 416.º e segs.), que menciona apenas as pessoas colectivas de utilidade local (associações e institutos que aproveitam em especial aos habitantes de uma determinada circunscrição – art. 416.º)[105].

O Código, aliás, na sequência do anterior, subsumia no conceito de pessoas colectivas de utilidade pública administrativa duas realidades jurídicas distintas quanto aos seus elementos constitutivos – por um lado, tínhamos as pessoas colectivas de tipo associativo, por outro, as de tipo institucional, isto é, as fundações[106]. O regime do

---

[105] De facto, o Código Administrativo só regulamentava as pessoas colectivas de utilidade local. Tal significa dizer: "desde que umas [as associações] e outros [os institutos] aproveitem em especial aos habitantes de determinada circunscrição" (cfr. artigo 416.º). Por esta razão eram designadas por MAECELLO CAETANO (*Manual...*, pág. 365) por pessoas colectivas de utilidade administrativa local. Mas note-se que este facto não excluía a possibilidade de constituição (e de existência) de pessoas colectivas de utilidade administrativa geral. E assim sucedeu com várias fundações, e assim deveria suceder com as associações de socorros mútuos, instituições de previdência nascidas da iniciativa particular e de inscrição voluntária, visto os seus fins serem coincidentes com o fim de previdência hoje prosseguido pela Administração Pública. Cfr. MARCELLO CAETANO, *Manual...*, pág. 368.

[106] Mas quanto às associações, impunha-se distinguir as beneficentes das humanitárias. Nas primeiras, segundo o artigo 439.º, encontram-se abrangidas as que tenham por objecto principal socorrer os pobres e indigentes, na infância, invalidez, doença ou velhice, bem como educá-los ou instruí-los. As segundas, nos termos do artigo 441.º, são as que tenham por objecto principal socorrer feridos, doentes ou náufragos, a extinção de incêndios ou qualquer outra forma de protecção desinteressada de vidas humanas e bens. Pelo § único deste artigo, as associações dirigidas à protecção de animais seriam equiparadas, para efeitos de regime jurídico, às associações humanitárias. Quanto às pessoas colectivas de tipo institucional, a sua noção era-nos fornecida pelo artigo 444.º do Código. Ou seja, são institutos de utilidade local as pessoas colectivas constituídas por fundação de particulares mediante a afectação de bens dispostos em vida ou por morte para a prossecução de um fim de assistência ou de educação. Nos termos do artigo 416.º seriam, pois, institutos de utilidade local os hospitais, hospícios, asilos, casas-pias, creches, lactários, albergues, dispensários, sanatórios e bibliotecas. Portanto, os institutos de utilidade local traduzem a designação administrativa daquilo a que a doutrina qualifica geralmente por fundações, que, assim, teriam sido, segundo MARCELLO CAETANO, *Das fundações – Subsídios para a interpretação e reforma da legislação portuguesa*, pág. 97, e também *Manual...*, pág. 366, pela primeira vez no Direito Nacional, objecto de uma regulamentação legal. Mas convém notar vários os aspectos comuns do seu regime: quer as associações, quer as fundações adquiriam personalidade jurídica no acto da constituição, sendo, para todos os efeitos, desde logo reconhecidas de utilidade pública. Portanto, esta resultava ipso iure do acto da constituição. Este último estava condicionado à prática de um acto ou de uma resolução pela autoridade administrativa,

artigo 416.º e segs. era também aplicável, por força do artigo 454.º, aos institutos de assistência ou beneficência de associações religiosas (isto é, fundados, dirigidos ou sustentados por associações religiosas, onde se incluíam também os criados pela Igreja Católica; caso dos centros sociais paroquiais. Designadamente em relação à Igreja Católica, isto significava a subtracção destes institutos – institutos cujos fins principais eram a assistência ou beneficência – ao regime concordatário, ficando este reduzido à disciplina religiosa[107/108].

---

pelo que o reconhecimento da personalidade jurídica era específico ou feito por concessão – no caso das associações de beneficência, a competência, com as alterações introduzidas pelo Decreto-Lei n.º 42 536, de 28/9/1959, viria a ser atribuída ao Ministro da Saúde e da Assistência, que aprovava os estatutos, depois ouvido o governador civil (artigo 440.º do Código Administrativo); para as associações humanitárias, a competência para autorizar a respectiva constituição pertencia, pelo artigo 442.º, ao governador civil; para as fundações, o artigo 446.º determinava que os estatutos e regulamentos poderiam ser aprovados pelo Ministro da Saúde e da Assistência, ou poderiam ser objecto de homologação por este órgão se tivessem sido propostos pelos fundadores. O acto da autoridade administrativa tinha, pois, a natureza de acto constitutivo de direitos. Em terceiro lugar, encontravam-se sujeitas à tutela administrativa em termos quase idênticos. A adopção daquele regime de constituição das corporações e fundações de utilidade pública administrativa justificava-se, segundo o *Parecer da Câmara Corporativa sobre a Proposta de Lei que aprovou o Estatuto da Assistência Social* – Lei n.º 1998, de 15 de Maio de 1944, in *BAS*, n.º 11 – Janeiro – 1944, págs. 524 e segs., por duas ordens de razões: uma, especificamente jurídica, tinha a ver com a determinação do momento a partir do qual nasce a pessoa colectiva com a qualificação de utilidade pública; a segunda, de ordem política, prendia-se com o facto de assim poder orientar-se a assistência privada, impedindo que numa localidade, por virtude de rivalidades ou mera emulação entre pessoas, se multipliquem as obras da mesma índole quando faltem completamente noutros sectores de assistência. A este propósito diga-se que a Lei n.º 1998 de 1945 veio reafirmar a doutrina do Código, pois pelo n.º 2 da Base XVIII "o exercício colectivo da assistência, beneficência ou caridade é permitido às associações ou fundações para isso devidamente autorizadas." Aliás, do regime previsto no Código Administrativo se aproxima o que foi estabelecido no Decreto-Lei n.º 39 660, de 20 de Maio de 1954, que regulamentou o exercício do direito de associação.

[107] Isto significava, em termos práticos, que todo o processo de constituição e gestão dos institutos corria, sem desvios, à luz das normas comuns (isto é, tal como sucedia com os restantes institutos, incluindo reconhecimento da personalidade jurídica civil, não bastando a simples participação da sua erecção canónica), ficando apenas para o direito canónico e para as autoridades da Igreja a concessão da personalidade jurídica respectiva e a disciplina dos aspectos do culto. E a isto se reduzia a salvaguarda da parte final do artigo 454.º: "sem prejuízo da disciplina e espírito religioso que os informam". A aplicação do regime concordatário era incompatível com o regime próprio das pessoas colectivas de utilidade pública administrativa. Em sentido não coincidente, José Carlos Martins Moreira, *Direito Administrativo,*

Neste contexto, as Misericórdias constituíam um caso especial, porque dotadas de um "regime especial" dentro do regime geral das pessoas colectivas de utilidade pública administrativa (arts. 433.º e segs.). Na verdade, não obstante serem consideradas como associações de assistência ou beneficência regidas por "compromissos (...), elaborados de harmonia com o espírito tradicional da instituição, para a prática da caridade cristã", o legislador do Estado Novo havia de culminar o processo já iniciado com o liberalismo: a instituição de um regime dualista. O golpe final foi dado pelo Decreto-Lei n.º 35108, de 7-11-45 (art. 108.º). Doravante, uma coisa é a associação – a misericórdia –, outra, bem diferente, é a confraria ou a irmandade: a associação de beneficência é uma pessoa colectiva de utilidade pública administrativa; a confraria ou irmandade é uma pessoa colectiva canonicamente erecta, regida exclusivamente pelo direito concordatário (ou melhor, pelo direito canónico)[109]. Para além disso, a esta espécie de instituições particulares deferia o legislador prerrogativas públicas, responsabilidades e atribuições ou obrigações públicas de

---

lições coligidas por Araújo Barros e Carlos Grilo, Ed. da Casa do Castelo, Coimbra, 1939, pág. 266. Regime diferente era aplicável aos institutos que, para além dos fins religiosos – fins principais – desenvolvessem também actividades de assistência. Aqui vigorava o regime dos artigos 449.º e 453.º, previsto para as associações religiosas, vigorando, por conseguinte, e quase na totalidade, o regime concordatário (art. IV da Concordata) – apenas ficavam sujeitas, e em certos termos, à prestação de contas relativamente à actividade beneficente, mas não gozavam dos privilégios, apoios, prerrogativas e regalias próprias das pessoas colectivas de utilidade pública administrativa. Relativamente às associações religiosas, o Cód. Adm., no seu art. 449.º, dava uma noção que apenas abrangia as confrarias. No entanto, através de uma interpretação integradora, faziam-se compreender aí também as ordens terceiras seculares, as pias uniões e todas as entidades (associações, fundações e institutos) criadas pela competente autoridade eclesiástica. Cfr. Sebastião Cruz, *Associações, Religiosas Católicas,* in *DJAP*, vol. I, 2.ª ed., págs. 563 e segs., e Parecer da Procuradoria--Geral da República, D. G., II-S, n.º 175, de 28-6-1953.
108

[109] O diploma referido, ao reduzir o papel das irmandades ou confrarias ao desempenho das missões religiosas ou de culto nas misericórdias, alterou o art. 433.º do Código Administrativo, que, para além de as considerar entidades instituidoras, (ainda) lhes atribuía a administração das mesmas.

exercício obrigatório incomparavelmente mais extensas do que às congéneres pessoas colectivas[110].

2. As instituições e o princípio da supletividade (ou subsidariedade) do Estado

Não obstante a Constituição de 1933 surgir como "instituidora de um Estado social" (PAULO OTERO)[111], o certo é que foi às corporações e institutos de assistência ou beneficência que o Estado Novo confiou a principal responsabilidade nos domínios da assistência social e da saúde. E muito embora não existisse para as actividades assistenciais uma disposição constitucional específica que expressamente consagrasse o princípio da subsidiariedade da intervenção do Estado, ao contrário do que sucedia para as actividades económicas (art. 33.°), julgamos que a mesma orientação não deixava de resultar quer do texto constitucional, quer da político-legislativa sobre a assistência social e saúde.

---

[110] Quanto à imposição legal de obrigações de exercício obrigatório, temos, a título de exemplo: sustentação de postos hospitalares; socorro às grávidas; protecção dos recém-nascidos; enterramento dos pobres e indigentes (art. 434.° do Código Administrativo); coordenação da assistência desenvolvida pelas instituições de assistência no respectivo concelho (que, aliás, lhes competia enquanto "órgãos locais de saúde e assistência" (...), cabendo-lhe a principal responsabilidade nas actividades hospitalares e assistenciais" – cfr., respectivamente, as Bases XX e XXII, da Lei n.° 2120, de 19-7-63, que aprovou o Estatuto da Saúde e da Assistência); exercício das suas atribuições (e competências) preferencialmente no âmbito da circunscrição concelhia (cfr. art. 109.°, do DL n.° 35108); etc. Quanto a prerrogativas públicas (ou regalias) destacam-se, em relação às demais instituições, a reversão para a misericórdia local ou concelhia dos bens e valores das associações e institutos extintos (art. 432.°); o valor probatório autêntico das suas certidões (art. 436.°); o poder de aprovação de projectos de obras; etc.

[111] Cfr. PAULO OTERO, *Poder de Substituição,* págs. 519-520, onde o autor afirma que a Constituição de 1933 foi o primeiro texto constitucional que entre nós assumiu como tarefa clara dos poderes públicos a realização do bem-estar e da justiça social. E de facto, a Constituição de 1933 impunha, no âmbito do princípio intervencionista, algumas incumbências ou tarefas aos poderes públicos de natureza social, designadamente, as incumbências de "zelar pela melhoria de condições das classes sociais mais desfavorecidas..." (art. 6.°, n.° 3 da redacção original), e de "coordenar, impulsionar e dirigir todas as actividades sociais (...)" (art. 6.°, n.° 2).

Na verdade, de acordo com o texto constitucional (artigo 6.º, n.º 2, da Constituição Política de 1933), incumbia ao Estado "coordenar, impulsionar e dirigir todas as actividades sociais". No domínio da assistência social, esta função política e social do Estado deveria concretizar-se através das actividades de «assistência, beneficência ou caridade», às quais o texto constitucional reconhecia finalidade própria, entre as susceptíveis de tomarem feição corporativa e serem como tais autorizadas, auxiliadas e favorecidas mediante normas especiais (artigos 16.º, 17.º e seu § único, e arts. 14.º, n.º 4 e 41.º)[112]. Do artigo 41.º da Constituição resultava expressamente um princípio de promoção e favorecimento das instituições de solidariedade, previdência, cooperação e mutualidade.

Ao nível da política legislativa tal orientação resulta claramente dos textos-base do regime corporativo sobre a assistência social e a saúde: a Lei n.º 1.998, de 15-5-1944, que aprovou o Estatuto da Assistência Social, e o Decreto-Lei n.º 35108, de 7-11-1945, dirigido à reforma da organização dos serviços de assistência social, e mais tarde a Lei n.º 2120, de 19-7-63.

No domínio da saúde, a mesma orientação viria a ter também concretização específica no âmbito da actividade hospitalar[113].

---

[112] No artigo 41.º podia ler-se que "o Estado promove e favorece as instituições de solidariedade, previdência cooperação e mutualidade", o mesmo constando do art. 14.º, n.º 4.

[113] De facto, no domínio da saúde, os hospitais das instituições particulares – a esmagadora maioria geridos, desde há séculos, pelas Misericórdias, continuaram sob a sua gestão (e propriedade). Isto mesmo seria reconhecido pela Lei n.º 2001, de 2 de Abril de 1946, que lançou os alicerces da organização de um sistema hospitalar nacional de base regional. Com o DL n.º 48357, de 27 de Abril de 1968, que aprovou o Estatuto Hospitalar, e pelo Decreto n.º 48358, da mesma data, que aprovou o Regulamento Geral dos Hospitais, os hospitais da Misericórdias (e, consequentemente, também estas) seriam integrados no sistema ou na organização nacional dos hospitais, salvaguardando-se, porém, a autonomia das instituições nos termos gerais. Neste esquema organizatório, as Misericórdias dispunham de um hospital central – o de Santo António do Porto -, todos os regionais (25) e a quase totalidade dos sub-regionais (256) (que anos depois, através do DL n.º 413/71, passariam, estas duas últimas categorias, a denominar-se de distritais e de concelhios, respectivamente). Do conjunto dos hospitais existentes, 7 eram geridos por outras instituições particulares de assistência. A lógica ou a consequência desta integração era óbvia: os hospitais das designadas instituições particulares passaram, a partir de então, a prestar serviços, não apenas aos mais desfavorecidos, mas a todos os cidadãos em geral (beneficiários dos sistemas públicos de protecção social existentes – Previdência e A.D.S.E. - e não beneficiários), contra o pagamento de um preço tabelado, suportado, quanto aos funcionários públicos,

O princípio orientador e informador de todo o ordenamento jurídico da política de saúde e assistência consagrado nestes diplomas foi o seguinte: o Estado exerce uma acção meramente supletiva em relação às iniciativas particulares, dado as actividades assistência e de saúde pertencerem a estas entidades, incumbindo ao Estado a planificação política e administrativa, a orientação, promoção, fomento e auxílio dos seus generosos impulsos. Ou seja: o exercício ou a prestação directa de assistência, no domínio social e da saúde, e é uma actividade natural e normal das instituições particulares, cabendo ao Estado e à Administração Pública em geral uma função meramente supletiva, só devendo intervir onde e quando as iniciativas particulares falhassem ou se demitissem de actuar[114].

3. A Administração Pública e as instituições

A conclusão anterior não significava que o Estado se demitisse do exercício de poderes soberanos, pois: "se na prestação directa da assistência compete ao Estado uma função meramente supletiva, ao mesmo tempo pertence, em primeiro plano, a função orientadora,

---

pelo próprio Estado. Estes diplomas limitaram-se a completar e densificar a obrigação legal resultante do Código Administrativo – sustentação dos postos hospitalares –, passando a incidir claramente sobre as instituições a obrigação legal de prestar um serviço público de vocação universal.

[114] Aqueles diplomas demarcaram o exercício da assistência no conjunto das actividades públicas, entendendo-se que atribuir ao Estado a prestação directa da assistência é negar a função social daqueles valores [os valores naturais da família e dos agrupamentos económicos e sociais, assim como a tradição secular do nosso país nesta área] e, consequentemente, justificar uma crescente socialização seria (...) converter a saúde e a vida em mero fruto artificial de uma técnica fria e desumanizada. Em caso algum poderia, pois, justificar-se a oficialização das diversas modalidades de assistência. E este princípio base devia prevalecer "mesmo quando o Estado assume, a título excepcional, a prestação directa da assistência; ainda neste caso a gerência do Estado é imposta mais pela demissão das iniciativas particulares do que pela sua falta natural de competência para exercerem aquela função". Este princípio deveria ser cumprido mesmo quando implicasse a adopção de medidas coactivas que "imponham a lei da solidariedade social", ou o "dever social de prestar assistência" (como se diz no Preâmbulo da Proposta de Lei sobre o Estatuto da Assistência Social, in BAS, n.º 11-Janeiro-1944, págs. 515 e segs., e no Parecer da Câmara Corporativa emitido sobre a mesma, da autoria (material) de MARCELLO CAETANO, in BAS, n.º 11-Janeiro-1944, págs. 524 e segs.).

promotora e tutelar e a de inspecção permanente de todas as actividades assistenciais"[115]. Vejamos, pois, os principais aspectos do regime disciplinador desta função, e em que se traduz, no período em análise, a relação jurídico-administrativa entre as pessoas colectivas de utilidade pública administrativa e o Estado.

Nos termos do artigo 418.º do Código Administrativo, as pessoas colectivas de utilidade pública administrativa estão submetidas à tutela do Estado, em conformidade com as leis, decretos, portarias, instruções e ordens emanadas do Governo. Neste âmbito, ao governador civil cabem, por força do artigo 420.º, as seguintes funções essenciais:

- fiscalizar a administração das pessoas colectivas de utilidade pública administrativa;
- coordenar em todo o distrito a sua acção, harmonizando-a com a dos corpos administrativos, conforme se dispõe no artigo 420.º;
- aprovar, sob pena de não serem executórias, conforme se dispõe no artigo 421.º, as deliberações das associações beneficentes sobre orçamentos (ordinários ou suplementares);
- fixar os quadros de pessoal, formas de provimento e vencimentos;
- participar, nos termos do artigo 424.º, ao Ministério Público os acto, decisões e deliberações que considere ilegais para efeitos de anulação contenciosa, assim como qualquer outro acto ou omissão que considere gerador de responsabilidade civil ou penal.

Ao governo, através do Ministério do Interior ou da Saúde e Assistência cabem as seguintes funções:

- autorizar a aquisição de bens imobiliários por título oneroso e sua alienação por qualquer título, e a realização de empréstimos (artigo 422.º)[116];

---

[115] *Idem*, pág. 517

[116] Relativamente a estes actos de autorização, MAECELLO CAETANO (*Das fundações...*, pág. 117) afirma tratar-se de actos que incidem sobre a própria capacidade das pessoas colectivas, e que se estará aqui, portanto, perante uma restrição à capacidade jurídica das pessoas colectivas. Por isso, estas são incapazes de adquirir, alienar e de obter por empréstimo.

As "instituições particulares de assistência" 71

– dissolver, através dos mesmos Ministérios e nos termos e com os fundamentos previstos no artigo 429.º, as mesas, direcções ou administrações dos institutos, e nomear, em sua substituição, comissões administrativas cujos membros seriam livremente escolhidos pelos ministros respectivos (artigo 422.º).

Por último, às juntas distritais cabe o julgamento das contas[117].

Para além disso, o regime administrativo abrangia ainda a sujeição às regras da contabilidade pública, o julgamento das contas pelo Tribunal de Contas, o contencioso administrativo de anulação de decisões e/ou deliberações, a isenção de contribuições e impostos e outros encargos fiscais, embora a extensão de tais isenções resultasse, caso a caso, de despacho ministerial. Em relação aos casos de extinção da pessoa colectiva, era imposta a reversão dos bens a favor do Estado ou de outra pessoa colectiva de utilidade local. Era este, pois, o regime legal aplicável às pessoas colectivas de utilidade pública administrativa local (as únicas previstas e reguladas no Código Administrativo)[118].

Razão pela qual o negócio jurídico concluído sem autorização da autoridade tutelar seja praticado por alguém incapaz e, consequentemente, inválido. E no caso tratar-se-ia de uma invalidade absoluta. Para nós não está em causa a capacidade das pessoas colectivas. Esta existe, pois o princípio da especialidade do fim assim o postula. A exigência de autorização tem outro sentido e outra finalidade. Esta autorização funciona como um pressuposto jurídico do exercício de uma capacidade jurídica já existente e, portanto, anterior, muito embora possa condicionar a validade e eficácia dos negócios jurídicos celebrados pela pessoa colectiva autorizada. Por isso, não podemos concordar com equiparação feita à situação dos incapazes.

[117] Com a emissão do DL n.º 351/72, de 8-9 (art., 90.º), a competência para julgar as contas de gerência foi transferida para a Direcção-Geral da Assistência (julgamento das contas de gerência de montante inferior a 2000 contos, estando as de valor superior sujeitas a julgamento do Tribunal de Contas).

[118] Deve aqui referir-se que para as pessoas colectivas privadas de utilidade pública (mas não consideradas de utilidade administrativa para efeitos da aplicação do regime do Código administrativo, muito embora a finalidade seja de interesse social), o Código Civil de 1867, no seu artigo 161.º, n.º 2, também impunha algumas limitações à sua autonomia de gestão ou administração, pois sujeitava alguns actos, sob pena de nulidade, à autorização do Governo, nomeadamente as aquisições e alienações onerosas. Esta intervenção directa do Governo na gestão destas pessoas colectivas pode, de algum modo, considerar-se também uma manifestação de poderes inerentes a uma relação de tutela administrativa. Neste sentido, cfr. A. BARBOSA DE MELO, *As pessoas Colectivas Eclesiásticas Católicas e o artigo 161.º do Código Civil*, in *Separata da RDES*, ano XVI-N.ºs 1-2 e 3-4, e também PIRES DE LIMA E ANTUNES VARELA, *Código Civil Anotado*, vol. I, 4.ª ed., págs. 165 e 166.

72   *As Instituições de Solidariedade Social*

Para o completar (ou complementar) e/ou executar este regime (como, aliás, se estabelecia no seu artigo 418.º), foram emitidos os diplomas avulsos já mencionados: a Lei n.º 1998, Decreto-Lei n.º 35108, a Lei n.º 2120, e ainda o Decreto n.º 351/72, de 8-9[119].

Com a emissão destes diplomas, a Direcção-Geral da Assistência Social, criada pelo DL n.º 35108/45, passou a constituir o serviço nuclear no âmbito do exercício das competências tutelares do Governo, tendo mais tarde, com o DL n.º 351/72 (art. 90.º), sido criado, dentro desta Direcção, um serviço específico para o efeito – a Inspecção-Superior de Tutela Administrativa[120].

4. Síntese conclusiva

Não obstante a emissão de outra legislação sobre a matéria, o regime consagrado nestes diplomas e no Código Administrativo constitui, na "república corporativa"[121], a pedra angular do sistema de relações entre as designadas instituições particulares de assistência e a Administração[122].

Instituições essas que, embora resultantes da iniciativa privada, eram consideradas elementos componentes da organização corporativa do Estado Novo. E sendo organismos integrados na organização corporativa, participam, nesta qualidade, "das suas funções [funções inerentes aos organismos corporativos] e contraem deveres públicos, pelo que podem ser considerados pessoas colectivas de direito privado e regime administrativo, com forte tendência para o direito público"[123].

---

[119] Fora deste regime parecem ter continuado as pessoas colectivas de utilidade pública geral, assim como as restantes associações e fundações (movidas por outros fins). Pelo que estariam, assim, na dependência de diplomas avulsos que, caso a caso, as autorizassem e disciplinassem. Mas na ausência de um estatuto especial, o regime do Código Administrativo seria pelo menos aplicável às pessoas colectivas de utilidade pública administrativa geral. Neste sentido, VITAL MOREIRA, *Administração Autónoma...*, pág. 298.

[120] Tais diplomas, em alguns aspectos, não se limitaram, pois, a completar o regime do Código Administrativo, tendo alterado ou revogado, pelo menos parcialmente, alguns aspectos do regime aí consagrado, designadamente em matéria de competências tutelares.

[121] Cfr. J. J. GOMES CANOTILHO, *Direito Constitucional...*, pág. 172.

[122] Regime esse que, segundo MARCELLO CAETANO, *Manual....*, pág. 193, devia, em caso de conflito, prevalecer sobre as regras contidas no Código Civil

[123] Cfr. MARCELLO CAETANO, *Manual....*, pág. 355.

As *"instituições particulares de assistência"* 73

No âmbito deste regime, e segundo aqueles diplomas, orientar, coordenar, cooperar ou colaborar e fiscalizar constituíam os objectivos ou fins nucleares da função tutelar.

Contudo, do regime concretamente instituído, lido isoladamente ou em conjugação com o art. 418.º do Código Administrativo, o que resulta é muito mais do que uma relação jurídica de tutela. O que na realidade nos surge é um disperso e complexo de poderes em que as fronteiras entre o poder de tutela, de superintendência e de direcção se diluem num todo único, e que só o esforço do rigor analítico poderia conceitualmente arrumar. Não obstante as dificuldades em determinar quando findava a fronteira da tutela administrativa e começava uma relação de superintendência ou de hierarquia, a análise feita ao regime disperso por vários diplomas legais, permite avançar o quadro a seguir exposto em termos necessariamente sintéticos:

a) Ao nível da relação de tutela:

– tutela correctiva ou integrativa, traduzida em autorizações (autorizações para a realização de obras, aquisição de equipamentos, contracção de empréstimos, alienação de bens, constituição de hipotecas e outros onerações reais, etc. – tutela a priori) e aprovações (aprovação dos orçamentos, contas, quadros de pessoal, etc. – tutela a posteriori), permite às autoridades administrativas controlar a legalidade e o mérito dos actos, decisões e deliberações dos órgãos de gestão das designadas instituições particulares de assistência. Este procedimento tutelar era normalmente integrado por pareceres obrigatórios da Direcção-Geral da Assistência Social;

– tutela normativa, traduzida na emissão de normas de carácter administrativo (por ex., regulamentos), eventualmente em execução de medidas legislativas sobre a política da assistência;

– tutela inspectiva, exercida através de acções de inspecção ou fiscalização dos órgãos e serviços das instituições, dos actos e omissões e da actividade por elas desenvolvida. Estas acções tinham em vista apurar não só a legalidade da constituição e funcionamento dos órgãos, mas também verificar o cumprimento das normas legais (tutela de legalidade), orientações e instruções relativas ao exercício da actividade assistencial e financeira, com consequências ao nível do exercício da tutela sancionatória;

- tutela sanciontória (e disciplinar), a que MARCELLO CAETANO também chama tutela integral, traduzida na abertura e instrução de processos de inquérito ou sindicância, que, nos termos dos artigos 429.º e 430.º do Código Administrativo, podiam levar à dissolução (administrativa) dos órgãos de gestão, e à exclusão da participação dos membros do órgão dissolvido no elenco do novo órgão, a que acrescia ainda o poder de extinção (administrativa) da pessoa colectiva. Tratam-se, pois, de puras sanções administrativas;

- tutela substitutiva traduzida na possibilidade de, pelo menos em relação aos institutos (fundações) de assistência, praticar actos na vez e por conta da entidade tutelada. Em caso de impasse ou bloqueio na gestão dos institutos competia ao ministro da tutela providenciar "pela forma que em seu entender mais se harmonize com a vontade do instituidor e o interesse público" (cfr. § 4.º do artigo 430.º do Código Administrativo), o que, parece-nos, para além de não excluir a nomeação governamental de um administrador, também não excluiria a hipótese aqui colocada: a prática de actos na vez e por conta da entidade tutelada[124]. Para além disso, a autoridade administrativa podia ainda transformar as fundações, afectando o património instituído a fins diversos daqueles que tinham sido intencionados pelo fundador, com o único limite de serem análogos a eles[125].

b) Ao nível da relação de superintendência ("tutela" de orientação, na designação de VIEIRA DE ANDRADE[126]), traduzia-se, designadamente:

- na emissão de orientações e directivas demarcando ou fixando campos de actividade, prioridades e objectivos,

---

[124] Coisa diferente sucede quando o governo se substitui ao fundador ou aos administradores da herança ou legado na elaboração dos estatutos e regulamentos do instituto, dado, em rigor, nesta situação, ainda não haver um ente jurídico; há apenas uma massa patrimonial e a vontade do fundador. Razão por que se impõe o cumprimento desta vontade, como, aliás, hoje sucede.

[125] Neste sentido, MARQUES GUEDES, *Direito Administrativo*, AAFDL, 1957, pág. 226.

[126] Cfr. VIEIRA DE ANDRADE, *Direito Administrativo, Sumários ao Curso de 1996/97*, pág. 25.

dado que, como se diz no texto do preâmbulo de um dos diplomas, a Direcção-Geral devia proporcionar as "de directrizes para a organização dos planos ou das modalidades de assistência a prestar", que, aliás, deviam ser desde logo consagradas nos estatutos e regulamentos ("tutela" de orientação de natureza funcional em sentido estrito);

– na emissão de orientações de natureza técnica, relativas à actividade médica, sanitária, social, pedagógica ou educativa, provenientes dos órgãos competentes ("tutela" de orientação de natureza técnica);

– na emissão de orientações relativas à organização contabilística e gestão financeira, especialmente, para efeitos de elaboração e execução dos orçamentos, apurar, entre outras finalidades, nomeadamente em sede de fiscalização, a existência de "possíveis desvios" em relação ao plano preestabelecido, apreciar o mérito da utilização dos subsídios públicos e a viabilidade de concessão de subsídios futuros ("tutela" de orientação de natureza financeira) [127].

c) Ao nível do exercício do poder de direcção:

– as leis falam expressamente no exercício de "funções de direcção", muito embora não refiram expressamente quais os actos passíveis de prática ao abrigo de tais funções. E não tinham de dizer, porquanto se parte do princípio de que se está no domínio de relações intra-administrativas. Daí a admissibilidade de instruções e de ordens em todos os domínios de actividade das instituições. Deste modo, este regime estava em perfeita consonância as disposições do Código Administrativo, pois também neste último a emanação de instruções, directivas e de ordens era uma faculdade normal do governo, originariamente desconcentrada no governador civil. A desobediência a estes actos constituía uma causa de

---

[127] Note-se que MARCELLO CAETANO, *Manual ...*, págs. 224 e 225, refere que a tutela confere ao órgão tutelar o poder de dar instruções sobre o modo como devem ser exercidos os poderes do tutelado, mas limita este poder à parte em que a eficácia do exercício dos poderes do órgão tutelado dependa da tutela. Ora, no texto trata-se de poderes de orientação que ultrapassam estes limites.

dissolução dos órgãos de direcção/administração eleitos e/ou designados (cfr. artigo 429.º).

Estamos, pois, perante uma relação que envolve poderes que conformam e modelam substancialmente a actividade das instituições: para além do controlo da legalidade dos actos e da acção fiscalizadora, os poderes conferidos pela lei às autoridades administrativas envolvem também critérios de boa administração, e, portanto, de mérito. Prerrogativas que podiam ser usadas a qualquer momento (a priori ou a posteriori ou de forma concomitante), e em relação à generalidade dos actos praticados pelas instituições. Por isso, poderemos dizer que a relação jurídico-administrativa não era, neste sentido, meramente externa: pelo contrário, o que descortinamos é uma relação em que a extensão (e a intensidade) dos poderes é tão vasta que atingiam e conformavam intrinsecamente o exercício dos poderes e a actividade desenvolvida pelas instituições.

Não obstante a sua natureza jurídica privada e a proclamada "autonomia das instituições particulares de assistência"[128], a verdade é que estas eram tratadas, sob o ponto de vista do regime a que se encontravam sujeitas, como elementos componentes da estrutura administrativa do Estado Novo. Ou, acompanhando a opinião de FREITAS DO AMARAL, "com o advento do Estado Novo, o centralismo administrativo dominante submeteu as pessoas colectivas de utilidade pública administrativa a uma intervenção tão forte da Administração Pública que delas fazia verdadeiros elementos componentes do sector público. Não é por acaso, aliás, que o artigo 109.º, n.º 4, da Constituição de 1933 as integrava formalmente na Administração Pública."[129].

---

[128] Na verdade, o exercício do conjunto dos poderes referidos não impedia a proclamação de que a "autonomia das instituições particulares só poderá ser limitada pela tutela administrativa do Estado" (cfr. n.º 1 da Base VII, da Lei n.º 2120, de 19 de Julho de 1963 (D.G. n.º 169), e que as instituições não perdiam a característica de particulares pelo facto de receberem subsídios do Estado ou das autarquias, considerando-se desoficializadas as instituições ou serviços oficiais quando entregues a entidades particulares, em regime de simples cooperação ou de subsídio, correspondente à assistência que se obrigam a prestar.

[129] Cfr. FREITAS DO AMARAL, Curso..., pág. 576. A este propósito não deixa também de ser elucidativa a forma como VITAL MOREIRA, Administração Autónoma..., pág. 290, se refere aos organismos corporativos: o «corporativismo real» não foi mais do que uma fórmula de enquadramento estadual das relações laborais e económicas, mediante a publicização das associações sindicais de trabalhadores, das associações patronais e empresariais, das associações

As *"instituições particulares de assistência"* 77

Isto significa que o regime do Estado Novo, neste específico aspecto, representa uma concretização mais acabada do regime liberal. Na verdade, o regime que as enforma é mais próximo de um organismo da Administração indirecta do Estado do que de um conjunto de pessoas colectivas privadas que prosseguem interesses coincidentes com os da Administração.

Tal circunstância permite-nos concluir que a natureza jurídica privada das pessoas colectivas (enquanto entes criados pela iniciativa particular e não pública – critério da criação), não é estruturalmente incompatível com a sua integração material e formal no quadro da organização administrativa do Estado[130].

Embora não comunguemos com a qualificação que lhes é dada por AFONSO QUEIRÓ, o certo é que não podemos deixar de reconhecer que algumas das características aqui analisadas terão justificado a qualificação, por este autor, das pessoas colectivas de utilidade pública administrativa como pessoas colectivas de direito público. Na verdade, para além de outros aspectos, "as chamadas pessoas colectivas de utilidade pública administrativa (correspondentes em certa medida às antigas «corporações administrativas» do Código de 96) estão sujeitas a um regime que, em alguns dos seus traços mais salientes, é um regime de direito público", sendo que um desses traços mais significativos era, precisamente, a sua sujeição a uma tutela estadual, de particular intensidade e transcendendo meros intuitos policiais[131].

---

profissionais". Sobre a problemática natureza jurídica dos organismos corporativos, vide SÉRVULO CORREIA, *Natureza jurídica dos organismos corporativos,* in *ESC,* ano II, n.º 8, págs. 9 e segs.

[130] Como veremos, ainda hoje subsistem no nosso ordenamento jurídico laivos do quadro aqui traçado, designadamente em leis orgânicas ou estatutárias de algumas pessoas colectiva de utilidade pública administrativa.

[131] Cfr. AFONSO RODRIGUES QUEIRÓ, *Lições...,* págs. 276 e segs. A posição deste autor – qualificação das pessoas colectivas de utilidade pública administrativa como entes de direito público – não é acompanhada pela generalidade da doutrina jus administrativa nacional, que as qualifica como pessoas colectivas de direito privado mas submetidas a um forte regime de direito administrativo. Posição de MARCELLO CAETANO, *Manual de Direito Administrativo, vol. I,* pág. 355, DIOGO FREITAS DO AMARAL, *Curso de Direito Administrativo, vol. I,* págs. 549 e segs., VITAL MOREIRA, *Administração Autónoma e Associações Públicas,* págs. 296 e segs., MARCELO REBELO DE SOUSA, *Lições de Direito Administrativo, vol. I,* pág. 411, VIEIRA DE ANDRADE, *Direito Administrativo, Sumários ao Curso de 1996/97,* pág. 2

Contudo, e na senda da generalidade da doutrina jus administrativa nacional, entendemos que as pessoas colectivas de utilidade pública administrativa, não obstante o forte regime administrativo a que se encontravam sujeitas, não perdiam a qualidade jurídica originária. Isto, por duas razões fundamentais: por um lado, a génese da sua criação era a iniciativa particular (e não pública), sendo que a lei não as converteu formalmente em públicas, não lhes "expropriando", assim, a qualidade jurídica originária – pelo contrário, reconhecia-as e qualificava-as como "instituições de assistência privadas" ou como "instituições particulares de assistência"; por outro lado, o forte regime administrativo a que, indubitavelmente, se encontravam sujeitas justifica a sua integração na organização da Administração Pública, mas não a transmutação da sua natureza jurídica de raiz.

(muito embora não deixe de as colocar naquilo que designa por "problemas dos limites do aparelho administrativo"), JOÃO CAUPERS, *Direito Administrativo I, Guia de Estudo*, Noticias Editorial, 4.ª ed., 1999, pág. 301, entre outros autores.

PARTE II

A Constituição de 1976 e o novo estatuto jurídico das instituições particulares de assistência – as instituições particulares de solidariedade social

CAPÍTULO I

O novo estatuto jurídico – constitucional das instituições particulares de assistência

1. O (novo) fundamento jurídico-constitucional das instituições: a criação de uma nova categoria de pessoas colectivas

Com a Constituição de 1976, às "instituições de assistência privadas" ou "instituições particulares de assistência", sucederam as "instituições privadas de solidariedade social" (na versão originária), ou as "instituições particulares de solidariedade social" (na versão dada ao art. 63.º, n.º 3, pela revisão de 1982, e que se mantém no texto actual)[132]. No texto original, as instituições eram mencionadas no art. 63.º, n.º 3, segundo uma formulação negativa: "a organização do sistema de segurança social não prejudicará a existência de instituições privadas de solidariedade social não lucrativas que serão permitidas, regulamentadas por lei e sujeitas à fiscalização do Estado".

Esta mudança terminológica, para além da sua significação simbólica ou formal, pretendia, sobretudo, traduzir uma nova filosofia política e jurídica.

---

[132] A mudança terminológica teve por base o projecto de lei de revisão constitucional apresentado pelo PSD, CDS e PPM, partidos que então constituíam a Aliança Democrática (AD), publicado no Diário da Assembleia da República, II Série, 2.º Suplemento ao n..º 2, de 17 de Outubro de 1981. Trata-se de uma alteração que foi acolhida sem discussão. E muito embora das actas da comissão para a revisão constitucional não conste a justificação desta proposta de alteração, julgamos que a mesma terá, provavelmente, sido motivada pela intenção de reforçar, no plano jurídico-constitucional, quer a natureza jurídica das instituições – as IPSS são instituições criadas pela iniciativa dos particulares, fora de qualquer ingerência ou participação pública, assim se realçando a sua distinção em relação a outras entidades de direito privado sem fins lucrativos, como as cooperativas de interesse público –, quer a sua autonomização em relação ao sector privado, também constitucionalmente garantido.

Com efeito, a alteração está subjacente uma orientação político-constitucional de ordem geral, e em dois sentidos: em primeiro lugar, um corte com o passado, isto é, com o estatuto herdado do Estado Novo, e, por conseguinte, com a sua forma de organização corporativa, onde se incluíam, como vimos na Parte I, as instituições de assistência, e, em segundo lugar, marca o seu posicionamento em relação ao novo modelo constitucional de organização administrativa, e particularmente em relação à consagração constitucional de um sistema de segurança social público – a existência deste não representaria a estatização integral da segurança social, nem a extinção ou publicização das antigas instituições de assistência. Ou seja, à inversão constitucional do papel assumido pelo Estado – passagem de uma função meramente supletiva na protecção social para uma função interventora e de garante de um sistema nacional de protecção social – não correspondia a eliminação da iniciativa particular.

Sob o ponto de vista jurídico, garantia-se constitucionalmente quer a sua existência, e, portanto, o direito ou a liberdade da sua constituição (embora condicionada ou sujeita algumas restrições), quer a sua autonomização relativamente à organização administrativa da segurança social. Este aspecto era particularmente importante fundamentalmente por três motivos: em primeiro lugar, vinculava o legislador à adopção de medidas legislativa que redefinissem o seu estatuto jurídico, quer à luz da liberdade de associação, quer à luz da nova orientação constitucional para o sector, o que significava a revogação do regime jurídico herdado (Código Administrativo e legislação avulsa); em segundo lugar, representava uma garantia contra o novo legislador e contra a Administração, dadas as manifestações intervencionistas do Estado então verificadas, e que passaram pela "nacionalização" de estabelecimentos e equipamentos sociais e de saúde geridos pelas instituições (dentro destes últimos, designadamente os hospitais das misericórdias), e pela destituição, amiúde verificada, dos seus corpos gerentes com a subsequente nomeação de comissões administrativas[133]; e, em terceiro lugar, que, aliás, está

---

[133] Efectivamente, em relação aos hospitais, o legislador, a pretexto da progressiva estruturação do serviço nacional de saúde e da sua integração na rede nacional hospitalar, através dos Decretos-Leis n.ºs 704/74, de 7 de Dezembro, e 618/75, de 11 de Novembro, veio a determinar a transferência para o Estado dos hospitais das pessoas colectivas de

relacionado com o primeiro aspecto, obrigava ao recorte conceitual quer da segurança social, quer das instituições privadas de solidariedade social, de forma a delimitar pelo seu objecto ou pelos seus fins, dentro do universo de instituições existentes (e a constituir), aquelas que poderiam ser consideradas instituições privadas de solidariedade social.

Por último, o texto constitucional reflecte uma nova concepção sociológica e ético-jurídica da prática da assistência social, aliás, em consonância com o novo sentido ético e axiológico-normativo subja-

---

utilidade pública administrativa. Medida que muito embora tivesse uma pretensão limitada à respectiva administração ou gestão, acabaria por representar uma apropriação, ou melhor, a nacionalização dos hospitais destas instituições, mantendo aquelas apenas o direito de propriedade sobre os edifícios onde se encontravam instalados. Através do DL n.º 489/82, de 28 de Dezembro, viria a ser permitida a devolução da administração dos hospitais concelhios para as instituições, por meio de acordo a celebrar caso a caso. No entanto, continuaram a manter-se no Estado os hospitais distritais e o Hospital Central de Santo António, do Porto. Pelos Decretos-Leis n.ºs 341/82, de 25 de Agosto, e 274/91, de 7 de Agosto, foram transferidos para a Misericórdia de Lisboa, o Hospital de Sant'Ana e o Centro de Medicina de Reabilitação de Alcoitão, que têm o estatuto de hospitais centrais, e que haviam sido transferidos para o Ministério da Saúde, funcionando na directa dependência da Direcção-Geral dos Hospitais, através do DL. n.º 480/77, de 15 de Novembro. Esta transferência não deixa, de algum modo, de ter o sentido de uma (re)privatização – transferência da titularidade dos hospitais (enquanto estabelecimento prestador de cuidados de saúde) e da sua gestão do sector público para as instituições originárias. Sobre o conceito de reprivatização, ver PAULO OTERO, *Privatizações, Reprivatizações e Transferências de Participações Sociais no Interior do Sector Público,* Coimbra Editora, 1999, págs. 23 e segs. Mas adiante-se que a sua transferência não deixou de ser acompanhada de especiais cuidados, designadamente pela imposição ou manutenção de algumas atribuições legais de exercício obrigatório, e também pela concessão de poderes públicos às instituições: obrigatoriedade de assegurarem o funcionamento dos centros de saúde concelhios, assegurarem a manutenção e administração de toda a sua área de internamento, incluindo a gestão do pessoal não médico afecto a esses centros, e assegurar a gestão de todo o pessoal do quadro dos hospitais que manteve o regime da função pública. Isto, para além da sujeição à acção orientadora e tutelar do Governo (cfr. arts. 2.º e segs., do DL n.º. 489/82). Naturalmente que o âmbito desta matéria não deixava de envolver a prática de alguns actos de autoridade por parte dos órgãos dirigentes das instituições, nomeadamente em matéria de Direito da Função Pública. Mais recentemente, pelo DL n.º 232/95, de 12-9, a Santa Casa da Misericórdia do Porto retoma a gestão do Hospital do Conde de Ferreira, passando a sua administração a reger-se em todos os aspectos do seu funcionamento pela legislação aplicável àquela instituição. Contudo, pelo art. 2.º, o Hospital continua integrado na rede nacional de prestação de cuidados de saúde e subordinado aos princípios orientadores da sua actividade, e em articulação com as instituições do SNS a fim de garantir a continuidade de cuidados.

cente à Constituição – o princípio da solidariedade é erguido como fundamento constitucional da prática da assistência pelos cidadãos através de modos ou formas institucionalizadas, reflexo das novas concepções culturais e filosóficas que presidem ao novo texto constitucional, e que têm a sua raiz numa nova concepção ética e jurídica da pessoa-cidadão, de cidadania pessoal e social, e de sociedade – agora, sociedade civil –, substituindo-se, assim, a anterior filosofia que ligava a prática da assistência a uma "competência natural da sociedade", fazendo uma espécie de ligação naturalística, genética ou ontológica entre aquela e os "organismos do tecido social".

Este novo quadro constitucional impunha, pois, a revisão do regime do estatuto das instituições particulares de assistência. Foi o que sucedeu com o DL n.º 519-G2/79, de 29 de Dezembro, que aprovou o Estatuto das Instituições Privadas de Solidariedade Social, dando, assim, concretização à previsão contida no n.º 3 do art. 63.º da CRP, e que viria a ser revogado pelo DL n.º 119/83, de 25 de Fevereiro.

Contudo, quer o texto constitucional (art. 63.º, n.º 3), quer o conceito (legal) de instituições privadas de solidariedade social fornecido por aquele diploma no seu artigo 1.º – instituições particulares de solidariedade social são apenas aquelas que facultam bens ou prestações de segurança social –, não eram isentos de dúvidas, dando a sua redacção margem para interpretações divergentes, designadamente em relação à subsistência no nosso ordenamento jurídico da figura das pessoas colectivas de utilidade pública administrativa. A publicação, entretanto ocorrida, do DL n.º 460/77, de 7 de Novembro, sobre o regime das pessoas colectivas de utilidade pública, e do DL n.º 119/83, também não parece ter resolvido definitivamente a questão.

Efectivamente, houve quem defendesse o desaparecimento desta figura do nosso ordenamento jurídico, ou porque o novo conceito de instituições privadas de solidariedade social havido consumido integralmente o anterior, subsumindo no seu âmbito de aplicação subjectivo todas as pessoas colectivas de utilidade pública administrativa (posição de Jorge Miranda e Sérvulo Correia)[134], ou porque foram

---

[134] Cfr. Jorge Miranda, *As Associações Públicas no Direito Português,* in *EDP*, n.º 10, Cognitio, 1985, págs. 12-13, e Sérvulo Correia, *Noções de Direito Administrativo,*

O novo estatuto jurídico – constitucional das instituições... 85

absorvidas no regime do DL n.º 460/77, de 7 de Novembro, e, portanto, no conceito de pessoas colectivas de utilidade pública (posição de Castro Mendes e Carvalho Fernandes, no entanto, este autoria viria a rever a sua posição)[135], ou, finalmente, porque a revogação da Constituição de 1933 pela Constituição de 1976 teria, por consequência, conduzido à extinção daquela figura por revogação da sua previsão constitucional e por o seu regime ser contra o direito de associação e a liberdade de associação (posição de Silva Leal, também objecto de posterior reconsideração)[136].

A subsistência da categoria das pessoas colectivas de utilidade pública administrativa foi defendida por Gomes Canotilho e Vital Moreira[137] e por Freitas do Amaral[138], sendo ainda hoje admitida pela generalidade dos autores[139] e pela jurisprudência[140].

---

vol. I, Lisboa, 1985, pág. 156. No entanto, este último autor, na sua obra *Legalidade e Autonomia Contratual nos Contratos Administrativos,* Almedina, Coimbra, 1987, pág. 414, fala expressamente em pessoas colectivas de utilidade pública administrativa, apontando-as como um dos exemplos onde poderá ser possível a celebração de contratos administrativos entre pessoas colectivas privadas, o que sugere uma revisão da sua posição.

[135] Cfr. João de Castro Mendes, *Direito Civil – Teoria Geral,* vol. I, AAFDL, 1978, pág. 645, Luís Carvalho Fernandes, *Teoria Geral do Direito Civil,* I, 2.º tomo, AAFDL, 1983, pág. 470, que viria a rever a sua posição, admitindo a subsistência das pessoas colectivas de utilidade pública administrativa na 2.ª ed. da *Teoria Geral do Direito Civil,* vol. I, 2.ª ed., Lex, Lisboa, 1995, pág. 390, e em artigo sob o título *Pessoa Colectiva,* in *DJAP,* vol. VI, 1994, págs. 355-356.

[136] Cfr. Silva Leal, *Os Grupos e as Organizações na Constituição de 1976 – A rotura com o corporativismo,* in *Estudos Sobre a Constituição,* vol. III, 1979, págs. 345 e segs. O autor viria a reconsiderar a sua posição em comentário ao Acórdão do Supremo Tribunal Administrativo, de 15 de Dezembro de 1983, in *RMP,* ano 5.º, 1984, vol. 17, págs. 121 e segs.

[137] Cfr. J. J. Gomes Canotilho e Vital Moreira, *Constituição da República Portuguesa Anotada,* 2.ª ed., vol. I, Coimbra Editora, 1984, anotação ao art. 63.º, pág. 340.

[138] Cfr. Freitas do Amaral, *Curso...,* vol. I, 1.ª ed., 1992, págs. 552 e segs., e na sua 2.ª, ed., 1996, págs. 552 e segs.

[139] Entre outros, vide Vital Moreira, *Administração Autónoma...,* págs. 296 e segs. (onde, aliás, defende a existência actual de pessoas colectivas de utilidade pública administrativa geral, e mesmo a possibilidade de estender aquela qualificação a outras pessoas colectivas); Marcelo Rebelo de Sousa, *Lições de Direito Administrativo,* vol. I, págs. 408 e segs.; Vieira de Andrade, *Direito Administrativo, Sumários ao Curso de 1995/96,* pág., 2, e *Interesse público, DJAP,* vol. V, 1993, págs. 281-282; João Caupers, *Direito Administrativo I,* Guia de Estudo, Notícias Editorial, 4.ª ed., 1999, pág. 301; Paulo Otero, *O poder de Substituição...,* vol. I, págs. 59-60, especialmente nota 63.

[140] Ao nível da jurisprudência do STA, vide, entre outros, os Acórdãos de 23 de Julho de 1981, Proc. n.º 012915, sobre as Misericórdias, que, aliás, continua a qualificá-las

Pela nossa parte, corroboramos aqui os argumentos de FREITAS DO AMARAL. Na verdade, o texto constitucional, assim como o regime legal que o concretizou, não só não fez desaparecer a figura das pessoas colectivas de utilidade pública administrativa, como viria, a criar uma nova categoria de pessoas colectivas, a destacar quer daquelas, quer das designadas pessoas colectivas de mera utilidade pública.

---

como pessoas colectivas de utilidade pública administrativa; de 21 de Janeiro de 1982, sobre as congregações religiosas, in *AD*, ano XXI, n.º 246, 1982, págs. 793 e segs.; de 15 de Dezembro de 1983, sobre as associações de bombeiros voluntários, *RMP*, Ano 5.º, vol. 17, 1984, págs. 111 e segs., com anotação de SILVA LEAL; de 31 de Janeiro de 1989, sobre a Federação Portuguesa de Rugby – associações desportivas, *BMJ*, n.º 383, 1989, págs. 389 e segs.; de 5 de Julho de 1988, a propósito da Associação Portuguesa de Defesa do Consumidor, Apêndice ao D. R., de 30 de Outubro de 1993, págs. 3799 e segs. Em sentido convergente se tem vindo a pronunciar o Conselho Consultivo da Procuradoria-Geral da República (PGR), designadamente, através do Parecer n.º. 39/79, de 19 de Abril, *BMJ*, n.º 294, 1980, onde qualifica a Liga dos Combatentes como pessoa colectiva de utilidade pública administrativa geral; Parecer n.º 17/84, de 5 de Julho, sobre a Cruz Vermelha Portuguesa, *BMJ*, n.º 346, 1985, págs. 39 e segs.; Parecer n.º 114/85, in *Pareceres,* vol. II, págs. 667 e segs.; Parecer n.º 101/88, sobre as federações desportivas, in *Pareceres*, vol. VIII, págs. 99 e segs., especialmente págs. 120 e segs., e mais recentemente o Parecer n.ºs. 119/95, D.R. n.º 150, de de 1-7-95, sobre o Serviço de Utilização Comum dos Hospitais (SUCH), que, interpretando o regime estatutário instituído para este Serviço pelo DL n.º 12/93, de 15 de Janeiro, assinala ao SUCH uma qualificação jurídica sui generis – "pessoa colectiva de utilidade pública administrativa, com finalidades e modo de intervenção materialmente cooperativas", e Parecer n.º 11/95, sobre a Santa Casa da Misericórdia de Lisboa. Relativamente à Cruz Vermelha Portuguesa, refira-se que a sua qualificação não é unânime entre nós: para FREITAS DO AMARAL, *Curso...,* vol. I, pág. 404, e JORGE MIRANDA, *Associações Públicas no Direito Português*, págs. 20-21, trata-se, respectivamente, de uma associação pública de entidades privadas ou de uma associação pública social auxiliar do poder público, e para VITAL MOREIRA, *Administração Autónoma...,* pág. 298, e nota 72 da mesma pág., que acompanha a posição da Procuradoria-Geral da República, trata-se de uma entidade de direito privado, de âmbito nacional, de utilidade pública qualificada. Posição por nós perfilhada. Refira-se, aliás, que o DL n.º 164/91, de 7 de Maio qualifica expressamente a Cruz Vermelha Portuguesa como "uma pessoa colectiva de direito privado e utilidade pública administrativa, sem fins lucrativos" (n.º 2 do art. 1.º). A Liga dos Combatentes é também expressamente qualificada como pessoa colectiva de utilidade pública administrativa pela n.º 1 do art. 1.º da Portaria n.º 119/99, de 10-2, D.R. n.º 34, Série I-B, que aprova o respectivo Estatuto. Relativamente às associações humanitárias de bombeiros há hoje que ter em conta a Lei n.º 32/2007, de 13 de Agosto, que aprovou o regime jurídico das associações humanitárias de bombeiros, que expressamente as qualifica como pessoas colectivas de utilidade pública administrativa (artigo 3.º).

Efectivamente, a consagração do sistema de segurança social no artigo 63.º e a admissibilidade das instituições privadas de solidariedade social significavam, desde logo, duas coisas: por um lado, o novo conceito não consumia ou abrangia totalmente todas a espécie de instituições reguladas pelo Código Administrativo; por outro, a segurança social não se poderia reduzir à técnica dos regimes (por ex., regimes contributivo e não contributivo), abrangendo também outras modalidades de protecção social – a assistência social –, sob pena de o conceito servir sobretudo, e desde logo, para excluir (e não para acolher), as antigas instituições, dado que o seu objecto predominante (e não raras vezes exclusivo) era, precisamente, a assistência social e não a prática de uma protecção social baseada nas técnicas do seguro social[141].

Sendo assim, o novo conceito apenas vinha consumir as pessoas colectivas de utilidade pública administrativa que, pelo objecto da sua actividade ou pelos seus fins, se identificassem ou com os regimes de segurança social – caso das associações de socorros mútuos –, ou com o exercício da assistência social – caso das instituições particulares que desenvolvessem actividades de auxílio ou protecção aos grupos social e economicamente mais desfavorecidos, ou, na redacção do n.º 4, do art. 63.º, as instituições que tivessem por objecto de actividade assegurar o direito à segurança social no âmbito de "...todas as outras situações de falta ou diminuição de meios de subsistência...".

Por sua vez, o conceito legal de instituições privadas de solidariedade social fornecido pelo DL n.º 519-G2/79, de 29 de Dezembro, não obstante o seu carácter tendencialmente redutivista – instituições privadas de solidariedade social são apenas aquelas que têm por objecto facultar serviços ou prestações de segurança social (art. 1.º) – confirmava a orientação do texto constitucional.

Significa isto que o novo texto constitucional não eliminou seguramente as legalmente denominadas associações humanitárias, e também qualificadas como pessoas colectivas de utilidade pública

---

[141] No sentido de que a redacção primitiva do art. 63.º da CRP combinava uma concepção laborista do direito à segurança social com uma concepção assistencialista, vide SILVA LEAL, *O direito à segurança social*, in *Estudos Sobre a Constituição*, vol. II, 1978, págs. 364-366.

administrativa pelo Código Administrativo (arts. 416.º e 441.º). De facto, mesmo que eventualmente praticassem ou pudessem praticar actos ou até desenvolver actividades abrangidas pelo conceito de solidariedade social, o objecto da sua actividade nunca poderia ser subsumível no conceito de segurança social e, portanto, no de assistência social.

Fora do conceito ficaram, pois, as pessoas colectivas de utilidade pública administrativa que, pelo seu objecto ou fins, não poderiam ser subsumíveis no conceito constitucional e legal de instituições privadas de solidariedade social, tal como constava da redacção e estatutos primitivos, ou no conceito de instituições particulares de solidariedade social, introduzido pela nova redacção do n.º 3, do art. 63.º, resultante da revisão constitucional de 1982, e densificado ou concretizado no art. 1.º do DL n.º 119/83, que aprovou o novo Estatuto das Instituições Particulares de Solidariedade Social. Apesar do alargamento do âmbito de actividades das instituições particulares de solidariedade social, pela revisão de 1982, e sobretudo pelo DL n.º 119/83, à prestação de cuidados de saúde, educação, formação profissional e habitação – fins que já não se reduzem ao âmbito material estrito da segurança social –, o certo é que a lei continuava a autonomizar a categoria das pessoas colectivas de utilidade pública administrativa (art. 94.º, n.º 1, do DL n.º 119/83). As posteriores revisões constitucionais de 1989 e de 1992 não alterariam este figurino.

Deste modo, e em face da autonomização conceitual da pessoas colectivas de utilidade pública administrativa e das instituições particulares de solidariedade social, por legislação posterior ao DL n.º 460/77, parece forçoso concluir que também não foi intenção do legislador, com a publicação deste diploma, dissolver a categoria legal das pessoas colectivas de utilidade pública administrativa no conceito de pessoas colectivas de utilidade pública, nem, por outro lado, retirar utilidade à autonomização conceitual das instituições particulares de solidariedade social.

Em suma, e não obstante estarmos perante uma realidade pré-constitucional, como, aliás, tivemos oportunidade de concluir na Parte I deste trabalho, podemos dizer, pelas razões apontadas, que a Constituição de 1976 criou uma nova categoria de instituições particulares de interesse público – as instituições particulares de solidariedade social –, que não se confundem com as demais instituições,

O novo estatuto jurídico – constitucional das instituições...

subsumíveis no conceito de pessoas colectivas de utilidade pública, e geralmente qualificadas como pessoas colectivas de mera utilidade pública, não tendo, também, eliminado as pessoas colectivas de utilidade pública administrativa[142].

Ao longo deste trabalho teremos oportunidade de confirmar ou infirmar esta ideia, e, portanto, verificar se ainda continua a ser hoje merecedora de acolhimento legal e dogmático-conceitual.

1.1. *A pluralidade institucional de IPSS: o conceito constitucional e legal, tipos e formas de IPSS*

Sob o ponto de vista subjectivo, encontramos hoje no nosso ordenamento jurídico um complexo heterogéneo de entidades qualificadas como instituições particulares de solidariedade social. Do mesmo modo, o seu objecto de actividade tem vindo a alargar-se, de áreas mais ou menos tipificadas, para a actual consagração constitucional de uma verdadeira "lista aberta dos objectivos" destas instituições[143].

Como se referiu no ponto anterior, coube ao texto constitucional, no seu artigo 63.º, n.º 3, a utilização do conceito de "instituições privadas de solidariedade social" (versão originária) ou de "instituições particulares de solidariedade social", na redacção introduzida pela revisão de 1982, e que actualmente se mantém. Em todas as versões, o legislador constitucional adiciona o adjectivo "não lucrativas".

---

[142] A designação genérica de instituições particulares de interesse público é sugerida por FREITAS DO AMARAL, *Curso...,* pág. 557, para abranger quatro espécies de instituições – as sociedades de interesse colectivo, as pessoas colectivas de mera utilidade pública, as instituições particulares de solidariedade social, e, como espécie residual, as pessoas colectivas de utilidade pública administrativa –, que, por sua vez, subdivide em duas subcategorias: as sociedades de interesse colectivo e as pessoas colectivas de utilidade pública, subsumindo nesta subcategoria as três últimas espécies de instituições referidas. Às instituições particulares de interesse público sem fins lucrativos portuguesas correspondem, no direito italiano, os enti privati d'interesse pubblico, e, no direito francês, os établissements d'utilité publique. Cfr., respectivamente, ALDO SANDULLI, *Enti pubbblici ed enti privati d'interesse pubblico,* in *Scitti Giuridici in Onore di Giovanni Salemi,* Giuffrè, 1961, pág. 318, M. SEVERO GIANNINI, *Diritto Administrativo,* vol. I, 3.ª ed., Giuffrè, 1993, págs. 225-227, e RENÉ CHAPUS, *Droit Administratif Général,* Tomo I, Paris, 1992, pág. 122, e ANDRÉ DE LAUBADÈRE, *Traité de Droit Administratif,* L.G.D.J., Tomo I, 15.º ed., Paris, pág. 309.

[143] Cfr. CASALTA NABAIS, *Algumas Considerações...,* pág. 155.

90 *As Instituições de Solidariedade Social*

A evolução do texto constitucional ocorreu do seguinte modo: na versão originária do n.º 3, do art. 63.º, dizia-se que "a organização do sistema de segurança social não prejudicará a existência de instituições privadas de solidariedade social não lucrativas, que serão permitidas, regulamentadas por lei e sujeitas à fiscalização do Estado"; com a revisão de 1982 alterou-se em parte o seu texto, acrescentando-se "... com vista à prossecução dos objectivos de segurança social consignados neste artigo, na alínea b) do n.º 2 do artigo 67.º, no artigo 69.º, na alínea d) do n.º 1 do artigo 70.º e nos artigos 71.º e 72.º...", mantendo-se intacto o resto da redacção anterior (apenas com alteração do tempo da expressão prejudicará, que passou a ser usada no presente – "prejudica"); com a revisão de 1989 a redacção do mesmo número sofreria, em parte, uma inversão completa, passando de uma formulação negativa (não prejudica) para uma formulação afirmativa, dado que a partir de agora "é reconhecido o direito de constituição de instituições particulares de solidariedade social não lucrativas com vista à prossecução dos objectivos de segurança social consignados neste artigo (...), as quais são regulamentadas por lei e sujeitas à fiscalização do Estado", por último, com a revisão de 1997, a par da reordenação do artigo, passando o anterior n.º 3 para n.º 5, da alteração da epígrafe do artigo – de "Segurança social", passou a "Segurança social e solidariedade" –, e da consagração de uma lista aberta de objectivos das IPSS e do seu alargamento a outras instituições particulares de interesse público, o legislador constitucional deu como definitivamente assente a pertença das IPSS à realidade constitucional, colocando agora o assento tónico, não na sua tolerância, permissão, admissibilidade ou reconhecimento, mas no apoio e na fiscalização do Estado, passando a dispor apenas que "o Estado apoia e fiscaliza, nos termos da lei, a actividade e o funcionamento das instituições particulares de solidariedade social e de outras de reconhecido interesse público sem carácter lucrativo, com vista à prossecução de objectivos de solidariedade social consignados, nomeadamente, neste artigo, na alínea b) do n.º 2 do artigo 67.º, no artigo 69.º, na alínea e) do n.º1 do artigo 70.º e nos artigos 71.º e 72.º".

O legislador ordinário viria a incluir estes elementos no seu conceito legal de instituição particular de solidariedade social. Nos termos do n.º 1, art. 1.º do DL n.º 119/83, "são instituições particulares de solidariedade social as constituídas, sem finalidade lucrativa, por iniciativa de particulares, com o propósito de dar expressão organizada ao dever moral de solidariedade social e de justiça entre os indivíduos e desde que não sejam administradas pelo Estado ou por um corpo autárquico, para prosseguir, entre outros, os seguintes objectivos, mediante a concessão de bens e a prestação de serviços..."[144]

Numa primeira leitura, do conceito constitucional e legal resulta que as IPSS, para o serem, hão-de, desde logo, reunir ou conjugar os seguintes elementos fundamentais de aplicação cumulativa:

a) a institucionalização (a personificação colectiva);
b) a criação por iniciativa particular e a administração por particulares;
c) a prossecução de fins de solidariedade social (criadas com o objectivo de dar expressão organizada ao dever moral de solidariedade e de justiça entre os indivíduos);
d) a ausência de fins lucrativos;
e) a prossecução, mediante a prestação de serviços e a concessão de bens, de objectivos expressos na Constituição, que, segundo a concretização da lei, podem, entre outros, ser os seguintes:
   – de segurança social (regimes complementares);
   – de acção social (apoio a crianças e jovens; apoio à família; apoio à integração social e comunitária; protecção dos cidadãos na velhice e invalidez e em todas as situações de falta ou diminuição de meios de subsistência ou de capacidade para o trabalho);
   – de promoção e protecção da saúde (nomeadamente através da prestação de cuidados de medicina preventiva, curativa e de reabilitação);
   – de educação e formação profissional dos cidadãos;
   – de resolução dos problemas habitacionais das populações.

---

[144] Parcialmente diferente era a noção fornecida pelo art. 1.º, do DL n.º 519-G2/77, de 29 de Dezembro: "são instituições particulares de solidariedade social as criadas, sem finalidade lucrativa, por iniciativa particular, com o propósito de dar expressão organizada ao dever moral de solidariedade e de justiça entre os indivíduos e com o objectivo de facultar serviços ou prestações de segurança social".

92   *As Instituições de Solidariedade Social*

Os objectivos que podem ser prosseguidos pelas IPSS encontram-se, pois, enumerados, de forma meramente exemplificativa, nas diversas alíneas do n.º 1, do art. 1.º, sendo que, nos termos do n.º 2, do mesmo artigo, as instituições podem prosseguir de modo secundário outros fins não lucrativos que com aqueles sejam compatíveis, não se lhes aplicando, no entanto, e nesta parte, o regime constante do respectivo estatuto.

Como pode concluir-se, as IPSS, e não obstante o carácter tendencialmente fechado do anterior texto constitucional, desde 1983 que, pelo DL n.º 119/83, podem praticamente prosseguir a generalidades dos fins constitucionais estabelecidos na Constituição Social – segurança social, saúde, educação, formação profissional, habitação e, dado o carácter não taxativo da enumeração legal, quaisquer outras que respondam às necessidades sociais dos indivíduos e das famílias, através da intervenção do voluntariado social[145]. Situação,

---

[145] Na verdade, nas redacções anteriores à revisão constitucional de 97, o texto constitucional delimitava o objecto de actividade das IPSS, uma vez que na redacção originária, mas sobretudo nas suas posteriores revisões (82 e 89), o legislador constitucional demostrou (e repetiu) sempre a intenção de delimitar, com maior ou menor precisão, o objecto de actividade das IPSS; daí a utilização repetida da fórmula "...com vista à prossecução dos objectivos de segurança social consignados neste artigo...". Para o legislador constitucional, o objecto de actividade das IPSS parece que teria de se enquadrar no âmbito dos objectivos da segurança social indicados no próprio texto constitucional. Mas não apenas objectivos limitados à gestão dos regimes complementares de segurança social, abrangendo também a acção social, pois, como atempadamente reconheceram GOMES CANOTILHO e VITAL MOREIRA, *Constituição da República Portuguesa Anotada,* 2.ª ed., 1.º vol., 1984, Coimbra Editora, comentário ao art. 63.º, pág. 341, a própria Constituição permitia a prossecução de outros objectivos não reconduzíveis apenas aos de segurança social (regimes), podendo também desenvolver actividades de apoio a crianças e à família (art. 67.º), à infância (art. 69.º), à juventude (art. 70.º, n.º 1, al. d)), de protecção a deficientes (art. 71.º) e de apoio à terceira idade. A prossecução destes objectivos ainda pode, de algum modo, ser abrangida no conceito de acção social. De qualquer forma tratava-se de uma indicação expressa. Não obstante a indicação constitucional dos objectivos passíveis de serem prosseguidos pelas IPSS, a interpretação do texto do n.º 3, após a revisão de 1982, não foi unânime, surgindo algumas divergências relativamente ao relacionamento das IPSS com o sistema ou os objectivos de segurança social. GOMES CANOTILHO e VITAL MOREIRA, *ob. cit.,* comentário ao art. 63.º, pág. 341, levantaram o problema de saber se tal especificação de objectivos constitucionalmente estabelecida implicava uma proibição das organizações que visassem outros objectivos (v.g., a saúde) ou se o sentido da norma não seria o de admitir que quanto aos domínios aí indicados o Estado, de algum modo, podia fazer-se assistir pelas IPSS (apoiando-as para esse efeito), enquanto que não poderia fazê-lo noutros domínios, tendo de

O *novo estatuto jurídico – constitucional das instituições...*

pois, completamente diferente da prevista no anterior estatuto, de 1979, que reduzia os objectivos das IPSS à concessão de serviços e prestações de segurança social.

---

garantir por si mesmo a satisfação integral dos competentes direitos. A esta dúvida responderam FREITAS DO AMARAL e MARCELO REBELO DE SOUSA. Para o primeiro autor, as IPSS existem com vista à prossecução dos objectivos de segurança social indicados na própria CRP, sendo, por isso, inconstitucional alargar a categoria a entidades que prossigam outros fins (*Curso..,* vol. I, pág. 553). Contudo, uma interpretação restritiva da política de acção social e dos objectivos de segurança social levaria à inconstitucionalidade do artigo 1.º do DL n.º 119/83, na parte em que prevê a constituição de IPSS em sectores que ultrapassam o âmbito estrito da segurança social, como por exemplo, a educação, a saúde, a habitação, a formação profissional. Por sua vez, MARCELO REBELO DE SOUSA, nas suas *Lições de Direito Administrativo,* I, 1994/95, págs. 478 e 483, partindo do princípio de que a Constituição e a lei reservam o estatuto de instituição particular de solidariedade social para entidades privadas cujos fins de interesse geral assumem, em cumulação, uma dimensão de solidariedade social, entendia que a lei podia, constitucionalmente, prever outros fins, para além dos de segurança social, legitimamente enquadráveis no conceito de solidariedade social, como seria o caso das instituições que tivessem por fins ou realizassem prestações de saúde (art. 64.º), a promoção habitacional (art. 65.º), actividades educativas (art. 73.º) ou de formação profissional (art. 74). Não obstante a posição de MARCELO REBELO DE SOUSA se nos afigurar, ao tempo em que foi emitida, mais consentânea com a realidade histórica e sociológica deste sector institucional, pois, tal como referimos na PARTE I deste trabalho, muitas das antigas instituições particulares de assistência prosseguiam também fins na área da saúde, ou fins de assistência e de saúde simultaneamente, tendo entretanto surgido outras instituições na área da educação, por exemplo, no domínio do ensino especial para deficientes, etc., entendemos ter sido intenção do legislador delimitar constitucionalmente os objectivos das IPSS, e por duas razões fundamentais: pelo elemento histórico, dado que quer na revisão de 1982, quer na de 1989, o legislador constitucional teve a preocupação de enumerar expressamente os objectivos passíveis de serem prosseguidos pelas IPSS; em segundo lugar, por prever para estas instituições a criação de um regime especial de constituição, de credenciação ou de reconhecimento da sua utilidade pública e de fiscalização estadual, o que viria a ser concretizado pelos Decretos-Leis n.ºs 519-G2/79, e 119/83. Era isto o que significava a utilização da fórmula usada no n.º 3, do art. 63: "...regulamentadas por lei e sujeitas à fiscalização do Estado". Nestes diplomas, assim como em outros diplomas dispersos, prevê-se um regime administrativo para as IPSS que dificilmente encontra justificação constitucional em relação a outras entidades, mesmo de utilidade pública. Por isso, entendemos que o alargamento daquele regime a outras entidades qualificadas como IPSS pelo legislador ordinário, para lá das indicações constitucionais referidas, para além de representar uma espécie de interpretação analógica do texto constitucional feita pelo próprio legislador ordinário, constituía a imposição de limitações legais, designadamente à liberdade de associação e à autonomia privada, a entidades não expressamente previstas na Constituição – entidades constituídas como IPSS em áreas não expressamente previstas pelo texto constitucional. Hoje, à luz do actual texto constitucional, onde se consagrou uma lista aberta de objectivos das IPSS, e por

Relativamente aos elementos do conceito de IPSS, de referir a preocupação do legislador ordinário, relativamente ao texto constitucional, em adicionar e realçar expressamente a nota "...que não sejam administradas pelo Estado ou por um corpo autárquico...", incluindo-a no próprio conceito. A noção legal, compreende, assim e fundamentalmente, dois elementos, um positivo e outro negativo: o primeiro, concretiza-se, sobretudo, no facto de se tratar de entidades (pessoas colectivas) criadas por iniciativa de particulares com o propósito de dar expressão ao dever moral de solidariedade e de justiça entre os indivíduos; o segundo, traduz-se no facto de tais entidades não puderem ter finalidade lucrativa e não serem administradas por entidades públicas (Estado ou por um corpo autárquico).

No geral, concordamos com a noção adoptada pela Constituição e pelo legislador ordinário. Tal concordância não retira, obviamente, legitimidade à abordagem e perspectivas que aqui tentaremos avançar.

Analisando cada um dos elementos, poderá dizer-se estarem subjacentes ao conceito constitucional e legal de IPSS as ideias fundamentais que passamos a analisar.

1.1.1. A pluralidade e a heterogeneidade institucional

Quanto ao elemento institucional, o legislador constitucional entendeu não só preservar a tradição histórica do nosso direito, como considerou que o exercício da solidariedade social, enquanto expressão de valores personalísticos, e, portanto, incindivelmente ligados à

---

se ter consagrado esta lista aberta, a que se associa a abertura a outras instituições particulares de interesse público, deve competir ao legislador ordinário a clarificação/concretização dos fins, formas e tipos de IPSS, bem como a concretização dos termos em que outras entidades podem prosseguir os mesmos fins. Em nome da própria clarificação do conceito de instituições particulares de solidariedade social, a que se associam as não menores razões de aplicação de um regime administrativo especialmente intenso, quer na constituição, quer na sua actividade, bem como os benefícios públicos, directos e indirectos de que usufruem, justifica-se, segundo cremos, esta intervenção legislativa. Para além de que não parece dever ficar nas mãos da Administração a decisão de reconhecimento ou não da utilidade pública de uma entidade que se pretende constituir como IPSS se o seu fim estatutário, embora de solidariedade social, não coincidir com os expressamente enumerados no actual texto constitucional ou no artigo 1.º do DL n.º 119/83.

pessoa humana, encontrava na forma institucional o modo mais adequado de se expandir e de realizar. Por isso, também neste domínio as pessoas colectivas representam um mecanismo técnico oferecido pela ordem jurídica para a realização e manifestação de valores pessoais, independentemente da sua dimensão ou natureza específica mais profunda (manifestação de sentimentos de caridade, de amor ao próximo, de afectividade, de piedade, de bondade, de respeito pelo semelhante, etc.) e de participação na vida colectiva ou nos assuntos da res publica[146]. Para além disso, o modelo institucional de exercício da solidariedade permite ao Estado normalizar, organizar e canalizar em prol da realização de interesses colectivos (interesses do Estado-colectividade), o exercício do direito constitucional de participação nos assuntos públicos, seja através da manifestação ou do exercício individual da liberdade e da autonomia pessoal, projectada na constituição de fundações, seja através do seu exercício colectivo, fazendo convergir, de forma concertada, a pluralidade de vontades e de iniciativas dos sujeitos privados num ponto comum – a constituição de organizações sob a forma de associação e de cooperativa.

Daí que o legislador constitucional não tenha restringido a uma única forma ou tipo organizativo específico o exercício daqueles direitos, falando, pelo contrário, apenas e em termos genéricos, em instituições[147]. Coube, por isso, à lei tipificar as formas ou os tipos possíveis através dos quais a iniciativa particular poderia contribuir, de forma organizada, para a realização de fins que interessam ao

---

[146] Sobre as pessoas colectivas como mecanismo técnico ou como organizações que a ordem jurídica coloca ao dispor do homem para a realização dos seus interesses, vide ORLANDO DE CARVALHO, *Teoria Geral do Direito Civil, Sumários,* Centelha, Coimbra, 1981, págs. 25 e 112. No plano dos direitos fundamentais, ao carácter instrumental da personalidade jurídica colectiva, distinguindo-a do carácter final da personalidade jurídica do homem, se refere também VIEIRA DE ANDRADE, in *Os Direito Fundamentais na Constituição Portuguesa de 1976,* Almedina, Coimbra, 1987, págs. 173 e segs., especialmente as págs. 177-178.

[147] No sentido de que a utilização do termo "instituições" no n.º 3, do art. 63.º, da CRP, abarca não apenas pessoas colectivas de tipo institucional (fundações, institutos), mas também pessoas colectivas de tipo associativo (associações de solidariedade social, irmandades de Misericórdia, associações de socorros mútuos, a que devem, dizemos nós, associar-se as cooperativas de solidariedade social, dado o seu substracto associativo, ainda que *sui generis*), vide J. J. GOMES CANOTILHO E VITAL MOREIRA, *Constituição da República Portuguesa Anotada,* vol. I, 1984, comentário ao art. 63.º, pág. 340.

Estado-colectividade. O mesmo é dizer, os tipos ou as formas através das quais os particulares podem constituir pessoas colectivas merecedoras da qualificação de instituições particulares de solidariedade social.

Actualmente, pode dizer-se poderem merecer tal qualificação todas as organizações personificadas, de natureza privada e sem carácter lucrativo, admitidas, previstas e reconhecidas pela nossa ordem jurídica. A intenção do legislador foi alargar o mais possível os modos institucionais de participação e colaboração na realização de fins de interesse colectivo, que, como veremos, constituem fins constitucionais expressos. Daí também a admissibilidade e o reconhecimento de organizações religiosas em geral e de instituições constituídas na ordem jurídica canónica, que prossigam (ou também prossigam) fins de solidariedade social. Aliás, à semelhança do que sucede noutros países, e de que se dará referência ao longo deste trabalho.

Nesta linha, o art. 2.º, do DL n.º 119/83, enumera as formas que podem revestir as instituições particulares de solidariedade, e que poderemos agrupar da seguinte maneira: pessoas colectivas de tipo fundacional (fundações de solidariedade social, incluindo as legalmente designadas "fundações de segurança social complementar", e entidades equiparadas – o caso dos institutos de organizações religiosas); pessoas colectivas de tipo associativo (associações de solidariedade social, associações de voluntários de acção social, irmandades da misericórdia, associações de socorros mútuos), a que devem associar-se as cooperativas de solidariedade social e as casas do povo. Por sua vez, estas instituições podem agrupar-se em uniões, federações e confederações, legalmente equiparadas a associações de solidariedade social.

Assim sendo, só podem ser qualificadas como IPSS as entidades personificadas e reconhecidas pela lei civil, muito embora a sua constituição possa ocorrer ao abrigo de outro direito (por ex., do direito canónico), e sejam susceptíveis de assumir qualquer das formas admitidas/reconhecidas pela ordem jurídica estadual (associações, cooperativas, fundações, institutos).

Como se referiu, o regime de constituição (ou de reconhecimento no caso das instituições religiosas), de funcionamento e de declaração da utilidade pública da generalidade destas instituições consta

O novo estatuto jurídico – constitucional das instituições...

do seu estatuto básico, aprovado pelo DL n.º 119/83, de 25 de Fevereiro[148]. Mas impõe-se completá-lo com muita legislação dispersa. De
qualquer modo, considerando cada uma das formas tipificadas na lei
e o regime específico que lhes é aplicável, teremos o seguinte quadro:

a) associações de solidariedade social – instituições que podem
prosseguir qualquer um dos objectivos previstos no artigo 1.º do
Estatuto, constando o regime base da sua constituição e funcionamento dos arts. 52.º a 67.º. Este disciplina, embora decalcada do
regime geral previsto no Código Civil para as associações (por ex.,
em matéria de competências, regras de funcionamento e convocação
das assembleias gerais), apresenta, como veremos, numerosas adap-
tações e até desvios, o mesmo sucedendo em relação ao regime geral
do direito de livre associação, aprovado pelo DL n.º 594/74, de 7 de
Novembro.

b) associações de voluntários de acção social – são instituições
constituídas por indivíduos com o propósito de colaborar na realização dos objectivos que constituem responsabilidade própria de outras
instituições ou de serviços ou estabelecimentos públicos. O seu regime base consta dos arts. 72.º a 75.º do Estatuto, sendo-lhe
subsidiariamente aplicáveis as disposições previstas para as associações de solidariedade social. A esta disciplina haverá também que
adicionar o estabelecido na Lei de Bases do Enquadramento Jurídico
do Voluntariado, Lei n.º 71/98, de 3 de Novembro, objecto de desenvolvimento pelo DL n.º 389/99, de 30 de Setembro, Decreto-Lei n.o
176/2005, de 25 de Outubro[149], onde se define o voluntariado como

---

[148] Tal diploma já foi objecto de algumas alterações (revogações) em alguns artigos
através do DL n.º 89/85, de 1 de Abril, que revogou o art. 32.º, relativo a alguns actos
carecidos de prévia autorização ministerial; do DL n.º 402/85, de 11 de Outubro, que alterou
o n.º 2 do art. 7.º, e o artigo 11.º, dispensando as IPSS de realização de escritura pública; do
DL n.º 29/86, de 19 de Fevereiro, que alterou o n.º 2 do art. 94.º, relativo à adaptação dos
estatutos ao novo regime pelas instituições já existentes.

[149] Refira-se que a utilização desta forma associativa tem tido escasso uso entre nós,
em virtude do facto de a generalidade das associações que agregam o trabalho de voluntários não reduzirem apenas a sua actividade à colaboração com outras instituições ou estabelecimentos, detendo também equipamentos e serviços próprios. Isto significa estarmos perante associações de solidariedade social. Por isso, o enquadramento do voluntariado social,
entre nós, passa sobretudo por estas associações.

o conjunto de acções de interesse social e comunitário realizado de forma desinteressada por pessoas, no âmbito de projectos, programas e outras formas de intervenção ao serviço dos indivíduos, das famílias e da comunidade desenvolvidos sem fins lucrativos por entidades públicas ou privadas (n.º 1, do art. 2.º, da Lei de Bases). Todavia, nos termos desta lei, os actos isolados e esporádicos de colaboração não são subsumíveis no conceito de voluntariado social (cfr. n.º 2 do mesmo artigo);

c) irmandades da misericórdia ou santas casas da misericórdia – instituições constituídas na ordem jurídica canónica com o objectivo de satisfazer carências sociais e de praticar actos de culto católico, de harmonia com o seu espírito tradicional. As disposições do Estatuto são-lhes directamente aplicáveis em tudo quanto diga respeito às actividades de solidariedade social, embora sem prejuízo das sujeições canónicas que lhe são próprias (arts. 40.º, e 68.º a 71.º). Com esta disposição remetem-se as irmandades da misericórdia, dado o seu carácter associativo, para o regime específico das associações de solidariedade social (arts. 72.º a 75.º). As irmandades são, pois, associações de solidariedade social. Como veremos, a questão do regime jurídico aplicável não é pacífica, tal como a repartição de competências jurisdicionais (tribunais civis ou autoridades eclesiásticas). O mesmo regime é aplicável a todas as outras associações constituídas segundo o direito canónico, independentemente do modo associativo que assumam, porquanto nos termos do art. 49.º podem assumir qualquer forma (associação de solidariedade social, de voluntários de acção social). Às associações mutualistas fundadas por instituições ou organizações da igreja católica ser-lhes-á aplicável o regime próprio deste tipo de associações. O seu reconhecimento na ordem jurídica civil resulta da simples participação escrita da erecção canónica aos serviços competentes para o exercício dos poderes tutelares (cfr. art. 45.º) – no caso os centros regionais de segurança social. Relativamente às santas casas da misericórdia (ou tão só misericórdias) convém referir que, no direito actual, podem, sob o ponto de vista do seu processo de constituição, subdividir-se em duas espécies: por um lado, temos as misericórdias canonicamente erectas, nas quais se incluem as instituições canonicamente erectas sob a forma de irmandade da misericórdia ou santa casa da misericórdia, constituídas antes ou depois da entrada em vigor do DL n.º 119/83 (sendo que a partir desta data só podem assumir essa designação as organizações canonicamente erectas – art. 68.º, do DL n.º 119/83), e as santas casas da misericórdia que, embora constituídas antes da data deste diploma, mas não sob a forma de irmandade da misericórdia, tenham, ao abrigo do art. 95.º daquele diploma, solicitado à autoridade competente o reconhecimento da sua constituição na ordem jurídico canónica, ou no caso de coexistirem com uma irmandade canonicamente erecta, tenham, nos termos do art. 96.º, do DL n.º 119/83, solicitado a sua integração na irmandade (esta disposição vale sobretudo para as santas casas constituídas ao abrigo do DL n.º 35108, de 7-11-1945, que institui o regime dualista); por outro lado, temos as santas casas da misericórdia que não adoptaram nenhuma destas hipóteses, continuando com o estatuto de instituições constituídas na ordem jurídica civil, e por esta integralmente regidas, sendo, pois, associações de solidariedade social puramente civis, tendo apenas de particular o facto de poderem continuar a designar-se por santas casas da misericórdia (arts. 95.º, n.º 2, e 96.º, n.º 3, do DL n.º 119/83). Por último, refira-se o caso específico da Santa Casa da Misericórdia de Lisboa, legalmente qualificada como pessoa colectiva de utilidade pública administrativa (DL n.º 322/91, de 26 de Agosto);

d) fundações de solidariedade social – são instituições de substrato patrimonial constituídas nos termos do estatuto para prosseguir qualquer dos objectivos assinalados no art. 1.º. O seu regime, também decalcado do Código Civil, mas com apreciáveis desvios, encontra-se nos arts. 77.º a 86.º. A competência para o reconhecimento da constituição (modificação e extinção) destas fundações, que é também feito por acto administrativo, foi devolvida, pelo art. 79.º, ao ministro com poderes tutelares em razão da matéria.

e) institutos da igreja católica – trata-se de entes canonicamente erectos e de substrato patrimonial, fundados, dirigidos ou sustentados por organizações ou instituições da igreja católica e equiparados pela lei, para efeitos de regime, às fundações de solidariedade social, na parte em que prosseguem fins comuns ou fins de solidariedade social, embora sem prejuízo da disciplina religiosa que os informa (arts. 40.º, 41.º, 51.º do Estatuto). Portanto, o regime aplicável a estes institutos é o previsto para as fundações de solidariedade social.

100   *As Instituições de Solidariedade Social*

O reconhecimento da sua personalidade jurídica na ordem jurídica – civil processa-se nos mesmos termos das associações canonicamente erectas (art. 45.º). Constituem exemplos mais comuns deste tipo de instituições os centros sociais paroquiais e as caritas diocesanas e paroquiais.

f) associações de outras organizações ou instituições religiosas – tal como a igreja católica, também as outras organizações religiosas podem, nos termos do art. 40.º do Estatuto das IPSS, constituir associações que, para além dos fins religiosos, se proponham prosseguir fins e desenvolver actividades enquadráveis no art. 1.º. Trata-se de associações fundadas pelas igrejas, organizações ou confissões religiosas diferentes da igreja católica, podendo, em nosso entender, para a prossecução daqueles fins, revestir qualquer das formas associativas previstas no art. 2.º do Estatuto, à excepção das formas que devam considerar-se privativas da igreja católica, como é o caso das irmandades da misericórdia. Embora a legislação, ao contrário do que sucede para as instituições fundadas pelas organizações da igreja católica (art. 49.º), não o refira expressamente, entendemos não ter sido sua intenção afastar tal hipótese. Se assim fosse tê-lo ia dito expressamente, embora tal disposição se devesse considerar inconstitucional[150]. Do mesmo modo, e quanto ao seu regime, vale para elas tudo quanto se disse para associações constituídas por organizações da igreja católica, ou seja, a aplicação do regime constante daquele estatuto, o que significa remetê-las para o regime das associações de solidariedade social, ou para o estatuto específico das associações mutualistas, se adoptarem esta forma, ficando, portanto, sujeitas ao respectivo regime. Ao contrário do que actualmente sucede com associações da igreja católica, a aquisição de personalidade jurídica civil e, consequentemente, a sua qualificação como IPSS, há-de processar-se nos termos em que se encontra previsto para aquelas formas associativas;

---

[150] A anterior lei da liberdade religiosa, Lei n.º 4/71, de 21 de Agosto, nas suas Bases XII, XIII e XIV, especialmente nesta última, dizia expressamente que as associações e institutos religiosos administram-se livremente, dentro dos limites da lei, sem prejuízo do regime vigente para as associações religiosas que se proponham também fins de assistência ou de beneficência e para os institutos de assistência ou de beneficência fundados, dirigidos ou sustentados por associações religiosas. Na actual lei – Lei n.º 16/2001, de 22 de Junho –,

O novo estatuto jurídico – constitucional das instituições...

g) institutos de outras organizações ou confissões religiosas – trata-se de institutos, também assim designados por o seu substrato ser formado por um conjunto de bens, fundados, dirigidos ou sustentados por organizações religiosas, e que, dado o seu substrato patrimonial, são equiparados, para efeitos de regime, às fundações de solidariedade social, sem prejuízo do espírito e disciplina religiosos que os informam (arts. 41.º e 77.º a 86.º, do Estatuto das IPSS)[151]. O reconhecimento da sua personalidade jurídica na ordem jurídica civil, ao contrário do que se encontra previsto, em virtude do regime concordatário, para os institutos da igreja católica, é feito pelo ministro competente em razão da matéria, tal como, aliás, sucede com as fundações (civis) de solidariedade social (art. 1.º do DL n.º 152/96, de 30 de Agosto);

h) cooperativas de solidariedade social – trata-se de instituições que, através da cooperação e entreajuda dos seus membros, e em obediência aos princípios cooperativos, visam, sem fins lucrativos, a satisfação das respectivas necessidades sociais e a sua promoção e integração[152]. A constituição de IPSS sob a forma de cooperativa encontrava-se já expressamente prevista no DL n.º 519-G2/77, de 29 de Dezembro (art. 3.º, n.º 1, al. c)). Contudo, e estranhamente, esta

---

as igrejas e comunidades religiosas diferentes da igreja católica também não se encontram impedidas de prosseguir fins diversos dos religiosos, como a assistência e a beneficência, ficando, nesta parte, sujeitas ao regime jurídico aplicável a estas actividades (art. 21.º, n.º 1, al. b), e n.º 2, e também o art. 27.º), em consonância, aliás, com o que se encontra previsto no art. 40.º do Estatuto das IPSS.

[151] Refira-se que a anterior lei da liberdade religiosa – Lei n.º 4/71 –, previa expressamente, na sua Base XIV, a criação de institutos com vista à prossecução de fins de assistência ou beneficência.

[152] De acordo com o n.º 1, do art. 2.º, do DL n.º 7/98, de 15 de Janeiro, os domínios de intervenção das cooperativas de solidariedade social podem abranger: apoio a grupos vulneráveis, em especial a crianças e jovens, pessoas com deficiência e idosos; apoio a famílias e comunidades socialmente desfavorecidas com vista à melhoria da sua qualidade de vida e inserção sócio-económica; apoio a cidadãos residentes no estrangeiro, durante a sua permanência fora do território nacional e após o seu regresso, em situação de carência económica; desenvolvimento de programas de apoio direccionados para grupos-alvo, designadamente em situações de doença, velhice, deficiência e carências económicas graves; promoção do acesso à educação, formação e integração profissional de grupos socialmente desfavorecidos. As cooperativas podem ainda desenvolver outras acções que apresentem identidade com as enumeradas, e, para além disso, podem prestar serviços a terceiros nos

figura deixou de constar do Estatuto das Instituições, aprovado pelo DL n.º 119/83, de 25 de Fevereiro.

A sua admissibilidade encontra-se expressamente prevista desde o Decreto-Lei n.º 51/96, de 7 de Setembro, que aprovou o Código Cooperativo[153], instituindo, assim, um novo ramo ou uma nova categoria de cooperativas – as cooperativas de solidariedade social[154]. Estas cooperativas foram, por força do artigo único da Lei n.º 101/97, de 13 de Setembro, juridicamente equiparadas a instituições de solidariedade social, exigindo-se, para o efeito, a prossecução dos objectivos previstos no artigo 1.º do Decreto-Lei n.º 119/83, de 25 de Fevereiro, previamente confirmado e credenciado pelo INSCOOP, nos termos do arts. 87.º e 88.º do Código Cooperativo[155]. A consequência jurídica mais relevante da equiparação das cooperativas a IPSS traduz-se na aplicação integral do estatuto de direitos, deveres e benefícios, nomeadamente fiscais, reconhecidos às IPSS em geral. Com a publicação do Decreto-Lei n.º 7/98, de 15 de Janeiro, que aprovou o "código" ou a regulamentação específica das cooperativas de solidariedade social, estas prosseguem fins próprios de solidariedade social, definidos no art. 2 do mesmo diploma e confirmados

---

termos do Código Cooperativo. Muitas das cooperativas existentes actuam em mais de uma área, sendo, por isso, designadas por cooperativas polivalentes (art. 3.º, do Código Cooperativo). Refira-se ainda que a Lei de Bases do Sistema de Solidariedade e de Segurança Social, aprovada pela Lei n.º 17/2000, de 8 de Agosto, veio prever a participação das cooperativas na gestão dos regimes de segurança social complementares (arts. 95.º, 96.º e 100.º). Esta Lei criou, assim, uma nova categoria de cooperativas – as cooperativas de solidariedade social que têm por objecto a gestão dos regimes de segurança social complementar.

[153] Alterado pelo Decreto-Lei n.o 108/200, de 6 de Abril, e pelo Decreto-Lei n.o 204/2004, de 19 de Agosto.

[154] Refira-se que já pelo DL n.º 323/81, de 4 de Dezembro, as cooperativas de serviços podiam ser de solidariedade social (arts., 2.º, n.º 2, e 3.º, n.º 2, al. h)). Neste sentido, vide J. M. COUTINHO DE ABREU, Curso de Direito Comercial, vol. I, Almedina Coimbra, 1999, pág. 238, e nota 172. Contudo, restava sempre a dificuldade de as admitir como categoria autónoma em face da legislação especificamente aplicável a estas instituições.

[155] É ao INSCOOP que compete confirmar a natureza cooperativa da entidade constituída e a emissão anual de credencial comprovativa da regular constituição e funcionamento das cooperativas, requisito essencial para o apoio técnico e financeiro das entidades públicas (arts. 87.º e 88.º, do Código Cooperativo). Em relação às cooperativas de solidariedade social, o INSCOOP confirma também os fins de solidariedade social que estas se propõem prosseguir (art. 9.º, do Decreto-Lei n.º 7/98, de 15 de Janeiro).

O *novo estatuto jurídico – constitucional das instituições...* 103

através de credencial emitida pelo INSCOOP (art. 9.º, conjugado com o n.º 2, do art. 87.º, do Código Cooperativo)[156]. Esta mesma regulamentação é aplicável às cooperativas de educação especial, designadamente às CERCIS – cooperativas de educação e reabilitação das crianças inadaptadas (art. 10.º do DL n.º 7/98)[157]. Razão por que as cooperativas de solidariedade social, incluindo aqui as cooperativas de ensino especial, são hoje instituições particulares de solidariedade social. Refira-se ainda a necessidade de suprir as escassas normas do "estatuto" das cooperativas de solidariedade social terão de ser supridas através da aplicação subsidiária do Código Cooperativo;

i) casas do povo – trata-se de uma particular espécie de pessoas colectivas que, por desenvolverem relevantes actividades no domínio dos regimes de segurança social e da acção social, foram legalmente equiparadas a instituições de solidariedade social[158].

---

[156] De facto, é o Decreto-Lei n.º 7/98, de 15 de Janeiro que regulamenta a constituição e funcionamento das Cooperativas de Solidariedade Social. No entanto, dada a escassez das suas normas, impõe-se recorrer não raras vezes à aplicação subsidiária do Código Cooperativo, prevista, aliás, no art. 1.º do Decreto-Lei n.º 7/98 (tal sucederá desde logo em matéria de constituição e organização de cooperativas de grau superior – uniões, federações e confederações de cooperativas), assim como haverá que recorrer à diversa legislação avulsa que lhes seja aplicável directamente ou por remissão. Para além disso, entendemos que, atenta a sua qualidade de instituições particulares de solidariedade social, lhes devem ser aplicáveis, quando se justifique, por interpretação actualista, extensiva ou por analogia, algumas das normas previstas para as demais IPSS, designadamente as normas em matéria de financiamento público, transparência de gestão, maxime quando esteja em causa a gestão de dinheiros públicos.

[157] As cooperativas de educação ou ensino especial eram classificadas pelo DL n.º 441-A/82, de 6 de Novembro, que aprovou o regime relativo às cooperativas de ensino, como "cooperativas de educação especial e integração" (art. 3.º, n.º 2, al. b), e art. 5). Posteriormente, as cooperativas constituídas por utentes ou seus representantes que, sem finalidade lucrativa, desenvolvessem actividades de apoio social do âmbito da segurança social, de que eram exemplo as referidas, viriam a ser equiparadas, por força da Portaria n.º 257/94, de 29 de Abril, a IPSS em matéria de apoios financeiros para a realização de obras, aquisição de edifícios e de equipamento. A equiparação a IPSS acabava também por lhes ser extensiva pelas normas reguladoras dos acordos de cooperação entre o Estado e estas instituições, aprovadas pelo Despacho Normativo n.º 75/92, de 20 de Maio, que eram (e continuam a ser) integralmente aplicáveis às cooperativas de educação e ensino que, sem fins lucrativos, desenvolvam actividades de acção social do âmbito da segurança social (n.º 2, da Norma I). Aliás, hoje são lhes directamente aplicáveis dada a sua qualidade de IPSS.

[158] Refira-se que as casas do povo constituíam (e em alguns casos ainda constituem) o domicílio de serviços locais de segurança social, funcionando como delegações da segurança social. Por isso, não é de estranhar que, recentemente, se tenha procedido à

104   *As Instituições de Solidariedade Social*

Na verdade, através do Decreto-Lei n.º 171/98, de 25 de Junho, as casas do povo que prossigam os objectivos previstos no artigo 1.º do Decreto-Lei n.º 119/83, de 25 de Fevereiro, são equiparadas a IPSS. A equiparação envolve a aplicação do mesmo estatuto de direitos, deveres e benefícios, incluindo os benefícios fiscais (Artigo Único do DL n.º 171/98)[159]. Trata-se de instituições de natureza associativa e de longa tradição no nosso direito – de organismos corporativos facultativos do Estado Novo converteram-se progressivamente em entidades de estrutura associativa à luz da liberdade de associação da Constituição de 76 –, desenvolvendo ainda um papel fundamental no domínio da acção social, sobretudo nos meios rurais[160]. Daí serem

---

"nacionalização/expropriação" de diversos edifícios onde se encontravam implantadas as sedes e delegações de casas do povo, com o pretexto do desaparecimento do substracto associativo e de órgãos com mandato válido. Foi o que sucedeu através da Portaria n.º 519/98, de 12 de Agosto, emitida ao abrigo do n.º 2 do art. 5.º do DL n.º 245/90, de 27 de Julho. Ou seja, o Governo considerou que se estava perante bens em estado de "res derelicta", dando como consumada a inactividade das associações, considerando-a como um facto extintivo das mesmas. Situação que não deixa, em face da liberdade da associação (pelo menos na parte relativa à previsão das causas de extinção) e do direito de propriedade, de suscitar interrogações acerca da bondade jurídico-constitucional daquele diploma, quer sob o ponto de vista material, quer orgânico, eventualmente agravada com o facto de os estatutos das casas do povo objecto do mencionado diploma não preverem tal forma de extinção. Note-se que o diploma em causa veio, em face do artigo 182.º do Código Civil, aplicável às casas do povo por força do art. 1.º, do DL n.º 246/90, de 27 de Julho, prever uma causa específica de extinção destas entidades. Sobre esta problemática, vide Parecer da PGR n.º 48/92, onde não considera inconstitucional, nem do ponto de vista material nem orgânico, o DL n.º 245/90. Em sentido divergente, vide Acórdão do TC n.º 328/92, onde, a propósito da apreciação da constitucionalidade de um decreto legislativo regional que previa a extinção de casas do povo com fundamentos semelhantes aos invocados pelo DL n.º 245/90, se considerou que a previsão das causas de extinção das associações pressupõe uma intervenção legislativa da AR.

[159] À semelhança das cooperativas de educação ou ensino, também as casas do povo, que desenvolvessem actividades de apoio social do âmbito da segurança social, haviam já sido equiparadas, por força da Portaria n.º 257/94, de 29 de Abril, a IPSS em matéria de apoios financeiros para a realização de obras, aquisição de edifícios e de equipamento. Do mesmo modo, a equiparação a IPSS acabava também por lhes ser extensiva pelas normas reguladoras dos acordos de cooperação entre o Estado e estas instituições, aprovadas pelo Despacho Normativo n.º 75/92, de 20 de Maio, que eram (e continuam a ser) integralmente aplicáveis às casas do povo que desenvolvam actividades de acção social do âmbito da segurança social (n.º 2, da Norma I).

[160] Nos termos da Lei n.º 2144, de 29 de Maio de 1969, as casas do povo representavam os trabalhadores agrícolas por conta de outrem da sua área inscritos como sócios

O novo estatuto jurídico – constitucional das instituições... 105

hoje havidas pela lei como uma categoria específica de instituições particulares de solidariedade social. O facto de os beneficiários das suas actividades serem os respectivos associados não impede tal qualificação. O seu regime base constava do D L n.º 4/82, de 11 de Janeiro, posteriormente objecto de inúmeras alterações introduzidas pelo Dec. Lei n.º 246/90, de 27 de Junho, mas haverá também que completá-lo (por vezes tratar-se-á de verdadeiras operações de integração) com o disperso regime das IPSS de natureza associativa. O artigo 1.º deste último diploma manda aplicar à constituição e extinção das casas do povo o regime geral das associações previsto no Código Civil, mas, dada a sua plena equiparação às IPSS pelo DL n.º 171/98, tal remissão poderá, em alguns casos, revelar-se desajustada. Por isso, e quando assim suceda, julgamos que se deverá proceder a uma interpretação actualista da norma remissiva, entendendo a referida remissão como sendo feita para o regime geral das IPSS de natureza associativa ou mesmo para o regime das associações mutualistas quando as casas do povo também cumulem actividades no domínio dos regimes de segurança social. As exigências de unidade e coerência do sistema aplicável às IPSS justificam ou abonam em favor de tal solução. Por último, refira-se a particularidade de as casas do povo poderem ainda exercer, a qualquer título, funções no domínio dos regimes de segurança social, o que também pode compreender a gestão delegada de regimes públicos de segurança social.

---

efectivos, desenvolvendo, assim, funções de previdência rural ("facultavam a aplicação do regime de previdência rural"). As casas do povo eram qualificadas como organismos corporativos facultativos, por resultarem da iniciativa dos interessados. Porém, uma vez integrados na "organização corporativa, participam das suas funções e contraem deveres públicos, pelo que podem ser consideradas pessoas colectivas de direito privado e regime administrativo, com forte tendência para o Direito público". Cfr. Marcelo Caetano, *Manual...*, vol. I, 10.ª ed., Almedina, 1997, págs. 388-389. Sobre a evolução do regime jurídico das casas do povo, vide Vital Moreira, *Administração Autónoma...*, págs. 294-296. Refira-se a este propósito que o autor, em nota (nota 68), regista a inconstitucionalidade orgânica dos diplomas relativos às casas do povo, por versarem sobre o direito de associação, matéria que é reservada à Assembleia da República. Posição que é extensiva à generalidade dos diplomas identificados neste trabalho, como, aliás, teremos oportunidade de salientar ao tratar das particularidades do processo de constituição das IPSS.

Por sua vez, e no âmbito dos esquemas de protecção social complementares da segurança social – instituições que têm por objecto exclusivo ou predominante a gestão de regimes de segurança social complementar – temos:

j) as associações de socorros mútuos (hoje, associações mutualistas) – trata-se de associações que actuam no sector da previdência social complementar (modalidades de benefício colectivo ou individual e, de acordo com a designação do direito comunitário, os regimes profissionais complementares), e que, em obediência aos princípios mutualistas, se caracterizam pela prossecução de fins de auxílio recíproco, no interesse dos associados e de suas famílias, constituindo a concessão de benefícios de segurança social e de saúde os seus fins fundamentais, podendo cumulativamente prosseguir outros fins de protecção social e de promoção da qualidade de vida, através da organização e gestão de equipamentos e serviços de apoio social, e de outras obras sociais e de actividades que visem especialmente o desenvolvimento moral, intelectual e físico dos associados e suas famílias – arts. 2.º a 7.º, do Código das Associações Mutualistas, aprovado pelo Dec. Lei n.º 72/90, de 3 de Março. O estatuto das IPSS (e, naturalmente, a respectiva legislação complementar) ser-lhes-á aplicável subsidiariamente em todos os aspectos não directamente regulados pelo Código (art. 122.º). Para além disso, e relativamente às associações mutualistas especificamente constituídas para a gestão dos regimes profissionais complementares, a aplicação deste Código deve ainda ser conjugada com o DL n.º 225/89, de 6 de Julho, que estabeleceu as regras relativas à gestão dos regimes profissionais complementares, decorrentes da transposição das Directivas Comunitárias sobre a matéria (Directivas n.ºs. 77/187/CEE e 80/987/CEE, do Conselho das Comunidades Europeias). Tal como as demais IPSS, as associações mutualistas podem agrupar-se em mutualidades de grau superior sob a forma de federações, uniões e confederações, sendo consideradas para todos os efeitos associações mutualistas, e gozando, portanto, do mesmo estatuto de direitos e deveres (art. 11.º do Código das Associações Mutualistas e art. 2.º do Estatuto das IPSS);

O novo estatuto jurídico – constitucional das instituições... 107

l) as fundações de solidariedade social – têm por objecto específico e exclusivo a gestão dos regimes profissionais complementares, e são legalmente denominadas por "fundações de segurança social complementar" (DL n.º 225/89, de 6 de Julho, arts. 16.º, e 21.º, e Portaria n.º 135/2007, de 26 de Janeiro, que aprova o Regulamento de Registo das Associações Mutualistas e das Fundações de Segurança Social Complementar). Enquanto IPSS, gozam de todos os direitos e benefícios previstos para as instituições homólogas, e a sua constituição, funcionamento e reconhecimento da utilidade pública rege-se pelas normas do Estatuto das IPSS, aplicáveis às fundações de solidariedade social, sendo-lhe também aplicável o Código das Associações Mutualistas em matéria de registo e de tutela estadual (art. 24.º, daquele diploma). Sendo que o regime de tutela previsto neste Código acresce ao (extenso) regime já previsto no art. 30.º daquele diploma. Trata-se, pois, de um regime misto – regime aplicável às associações e às fundações. As fundações de segurança social complementar, enquanto destinadas a facultar vantagens patrimoniais futuras para os seus beneficiários, podem considerar-se também, a par das associações mutualistas, uma das espécies de pessoas colectivas de fim económico não lucrativo.

Para além deste quadro, há ainda a considerar o conjunto de instituições que designaremos por instituições particulares de solidariedade atípicas, dado o objecto da sua actividade esgotar-se no exercício de funções de representação de interesses comuns e de coordenação da acção das instituições associadas, designadamente junto das entidades públicas, e na organização de serviços de interesse e de intervenção comuns (art. 88.º, do Estatuto das IPSS), desempenhando hoje também funções próprias das associações patronais, uma vez que lhe foi reconhecida capacidade para a negociação e celebração de convenções colectivas de trabalho[161]. São os legalmente designados agrupamentos de instituições, qualificados e tratados

---

[161] Foi o que sucedeu com o DL n.º 224/96, de 26 de Novembro, ao considerar, no seu artigo único, as uniões, federações e confederações de instituições particulares de solidariedade social como "entidades com capacidade para a negociação e celebração de convenções colectivas de trabalho aplicáveis às instituições nelas filiadas e aos trabalhadores representados pelas associações sindicais outorgantes", dispensando, deste modo, o recurso à via administrativa através de portarias de regulamentação de trabalho.

pela lei, para todos os efeitos, como instituições particulares de solidariedade social (arts. 2.º, e 87.º a 93.º), variando a sua forma em função do tipo de instituições associadas: os agrupamentos das associações mutualistas são, para todos os efeitos, consideradas associações mutualistas (art. 89.º, n.º 2 e art. 11.º, do Código das Associações Mutualistas); os agrupamentos de cooperativas de solidariedade social assumem qualificação homóloga (o art. 5.º, do Código Cooperativo, designa-as por cooperativas de grau superior); as demais IPSS são qualificadas como associações de solidariedade social, ficando, portanto, sujeitas ao seu regime (arts. 89.º, n.º 1). Têm ainda a particularidade de os seus associados serem apenas pessoas colectivas de solidariedade social (associações, fundações, institutos). Segundo um critério formal, termos ainda como IPSS as seguintes categorias: a união[162]; a federação[163] e a confederação de instituições[164].

Por último, há ainda instituições particulares que, muito embora não se constituam como IPSS, podem, na parte em que se proponham prosseguir fins de solidariedade social ou desenvolvam alguma actividade de relevo no domínio da solidariedade social, ser equiparadas, para efeitos de aplicação de alguns aspectos do seu regime, a IPSS (apoios, benefícios fiscais, celebração de acordos, etc.). Aliás, o próprio texto constitucional (art. 63.º, n.º 5) refere-se hoje expressamente a "outras instituições particulares sem fins lucrativos", mas esta possibilidade encontrava-se já prevista no DL n.º 138/80, de 10 de Maio, e no Regulamento do Registo das Instituições Particulares de Solidariedade Social do Âmbito da Acção Social do Sistema de

---

[162] Das diversas alíneas do art. 91.º do Estatuto das IPSS resulta poderem constituir-se em união as instituições que revistam forma idêntica, actuem na mesma área geográfica, designadamente o distrito, conquanto o seu regime específico de constituição o justifique. Segundo este critério temos como uniões mais representativas: a União das Misericórdias Portuguesas; a União das Mutualidades, e a impropriamente (e talvez até incorrectamente) designada União das Instituições Particulares de Solidariedade Social, dado esta firma sugerir uma realidade inexistente – agrupa apenas uma parte das instituições existentes, que nem sequer é a maior fatia, quando todas as demais instituições associadas de outras uniões também são IPSS.

[163] Trata-se de agrupamentos de instituições destinadas as prosseguir actividades congéneres (art. 92.º).

[164] As confederações são agrupamentos, a nível nacional, de federações e uniões de instituições, com a particularidade de se poderem inscrever directamente instituições não pertencentes a qualquer união ou federação (art. 93.º).

Segurança Social, constante da Portaria n.º 778/83, de 23 de Julho (arts. 3.º e 23.º), revogada pela Portaria n.º 139/2007, de 29 de Janeiro.

Numa breve análise classificatória, e seguindo determinados critérios, podemos individualizar as seguintes categorias de IPSS:

a) quanto ao substrato, temos IPSS de tipo fundacional (fundações e institutos), e IPSS de tipo associativo (associações de solidariedade social, irmandades da misericórdia, casas do povo, associações de voluntários de acção social, associações de socorros mútuos, cooperativas), e entidades legalmente equiparadas (uniões, federações, confederações de IPSS);

b) quanto ao acto de constituição, temos pessoas colectivas eclesiásticas (por que constituídas segundo o direito das organizações religiosas), sendo objecto de reconhecimento na ordem jurídico-civil, e pessoas colectivas civis;

c) quanto ao critério dos sujeitos ou destinatários da actuação das IPSS, tendo em conta a correspondência/coincidência (ou não) dos beneficiários da actividade desenvolvida com os respectivos membros, teremos IPSS de solidariedade mutualista ou interessada, por que dirigida à satisfação dos interesses de cada um dos membros da colectividade ou dos directos beneficiários do património fundacional (caso das associações mutualistas, das fundações de segurança social complementar, onde a solidariedade assume um cunho tendencialmente classista ou socioprofissional[165], cooperativas de solidarie-

---

[165] Falamos em solidariedade "tendencialmente classista" uma vez que as associações mutualistas – não obstante o legislador as considerar especialmente vocacionadas para a prática da solidariedade de base socioprofissional, integrando trabalhadores de empresas, grupos socioeconómicos ou grupos de empresas, constituindo a forma, ainda segundo o legislador, que melhor se adequa à complementaridade, a nível privado, das prestações garantidas pelo sistema de segurança social –, continuam a produzir, na sua maior parte, benefícios individuais e não colectivos ou de natureza socioprofissional. Contudo, o que aqui nos interessa é realçar a intenção prospectiva do legislador, aliás, incisivamente exposta no Preâmbulo do Código das Associações Mutualistas. Esclareça-se ainda que ao falarmos em solidariedade de classe temos em vista não só realçar a intenção legislativa, mas também distingui-la da solidariedade interessada de âmbito cooperativo ou associativo, uma vez que nestes casos a marca socioprofissional é irrelevante. De qualquer modo, em ambos os caso estamos perante pessoas colectivas de fim interessado ou egoístico, sendo que no primeiro caso a finalidade económica (não lucrativa) é predominante.

dade social e casas do povo[166]); IPSS de solidariedade altruísta, desinteressada ou em benefício de terceiros (associações de solidariedade social, onde se integram as associações civis e as associações religiosas, incluindo entre estas as irmandades de misericórdia, associações de voluntários de acção social e fundações de solidariedade social e institutos)[167].

Em relação às associações mutualistas, casas do povo e cooperativas pode dizer-se que colhe, em tese geral, a máxima de FERRARA, citado por MANUAL DE ANDRADE: são "auto-organizações para um interesse próprio", isto é, trata-se de entidades em que os respectivos membros – os associados ou cooperadores – são senhores delas e sujeitos do interesse ou finalidade corporacional[168]. Estas pessoas colectivas, na medida em que o escopo visado interessa aos respectivos membros, são genuinamente de tipo corporativo[169], não excluindo, todavia, a possibilidade de satisfazer interesses de terceiros, ou seja, de não associados. Tal sucede com as associações mutualistas e as casas do povo, por força da celebração de acordos com a Administração dirigidos à prestação de serviços, e nas segundas, de um modo particular, pelo facto de a lei prever a possibilidade de exercerem tarefas públicas – "executar, por delegação, tarefas cometidas aos serviços públicos" – al. a), do n.º 3, do art. 2, do DL n.º 4/82, de 11 de Janeiro –, abrangendo não apenas os associados, mas todos quantos tenham a qualidade de utente. Embora se não trate de entidades associativas, a doutrina atrás exposta não deixa, em certa medida,

---

[166] As cooperativas de solidariedade social, como já se referiu, visam a satisfação de necessidades sociais e a promoção e integração dos seus membros (art. 1.º, do DL n.º 7/89, de 15 de Janeiro). Mas note-se que as cooperativas de solidariedade social, tal como as restantes, não se encontram impedidas de realizar operações com terceiros, prestando, por ex., determinados serviços sociais a não membros (art. 2.º, n.º 2, do Código Cooperativo). Em relação às casas do povo, o acesso aos serviços prestado depende, em princípio, da qualidade de associado. Contudo, ver o que a seguir se diz no texto.

[167] À distinção entre solidariedade altruísta e solidariedade mutualista se refere CASALTA NABAIS, *Algumas Considerações...*, pág. 150.

[168] Cfr. MANUEL DE ANDRADE, *Teoria Geral da Relação Jurídica,* vol. I, Coimbra, 1983, pág. 70, embora apenas se refira às associações, mas a sua doutrina, no caso do texto, não deixa de valer também para as cooperativas de solidariedade social.

[169] Interessa aos próprios associados, embora não exclusivamente, pois interessa simultaneamente ao Estado-colectividade, daí o reconhecimento da sua utilidade pública.

de valer para as fundações de segurança social complementar, dado que os directos beneficiários da sua actividade são os sujeitos que contribuem, juntamente com as dotações da(s) empresa(s), para a formação/manutenção do seu património através das quotizações devidas enquanto trabalhadores da empresa ou empresas subscritoras do acordo de gestão dos regimes profissionais complementares. Em todas estas pessoas colectivas existe um fenómeno uno e simultâneo: através da satisfação dos interesses dos associados, cooperadores e beneficiários obtém-se também a satisfação do interesse público intencionado pelo legislador ao admitir esta forma de entes colectivos. Nas restantes pessoas colectivas relevante é a satisfação do interesse de outras pessoas, utentes ou meros beneficiários, valendo plenamente o princípio geral da preferência ou prevalência dos interesses e direitos dos beneficiários em relação aos dos associados e instituições (associações, fundações e institutos). Tal princípio deduz-se claramente do n.º 1, do art. 5.º, do DL n.º 119/83;

d) quanto ao critério da natureza da actividade predominantemente desenvolvida ou do tipo e natureza dos bens facultados e dos serviços prestado, teremos IPSS da área dos regimes de segurança social complementar (de tipo profissional, colectivo ou individual) – associações mutualistas e fundações de segurança social complementar –, da área da educação – cooperativas de ensino especial –, da área da saúde – caso das instituições que têm por objecto a prestação de cuidados de medicina preventiva, curativa e de reabilitação (por ex., no domínio da reabilitação de deficientes e da toxicodependência) –, da área da formação profissional, da habitação, e, sobretudo, da área da acção social ou assistência social. De entre todas as áreas referidas, esta última é, sem dúvida, a mais representativa, sendo mesmo quase esmagadora, aliás, à semelhança do que sucede na generalidade dos países.

Todavia, este último critério é apenas tendencial, pois muitas das instituições realizam, não raras vezes, actividades de natureza mista, combinando na sua actuação actos que, segundo uma caracterização material ou técnica, tanto podem ser subsumíveis na área da saúde como na de acção social, assim como podem existir instituições que combinem a prossecução de objectivos diversificados (fins de acção social, saúde, educação, habitação). Tal acontece com muitas associações de solidariedade social, com algumas fundações e com as cooperativas de solidariedade social (caso das CERCIS, que, não obstante o seu objecto de actividade mais característico ser constituído pelo designado ensino especial, desenvolvem relevantes actividades no domínio da acção social e da formação profissional, sendo este aspecto que justificou a sua qualificação como instituição de solidariedade social).

Esta classificação não tem apenas uma importância conceitual ou meramente didáctica; antes pelo contrário, dela derivam importantes consequências práticas, designadamente para o respectivo regime jurídico. Assim, veja-se, do seu elemento constitutivo predominante derivam imediatas consequências quanto ao procedimento de constituição e arranjo jurídico-organizatório da pessoa colectiva; do critério da constituição resultam implicações relativas à natureza civil ou religiosa da pessoa colectiva, à determinação do direito/ordem jurídica competente para reger a sua organização, funcionamento e actividade, e, consequentemente, quanto à determinação do foro competente – civil ou eclesiástico – para julgar os eventuais litígios internos e externos; do critério sujeitos/beneficiários da actuação das IPSS resultam implicações no domínio do regime jurídico aplicável à respectiva actividade, estatuto dos associados, utentes e/ou beneficiários; por último, do critério da natureza da actividade resultam, desde logo, importantes consequências no domínio do direito de organização, designadamente quanto à determinação da entidade pública competente para proceder ao registo e ao reconhecimento de utilidade pública, para celebrar acordos de gestão e de cooperação, para exercer poderes de regulação e de controlo, podendo suceder, e que efectivamente sucede, uma só IPSS suscitar o exercício de competências concorrentes ou conjuntas de órgãos de distintas pessoas colectivas públicas.

Como se vê, trata-se de um universo heterogéneo e complexo, quer sob o ponto de vista da sua natureza jurídica (civil ou religiosa, discutindo-se ainda se as pessoas colectivas constituídas segundo o direito canónico são privadas ou públicas), quer sob o ponto de vista do processo da sua constituição, do regime da sua organização e funcionamento, da concorrência do direito aplicável – civil, administrativo, canónico –, e da determinação da jurisdição competente. Para além disso, o seu regime terá hoje, como se constatará ao longo do trabalho e como já se referiu em nota, de ser complementado com numerosos e dispersos diplomas legislativos e regulamentares, o que nem sempre facilita a procura de uma unidade de sentido global, quer sob o ponto de vista do seu regime, quer sob o ponto de vista da construção conceitual. Tal facto é, aliás, agravado com a diversidade de fins específicos prosseguidos pelas IPSS, bem como pela diferente tipologia que as caracteriza. Contudo, tem a uni-las, por um lado, a prossecução, sem escopo lucrativo, e na base do princípio da solidariedade, de fins de interesse público, podendo os resultados da actividade desenvolvida beneficiar directamente os respectivos membros ou terceiros, e, por outro, o facto de o regime das associações de solidariedade social funcionar como o tronco comum das restantes IPSS de tipo associativo, designadamente das que prestam serviços a terceiros, o mesmo sucedendo com o regime das fundações de solidariedade social (aplicável, como se referiu, aos institutos da igreja católica e a outras organizações religiosas de natureza fundacional).

No nosso trabalho iremos, por isso, privilegiar o tratamento das instituições constituídas com o propósito de facultar ou prestar serviços a terceiros no âmbito da acção social, que, como veremos em ponto posterior, constituem, entre nós, e também à semelhança da generalidade dos países, a quase totalidade do universo das IPSS[170]. Destarte, o suporte jurídico-legal fundamental ou básico será, pois, o previsto para as associações de solidariedade social. Contudo, e quando se afigure relevante, faremos sempre referência ao regime especifico previsto para as restantes instituições.

---

[170] Na verdade, as fundações de segurança social complementar são relativamente recentes, e o seu número, a avaliar pelas estatísticas disponíveis, é ainda escasso. O número de associações mutualistas, entre nós, também não é muito significativo, e têm por objecto essencial, tal como as fundações referidas, a gestão dos regimes complementares de segurança social, que são de carácter facultativo e de natureza meramente adicional ou complementar (e não alternativa ou substitutiva) em relação à oferta do sistema público. As associações de voluntários de acção social são praticamente inexistentes entre nós (As Ligas de Amigos dos Hospitais parecem constituir um exemplo raro). Aliás, refira-se que mesmo nos países onde o voluntariado social se julga muito representativo, os números mais recentes parecem infirmar tal conclusão, quer nos países da Europa, quer nos Estados Unidos, dada a crescente necessidade de profissionalização do pessoal ao serviço das instituições do terceiro sector. A Grã-Bretanha constitui excepção a este cenário, estimando-se que cerca de 30% a 40% das pessoas colaboram, de algum modo, com instituições de

1.1.2. Análise de alguns dos aspectos do conceito constitucional e legal de IPSS

a) as IPSS enquanto instituições sem fins lucrativos: significado, âmbito e limites desta qualificação

Fazemos referência a este aspecto do conceito, por duas razões fundamentais: em primeiro lugar, por o n.º 2, do art. 1.º, do DL n.º 119/83 ser, no seu tom literal, restritivo a este respeito; e, em segundo lugar, por não alinharmos inteiramente ao lado da doutrina da Procuradoria-Geral da República sobre esta mesma matéria.

Ao privilegiar as instituições particulares de interesse público, sem carácter lucrativo, o legislador constitucional quer, desde logo, dizer o seguinte: a solidariedade social é o reflexo exterior de um espírito solidário preexistente a qualquer modelo ou forma institucional do seu exercício. Não se trata de algo que emerge e ganha corpo com o pacto fundacional ou associativo; pelo contrário, a solidariedade social é assumida pela Constituição como um "fenómeno espontâneo, nascido da necessidade insuprimível de afirmação da pessoa humana e do instinto natural de associação"[171].

Assim entendida, a solidariedade social surge como um conceito que pretende traduzir uma realidade originariamente avessa à comercialização ou mercantilização. Por isso, poderia pensar-se à partida que o especial relevo que a Constituição dá ao qualificativo "sem fins lucrativos", o que, aliás, tem sucedido desde a versão originária, seria eventualmente dispensável ou desnecessário. Mas a

---

assistência ou beneficência. De qualquer modo não deixa de ser interessante verificar, segundo os dados recolhidos na obra *As Fundações Portuguesas*, Coordenação Científica e Técnica de Carlos Pestana Barros e J. C. Gomes Santos, Editora Vulgata, pág. 100, que, das 344 fundações que responderam aos 800 inquéritos feitos às fundações registadas no Ministério da Administração Interna, cerca de 58% contam com a participação de voluntários para a concretização das suas iniciativas. Quanto às cooperativas de solidariedade social, as CERCIS – Cooperativas de Ensino e Reabilitação de Crianças Inadaptadas – monopolizam quase totalmente o ramo das cooperativas de solidariedade social.

[171] Cfr. Sérvulo Correia, *Elementos de um Regime Jurídico da Cooperação*, in *ESC*, ano V, Janeiro a Março, n.º 17, pág. 137. Embora o pensamento do autor se refira ao fenómeno específico da cooperação no domínio das cooperativas, mas que é perfeitamente ajustado ao caso em apreço.

Constituição, assim como o legislador ordinário, para além do elemento de natureza substantiva – "solidariedade social" –, integrante do próprio conceito de IPSS, têm insistido em acrescentar o adjectivo sem fins lucrativos, acabando mesmo por o converter num elemento da própria noção, introduzindo, assim, uma parte da definição no próprio objecto definido. É que a solidariedade social, enquanto reflexo de uma especial dimensão antropológica ou existencial do homem, é enformada por um espírito e uma intencionalidade que nada têm a ver com aqueles que caracterizam a actividade mercantil. Mas isto não quer dizer que, por natureza, seja imune ao espírito mercantil. O aproveitamento da fragilidade dos outros atrai sempre o oportunismo negocial de alguns. Por isso, se compreende a preocupação do legislador constitucional ao privilegiar determinados modelos institucionais de realização da solidariedade social, por, precisamente, melhor traduzirem, sob o ponto de vista social e jurídico, um espírito e um modo de ser da pessoa humana que lhes é preexistente.

Por outro lado, há entidades reconhecidas de interesse público que têm por elemento caracterizador e distintivo das demais entidades de interesse público, a sua natureza lucrativa. É o caso das sociedades de interesse colectivo. E atendendo ao critério da natureza do fim – fim lucrativo e fim sem carácter lucrativo – poder-se-á dizer que a distinção entre instituições particulares de interesse público – pessoas colectivas de utilidade pública e sociedades de interesse colectivo – é hoje uma distinção constitucional: o n.º 5, do art. 63.º autonomiza claramente as instituições sem carácter lucrativo[172]. Para além disso, não poderá excluir-se, de iure constituendo, a hipótese de surgirem novas entidades de reconhecido interesse público sem fins lucrativos, mas que, no entanto, não devam subsumir-se à previsão do n.º 5, do art. 63.º, assim como não está excluída a hipótese de empresas privadas poderem ser reconhecidas de interesse público (art. 86.º, n.º 1, da CRP, na parte em que se refere às actividades privadas de interesse económico geral).

Por outro lado, a segurança social e a acção social não constituem um monopólio reservado ao Estado e às instituições particulares de interesse público. Na verdade, o facto de o legislador ter a preocupação

---

[172] Neste sentido, vide MARCELO REBELO DE SOUSA, *Lições...*, pág. 408.

de realçar que apoia e fiscaliza as instituições de reconhecido interesse público sem carácter lucrativo, não significa que proíba ou exclua, in limine, a participação de outras entidades privadas sem fins lucrativos. Assim como não significa a instituição de um bem fora do comércio jurídico, não excluindo, por isso, a participação de entidades, singulares ou colectivas de fins lucrativos, quer no domínio dos regimes de segurança social, quer na acção social, podendo esta participação ter natureza lucrativa ou não lucrativa[173]. Aliás, a sua admissibilidade decorrida já da lei de bases da segurança social do já longínquo ano de 1984 (n.º 2, do art. 37.º, da Lei n.º 28/84, de 14 de Agosto), tendo, depois, sido confirmada pelo art. 102.º, n.º 2, da Lei n.º 17/2000, de 8 de Agosto, e que não se restringia apenas à acção social, abrangendo também a gestão de regimes complementares de segurança social (que previa, no seu art. 100.º, n.º 1, as companhias seguradoras e sociedades gestoras de fundos de pensões), constituindo ainda as associações mutualistas e as fundações de segurança social complementar um exemplo elucidativo, uma vez que as entidades empresariais surgem aqui como entidades instituidoras das próprias pessoas colectivas, legalmente qualificada como IPSS. Para além disso, as próprias empresas não estão impedidas de criar estabelecimentos de apoio social em benefício dos respectivos trabalhadores, aliás, à semelhança dos que sucede em outros países[174]. No domínio da saúde, a própria Constituição fala em formas empresariais de medicina ao lado de instituições privadas não empresariais (art. 64.º, n.º 3, al. d), da CRP).

---

[173] Isto, apesar de a nossa Constituição não conter uma disposição semelhante às de outras constituições europeias, como sucede com a Constituição Italiana, onde se refere expressamente que a iniciativa privada é livre (art. 38.º), ou com a Constituição Espanhola, onde expressamente se refere que a assistência e as prestações complementares são livres (art. 41.º).

[174] Sobre a experiência e importância dos estabelecimentos e serviços sociais (creches, tempos livres, actividades de lazer e outros), criados por empresas francesas em benefício dos seus trabalhadores e respectivas famílias, vide ELIE ALFANDARI, *Action et aide sociales,* 4.ª ed., 1989, pág. 222, e MICHEL BORGETTO e ROBERT LAFORE, *Droit de L'Aide et de L'Action Sociales,* Montchrestien, 1996, pág. 93. Entre nós, o exercício destas actividades por entidades privadas – entidades com fins secundários de segurança social – encontrava-se expressamente previsto no art. 4.º, DL n.º 519-G2/79, de 29 de Dezembro, que aprovou o primeiro estatuto das IPSS, e que, em certos termos, também lhes era aplicável na parte relacionada com estas actividades.

O novo estatuto jurídico – constitucional das instituições... 117

Mas convém ainda clarificar o sentido e o relevo do qualificativo "sem carácter lucrativo" no ordenamento jurídico das IPSS.

Em primeiro lugar, para realçar a evolução da redacção constitucional: no texto original falava-se em "instituições privadas de solidariedade social não lucrativas", mantendo-se a mesma redacção, excepto na parte em que se alterou o substantivo "instituições privadas" pelo de "instituições particulares"; com a última revisão registou-se uma mudança literal, falando-se em "instituições particulares de solidariedade social e outras de reconhecido interesse público sem carácter lucrativo". Em virtude da utilização da conjunção "e", seguida da locução "outras", a expressão "sem carácter lucrativo" refere-se também às primeiras instituições.

Por sua vez, o art. 1.º, n.º 1, do Estatuto define-as como instituições "sem finalidade lucrativa", sem prejuízo de "prosseguirem de modo secundário outros fins não lucrativos que com aqueles sejam compatíveis"[175]. A lei parece sugerir uma compatibilidade de natureza, e em dois sentidos. Isto é, as IPSS apenas poderão prosseguir outros fins desde que cumpram cumulativamente dois requisitos: em primeiro lugar, os fins secundários terão de apresentar alguma similitude com os fins principais ou pelo menos com a actividade exercida a título principal pelas IPSS ou com a sua área ou âmbito material específico de actuação, mas não sendo fins específicos de solidariedade social (poderão ser, por ex., fins ideais, ainda que de natureza interessada ou egoística, como fins culturais, recreativos, de lazer, de desporto, artísticos, científicos ou de investigação científica no âmbito da actividade desenvolvida, etc.) não lhes será aplicável o regime próprio daqueles (art. 1.º, n.º 3, do Estatuto), o que significa remeter as IPSS, nesta parte, para a lei geral ou para as disposições especialmente aplicáveis a cada um destes domínios; em segundo lugar, terá de tratar-se de fins não lucrativos.

Assim delimitada a capacidade jurídica das IPSS, a lei parece negar a possibilidade da prática de actos que, considerados em si, assumam natureza lucrativa.

Mas será necessariamente assim?

---

[175] Como já se referiu, o regime do Estatuto não será aplicável às actividades relativas à prossecução destes fins (n.º 3, do art. 1.º, do Estatuto).

A utilização de expressões literais diferentes – na Constituição, em vez de instituições "não lucrativas" passou a dizer-se "sem carácter lucrativo", e na lei fala-se em "instituições sem finalidade lucrativa e "outros fins não lucrativos" – quererá significar juridicamente a mesma coisa? Ou não estaremos, desde logo ao nível constitucional, perante uma mudança no próprio modo de conceber as tradicionais instituições não lucrativas ou sem fins lucrativos, designadamente quanto às instituições de solidariedade social?

Em nosso entender julgamos que o legislador constitucional pretendeu aligeirar o tom demasiadamente imperativo da fórmula anterior, fornecendo uma indicação ao legislador ordinário e à Administração no sentido possibilitarem a prossecução de actividades-meio ou actividades-recurso às instituições, como forma de obtenção de receitas para a prossecução dos fins solidários. Deste modo, se a redacção do art. 1.º, do Estatuto das IPSS, suscitar dúvidas de interpretação, este deverá, pois, e em nome do princípio da interpretação em conformidade com a Constituição, ser harmonizado com o sentido intencionado pelo legislador constitucional no n.º 5, do art. 63.º. A intenção da Constituição é não dificultar ou até facilitar o reforço da capacidade de autofinanciamento das instituições, tendo em vista uma melhor prossecução dos objectivos de solidariedade social, podendo tal reforço passar por uma diversificação das fontes de financiamento. O reconhecimento do "subsector da propriedade solidária" (CASALTA NABAIS), ou do "subsector social" (COUTINHO DE ABREU), no n.º 4, do art. 82.º da CRP, no âmbito da Constituição económica, reflecte e harmoniza-se, julgamos nós, com aquela intenção. Esta conclusão é hoje confirmada pelo Decreto-Lei n.º 307/2007, de 31 de Agosto, que permite às instituições particulares de solidariedade social a constituição de sociedades comerciais como meio de obterem a titularidade das designadas farmácias de oficina: *"as entidades do sector social da economia podem ser proprietárias de farmácias desde que cumpram o disposto no presente decreto-lei e demais normas regulamentares que o concretizam, bem como o regime fiscal aplicável às pessoas colectivas referidas no n.º 1"* (cfr. o n.º 3, do artigo 14.º, conjugado com o artigo 58.º, ambos do Decreto-Lei n.º 307/2007, de 31 de Agosto)

Portanto, o facto de se utilizar a expressão "sem carácter lucrativo" não significa que as entidades não possam exercer actividades ou praticar actos que, considerados na sua singularidade, assumem natureza ou carácter lucrativo. E não significa ainda que tais actos revistam, necessária ou forçosamente, carácter esporádico por imposição do princípio da especialidade do fim, como parece resultar do Parecer da Procuradoria-Geral da República n.º 13/95 (D. R. n.º 152, IIS, de 4-7-95). Julgamos que conceber deste modo o princípio da especialidade do fim tem como consequência uma limitação excessiva à capacidade jurídica ou de gozo das IPSS, e em termos gerais pode redundar numa interpretação demasiadamente restritiva do art. 160.º, n.º 1 do Código Civil. Neste artigo o que se exige é que os direitos e obrigações sejam necessários ou convenientes à prossecução dos seus fins[176]. É que uma coisa é a prossecução de fins não lucrativos; outra, bem diferente, é a prática de actos lucrativos como forma de angariação de receitas no sentido melhor prosseguir aqueles fins. A Constituição apenas diz que são instituições não lucrativas ou, mais expressivamente na fórmula actual, sem carácter lucrativo, o que não significa que não possam desenvolver actividades de carácter lucrativo, e em alguns casos até de forma regular e contínua. É o que sucede ou pode suceder com as cooperativas de solidariedade social na medida em que não estão impedidas de, nos termos e limites do Código Cooperativo, prestar serviços a terceiros (n.º 2, do art. 1.º, do DL n.º 7/98, de 15 de Janeiro, relativo às cooperativas de solidariedade social), com as fundações de segurança social complementar e com as associações mutualistas (ambas IPSS). Por exemplo, estas últimas terão naturalmente não só a tentação, mas acima de tudo o dever de boa e diligente gestão do capital constituído pelas quotas dos associados. Isto pode significar o emprego contínuo de

---

[176] A este propósito referia MANUAL DE ANDRADE, *Teoria Geral da relação Jurídica*, vol. I, Almedina, Coimbra, 1983, pág. 124, "certos actos que à primeira vista podem afigurar-se estranhos a esta finalidade, verifica-se depois serem-lhe pertinentes, enquanto se destinam a proporcionar à pessoa colectiva meios económicos para o conseguimento de tal finalidade. Assim, por ex., as próprias pessoas colectivas de fim desinteressado não estão de todo incapacitados para praticar actos de natureza lucrativa, em ordem a obter recursos com que possam promover a satisfação dos interesses altruísticos que se propõem servir, Pode inclusivamente, até certo ponto, tratar-se de actos mercantis."

120   *As Instituições de Solidariedade Social*

técnicas de gestão que, por si sós, em nada se distinguem das usadas por empresas lucrativas – por ex., rentabilização contínua, segundo a aplicação de técnicas financeiras adequadas, do capital acumulado. E não é por este facto que estas entidades podem ser objecto de um acto de revogação ou de suspensão do reconhecimento da sua utilidade pública. Efectivamente, cremos que, por ex., uma associação mutualista, como meio de rendibilização das poupanças capitalizadas, não está impedida de participar numa sociedade cujo capital social seja subscrito em acções, com as consequências que a emissão deste título comporta. O art. 55.º do respectivo Código, sob o título "Da aplicação de valores", designadamente na al. d), fala expressamente na aplicação de valores em títulos de participação, obrigações, acções e outros títulos negociáveis de dívida ou fundos consignados cotados na bolsa de valores. As associações mutualistas não se encontram impedidas de participar na constituição de sociedades. A prática destes actos, mesmo que de forma contínua e regular, não converte as instituições sem carácter lucrativo em entidades comerciais. Ainda aqui estamos perante actos que se afiguram convenientes à boa e diligente gestão das poupanças dos associados[177]. O facto de os resultados das actividades assim desenvolvidas puderem vir a reverter em benefício dos associados (benefício subjectivo com o carácter de pensão, reforma, subsídio) julgamos que não altera a natureza das instituições: objectivamente o fim que as move não é obtenção de um resultado a distribuir, a título de lucro, por cada um dos associados em cada ano de actividade. E mesmo em relação às instituições de fim desinteressado, continuando a usar a terminologia civilística, nada tem de juridicamente condenável o uso de métodos de gestão

---

[177] Neste sentido, vide J. M. Coutinho de Abreu, *Curso de Direito Comercial*, vol. I, Almedina, 1999, pág. 238, onde designa as associações mutualistas por empresas do sector cooperativo e social, e vol. II, em preparação, pág. 94, e designadamente a nota 26, da mesma pág. Do mesmo modo, em relação às cooperativas, que também são instituições sem fins lucrativos, como se diz no respectivo Código, a remissão deste para o Código Comercial não deixa de ser, neste aspecto, sintomática. Expressivo nesta matéria é também o facto de, por lei – Decreto-Lei n.º 102/97, de 28 de Abril –, ter sido concedida à Fundação Cartão do Idoso, instituída em 1997, pelo Estado, outras entidades públicas e entidades privadas, designadamente as Uniões representativas das IPSS, capacidade para participar em sociedades comerciais ou criar sociedades que sejam instrumento útil para a prossecução do objecto da fundação.

dirigidos à rentabilização do património imobiliário ou financeiro disponível, desde que aquela se faça tendo em vista a angariação de receitas directamente aplicadas na realização dos fins estatutários. Fundamental é que as actividades lucrativas existam numa relação de acessoriedade em relação ao(s) fim(s) predominante(s) e que, para além disso, sejam exercidas e geridas numa relação de subordinação ou de instrumentalidade em relação àquele mesmo fim e para uma sua melhor prossecução. Como à frente se verá, a propósito da importância económico-social das instituições de acção social, em alguns países, o emprego de técnicas de gestão cada vez mais apuradas e o exercício de actividades angariadoras de receitas constituem meios de uso cada vez mais frequente por parte destas instituições, permitidos e até incentivados pelos respectivos ordenamentos jurídicos.

O aspecto aqui abordado embate naturalmente com a capacidade jurídica das IPSS, ou mais amplamente com a capacidade jurídico-civil das pessoas colectivas sem fins lucrativos, e também com as dificuldades práticas de aplicação do princípio da especialidade do fim. E aqui a ideia essencial é a seguinte: o fim predominante ou principal não pode ter escopo lucrativo. E é este elemento a chave da distinção entre pessoa colectivas com fins lucrativas e pessoas colectivas sem fins lucrativos. Mas isto não significa, como se disse, que as instituições não possam exercer actividades secundárias, acessórias ou instrumentais que consideradas de per si assumem natureza económica lucrativa, desde que o seu exercício seja funcionalmente subordinado à prossecução do fim institucional caracterizador[178]. Aliás, a redução da capacidade jurídica das pessoas colectivas sem fins lucrativos à prática de actos ou ao exercício esporádico de actividades lucrativas acaba por ter um efeito perverso (e não sancionado): a conversão do fim supostamente não lucrativo em instrumento de obtenção de receitas. No domínio específico das IPSS, tal facto pode

---

[178] É certo que este problema pode introduzir, em alguns casos, elementos perturbadores nas regras da concorrência, mas como refere COUTINHO DE ABREU, se não se adoptar uma (tradicional) concepção absolutista-formalista da personalidade jurídica, não será difícil ver que uma associação exerce de modo indirecto actividades empresariais (ou "de produção ou comercialização") quando possui participações de controlo (exclusivo ou conjunto) em sociedades explorando empresas, e "intervém no mercado" quando participa – ainda que em posição minoritária – em sociedades (intervém logo no mercado das participações sociais...). Cfr. COUTINHO DE ABREU, *Curso...*, vol. II, pág. 96, nota 26.

contribuir, não só para um processo de conversão destas entidades em meras servidoras do Estado, contra a percepção de subvenções, mas sobretudo, e designadamente naquelas que se constituem para prestar serviços a terceiros, para a inversão do princípio legal de preferência. Isto é: o princípio da especial ou preferencial categoria de cidadãos/beneficiários da sua actuação – grupos, famílias e cidadãos mais desfavorecidos – não pode ser trocado pelo princípio da preferência ou da prioridade dos cidadãos pagantes. O acautelamento deste risco, como termos oportunidade de ver, afigura-se aqui particularmente importante, sob pena de se subverter a finalidade constitucional de admissão e do apoio estatal a estas instituições. Por isso, a posição defendida há-de ter sempre um limite inultrapassável: a actividade principal – actividade que justifica a admissibilidade da instituição – nunca poderá converter-se num meio específica e intencionalmente dirigido à angariação de receitas, sob pena de se converter o próprio fim da instituição e de se violar o princípio da prevalência ou da preferência legal dos beneficiários económica e socialmente mais carenciados. Princípio este que perpassa, como veremos, todo o ordenamento jurídico das associações de solidariedade social. Para além disso, a admissibilidade de tal prática, que muito provavelmente acontecerá em alguns casos, representa uma desvirtualização ou uma instrumentalização ilegítima e ilegal da solidariedade social, e, por isso, juridicamente condenável e sancionável nos termos da lei. Este problema, embora, por princípio, não se confunda com a fixação das legalmente denominadas comparticipações dos utentes ou dos beneficiários, não deixa de estar relacionado com ele, podendo haver a tentação de as converter numa contrapartida directa dos serviços prestados. Tentação que a lei favorece, dada a vacuidade dos critérios fornecidos pelas sucessivas leis de bases da segurança social para a respectiva fixação. Impõe-se, pois, a concretização (pelo menos mínima) destes critérios.

O novo estatuto jurídico – constitucional das instituições...

b) As IPSS enquanto instituições particulares. Consequência: a inadmissibilidade constitucional de entidades administrativas privadas como IPSS. A verificação de uma prática inconstitucional

Em consonância com o que atrás referimos sobre a solidariedade social, e que retomaremos no ponto seguinte, a Constituição e a lei, ao introduzirem no conceito de IPSS o elemento "constituídas por iniciativa de particulares" e "não administradas pelo Estado ou por um corpo autárquico", delimitam, desde logo, e de forma imperativa, o seu processo genético: o acto de constituição há-de ser expressão genuína da vontade individual (no caso das fundações) ou – no caso das associações – da conjugação ou convergência de uma pluralidade de vontades, mas incindivelmente unidas porque partilham do mesmo fundamento – o valor ético e jurídico da solidariedade social – e comungam do um e mesmo fim – a realização de um dos objectivos em que se concretiza no mundo do direito a solidariedade social ou a justiça social. As IPSS reclamam ou pressupõem um fundamento inegavelmente antropológico[179]. O novo ente que nasce para o direito há-de, pois, constituir a materialização ou a institucionalização de uma vontade, de um projecto ou de "uma ideia de obra que se efectiva e perdura num determinado meio social" (CABRAL DE MONCADA)[180] e que encontra no que se convencionou chamar "sociedade civil" o seu berço natural, constituindo ao mesmo tempo, enquanto organismos sociais, um dos esteios da sua afirmação, projectando e assegurando

---

[179] Refira-se que o facto de as IPSS invocarem um fundamento antropológico, e de a lei dizer que são instituições de iniciativa particular, não significa a exclusão, in limine, da possibilidade de pessoas colectivas participarem na constituição de uma IPSS. É o que sucede, desde logo, com as associações mutualistas (art. 6.º, n.º 2, do CAM – por ex., associações sindicais podem constituir uma associação mutualista), com as fundações de segurança social complementar (instituídas por empresas ou por empresas e trabalhadores), com as uniões, cujo substracto é formado pelas IPSS, e que são legalmente qualificadas, e para todos os efeitos, como associações de solidariedade social, e com as cooperativas de grau superior, constituídas pelas cooperativas de solidariedade social, e com as cooperativas de grau superior, constituídas pelas cooperativas de solidariedade social de 1.º grau. Aliás, a participação de pessoas colectivas privadas na constituição ou instituição de novos entes é admitida em geral pela doutrina civilista, cfr. C. A. MOTA PINTO, Teoria Geral...., pág. 283.

[180] Cfr. CABRAL DE MOCADA, Instituição, in Enciclopédia Verbo, vol. 10, col. 1557

a autonomia desta perante o Estado e a existência de uma ordem democrática e pluralista (FREITAS DO AMARAL)[181].

Da noção constitucional de IPSS (que a lei concretiza) e do seu fundamento racional, deriva, como consequência jurídica-constitucional imediata, a inadmissibilidade de entidades administrativas privadas com tal qualificação.

Não obstante a admissibilidade constitucional destas entidades não suscitar objecções de princípio, e a Constituição não as proibir nem impor que a Administração consista somente em organizações jurídico-públicas (VITAL MOREIRA)[182], entendemos que, no caso específico que nos ocupa, as fundações e as associações, independentemente, quanto a estas, de serem criadas exclusivamente pelos poderes públicos ou congregando entidades públicas e particulares, em caso

---

[181] Cfr. FREITAS DO AMARAL, Curso..., vol. II, pág. 577. O conceito de sociedade civil tem sido, ao longo dos séculos, objecto de reflexão do pensamento filosófico, político e jurídico. Para Aristóteles, o conceito de sociedade civil referia-se a sociedade organizada, onde se incluía a forma política de organização e, portanto, o de sociedade política. Já para os jusnaturalistas o conceito de sociedade civil contrapõe-se ao de sociedade natural, dado que aquele conceito se identificava com o de sociedade política e de Estado. Mas é com Hegel que o conceito de sociedade civil conquista definitivamente autonomia, contrapondo-se à noção de sociedade política, de Estado. Para Marx, a sociedade civil correspondia a sociedade burguesa. Para os liberais, tomando por base ou partindo de uma visão dicotómica da organização social, a sociedade civil corresponde ao espaço de afirmação da liberdade individual e da propriedade (também individual), pelo que qualquer intromissão do Estado nessa esfera é tida como opressiva e ofensiva desses valores. A tarefa é, pois, libertar a sociedade civil da intromissão opressiva ou coactiva e, portanto, ilegítima, dos poderes públicos. Sobre o conceito de sociedade civil, vide SOUSA FRANCO, Sociedade civil – identidade e espaço, tópicos de uma conferência proferida em 23 de Fevereiro de 1991, no Colóquio Construir a Sociedade Civil, organizado pela Associação dos Professores Católicos.

[182] Cfr. VITAL MOREIRA, Administração Autónoma..., págs. 286-287. Mas note-se que o autor, embora considere, como se refere no texto, que a prossecução de atribuições públicas por entidades privadas não se encontra constitucionalmente proibida, podendo, portanto, envolver a criação de fundações ou associações privadas por entidades públicas ou com a participação destas para a prossecução de fins ou objectivos específicos ou determinados, não deixa, no entanto, de assinalar alguns limites. Desde logo: a excepcionalidade da administração pública por entes privados; impossibilidade do seu uso pelo menos em relação a algumas tarefas; tal meio organizatório não puder ser usado como via para fugir aos dados fundamentais da administração pública (por ex., ao controlo ministerial e parlamentar, vinculação aos direitos fundamentais). Sobre as vinculações jurídico-públicas destas entidades vide ainda o Parecer da PGR n.º 611/2000, emitido a propósito da Fundação para a Prevenção e Segurança, DR n.º 55, II Série, de 6-3-2001.

O novo estatuto jurídico – constitucional das instituições...   125

algum poderão assumir a forma e o qualificativo de IPSS, por impedimento directamente derivado da Constituição (art. 63.º, n.º 5). Por isso, devem considerar-se inconstitucionais e ilegais recentes tentativas de constituição sob a forma de IPSS de entidades associativas em que Estado assumiu relevo predominante[183].

Mas ainda assim pode colocar-se a hipótese de o Estado (e as próprias autarquias locais) poderem, por sua exclusiva iniciativa e sem qualquer impedimento – como, aliás, já vem sucedendo, e à semelhança do que acontece em outros países, de que constitui exemplo paradigmático a França –[184], criar entidades privadas reconhecidas de interesse público para a prossecução de objectivos de solidariedade social, eventualmente legitimadas pela previsão constitucional relativa às "outras instituições de reconhecido interesse público sem carácter lucrativo" (art. 63.º, n.º 5)[185].

---

[183] É o caso da Associação Mutualista dos Trabalhadores da Saúde – AMUSA, criada em 1998, tendo como associados fundadores e membros dos corpos gerentes ex-ministros e ex-secretários de Estado dos Ministérios da Saúde e do Trabalho e da Solidariedade Social, e pessoal dirigente do primeiro Ministério referido e das Administrações Regionais de Saúde, a que se associa o financiamento público, de ambos os Ministérios, para a constituição do capital inicial. Apesar de recente, a história da sua criação já vem de 1996, tendo sido consagrada como um dos objectivos políticos ou medidas a adoptar na legislatura que corre (cfr. Grandes Opções do Plano de 1997), e o seu processo foi conduzido pelos Serviços Sociais do Ministério da Saúde, por determinação emitida sob a forma de despacho do Secretário de Estado da Saúde, de 28 de Dezembro de 1998. Dos seus corpos gerentes faziam parte, pelo menos inicialmente, dirigentes do Ministério da Saúde, etc. A AMUSA foi registada como IPSS na Direcção-Geral de Regimes de Segurança Social, de que se fez publicação no D.R. de 14-4-1999. Sobre os objectivos desta associação, membros fundadores e outros aspectos relevantes, vide ANA PAULA SANTOS QUELHAS, *A Refundação do Papel do Estado nas Políticas Sociais – a alternativa do movimento mutualista*, Faculdade de Economia da Universidade de Coimbra, Coimbra, 1999, págs. 174-176.

[184] Cfr. ELIE ALFANDARI, *Action et Aide Sociales ....,* pág. 220. Trata-se mais uma vez do uso da lei de 1901 – lei sobre a liberdade de associação – pelas entidades públicas.

[185] O problema não é, portanto, apenas teórico, pois, tal como em outras áreas, também no sector da solidariedade social existem já associações e fundações constituídas, financiadas e geridas pelos Municípios, cfr. VICTOR MELÍCIAS, *As IPSS e o Futuro da Acção Social em Portugal*, in *As Instituições Não-Lucrativas e a Acção Social em Portugal*, Editora Vulgata, 1997, pág. 344. Neste âmbito situa-se também a recente criação da Fundação Cartão do Idoso. Naturalmente que, debaixo da utilização enviesada destas formas, não deixa de ter subjacente a intenção de conseguir as regalias reconhecidas às IPSS ou às entidades de reconhecido interesse público. Sobre o problema das entidades administrativas privadas – fundações e associações de entidades públicas e privadas, ou associações constituídas

Só que, neste âmbito, vamos mesmo mais longe: a Constituição, para além de impor, como veremos, a criação de um serviço público de acção social, reserva um espaço próprio para o exercício da solidariedade social pelos particulares, através de modelos ou formas institucionais. Com isto pretende que este espaço seja preferencialmente ocupado pelos organismos sociais ou pela esfera social-institucionalizada, criada pela iniciativa dos particulares, através da constituição de IPSS ou de outras entidades reconhecidas de interesse público. Por isso, admitir que o Estado ou outras entidades públicas venham, sem limites, ocupar esse espaço, criando fundações ou corporações de direito privado nos termos gerais para prosseguir objectivos constitucionais de solidariedade social que a Constituição e a lei "reservam" à iniciativa dos particulares, isto é, às verdadeiras e genuínas IPSS e outras entidades particulares de interesse público, é não só abrir caminho para a eventual diluição da obrigação e responsabilidade constitucional de criação e manutenção de um serviço público de acção social, como abre as portas à invasão daquele espaço por organizações que, apesar de privadas, não deixam de ser administrativas.

A Constituição apela, neste âmbito, a uma genuína e autêntica participação dos particulares. Admitir que o espaço desta afirmação possa ser ocupado (ou também ocupado) pela Administração através de formas jurídico-organizatórias privadas instituídas para prosseguir (ou também prosseguir) objectivos de solidariedade social como se fossem IPSS ou entidades equiparadas, para além do uso que pode fazer do seu *ius imperii*, é, em nosso entender, desvirtuar a intencionalidade subjacente ao texto constitucional.

Por isso, a criação por entidades públicas (Estado – Administração estadual directa ou indirecta –, Administração autónoma territorial ou institucional) ou por outras entidades de criação estadual ou municipal (por ex., sociedades de capitais públicos, e admitindo a hipótese de não haver aqui impedimentos legais ou estatutários) de

---

apenas por entidades públicas, entre nós, VITAL MOREIRA, *Administração Autónoma...*, Coimbra Editora, 1997, págs. 285 e segs., e JOÃO CAUPERS, *As fundações e as associações públicas de direito privado* (inédito), Comunicação ao IV Colóquio Luso-Espanhol de Direito Administrativo, subordinado ao tema: "Os caminhos da privatização da Administração Pública", realizado em Coimbra nos dias 6 e 7 de Abril de 2000.

O novo estatuto jurídico – constitucional das instituições...   127

associações ou fundações de direito privado com fins de solidariedade social (ou também com fins de solidariedade social) há-de comportar sempre dois limites: em primeiro lugar, tais entidades não
podem ser qualificadas como IPSS, ainda que possam ser reconhecidas
como entidades ou instituições privadas de utilidade pública; em
segundo lugar, a sua criação não pode constituir um meio de desmantelamento do sistema público de segurança social e de acção social,
nem muito menos uma forma de o Estado se tentar libertar da obrigação constitucional de organização e manutenção daquele sistema[186].

Contudo, pode ainda questionar-se se, à luz do texto constitucional, a Administração e as IPSS podem, de forma congregada, constituir ou instituir organizações com vista à realização mais eficiente
dos seus fins, que são fins comuns, ou a uma utilização mais racional
dos recursos humanos e financeiros. Teremos aqui as designadas
situações mistas: entidades públicas e privadas participam na constituição ou instituição de novas pessoas colectivas no âmbito da solidariedade social. A colocação desta hipótese não é apenas meramente
académica. Ela encontra-se consagrada na lei, designadamente na
área da acção social e da saúde. Nuns casos, surgem com vista a
gestão e aproveitamento comum de recursos, como é o caso do
Serviço de Utilização Comum dos Hospitais (SUCH); noutros casos,
surgem com o fito de gerirem programas públicos, como é o caso da
Fundação Cartão do Idoso, criada pela iniciativa e acto do Estado,
surgindo também no acto de constituição, na qualidade de representantes das IPSS, as respectivas Uniões, ao lado de outras entidades
públicas[187].

---

[186] O limite constitucional assinalado no texto assemelha-se, de algum modo, àqueles
que PAULO OTERO nos expõe, na sua obra *Vinculação e Liberdade de Conformação Jurídica do Sector Empresarial do Estado*, Coimbra Editora, 1998, págs. 203-204, para os
domínios da saúde e da educação.

[187] A Fundação Cartão do Idoso foi instituída pelo DL n.º 102/97, de 28 de Abril,
aparecendo como entidades legalmente qualificadas como instituidoras, o Estado, outras
entidades públicas (Associação Nacional de Municípios, Associação Nacional de Freguesias, Instituto Nacional para o Aproveitamento Livre dos Trabalhadores) e as Uniões das
IPSS (União das Instituições Particulares de Solidariedade Social, União das Misericórdias
Portuguesas, União das Mutualidades Portuguesas). A fundação é legalmente qualificada
como pessoa colectiva de direito privado e utilidade pública (n.º 2, do art. 1.º), e tem por fim
específico a gestão do cartão do idoso, podendo ainda promover e adoptar de medidas,

128 — *As Instituições de Solidariedade Social*

Tendo em conta que a solidariedade social constitui um domínio fértil e propício à cooperação entre a Administração e as IPSS, a constituição de entidades de composição mista poderá constituir, no âmbito da realização de fins de acção social, mais um meio de canalizar e incentivar a participação das IPSS na realização de tarefas públicas. Mas tal situação só será de aceitar como constitucionalmente legítima se tais entidades se destinarem a gerir tarefas próprias (próprias da entidade pública criadora), isto é, tarefas que a Administração assume como suas, inserindo as IPSS na estrutura organizatória para o efeito criada. Tais entidades, não obstante a sua composição mista, são ainda administração, embora administração em forma privada, designadamente quando a participação da Administração assume papel relevante na sua criação. E é isto que seguramente sucede com a Fundação Cartão do Idoso. O regime de composição dos seus órgãos e os poderes de nomeação dos respectivos membros públicos, para além de outros aspectos particulares do seu regime, revelam, na verdade, tratar-se de uma pessoa colectiva que concretiza apenas uma privatização jurídico-formal da organização pública, emergindo, pois, como uma verdadeira administração em forma privada, ou como uma emanação ou desmembramento da Administração, mas integrada na organização administrativa, longe, portanto, da

---

programas e projectos de apoio social aos idosos e a gestão de programas comunitários destinados às mesmas pessoas, podendo inclusivamente criar ou participar na constituição de pessoas colectivas públicas ou privadas que desenvolvam actividades de natureza económica e financeira no interesse dos idosos, como sejam a gestão de planos de pensão e de regimes profissionais complementares. Relativamente aos seus corpos gerentes, o presidente e um dos vogais do conselho de administração são nomeados pelo Governo (art. 8.º, n.º 1, al. a)), e do conselho geral fazem também parte representantes do Estado-Administração: dois nomeados pelo Ministério da Solidariedade e Segurança Social, sendo que o Ministério da Justiça, Saúde, Economia e do Planeamento, do Equipamento e da Administração do Território nomeiam, cada um deles, o seu próprio representante. O presidente do conselho geral é designado pelo primeiro ministério referido. A fundação rege-se pelos estatutos constantes do DL que institui a fundação, e, nas suas omissões, pelo regime geral das fundações (art. 1.º dos Estatutos). As alterações estatutárias terão de ser aprovadas pelo Conselho de Ministros (art. 5.º, n.º 2). O regime de composição dos órgãos e os poderes de nomeação dos respectivos membros públicos, para além de outros aspectos particulares do seu regime, revelam tratar-se de uma pessoa colectiva que concretiza apenas uma privatização jurídico-formal da organização pública, emergindo, pois, como uma verdadeira administração em forma privada, ou como uma emanação ou desmembramento da Administração.

figura de administração por particulares (VITAL MOREIRA)[188]. Há, assim, uma diferença fundamental: as entidades administrativas privadas são "organismos públicos de direito privado" (VITAL MOREIRA), sob a forma de associação ou fundação, enquanto as IPSS são organismos privados que desenvolvem tarefas de interesse público ou tarefas públicas por delegação dos poderes públicos. Mas são apenas particulares a desempenhar tarefas públicas.

Os limites constitucionais expostos não deixam também de valer para as organizações criadas por particulares, mas em que a Administração se assuma ou se imponha como membro dos respectivos órgãos de gestão. Admitir, *iure condendo*, esta hipótese (que, aliás, e bem, o direito ordinário constituído recusa – art. 1.º, n.º 1, do DL 119/83), maxime, contra a vontade dos associados ou fundadores, e independentemente do grau de participação e de influência das entidades públicas nos órgãos de gestão, seria resvalar ou abrir caminho para um processo cujos limites, sempre imprecisos por que de fronteira, não deixariam de se confrontar com o problema da estatização da iniciativa e das organizações particulares. As recentes organizações sociais brasileiras, segundo julgamos, constituem um exemplo aproximado da hipótese que aqui avançamos[189].

---

[188] Cfr. VITAL MOREIRA, *Administração Autónoma...,* pág. 286.

[189] As legalmente designadas "organizações sociais" brasileiras, instituídas e disciplinadas pela Lei n.º 6.637, de 15-5-98, são de iniciativa particular e qualificadas pela mesma lei como pessoas colectivas privadas sem fins lucrativos (art. 1.º). Contudo, a sua constituição e reconhecimento de utilidade pública devem observar uma série de requisitos de natureza imperativa. Destacamos os seguintes: os órgãos socais, com funções directivas, devem, na sua composição, integrar necessariamente "vinte a quarenta por cento de membros natos representantes do poder público", sob pena de não lhes ser reconhecida utilidade pública (art. 3.º), e os associados apenas podem ter uma quota mínima de representantes por si eleitos no órgão máximo de gestão, a qual não deve ultrapassar 10% da totalidade dos membros. A imposição de tais limitações, para além de dificilmente toleráveis à luz da liberdade de associação e do princípio da autonomia privada, mais não servem para disfarçar o que verdadeiramente se nos apresenta: uma forma particular de Administração, uma espécie de entidade criada por particulares, mas que nasce administrativizada, na medida em que é criada por privados mas para ser fatalmente ou (quase fatalmente) comandada directamente por públicos. No fundo, acaba por ser mais um modo de o Estado se servir de meios jurídico-privados para desmembrar a sua organização administrativa ou para alargar, por intermédio de organizações criadas pelos particulares, o seu domínio sobre a esfera social. E aqui com particular requinte: o Estado aguarda a iniciativa dos privados para, no mesmo acto, se apropriar dela e a comandar. Não negamos que o Estado possa impor determinados

130 *As Instituições de Solidariedade Social*

Em situação diversa e, portanto, fora dos limites constitucionais assinalados, surgem já as entidades criadas por entidades privadas e públicas com o fim de possibilitar uma melhor gestão, aproveitamento mútuo dos recursos físicos, materiais ou técnicos. Isto é, entidades que têm por objecto a gestão de actividades-recurso ou actividades-meio, e não a prossecução de objectivos de solidariedade social. É, precisamente, o caso dos Serviços de Utilização Comum dos Hospitais. Entidade tradicionalmente qualificada como pessoa colectiva de utilidade pública administrativa (Preâmbulo do DL n.º 12/93-15-1), surge hoje, em virtude do seu substrato pessoal, os fins que visa prosseguir, a que se associa o seu particular regime jurídico, como uma figura jurídica atípica ou *sui generis*[190].

---

requisitos organizativos e funcionais às organizações sem fins lucrativos, desde que proporcionados às finalidades e interesses que visam prosseguir. Mas uma coisa é imposição destes requisitos, outra bem diferente é saber se as concretas organizações são, autónoma e livremente, dirigidas e comandadas no seu destino pelos respectivos associados ou membros. Contra o que aqui defendemos, vide P. E. GARRIDO MODESTO, *Reforma Administrativa e Marco Legal das Organizações Sociais no Brasil*, in *BDA*, Abril-98, págs. 242 e segs., que, não obstante o registo de algumas diferenças, equipara estas entidades às verdadeiras pessoas colectivas de utilidade pública. Em sentido próximo do que defendemos no texto, vide IVES GANDRA MARTINS e FERNANDO PASSOS, *Manual de Iniciação ao Direito,* obra colectiva, Pioneira, Brasil, 1999, págs. 492-495, onde se consideram as organizações sociais como um "novo modelo de organização pública não estadual". A recente Lei n.º 9.790, de 23 de Março de 1999, ao excluir as designadas organizações sociais, a par com as fundações e associações privadas criadas por órgãos públicos ou fundações públicas, do catálogo das "Organizações da Sociedade Civil de Interesse Público" (art. 2.º), julgamos que apoia a tese por nós defendida.

[190] De facto, a pessoa colectiva SUCH, ao contrário do estabelecido no art. 416.º do Código Administrativo, não é apenas fundada, constituída e administrada por particulares, possuindo ainda o Estado-Administração largos poderes de intervenção, e os fins que prossegue visam a (auto)satisfação, através da cooperação e entreajuda, de interesses dos associados – entidades hospitalares públicas e privadas e instituições particulares de solidariedade social que se dediquem à promoção e protecção da saúde (por ex., assistência técnica a equipamentos dos associados, gestão de unidades de utilização comum, como lavandarias, centrais e transportes). Sob o ponto de vista do seu regime orgânico-funcional, designadamente quanto ao peso dos poderes da Administração – o presidente do conselho de administração é designado pelo Ministério da Saúde, um dos vogais do conselho fiscal representa o Instituto de Gestão Financeira da Saúde, os associados podem recorrer para o Ministro da Saúde dos actos do concelho de administração ou da assembleia geral que julguem irregulares, em caso de dissolução os bens terão o destino que lhes for determinado pelo mesmo Ministério (arts. 16.º, 7.º, al. e), 21.º, n.º 2, e 27.º, respectivamente) –, e do

O novo estatuto jurídico – constitucional das instituições...   131

c) Fundamento e delimitação jurídico-constitucional dos fins das IPSS: a prossecução de objectivos de solidariedade social. O conceito de solidariedade social. Crítica ao artigo 1.º do Estatuto das IPSS

A solidariedade social, para além de constituir um dos elementos integrantes do conceito de IPSS, surge como identificativo da sua própria designação. A solidariedade social é o elemento (substantivo) que dá autonomia jurídico-conceitual a estas organizações, permitindo distingui-las das organizações congéneres, incluindo das organizações que actuam no domínio dos direitos fundamentais de quarta geração, também designados por "direitos de solidariedade" ou "direitos ecológicos", surgindo a ideia de solidariedade no domínio destes direitos como algo de novo[191].

---

seu substracto (podem ser associados do SUCH as entidades, públicas ou privadas, que integrem o sistema de saúde português, bem como todas as instituições particulares de solidariedade social ou outras pessoas colectivas de utilidade pública administrativa que desenvolvam actividades de promoção e protecção da saúde – art. 6.º, n.º 1 dos Estatutos), o SUCH surge como uma espécie de entidade administrativa privada; sob o ponto de vista funcional-teleológico, surge como uma pessoa colectiva com "finalidades e modo de intervenção materialmente cooperativas" (conforme escreveu o Conselho Consultivo da PGR, no seu Parecer n.º 119-95). Naturalmente que o grau de intervenção unilateral da Administração não deixa de suscitar sérias interrogações constitucionais à luz da liberdade de associação. Tal grau de participação da Administração só confirma o que se referiu: que o SUCH não deixa, sob o ponto de vista da Administração, de constituir uma entidade administrativa privada. Por último, refira-se que a qualificação de pessoa colectiva de utilidade pública administrativa surge ao arrepio da noção doutrinal correntemente adoptada, assim como da própria noção legal: pessoas colectivas criadas por particulares, não administradas pelo Estado ou por corpos administrativos (art. 416.º do Código Administrativo).

[191] Segundo CASALTA NABAIS, *Algumas Considerações...*, pág. 147, o termo solidariedade tem as suas raízes no étimo latino solidarium, que vem de solidum, soldum, a significar inteiro, compacto. Daí teria derivado, para o domínio jurídico, a chamada obrigação solidária concebida como aquela em que cada um dos devedores está adstrito ao cumprimento da obrigação por inteiro e cada um dos credores tem o direito a esse mesmo cumprimento também por inteiro. Do mesmo modo, o termo solidariedade seria transposto para o campo social a significar uma relação de pertença a um grupo ou formação social, entre os muitos grupos ou formações sociais em que o homem se manifesta e realiza actualmente a sua affectio societatis, dentro dos quais sobressai a comunidade paradigma dos tempos modernos – o Estado. Sobre a origem, evolução e sentidos em que pode ser tomado o termo solidariedade, vide AGUSTÍN DOMINGO MORATALLA, *Ética y voluntariado, Una Solidaridad sin Fronteiras*, PPC, 1997, especialmente as págs. 95 e segs. Sobre os direitos de solidariedade,

A Constituição estabelece uma ligação ou nexo jurídico de natureza material entre o sujeito (IPSS) e o objecto (actividade), ou melhor, o objectivo a alcançar: as IPSS são admitidas "com vista à prossecução de objectivos de solidariedade social" (n.º 5, do art. 63.º), mediante o exercício de uma actividade cujo objecto assume também ele relevância constitucional. O objecto de actividade há-de situar-se, desde logo, no domínio ou âmbito jurídico da Constituição social. A solidariedade social, que pela última revisão passou a fazer parte do título do artigo 63.º ("segurança social e solidariedade"), constitui o princípio jurídico e político de valor constitucional cuja realização passa também pela comunidade civil, através das IPSS[192]. Tanto assim que a solidariedade constitui um dos princípio estruturantes do sistema de protecção social (art. 9.º, da Lei de Bases do Sistema de Solidariedade e Segurança Social). Por isso, a solidariedade social há-de ser o princípio que enforma e delimita, ao nível constitucional, o próprio objecto de actividade das IPSS: este há-de consistir no exercício de uma actividade cujos fins de solidariedade social se encontram consignados na Constituição. Os objectivos estatutários das IPSS têm por fundamento a própria Constituição.

Por sua vez, a lei prefere acentuar a ligação entre o sujeito e o fundamento moral e ético-social de que as IPSS constituem expressão: pois estas são constituídas com o "propósito de dar expressão organizada ao dever moral de solidariedade e de justiça entre os indivíduos" (art. 1.º, n.º 1, do DL n.º 119/83).

A Constituição e a lei complementam-se: a lei faz apelo a uma dimensão simultaneamente objectiva e subjectiva de solidariedade – na primeira, a solidariedade revela a "relação de pertença, de partilha e de corresponsabilidade que liga cada um dos indivíduos à sorte e vicissitudes dos demais membros da comunidade", na segunda, a solidariedade "exprime o sentimento, a consciência dessa mesma pertença à comunidade" (CASALTA NABAIS)[193]; por seu lado, a Consti-

---

vide CASALTA NABAIS, *O Dever Fundamental de Pagar Impostos. Contributo para a compreensão constitucional do estado fiscal contemporâneo,* Almedina, Coimbra, 1998, pág. 52 e segs., e J. C. VIEIRA DE ANDRADE, *Os Direitos Fundamentais na Constituição Portuguesa de 1976,* Almedina, Coimbra, 1983, p. 157 e segs. e 146 e segs.

[192] A dimensão da solidariedade social como princípio jurídico e político é posta em relevo por CASALTA NABAIS, *Algumas Considerações...,* pág. 149.

[193] Cfr. CASALTA NABAIS, *Algumas Considerações...,* pág. 147 – 148.

tuição faz relevar sobretudo a dimensão teleológica de solidariedade social. A solidariedade social é, como se referiu, assumida como um princípio político e jurídico, cuja concretização passa pela realização/ efectivação dos direitos sociais. Trata-se de um princípio que irradia da Constituição social, assumindo-se, enquanto dimensão e meio de concretização do Estado social, como um instrumento de realização da justiça social.

Contudo, a dimensão deste princípio é, por natureza, aberta ou, se quisermos, dúplice: por um lado, revela-se como princípio jurídi-co-constitucional imediatamente vinculante para os poderes públicos – é a solidariedade social como obrigação da comunidade politica-mente organizada –, por outro, faz apelo à ideia ético-social de per-tença dos indivíduos a uma certa comunidade e de corresponsabili-dade dos mesmos pelo destino ou sorte de todos. No primeiro caso, e seguindo de perto a lição de CASALTA NABAIS, temos a "solidariedade vertical", enquanto responsabilidade do Estado de garantir a todos e a cada um dos membros da comunidade pelo menos um mínimo de satisfação ou realização dos seus direitos sociais; no segundo, surge-nos a "solidariedade horizontal", a exprimir a solidariedade pelos deveres ou solidariedade fraterna, que se impõe também aos poderes públicos enquanto deveres fundamentais ou constitucionais, mas que extravasa a esfera estadual, exprimindo os deveres de solidariedade social que cabem à comunidade social ou sociedade civil, entendida esta em contraposição à sociedade estadual ou política, ou seja, como esfera de relações entre os indivíduos, entre os grupos e entre as classes sociais que se desenvolvem fora das relações de poder características das instituições estatais[194]. A solidariedade social, se-guindo ainda CASALTA NABAIS, exprime uma relação ou a consciência de pertença que tem por suporte uma relação recíproca de ajuda e sustento nas dificuldades e nas necessidades. A solidariedade social apela para uma ordem de valores: ela implica a tomada de consciên-cia e o sentimento ético de reciprocidade e de responsabilidade; o sentimento e a tomada de consciência de que entre os membros da comunidade há obrigações recíprocas. A necessidade existencial da solidariedade-facto, a exprimir as necessárias relações de dependên-

---

[194] Cfr. CASALTA NABAIS, *Algumas Considerações....*, págs. 150 e 151.

cia mútua ou de interdependência entre os membros da comunidade, fundamenta a necessidade moral da solidariedade-dever[195]. E porque implica a ideia ou sentimento de um dever, de uma obrigação recíproca, a solidariedade social tem inegavelmente um sentido moral. A solidariedade social implica uma relação de fraternidade entre os membros do grupo, da comunidade, assumindo-se como uma "solidariedade fraterna" (CASALTA NABAIS)[196]. A consagração constitucional dos direitos sociais – direitos da terceira geração – constitui o momento histórico de afirmação, ao nível do direito positivo, da ideia de fraternidade ou da solidariedade fraterna. Daí que justamente os direitos sociais também sejam designados por direitos de solidariedade[197].

A afirmação dos direitos de terceira geração foi acompanhada por uma mudança não só da concepção do Estado, mas também da sociedade, ou melhor, do estatuto da pessoa cidadão ou da maneira de conceber o lugar de cada um dos membros no seio da comunidade. Seguindo CASALTA NABAIS, à cidadania passiva, própria do Estado liberal, e à afirmação da cidadania activa ou participativa, emergente ou subjacente à afirmação do Estado democrático, veio associar-se uma nova dimensão – a cidadania solidária ou a cidadania responsavelmente solidária, correspondente, portanto, ao terceiro momento ou etapa de afirmação da cidadania. O que está em causa é uma nova concepção de conceber o papel da pessoa cidadão na vida pública, ou antes disso, a consciencialização do papel de cada um dos membros da comunidade política: este já não se basta com o controlo do exercício dos poderes, implicando também a assunção de encargos, responsabilidades e deveres que derivam dessa mesma vida pública, e que não podem ser encarados como tarefa exclusivamente estadual, ou seja, como tarefa a concretizar pelo Estado segundo um sistema

---

[195] Cfr. ALAIN BIROU, *Solidariedade,* in *Dicionário de Ciências Sociais,* Círculo de Leitores, 1988, págs. 295-296.

[196] Sobre as relações entre a solidariedade e a fraternidade, vide CASALTA NABAIS, *Algumas Considerações...,* pág. 148, nota 12, onde o autor refere que as mesmas estão longe de se reconduzirem à identificação ou equiparação, sendo frequente falar-se de solidariedade como componente da fraternidade ou, ao invés, de fraternidade como uma forma de solidariedade.

[197] Cfr. CASALTA NABAIS, *Algumas Considerações...,* pág. 149.

O novo estatuto jurídico – constitucional das instituições... 135

ou modelo de carácter redistributivo, a partir das contribuições de tipo económico que os cidadãos realizam[198].

Ora, as IPSS surgem justamente como a forma ou modelo institucional eleito pelo legislador constitucional para, no âmbito da comunidade civil ou da esfera social, dar "expressão organizada", nas palavras ajustadas do art. 1.º, do DL n.º 119/83, aos deveres de solidariedade fraterna, de solidariedade social, enquanto "deveres de ajuda e sustento nas dificuldades e necessidades" (CASALTA NABAIS). As IPSS são a expressão institucional da mencionada cidadania responsavelmente solidária. E dizemos cidadania responsavelmente solidária para exprimir um dever de natureza ético-social e não um dever de natureza jurídica[199].

Por isso, compreende-se o porquê da designação jurídico-constitucional destas instituições como instituições particulares de solidariedade social. Assim como se está em melhores condições para compreender a delimitação jurídico-constitucional dos fins da sua actividade, que permitem a sua distinção e autonomização das demais instituições particulares de interesse público. De facto, enquanto organizações que dão corpo a um espírito com um certo conteúdo – os deveres de solidariedade social –, a sua actividade há-de consistir na realização de fins ou objectivos correspondentes: "objectivos de solidariedade social" (art. 63.º, n.º 5, da CRP). A prossecução de objectivos de solidariedade social constitui, assim, o elemento teleológico específico das IPSS, que, sob o ponto de vista constitucional, justifica a sua existência e o seu reconhecimento como IPSS. A realização daqueles objectivos passa pelo desenvolvimento de actividades de concessão

---

[198] Cfr. CASALTA NABAIS, *Algumas Considerações....*, pág. 163.

[199] Tal como o CASALTA NABAIS, *Algumas Considerações...*, pág. 163 – 164, também nós entendemos que os deveres de solidariedade não podem ou não devem, em tese geral, ser concebidos como deveres juridicamente exigíveis. Não pensamos ser este o entendimento de H. J. WOLF, *Fundamento del Derecho Administrativo de Prestaciones*, in *Perspectivas del Derecho Público em la Segunda Mitad del Siglo XX*, Homenaje a Enrique Sayagues-Laso, Tomo V, Instituto de Estudios de Administracion Local, Madrid, 1969, pág. 371-372. Contudo, a aceitação, em tese geral, da solidariedade social enquanto solidariedade fraterna como dever jurídico de cada um dos membros da comunidade pode levar à conversão da "cidadania responsavelmente solidária" em "cidadania coactivamente solidária", ou num solidarismo ou numa teoria filosófico-política de organização social, o que seria negar a própria ideia e sentido da solidariedade social.

136 *As Instituições de Solidariedade Social*

de bens e prestação de serviços adequados à realização dos direitos sociais constitucionalmente consagrados. Pela concreta realização//efectivação destes direitos passa a conquista de um dos desígnios "naturais" do Estado social: a justiça social. À prossecução de objectivos de solidariedade social liga a Constituição a realização da justiça social. Os objectivos de solidariedade social são objectivos de justiça social. A Constituição engloba as IPSS neste projecto colectivo, elegendo-as como instituições capazes de colaborar com a Administração na (re)distribuição dos recursos da colectividade, da comunidade social e da comunidade política. Às IPSS preside um desígnio de justiça redistributiva[200]. Por isso, o apoio público de que fala o art. 63.º, n.º 5, não é um apoio às IPSS enquanto organizações ou instituições, é um apoio directo às actividades que as mesmas desenvolvem. O art. 63.º, n.º 5 é, a este propósito, expressivo: "o Estado apoia (...) a actividade (...) das instituições particulares de solidariedade social...". Por isso, ainda, a garantia da coexistência entre Administração e IPSS no palco da prossecução de fins de solidariedade social, não é apenas legal, encontrando, antes, fundamento directo e imediato no texto constitucional. Contudo, a coexistência intencionada e garantida pela Constituição não é um valor em si ou que valha apenas por si; é teleologicamente entendida por que enquadrada na realização de um programa, de um projecto ou de um fim comum – a conquista da justiça social através da concreta efectivação dos direitos sociais. Deste modo, coexistir significa aqui conjugação de esforços, o aproveitamento mútuo de recurso e colaboração e coordenação na concreta implementação de programas, projectos e acções. Significa uma colaboração institucionalizada para a prossecução de fins comuns à Administração e às IPSS. A coexistência cooperante entre a Administração e as IPSS, de que fala MARCELO REBELO DE SOUSA, e que surge como nota distintiva relativamente às pessoas colectivas de utilidade pública geral, emerge, não como um mero dever geral ou legal, mas antes como um princípio constitucionalmente fundamentado, e informador do seu ordenamento jurídico.

---

[200] Acentuando os desígnios de justiça redistributiva, vide MARCELO REBELO DE SOUSA, *Lições...*, vol. I, 1999, pág. 410.

O *novo estatuto jurídico – constitucional das instituições...* 137

As IPSS não prosseguem apenas fins de interesse geral que interessam à Administração e que, por isso, regula, apoia e fiscaliza as instituições privadas que os prosseguem, como sucede com as pessoas colectivas de mera utilidade pública ou de utilidade pública geral. Nas IPSS há mais do que isso: há prossecução de "fins específicos de solidariedade social" (Marcelo Rebelo de Sousa) constitucionalmente consignados, devendo esta prossecução desenvolver-se no quadro de uma cooperação entre a Administração e as IPSS, e que a lei deve concretizar[201].

E os fins específicos de solidariedade social não se limitam hoje aos objectivos da área da segurança social e da acção social, e que seriam delimitados ou especificados, pela primeira vez, na revisão constitucional de 1982, como objectivos pertencentes a este domínio material da acção do Estado, mantendo-se tal especificação nas revisões seguintes – regimes de segurança social, criação de equipamentos de apoio à infância, de infra-estruturas e de outras formas de apoio à família e à terceira idade (arts. 67.º, n.º 2, al. b), 69.º, 72.º,)), de ocupação dos tempos livres dos jovens (al. d), do n.º 1, art. 70.º), e de apoio aos cidadãos portadores de deficiência (art. 71.º)[202].

Não obstante o campo privilegiado das IPSS ser historicamente a acção social e a saúde, continuando hoje a acção social a assumir um relevo particularmente expressivo mesmo para o legislador constitucional, sendo sintoma disso a inserção sistemática no artigo que especificamente se refere ao sistema de segurança social e solidariedade (art. 63.º), tem de admitir-se o facto de a solidariedade social ser, por natureza, aberta ou expansiva, não se exercendo apenas na área ou sector da segurança social. Ela irradia, como se referiu, por

---

[201] Para Marcelo Rebelo de Sousa, *Lições...*, vol. I, pág. 410, as IPSS são pessoas colectivas que prosseguem fins de interesse geral, mas cumulativamente de solidariedade social, previstos de modo expresso, na Constituição ou na lei. A coexistência cooperante e controlada entre a Administração e as IPSS na prossecução de fins específicos de solidariedade social é apontado por este autor como critério de distinção das IPSS em relação às pessoas colectivas de utilidade pública geral (cfr. *Lições...*, vol. I, pág. 411).

[202] E dizemos pela primeira vez especificados porque a versão original limitava-se a referir que o sistema de segurança social não prejudicaria a existência de IPSS. O legislador, através do Estatuto legal das IPSS, aprovado pelo DL n.º 519-G/79, de 29 de Dezembro, concretizou esta disposição no sentido de que ela apenas comportaria IPSS com objectivos de segurança social.

138   *As Instituições de Solidariedade Social*

toda a Constituição social. As necessidades sociais básicas dos indivíduos e das famílias passam pela saúde (entre outros, cuidados primários de saúde, tratamento médico ambulatório, incluindo cuidados domiciliários, prestados a partir de estabelecimentos hospitalares ou outros equipamentos de saúde), pelo acesso à educação, enquanto meio indispensável ao desenvolvimento da personalidade humana, pela formação profissional, enquanto modo de integração sócio-profissional dos cidadãos e grupos socialmente mais desfavorecidos, pela habitação, facultando às pessoas, mais do que uma estrutura física, a possibilidade de formação de um lar, pela resolução das suas carência económicas, entre outras carecidas de uma protecção ou apoio específicos, e que atingem particularmente as comunidades e os grupos sociais vulneráveis, as crianças, jovens, idosos, deficientes, famílias. Daí a consagração, no texto de 1997, aliás, na sequência do que vinha defendendo MARCELO REBELO DE SOUSA na primeira edição das suas Lições de Direito Administrativo, de uma "lista aberta de objectivos" (CASALTA NABAIS)[203]. A indicação meramente exemplificativa prevista no actual n.º 5, do art. 63.º, expressa na utilização do advérbio "nomeadamente", é disso revelador. A Constituição deixa, assim, ao legislador ordinário a liberdade de concretização de outros fins para além daqueles que se encontram directamente e expressamente especificados na Constituição.

No entanto, isto não significa que a lista aberta seja ilimitada. Os fins especificados na lei hão-de ser ainda fins constitucionais. Por isso falamos apenas em liberdade de concretização. Em primeiro lugar, os fins hão-de ser de solidariedade social, tem de lhes corresponder um desígnio de justiça social; em segundo lugar, hão-de

---

[203] Cfr. CASALTA NABAIS, *Algumas Considerações...,* pág. 155. Refira-se que MARCELO REBELO DE SOUSA, nas suas *Lições de Direito Administrativo,* I, 1994/95, págs. 478 e 483, defendia que era constitucionalmente legítima a admissibilidade, pela via legal, de IPSS constituídas para a prossecução de fins de solidariedade não expressamente previstos na Constituição, fornecendo como exemplos os apontados no texto. Contra, FREITAS DO AMARAL, *Curso...,* pág. 555, onde defendia a inconstitucionalidade do alargamento da categoria a outras entidades, pois o (anterior) n.º 3, do art. 63.º, apenas admitia as IPSS com vista à prossecução dos objectivos de segurança social indicados na própria CRP. Como já referimos, a prossecução de fins na área da saúde, da educação, designadamente quanto no domínio do ensino especial, da formação profissional e da habitação encontra-se consagrada no direito ordinário desde 1983 – art. 1.º, do DL n.º 119/83.

invocar um fundamento constitucional – terão de tratar-se de fins do programa da Constituição social, enquanto expressão dos direitos e prestações sociais[204]; em terceiro lugar, a lei deverá tipificar esses fins, devendo evitar a utilização de cláusulas gerais e muito menos ser meramente exemplificativa, como hoje sucede. A lei tem aqui a função de concretizar a Constituição. E concretizar não é só desenvolver, é também precisar juridicamente o texto constitucional. E é neste sentido que dizemos que os fins das IPSS são fins constitucionais ou que há uma prévia delimitação jurídico-constitucional do âmbito material destes fins, na medida em que a sua concretização legal tem por fundamento directo e imediato a Constituição – a concretização/especificação legal dos fins há-de invocar uma fundamentação constitucional directa –, e por limite a própria Constituição – o fim especificado há-de situar-se no âmbito da Constituição social, enquanto fim de solidariedade social. As IPSS são, pois, constitucionalmente admitidas para prosseguir fins de solidariedade social com fundamento directo na CRP, especificados ou não expressamente por esta. Neste sentido, há uma coincidência constitucional entre os fins prosseguidos pelas IPSS e os fins estaduais. A prossecução de fins de solidariedade social pelas IPSS, e para serem qualificadas como tais, antes de ser uma exigência legal, institucional ou estatutária, é uma exigência constitucional. O que não constitui uma originalidade do nosso direito. No art. 38.º da Constituição Italiana, relativo às actividades de assistência, afirma-se expressamente que as instituições de assistência social auxiliadas pelo Estado realizam as tarefas a que se refere o mesmo artigo. E a lei ordinária condiciona a atribuição de financiamento público às associações de promoção social ao desenvolvimento de actividades "in ottemperanza agli articoli 3.º e 38.º della Costituzione"[205]. Quer dizer: a delimitação do âmbito material da actividade das instituições é directamente conformado pela Constituição.

---

[204] Sobre o conceito de constituição social, vide J. J. GOMES CANOTILHO, *Direito Constitucional e Teoria da Constituição*, Almedina, 1998, pág. 329. Para o autor, o conceito de constituição social é um amplo superconceito que engloba os princípios daquilo a que vulgarmente se chama «direito social».

[205] Cfr. FRANCESCO RIGANO, *La Libertà Assistita, Associazionismo privato e sostegno pubblico nel sistema costituzionale*, CEDAM, 1995, pág. 157.

140   *As Instituições de Solidariedade Social*

De qualquer modo, quanto aos fins das IPSS, vale hoje o que MARCELO REBELO DE SOUSA defendia e propunha já em 1995 – a prossecução de fins expressamente previstos na Constituição e na lei[206]. Mas em nosso entender tal só deverá ser admissível desde que observados os limites assinalados. Torna-se, assim, necessária uma intervenção legislativa clarificadora no sentido proposto, não devendo utilizar-se a técnica usada no actual art. 1.º, n.º 1, do DL n.º 119/83, onde se refere que as IPSS prosseguem, "entre outros, os seguintes objectivos...". Isto significa delegar à Administração o poder de, em última análise, criar novas categorias de IPSS ou recusar a sua constituição. Coisa que não pode suceder no nosso sistema constitucional.

Em primeiro lugar, é a liberdade de associação ou o direito de constituição de fundações que está em causa, não devendo tal liberdade ser deixada inteiramente nas mãos da Administração, recusando ou não a constituição de IPSS, conforme qualifique, de forma discricionária, os fins estatutários como sendo ou não de solidariedade social.

Em segundo lugar, é a admissibilidade e qualificação (constitucional/legal e doutrinal) de determinada categoria de instituições – pessoas colectivas – que está em causa. Esta é uma matéria que impõe particular cuidado legislativo. Há um perfil constitucional das instituições que não pode ser descaracterizado. A delimitação/concretização dos fins de solidariedade social pelo legislador tem de respeitar esse perfil. Por isso, a delimitação dos fins das IPSS assume-se como um requisito essencial à caracterização intrínseca ou substancial das próprias instituições enquanto figura jurídica autónoma. É o suporte da sua identidade jurídica e institucional. Para além disso, está em causa a delimitação de uma determinada categoria de pessoas colectivas de utilidade pública que vão auferir de um conjunto de regalias e de um regime especial dentro do contexto geral das pessoas colectivas de utilidade pública: regime especial de constituição, organização, funcionamento, gestão e extinção; regime especial de credenciação ou de reconhecimento da sua utilidade pública e de fiscalização estadual, – imediata concessão de utilidade pública,

---

[206] Cfr. MARCELO REBELO DE SOUSA, *Lições...,* vol.. I, 1995, pág. 401; e do mesmo autor, *Lições...,* vol. I, 1999, pág. 410.

O novo estatuto jurídico – constitucional das instituições...

com todas as consequências legais que a mesma envolve, a que se associa a celebração de acordos com a Administração; vasto apoio financeiro público, directo e indirecto, para além das demais regalias reconhecidas à generalidade das pessoas colectivas de utilidade pública; sujeição a um regime de natureza jurídico-pública mais extenso e intenso, incluindo o controlo administrativo e jurisdicional regular de natureza financeira (sujeição à competência do Tribunal de Contas). No Estatuto das IPSS são estabelecidos requisitos de organização e funcionamento, a que acrescem outros requisitos, também de natureza administrativa, e que tocam com a liberdade de associação e com a autonomia privada, previstos em diplomas dispersos relativos às IPSS, que dificilmente encontram justificação constitucional em relação a outras entidades, mesmo de utilidade pública. Por isso, entendemos que, à luz do actual texto constitucional, onde se consagrou uma lista aberta de objectivos das IPSS e, por maioria de razão, por se ter consagrado esta lista aberta, a que se associa a abertura da solidariedade social a outras instituições particulares de interesse público, impõe-se uma intervenção do legislador ordinário clarificadora/concretizadora dos fins, formas e tipos de IPSS, bem como a concretização dos termos em que outras entidades podem prosseguir os mesmos fins. Em nome da própria clarificação do conceito de instituições particulares de solidariedade social, a que se associam as não menores razões de aplicação de um regime administrativo especialmente intenso, quer na constituição, quer na sua actividade, bem como os benefícios públicos, directos e indirectos de que usufruem, justifica-se, segundo cremos, esta intervenção legislativa. Para além de não dever ficar nas mãos da Administração a decisão de admitir como IPSS uma determinada organização, com o consequente reconhecimento da sua utilidade pública, se o seu fim estatutário não coincidir com os expressamente enumerados no actual texto constitucional ou na actual redacção da lei. Não somos, pois, apologistas da utilização da analogia como instrumento de qualificação de pessoas colectivas como IPSS. Metodologia que, relembre-se, a actual redacção do art. 1.º, do DL n.º 119/83, abre as portas.

c-1) As IPSS e as (outras) instituições particulares de interesse público. A abertura constitucional da solidariedade social a outras instituições: possíveis implicações da nova redacção do n.º 5 do artigo 63.º da CRP, no regime geral das pessoas colectivas de utilidade pública. Crítica a intervenções legislativas e administrativas precedentes

Tendo em conta o facto de a Constituição ter aberto a prossecução de fins de solidariedade social a outras instituições de interesse público, a abordagem deste ponto impõe-se como natural.

De facto, o quadro institucional que atrás inventariámos pode hoje complicar-se se tivermos em conta o facto de o legislador constitucional abrir a porta à prossecução de fins de solidariedade social a outras instituições de reconhecido interesse público sem fins lucrativos (n.º 5, do art. 63.º, CRP). Perante esta novidade do texto constitucional, a primeira pergunta a fazer é a seguinte: a que instituições de reconhecido interesse público se pretende referir a Constituição? Partindo da triologia elaborada por FREITAS DO AMARAL, a previsão constitucional abrangerá seguramente, no seu âmbito de aplicação subjectivo – e salvo evoluções legislativas que venham a destacar outra(s) espécie(s) de pessoas colectivas de reconhecido interesse público ou como tal reconhecidas por lei especial –, as pessoas colectivas de mera utilidade pública e as pessoas colectivas de utilidade pública administrativa, independentemente da respectiva forma de constituição (associação ou fundação)[207].

Embora consideremos que esta abertura constitucional não traz consequências quanto à qualificação das pessoas colectivas, sempre poderá perguntar-se o seguinte: terá sido intenção do legislador constitucional aproximar das IPSS as outras categorias de pessoas colectivas de utilidade pública, fazendo uma espécie de equiparação constitu-

---

[207] Quanto às pessoas colectivas de utilidade pública administrativa será o caso, por ex., da Santa Casa da Misericórdia de Lisboa. Esta instituição, legalmente qualificada como pessoa colectiva de utilidade pública administrativa pelo DL n.º 322/91, de 26 de Agosto, que aprova os Estatutos, prossegue fins de acção social, de prestação de cuidados de saúde, de educação e cultura e de promoção da qualidade de vida, sobretudo em proveito dos mais desprotegidos (menores desprotegidos, pessoas idosas, família, maternidade e infância, e, em geral, o socorro a situações sociais de carência grave e a prestação de cuidados de saúde primários e diferenciados – art. 2.º dos Estatutos).

cional? A redacção da Constituição significará o esbatimento das qualificações legais e distinções de regime, pondo em causa a própria conceptualização doutrinal das instituições particulares de interesse público? Na verdade, se outras instituições particulares de interesse público sem carácter lucrativo se propuserem prosseguir, ao lado de outros, fins de solidariedade social, tal como qualquer IPSS, o que restará que as possa distinguir? Ou não terá a Constituição querido apenas alargar o mais possível a prossecução de fins de solidariedade social a outras pessoas colectivas de reconhecido interesse público sem fins lucrativos, sem querer tocar com a actual classificação legal e doutrinal, mas apelando ao legislador no sentido de rever o regime geral das pessoas colectivas de utilidade pública?

O n.º 5.º, do art. 63.º indicia que a Constituição partiu de um conceito uno ou base – o conceito de instituições particulares de interesse público sem fins lucrativos –, onde inclui as IPSS e "outras de reconhecido interesse público sem carácter lucrativo"[208].

Em nosso entender, o legislador constitucional quis apenas alargar o mais possível a realização dos objectivos de solidariedade social, que já não têm apenas por agentes único as IPSS, podendo passar, como, aliás, já antes sucedia, por outras instituições que, muito embora não se constituam como IPSS, se encontram também habilitadas, agora constitucionalmente, a prosseguir, ao lado de outros, esses fins, merecendo, por isso, o apoio do Estado, e ficando, nesta parte, sujeitas ao respectivo regime de fiscalização.

A redacção da Constituição continúa, pois, a partir do pressuposto de que existem, no nosso direito, diversas espécies ou categorias de pessoas colectivas de interesse público sem fins lucrativos, não tendo sido sua intenção, ao reconhecer o direito (constitucional) a outras instituições particulares de interesse público de também prosseguirem fins de solidariedade social, esbater (e muito menos eliminar) a autonomização legal e conceitual das diversas espécies de pessoas

---

[208] Adoptamos aqui o conceito elaborado por FREITAS DO AMARAL, *Curso...,* vol. I, pág. 550, ou seja: instituições particulares de interesse público são "pessoas colectivas privadas que, por prosseguirem fins de interesse público, têm o dever de cooperar com a Administração Pública e ficam sujeitas, em parte, a um regime especial de Direito Administrativo". Aliás, julgamos que também o legislador constitucional terá adoptado a classificação doutrinal proposta por este autor.

colectivas de utilidade pública. Na sua representação estão pessoas colectivas distintas, com autonomia e identidade jurídica própria. Julgamos até que a redacção constitucional se harmoniza com o Código de Procedimento Administrativo (CPA) que, por influência da doutrina de FREITAS DO AMARAL, utiliza a fórmula "instituições particulares de interesse público" (n.º 4, do art. 2.º), abrangendo seguramente, no seu âmbito de aplicação subjectivo, as pessoas colectivas de utilidade pública administrativa, as pessoas colectivas de mera utilidade pública e as instituições particulares de solidariedade social[209]. Sublinhe-se que, nesta parte, a redacção da Constituição, comparada com a do CPA, teve até a preocupação de autonomizar, sob o ponto de vista literal, as IPSS de outras instituições de reconhecido interesse público.

Nesta linha de interpretação situam-se também a sucessivas Leis de Bases da Segurança Social, dispondo no art. 31.º, n.º 6, da actual Lei, que "o desenvolvimento da acção social concretiza-se (...) envolvendo a participação e a colaboração (...) das instituições de solidariedade social e de outras instituições privadas de reconhecido interesse público" (Lei n.º 4/2007, de 16 de Janeiro, que aprova as bases gerais do sistema de segurnaça social – BGSSS).

A Constituição, partindo do pressuposto realista de que o dinamismo das populações e das comunidades, organizadas através de modelos institucionalizados, pode constituir um forte factor de colaboração na realização de fins constitucionais de solidariedade social, impõe ao Estado e à Administração a obrigação de reconhecer e de apoiar esse dinamismo, mesmo que as instituições não se constituam como IPSS, prosseguindo fins de solidariedade social em paralelo ou mesmo secundariamente em relação a outros fins, que serão os principais. Deste modo, a colaboração com a Administração de que se fala na al. c), do art. 12.º, do DL n.º 460/77, de 7 de Novembro, foi,

---

[209] A este propósito refira-se que VITAL MOREIRA, *Administração Autónoma...*, pág. 298, considera que as pessoas colectivas de utilidade pública administrativa, tal como as instituições particulares de solidariedade social, são subsumíveis no conceito utilizado no CPA. No sentido do texto – de que o conceito utilizado no Código abrange as diferentes espécies de pessoas colectivas de utilidade pública -, embora não o referindo expressamente, mas resultando implicitamente da anotação, vide ESTEVES DE OLIVEIRA, PEDRO GONÇALVES e PACHECO DE AMORIM, *Código de Procedimento Administrativo Anotado,* Almedina, Coimbra, 1998, comentário ao art. 2.º, pág. 74, e também anotação ao art. 133.º, n.º 2, al. b), pág. 644.

O novo estatuto jurídico – constitucional das instituições...   145

por força do texto constitucional, tornada extensiva à área da solidariedade social, podendo, portanto, as instituições colaborar também com a Administração na realização dos objectivos de solidariedade social enumerados no art. 1.º, do DL n.º 119/83.

Mas note-se que este facto não transforma tais instituições em IPSS, nem em entidades equiparadas. Isto porque ou as instituições se constituem, nos termos da lei, como IPSS, o que pressupõe a prossecução de fins específicos de solidariedade social, e serão, portanto, como tal qualificadas, ou não o fazendo serão qualquer outro tipo de instituição de interesse público, que só poderia vir a ser qualificada como IPSS se a lei permitisse a sua conversão em tal entidade[210].

Tal como as IPSS não se encontram impedidas de prosseguir outros fins não lucrativos, para além dos seus fins naturais de solidariedade social (art. 1.º, n.ºs 2 e 3, do DL n.º 119/83), mas em relação aos quais não se aplica o regime privativo destes últimos, também as restantes pessoas colectivas de utilidade pública podem prosseguir outros fins – fins de solidariedade social –, para além dos fins que as identificam e caracterizam (fins humanitários, culturais, científicos, recreativos, desportivos, etc.). Mas note-se: se o fim estatutário é de

---

[210] Em face dos arts. 182.º e 180.º, do Código Civil, poderia colocar-se o problema da extinção da própria pessoa colectiva caso a sua actividade se reduzisse à prossecução de fins de solidariedade social. Contudo, entendemos que, à semelhança do que o ocorre com os negócios jurídicos, onde vigora o princípio geral da conservação, nada impede que, por deliberação da assembleia-geral, no caso das associações, se proceda a uma reformulação dos estatutos em conformidade com DL n.º 119/83, dando-se, assim, início ao processo de constituição/conversão em IPSS. De qualquer modo estaríamos sempre perante uma nova pessoa colectiva. Esta solução teria pelo menos a vantagem de evitar as consequências jurídicas inerentes à extinção pura e simples da pessoa colectiva. No caso das fundações, esta situação está mais facilitada em virtude de o Código Civil prever expressamente a possibilidade da transformação (arts. 189.º e 190.º). O maior óbice poderá ser a vontade do fundador, mas não está excluída a hipótese de uma interpretação actualista desta vontade, desde que o fundador a não tenha excluído expressamente, prevendo, por ex., a sua extinção com a mudança do fim principal. Refira-se que em relação às IPSS, o respectivo estatuto prevê expressamente a possibilidade de modificação das associações por fusão e por cisão (art. 26.º), e em relação às fundações, nos arts. 81.º e 82.º, prevê-se um regime de alteração dos fins mais flexível do que o regime geral do Código Civil. Sobre a sucessão e os diversos modos de modificação das pessoas colectivas, Luís CARVALHO FERNANDES, *Teoria Geral do Direito Civil*, vol. I, 2.ª ed., 1995, págs. 473 e segs.

solidariedade social, a instituição é (e deve ser) qualificada como IPSS. Se assim não suceder, isto é, se a concreta organização ou colectividade prosseguir outros fins (culturais, recreativos, etc.) não pode constituir-se como IPSS, nem como tal ser qualificada, muito embora também possa prosseguir objectivos de solidariedade social. Se assim não se entender dilui-se completamente a autonomia e identidade destas pessoas colectivas, perdendo-se também o rigor de qualquer distinção doutrinal.

Portanto, no nosso direito, com a nova redacção do texto constitucional, passam a existir instituições particulares de interesse público que não prosseguem fins de solidariedade social, outras em que este fim é o principal, e outras ainda que o prosseguem, embora secundariamente, na medida em que a solidariedade social não é o fim que objectivamente justifica a sua constituição e as caracteriza juridicamente. Diferentemente, com as segundas entidades referidas – precisamente as IPSS – os objectivos de solidariedade social são não só o motivo que juridicamente fundamenta a sua existência no mundo do direito, mas também o selo da sua qualificação como IPSS. É que as IPSS constituem-se necessariamente para prosseguir um fim de uma certa natureza, residindo aí a razão de ser da sua qualificação constitucional. As IPSS são constitucionalmente admitidas, como já se referiu, para prosseguir fins de solidariedade social com fundamento directo na CRP, especificados ou não expressamente por esta. A prossecução de fins de solidariedade social pelas IPSS, e para serem qualificadas como tais, antes de ser uma exigência legal, institucional ou estatutária, é uma exigência constitucional. Dir-se-á que, ao contrário das demais, a prossecução de fins de solidariedade social é mais do que o fim principal: é o seu fim necessário; é, enquanto elemento teleológico, a "causa necessária e determinante da formação da colectividade social ou da dotação fundacional"[211]; é, numa palavra, o pressuposto ou a causa geneticamente determinante da sua constituição e da sua existência jurídica como IPSS. As IPSS são admitidas para prosseguir fins de solidariedades social, e são assim qualificadas porque e na medida em que os prosseguem.

---

[211] Cfr. CARLOS ALBERTO DA MOTA PINTO, *Teoria Geral do Direito Civil,* 3.ª ed., Coimbra Editora, 1986, pág. 272.

O novo estatuto jurídico – constitucional das instituições... 147

Neste sentido, poderá falar-se aqui num princípio da especialidade dos objectivos, na medida em que é a prossecução de determinados objectivos – objectivos de solidariedade social constitucionalmente previstos – que legitima juridicamente a sua existência e lhes confere essa qualificação. Pelo que os objectivos de solidariedade social continuam reservados às IPSS para efeitos de qualificação jurídica desta categoria de pessoas colectivas, muito embora tenham deixado de o ser para efeitos de prossecução. Só que, nas IPSS, a prossecução de objectivos de solidariedade social é a essência. Nas restantes é apenas um plus, e de natureza eventual. Aliás, este aspecto particular da distinção entre as IPSS e as demais pessoas colectivas de utilidade pública está implícito na redacção utilizada pela Constituição, quando fala expressamente em "outras instituições de reconhecido interesse público".

A Constituição ao utilizar a locução "reconhecido" fá-lo, segundo cremos, com o significado técnico-jurídico que a expressão comporta. O reconhecimento do interesse público de determinado ente implica um acto de autoridade com efeitos constitutivos que atesta, certifica e reconhece o relevo que para a colectividade assumem os fins visados por um certo ente ou a relevância da actividade desenvolvida pelo mesmo, podendo tal acto ser contemporâneo da constituição da pessoa colectiva ou posterior (n.ºs 1 e 2, do art. 4.º, do DL n.º 460/77, de 7 de Novembro). Sendo assim, a expressão "reconhecido", utilizada pela Constituição, pretende, precisamente, traduzir o acto através do qual se reconhece a utilidade pública de uma pessoa colectiva – o acto de declaração de utilidade pública. Deste modo, a Constituição remete-nos para o regime previsto no DL n.º 460/77, de 7 de Novembro. Diploma que regula o processo de reconhecimento ou de declaração de utilidade pública das instituições particulares de interesse público sem fins lucrativos, o qual não é, para este efeito, aplicável às instituições particulares de solidariedade social, por vigorar quanto a elas um regime especial de declaração. Pelo que as "outras instituições de reconhecido interesse público sem carácter lucrativo" são, precisamente, e salvo, repita-se, a criação de uma ou mais espécies de pessoas colectivas congéneres ou cujo interesse público seja reconhecido por diploma específico, as outras pessoas colectivas de utilidade pública previstas naquele diploma – as pessoas

148   *As Instituições de Solidariedade Social*

colectivas de utilidade pública administrativa e as pessoas colectivas de utilidade geral ou stricto sensu.

Em conclusão, o que se poderá dizer é que a Constituição impõe ao legislador o dever de apoio às outras instituições que também prossigam fins de solidariedade social, ficando sujeitas à actividade fiscalizadora da Administração. Este dúplice aspecto – apoio e fiscalização – pode envolver, nesta parte (e só nesta parte), uma tendencial equiparação no regime aplicável, ou em alguns aspectos do regime aplicável às IPSS, mas nunca na qualificação. Só que esta é outra questão. Na verdade, se porventura as outras instituições particulares de interesse público também prosseguirem fins de solidariedade social qual ou quais as consequência que daqui resultam quanto ao seu regime? O problema está, pois, em saber em que medida as "outras instituições de interesse público" podem receber o apoio do Estado, e em que medida este pode exercer os seus poderes de fiscalização. Ser-lhes-á aplicável, por equiparação ou extensão, o regime de apoio, o regime dos acordos, o regime de controlo e fiscalização previsto para as IPSS? Ou seja, o regime administrativo será, nesta parte, equivalente? A prossecução de fins de solidariedade social poderá interferir com o momento da sua declaração de utilidade pública? O processo de registo deverá ser o mesmo que vigora para as IPSS, na parte em que se apresentam como instituições que também prosseguem objectivos de solidariedade social? E poderão ser registadas como instituições que também prosseguem fins de solidariedade social, designadamente para efeitos de reconhecimento da sua utilidade pública e para efeitos de apoios financeiros, celebração de acordos com a Administração, ficando automaticamente dispensadas do processo específico de licenciamento para a abertura, por exemplo, de estabelecimentos ou equipamentos[212]? Em que me-

---

[212] Refira-se a este propósito que o anterior diploma legislativo – DL n.º 30/89, de 24 de Janeiro – sobre o regime de licenciamento e da fiscalização dos estabelecimentos com fins lucrativos (art. 1.º, n.º 1), apenas dispensava deste processo as IPSS (art. 4.º), aplicando-se a todos os estabelecimentos que prosseguissem idênticas finalidades geridos por entidades particulares, com ou sem finalidade lucrativa, fornecendo como destas últimas as organizações sindicais, empresas e cooperativas (art. 2.º, n.º 3). Actualmente esta matéria encontra-se regulamentada no Decreto-Lei n.º 64/2007, de 14 de Março, que é também aplicável às IPSS.

O novo estatuto jurídico – constitucional das instituições... 149

dida o apoio financeiro do Estado para a prossecução de finalidades de solidariedade social terá implicações no estatuto jurídico-organizatório das outras instituições de interesse público, tendo em vista acautelar os princípios da transparência de gestão, imparcialidade, etc. (por ex., a realização de obras com financiamento público, total ou parcial, deverão ser precedidas de concurso público? E em que termos?) A sujeição destas instituições a registo obrigatório, tal como sucede com as IPSS, cremos que só reforça a bondade destas questões, cuja resolução carece de uma intervenção legislativa. Mas com limites[213]. Por isso, diremos com MARCELO REBELO DE SOUSA, que o n.º 5.º, do art. 63.º "convida o legislador ordinário a rever o estatuto de outras realidades, para além das IPSS, que integram as instituições particulares de interesse público..."[214].

Deste modo, o n.º 5, do art. 63.º da Constituição, se, em nosso entender, não leva à diluição da tripartição legal e doutrinal das pessoas colectivas de utilidade pública, ou seja, se não dilui quer o conceito de pessoas colectivas de utilidade pública administrativa, quer o conceito de pessoas colectivas de utilidade pública stricto sensu, assim como o de instituições particulares de solidariedade social, tem, pelo menos, a consequência de provocar uma intervenção legislativa no sentido de definir o sentido e o âmbito do regime jurídico aplicável às instituições de interesse público que não se constituam como IPSS, mas que também prossigam objectivos de solidariedade social. Por isso, o reconhecimento constitucional de outras instituições de interesse público no âmbito da prossecução de objectivos de solidariedade social poderá levar a um esbatimento do regime aplicável, incluindo o regime do próprio DL 460/77, uma

---

[213] Desde logo, um dos limites terá a ver com o processo de reconhecimento de utilidade pública: a prossecução, pelas outras instituições de reconhecido interesse público, de objectivos de solidariedade social, nunca poderá servir, como já sucedeu no passado, para subverter aquele processo, permitindo-se que o registo das mesmas tivesse como consequência automática o reconhecimento da sua utilidade pública. Aliás, esta possibilidade é impedida pelo próprio texto constitucional, que pressupõe já esse reconhecimento.

[214] Cfr. MARCELO REBELO DE SOUSA e JOSÉ DE MELO ALEXANDRINO, *Constituição da República Portuguesa Comentada*, Lex, 2000, tópicos ao art. 63.º, pág. 171. Os autores, naturalmente por lapso de escrita, referem-se ao n.º 3, do art. 63. Refira-se ainda que da citação feita deduz-se uma clara autonomização das IPSS e das outras instituições particulares de interesse público.

150   *As Instituições de Solidariedade Social*

vez que a cooperação foi alargada à solidariedade social, mas não constitui motivo só por si suficiente para alterar a actual classificação doutrinal. Tal como as IPSS, passam a compartilhar com a Administração fins de solidariedade social. Só que se trata de uma opção que é naturalmente facultativa e, por isso, eventual. Para as IPSS constitui um requisito da sua própria existência jurídica.

Por último, convirá dizer que a previsão constitucional em apreciação limita-se a consagrar uma realidade infra-constitucional preexistente. Na verdade, a previsão constitucional em apreço apenas constitui novidade ao nível da Constituição, dado que tal facto já tinha sido admitido, embora com duvidosa constitucionalidade, pelas vias legislativa e administrativa[215].

Na verdade, o DL n.º 138/80, de 10 de Maio, através da sua al. a), do art. 40.º, veio permitir que outras pessoas colectivas, sem fins lucrativos, pudessem ser abrangidas pelo sistema de registo privativo das IPSS, desde que prosseguissem objectivos de segurança social sem intuitos lucrativos. A regulamentação do processo de registo encontrava-se prevista na Portaria n.º 778/83, de 23 de Julho, tendo sido revogada pela Portaria n.º 139/2007, de 29 de Janeiro[216]. Por sua vez, o art. 36.º, da Lei de Bases da Segurança Social, aprovada pela Lei n.º 28/84, acabaria por confirmar esta regulamentação, ao prever a celebração de acordos entre a Administração e outras entidades sem fins lucrativos que prosseguissem objectivos de acção social, cujo regime viria a ser concretizado através do Despacho n.º 75/92, de 25-5, publicado no D. R. n.º 116, IS-B. Quer isto dizer que, desde 1980, outras pessoas colectivas sem fins lucrativos, para além das IPSS, podem ter por escopo a prossecução de fins próprios

---

[215] E dizemos de duvidosa constitucionalidade porque a Constituição reservava, pela anterior redacção, às pessoas colectivas constituídas sob a forma de IPSS a prossecução de objectivos de solidariedade social. No entanto, poderia entender-se que esta reserva não excluía que outras entidades também visassem tais objectivos, ao lado dos seus fins principais, embora não pudessem gozar dos benefícios previstos apenas para as IPSS. Neste caso, a novidade constitucional estará apenas na consagração de um princípio de tendencial equiparação quer quanto aos apoios, quer quanto ao regime de fiscalização, restritos à parte em que as pessoas colectivas prosseguem fins de solidariedade social.

[216] Portaria que aprovou o Regulamento do Registo das Instituições Particulares de Solidariedade Social, do âmbito da Segurança Social, tendo sido revogada pela Portaria n.º 139/2007, de 29 de Janeiro.

O novo estatuto jurídico – constitucional das instituições...		151

destas últimas organizações – fins previstos no art. 1.º, do Estatuto das IPSS (DL n.º 119/83). Caso assim sucedesse, e ainda que não lhes fosse aplicável este Estatuto, aquelas entidades encontravam-se abrangidas, relativamente a alguns actos, pelo sistema de registo das IPSS, a funcionar na Direcção-Geral da Acção Social[217]. A inscrição dos actos sujeitos a registo era até então feita no "Livro das Institui-ções com Fins de Segurança Social a Título Secundário" (art. 23.º, da Portaria n.º 778/83), tendo passado a denominar-se por "Livro de Organizações Diversas com Fins de Segurança Social" (n.º. 3, do art. 22.º, da mesma Portaria).

Embora não resulte claramente do regime do diploma, tudo indica que os efeitos próprios do registo valem na íntegra para as designa-das instituições que prosseguem, ainda que a título secundário, fins idênticos às IPSS. Um desses efeitos é, precisamente, o reconheci-mento da utilidade pública, e a consequente habilitação das institui-ções às formas de apoio e de cooperação previstas para as IPSS (art. 2.º, do Regulamento do Registo).

Quer dizer: pela via administrativa é não só regulada originaria-mente uma matéria que ultrapassa o mero processo burocrático, pois os efeitos do registo, para além da publicitação, conformam substan-cialmente o estatuto e a própria capacidade jurídica das pessoas co-lectivas – a declaração de utilidade pública e a determinação dos respectivos efeitos é matéria de lei e não de regulamentos administra-tivos que ultrapassem a mera execução, dado que é a autonomia privada, a liberdade de associação e a própria capacidade jurídica das pessoas colectivas que estão em causa –, como se permite regu-lar, pela via administrativa, um estatuto *sui generis* para determinado tipo de entidades, dando origem a uma figura atípica de pessoas colectivas, que, muito embora não sejam IPSS, acabam, em determi-nados aspectos, por ser subtraídas ao regime geral das instituições particulares de interesse público sem fins lucrativos, previsto no DL

---

[217] Nos termos das alíneas a) a e), do art. 5.º, do Regulamente do Registo, encontram-se abrangidos, entre outros, os actos de constituição ou instituição, de integração, fusão, cisão e extinção, assim como a declaração de nulidade dos primeiros actos. Em face da inaplicabilidade do DL n.º 119/83 às instituições em apreço, é manifesto que, pelo menos em relação às associações, algumas das alíneas do referido artigo não terão sentido, uma vez constatada a inadmissibilidade, pelo Código Civil, dos factos jurídicos aí previstos.

n.º 460/77, alterado pelo Decreto-Lei n.º 391/2007, de 13 de Dezembro. Em última análise, um regime com estas características abre a porta à utilização formal do estatuto das IPSS, ou de alguma das suas vantagens, por outras instituições, sem que haja qualquer correspondência ao nível dos fins efectivamente prosseguidos.

Esta circunstância só abona, pois, a favor do que atrás foi exposto: a necessidade de o legislador clarificar o disperso, complexo e confuso embrenhado de textos legais e regulamentares sobre as IPSS e as demais pessoas colectivas de reconhecido interesse público, especialmente daquelas que, ao lado de outros, também prosseguem fins de solidariedade social. Esta necessidade tornou-se, como se referiu, mais imperiosa com a introdução do n.º 5 no art. 63.º, pela revisão constitucional de 1997. E com uma agravante: é que a generalidade dos diplomas sobre a matéria assumem a forma de decreto-lei (não autorizado) ou a forma de regulamento administrativo, quando a matéria em causa é, na grande maioria dos casos, de reserva da assembleia da república. A consagração constitucional desta realidade preexistente não significa, obviamente, constitucionalização superveniente dos diplomas que a regulam.

Em síntese, dos elementos analisados, pode concluir-se que a designação de instituições particulares de solidariedade social é atribuída a uma espécie de instituições particulares de interesse público sem fins lucrativos que prosseguem objectivos específicos de solidariedade social expressamente previstos na Constituição ou na lei, podendo a sua actividade ser prioritariamente dirigida à satisfação do interesse dos próprios associados (IPSS de fim interessado ou egoístico ou de fim económico não lucrativo) ou de terceiros/beneficiários (IPSS de fim desinteressado ou altruísta). A primeira parte da noção leva implícita uma proposta de alteração ao conceito legal de IPSS.

c-2) A acção social como objecto predominante das IPSS. Os conceitos de segurança social e de acção social. Remissão para o ponto 2 do Capítulo III (Parte II)

Dissemos que a solidariedade social é um conceito aberto. A sua raiz está nos deveres morais e ético-sociais de ajuda ao próximo e de entreajuda nas situações de dificuldade e de necessidade. O dever de

O novo estatuto jurídico – constitucional das instituições... 153

respeito pelo semelhante não implica apenas a omissão da prática de actos que ofendam a sua esfera jurídica; ele implica também uma conduta positiva, de auxílio, de ajuda e de protecção, designadamente nas situações de necessidade ou de carência respeitantes às condições básicas, essenciais ou fundamentais das condições de vida do ser humano. Por isso, a solidariedade social exerce-se na acção social, na saúde, na habitação, na integração social e sócio-profissional, e em outros domínios em que as necessidades e carências económico--sociais das pessoas, famílias, grupos e comunidades socialmente desfavorecidas encontrem apoio e resposta na actuação das IPSS.

Contudo, não obstante a mencionada lista aberta de objectivos de que falámos, o certo é que o domínio da acção social continua a ser o campo privilegiado das IPSS, aliás, em consonância com a sua tradição histórica. O legislador constitucional não nega essa tradição, antes a reforça, sendo disso sintomático a sua inserção sistemática no artigo que especificamente se refere ao sistema de segurança social e solidariedade (art. 63.º). E em termos reais é no sector da acção social que as IPSS assumem também o maior relevo, um relevo esmagador, tendo a seu cargo a intervenção principal neste domínio, substituindo o Estado ou suprindo as lacunas da sua actuação. Relevo este que o legislador ordinário faz questão de realçar expressamente no Preâmbulo do respectivo estatuto.

Por isso, vamos ocupar-nos especificamente das IPSS que se constituem para prosseguir fins de acção social, e dentro destas, como já salientámos, as que se constituem para prestar serviços a terceiros, e que são a quase totalidade das IPSS existentes.

Daí que se torne necessário esclarecer, ainda que de forma breve, o que deve entender-se por acção social, procurando situá-la no contexto global do sistema de segurança social instituído, de modo a compreender o seu real posicionamento no âmbito deste sistema, assim como a relação das IPSS com o mesmo. Contudo, uma vez que o tratamento deste ponto será necessariamente retomada no capítulo III, relativo à relação das IPSS com o sistema de segurança social, fazemos aqui uma remissão para a abordagem que aí será feita.

1.2. *O regime especial das IPSS. A inconstitucionalidade do Estatuto das IPSS*

Como já tivemos oportunidade de referir, a Constituição de 1976 criou uma nova espécie de pessoas colectivas de utilidade pública – as instituições particulares de solidariedade social. As especificidade destas organizações – designadamente os fins por elas prosseguidos, a sua particular relação com os poderes públicos motivada pela prossecução de uma tarefa assumida, nos termos da Constituição, como essencialmente estadual (a redacção original do n.º 3, do art. 63.º, da CRP, era neste aspecto sintomática: "a organização dos sistema de segurança social não prejudicará a existência de instituições privadas de solidariedade social"), a que se associava o facto de muitas instituições (a maior fatia) serem canonicamente erectas, colocando particular melindre jurídico (problema da aplicação de um instrumento de direito internacional público – a Concordata –, e sua compatibilidade ou concorrência com a aplicação do direito interno às mesmas organizações), e político-institucional (problema de relacionamento entre dois sujeitos de direito internacional – o Estado e a Santa Sé) –, motivaram a criação de um regime estatutário específico quanto à sua constituição, organização e funcionamento e extinção, bem como de reconhecimento da sua utilidade pública, o qual contém desvios assinaláveis, quer em relação ao regime geral das associações e fundações constante do Código Civil, quer em relação ao regime próprio das cooperativas, quer ainda em relação ao regime geral das pessoas colectivas de utilidade pública. O particular regime jurídico a que se encontram sujeitas, para além de revelar a autonomização desta espécie de pessoas colectivas relativamente a figuras do mesmo género, pode mesmo suscitar dúvidas sobre a sua própria natureza jurídica. E de facto, como verificaremos, há diversos aspectos do seus regime jurídico, quer quanto à constituição, organização, funcionamento e gestão, quer quanto à extinção, que reflectem acentuadas preocupações publicísticas, relevando, por isso, e não raras vezes, um regime mais característico do direito administrativo do que do direito privado. Em tese geral julgamos que é constitucionalmente justificável a instituição de um regime diferenciado para as IPSS. Contudo, subsistem alguns aspectos que manifestam intervenções desproporcionadas em face dos princípios da autonomia privada e da

O novo estatuto jurídico – constitucional das instituições... 155

liberdade de associação. Daí que também se justifique, sob este ponto de vista, uma análise de alguns dos aspectos do seu regime jurídico. Para além disso, esta análise justificar-se-á ainda por um facto acrescido e que se relaciona com as pessoas colectivas canonicamente erectas: é o problema da repartição de competências jurisdicionais entre a ordem jurídica canónica e a ordem jurisdicional do Estado, e que se tem prestado a algumas imprecisões designadamente na jurisprudência dos nossos tribunais superiores. Por isso, e porque o esclarecimento desta questão se relaciona directamente com o respectivo regime jurídico, impõe-se uma aproximação, ainda que esquemática, ao mesmo.

O estatuto legal originário das IPSS pós-Constituição de 1976 foi aprovado pelo DL n.º 519-G2/79, de 29 de Dezembro. Contudo, depressa se fariam sentir as insuficiências do regime aqui consagrado e concomitantemente do regime geral das associações e fundações constante do Código Civil, para o qual remetia amiúde aquele diploma, dadas as suas insuficiências, intencionais ou não.

Por isso, aquele estatuto viria ser revogado pelo DL n.º 119/83, de 25 de Fevereiro, diploma que aprovou, pois, o novo estatuto das IPSS, ainda vigente e por várias vezes já mencionado. Este pretende ter uma pretensão de completude, aliás, confessada pelo próprio legislador no Preâmbulo do diploma, contendo, entre outras, normas sobre o processo de constituição das IPSS, e seus requisitos de natureza orgânica e funcional, reconhecimento das instituições eclesiásticas, aplicação do seu regime a estas mesmas instituições, especialmente às canonicamente erectas, extinção das instituições, relação com os beneficiários da respectiva actividade, relação com o Estado, e declaração de utilidade pública. Embora decalcado no regime do Código Civil, não é um regime meramente integrativo do aí consagrado. Trata-se de uma disciplina com pretensões de auto-suficiência. Tal situação comporta consequências importantes, quer sob o ponto de vista do processo de constituição, quer sob o ponto de vista do regime de organização e funcionamento das instituições. Como veremos ao longo deste trabalho, muitas das suas normas são claramente incompletas, necessitando, em muitos casos, de uma intervenção regulamentadora, não sendo suficiente uma aplicação subsidiária das normas do Código Civil, as quais, em alguns casos, não serão mesmo aplicáveis por manifesta inadequação às exigências específicas

156 *As Instituições de Solidariedade Social*

destas instituições, designadamente nas matérias respeitantes à organização e à actividade desenvolvida.

Nos pontos seguintes vamos registar algumas das diferenças mais salientes, designadamente quanto ao processo de constituição e de declaração de utilidade pública.

1.2.1. A inconstitucionalidade (formal) do Estatuto das IPSS

Em primeiro lugar, e para além de algumas disposições materialmente inconstitucionais, deve dizer-se que o Decreto – Lei n.º 119/83, de 25 de Fevereiro, que aprova os estatutos das IPSS, é inconstitucional sob o ponto de vista formal. Trata-se de um diploma emitido pelo Governo no uso de competência legislativa normal ou concorrente, ou seja, ao abrigo da alínea a) do n.º 1 do artigo 201.º, onde se dispunha, na versão da altura, que o Governo podia fazer decretos – leis em matéria não reservadas à competência legislativa da Assembleia da República[218].

Só que, tratando-se de um diploma que interfere com a liberdade de associação e com o seu exercício, devia pelo menos ter sido objecto de uma prévia autorização legislativa por parte da Assembleia da República, pois, tal como hoje, a competência legislativa sobre matéria de direitos, liberdades e garantias constituía, ao tempo da emissão daquele diploma, reserva relativa de competência legislativa (art. 168.º, n.º 1, al. b), correspondente ao art. 165.º n.º 1, al. b), da actual versão). Para além disso, está em causa a definição de um estatuto específico de um conjunto de pessoas colectivas (associações e fundações), onde se estabelecem, como veremos, uma série de requisitos organizatórios-funcionais incomparavelmente mais exigentes do que os do regime geral, e que não podem apenas ser vistos como uma mera disciplina concretizadora e ordenadora do exercício de direitos fundamentais submetidos ao regime específico dos direitos, liberdades e garantias (art. 17.º, da CRP). Nestas matérias exige-se, pois, uma lei formal da Assembleia da República, seja para as regula-

---

[218] Versão introduzida pela Lei de Revisão Constitucional n.º 1/82, de 30 de Setembro, correspondente, com a alteração introduzida pela Lei Constitucional n.º 1/97, de 20 de Setembro, à alínea a) do artigo 198.º.

O novo estatuto jurídico – constitucional das instituições... 157

mentar completamente, seja, na medida em que a Constituição o permite, para autorizar o Governo a legislar sobre as mesmas[219]. Pelo que o DL n.º 119/83, de 25 de Fevereiro, sofre, assim, de inconstitucionalidade orgânica originária. Inconstitucionalidade esta que, pelo aplicação da teoria das invalidades consequenciais ou sucessivas, pode acarretar a inconstitucionalidade dos diplomas que vieram alterar o seu conteúdo[220]. De qualquer modo, enquanto não for declarado inconstitucional ou revogado, é este o regime base que rege as IPSS.

1.2.2. As especificidades do processo de constituição e de extinção das IPSS: o controle administrativo da legalidade do processo constitutivo das IPSS

a) as associações de solidariedade social

Segundo o regime geral, as associações constituídas por escritura pública gozam de personalidade jurídica, desde que observados os requisitos relativos ao acto de constituição (arts. 158.º e 167.º, do C. Civ.). O acto de constituição, os estatutos e as suas alterações devem constar de escritura pública (art. 168.º, n.º 1, do C. Civ.). A escritura pública constitui aqui uma formalidade *ad substantiam*, a ela se ligando também razões de segurança, certeza e de publicidade. Sem a formalização do acto constitutivo e dos estatutos por escritura pública não há associações constituídas ou validamente reconhecidas[221].

---

[219] Sobre as relações entre as leis de autorização e os decretos – leis autorizados, vide J. J. GOMES CANOTILHO, *Direito Constitucional e Teoria da Constituição*, Almedina – 1998, págs. 668 e segs.

[220] Sobre a relevância da invalidade consequencial ou sucessiva no Direito Constitucional, designadamente no campo das relações entre as leis de autorização e os decretos-leis autorizados, vide J. J. GOMES CANOTILHO, *Direito Constitucional e Teoria da Constituição*, págs. 676-677.

[221] A personalidade jurídica não é, pois, reconhecida apenas pela mera existência do negócio fundacional ou do pacto associativo, a não ser que a lei assim expressamente o estabeleça, como, aliás, sucede para as cooperativas legalmente designadas de primeiro grau (art. 10.º, n.º 1, do Código Cooperativo. Contudo, ver n.º 2 do mesmo artigo). Entre nós não vigora o sistema consagrado no direito suíço, onde as associações adquirem personalidade jurídica logo que a vontade de existir como corporação conste dos estatutos (art. 60.º, n.º 1, ZGB).

A prática do acto jurídico-público, que assume a forma de escritura pública, constitui condição *sine qua non* da atribuição de personalidade jurídica ou do reconhecimento de um certo substrato como pessoa jurídica[222]. A autoridade pública competente (notário) realiza, *ex oficio*, uma análise do acto de constituição, verificando a sua legalidade (validade ou invalidade), segundo os requisitos específicos do negócio jurídico (art. 280.°, do C. Civ.), e demais exigências legais, geral ou especialmente aplicáveis (por ex., art. 167.°, do C. Civ.), mas apenas e na mediada em que digam respeito aos momentos de validade do processo de constituição. A intervenção notarial tem apenas por base critérios legais, e o seu juízo é exclusivamente dirigido à apreciação da validade ou invalidade substancial ou formal do acto constitutivo e estatutos, devendo recusar a constituição se se verificar algum vício que a invalide[223]. Mas vistos e cumpridos os requisitos legalmente exigidos, o direito personifica, concede vida jurídica a uma realidade de facto (substracto). O reconhecimento resulta directamente aplicável a todas as entidades sociais que observem certos requisitos estabelecidos na lei. A atribuição da personalidade jurídica é feita de modo abstracto e genérico[224]. É o princípio do reconhecimento normativo condicionado. Em nome da liberdade de associação, à autoridade administrativa é negada, pela própria Constituição (art. 46.°), a prática de qualquer acto relativo à oportunidade, mérito, bondade dos fins, sua utilidade, etc., que condicione o seu reconhecimento como pessoa colectiva. Contudo, o reconhecimento não se limita a declarar algo que já existe: é o reconhecimento que atribui a personalidade jurídica. O reconhecimento tem, pois, carácter constitutivo e não declarativo. Tem sido este o regime geral de constituição e reconhecimento da personalidade jurídica das associações, que hoje está ainda mais simplificado em virtude das alterações introduzidas pela Lei n.° 40/2007, de 24 de Agosto, que aprovou um

---

[222] Note-se que há dois momentos distintos neste procedimento – um tem a ver como o momento da constituição; outro tem a ver com a personificação do constituído, isto é, como o reconhecimento de personalidade jurídica ao substracto pessoal e/ou patrimonial já constituído.

[223] Arts. 190.°, n.° 1, al. a), do Código do Notariado. O acto de recusa poderá ser impugnado nos termos do art. 192.° do mesmo Código.

[224] Cfr. Luis Carvalho Fernandes, *Pessoa Colectiva, DJAP*, vol. VI, 1994, pág. 340.

O novo estatuto jurídico – constitucional das instituições... 159

regime especial de constituição imediata de associações e actualizou o regime geral de constituição previsto no Código Civil.

Cumprida a fase de natureza constitutiva, segue-se uma outra de carácter procedimental dirigida à publicitação do acto de constituição, através da remessa do extracto da escritura de constituição à autoridade administrativa e ao Ministério Público (art. 168.º, n.º 2, do Código Civil). Contudo, ao Ministério Público (e só a este órgão do Estado) defere a lei o dever de promover *ex ofício* a declaração judicial de nulidade do acto constitutivo com fundamento na violação de algum dos requisitos previstos no art. 280.º, do Código Civil. Trata-se de uma extinção por via judicial, e não por via administrativa. O que constitui uma consequência directa da consagração do sistema normativo de reconhecimento em substituição do sistema de reconhecimento por concessão.

Para as IPSS vigora o regime previsto no DL n.º 119/83. As instituições, suas uniões, federações ou confederações constituem-se e adquirem personalidade jurídica nos termos deste diploma (art. 9.º). E, inicialmente, quer o acto de constituição quer os estatutos teriam necessariamente de ser formalizados através de escritura pública (arts. 11.º, 52.º, n.º 2 e 3, do Estatuto das IPSS). Fora deste regime ficaram as instituições particulares de solidariedade social canonicamente erectas, cujos estatutos não carecem de escritura pública (art. 46.º, do Estatuto das IPSS).

Com o objectivo de simplificar o procedimento da sua constituição – objectivo este que não ocultava a (louvável) intenção política de fomentar o movimento associativo no domínio da solidariedade social –, o DL n.º 402/85, de 11 de Outubro, que alterou os arts. 7.º e 11.º, daquele estatuto, veio dispensar de escritura pública os estatutos das IPSS, desde que cumpridos os requisitos previstos e exigidos no regulamento de registo destas mesmas instituições. Este regulamento constava inicialmente da Portaria n.º 778/83, de 23 de Julho, sendo aplicável às instituições que se constituam com fins de segurança social, e que é extensivo, por força da Portaria n.º 466/86, de 25 de Agosto, às IPSS com fins (principais ou exclusivos) de saúde, tendo sido revogado pela Portaria n.º 139/2007, de 29 de Janeiro, que aprovou um novo Regulamento de Registo das Instituições Particulares de Solidariedade Social do Âmbito da Acção Social do Sistema

160 *As Instituições de Solidariedade Social*

de Segurança Social[225] [226]. Com este novo regime passamos a ter dois procedimentos de constituição de IPSS: as instituições que se constituem à semelhança do regime geral, em que acto o constitutivo e os estatutos são formalizados através de escritura pública; e as instituições em que os estatutos e respectivas alterações não carecem de revestir a forma de escritura pública desde que o respectivo registo seja efectuado nos termos daquele regulamento. E segundo este regulamento, estão sujeitos a registo, entre outros, os actos de constituição de associações ou de instituição de fundações, assim como os estatutos e respectivas alterações (art. 5.º). Da conjugação de algumas das suas normas é possível tirar conclusões sobre os efeitos do registo. Assim, os seus objectivos são a comprovação dos factos jurídicos respeitantes às IPSS, e dos seus fins estatutários, o reconhecimento da utilidade pública, funcionando ainda como pressuposto necessário para a concessão dos apoios e benefícios legais, assim como para a celebração dos acordos de cooperação e de gestão com a Administração (art. 2.º). O registo será recusado quando se verifiquem, entre outras, a incompatibilidade dos fins estatutários com os fins legais, qualquer ilegalidade nos actos sujeitos a registo, incluindo, obviamente, qualquer ilegalidade – entenda-se também qualquer vício à luz da teoria geral do negócio jurídico – que possa provocar a invalidade do acto constitutivo e estatutos (art. 10.º do Regulamento). Está, assim, instituído para as IPSS um procedimento alternativo de constituição que representa um desvio às regras gerais dos arts. 158.º, n.º 1, e 168.º, n.º 1, do C. Civ., onde a atribuição ou o reconhecimento de personalidade jurídica (personificação) pressupõe que o acto de constituição (pacto associativo) e estatutos constem de escritura pública[227]. Para o reconhecimento de uma associação como

---

[225] Para as IPSS que prossigam, a título principal, objectivos de educação e formação profissional dos cidadãos, vale o regulamento de registo aprovado pela Portaria n.º 860/91, de 20 Agosto. Em relação às instituições que se proponham prosseguir fins no domínio da habitação, ou outros fins de solidariedade social, ainda não existe um sistema de registo específico.

[226] O registo dos actos constitutivos das IPSS funciona na Direcção-Geral da Segurança Social.

[227] Dizemos procedimento alternativo, dado que a lei fala em "dispensa", concedendo-se, deste modo, uma faculdade de opção aos associados e ao(s) fundador(es). Refira-se ainda que ao procedimento de registo das IPSS será aplicável o Código de Procedimento

O novo estatuto jurídico – constitucional das instituições... 161

IPSS basta, pois, que o pacto associativo conste de escritura pública. Condição necessária e suficiente, como se referiu, para a aquisição de personalidade jurídica pela associação.

As IPSS estão, portanto, sujeitas a um duplo controle de legalidade: um controle prévio a realizar pelo notário no momento da sua constituição como IPSS; e um controlo a *posteriori*, isto é, um controlo efectuado pela Administração depois da escritura pública do acto constitutivo e dos estatutos (ou apenas dos primeiros) e antes do registo. Se a Administração verificar qualquer ilegalidade no acto constitutivo ou nos estatutos, o registo será recusado. Ou seja, neste caso, para a entidade administrativa que faz o registo não há associação validamente constituída, pelo que não pode ser pela mesma reconhecida como tal. Dir-se-á que para a ordem jurídica geral há uma associação validamente constituída e reconhecida, dado que o seu acto constitutivo e os estatutos foram analisados segundo critérios estritamente jurídicos pelo órgão público a quem a lei atribui as funções de oficial público, reputando-o técnica e funcionalmente competente para o efeito. Contudo, por via de um regulamento, a Administração substitui o juízo do órgão que a lei reputa especificamente competente pelo seu próprio juízo, o qual prevalece sobre o do notário. O que tem este efeito prático: para aquele órgão só há associações validamente constituídas depois do controle de legalidade pelo mesmo efectuado. A função do acto notarial é, no caso, substituída pelo acto do registo. O notário, órgão legal e tecnicamente competente para ajuizar da validade jurídica (e só desta) do acto constitutivo e dos estatutos, foi substituído por uma autoridade administrativa que, ao lado das suas competências normais, cumula competências específicas em matéria de fiscalização ou controle da legalidade do acto de constituição de associações. Na mesma autoridade administrativa une-se a competência relativa ao processo de declaração de utilidade pública e a competência relativa ao momento constitutivo das pessoas colectivas. No mesmo acto de registo misturam-se momentos, funções, fins e efeitos completamente distintos. Um mesmo acto cumpre diversas funções quando os pressupostos jurídico-legais

---

Administrativo, pelo menos a título supletivo. Assim sucede forçosamente dada a insuficiência do regulamento em vários aspectos, designadamente em matéria de prazos, audiência dos interessados, forma de comunicação dos actos, etc.

são completamente distintos. Uns têm exclusivamente a ver com a legalidade do processo de constituição (controlo da legalidade do acto de constituição das pessoas colectivas), outros têm a ver com o procedimento de declaração de utilidade pública, funcionando o registo como o acto que desencadeia o seu reconhecimento. Sem o acto de registo não há declaração de utilidade pública. Mas sem o mesmo acto de registo não há, para o órgão administrativo que efectua o registo, pessoa jurídica validamente constituída. A concreta associação não é reconhecida como instituição particular de solidariedade social pelo órgão que efectua o registo. Neste sentido, a constituição da pessoa colectiva não foge ao controlo da Administração. O acto do registo é convertido por um regulamento administrativo num acto de natureza constitutiva. Um diploma de natureza regulamentar disciplina o reconhecimento de utilidade pública; o mesmo diploma disciplina ex novo o controlo da legalidade do processo constitutivo das pessoas colectivas pela autoridade administrativa. Os riscos que este procedimento comporta são visíveis: administrativização do controlo do processo constitutivo das associações. E este risco é, no caso das IPSS, real, designadamente nas situações em a Administração fica com liberdade de apreciar e avaliar os outros fins de solidariedade social não expressamente previstos na lei (art. 1.º, do Estatuto das IPSS). Está, assim, aberta a porta para a Administração intervir nos próprios estatutos das associações. Impõe-se, pois, a separação de procedimentos, de órgãos e de competências. Há entidades que controlam a legalidade de constituição de associações; há entidades a quem deve competir o tratamento de outras matérias (por ex., a declaração de utilidade pública, a avaliação da capacidade e dos programas das instituições para efeitos de celebração de acordos, etc.). Trata-se de processos estrutural e funcionalmente autónomos. Os valores e fins que se destinam a servir são inconfundíveis. De um lado está em causa o exercício da liberdade de associação; do outro está em causa a relevância dos fins prosseguidos e a observância de requisitos legais específicos, para efeitos de reconhecimento de utilidade pública de um ente já efectiva e definitivamente constituído. Se o Estado não está impedido de criar um órgão, como funções equivalentes às do notário, especificamente encarregado de formalizar o processo de constituição das IPSS, já se encontra impedido de colocar nas mãos da Administração a regulamentação do exercício da

O novo estatuto jurídico – constitucional das instituições...		163

liberdade, designadamente da liberdade de associação, ainda que a vincule estritamente à observância de critérios legais, o que não sucede no caso. Aqui a Administração autovinculou-se por acto regulamentar. Mesmo admitindo que a Administração pode ter uma actividade concretizadora no domínio dos direitos, liberdades e garantias[228], o certo é que a regulamentação em causa não é meramente concretizadora do regime legal, pois a lei remete, em branco (ou quase em branco), para a Administração o poder regulamentador – regulação da função e dos efeitos do registo, actos exigidos aos particulares para a concessão do registo, factos sujeitos a registo, etc. É este o sentido do artigo único do DL n.º 402/85, de 11 de Outubro, que alterou o n.º 2, do art. 7.º, e o art. 11.º, do Estatuto das IPSS. Mais grave se torna este quadro quando se mistura num mesmo e só acto e num mesmo e só órgão administrativo a competência para ajuizar da validade de constituição da pessoa colectiva e praticar os actos que hão-de desencadear o reconhecimento legal da declaração de utilidade pública. E atendendo ao facto que acima se referiu – a possibilidade de a Administração qualificar os outros fins de solidariedade social não previstos expressamente na lei – o princípio geral do reconhecimento normativo condicionado poderá converter-se num processo misto ou mesmo num reconhecimento implícito por concessão. O registo poderá converter-se numa aprovação encapotada dos estatutos ou mesmo numa aprovação do próprio processo constitutivo. E não é necessário que este último sistema seja efectivamente praticado; basta que haja o risco ou a efectiva possibilidade de o praticar[229]. O sistema

---

[228] A abordagem deste problema é feita por VIEIRA DE ANDRADE, *Autonomia Regulamentar e Reserva de Lei. Algumas reflexões acerca da admissibilidade de regulamentos das autarquias locais em matéria de direitos, liberdades e garantias*, Estudos em Homenagem ao Prof. Doutor Afonso Rodrigues Queiró, *BFDC*, n.º especial, Coimbra 1984, págs. 1-35.

[229] A este propósito, CASTRO MENDES, *Teoria Geral do Direito Civil,* AAFDL, vol. I, pág. 300, diz, ao fazer a distinção entre processo de constituição e reconhecimento como pessoa jurídica, que não considera inconstitucional a lei [e não um regulamento administrativo], que, garantindo livremente a associação por força do art. 46.º da Constituição, condicionasse a personificação da organização associativa aos requisitos que entendesse, mesmo requisitos de reconhecimento por concessão administrativa. Contudo, a lei – reforma de 1977 do C. Civ. – assim não o entendeu, provavelmente por ser mais consentâneo com o espírito do art. 46.º da Constituição deixar de condicionar a personificação das associações. É certo que uma coisa é o direito de constituir associações e outra é o reconhecimento, até porque os

164 — *As Instituições de Solidariedade Social*

vigente para as associações de solidariedade social corre este risco. Aliás, risco semelhante (sendo mesmo mais notório) existe quanto à constituição de associações mutualistas[230]. E note-se que naquele caso não é a existência do registo em si que comporta o risco referido – o qual, refira-se, se nos afigura conveniente e até necessário, devendo salientar-se que, avaliar pela riqueza dos dados estatísticos recolhidos, o sistema de registo das IPSS constitui um exemplo de bom funcionamento da nossa Administração, sendo de lamentar que o legislador ainda não tenha introduzido sistemas semelhantes para as restantes instituições sem fins lucrativos –, podendo inclusivamente a lei introduzir um sistema de registo constitutivo[231]. Por outro lado,

---

associados podem constituir associações e não querer reconhecê-las, não celebrando a escritura pública (submetendo-se assim ao regime das associações não reconhecidas), mas também é certo que historicamente o problema do reconhecimento andou de mãos dadas com o controle administrativo do processo de constituição – por isso é que o reconhecimento da personalidade jurídica dependia da aprovação administrativa da organização associativa e dos seus fins. Sobre este problema lembre-se aqui o que atrás dissemos: a necessidade de haver uma enumeração expressa dos fins de solidariedade social, de forma a evitar que a criação de instituições como IPSS possa ficar, pelo menos em parte, nas mãos da Administração.

[230] Efectivamente, nestas associações exige-se, como requisito da sua constituição, "um número de associados e um sistema de financiamento que permitam o equilíbrio técnico e financeiro indispensável à concessão dos benefícios que a instituição visa prosseguir" (art. 14.º, do Código das Associações Mutualistas). Pergunta-se: qual a autoridade que vai avaliar a adequação do substracto pessoal e do sistema de financiamento aos benefícios que se propõe conceder? Estará o notário em condições de avaliar o sistema técnico e financeiro para poder recusar a constituição das associações? Não implica a apreciação deste elemento o uso de prerrogativas de avaliação que ultrapassam os meros juízos jurídicos de legalidade (validade ou invalidade) do acto constitutivo? Não seria mais plausível ser a lei a fixar critérios objectivos e vinculativos, mesmo que eventualmente condicionantes do exercício da liberdade de associação, em vez de remeter a fixação desses critérios para a Administração? Numa palavra, não está a lei também aqui a transformar o reconhecimento normativo condicionado em reconhecimento normativo por concessão?

[231] É o que sucede com as cooperativas, que podem scr constituídas por documento particular, salvo previsão especial que exija escritura pública (arts. 10.º, n.º 1, e 13.º, do Código Cooperativo), mas a aquisição de personalidade depende do acto do registo da sua constituição (art.13.º). Segundo LUIS CARVALHO FERNANDES, *Pessoa Colectiva*, pág. 341-342, o mesmo sucede com as associações sindicais e patronais, para além de ser o sistema vigente no domínio das sociedades comerciais, sociedades civis sob forma comercial, agrupamentos complementares de empresas, e ainda quanto à constituição de sociedades de advogados. Em todos estes casos o registo é constitutivo, mas o reconhecimento normativo condicionado encontra-se assegurado.

também não é censurável que a lei institua procedimentos mais cautelosos no momento constitutivo das associações – por ex., o cumprimento de outras formalidades para além da escritura pública, desde que seja garantido o reconhecimento normativo e desde que estas formalidades se afiguram necessárias e não onerem ou dificultem em termos desproporcionados o exercício da liberdade de associação. Cautelas estas que poderão até afigurar-se como exigíveis, tendo em conta designadamente o facto de a utilidade pública ser nesta espécie de pessoas colectivas objecto de reconhecimento imediato. O que é problemático é que num e mesmo procedimento, num e mesmo órgão e num e mesmo acto se misturem funções com conteúdo e efeitos distintos: a inscrição no registo como acto-pressuposto da declaração de utilidade pública; como acto de credenciação das instituições, na medida em que ficam habilitadas a celebrar acordos de gestão e de cooperação, mas funcionando ao mesmo tempo como de controlo da legalidade do acto constitutivo, incluindo a possibilidade de a Administração considerar ilegal a constituição de uma associação que se propõe prosseguir fins de solidariedade social não expressamente previstos na lei, mas a Administração considera que tais fins não são subsumíveis na fórmula indeterminada – "outros fins de solidariedade social" – utilizada no art. 1.º, do Estatuto das IPSS. Seguindo a doutrina do Conselho Consultivo da Procuradoria-Geral da República, a Administração não está impedida de regular a atribuição de utilidade pública. Contudo, este procedimento regulatório há-de ter essencialmente natureza adjectiva: o seu objecto não pode ser a constituição das associações, o que violaria os princípios constitucionais, mas a concessão de utilidade pública, para evitar a proliferação de associações com essa natureza[232].

Como segunda nota particular do processo constitutivo das IPSS, regista-se a preocupação da lei em assegurar um substrato pessoal mínimo (que aqui poderemos designar por princípio do substrato pessoal mínimo das associações de solidariedade social). Se o número de associados presentes no acto da constituição for inferior ao dobro dos membros previstos para os respectivos órgãos não pode haver

---

[232] Cfr. Parecer da Procuradoria-Geral da República, n.º 13/95, D. R. n.º 152, IIS, de 4-7-95.

166   *As Instituições de Solidariedade Social*

reconhecimento de associações de solidariedade social (art. 53.º). Estamos perante mais um desvio em relação ao regime geral de constituição de associações (arts. 158.º, e segs., do C. Civ.), onde não se exige um número mínimo de associados[233].

Este desvio em relação ao regime geral das associações ou a imposição legal de tal número mínimo afigura-se-nos, em tese geral, compreensível e, portanto, ainda proporcionada[234]. A esmagadora maioria das associações de solidariedade social constituem-se com o fim de prestar serviços a terceiros/beneficiários[235]. Os direitos e interesses deste prevalecem, nos termos do respectivo estatuto, sobre os dos associados. Por isso, o legislador pretende assegurar à partida um mínimo de probabilidade e de certeza no cumprimento dos fins prosseguidos. Convém evitar a constituição de entidades fictícias, ou de

---

[233] Deve, no entanto, entender-se que este número há-de ser pelo menos igual ao número de membros necessários ao funcionamento dos órgãos legal e estatutariamente previstos. A exigência de um número mínimo de associados é prevista, por ex., no direito alemão para as associações inscritas no Registo de Associações (art. 56.º, do BGB).

[234] E dizemos em tese geral porque pode suceder, e não raras vezes sucede, que associações com poucos associados exercem actividades com mais regularidade e dimensão do que muitas outras em que o número de associados é mais elevado.

[235] Como decorre do texto, referimo-nos apenas às associações de solidariedade de fim desinteressado ou altruístico. Relativamente às associações de fim económico não lucrativo, caso das associações mutualistas, vale, quanto ao seu processo de constituição, o regime previsto no respectivo código, aprovado pelo DL n.º 72/90, de 3 de Março. Mas note-se que também elas adquirem, desde que registadas nos serviços do Ministério competente, a natureza de pessoas colectivas de utilidade pública, sendo assim também dispensadas do registo e demais obrigações previstas no DL n.º 460/77 (art. 16.º, do Código das Associações Mutualistas). Refira-se ainda que também nestas associações se exige, como requisito da sua constituição, "um número de associados e um sistema de financiamento que permitam o equilíbrio técnico e financeiro indispensável à concessão dos benefícios que a instituição visa prosseguir" (art. 14.º, do Código das Associações Mutualistas), a que já fizemos referência. Em relação às casas do povo valem, relativamente à sua constituição, e por expressa determinação do art. 1.º, do DL n.º 246/90, de 27 de Julho, as regras gerais do Código Civil. No entanto, a sua qualificação como IPSS depende, por expressa determinação da lei (artigo único do DL n.º 171/98, de 25 de Junho), de reconhecimento pela Direcção-Geral da Segurança Social. Relativamente às cooperativas de solidariedade social, e face à ausência de uma previsão específica no respectivo regulamento, vale a disposição genérica contida no n.º 1 do art. 10.º, do Código Cooperativo, que exige apenas o documento particular. Contudo, e também por expressa determinação da Lei n.º 101/97, de 13 de Setembro, a qualificação de instituição particular de solidariedade depende de reconhecimento por aquela Direcção-Geral.

entidades que não reúnam ou não ofereçam garantias mínimas do cumprimento dos seus fins e que vão auferir de regalias e de benefícios públicos. As associações de solidariedade social são reconhecidas de utilidade pública no momento da sua constituição. São assim dispensadas do registo específico e demais obrigações previstas no DL n.º 460/77, alterado pelo DL n.º 391/2007, de 13 de Dezembro. A generalidade das instituições particulares de interesse público terão de demonstrar "efectivo e relevante funcionamento" ao longo de três anos de actividade para merecem o mesmo acto de reconhecimento por parte da Administração (n.º 2 do art. 4.º do DL n.º 460/77, de 7 de Novembro)[236]. As associações de solidariedade social têm acesso imediato a isenções e benefícios públicos previstos para a generalidade das pessoas colectivas de utilidade pública (arts. 9.º e 10.º, daquele diploma), e a outros benefícios especiais. As suas congéneres têm de aguardar no mínimo cinco anos. Têm acesso (acesso que a lei reconhece como direito) imediato às diversas formas de apoio financeiro público de que falaremos adiante (art. 4.º, do Estatuto). Enfim, ficam habilitadas à celebração de acordos de cooperação e de gestão com a Administração, assumindo através deles responsabilidades públicas[237].

Por último, de referir ainda um aspecto que toca particularmente as associações de voluntários de acção social. Estas são admitidas apenas com o escopo de colaborarem na realização de objectivos que constituam responsabilidade própria de outras instituições ou de serviços ou estabelecimentos públicos (art. 72.º), não mantendo ou gerindo, pois, estabelecimentos ou equipamentos próprios. O dever de colaboração não surge aqui apenas como um dever jurídico que integra o complexo de direitos e obrigações do ente; ele constitui, antes, um requisito estrutural ou intrínseco que justifica e delimita a

---

[236] Refira-se que Decreto-Lei n.º 391/2007, de 13 de Dezembro, veio introduzir mecanismos de simplificação da declaração de utilidade pública.

[237] Sobre a exigência do número mínimo de associados nas associações de solidariedade social, e em sentido próximo do defendido no texto, o Parecer n.º 98/90, da Procuradoria-Geral da República, D.R. n.º 14, IIS, de 18-1-93, p. 462, onde se escreveu que o número mínimo de associados constitui um "limite que se representa como uma válvula de segurança de relevância social da instituição, que seria duvidoso existir no caso de não se verificar a existência de um número mínimo de associados (inferior ao dobro dos membros previstos para os respectivos órgãos)".

168   *As Instituições de Solidariedade Social*

própria existência jurídica destas associações. Nestas associações, a colaboração surge como requisito condicionante da sua admissibilidade como ente jurídico. Deste modo, o princípio da especialidade do fim é aqui objecto de uma particular delimitação legal – estas associações constituem-se para colaborar com o Estado-Administração e com outras instituições tendo em vista a realização de objectivos que constituam responsabilidade própria destas entidades. Esta colaboração poderá também constituir um modo de assunção de tarefas públicas por parte destas instituições, enquanto tarefas legalmente atribuídas a entidades públicas. Os acordos de colaboração, assim legalmente designados, hão-de regular os termos das relações recíprocas entre as partes intervenientes (art. 74.°, dos Estatutos)[238/239].

Mas não é apenas no processo de constituição que associações de solidariedade social apresentam diferenças manifestas em relação ao regime geral. Para além de diferenças significativas quanto à sua organização, funcionamento e relação com a Administração, que à frente analisaremos especificamente, há ainda a considerar algumas

---

[238] O estudo destes acordos será feito no Capítulo III, n.° 4.2.

[239] Relativamente a estas instituições, poder-se-á colocar o problema de saber se a autonomia privada e a liberdade de associação não surgem aqui como instrumentos funcionalizados ao serviço da realização de objectivos de interesse geral. Situação que suscita, naturalmente, um problema constitucional: o exercício da iniciativa dos particulares e a liberdade de associação é aqui objecto de uma prévia delimitação legal, não ficando aos particulares a liberdade de escolha dos fins do ente que criam. Contudo, convém notar que as associações de voluntários de acção social constituem mais um modelo organizacional oferecido pela lei e que os particulares podem escolher como meio de contribuir para a realização de objectivos de solidariedade social. A soberania ou o poder (direito) de escolha está integralmente na esfera jurídica dos particulares. Em segundo lugar, é necessário atender às próprias características do voluntariado social. O voluntário, segundo a noção fornecida pelo art. 3.°, n.° 1, da Lei n.° 71/98, de 3 de Novembro, que aprovou as bases do enquadramento jurídico do voluntariado, é o indivíduo que de forma livre, desinteressada e responsável se compromete, de acordo com as suas aptidões próprias e no seu tempo livre, a realizar acções de voluntariado no âmbito de uma organização promotora. Entendendo-se por organização promotora as entidades públicas da administração central, regional ou local ou outras pessoas colectivas de direito público ou privado (art. 4.°). As associações de voluntários de acção social constituem o modo institucional privilegiado de dinamizar de forma organizada o voluntariado social, enquanto conjunto de acções de interesse social e comunitário realizadas de forma desinteressada por pessoas, no âmbito de projectos, programas e outras formas de intervenção ao serviço dos indivíduos, das famílias e da comunidade desenvolvidos sem fins lucrativos por entidades públicas ou privadas (art. 2.°, n.° 1).

O novo estatuto jurídico – constitucional das instituições... 169

disposições relativas ao processo de extinção e destino dos bens que se afastam do regime geral, constante dos arts. 182.º e segs. e 166.º do C. Civ., respectivamente.

Assim, e para além das demais causas previstas no art. 66.º, do Estatuto das IPSS, decalcados no art. 182.º, do C. Civ., há a registar algumas causas de extinção específicas: (1) quando, ao longo do período de um ano, o número de associados seja inferior ao número mínimo exigido para a respectiva constituição (art. 66.º, n.º 2, al. d)); (2) quando as associações deixem de possuir meios humanos e materiais suficientes para a efectivação dos fins estatutários e se reconheça não existirem fundadas esperanças de os virem a adquirir (art. 66.º, n.º 2, al. c)); (3) e apenas quanto às associações de voluntários de solidariedade social, quando se registe a inobservância repetida e grave dos acordos que tenham celebrado.

À insuficiência superveniente do substrato associativo acresce, como causa de extinção autónoma, a insuficiência superveniente de recursos humanos e materiais[240]. A lei, para a constituição de associações de solidariedade social, apenas exige um número mínimo de associados. Para a sua subsistência jurídica estabelece, para além disso, um princípio de suficiência de recursos. A racionalidade da lei é justificável. Pretende-se evitar a existência de organizações qualificadas como IPSS quando se verifique a impossibilidade comprovada de que já não reúnem as condições mínimas para realizar os fins estatutários. Regra geral, as actividades desenvolvidas pelas IPSS exigem meios humanos, físicos, financeiros e técnicos que não são comuns à generalidade das associações. A insuficiência destes recursos afecta inevitavelmente a viabilidade da prossecução dos fins (imagine-se, por ex., uma associação de voluntários de acção social sem um número mínimo de associados ou sem outros recursos humanos). Não é apenas a questão da utilidade pública das associações que está em causa. É a própria existência jurídica da pessoa colectiva. E tal como em outros domínios, a ordem jurídica também aqui deve ter

---

[240] A lei não diz o que deve entender-se por recursos materiais, cabendo, assim, ao juiz o preenchimento deste conceito, devendo fazê-lo em função das circunstâncias do caso concreto. Em geral, recursos materiais serão todos os meios físicos (móveis e imóveis) e financeiros sem os quais será prática e efectivamente impossível assegurar o cumprimento dos fins da associação.

especiais cautelas na existência de pessoas jurídicas que, intencionalmente ou não, se tornam em meras ficções jurídicas. Mas note-se que estas causas de extinção apenas podem operar através de uma decisão judicial, requerida pelo Ministério Público ou por qualquer interessado, que, naturalmente, alegue e prove a sua legitimidade (por ex., aqueles que, ao abrigo de acordos de gestão ou de cooperação, são beneficiários da actividade desenvolvida). Não obstante a questão em causa faça parte daquele núcleo de matérias que, num Estado de Direito, devem constituir reserva de decisão judicial ou reserva do juiz, julgamos que a tal decisão não se esgota numa típica decisão jurisdicional[241]. Designadamente no segundo caso, cremos que não está apenas em causa uma pura "questão de direito", na medida em que do processo decisório não deixarão também de fazer parte juízos de prognose. Na verdade, ao juiz impõe-se aqui uma especial ponderação do binómio meios-fins, devendo ponderar caso a caso, e segundo um juízo de adequação, a insuficiência dos meios para a efectiva realização dos fins estatutários. E deve ter ainda presente que não é qualquer insuficiência que justifica a declaração judicial de extinção, mas apenas e só uma insuficiência que, à luz das regras técnicas ou de gestão geralmente aceites e ou à luz das regras especificamente aplicáveis à actividade desenvolvida pela associação, resulte inequivocamente comprovada. É que a liberdade de associação pode ser mais atingida no processo de extinção do que no momento da constituição da pessoa colectiva. Por isso dissemos que esta matéria, não obstante poder envolver juízos típicos de uma actividade substancialmente administrativa, constitui reserva do juiz ou reserva de decisão judicial.

Quanto à causa específica de extinção das associações de voluntários de acção social – a inobservância repetida e grave dos acordos que tenham celebrado (art. 73.º, n.º 2) – o nosso juízo não pode ser o mesmo. Estes acordos naturalmente que tanto podem ser celebrados com entidades públicas como com outras IPSS. Esta causa

---

[241] A situação em causa não constitui uma originalidade no nosso direito, dado que também nos processos de jurisdição voluntária a função exercida pelo juiz não será (pelo menos) tipicamente jurisdicional. Acentuando a "natureza substancial de administração" dos actos de jurisdição voluntária, mas sem perda da qualidade de acto judicial, vide ROGÉRIO SOARES, *Direito Administrativo*, Coimbra, 1978, pág. 88.

O novo estatuto jurídico – constitucional das instituições...

de extinção, ainda que só possa produzir efeitos por decisão judicial, afigura-se-nos inconstitucional. O incumprimento dos acordos por parte da associação confere à Administração o poder-dever de suspender, revogar ou de extinguir a relação jurídica contratual, ou ainda de cancelar o registo com a consequente cessação dos efeitos da declaração de utilidade pública e benefícios e isenções inerentes, para além do poder de desencadear eventuais mecanismos de responsabilidade civil que tenham lugar. Mas já nos parece desproporcionado que o incumprimento dos acordos, ainda que repetido e grave, possa constituir motivo imediato de extinção das associações, ainda que estas se constituam com o fim específico de assumir responsabilidades próprias das entidades públicas (art. 72.º, n.º 1, do Estatuto das IPSS). Mesmo que se entenda, como é o nosso caso, que as associações de solidariedade social constituem-se para servir o interesse público (a prevalência dos interesses e direitos dos beneficiários da sua actividade representa um exemplo elucidativo), ou que a sua constituição tem em vista a prossecução de objectivos que constituem inclusivamente responsabilidade própria de serviços ou estabelecimentos públicos, ou que assumam essas responsabilidades públicas específicas através de instrumentos contratuais, julgamos que a declaração de extinção com a causa referida é manifestamente desproporcionada, mesmo que ponderados os fins de interesse público assumidos, não se descortinando aqui também uma actuação que justifique a aplicação da cláusula de ordem pública. É que deve ter-se presente que é o valor constitucional da liberdade de associação que está em causa. E a ordem jurídica tem outros meios ao seu dispor menos ofensivos da liberdade de associação, mesmo que as situações concretas sejam tidas pelo legislador como situações limite ou já intoleráveis.

Refira-se ainda a particularidade da intervenção do Estado quando a extinção da associação tiver por causa a morte ou o desaparecimento de todos os associados, e que representa mais uma diferença no regime de extinção das associações de solidariedade social relativamente ao regime do C. Civ. (arts. 182.º e 183.º). O órgão que, segundo a lei, tenha competência tutelar sobre a associação publicitará aqueles factos, considerando-se esta extinta se nos 30 dias seguintes não for comunicado qualquer facto que obste à sua extinção (art. 67.º, n.º 2). Mas note-se que a extinção não se produz pela intervenção da Administração. A intervenção desta apenas suspende a produção dos efeitos do facto extintivo. De qualquer modo, na base do acto de publicidade praticado pela Administração não deixam de estar subjacentes razões de interesse público que ultrapassam os valores da segurança e certeza e de protecção de eventuais credores; aquelas razões prendem-se também ou sobretudo com o interesse que a actividade desenvolvida pela associação tinha na área geográfica da sua implantação, tendo agora os respectivos beneficiários de socorrer-se de outros serviços e apoios.

Quantos aos efeitos da extinção, importa salientar algumas das diferenças mais salientes em relação à disciplina do C. Civ. (arts. 181.º, 184.º e 166.º).

O princípio aqui vigente, e sem excepção, é o que designaremos por princípio do destino legal dos bens das instituições extintas: os bens reverterão sempre para outra instituição, privada ou pública, com finalidades se possível idênticas. Aos associados apenas fica a liberdade de escolher as instituições sucessoras na titularidade dos bens, podendo os mesmos providenciar sobre o assunto desde logo nos estatutos ou deixar a sua resolução para mais tarde, através de deliberação dos corpos sociais (art. 27.º, n.º 1). Na ausência de disposição estatutária específica ou de deliberação dos órgãos sociais, a lei estabelece expressamente o destino dos bens existentes: estes serão atribuídos a outras instituições particulares de solidariedade social, concedendo-se um direito de preferência às que prossigam acções idênticas (o que não significa necessariamente fins idênticos) do tipo das exercidas pelas instituições extintas; não existindo instituições ou estabelecimentos destas na área de situação dos bens da pessoa extinta, os bens serão atribuídos aos serviços do Estado, ou melhor, aos serviços oficiais que prossigam essas acções (art. 27.º, n.º 2).

Quanto ao património das IPSS, e ao contrário do que pode suceder com o regime geral (art. 181.º, do Código Civil), não há direito subjectivo ao património social encabeçado por cada um dos associados. Não obstante nas organizações associativas predomine o substracto pessoal, o certo é que também aqui a ideia de património-fim, enquanto património vinculado à realização de fins de interesse público, não deixa de estar subjacente à previsão da lei. As associações de solidariedade social de que aqui cuidamos constituem-se para servir o interesse colectivo, e não para servir o interesse dos associados. Não são instituições corporativas. Não são instituições de fim económico e nem sequer de fim económico não lucrativo. À qualidade de associado não podem estar associadas vantagens que prevaleçam sobre o interesse que justifica a admissibilidade legal destas instituições e que deve motivar a constituição das mesmas. Para além disso, não raras vezes o acervo patrimonial das instituições é constituído por bens que resultam de liberalidades, dádivas, peditórios, subsídios atribuídos por entidades públicas e privadas, e de outros actos análogos. Os bens assim atribuídos têm sempre uma e única finalidade: a de serem utilizados em actos de solidariedade. Daí que também se compreenda a solução legal ao limitar os poderes de disponibilidade sobre os bens, determinando antecipadamente o seu fim. Contudo, tal determinação, em face dos princípios da liberdade de associação e da autonomia privada, não deixa de assumir a natureza de uma restrição, a qual só é legitima se observado o requisito relativo à forma do acto restritivo – lei ou decreto-lei autorizado.

Relativamente aos bens integralmente adquiridos com dinheiros públicos, a lei é aqui categórica (art. 28.º, do Estatuto): os bens revertem automaticamente para as entidades que tiverem subsidiado a aquisição dos bens. A racionalidade da lei é justificável: os bens foram adquiridos ou com financiamento proveniente directamente do orçamento de Estado (mais concretamente do orçamento da segurança social), ou com dinheiros provenientes de outra entidade pública. A sua reversão para o património público não é apenas constitucionalmente admissível; deve ter-se como constitucionalmente exigível[242]. A lei apenas excepciona a hipótese de em acordo de cooperação se ter previsto que, em caso de extinção, os bens seriam atribuídos a outra IPSS, mas só e apenas nos casos em que tais bens interessem ao cumprimento dos acordos de cooperação celebrados e desde que haja a anuência da entidade beneficiária (art. 29.º, do Estatuto). É ainda a ideia de património adstrito ao cumprimento de interesses públicos que justifica esta solução.

---

[242] Julgamos mesmo que, para os bens integralmente adquiridos com dinheiros públicos, não seria inconstitucional a limitação da liberdade de disposição desses bens. Aliás, há ordens jurídicas que, para as pessoas colectivas de utilidade pública, prevêem expressamente a inalienabilidade dos bens adquiridos com dinheiros públicos. É o caso do direito brasileiro (art. 15.º, da Lei n.º 9.790, de 23 de Março de 1999, sobre as Organizações da Sociedade Civil de Interesse Público, instituindo e disciplinando também o Termo Parceria).

Naturalmente que estas disposições específicas trazem consequências ao nível do fenómeno da sucessão nas relações jurídicas: as IPSS ou as entidades públicas para as quais reverter o património sucedem nos direitos e obrigações das pessoas colectivas extintas (art. 30.º, do Estatuto). Estabelece-se aqui um princípio de equiparação entre as entidades públicas e as IPSS. E os direitos e obrigações não são apenas de natureza creditícia ou real; são também direitos e obrigações relativos ao cumprimento de fins de interesse público a cuja satisfação se encontrava adstrito aquele património.

Esta determinação legal do destino do património, em caso de extinção da entidade, para outras instituições da mesma natureza ou para as entidades públicas que prossigam finalidades idênticas, com a consequente assunção das actividades e obrigações resultantes de acordos de cooperação, poderá suscitar a interrogação de saber se não estaremos aqui perante um indício revelador de um fenómeno encapotado de privatização da organização administrativa, dado que em caso de extinção da pessoa colectiva o Estado sucede naturalmente no conjunto de relações jurídicas. A nossa resposta é negativa. A reversão dos bens das pessoas colectivas privadas para o Estado é um fenómeno com raízes no nosso direito, constituindo um dos aspectos do regime das pessoas colectivas de utilidade pública administrativa. A explicação deste fenómeno reside, antes, no facto de a lei pretender acautelar duas coisas simultaneamente: por um lado, oferecer garantias de conservação do património e assegurar que o mesmo continue afecto à realização dos mesmos interesses colectivos para que tinha sido angariado; por outro lado, a lei pretende assegurar a continuidade nos serviços que a entidade extinta vinha prestando à população da sua área geográfica de implantação. A intenção de evitar que haja interrupção ou ruptura na satisfação das necessidades colectivas preside ao regime particular de sucessão no conjunto das relações jurídicas encabeçadas pela pessoa colectiva extinta, independentemente de naquela sucessão surgir como sujeito uma IPSS ou uma entidade pública. Para a lei, a protecção dos interesses e dos direitos dos beneficiários constitui uma preocupação proeminente em todo o ordenamento jurídico das IPSS[243]. Pelo que este particular

---

[243] Poder-se-ia dizer que o regime legal pretende também assegurar (ou assegurar sobretudo) os direitos de eventuais credores. Mesmo que esta preocupação seja verdadeira,

O novo estatuto jurídico – constitucional das instituições...

regime de extinção das IPSS é revelador do especial ou qualificado interesse público de que as mesmas são portadoras e agentes concretizadores, não devendo retirar-se consequências para outros domínios, designadamente para efeitos de determinação da sua natureza jurídica ou para efeitos de explicação de um fenómeno jurídico-organizatório da Administração Pública. Para além de que, em relação às IPSS, o fenómeno sucessório não opera *ispo iure,* nem por efeito de um acto unilateral da Administração: a eficácia da lei depende sempre de um acto de assentimento das IPSS sucessoras (art. 30.º, n.º 2, do Estatuto).

b) as fundações de solidariedade social: a prossecução de fins de solidariedade social e a discricionariedade administrativa do acto de reconhecimento

Como se referiu, as fundações constituem também, a par das associações, um dos modelos institucionais de prossecução de objectivos de solidariedade social (art. 63.º, n.º 5). Naquelas releva o elemento patrimonial, e nestas o elemento pessoal. Mas isso não significa (ou não pode significar) uma secundarização do relevo jurídico da vontade do fundador. Pois, é a vontade do fundador que está presente no acto de instituição, que modela os fins da fundação e destina um certo e determinado património ao cumprimento destes fins. É ainda da vontade do fundador, expressa de forma unilateral num negócio inter vivos ou mortis causa, que resulta a intenção de criar um ente jurídico (animus personificandi). Trata-se de elementos juridicamente necessários e intrínsecos à pessoa colectiva a reconhecer. É, pois, a vontade do fundador que funciona como elemento jurídico-genético da criação da pessoa colectiva que é a fundação. As fundações têm uma "gestação privada" (CARLA AMADO GOMES)[244], na medida em que vontade do fundador funciona como "condição

---

julgamos que, para o efeito, não seria necessária uma disciplina com as particularidades referidas. Esta protecção estaria assegurada pelas meras funções de uma comissão liquidatária nomeada pelos órgãos próprios da associação extinta, ou na falta dela, pela comissão nomeada pelo Tribunal que decretou a extinção (art. 31.º, do Estatuto).

[244] Cfr. CARLA AMADO GOMES, *Nótula Sobre Regime de Constituição das Fundações de Solidariedade Social*, RFDUL, vol. XL, n.os 1 e 2, Coimbra Editora, 1999, pág. pág. 170.

da criação da pessoa colectiva" (CARLOS BLANCO DE MORAIS)[245]. É ainda a vontade do fundador, embora não necessariamente, que demarca o modelo organizacional ou de gestão que há-de gerir o património fundacional. E quando o fundador não providencie directamente sobre este modelo, deve ter-se em conta a sua vontade real ou presumível. E é também em nome do cumprimento da vontade do fundador (embora não exclusivamente) que, nos momentos de crise, se justificam intervenções destinadas a garantir o cumprimento dos fins da fundação. As fundações objectivam a autonomia da vontade e a liberdade de exercício desta vontade. Por isso, e salvo o devido respeito, não será inteiramente justo dizer-se que nas fundações, ao contrário do que sucede nas associações, a "vontade vem de fora". Isto será inteiramente correcto para o momento posterior ao acto de instituição, mas não será inteiramente adequado para o momento genético. Por isso, e na medida em que as fundações constituem uma expressão directa da vontade, de uma vontade que pretende ser socialmente útil, é legítimo defender-se um direito fundamental de constituição de fundações, de dignidade constitucional. Não apenas enquanto faculdade contida no direito de propriedade, que também pode relevar, na medida em que é o exercício de faculdades contidas neste que está em causa, mas sobretudo enquanto expressão de um valor objectivo e estruturante da ordem jurídica: a liberdade ou o direito de dar utilidade social a um conjunto de bens através de uma forma organizacional personificada. O património é apenas o instrumento de realização de uma vontade. No caso concreto das fundações de solidariedade social, o direito, enquanto expressão directa da autonomia da vontade, de colocar ao serviço da realização de fins de solidariedade social constitucionalmente relevantes um determinado património. Para o art. 63.º, n.º 5, da CRP, a realização destes fins pode ser indistintamente conseguida através da forma associativa ou fundacional. A forma fundacional constitui um instrumento, constitucionalmente reconhecido, de realizar fins de solidariedade social estabelecidos pelo fundador, de entre aqueles que a Constituição ou a lei

---

[245] Cfr. CARLOS BLANCO DE MORAIS, *Da Relevância do Direito Público no Regime Jurídico das Fundações Privadas*, in *Estudos em Homenagem ao Prof. Doutor Castro Mendes*, Lisboa, págs. 553 e segs. (sem data).

O *novo estatuto jurídico – constitucional das instituições...*

expressamente prevêem (em relação à lei com os limites que atrás assinalámos)[246].

Certamente que se trata de um direito limitado ou condicionado, quanto ao seu exercício e sobretudo quanto aos seus efeitos, por um acto discricionário da Administração – o negócio jurídico unilateral (inter vivos ou mortis causa) só produzirá efeitos com a prática do acto administrativo de reconhecimento da personalidade jurídica. Este tem efeito constitutivo. Mas este facto não lhe retira a dignidade de direito fundamental. O património é apenas o instrumento de realização de uma vontade. E a Administração apenas aprecia e avalia a utilidade social dos fins propostos e, segundo as regras da boa administração, verifica a adequação, em termos de insuficiência (e não de suficiência), da dotação patrimonial à prossecução daqueles fins (arts. 157.º, 158.º, n.º 2, e 188.º, n.ºs 1 e 2, do C. Civ.)[247]. Se o fim não for considerado de interesse social e o património se mostrar insuficiente será negado o reconhecimento[248]. É o designado sistema de reconhecimento por concessão.

No caso concreto das fundações de solidariedade social, os poderes da Administração, relativamente ao momento constitutivo ou de reconhecimento da personalidade jurídica, deverão ser objecto de

---

[246] O direito de constituir fundações é reconhecido em alguns ordenamentos jurídicos como um direito fundamental formalmente constitucional. É o caso da Espanha, e de alguns países da América Latina, de que constitui exemplo a Colômbia. Cfr., respectivamente, JOSÉ FERNADO MERINO MERCHÁN e JOSÉ LUIS PALMA FERNADÉZ, *Cometarios a la Constitucion Espanhola de 1978,* Tomo II, Cortes Generales, 1997, comentários aos arts. 34.º e segs., págs. 545 e segs., e JAIME VIDAL PERDOMO, *Derecho Administrativo*, 11.ª ed., Temis, 1997, pág. 75.

[247] A este propósito reconhecemos pleno acerto à doutrina da Procuradoria-Geral da República, vertida no seu Parecer n.º 72/91, D.R. n.º 254, IIS, de 29-10-93, que realça o facto de a lei "não estabelecer a suficiência do património como condição de reconhecimento, mas sim da insuficiência do património como condição de recusa do mesmo".

[248] O nosso direito apenas admite as fundações de interesse social (arts. 157.º e 158.º, n.º 1). Ao interesse ou à utilidade social dos fins, enquanto fins de interesse colectivo, contrapõe-se aqui a utilidade privada. Não será de interesse social a fundação que vise a protecção interesses do próprio fundador ou de sua família. As "fundações de utilidade privada, sem quaisquer tradições no nosso direito, não podem gozar, assim, de personalidade jurídica. Elas apresentam-se, em regra, como encargos ou ónus impostos aos herdeiros ou legatários, e nessa qualidade são reguladas. A apreciação do interesse social pertence à autoridade administrativa". Cfr. PIRES DE LIMA E ANTUNES VARELA, *Código Civil Anotado,* vol I, 3.ª ed., Coimbra Editora, 1982, pág. 161.

algum ajustamento. Em geral, os requisitos previstos nos arts. 77.º a 80.º do Estatuto das IPSS, para a constituição de fundações de solidariedade social, coincidem com os previstos no regime geral (arts. arts. 158.º, n.º 2, e 185.º e segs., do C. Civ.)[249]. Contudo, cremos que existe uma diferença fundamental quanto aos fins, ou melhor, quanto à margem de liberdade que a lei defere à Administração na apreciação e qualificação dos fins como fins de interesse social, para efeitos da prática do acto administrativo de reconhecimento. De facto, como se referiu, os fins de solidariedade a prosseguir pelas IPSS encontram-se expressamente previstos na Constituição e/ou na lei, nos termos que referimos. Escolhido, pelo fundador, um dos fins expressamente catalogados no direito positivo constitucional ou legal, não vemos razões para a Administração recusar, por este motivo, o reconhecimento de uma fundação de solidariedade social. O fim de solidariedade social encontra-se expressamente previsto. A Administração encontra-se directamente vinculada à Constituição (princípio da constitucionalidade dos actos dos poderes públicos), assim como se encontra directamente vinculada à lei (princípio da legalidade em sentido estrito). Se os fins escolhidos pelo fundador se subsumem claramente à hipótese normativa (fins de apoio a crianças, a idosos, a grupos social e economicamente carenciados, etc.), não há qualquer margem de liberdade da Administração para recusar a prática do acto de reconhecimento. Se eventualmente for, para o efeito, exigida uma operação metodológica de interpretação, esta é sempre controlável com recurso à metodologia própria da ciência jurídica, ou, se necessário, com recurso aos ensinamentos das ciências sociais, da saúde, etc., conforme o âmbito material da actividade da fundação. Para além disso, a Administração não poderá, em abstracto, escudar-se na utilidade ou no interesse social (ou na ausência dele) dos fins escolhidos, pois, se os fins que a vontade do fundador intende realizar são fins de solidariedade tal como os configura a Constituição e/ou

---

[249] Para uma análise comparada do regime instituído pelo DL n.º 119/83 e o regime do C. Civ., vide CARLA AMADO GOMES, *ob. cit.*, págs. 166-169. O processo de constituição de fundações é também analisado com pormenor pelo Conselho Consultivo da PGR, no seu Parecer n.º 13/95, DR, II Série, n.º 152, de 4-7-95, a que já fizemos referência. Em geral, vide FERRER CORREIA, *Le régime juridique des fondations privées, culturelles et scientifiques*, in *BFDUC*, vol. XLVI, 1970, págs. 101 e segs.

os concretiza a lei, a qualificação do seu interesse social não está nas mãos da Administração; esta qualificação resulta da própria Constituição e da lei, que os elegem e os prevêem, precisamente, porque e na medida em que são, pela sua natureza, fins de interesse social. Questão diferente, e que não deve com esta ser confundida, é a declaração de utilidade pública das fundações. Trata-se de um acto cronologicamente e funcionalmente autónomo e que deve, como tal, ser considerado, como veremos no ponto seguinte. No caso das fundações de solidariedade social, o que se exige é que os fins queridos pela vontade do fundador sejam fins expressamente especificados na Constituição ou na lei. E só quando aqueles fins não sejam subsumíveis, nos termos referidos, à hipótese normativa é que o reconhecimento deve ser negado. Mas isto também sucede no processo de constituição de associações sob a forma de associações de solidariedade social. A questão aqui é exclusivamente jurídica: saber se os fins reproduzem ou são juridicamente compatíveis com os fins de solidariedade social expressamente previstos na Constituição ou na lei. A própria lei fornece, a este propósito, indicações que vão no sentido por nós indicado: nos termos do art. 79.º, n.º 1, do Estatuto das IPSS, o reconhecimento será negado quando os fins prosseguidos não se enquadrem nos previstos no art. 1.º [250].

Problema diferente é já o de saber se, em concreto, a actividade que a fundação se propõe desenvolver para realizar os fins estatutários é efectivamente relevante do ponto de vista do interesse público, se as necessidades colectivas que se propõe satisfazer existem efectivamente na área geográfica da sua implantação, se os interesses e direitos dos beneficiários estão suficientemente acautelados, se a actividade e a forma como se propõe desenvolvê-la são adequadas à realização daqueles fins, entre outras situações a avaliar em concreto. Há aqui um controlo entre meios e fins, a equacionar, respectivamente, segundo um juízo de necessidade e de adequação. Trata-se de um controlo de aptidão em função dos objectivos a atingir. A lei deve evitar a criação de entes que, em face de um juízo de

---

[250] Naturalmente que em relação ao dotação patrimonial, vigora também aqui o princípio geral: a Administração tem o poder-dever de verificar se o património (recursos ou meios) se mostra insuficiente para prosseguir os fins de solidariedade social determinados pela vontade do fundador.

180 As Instituições de Solidariedade Social

probabilidade sustentada, não estão em condições de cumprir os fins intencionados ou que se propõe levar avante. Para este efeito, o elemento patrimonial é um elemento relevante ou mesmo o mais relevante, mas não deve ser o único a ponderar. Por isso, a Administração "encontra-se vinculada a elaborar um juízo de prognose"[251], gozando aqui, por delegação legal, de um espaço de apreciação e de livre decisão. Daí que também nas fundações de solidariedade social, o acto de reconhecimento seja um acto discricionário. Ou melhor, trata-se de um procedimento onde confluem elementos vinculados (por ex., a legalidade, sob o ponto de vista dos requisitos legais impostos pelo Direito Administrativo, e a licitude dos requisitos do negócio fundacional), e elementos discricionários, na medida em que a Administração goza de prerrogativas de avaliação e de livre decisão.

De fora destes últimos, como referimos, ficam os fins, pelas razões acima apontadas, e em dois sentidos: quer para efeitos de reconhecimento – se o fim proposto é um dos fins de solidariedade social catalogados expressamente na Constituição ou na lei, a Administração não pode indeferir o pedido de reconhecimento com o fundamento de que não se trata de um fim de interesse social –, quer para efeitos da sua denegação – se o fim intencionado não é um fim de solidariedade social, a Administração está vinculada a recusar o reconhecimento, sob pena de ilegalidade do mesmo[252]. Relativamente aos elementos discricionários, a Administração pode recusar a constituição de fundações de solidariedade social com outros fundamentos, isto é, com fundamentos não redutíveis exclusivamente à insuficiência do património, podendo até suceder que este seja suficiente mas mesmo assim ser recusado o reconhecimento. Contudo, e partindo

---

[251] Cfr. CARLA AMADO GOMES, *ob. cit.*, pág. 176, trabalho onde, aliás, analisa detalhadamente o procedimento de constituição das fundações de solidariedade social, págs. 169-178.

[252] A posição firmada no texto poderá entender-se infirmada pela al. b), do art. 82.º, do Estatuto da IPSS, onde se refere que os fins da fundação podem ser alterados pelo ministro da tutela, sob proposta da administração ou com a sua concordância expressa, se se mostrarem inadequados à evolução das necessidades colectivas ou dos beneficiários ou às formas de as satisfazer. Contudo, esta disposição diz respeito à fundação já com vida jurídica e em plena actividade e não ao momento do processo seu constitutivo. Disposição que, aliás, se harmoniza com a al. b), do n.º 1, do art. 190.º do C. Civ., embora aquela seja juridicamente mais determinada.

O novo estatuto jurídico – constitucional das instituições...

do princípio, como nós partimos, de que a constituição de fundações pelos particulares deve ser tida como um direito subjectivo, e mais do que isso, como um direito subjectivo fundamental, entendemos que a lei, incluindo a lei civil, deveria ser mais precisa pelo menos relativamente aos fundamentos possíveis do acto de recusa de reconhecimento das fundações[253].

A posição aqui expressa pode entender-se negada com o que se dispõe no artigo 6.º, do mesmo Estatuto, e que representa mais uma precisão em relação ao regime geral do C. Civ. Sob o título "respeito pela vontade do fundador", dispõe este artigo que "a vontade do fundador (...) será sempre respeitada e a sua interpretação orientar-se-á por forma a fazer coincidir os objectivos essenciais das instituições com as necessidades colectivas em geral, e dos beneficiários em particular e ainda com a evolução destas necessidades e dos meios ou formas de as satisfazer". O que aqui se estabelece não é um requisito condicionante do reconhecimento, mas sim uma orientação de princípio, quer para os casos em que o fundador não tenha elaborado (ou não tenha elaborado completamente) os estatutos, quer para o momento pós reconhecimento, ponderando ou articulando equilibradamente os fins de solidariedade social queridos pelo fundador e as necessidades que a prossecução daqueles fins visa satisfazer.

---

[253] Quando falamos em direito subjectivo, convém distinguir o direito subjectivo à constituição do direito ao reconhecimento. Aquele existe e deve, na nossa perspectiva, ser havido como um direito fundamental materialmente constitucional; este último não existe enquanto direito a obter uma decisão de reconhecimento, em virtude do que se referiu no texto. Mas não é o reconhecimento que confere aquele direito; pelo contrário, o reconhecimento pressupõe que aquele direito exista e que foi exercido. O acto de reconhecimento reconhece personalidade jurídica a um substracto eivado de animus personificandi. Deste modo, o direito de constituir fundações está, assim, dependente, quanto aos seus efeitos, de um acto da Administração cuja prática faz explodir algo que lhe é preexistente. Trata-se, pois, de um acto jurídico-público condicionante da eficácia de um acto jurídico-privado (o acto instituidor da fundação). Segundo CARLA AMADO GOMES, *ob. cit.,* pág. 178, trata-se de um acto administrativo que condiciona a eficácia do acto instituidor, em termos constitutivos (da personalidade jurídica privada com um fim de interesse público), concluindo que o acto de reconhecimento tem a natureza de uma aprovação. Refira-se ainda que o sistema de reconhecimento por concessão não é incompatível com a observância de pressupostos legais vinculados (ou vinculativos para a Administração) – neste sentido, vide HEINRICH EWALD HORSTER, *A Parte Geral do Código Civil Português. Teoria Geral do Direito Civil,* Almedina, Coimbra, 1992, pág. 365.

As fundações de solidariedade são instituições de direito privado mas que já nascem com "alma pública" (CARLA AMADO GOMES)[254] ou com "vocação pública" (F. ROQUES)[255], no sentido de que nascem predestinadas à satisfação de objectivos que as ultrapassam, isto é, de necessidades colectivas em geral, coincidindo estas com as necessidades dos beneficiários da actividade por si desenvolvida, sendo que os interesses e os direitos dos beneficiários prevalecem sobre os da instituição e do próprio fundador (art. 5.º, n.º 1, do Estatuto). A realização de uma interpretação actualizadora da vontade do fundador surge mesmo como uma válvula de escape para evitar que se torne obsoleta pelo decurso do tempo, designadamente em áreas onde as necessidades sociais e os métodos de as enfrentar podem sofrer mutações mais sensíveis e rápidas. É este conjunto de valores e interesses que a lei pretende assegurar de forma equilibrada no decurso da actividade da instituição, sendo um princípio directamente vinculativo para a Administração e para os gestores da fundação.

Relativamente à extinção das fundações, apenas uma nota para registar a particularidade do regime previsto no art. 85.º, do Estatuto das IPSS. Nos termos deste artigo, quando se verifique alguma das causas de extinção previstas na lei geral, o ministro da tutela "pode determinar que os bens da fundação em que tal suceda sejam integrados noutra instituição particular de solidariedade social ou, não sendo possível, num serviço ou estabelecimento oficial cujos fins sejam aproximados dos da fundação que se extingue"[256].

A previsão contida nesta norma compreende-se em relação à fundação que se extingue, mas já não se compreende se a determinação aqui prevista for interpretada no sentido de abranger também as instituições sucessoras, ainda que apenas das relações jurídicas patrimoniais.

Com o acto da instituição fica marcado o destino dos bens, concretizado na sua afectação a determinado fim. O acto de instituição

---

[254] Cfr. CARLA AMADO GOMES, *ob. cit.,* pág. 169.

[255] Cfr. F. ROQUES, *La Fondation d'Utilité Publique au Croisement du Public et du Privé, RDPSP*, 1990, págs. 1755, e segs.

[256] No artigo 193.º do C. Civ., relativo aos efeitos da extinção das fundações, a autoridade administrativa competente deve "tomar as providências que julgue convenientes para a liquidação do património".

é, neste sentido, um acto de disposição dos bens, na medida em que o fundador os aliena, colocando-os, segundo as palavras de MARCELLO CAETANO, sob o regime da propriedade colectiva, com o significado jurídico que o autor dá a este conceito[257]. O particular, seguindo CARLA AMADO GOMES, não põe um património à disposição de qualquer interesse, antes o coloca na esfera jurídica da colectividade, ao serviço do interesse público e em directa colaboração com a Administração. Este é, pois, um tipo de propriedade "eminentemente institucional", ou seja votada à realização de certos fins, em que o sujeito do direito de propriedade é a colectividade[258]. O património está, pois, ao serviço da realização de fins colectivos, e este património constitui o substracto de uma entidade que foi declarada de utilidade pública, e que agora se extingue. Este património tornou-se, neste sentido, uma coisa fora do comércio jurídico. Por isso, deve caber à Administração o poder-dever de providenciar pelo seu melhor aproveitamento e gestão, fazendo com que este mesmo património continue afecto à realização de fins de interesse público.

Problema diferente é já o de saber se o ministro pode, de forma autoritária e unilateral, escolher uma determinada instituição – associação ou fundação – e determinar que aquele património seja nela integrado. Se aquela norma for também interpretada neste sentido, como a sua redacção claramente o sugere, ela tornar-se-á inevitavelmente inconstitucional, por violação frontal dos princípios da liberdade de associação e da autonomia privada. O que o ministro pode e deve fazer, isso sim, é obter, se possível de uma instituição que prossiga fins idênticos, uma declaração de concordância. Faz uma proposta, mesmo que fundamentada e formulada em jeito de recomendação, a qual poderá ou não ter aceitação por parte da instituição destinatária. Até porque a instituição indicada como sucessora poderá não estar em condições para gerir o acervo patrimonial que lhe é

---

[257] Para MARCELLO CAETANO, *Das Fundações,* págs. 40 e segs., a propriedade colectiva é "toda a que incide em bens afectos ao serviço ou à utilidade duma colectividade organizada que os administra por intermédio dos seus órgãos ou representantes, não sendo possível determinar quotas ideais dos membros da colectividade nem fazer valer a vontade individual destes para a disposição dos bens ou proporcionar-lhes intervenção ou participação na respectiva partilha".

[258] Cfr. CARLA AMADO GOMES, *ob. cit.,* págs. 170-171.

184 As Instituições de Solidariedade Social

atribuído. O dever de cooperação com a Administração não pode ser utilizado para suprimir a autonomia privada e a liberdade de associação em tais termos. Quando assim suceder a cooperação convola-se em imposição. Deixa de haver cooperação para passar a haver cooperação forçada ou cooperação imposta. Por isso, deverá fazer-se uma interpretação restritiva das palavras utilizadas pelo legislador, de forma a manter esta disposição nos limites constitucionalmente aceitáveis.

Por último, de realçar ainda mais um desvio em relação ao regime geral da competência para o reconhecimento da constituição (e também para as modificações e declaração da extinção) das fundações de solidariedade social. Este poder é deferido pela lei, não à entidade normalmente competente para o efeito – antes o Ministro da Administração Interna (art. 17.º, do DL n.º 215/87, de 29 de Maio) e hoje o Ministro da Presidência do Conselho de Ministros (DL n.º 284/2007, de 17 de Agosto[259]) –, mas ao ministro competente, em razão da matéria, para exercer a tutela sobre as instituições particulares de solidariedade social. É isto que decorre do art. 79.º, n.º 1, do Estatuto. O legislador, através do DL n.º 152/96, de 30 de Agosto, no seu art. 1.º, limitou-se a fazer uma espécie de interpretação autêntica daquela disposição, esclarecendo o seu sentido e evitando dúvidas que poderiam resultar da aplicação do regime geral.

c) as pessoas colectivas religiosas eclesiásticas: a ambiguidade e as imperfeições do Estatuto das IPSS

Tomas aqui o conceito de pessoas colectivas religiosas eclesiásticas em sentido amplo, ou seja, como abrangendo todos os entes – associações e institutos – constituídos ao abrigo do direito próprio das confissões ou organizações religiosas e que sejam objecto de reconhecimento na ordem jurídica estadual. Afastamo-nos, assim, do conceito partilhado correntemente pelos autores, quando referem que

---

[259] A Portaria n.º 69/2008, de 23 de Janeiro, define as regras a observar no procedimento de reconhecimento de fundações, bem como de modificação dos estatutos e de transformação e extinção.

em rigor só as pessoas colectivas religiosas canónicas podem ser designadas por entes eclesiásticos[260].

Segundo o art. 40.º do Estatuto das IPSS, as organizações e instituições religiosas que, para além dos fins religiosos, se proponham prosseguir actividades dirigidas à realização de fins de solidariedade social, ficam sujeitas, quanto ao exercício destas actividades, ao regime estabelecido no Estatuto das IPSS. Estas entidades podem, pois, ser qualificadas como IPSS se, para além dos fins religiosos, também prosseguirem fins de solidariedade social (art. 40.º, do Estatuto das IPSS)[261].

Neste ponto vamos apenas fazer referência aos aspectos mais salientes do seu regime jurídico, desenvolvendo alguns dos pontos que atrás mencionamos, aquando do tratamento da pluralidade institucional das IPSS.

Relativamente às pessoas colectivas religiosas canonicamente erectas, assim designadas porque objecto de um acto de criação ou instituição (erecção ou pelo menos aprovação) praticado pela autoridade competente da igreja católica, a aplicação do Estatuto das IPSS é feita com respeito pelas disposições da Concordata (art. 44.º, do Estatuto), isto é, com respeito pela liberdade organizatória de que goza a Igreja Católica e que lhe é conferida por um instrumento de direito internacional – a Concordata de 7 de Maio de 1940. Esta

---

[260] Na verdade, segundo refere Sebastião Cruz, *Associações Religiosas*, *DJAP*, vol. I, 2.ª ed., págs. 569-570, para a generalidade dos autores só as pessoas colectivas erectas ou aprovadas na ordem jurídica canónica e desde que reconhecidas pelo Estado é que são eclesiásticas. No entanto, dado que a noção de direito eclesiástico, enquanto conjunto de normas estaduais que disciplinam as confissões religiosas, não se confunde com o direito canónico, entendemos por bem usar o conceito proposto. Para além de que as instituições criadas por organizações religiosas diferentes das organizações da Igreja Católica podem também ser objecto de reconhecimento civil, produzindo, quanto à personalidade jurídica dos entes reconhecidos, os mesmos efeitos. Sobre a distinção entre direito canónico e direito eclesiástico, vide Almeida Costa, *História do Direito Português*, 3.ª ed., Almedina, 1996, págs. 242-243.

[261] O art. 40.º do Estatuto e o art. IV da Concordata apenas se referem às organizações religiosas constituídas com finalidade mista. O que parece significar a exclusão de instituições religiosas exclusivamente votadas à prossecução de fins de solidariedade social. E de facto, se prosseguirem fins exclusivamente civis cessa a razão de ser da sua constituição segundo o direito próprio das organizações ou confissões religiosas, devendo o processo de constituição destas instituições ser integralmente regulado pela lei civil.

186 *As Instituições de Solidariedade Social*

circunstância determina a existência de um estatuto especial para as instituições da Igreja Católica, com diversos reflexos ao nível do seu regime jurídico, designadamente quanto à constituição e extinção das pessoas colectivas. Passaremos a analisar desde já e esquematicamente os seus traços essenciais, sem contudo deixar de fazer uma análise crítica do mesmo.

Tendo em conta o seu substrato, temos dois tipos de pessoas colectivas: os institutos ou fundações, se o seu substrato é formado por um conjunto de bens afectos por uma ou mais pessoas, humanas ou colectivas, a um determinado fim; e associações ou corporações, se o seu substracto é formado por um número indefinido de indivíduos.

Do seu regime jurídico, enquanto IPSS, há a destacar como traços essenciais:

1. quanto ao reconhecimento na ordem jurídica – civil: o reconhecimento/aquisição da personalidade jurídica das associações e institutos religiosos católicos na ordem jurídico – civil resulta da simples participação escrita aos serviços competentes para o exercício da tutela (art. 45.º, do Estatuto, e art. 29.º da Portaria n.º 139/2007, que deferem esta competência aos centros distritais de segurança social)[262]. A data da recepção da participação escrita marca o reconhecimento da personalidade jurídica civil. Vigora uma espécie de sistema de reconhecimento normativo de natureza declarativa na ordem jurídica civil, que abrange quer as associações, quer os institutos. Além da personalidade jurídica face ao direito canónico e, portanto, perante a Igreja, as associações e institutos religiosos católicos, enquanto IPSS, gozam também de personalidade jurídica perante o Estado, que as recebe na sua ordem jurídica através do reconhecimento civil da sua personalidade jurídica. Na ordem jurídica canónica a aquisição da personalidade jurídica resulta do acto de erecção[263]. Poder-se-á dizer, adaptando os conceitos da ordem jurídica civil à ordem jurídico-

---

[262] Refira-se que a nova lei da liberdade religiosa (Lei n.º 16/2001, de 22 de Junho), no seu art. 58.º, ressalvou expressamente do seu âmbito de aplicação a Igreja Católica, não lhe sendo, pois, "aplicáveis as disposições desta lei relativas às igrejas ou comunidades religiosas inscritas ou radicadas no País".

[263] Segundo SEBASTIÃO CRUZ, *ob. cit.,* pág. 570, a "erecção é o acto pelo qual a autoridade eclesiástica competente reconhece à associação existência canónica e lhe outorga personalidade jurídica." As associações aprovadas apenas têm personalidade de facto.

O novo estatuto jurídico – constitucional das instituições... 187

-canónica, que vigora nesta última um sistema de reconhecimento por concessão, uma vez que não há pessoas colectivas religiosas canónicas sem a prática do acto de erecção – a prática do acto de instituição praticado pela autoridade religiosa competente consuma a erecção do ente, reconhecendo-lhe personalidade jurídica face ao direito canónico[264]. Sem personalidade jurídica canónica validamente reconhecida não há reconhecimento de personalidade jurídica civil. Mas, por outro lado, sem o reconhecimento civil da sua personalidade jurídica não há entes eclesiásticos ou entidades religiosas eclesiásticas. Sem este reconhecimento são apenas entes ou entidades religiosas canónicas[265].

Este regime de reconhecimento oferece-nos algumas observações. A simples participação escrita à autoridade civil competente não pode significar aqui uma simples recepção, um simples receber a participação escrita; significa, isso sim, uma recepção conforme ao direito[266]. O reconhecimento normativo significa que o mesmo é feito em conformidade com o ordenamento jurídico à luz do qual se opera o reconhecimento. E este ordenamento jurídico é o "direito comum" em geral, e, especificamente, o ordenamento jurídico das IPSS. Há que distinguir duas coisas em si distintas: uma, tem a ver com as organizações que prosseguem exclusivamente fins de culto ou religiosos, podendo aqui valer o sistema da simples participação escrita; a outra, bem diferente, tem a ver com as organizações que, além dos fins religiosos, se propõem também prosseguir fins de solidariedade social, que, no caso, e como vimos, são fins constitucionalmente previstos. Na primeira situação, pode vigorar plenamente o sistema da participação escrita, produzindo imediatamente os seus efeitos; no segundo, e na medida em que a participação envolve o reconhecimento jurídico-civil de uma instituição particular de solidariedade

---

[264] No entanto, este facto não impede a construção dogmática de um direito de associação como direito fundamental na Igreja Católica. Assim, MANUEL SATURINO DA COSTA GOMES, *O Direito de Associação um Direito Fundamental na Igreja,* in *Revista da Faculdade de Teologia de Lisboa,* Didaskalia, Universidade Católica Portuguesa, vol. XIX, 1989, págs. 191-262.

[265] Cfr. SEBASTIÃO CRUZ, *ob. cit.,* pág. 571.

[266] Sobre o sistema de reconhecimento das associações religiosas católicas, vide SEBASTIÃO CRUZ, *ob. cit.,* pág. 572-574.

social, é constitucionalmente exigido que esse reconhecimento se faça, desde logo, em conformidade com o ordenamento jurídico das IPSS. A apreciação desta conformidade há-de pelo menos funcionar como uma condição suspensiva da participação (dos seus efeitos). Neste caso, a aquisição da personalidade jurídica civil retroagirá à data da participação escrita. Em nosso entender, e como decorre do exposto, o sistema que deveria vigorar era o regime geral ou comum de reconhecimento, sem prejuízo dos aspectos próprios ou particulares das normas jurídicas da Igreja. Desde logo, este sistema deve vigorar para as instituições cujos fins não tenham carácter religioso, desde que respeitadas, e na mediada em que tal seja exigido, as normas jurídicas internas da Igreja, e para as que se propõem prosseguir simultaneamente fins religiosos e fins de solidariedade social, o sistema de reconhecimento proposto não é incompatível com o processo de constituição da pessoas colectivas na ordem jurídica canónica. O reconhecimento civil da personalidade jurídica pode, nesta situação, pressupor sempre a participação escrita, mas não deve ser só por si suficiente para desencadear todos os efeitos na ordem jurídica do Estado. De algum modo, o regulamento de registo das instituições particulares de solidariedade social tenta "emendar" o sistema de reconhecimento pela simples participação escrita da erecção canónica, introduzindo requisitos para o seu registo como IPSS. Só que esta matéria não é de natureza ou de acto regulamentar; é matéria de lei, ou melhor, de Concordata.

2. quanto à forma das instituições: as instituições podem revestir qualquer das formas previstas para as IPSS (art. 49.º, conjugado com o art. 2.º, do Estatuto) – associações ou fundações de solidariedade social, sendo que às primeiras se aplica o regime próprio daquelas (associações de solidariedade social, onde se incluem as irmandades da misericórdia, associações de voluntários de acção social, associações de socorros mútuos, solidariedade social – art. 40.º, do Estatuto), e às segundas o regime próprio das fundações de solidariedade social (art. 41.º, do Estatuto).

3. quanto aos estatutos: os estatutos e suas alterações, quer das instituições de âmbito local quer nacional, estão apenas sujeitos a aprovação e autenticação pela autoridade eclesiástica competente, não carecendo de escritura pública, o mesmo regime vigorando para

O novo estatuto jurídico – constitucional das instituições...

as respectivas uniões e federações (art. 46.º, n.ºˢ 1 e 2, do Estatuto). A mesma competência é deferida às autoridades eclesiásticas para os casos de modificação e extinção das instituições (art. 47.º, do Estatuto).

4. quanto à matéria ou conteúdo dos estatutos: os estatutos deverão consignar a natureza da instituição e a sua ligação específica à Igreja Católica e conformar-se com as disposições aplicáveis do Estatuto das IPSS (art. 46.º, n.º 3, do Estatuto), devendo, desde logo, conter as matérias que a lei considera de disciplina estatutária obrigatória (art. 10.º, n.ºˢ 2 e 3, do Estatuto).

5. quanto ao exercício de poderes de natureza tutelar pelas autoridades da Igreja Católica: competência do ordinário diocesano para exercer a orientação das instituições do âmbito da sua diocese, para a aprovação dos seus corpos gerentes, relatórios e contas anuais. Em relação às instituições de âmbito nacional, onde se incluem também as uniões e federações, esta competência é deferida à Conferência Episcopal (art. 48.º, do Estatuto). Contudo, o exercício daquela competência pelos órgãos competentes da Igreja Católica deve ocorrer sem prejuízo da tutela do Estado, exercida nos termos previstos no Estatuto das IPSS (art. 48.º, do Estatuto), e limitada às actividades de solidariedade social.

Este artigo reflecte uma orientação ao nível da política-legislativa que, em tese geral, consideramos incorrecta: o legislador parece mais preocupado em arrumar e definir as competências de órgãos de um universo que não é o seu, do que em arrumar a sua própria sede. De facto, não é ao direito canónico que cabe identificar os órgãos competentes da Igreja Católica para o exercício de poderes sobre as instituições canonicamente erectas? E não é ao direito canónico que cabe definir a competência desses órgãos? Terá o legislador querido garantir que as competências das autoridades da Igreja fossem efectivamente exercidas? E compete ao Estado assegurar tal garantia? Ou terá o legislador apenas querido operar uma espécie de repartição de poderes entre ordens jurídicas concorrentes? Na verdade, a orientação vertida neste artigo é susceptível de criar confusões interpretativas, dado pode ser interpretada no sentido de uma devolução para a jurisdição eclesiástica da competência para a apreciação de eventuais conflitos relativos à legalidade de constituição dos corpos gerentes, de tomada de deliberações, poderes de controlo financeiro, fiscalização

190 *As Instituições de Solidariedade Social*

de ilegalidades financeiras, e outras que os relatórios e as contas possam indiciar. E tendo em conta algumas das interpretações de que tem sido objecto esta disposição, a questão aqui levantada, como veremos, não é apenas imaginária; é real. Poderá compreender-se a preocupação do legislador em garantir que o acto de erecção seja praticado por uma autoridade que garanta a solenidade e regularidade do acto, mas se assim é deverá fazê-lo de forma a que não deixe margem para interpretações que, em termos práticos, significam, como veremos, o abandono da soberania do direito estadual.

6. quanto ao destino dos bens: ao destino dos bens das instituições extintas que assumam a forma de associação aplica-se o regime previsto para as associações de solidariedade social, dando-se preferência, na sua atribuição, a outra instituição da Igreja Católica (art. 50.º, conjugado com os arts. 27.º, 28.º, e 29.º, do Estatuto). Aos bens afectos a fins especificamente religiosos aplicam-se as disposições próprias da lei canónica (n.º 2, do art. 50.º). Em relação aos institutos, o acto de instituição ou os estatutos podem, para os casos de extinção, estabelecer que os bens revertam para a entidade fundadora, desde que lhes tenham sido atribuídos por esta, o mesmo valendo para os bens doados, com essa condição (art. 43.º, aplicável por força do art. 51.º, do Estatuto).

Quanto à extinção das instituições afigura-se-nos oportuno adicionar uma nota sobre o regime previsto no artigo 47.º do Estatuto. Diz este artigo que "nos casos de modificação ou de extinção das instituições canonicamente erectas, proceder-se-á do mesmo modo que para a sua constituição e com os mesmo efeitos". Trata-se de uma disposição exclusivamente aplicável às instituições canonicamente erectas[267]. Segundo os seus termos, para a extinção "proceder-se-á do mesmo modo que para a sua constituição", o que terá "os mesmos efeitos". Ao que entendemos, para a lei, quem constitui também extingue. Isto significa devolver a competência exclusiva

---

[267] Em relação às outras organizações religiosas vale o regime previsto no art. 42.º da Lei n.º 16/2001, determinando a extinção da pessoa colectiva religiosa o cancelamento do assento no respectivo registo. Refira-se que por força da Base XIII da lei da liberdade religiosa de 1971 (Lei n.º 4/71, de 21 de Agosto), a revogação do reconhecimento de uma confissão religiosa determinava a extinção das respectivas associações ou institutos religiosos, e bem assim das outras pessoas colectivas que dela dependessem.

para a extinção às autoridades eclesiásticas competentes para a respectiva constituição, as quais comunicarão o cancelamento da participação feita.

A lei confunde duas coisas completamente distintas: a personalidade jurídica civil e a personalidade jurídica canónica. A atribuição da primeira é da exclusiva competência das autoridades estatais, e a segunda cabe apenas à Igreja Católica. A personalidade jurídica civil de uma instituição pode cessar e manter-se a personalidade jurídica canónica. A extinção civil de uma instituição não significa o seu desaparecimento total do mundo jurídico: ela pode conservar-se como associação religiosa, mas apenas com personalidade jurídica face ao direito canónico. Há, digamos, a "morte civil" da associação religiosa, continuando viva como associação religiosa, tal como sucedera antes de ser conhecida pela autoridade civil (SEBASTIÃO CRUZ)[268]. E é legítimo que a autoridade que cria tenha o poder de sentenciar a morte jurídica do ente que criou. Neste caso, a extinção da personalidade jurídica canónica provocará automaticamente a extinção da personalidade jurídica civil. Mas a mesma autoridade poderá apenas modificar ou alterar a personalidade civil. Para o efeito bastará comunicar o cancelamento da respectiva participação. Esta produzirá ipso facto ou automaticamente efeitos na ordem jurídica, provocando, pois, a extinção da personalidade jurídico civil das instituições. É isto que a lei quer dizer quando utiliza a expressão "com os mesmos efeitos". O mesmo vale para a modificação ou alteração da personalidade civil.

Contudo, a legitimidade de tais poderes não significa (nem pode significar) a negação de outros. Como se referiu, as organizações religiosas assumem a qualidade de IPSS nos termos das demais instituições, sejam elas civis ou religiosas. O reconhecimento desta qualidade significa a sua inserção numa categoria especial de pessoas colectivas – as pessoas colectivas de solidariedade social. Tudo isto se processa exclusivamente segundo a ordem jurídica estadual. A disciplina jurídica destas instituições, enquanto IPSS, é definida pela mesma ordem jurídica. O seu cumprimento ou incumprimento há-de ser também apreciado e verificado, e sancionado sendo caso disso, à luz da mesma disciplina. Por conseguinte, as causas extintivas desta

---

[268] Cfr. SEBASTIÃO CRUZ, ob. cit., pág. 573.

192 *As Instituições de Solidariedade Social*

especial qualificação hão-de ser também por ela definidas. Por isso, as causas próprias para extinção ou modificação das pessoas colectivas religiosas, previstas no direito canónico, em caso algum poderão impedir a aplicação das causas próprias previstas na ordem jurídica estadual. Defender-se o contrário significa o reconhecimento, pela ordem jurídica estadual infra-constitucional, de um conjunto de pessoas colectivas qualificadas como instituições particulares de solidariedade social, mas com um dúplice estatuto: um, concede-lhes um lugar cativo nos benefícios e isenções; o outro, liberta-as de exigências impostas pela disciplina jurídica das IPSS, que podem, inclusivamente, levar à extinção da personalidade jurídica civil da pessoa colectiva promovida pelas autoridades civis.

Por último, e ainda dentro das organizações da Igreja Católica, o Estatuto das IPSS dedicam especificamente uma secção – Secção II do Capítulo III – às irmandades da misericórdia (arts. 68.º a 71.º). As irmandades da misericórdia, também designadas por santas casas da misericórdia, são associações constituídas na ordem jurídica canónica com o objectivo de satisfazer carências sociais e de praticar actos de culto católico[269].

Compreende-se o tratamento especial que a lei confere a estas instituições, não só pela sua importância económico-social, mas também porque constituem uma das formas específicas que podem assumir as instituições particulares de solidariedade social (art. 2.º, n.º 1, al. e), do Estatuto das IPSS), fazendo, assim, sentido que sejam tratadas no capítulo dedicado às instituições particulares de solidariedade em especial. O seu processo de constituição é o mesmo das outras instituições da Igreja Católica: as irmandades da misericórdia adquirem personalidade jurídica mediante participação escrita da erecção canónica feita pelo ordinário da diocese onde tiverem a sua sede aos serviços competentes do Estado para a tutela das mesmas instituições (art. 45.º).

Relativamente ao seu regime, uma primeira nota vai para o facto de o Estatuto das IPSS ter eliminado o regime dualista instituído pelo

---

[269] Recordamos aqui o que atrás dissemos, isto é, que podem existir na nossa ordem jurídica, segundo o critério da sua constituição, misericórdias ou santas casas da misericórdia que não são canonicamente erectas. No texto, apenas tratamos das misericórdias que se constituíram como irmandades, dado que em relação às restantes vale plenamente e só o estatuto das associações de solidariedade social.

DL n.º 35108, de 7-11-1945 (art. 108.º, n.º 3), e que, aliás, apenas se limitou a esclarecer o regime do Código Administrativo, a que fizemos referência na Parte I deste trabalho. Doravante, apenas poderão ser criadas com a denominação de misericórdia ou santas casas da misericórdia as instituições canonicamente erectas, ou mais rigorosamente, apenas podem ser criadas irmandades da misericórdia. Para o Estatuto das IPSS não há, pois, separação entre a instituição de solidariedade social (a misericórdia) e a instituição canonicamente erecta encarregada do culto e da prestação de assistência moral e religiosa (a irmandade ou confraria). É o que resulta do art. 68.º, conjugado com os arts. 95.º e 96.º, do Estatuto. A instituição é jurídica e institucionalmente una: é uma pessoa colectiva canonicamente erecta, que prossegue simultaneamente fins de solidariedade social e fins religiosos da igreja católica.

Trata-se de uma instituição una, mas com um duplo regime, aliás, à semelhança do que sucede com as associações e institutos: por um lado, o regime enquanto instituições canonicamente erectas; por outro, o regime enquanto instituições de solidariedade social especialmente previsto nos arts. 88.º a 71.º do Estatuto, mas dada a sua escassez haverá que recorre subsidiariamente às normas da parte geral do Estatuto (arts. 1.º a 39.º), assim como às normas próprias das associações de solidariedade social (arts. 52.º a 67). O art. 69.º, n.º 2 só se refere a este último regime, mas apenas por uma questão de técnica legislativa dado que as irmandades da misericórdia são associações de solidariedade social, daí se compreendendo a remissão expressa e directa para o mesmo, mas enquanto IPSS ser-lhes-á aplicável naturalmente o regime geral destas instituições, como, aliás, resulta do n.º 1, do mesmo artigo.

Quanto ao modo de aplicação das normas do Estatuto, refira-se a preocupação do legislador em dizer – preocupação que não revela em relação às restantes pessoas colectivas canonicamente erectas – que o regime jurídico do DL n.º 119/83 é directamente aplicável às misericórdias, sem prejuízo das sujeições canónicas que lhe são próprias (art. 69.º, n.º 1)[270]. A utilização desta fórmula – "directamente

---

[270] O n.º 3, do mesmo artigo limita-se a repetir o que já resulta do n.º 1: "ressalva-se da aplicação do preceituado no n.º 1 tudo o que especificamente respeita às actividades estranhas aos fins de solidariedade social."

aplicáveis" – pode suscitar dúvidas, confusões e dificuldades interpretativas desnecessárias, para além de que é absolutamente supérflua, devendo, no futuro, eliminar-se o uso de tal expressão. Isto porque, e em primeiro lugar, deixa entender que em relação às demais pessoas colectivas eclesiásticas poderá não suceder o mesmo, pressupondo a interpositio de um acto ou de uma entidade que faça uma espécie de mediação, de filtro ou de crivo do direito estadual para que este seja efectivamente eficaz, isto é, aplicável. Da conjugação sistemática destas disposições com o art. IV da Concordata assim parece ser, pois aí se refere que o regime instituído pelo direito português para estas associações ou corporações [entes que, além de fins religiosos, também prosseguem fins de solidariedade social] se tornará efectivo através do Ordinário competente[271]. Em matérias estritamente temporais, e, portanto, da inteira soberania do Estado, julgamos que esta solução se nos afigura discutível por carecer de qualquer justificação constitucional. Em segundo lugar, porque, as misericórdias, tal como as demais instituições religiosas que prosseguem fins de solidariedade social, são, enquanto IPSS, instituições civis e assim devem ser juridicamente tratadas: são constituídas, embora à sombra do direito canónico, para prosseguir (ou também prosseguir) fins da ordem jurídica civil; o seu reconhecimento como IPSS é feito pela ordem jurídica civil – é a ordem jurídica estadual que as admite com esse escopo e lhes reconhece capacidade para o efeito; e os actos que praticam na qualidade de IPSS são, para todos os efeitos, actos do foro da ordem jurídica estadual, não se questionando, nem devendo sequer questionar-se, por razões constitucionais, a técnica de aplicação do direito desta ordem. Naturalmente que pelo facto de assumirem funções civis e de a sua personalidade ser objecto de reconhecimento pela ordem jurídica estadual não perdem a natureza de entes religiosos; não se extingue a personalidade jurídico-conónica. Mas sob o ponto de vista jurídico-constitucional há um ponto essencial e inultrapassável: as instituições constituídas por orga-

---

[271] A redacção do artigo IV apenas refere, quanto ao aspecto específico tratado no texto, as associações ou corporações, parecendo estar-se mais perante uma deficiência técnica do que por uma opção deliberada, pois o corpo do artigo é sobre associações e organizações (onde não podem deixar de se incluir os institutos). Da leitura dos demais artigos da Concordata, formal e substancialmente correlacionados com este, resulta a mesma conclusão.

nizações religiosas para prosseguir fins de solidariedade social, independentemente dos fins cultuais que prossigam, são reconhecidas pela ordem jurídica estadual na qualidade de instituições particulares de solidariedade social. Por isso, e enquanto IPSS, o direito aplicável é o direito comum das IPSS. Sob o ponto de vista constitucional, não há, nem pode haver, IPSS com fins de solidariedade social privativos e, portanto, com regimes jurídicos privativos ou com diferentes modos ou técnicas de aplicação do mesmo regime jurídico. Há que separar as matérias e não as organizações: se a matéria é do foro espiritual, para utilizar expressões com história no nosso direito, o direito estadual, em nome do princípio da separação das igrejas do Estado, só tem que garantir a liberdade religiosa ou a liberdade de exercício do culto e a igualdade do seu exercício, quanto ao resto serão intromissões indevidas[272]; se a matéria é temporal, comum, isto é, de solidariedade social, a ordem jurídica estadual é a competente. Os princípios constitucionais da igualdade de todos perante a lei e da separação assim o requerem. E esta questão não é imaginária: é uma questão de princípio – de princípio com dimensão jurídico-constitucional –, e uma questão prática de importância fundamental, como teremos oportunidade de ver ao longo da exposição dos capítulos seguintes. Para além disso, e como veremos mais detalhadamente aquando da abordagem do problema da competência jurisdicional sobre as IPSS, a posição da nossa jurisprudência sobre o assunto pode levar a uma espécie de zona ou de reserva alargada para a ordem jurídica canónica, na qual a ordem jurídica estadual só limitadamente poderá penetrar.

Por último, registe-se ainda a preocupação do legislador em definir um perfil específico de associado para as misericórdias. É o que resulta do art. 70.º, do Estatuto[273]. Por um lado, aí se estabelece um impedimento relativo à capacidade de gozo – só os indivíduos maiores de dezoito anos podem ser associados –; por outro, impõe-se

---

[272] Sobre o tema, vide JÓNATAS MACHADO, *Tomemos a sério a separação das igrejas e do Estado, Comentário ao Acórdão do Tribunal Constitucional n.º 174/93,* in *Separata da RMP,* n.º 58, Lisboa 1994, págs. 45-78, especialmente as págs. 57 e segs.

[273] A redacção do art. 70.º é a seguinte: "Podem ser admitidos como associados das irmandades das misericórdias os indivíduos maiores, de ambos os sexos, que se comprometam a colaborar na prossecução dos objectivos daquelas instituições, com respeito pelo espírito próprio que as informa".

como requisito de admissão o respeito pelo espírito próprio que as informa. O primeiro requisito, para além de revelar confusão entre a capacidade de exercício e a capacidade de gozo de direitos, constitui uma restrição inadmissível à liberdade de associação, que também compreende o direito de ser associado, quer de associações a instituir ou já constituídas, não se descortinando razões constitucionalmente relevantes que tolerem tal desvio. O associativismo constitui um modelo privilegiado de dinamização e sedimentação do espírito de solidariedade social, e este não é necessariamente menor nos jovens do que nos adultos. Para além disso, não se compreende a razão pela qual o legislador estabelece este impedimento apenas em relação às misericórdias. Será que as outras instituições, mesmo as canonicamente erectas, não têm um espírito próprio que as informe?

O segundo requisito, só por si, surge como natural. As misericórdias, tal como as demais associações religiosas, surgem num ambiente cultural e religioso que é próprio de cada confissão religiosa. O respeito por este espírito é um dever jurídico que recai sobre qualquer cidadão, independentemente da sua qualidade de associado. A assunção deste estatuto apenas lhe conferirá a dimensão de dever estatutário específico e acrescido, dada a qualidade de associado, cuja violação poderá levar à demissão do infractor. Contudo, o problema pode surgir se conjugarmos este requisito com a noção de associação religiosa, fornecida pelo direito canónico. Estas definem-se como associações de fiéis constituídas na ordem jurídica canónica. Tendo em conta a noção técnico-jurídica de fiéis, significa que, no seu elemento pessoal, estas associações são apenas constituídas por fiéis da igreja respectiva[274]. São, pois, associações criadas pela inicia-

---

[274] Assim, SEBASTIÃO CRUZ, ob. cit., pág. 569 e segs., e OLIVEIRA LIRIO, ob. cit., pág. 223. Para SEBASTIÃO CRUZ as associações religiosas católicas "são entes eclesiásticos de tipo associativo, legitimamente instituídos pela competente autoridade, cujo fim principal é promover entre os seus membros a perfeição cristã (e então denominam-se «ordens terceiras seculares») ou exercer algum acto de piedade ou caridade (e chamam-se «pias uniões») ou incrementar o culto público (e são «confrarias» ou «irmandades»). A noção de fiéis é fornecida pelo cânone 204 do Código de Direito Canónico do seguinte modo: "Fiéis são aqueles que, por terem sido incorporados em Cristo pelo baptismo, foram constituídos em povo de Deus e por este motivo se tornaram a seu modo participantes do múnus sacerdotal, profético e real de Cristo e, segundo a própria condição, são chamados a exercer a missão que Deus confiou à Igreja para esta realizar no mundo."

O *novo estatuto jurídico – constitucional das instituições...* 197

tiva privada dos fiéis e reconhecidas por acto da autoridade religiosa competente[275].

Contudo, uma associação constituída sob a forma de IPSS, independentemente da organização que a institua, que subordine a aquisição da qualidade de associado à condição de fiel não deve ser objecto de reconhecimento na ordem jurídica civil, pelo menos como IPSS. Como se referiu a simples participação escrita à autoridade civil competente não significa aqui uma simples recepção, um simples receber a participação; significa uma recepção conforme ao direito do Estado, e desde logo ao seu Direito Constitucional. O Estado está impedido de admitir na sua ordem jurídica organizações que, sem motivo juridicamente justificado e atendível, se regem por critérios discriminatórios. A solidariedade social não tem natureza confessional.

Para além disso, é a "ordem jurídica comum" que reconhece e declara a utilidade pública das associações. Desde logo, as associações e as fundações só poderão ser declaradas de utilidade pública se não contiverem normas estatutárias contrárias ao n.º 2 do art. 13.º da Constituição. Esta norma impõe uma observância directa do princípio da igualdade, ou mesmo uma vinculação directa aos direitos fundamentais, designadamente à liberdade de associação, que também significa liberdade de adesão às associações já constituídas ou a constituir[276].

Quanto às instituições fundadas por outras organizações religiosas (associações religiosas não católicas ou associações religiosas de igrejas ou comunidades religiosas diferentes da católica), vigora, actualmente, o regime previsto na Lei n.º 16/2001, de 22 de Junho, tendo revogado a anterior lei da liberdade religiosa (Lei n.º 4/71, de 21 de Agosto). A personalidade jurídica adquirir-se mediante a inscrição no

---

[275] Segundo o Código de Direito Canónico, existem três espécies de associações de fiéis – públicas, privadas, e de leigos – reguladas nos cânones 298 e segs.

[276] O n.º 4 do art. 55.º do Estatuto das IPSS contém uma disposição semelhante, mas dirigida especificamente ao estatuto de associado e não aos critérios de aquisição do mesmo, pois aí se diz que "os associados não podem ser limitados nos seus direitos por critérios que contrariem o disposto no n.º 2 do art. 13.º da Constituição". Note-se que a liberdade de associação não impede a fixação de requisitos de admissão aos associados. O que impede, isso sim, é que os requisitos sejam em si mesmos discriminatórios.

198 As Instituições de Solidariedade Social

registo das pessoas colectivas religiosas no departamento governamental competente (o Ministério da Justiça)[277]. O respectivo processo encontra-se regulado nos artigos 33.º e segs. da Lei n.º 16/2001 e no Decreto-Lei n.º 134/2003, de 28 de Junho[278]. Naturalmente que o registo pode ser recusado com base em fundamentos legais (art. 39.º).

As associações e fundações com fins religiosos podem também adquirir personalidade jurídica nos termos previstos no Código Civil para as pessoas colectivas privadas, ficando sujeitas às respectivas normas (art. 44.º, da Lei n.º 16/2001). Naturalmente que a sua constituição como IPSS terá de reger-se pelas disposições especialmente previstas para estas instituições. Trata-se, pois, de um regime diferente daquele que vigora para as instituições da Igreja Católica, o que certamente suscita um problema de legitimidade constitucional[279].

1.2.3. O reconhecimento da utilidade pública das IPSS: a autonomia entre o momento da constituição e o momento da declaração de utilidade pública. O instituto do registo: funções e efeitos do registo

Regra geral, as associações e fundações podem ser reconhecidas de utilidade pública ao fim de cinco anos de efectivo e relevante funcionamento (art. 4.º, n.º 2, do DL 460/77, de 7 de Novembro). Este reconhecimento pressupõe um procedimento de iniciativa particular na medida em que depende de requerimento dos interessados (art. 5.º, n.º 1, do DL n.º 460/77), e é atribuído casuísticamente pela Administração mediante a apreciação e a avaliação que faça da actividade desenvolvida pelas requerentes (arts. 3.º e 4.º, n.º 2, do DL n.º

---

[277] "Sem prejuízo do disposto no n.º 1 do artigo 20.º, a inscrição no RPCR tem por efeito a atribuição de personalidade jurídica" (cfr. o art. 1.º, n.º 3, do DL n.º 134/2003).

[278] Regime análogo se encontrava previsto na anterior lei da liberdade religiosa, pois as associações ou institutos religiosos adquiriam personalidade jurídica mediante o acto de registo da participação escrita da sua constituição pelo órgão competente da confissão religiosa reconhecida (n.º 2, da Base XII).

[279] Em geral, argumentando, com base em razões históricas, a favor da legitimidade constitucional da existência de um regime diferenciado ou de um tratamento diferenciado a favor da Igreja Católica, vide JORGE MIRANDA, *Liberdade Religiosa, Igrejas e Estado em Portugal*, in *Nação e Defesa*, n.º 39, Julho-Setembro, 1986, especialmente pág. 119.

460/77). O acto de declaração de utilidade pública envolve, pois, prerrogativas de avaliação e de livre decisão ("cinco anos de efectivo e relevante funcionamento"). Pelo que a declaração de utilidade pública não resulta aqui da especial natureza, dimensão ou importância dos fins (embora estes também tenham de ser considerados), mas sim do exercício contínuo e regular de uma actividade de interesse social que, pela relevância conseguida e demonstrada, merece da Administração uma "distinção especial" (H. E. HORSTER)[280]. O pressuposto do acto da declaração é a relevância, sob o ponto de vista do interesse público, da actividade desenvolvida na prossecução de determinados fins. A Administração avalia, atesta o interesse público da actividade desenvolvida pela requerente. A Administração "converte" uma situação de facto numa situação jurídica, reconhece algo que já existe – o interesse público da actividade desenvolvida pelas instituições –, declarando juridicamente a relevância dessa actividade, isto é, reconhecendo-a de utilidade pública. Contudo, isto não significa que o reconhecimento seja um mero acto declarativo. Pois, e na mediada em que a Administração através da declaração investe a pessoa colectiva de um estatuto ou de uma qualidade (jurídica) especial – a qualidade de pessoa colectiva de utilidade pública (art. 1.º, do DL n.º 460/77) – pratica um acto com efeitos constitutivos, ao qual se liga a produção automática de efeitos legais inerentes à concessão daquele estatuto ou qualidade (arts. 9.º a 12.º, do DL n.º 460/77)[281/282].

O DL n.º 460/77, salvaguarda no seu art. 4.º, n.º 1, a possibilidade de algumas pessoas colectivas poderem ser declaradas de utilidade pública logo em seguida à sua constituição, tendo em conta os

---

[280] Cfr. HEINRICH EWALD HORSTER, *ob. cit.,* págs. 373-374.

[281] Referindo-se à natureza constitutiva da declaração de utilidade pública, vide SÉRVULO CORREIA, *Noções de Direito Administrativo*, vol. I, pág. 152.

[282] Uma vez que a utilidade pública só existe através do reconhecimento normativo ou casuístico, dependendo este reconhecimento do preenchimento de determinados requisitos, afigura-se imprópria, em tese geral, a designação de "pessoas colectivas de direito privado e utilidade pública", sendo, por isso, tecnicamente mais correcta a designação de instituições particulares de interesse público, proposta por FREITAS DO AMARAL. Pode, assim, haver instituições particulares de interesse público reconhecidas de utilidade pública, tendo, portanto, o estatuto de pessoas colectivas de utilidade pública, e haver instituições do mesmo género mas sem aquela qualidade.

fins que prosseguem[283]. É o que sucede com as IPSS. Estas, desde que registadas nos termos do respectivo regulamento, adquirem automaticamente a natureza de pessoas colectivas de utilidade pública, com dispensa do registo e demais obrigações previstos no DL n.º 460/77 (art. 8.º, do Estatuto das IPSS). Naquelas entidades o que releva é a dimensão ou a importância da actividade desenvolvida, nestas é a especial natureza dos fins que se propõem desenvolver. Assim, enquanto naquelas entidades o reconhecimento da utilidade pública pressupõe uma "actuação convincente ao longo de cinco anos" (FREITAS DO AMARAL)[284] ou a sujeição das instituições à "prova do tempo" (H. E. HORSTER)[285], nestas últimas a relevância da sua actividade presume-se atendendo à especial natureza dos fins, à sua especial ou particular importância e dimensão sob o ponto de vista do interesse público. Aquelas, porque prosseguem apenas fins de interesse geral, têm sobre si o ónus da prova da sua utilidade pública, nestas, porque prosseguem "fins «administrativos» hoc sensu, a utilidade pública presume-se" (FREITAS DO AMARAL). Ali, são as instituições que têm de demonstrar que merecem uma distinção especial da Administração, aqui é a Administração que tem de provar a cessação (ou a suspensão) da utilidade pública. Em relação às IPSS, a relevância dos fins prosseguidos tem fundamento directo na Constituição. E o objecto da sua actividade, que constitui uma das suas notas distintivas essenciais, tem por escopo a prossecução de fins específicos de solidariedade social expressamente previstos na Constituição ou na lei. A relevância constitucional dos fins das IPSS fundamenta também a presunção legal da sua utilidade pública.

Contudo, como se referiu, se a Administração se encontra impedida de regular, por razões constitucionais, a constituição das IPSS (designadamente das associações), isso não significa que não possa ou não deva regular a atribuição da utilidade pública. Se se trata de um distinção especial conferida pela Administração, compreende-se

---

[283] Segundo o artigo referido, as associações ou fundações que prossigam alguns dos fins previstos no art. 416.º do Código Administrativo – fins de beneficência, humanitários, de assistência ou de educação – podem ser declaradas de utilidade pública logo em seguida à sua constituição.

[284] Cfr. FREITAS DO AMARAL, *Curso...*, vol. I, pág. 572.

[285] Cfr. HEINRICH EWALD HORSTER, *ob. cit.*, pág. 375.

O novo estatuto jurídico – constitucional das instituições...   201

que esta possa exigir o cumprimento de determinados requisitos, de natureza substantiva e/ou formal, que demonstrem, desde logo, o seu merecimento, podendo estes requisitos ser estritamente legais, mas não se devendo excluir que os mesmos possam também incidir sobre o próprio mérito da actividade a desenvolver[286].

Como se referiu, as IPSS serão reconhecidas de utilidade pública desde que registadas nos termos do regulamento de registo[287]. Os objectivos do registo são: comprovar os factos jurídicos respeitantes às IPSS, comprovar os fins das instituições, reconhecer a utilidade pública das instituições, permitir as formas de apoio e cooperação previstas na lei (art. 2.º do regulamento de registo). O registo será recusado quando se verifiquem, entre outras situações sobretudo de natureza processual, a incompatibilidade dos fins estatutários com os fins legais e qualquer ilegalidade nos actos sujeitos a registo (art. 10.º do regulamento).

Não obstante a existência dos riscos que decorrem do regime consagrado e de que acima se fez nota, numa apreciação analítica é possível distinguir dois momentos distintos: o momento da constituição das pessoas colectivas e o momento do reconhecimento da sua utilidade pública. Se dos estatutos resulta a prossecução de fins previstos na Constituição ou na lei – a prossecução de fins de solidariedade social –, e desde que sejam cumpridos os demais requisitos legais, há uma nova pessoa jurídica. Há uma nova instituição particular de solidariedade social. Isto é inteiramente válido designadamente quanto à constituição de pessoas colectivas de base associativa (asso-

---

[286] Efectivamente, não é de excluir a possibilidade da existência de um sistema de reconhecimento da utilidade pública logo a seguir ao momento da constituição, em que a Administração, segundo critérios legalmente previstos, avalie também a consistência dos projectos e dos programas de actividade das instituições, e demais condições de funcionamento e de gestão. Dir-se-á que um sistema que contemplasse esta possibilidade tornaria a declaração de utilidade pública demasiadamente dependente de juízos de prognose. Contudo, tendo em conta os efeitos decorrentes da declaração de utilidade pública, que transforma as entidades beneficiárias em verdadeiras entidades de privilégio, julgamos que este sistema teria pelo menos a vantagem de evitar a existência de reconhecimentos "abstractos" da utilidade pública, sem a mínima correspondência na realidade.

[287] Para as associações mutualistas vale o art. 16.º do DL n.º 72/90, de 30 de Março, que aprovou o Código das Associações Mutualistas. Também nestas instituições o reconhecimento da utilidade pública dependendo do respectivo registo (art. 15.º, do mesmo Código).

ciações e cooperativas de solidariedade social). A sua constituição está na disponibilidade dos associados e dos cooperadores. Questão diferente, e que não deve com esta ser confundida, é a declaração de utilidade pública. Trata-se de um acto lógica, cronologicamente e funcionalmente autónomo e que deve, como tal, ser considerado. Tem requisitos autónomos e efeitos próprios, independentemente da espécie de pessoa colectiva em causa – associação ou fundação.

Desde logo, a declaração de utilidade pública terá de observar os requisitos gerais previstos no art. 2.º, do DL n.º 460/77. A estes requisitos não está o legislador impedido de adicionar o cumprimento de outros, especialmente aplicáveis em função do tipo de pessoas colectivas consideradas e dos fins que prossigam. E tendo em conta que a declaração de utilidade pública se segue ao acto da constituição, com todos os efeitos inerentes (isenções e benefícios fiscais ou para-fiscais, financiamento público, credenciação para a celebração de acordos de cooperação e de gestão com a Administração, isenção do cumprimento de requisitos relativos ao licenciamento de actividades e de estabelecimentos, etc.), a imposição de um conjunto de requisitos condicionantes da sua atribuição, desde que necessários, adequados e proporcionados, afigura-se legítima. Isto é, o legislador, atendo à especial natureza dos fins prosseguidos pelas pessoas colectivas, pode instituir um sistema em que o reconhecimento da declaração de utilidade pública seja contemporâneo da sua constituição. Mas, para o efeito, pode – e em nosso entender não só pode como deve – estabelecer um conjunto de requisitos de natureza administrativa (isto é, requisitos que relevam do Direito Administrativo e não do Direito Civil, como sucede no momento constitutivo das pessoas colectivas), de cuja observância dependerá ou a emissão do acto de declaração da utilidade pública ou pelo menos a produção dos efeitos daquela declaração. E isto tanto é válido para as entidades associativas, como para as fundacionais. Com a criação de um registo específico para as IPSS, o legislador pretendeu, precisamente, condicionar a atribuição da utilidade pública a estas instituições.

Isto significa que pode haver IPSS reconhecidas de utilidade pública e outras que, por incumprimento dos requisitos de que depende o acto do registo, não mereceram tal declaração, sendo que, repetimos, o legislador (e não a Administração) não se encontra impedido de estabelecer outros requisitos para além dos que o mencio-

O *novo estatuto jurídico – constitucional das instituições...* 203

nado regulamento prevê. Ou seja, ainda nestes casos, a utilidade pública é reconhecida ou atribuída caso a caso, tendo também um efeito constitutivo, na medida em que as pessoas colectivas são também investidas de uma qualidade ou de um especial estatuto, desde que verificados e cumpridos os requisitos formais ou substanciais para o efeito estabelecidos, podendo, inclusivamente, estes requisitos envolverem momentos discricionários[288].

A grande diferença deste regime em relação ao regime geral estará sobretudo no facto de neste último as pessoas colectivas estarem sujeitas à prova do tempo, enquanto no primeiro a declaração de utilidade pública é imediata, apenas porque e na medida em que o legislador a presume. Mas o legislador apenas a presume, não a atribui. Ora, o acto de registo das IPSS, dado que é o o acto que reconhece ou atribui a utilidade pública a estas instituições, produz também aquele efeito. Sem a prática do acto do registo não há declaração de utilidade pública. Por isso, o registo das IPSS não se reduz, segundo julgamos, apenas a um acto declarativo, isto é, não tem apenas uma natureza meramente declarativa ou não produz apenas efeitos meramente declarativos, como afirma CARLA AMADO GOMES, embora referindo-se apenas às fundações[289]. O facto de o art. 8.º do Estatuto referir que as instituições adquirem automaticamente a natureza de pessoas colectivas de utilidade pública pode sugerir aquela

---

[288] Efectivamente, o legislador, não obstante presumir a utilidade pública das instituições, atendo à especial relevância dos fins que se propõem prosseguir, não está impedido de estabelecer (outros) requisitos mais ou menos extensos de que dependa a efectiva declaração de utilidade pública. Pode estabelecer um procedimento específico para o efeito: exigir elementos que provem a capacidade económico-finaceira das instituições, exigir a apresentação de projectos e de programas pelas associações e fundações; exigir a consideração da concreta actividade que as instituições se propõem prosseguir e a sua relação com as necessidades (efectivas) no local ou âmbito geográfico da sua actuação e as pessoas que pretendem apoiar; exigir outros elementos que permitam avaliar e ajuizar a sua aptidão ou a sua capacidade de gestão e a concreta e real utilidade das acções a desenvolver, designadamente quer para efeitos de atribuição de subsídios, quer para lhes ser confiada a gestão dinheiros públicos e para justificarem os extensos benefícios públicos de que auferem, etc. O legislador não está assim impedido de introduzir elementos que temperem a natureza abstracta do acto de declaração de utilidade pública em seguida ao momento da constituição como condição de acesso aos benefícios públicos, introduzindo, assim, uma espécie de sistema misto. Neste sentido, vide A. SANTOS LUÍS, *A Política Social em Portugal, ob. cit.,* pág. 264.

[289] Cfr. CARLA AMADO GOMES, o*b. cit.* pág. 178.

204 — As Instituições de Solidariedade Social

conclusão. Contudo, a utilização da fórmula "automaticamente" apenas significa que elas podem ser imediatamente declaradas de utilidade pública, mas só e na medida em que cumpram os requisitos previstos no regulamento.

Por isso, neste aspecto, permitimo-nos divergir de CARLA AMADO GOMES quando refere que o reconhecimento da utilidade pública é condição de aquisição de personalidade jurídica pelas fundações de solidariedade social ou que o seu reconhecimento depende da declaração de utilidade pública[290]. O acto de reconhecimento das fundações, à semelhança do que sucede com o reconhecimento das associações, não se confunde com o acto de declaração de utilidade pública. A declaração de utilidade pública, no ordenamento jurídico das IPSS, à semelhança, aliás, do que sucede com o regime geral consagrado no DL n.º 460/77, é um acto autónomo em relação ao reconhecimento da personalidade jurídica, quer das associações, quer das fundações. A declaração de utilidade pública pressupõe a constituição ou o reconhecimento da pessoa colectiva, seja ele normativo ou individual. Pressupõe uma pessoa colectiva já existente (E. H. HORSTER)[291], pelo que o respectivo acto de reconhecimento terá, pois, de ser logicamente (e cronologicamente) prévio (art. 8.º, do Estatuto). A pessoa colectiva é o elemento substantivo por natureza. A utilidade pública é um plus e de natureza eventual, é um elemento que investe as pessoas colectivas de uma qualidade ou de um especial estatuto[292].

O reconhecimento da utilidade pública, assim entendido, nem constitui um requisito de constituição das pessoas colectivas, nem é uma consequência necessária do seu reconhecimento, mesmo nos casos em a lei a presume. Portanto, trata-se de momentos distintos, pressupondo actos estrutural e funcionalmente autónomos[293]. Até

---

[290] Cfr. CARLA AMADO GOMES, *ob. cit.* pág. 168 e 172.

[291] Cfr. E. H. HORSTER, *ob. cit.,* pág. 375.

[292] O facto de as IPSS poderem ser declaradas de utilidade pública logo em seguida à sua constituição só abona a favor do que atrás defendemos: a necessidade de a lei evitar a utilização de fórmulas que deleguem na Administração a qualificação dos fins como fins de solidariedade social.

[293] Com já referimos, o processo constitutivo das associações de solidariedade social, ao permitir que a Administração possa qualificar como fins de solidariedade social outros fins não expressamente previstos na Constituição ou na lei, tende a misturar o procedimento específico de reconhecimento com o de declaração de utilidade pública, propiciando a confusão

O novo estatuto jurídico – constitucional das instituições...   205

porque no momento da constituição releva sobretudo o direito privado – a legalidade e/ou a licitude do acto de constituição pertence ao
Direito Civil –, no momento da declaração de utilidade pública releva
o Direito Administrativo[294/295].

1.2.3. *a) A função credenciadora do registo*

Como se referiu, as instituições particulares de solidariedade
social estão sujeitas a registo obrigatório, que hoje foi tornado extensivo,

---

entre estes dois momentos. Para além disso, refira-se ainda que, à luz do regime geral (arts.
157.º, 158.º e 188.º, do C. Civ.), a qualificação do fim a prosseguir como fim de interesse
social pela Administração, também não se confunde com o acto de declaração de utilidade
pública. Muito embora os fins de interesse social e a declaração de utilidade pública estejam
substancialmente ligados, funcionando aqueles como pressuposto necessário da prática deste acto – só a efectiva prossecução, em certos termos, de fins de interesse social poderá
fundamentar a declaração de utilidade pública -, o certo é que a prossecução de fins de
interesse social ou de utilidade social não implica necessariamente e de forma automática a
declaração de utilidade pública e não constitui, só por si, motivo suficiente para desencadear
esta declaração. Quanto às fundações de solidariedade social, se a autoridade administrativa
tem dúvidas sobre a insuficiência do património para a prossecução dos concretos fins
(juízo de adequação) que se propõem prosseguir, não deve reconhecer personalidade jurídica àquele património. Deve evitar a constituição de entidades que, segundo um juízo de
probabilidade sustentada, não vão passar de meras ficções. A segurança e a certeza do
direito são valores a preservar. Agora, se os fins prosseguidos são os previstos na Constituição ou na lei, se o património é suficiente e se a actividade que se propõe desenvolver tem
utilidade concreta e real, por que razão condicionar a constituição da pessoa jurídica ao
reconhecimento ou à declaração da sua utilidade pública, convertendo-o num requisito intrínseco ou estrutural da pessoa colectiva. Este procedimento, assim entendido, afigura-se-
-nos menos próprio, e por duas vias: sob o ponto de vista do processo de constituição das
pessoas colectivas; e porque não favorece a construção de um procedimento autónomo da
declaração de utilidade pública das pessoas colectivas (privadas).

[294] E dizemos sobretudo porque, como vimos, em relação às IPSS, no acto de constituição vemos presentes requisitos que relevam do Direito Administrativo, não sendo impostos à generalidade das pessoas colectivas constituídas exclusivamente à luz de normas
jurídico-civis.

[295] A propósito da declaração de utilidade pública, refira-se que segundo os dados
recolhidos na obra *As Fundações Portuguesas*, pág. 95, das 344 fundações que responderam aos 800 inquéritos feitos às fundações registadas no Ministério da Administração
Interna cerca de 69% declaram ter o estatuto de utilidade pública, surgindo, pois, a interrogação sobre o real estatuto das demais. As 344 fundações que responderam constituem 44%
do universo das fundações registada s naquele ministério (*ob. cit.,* pág. 88).

por força do art. 101.º da lei de bases do sistema de solidariedade e de segurança social, às outras instituições particulares de interesse público sem fins lucrativos que também prossigam objectivos de solidariedade social.

Com o acto do registo, as IPSS adquirem a natureza de pessoas colectivas de utilidade pública, com dispensa do registo e demais obrigações previstas no DL n.º 460/77. As IPSS são, pois, uma espécie das pessoas colectivas de utilidade pública. O reconhecimento da utilidade pública desencadeia a produção de um conjunto de efeitos que a lei liga à atribuição deste estatuto. O facto de merecerem tal qualificação pelo ordenamento jurídico significa um plus relativamente ao seu estatuto jurídico; trata-se de uma qualidade jurídica conferida pelo poder público que faz incidir sobre as instituições assim reconhecidas um feixe de disposições jurídicas especiais que lhe asseguram vantagens, mas que lhes impõem um conjunto de sujeições incomuns para as demais pessoas colectivas, incluindo mesmo as outras pessoas colectivas qualificadas de utilidade pública. O reconhecimento da utilidade pública toca na própria estrutura do ente enquanto pessoa colectiva, na medida em que até a sua própria capacidade jurídica poderá ser alterada, dado que aquele reconhecimento as habilita a receberem dos poderes públicos tarefas e poderes que de outro modo seriam excluídos.

Relativamente às vantagens, temos desde logo os efeitos de natureza jurídico-fiscal, concretizados na concessão de benefícios e isenções fiscais, sendo que nuns casos tais efeitos produzem-se directa e imediatamente, e noutros requerem a mediação de um acto da Administração provocado por um pedido das instituições interessadas. Para além dos que podem ser concedidos nos termos gerais à luz do regime de regalias e isenções fiscais das pessoas colectivas de utilidade pública (Lei n.º 151/99, de 1 de Abril), tais benefícios e isenções encontram-se previstos, designadamente, no Estatuto dos Benefícios Fiscais, no Código do IRC (as isenções aqui previstas podem abranger inclusivamente os rendimentos provenientes da aplicação de capitais e poupanças – rendimentos de capitais), no Código do IVA (que abrange a transmissão e as prestações de serviços), a que acresce a a restituição do IVA em algumas aquisição de bens e serviços relacionadas com a construção, manutenção e conservação de imóveis, total ou parcialmente utilizados na prossecução dos fins estatutários, para além de outras isenções em matéria de contribuição autárquica (isenção em relação a prédios directamente destinados à realização dos seus fins, sendo que em relação às misericórdias este benefício abrange quaisquer imóveis de que sejam proprietárias e que é reconhecido oficiosamente logo que se verifique a inscrição na matriz em seu nome), em matéria de sucessões e doações (isenção que abrange as aquisições onerosas, bem como os bens adquiridos por heranças, legados e donativos, sem que a lei coloque qualquer exigência de destino quanto aos bens adquiridos por estes últimos modos), em matéria de imposto de selo (isenção do imposto de selo), etc., para além das regalias previstas no DL n.º 460/77[296]. Para além disso, há ainda a redução da taxa contributiva do regime geral da segurança social estabelecida, que, aliás, abrange todas as instituições sem fins lucrativos (incluindo as criadas ou fundadas pelo Estado).

E porque sem o registo não há reconhecimento de utilidade pública, é natural que este condicione também (pelo menos) o exercício do direito constitucional (art. 63.º, n.º 5, da CRP) e legal (art. 4.º, n.º 1 e 2, do Estatuto) ao apoio público, designadamente de natureza financeira. Sem o acto de registo, as IPSS não se encontram habilitadas a estabelecer com a Administração relações contratuais de cooperação. Sem o acto do registo não pode ser concedido apoio público às actividades desenvolvidas. Um dos efeitos do registo é, precisamente, permitir às IPSS a celebração de acordos de cooperação com a Administração e exercer o direito ao apoio público às suas actividades (al. d), do art. 4.º, da Portaria n.º 778/83, n.º 1, da al. a) da Norma XIII do Despacho Normativo n.º 75/92, de 20 de Maio, e art. 4.º, n.º 2, dos Estatutos). O registo funciona, pois, como um acto

---

[296] Sobre o regime fiscal das IPSS decorrente da reforma fiscal de 1989, nomeadamente no campo dos benefícios fiscais, vide ROGÉRIO MANUEL R. C. FERNANDES FERREIRA, *Enquadramento Jurídico-Fiscal das Instituições Particulares de Solidariedade Social*, in *Fisco*, ano 3, n.º 34, Setembro 1991, págs. 13-17; MARIA CELESTE CARDONA E JOSÉ C. GOMES SANTOS, *Apoio Fiscal do Estado às Instituições de Solidariedade Social,* in *As Instituições Não-Lucrativas e a Acção Social em Portugal*, Editora Vulgata, 1997, págs. 75 e segs., e especificamente sobre o regime fiscal da Igreja Católica (e das suas instituições), vide VASCO PEREIRA DA SILVA, *Património e Regime Fiscal da Igreja na Concordata*, in *DJ*, vol. VI, 1992, págs. 149 e segs. Sobre o enquadramento fiscal das fundações em geral, vide JOSÉ CARLOS GOMES SANTOS, *Enquadramento Fiscal das Fundações: considerações em torno de um inquérito*, in *As Fundações Portuguesas*, págs. 197 e segs.

208 *As Instituições de Solidariedade Social*

de credenciação das instituições perante a Administração[297]. Esta credenciação significa uma verdadeira habilitação originária e genérica das instituições, dado que sem ela não ganham o estatuto de entidade cooperante com a Administração, e, por conseguinte, também não lhes poderá ser confiada a gestão de programas públicos ou a gestão de serviços, instalações ou estabelecimentos. O mesmo é dizer que sem o reconhecimento da utilidade pública, às IPSS não poderá a Administração confiar a execução de tarefas públicas e nem investi-las de prerrogativas ou poderes públicos. O reconhecimento da utilidade pública funciona também, no domínio das IPSS, como condição necessária para o exercício de tarefas públicas e, *a fortiori*, para a atribuição de certos poderes públicos[298].

Por último, o registo, para além das funções declarativas ou publicitárias inerentes, a que se ligam também razões de certeza e de segurança jurídicas, cumpre ainda uma importante função de controle, na medida em que realiza ou permite um controle centralizado dos actos fundamentais da via das instituições, desde a sua constituição (registo dos factos constitutivos e estatutos, declaração da sua nulidade e eventuais alterações), passando pelas vicissitudes da vida das mesmas (registos sobre as incapacidades dos membros dos corpos gerentes, sua eleição, designação ou recondução, registo dos actos jurídicos de integração, fusão e cisão das instituições, registo dos regulamentos dos benefícios concedidos pelas associações mutualistas e respectivas alterações), até à sua extinção.

---

[297] Em relação às cooperativas de solidariedade social, o apoio técnico e financeiro por parte das entidades públicas está ainda dependente da credenciação emitida anualmente pelo INSCOOP, a qual certifica a legalidade da sua constituição e o seu regular funcionamento (art. 9.º, do DL n.º 7/98, de 15 de Janeiro, e arts. 87.º, n.º 2 e 88.º, n.ºs 1 e 2 do Código Cooperativo). Nos termos do art. 88.º do Código Cooperativo, e para efeitos de emissão do acto de credenciação pelo INSCOOP, as cooperativas devem remeter a este Instituto todos os elementos referentes aos actos de constituição e de alteração dos estatutos, os relatórios de gestão e as contas de exercício anuais, bem como o balanço social, quando, nos termos legais, forem obrigados a elaborá-lo.

[298] Neste sentido, vide VITAL MOREIRA, *Administração Autónoma...*, pág. 402, referindo-se especificamente às pessoas colectivas de utilidade pública administrativa e às federações desportivas.

CAPÍTULO II

As IPSS e o "terceiro sector" ou "sector da economia social". A terceirização do Estado social. As IPSS como agentes concretizadores do princípio da democracia social

1. O conceito de terceiro sector

A importância e dimensão das IPSS levou à autonomização de um subsector dentro do sector cooperativo e social, e que CASALTA NABAIS designou por subsector da propriedade solidária. A autonomização deste subsector é tão mais significativa se atendermos ao facto de este processo autonomizador surgir no contexto do Estado social, e se encontrar directamente correlacionado com a já histórica, mas não problemática, tripartição do universo económico e social em três sectores – sector público, sector privado, e terceiro sector ou sector da economia social –, e que a nossa Constituição, de algum modo, como veremos, acolheu.

Por isso, e de forma a melhor compreender o contexto global do estatuto jurídico das IPSS e a função que hoje é "reservada" a estas instituições no quadro do (nosso) Estado social, julgamos necessário esclarecer e situar previamente estas instituições no âmbito daqueles sectores. É o que faremos já de seguida.

As IPSS constituem apenas uma categoria de organizações não lucrativas, ou entidades sem ânimo ou escopo lucrativo e de interesse geral, non profit organization (NPO), na terminologia anglo-saxónica. Os diversos estudos, sobretudo no âmbito das ciências sociais e económicas, têm inserido estas instituições num quadro mais geral, composto por associações de diversos fins, incluindo as associações mutualistas e as cooperativas (embora quanto a estas duas categorias a questão não seja inteiramente pacífica) e, designadamente, as organizações de voluntariado, de prestação de serviços de assistência social e de saúde.

A dimensão e importância destas organizações em diversos países desafiou a construção científica com o fim de proceder à sua arrumação conceitual. Daí as expressões como "sector voluntário", "sector independente", "sector intermédio", "sector da economia associativa", "sector da sociedade civil", "sector privado social", "terceiro sistema" ou, nas expressões mais usadas, "sector não lucrativo" (também usualmente dito de "sector non profit"), "terceiro sector" ou "sector da economia social", e de uso mais recente e cada vez mais em voga, mas não isento de ambiguidades e até gerador de equívocos, o "sector de organizações não governamentais" (ONGs)[299].

---

[299] A designação de organizações não governamentais está ligada essencialmente às organizações internacionais especializadas na cooperação e no desenvolvimento (entre nós, a Lei n.º 66/98, de 14 de Outubro, que aprova o Estatuto das Organizações Não Governamentais de Cooperação para o Desenvolvimento), ou ligadas à realização de fins humanitários (caso das instituições com fins de assistência humanitária ou de protecção e promoção dos direitos humanos), mas o seu uso alargou-se também à generalidade das organizações internacionais (associações, fundações e outras instituições privadas) que, sem fins lucrativos, desenvolvam uma actividade útil à comunidade internacional, designadamente, nos domínios científicos, cultural, caritativo, filantrópico, educacional, e que contribuam para a realização dos objectivos e dos princípios consignados na Carta das Nações Unidas e no Estatuto do Conselho da Europa (cfr. Preâmbulo da Convenção Europeia sobre o Reconhecimento da Personalidade Jurídica das Organizações Internacionais Não Governamentais – OING (ou simplesmente Organizações Não Governamentais – ONG), aprovada pelo Conselho da Europa, em 24 de Abril de 1986. A Carta das Nações Unidas refere-se a estas pessoas colectivas no art. 71.º, concedendo-lhe, assim, projecção universal ou a nível mundial. De qualquer modo, o termo ONG, de origem anglo-saxónica, foi importado para o direito interno dos diversos países, pretendendo, hoje, abranger um leque mais ou menos alargado de organizações. Contudo, a sua generalização apresenta, em nosso entender, e pelo menos entre nós, debilidades e até mesmo escassa utilidade teórica: em primeiro lugar, por ser ambíguo e desprovido de rigor técnico, pois no termo "organizações não governamentais" também podem caber entes de natureza jurídica privada criados por entes públicos ou até mesmo organizações de natureza jurídica-pública (por ex., organizações de natureza corporativa); em segundo lugar, por se tratar de uma designação que, ao mesmo tempo, pode ser vaga, restritiva ou demasiado ampla, sendo, por isso, susceptível de instrumentalização ou de usos indefinidos, onde tudo ou quase nada pode caber (por ex., serão organizações não governamentais apenas ou só as que sejam ou possam ser reconhecidas de utilidade pública? E todas as que sejam (ou já foram) objecto de reconhecimento de utilidade pública devem (ou podem) ser consideradas organizações não governamentais? O conceito de organizações não governamentais abrange todas as organizações privadas – associações

AS IPSS e o "terceiro sector" ou "sector de economia social"   211

Esta conceitualização, apesar de não ser pacífica, parece ter de comum o facto de se pretender referir a uma realidade que embora não sendo pública, também não é integralmente privada, no sentido tradicional do termo. Entre o sector público e o sector privado existiria um outro sector – um sector intermédio. Ou seja, uma terceira força social, política e economicamente, independente, que medeia ou se encontra situada algures entre as duas forças tradicionais – a pública e a capitalista (ou, como preferem outros autores, o mercado) – constituída por "organismos da economia social" que podem encontrar o seu lugar como "intermediários" entre as "empresas" e a Administração Pública surgindo, assim, como um "terceiro sector", como um espaço articulador do público e do capitalista privado[300], ou como uma "terceira alternativa" situada entre o mercado e o Estado, que se rege por lógicas diferentes das do Estado e das do Mercado, mas que tem a virtude de combinar o melhor de dois mundos – a eficiência e a habilidade do mundo do fazer ou da gestão com o interesse público, a responsabilidade e a planificação do Estado[301].

---

e fundações – sem fins lucrativos? E abrangerá também as organizações e formações sociais não personificadas?...). Deste modo, deverá reservar-se o termo ONGs para as organizações internacionais não governamentais, ou seja, para as associações, fundações e outras instituições privadas que prossigam um fim não lucrativo de utilidade internacional (em geral, os fins atrás referidos), que tenham sido criadas por um acto relevante do direito interno de um Estado-membro do Conselho da Europa, com o efeito de lhes ser reconhecida personalidade jurídica e capacidade jurídicas também pelos restantes Estados-membros (Decreto do Presidente da República, n.º 44/91, de 6 de Setembro). Para efeitos da Convenção Europeia sobre o reconhecimento da Personalidade Jurídica das Organizações Internacionais Não Governamentais, designadamente para efeitos do seu art. 3.º, n.º 1, foi, entre nós, designado o Registo Nacional de pessoas Colectivas como entidade competente para certificar o acto constitutivo das ONGs (cfr. Aviso n.º 342/96, do Ministério dos Negócios Estrangeiros). Nos termos da Lei n.º 594/74, de 7 de Novembro, sobre o direito de livre associação, as associações legalmente constituídas em país estrangeiro serão reconhecidas em Portugal desde que satisfaçam os requisitos requeridos para as associações nacionais, ficando sujeitas à legislação portuguesa quanto à sua actividade em território nacional (art. 14.º). O estatuto das ONGs coloca ainda problemas ao nível do Direito Internacional Público. Sobre eles, vide ANA RIQUITO, *Variações sobre a nova sociedade civil mundial: O.N.G.'s internacionais: um sujeito sem personalidade...?*, in *Nação e Defesa*.

[300] Cfr. Rui Namorado, *ob. cit.*, pág. 8, seguindo CLAUDE VINNEY, *Concepts et Champs de l'Economie Social*, in *RÉC*, n.º 9, 1983.

[301] Cfr. FRANCO ARCHIBUGI e MATHIAS KOENIG-ARCHIBUGI, *L'arte dell'associazione, Saggio su una prospettiva sindicale per il terzo settore*, Edizione lavoro, 1998, pág. 12, citando AMITAI ETZIONI.

212 As Instituições de Solidariedade Social

O que está, pois, fundamentalmente em causa é o enquadramento teórico-conceitual de uma realidade intermédia, isto é, de um espaço social situado algures entre a sociedade civil e o Estado, sendo certo que esta dualidade – sociedade civil/Estado – nem sempre auxilia aquela arrumação, pois, como sustenta BOAVENTURA DE SOUSA SANTOS, "a distinção entre Estado/sociedade civil foi elaborada em função das condições económicas, sociais e políticas dos países centrais num período bem definido da sua história", daí resultando a sua fraca operacionalidade para a análise das sociedade periféricas e semiperiféricas. Daí a dificuldade na abordagem científica deste espaço social, que parece resistir a qualquer conceitualização com pretensões de validade universal. Daí a dificuldade de reconduzir a multiplicidade das suas manifestações a uma única categoria. Dificuldade esta, aliás, bem presente na diversidade de formulações (e construções) de terceiro sector, conforme o ponto geográfico em apreço, quer no plano social, quer mesmo no plano jurídico[302].

As dificuldades avolumam-se pelo facto de no seio daquele espaço emergirem realidades organizatórias estruturalmente distintas, quer sob o ponto de vista económico-social, quer do ponto de vista jurídico. Pois, por exemplo, uma coisa é dizer que se trata de um sector não lucrativo, outra é saber se aí existem organizações que prosseguem fins que aproveitam aos seus fundadores (caso das fundações cujos fins aproveitam aos familiares próximos do fundador), cooperadores ou associados (organizações com fins imanentes) ou organizações em que os fins prosseguidos aproveitam a terceiros-beneficiários ou à sociedade em geral, constituindo a contribuição (humana, material ou financeira) dos associados ou de outras entidades apenas um dos elemento de realização desses fins (organizações com fins transcendentes). Ao que acresce o facto de existirem entidades

---

[302] Cfr. BOAVENTURA DE SOUSA SANTOS, *Pela Mão de Alice. O Social e o Político nas Pós – Modernidade*, págs. 113 e segs. No mesmo sentido, vide FRANCO ARCHIBUGI e MATHIAS KOENIG-ARCHIBUGI, *ob. cit.*, pág. 12 e 16, onde referem que a percepção do terceiro sector é muito diferenciada de país para país, tendo os autores a tendência de o descrever em função das tradições e características nacionais. Por isso, qualquer inventariação terá de ser sempre meramente aproximativa. Na mesma linha, vide ANA PAULA SANTOS QUELHAS, *ob. cit.*, pág. 18, e ainda RUI NAMORADO, *A economia social em questão*, in *Oficina do CES – Centro de Estudos Sociais*, n.º 5, Novembro de 1988, págs. 6 e segs.

cujo objecto é constituído por actividades de natureza económica (caso de algumas espécies de cooperativas).

Esta mesma dificuldade é também extensiva para conjunto das organizações que cabem no mesmo denominador comum e de que nos ocupamos – as IPSS. De facto, também aqui é possível fazer distinção entre entidades cuja realização dos fins beneficia directamente os associados ou cooperadores (caso das associações mutualistas e das cooperativas de solidariedade social, a que se associam hoje as casas do povo), e associações cujo fim é a satisfação de necessidades sociais da sociedade em geral, ou pelo menos de todos aqueles que reúnam os pressupostos para o efeito exigidos (caso das associações e fundações de solidariedade social, estas últimas tradicionalmente excluídas do designado terceiro sector)[303]. Ao que acresce o facto de também aqui existirem organizações em que o capital surge como um dos seus elementos constitutivos, como é o caso das associações mutualistas, tradicionalmente designadas por associações de socorros mútuos.

Por isso, não é de estranhar as dificuldades científicas na abordagem de um fenómeno em que a pluralidade e a diversidade de manifestações institucionais e jurídicas parece constituir o único dado consensual.

De forma a superar tais dificuldades procedeu-se, recentemente, a uma análise comparada do sector sem fins lucrativos, pondo em relevo as dimensões e as características do sector não lucrativo de países dos diversos continentes, tendo como objectivo, precisamente, a construção de uma noção com pretensões de validade universal.

Para este efeito, e tendo em conta o facto de a legislação não tratar de modo unitário as organizações sem fins lucrativos, partiu-se

---

[303] Parece ser um dado comum à generalidade dos diversos países que as fundações não integram tradicionalmente o terceiro sector. No entanto, as fundações constam hoje da classificação internacional das organizações sem fins lucrativos, também designada por classificação internacional do terceiro sector (International Classification of Non-Profit Organizations – ICNPO), estando aí inseridas no grupo 8, que agrega as organizações designadas nessa classificação por "intermédiaires philanthropiques et promotion du bénevolat". Cfr. EDITH ARCHAMBAULT, *Le Secteur Sans But Lucratif, Associacionst et Fondations en France*, Ed. Economica, 1996, págs. 90 e segs. e 235 e segs., obra onde recolhemos alguns dos elementos essenciais sobre o Programa mencionado no texto (págs. 84 e segs.).

214   *As Instituições de Solidariedade Social*

de critérios que permitissem obter resultados que sustentassem uma noção de terceiro sector válida ou operativa em todos os países, designada, justamente, por noção "estrutural-operativa".

Tendo em conta o facto de este programa ter por objecto a análise de uma espécie de organizações sem fins lucrativos, que é justamente um dos elementos caracterizadores das IPSS, tomamos como ponto de partida ou como ponto de referência inicial para uma análise comparada, designadamente sob o ponto de vista económico-social, o quadro geral das organizações tidas internacionalmente como organizações sem fins lucrativos, ou como organizações (potencialmente) integrantes do terceiro sector, segundo o programa organizado pela Universidade Johns Hopkins, em 1990[304].

Segundo a definição "estrutural–operativa" sugerida por este programa, fazem parte do sector não lucrativo ou do terceiro sector as organizações que reúnam os seguintes pressupostos cumulativos:

– a institucionalização, isto é, requer-se um processo de formalização e reconhecimento legal das potenciais entidades deste sector, a que se associa a estabilidade ou o carácter temporalmente indeterminado ou perpétuo dos entes. Este processo varia certamente de país para país, mas tem de comum o facto de excluir entes legalmente não reconhecidos (ou legalmente não declarados), o que, numa aplicação rigorosa, poderá levar, em alguns países, à exclusão de muitas organizações sem fins lucrativos, como são os casos da Itália, onde (ainda) existe um grande número de associações não reconhecidas, e da Alemanha, uma vez que aqui o requisito da capacidade jurídica não é considerado essencial à existência de uma associação, sendo, por isso, as associações não registadas – associações sem capacidade jurídica – admitidas pela lei civil (art. 54.º, do BGB);

– em segundo lugar, tem de tratar-se de instituições de natureza jurídica privada, distintas do Estado e das restantes colectivi-

---

[304] Este programa, organizado pela Universidade Johns Hopkins, em 1990, designado por "Johns Hopkins Comparative Nonprofit Sector Project", foi concebido com a finalidade essencial de identificar e delimitar um sector não lucrativo, designadamente ao nível dos países industrializados, pondo em relevo a dimensão e as características deste sector nos diversos países, de modo a construir uma noção válida de terceiro sector.

dades públicas. Contudo, este critério não exclui a participação dos poderes públicos nos órgãos de gestão, nem o financiamento público, mesmo que em grande percentagem[305]. Contudo, aquela participação nos órgãos de gestão terá de ser minoritária. Naturalmente que a aplicação deste critério suscita algumas dificuldades, designadamente quando o financiamento público é predominante ou quando as entidades públicas participam na criação das associações ou criam fundações de direito privado. Segundo o próprio Programa, é seguro que este critério exclui o que designa por "associações para-administrativas";

- em terceiro lugar, tem de tratar-se de entidades independentes, no sentido de que não estão inseridas na organização pública, ou não são governadas e controladas pelos poderes públicos, por empresas ou por outras entidades. Isto é, têm de ser dotadas de autogoverno ou de autonomia para definir as suas próprias regras organizatórias e tomar as suas próprias decisões. Naturalmente que a aplicação deste critério não poderá ser feita com rigor absoluto, não podendo excluir formas de controlo externo dos poderes públicos (administrativos ou jurisdicionais), sob pena de muitas associações e fundações serem, como veremos, excluídas deste sector;

- por último, não poderá haver a distribuição de excedentes pelos membros, associados ou administradores, provenientes das actividades desenvolvidas pelas organizações – princípio da não distribuição de benefícios. Mas note-se que isto não exclui a possibilidade de as entidades desenvolverem também actividades de carácter comercial ou de fim económico lucra-

---

[305] A existência de financiamento público, independentemente da sua grandeza, parece não constituir só por si um óbice quer à qualificação jurídica das entidades – entidades de natureza privada –, quer mesmo à sua independência e autonomia institucional relativamente à organização pública, admitindo-se, no entanto, que a independência ou autonomia de gestão possa ser limitada pela interferência administrativa, em graus diferenciados, tendo em conta o financiamento público (cfr. SALAMON & ANHEIER, «*In Search of The Non Profit Sector I: The Question of Definitions*», in *Working Paper of the Johns Hopkins University*, n.º 2, 1992, trabalho citado por ANTONIA SAJARDO MORENO, *Fundamentação económica del terceiro sector*, in *La economia del non profit, Libre expresión de la sociedade civil*, Encuentro Ediciones, 1999, pág. 172).

tivo, só que os respectivos resultados não podem ser objecto de distribuição, devendo, por conseguinte, ser reinvestidos no objecto social das organizações ou canalizados para a promoção do trabalho voluntário. Faz-se, assim, uma distinção determinante entre organizações de "benefício mútuo" e de "benefício público". A aplicação rigorosa deste critério acabaria por excluir da categoria de organizações não lucrativas as cooperativas e as mutualidades, assim como exclui as associações ligadas a actividades económicas (associações económicas), designadamente ao sector empresarial, nos países em que são admitidas[306].

De certo modo, algumas das dificuldades deixam subentender diferentes concepções acerca do conceito de lucro. Contudo, não deve confundir-se o conceito económico de lucro ou mesmo o conceito fiscal com o conceito de excedente ou de benefício de natureza patrimonial ou pessoal.

No caso português, por ex., a aplicação rigorosa deste critério levaria seguramente à exclusão das cooperativas e das associações mutualistas do sector sem fins lucrativos, tendo em conta a possibilidade de distribuição de excedentes naquelas, admitida pelo art. 73.º do Código Cooperativo, aprovado pelo Decreto-Lei n.º 51/96, de 7 de Setembro, e a concessão de benefícios patrimoniais aos respectivos associados nestas últimas (arts. 19 e 31.º e segs. do Código das Associações Mutualistas, aprovado pelo Decreto-Lei n.º 72/90, de 3 de Março). Consequentemente, estas associações não poderiam ser consideradas IPSS, podendo até colocar-se algumas interrogações mesmo em relação às cooperativas de solidariedade social. Contudo, como veremos, em ambos os casos, tal possibilidade é de afastar.

---

[306] E de facto, com a aplicação deste último critério, o programa acaba por excluir da categoria de organizações não lucrativas as cooperativas, associações mutualistas, associações sindicais e as profissionais (não públicas), aliás, estas duas últimas não incluídas no âmbito de investigação do programa, tal como sucedeu com as comunidades religiosas e associações de natureza política. Aliás, as cooperativas são tradicionalmente excluídas do sector não lucrativo anglo-saxónico, tal como as mutualidades, por gerarem benefícios para os respectivos membros, sendo a sua gestão conotada com uma lógica empresarial (cfr. Antonia Sajardo Moreno, *ob. cit.*, pág. 171).

E é fundamentalmente pelo facto de a definição "Johns Hopkins" de sector não lucrativo ou de terceiro sector acabar por excluir as cooperativas e as mutualidades que se diz que a mesma representa sobretudo uma formalização do significado correntemente atribuído nos Estados Unidos às expressões non profit sector e third sector, não sendo integralmente operativa para o caso europeu[307].

Acresce ainda o facto de nos Estados Unidos, ao contrário da generalidade dos países europeus, se ter desenvolvido e reconhecido, primeiro sob o ponto de vista empírico ou sociológico, e depois sob o ponto de vista científico, um sector não lucrativo. Este sector, que nos Estados Unidos é sinónimo de terceiro sector, é, de facto, reconhecido como categoria autónoma, quer pelo mercado, quer pelos poderes públicos, quer ainda no mundo científico[308], havendo, inclusivamente, a preocupação legislativa de desenvolver critérios delimitadores do sector não lucrativo[309].

---

[307] Cfr. FRANCO ARCHIBUGI e MATHIAS KOENIG-ARCHIBUGI, *ob. cit.*, pág. 14.

[308] Sob o ponto de vista científico, coube a AMITAI ETZIONI desenvolver, na década de 70, o maior esforço de teorização e conceitualização de terceiro sector, sendo, aliás, um dos primeiros autores a utilizar este conceito (cfr. FRANCO ARCHIBUGI e MATHIAS KOENIG-ARCHIBUGI, *ob. cit.*, pág. 12). Desde então têm sido muitos os autores, sobretudo das áreas das ciências económicas e sociais, que se têm debruçado sobre o tema.

[309] De facto, sob o ponto de vista legislativo, as organizações sem fins lucrativos encontram-se catalogadas no designado Internal Revenue Code (IRC), sendo geralmente aceite como pertencentes a este sector as organizações privadas cujos resultados ou excedentes não são usados para benefício privado dos respectivos membros, administradores e outro pessoal envolvido nas organizações, e as organizações inseridas no designado "sector independente", que compreende as instituições com escopo exclusivamente religioso, caritativo, científico, literário, educativo, ou similares, e as organizações de assistência social e de saúde, associações locais de trabalhadores e, em geral, as associações de fins cívicos, que são consideradas pela literatura americana como "public serving", gozando de regalias fiscais mais favoráveis (cfr. FRANCO ARCHIBUGI e MATHIAS KOENIG-ARCHIBUGI, *ob. cit.*, pág. 13). A esta catalogação não deixa de estar subjacente a distinção, corrente nos Estados Unidos, entre organizações de "benefício mútuo" e organizações de "benefício público". Aliás, nos Estados Unidos, existe a tendência para fazer coincidir as missões das organizações sem fins lucrativos com os da organização pública, convertendo, assim, a prossecução de objectivos de utilidade pública ou a produção de bens públicos ("public goods") – entendidos como serviços que podem ser utilizados por todos, mas que não podem ser cedidos individualmente ou produzidos de forma particular – em elemento identificador das organizações sem fins lucrativos. Aliás, como veremos, muitas das organizações encontram-se, nos Estados Unidos, vinculadas à produção ou à prestação de "bens públicos" (cfr. ROY SPARROW e VALERIO MELANDRI, *Las organizaciones sin ánimo de lucro en los*

Na Europa continental, a maior parte dos países não desenvolveu um conceito próprio para este sector, limitando-se, por influência da terminologia anglo-americana, a adaptar a designação de sector não lucrativo. A França constitui uma das raras excepções, que desde há muito vem desenvolvendo e delimitando o designado "sector da economia social", sendo que a expressão terceiro sector (tiers-secteur) é aí tida e usada como sinónima de "economia social". Este esforço veio a encontrar eco no direito positivo, sendo hoje objecto de consagração na designada "Carta da Economia Social", de 1980, e de uma lei específica – a Lei da Economia Social, de 1983[310].

Estados Unidos: entre la historia y la política, in *La economia del non profit, Libre expresión de la sociedade civil*, Encuentro Ediciones, 1999, págs. 102-103). Mas note-se que, não obstante a existência de um princípio geral de favor legis no sistema jurídico norte-americano em relação às organizações sem fins lucrativos, tal não significa que tudo seja pacífico, existindo, actualmente, um debate sério sobre o futuro, o desenvolvimento e o seu possível redimensionamento jurídico, em virtude da ausência, cada vez mais frequente, de uma explícita finalidade social, da sua excessiva comercialização – o exercício de actividades empresariais ou lucrativas, que deve ser apenas acessório, está a converter-se no fim prático principal ou predominante -, e dos frequentes abusos registados na sua administração e gestão (cfr. ALCESTE SANTUARI, *Una mirada global a las experiencias estranjeiras*, in *La economia del non profit...*, pág. 72). Sobre as características gerais do sector não lucrativo norte-americano, vide ainda GIULIO PONZANELLI, *Le "Non Profit Organizations", in QGC*, 69, Giuffrè, 1985, especialmente as págs. 122 e segs.

[310] Segundo RUI NAMORADO, *A economia social em questão...*, págs. 9-16, o fenómeno e as questões que a economia social coloca tem o seu epicentro na Europa, encontrando as raízes da sua teorização a partir da obra de CHARLES DUNOYER *"Pour un Traité d`Economie Social"*, publicada em 1830, que terá despertado um movimento cujo ponto culminante está, em primeiro lugar, na criação, em 1976, do "Comité de Liason Cooperation-Mutualité et Associations", que lançou, em 1980, a Carta da Economia Social, em cujo preâmbulo se diz que as cooperativas, as mútuas e as associações "constituem o sector da economia social, que nasceu de uma vontade dos indivíduos de regularem eles-próprios de maneira mais satisfatória os seus problemas e de garantir o seu próprio destino, quer em matéria de produção ou de consumo, de seguros ou de protecção social, de educação e de qualidade de vida" (RUI NAMORADO, *ob. cit.*, pág. 14, citando JACQUES MOREAU, *Essai sur une Politique de l`Economie Social*, Paris, C.I.E.M., 1982, pág. 99), e, em segundo lugar, na assunção deste sector ao nível do direito positivo com a publicação da Lei de Economia Social, de 20 de Julho de 1983. Entre nós, e seguindo ainda RUI NAMORADO (págs. 12-13), o realce vai para MARNOCO E SOUSA, que, nas suas *Lições de Economia Social*, dadas ao 2.º ano jurídico (1901/1902), via na economia social a denominação mais adequada da ciência económica, uma vez que, conforme escrevia nas suas *Lições*, pág. 113, a economia encontra-se "inteiramente dominada pelo espírito de solidariedade humana, procura remédios para os males sociais, ao mesmo tempo que liga toda a importância ao problema da repartição, bem como ao das reivindicações do operariado".

AS IPSS e o "terceiro sector" ou "sector de economia social" 219

Sinteticamente, os princípios básicos da economia social francesa são os seguintes: participação voluntária e pessoal dos membros ou associados; existência de solidariedade entre os membros; gestão democrática das organizações ("um homem, um voto"); independência das organizações em relação ao sector público; ausência de fins lucrativos, e se lucros existirem devem ser investidos no objecto social das organizações (contudo, este critério, ao contrário do Programa "Johns Hopkins", não exclui as cooperativas nem as mutualidades); ausência de remuneração dos administradores; o capital não pode ser dividido entre os membros, e em caso de dissolução terá de reverter a favor de outras organizações sem fins lucrativos.

Segundo a aplicação destes critérios, e tendo em consideração a dinâmica económico-social e a forma jurídica assumida, as organizações são divididas em três grupos principais: cooperativas, mutualidades, e associações, não estando as duas primeiras impedidas de actuar no mercado. A estas categorias somam-se ainda as fundações, os sindicatos, e outras organizações sem fins lucrativos[311].

Temos, pois, fundamentalmente duas concepções de terceiro sector: uma, que designaremos por concepção restritiva de terceiro sector, de origem anglo-saxónica; outra, de origem francófona, que designaremos por concepção ampla (ou mais ampla) de terceiro sector por abranger no domínio da economia social – e esta a principal diferença em relação ao terceiro sector ou sector não lucrativo anglo--saxónico – organizações que podem ter por objecto uma actividade de natureza económica, e por não excluir a possibilidade de distribuição de benefícios aos respectivos membros, como sucede com as cooperativas, e também com as mutualidades, geralmente excluídas do sector não lucrativo norte-americano.

Na Alemanha, o termo "economia social" reúne pouca aceitação, sendo mesmo visto com relutância e até abordado com deficiências. O termo "economia social" é aí substituído pelo de "economia de interesse geral" (Gemeinwirtschaft), o que sucede não por uma mera questão semântica, mas porque abrange realidades parcialmente diferentes, pois no seu âmbito se insere o sector público ou para-público, e a actividade económica das empresas pertencentes aos sindicatos

---

[311] Cfr. Franco Archibugi e Mathias Koenig-Archibugi, *ob. cit.*, pág. 15).

220 *As Instituições de Solidariedade Social*

da Confederação de Trabalhadores (DGB). Esta terminologia é criticada pelo Comité Económico e Social das Comunidades Europeias, dizendo, justamente, que o termo alemão não tem correspondência com o francês, por a economia de interesse geral não poder ser assimilada à economia social que tem uma amplitude muito maior, para além de que a realidade que em França é abrangida pelo termo economia social não tem vitalidade própria no contexto da Alemanha, e a realidade abrangida pelo termo "Gemeinwirtschaft" não tem relevância, enquanto tal, em França[312]. Aliás, na Alemanha, como reconhecem FRANCO ARCHIBUGI e MATHIAS KOENIG-ARCHIBUGI, o terceiro sector tem sido objecto de escassa investigação. Em geral, o sector não lucrativo tem sido identificado, ainda que vagamente, com os "sujeitos privados com fins de utilidade comum"[313].

Contudo, esta delimitação está longe de ser unânime no meio científico em geral, dado que a corrente dominante considera organi-

---

[312] Cfr. Comité Económico e Social das Comunidades Europeias, *in Les Organizations coopératives, mutualistes et associatives dans la Communauté européenne*, Bruxelas, Editions Delta, 1986, págs. 18 e 19. No mesmo sentido, FRANCO ARCHIBUGI e MATHIAS KOENIG-ARCHIBUGI, *ob. cit.*, pág. 15, nota 12, e págs. 16-17, que notam justamente as dificuldades e as deficiências com que o conceito de "economia social" é visto na Alemanha. Refira-se que a Comissão europeia tem feito largo uso do conceito de "economia social" francês, considerando integradas neste conceito as organizações dos diversos países comunitários que reúnam os requisitos apontados àquele conceito. Na sua comunicação ao Conselho de 18 de Dezembro de 1989, intitulada "As empresas da economia social e a realização do mercado europeu sem fronteiras", mencionada por FRANCO ARCHIBUGI e MATHIAS KOENIG-ARCHIBUGI, *ob. cit.*, págs. 15-16, a Comissão, numa linguagem mais económica do que jurídica, considerou que a pertença de determinada empresa ao sector da economia social depende das características das técnicas organizativas específicas da sua actividade produtiva. Estas técnicas fundam-se nos princípios da solidariedade e participação (caracterizada pela regra "um homem, um voto") dos (ou entre os) membros, sejam eles produtores, utentes ou consumidores, e nos valores da autonomia e da cidadania. Tais empresas são estruturadas, em regra, sob a forma jurídica de cooperativa, mutua ou de associação. Com o termo de economia social abrangem-se, portanto, os organismos que actuam na área económica por exercerem uma actividade produtiva destinada à satisfação de necessidades; tais organismos produzem bens e serviços destinados a venda (vendidos ou comercializados a um preço que deve cobrir pelo menos o custo de produção), mas também bens e serviços que não são destinados a venda, sendo fornecidos gratuitamente ou a um preço independente do respectivo custo, sendo a diferença coberta através do financiamento externo do mercado, de contribuições, subvenções, doações, etc. Trata-se de empresas que operam em concorrência com a forma tradicional de empresa.

[313] Cfr. FRANCO ARCHIBUGI e MATHIAS KOENIG-ARCHIBUGI, *ob. cit.*, págs. 16

AS IPSS e o "terceiro sector" ou "sector de economia social"

zações do terceiro sector as que se movem num espaço delimitado entre os três pólos tradicionais: Estado, o mercado e a família. Noção suficientemente ampla para abranger no seu seio organizações quer de natureza jurídica privada, quer pública, sendo dispostas segundo uma ordem decrescente de "oficialidade", isto é, segundo uma ordem de vizinhança/distância em relação ao Estado, formando quatro subsectores: instituições públicas que gozam de um certo grau de autonomia em relação à administração estatal (universidades, hospitais, entes de previdência social); instituições privadas a quem são delegadas funções públicas (câmaras profissionais, institutos de investigação ou de pesquisa); instituições privadas que desenvolvem actividades de interesse geral não dependentes predominantemente do financiamento estatal (por exemplo, cooperativas que não actuam no mercado); a iniciativa alternativa composta sobretudo pelos novos movimentos sociais (organizações de voluntários, de solidariedade ou de ajuda mutua, etc.)[314]. Com se pode concluir, o terceiro sector

---

[314] Seguimos de perto a obra, já citada, de FRANCO ARCHIBUGI e MATHIAS KOENIG-ARCHIBUGI, págs. 16-17. Na Alemanha, segundo o critério da ausência de fins lucrativos, ao terceiro sector pertencerão seguramente as sociedades cooperativas (assim definidas pelo Código de Comércio), que, não obstante terem por objecto actividades de natureza comercial, se caracterizam por terem por fim a criação de melhores condições económicas e laborais/ /sociais para os seus membros, não tendo, pois, o estímulo capitalista típico das sociedades comerciais, as associações não económicas, isto é, as associações (com ou sem capacidade jurídica, dado que este requisito não é fundamental no direito alemão), que têm por fim a realização de objectivos comuns dos associados, mas de natureza não económica (art. 21.º do BGB), e as fundações (arts. 80.º e segs. do mesmo Código), pelo menos as de utilidade comum ou de interesse público, isto é, as que têm por escopo a realização de fins culturais, sociais, filantrópicos, etc. Mais duvidosa será a inclusão neste sector das fundações familiares – por prosseguirem exclusivamente um objectivo privado familiar –, e as fundações de empresas ou gestoras de empresas, dada a sua natureza empresarial. No entanto, dado que as fundações familiares apenas são admitidas se o seu fim for de natureza altruística, e as fundações de empresas, para além da função empresarial, também apoiarem ou patrocinarem a realização de fins sociais, culturais e científicos (de que já é exemplo clássico a fundação Wolkswagen), parece afigurar-se legitima, segundo alguns autores, a sua inclusão no terceiro sector. Contudo, julgamos que, neste caso, as fronteiras com o exercício do mecenato poderão não se afigurar liquidas. Já qualificadas como entidades públicas, nos termos do art. 89.º do BGB, surgem as fundações eclesiásticas, assumindo, assim, a natureza jurídica da instituição-mãe (aliás, as comunidades religiosa são consideradas, por expressa qualificação constitucional, corporações públicas – art. 140.º, da Lei Fundamental). Ainda relativamente às associações não económicas deve dizer-se que o objecto das mesmas tanto pode consistir num objectivo ideal não altruísta como num objectivo de interesse público, dado

alemão integra entidades que, pela sua natureza jurídica (natureza jurídica pública), são incompatíveis quer com o conceito norte-americano de terceiro sector, quer com o conceito de economia social francês, acabando, em rigor, por excluir organizações privadas por dependerem sobretudo do financiamento público, as quais não se encontram necessariamente excluídas da economia social de origem francesa, nem do terceiro sector americano.

Contudo, este último facto não significa, como veremos, uma menor relevância ou importância social destas organizações, designadamente as que têm por objecto a prestação de cuidados de saúde e de assistência social.

O caso italiano não constitui excepção a este panorama. O mesmo sucedendo entre nós, agravado com o facto de ainda não existirem estudos de conjunto nesta área, aliás, à semelhança do que sucede com a generalidade dos países europeus[315].

Em Itália, o problema coloca-se sobretudo no campo da política social, que consome a grande fatia dos recursos do terceiro sector. Contudo, mesmo aqui assistiu-se a uma dicotomia entre as grandes organizações tradicionais de assistência, que gozam de extensos privilégios acordados com o Estado, e as mais recentes iniciativas nascidas no âmbito da designada "cultura alternativa", tentando-se com isso sublinhar a sua distância em relação ao Estado. A sua diversa dimensão, as fontes de financiamento, o grau de vizinhança/distância em relação ao Estado e o diferente espírito ou mentalidade que separa ambos os tipos de organizações operantes no campo social, tem dificultado a recondução destes dois movimentos a um só e mesmo sector. Contudo, a evolução mais recente tem-se encarregado de anular estas diferenças, dada a crescente dependência das novas organizações das transferências financeiras públicas[316]. De realçar no direito

---

que a expressão "utilidade comum" utilizada pelo Código é suficientemente ampla para abranger ambos os fins. Neste sentido, ALCESTE SANTUARI, *ob. cit.,* págs. 79 e segs. Sobre a classificação das fundações e das associações no direito alemão, vide EMILIO EIRANOVA ENCINAS, *Código Civil Alemán Comentado*, Marcial Pons, 1998, anotações aos arts. 21.º e segs. e 80.º e segs., e sobre as fundações, vide CARLOS BLANCO DE MORAIS, *ob. cit.,* pág. 560 (sem data).

[315] Neste sentido, cfr. FRANCO ARCHIBUGI e MATHIAS KOENIG-ARCHIBUGI, *ob. cit.,* pág. 17.

[316] Cfr. FRANCO ARCHIBUGI e MATHIAS KOENIG-ARCHIBUGI, *ob. cit.,* págs. 17-18, e CONSTANZO RANCI, *Oltre il welfare state, Terzo settore, nuove solidarietà e transformazioni del Welfare*, Studi e Richerche, 1999, págs. 149 e segs.

italiano as recentes cooperativas de solidariedade social, quer por constituírem uma forma original e atípica de cooperativa – a sua finalidade é prossecução de fins de integração social dos cidadãos mais desfavorecidos da comunidade, e não a protecção dos interesses dos cooperadores –, quer pela dimensão que actualmente exibem.

Entre nós, na esteira do que sucedeu em França e nos outros países, já se sugeriram diversas designações para abranger uma área, que não é pública, nem empresarial ou capitalista, constituída por cooperativas, mútuas e certos tipos de associações (por ex., as associações constituídas sob a forma de IPSS) – "economia social", "economia colectiva", "economia comunal" ou "comunitária", "economia do terceiro sector", "economia das actividades de objecto não-lucrativo", "economia de interesse geral", "economia participada", constituem apenas algumas das designações que têm sido adiantadas para enquadrar este sector. Actualmente, no nosso País, segundo RUI NAMORADO, a "economia social ainda não impregnou, minimamente, a prática das cooperativas, das associações e das mútuas, que continuam a ignorá-la, salvas raras excepções". Uma destas excepções está no V Congresso do Mutualismo, realizado em Novembro de 1987, que aprovou uma proposta de uma "Carta Portuguesa de Economia Social", para, à maneira francesa, lançar as linhas programáticas do terceiro sector, abrangendo nele as cooperativas, mutualidades e instituições de solidariedade social. Iniciativa que não teve sequência[317].

Esta proposta, mesmo a ter avançado, sempre pecaria por defeito, pois dela ficariam necessariamente excluídas realidades institucionais cuja pertença ao terceiro sector nos parece indiscutível, e de que constituem exemplo a generalidade das pessoas colectivas de fim desinteressado. Sinal apenas do facto de o fenómeno da economia social ou do terceiro sector ser visto, à semelhança do que sucede na generalidade dos países, mais sob o ângulo das ciências económicas e sociais do que do ponto de vista da ciência jurídica.

---

[317] Cfr. RUI NAMORADO, *A economia social em questão...*, págs. 6 e 20-21.

1.1. *Posição adoptada: autonomização do sector privado sem fins lucrativos*

Cremos ter ficado demonstrado que, mesmo ao nível europeu, o conceito de "economia social" ou de "terceiro sector", está ainda longe de atingir estabilidade e univocidade dogmático-conceitual, predominando sobretudo noções fornecidas pelas ciências económicas e sociais, adaptadas às características nacionais de cada país.

Aqui interessa-nos realçar a perspectiva jurídica.

E do ponto de vista jurídico cremos que uma das características nucleares do terceiro sector ou sector da economia social é justamente a ausência de fins lucrativos. Embora o terceiro sector não seja o propósito deste trabalho, mas porque o objecto do mesmo se encontra com aquele directamente relacionado, diremos que a noção do designado terceiro sector deve, em nosso entender, compreender duas notas fundamentais: em primeiro lugar, a ausência de fins lucrativos e, em segundo lugar, a iniciativa particular ou privada. Eis as razões que, no essencial, justificam a autonomização do sector privado sem fins lucrativos.

A ausência de escopo ou de fins lucrativos tem, sobretudo, a virtualidade de distinguir as entidades, corporações, organizações ou formações sociais em geral que não têm por objecto primordial, essencial, imediato ou directo o lucro, daquelas em que a obtenção do lucro constitui elemento essencial do conceito. Essencial para a delimitação conceitual do terceiro sector é, pois, o facto de as organizações não obedecerem à lógica do mercado, caracterizada em termos económicos pela acumulação capitalista, e em termos jurídicos pelo escopo lucrativo das entidades que nele actuam. Mas note-se que este requisito não exclui as organizações que tenham por objecto actividades de natureza económica ou que prossigam um fim económico ou egoístico, desde que não lucrativo. Até porque a evolução mais recente aponta quer para um alargamento do objecto das instituições não lucrativas, quer para a diversificação dos seus recursos materiais a actividades económicas lucrativas nunca antes desenvolvidas, de forma a obter cada vez mais fontes de autofinanciamento. Fala-se já, a este propósito, numa espécie de deslocação do próprio objecto de actividade – passagem de um objecto social para um objecto de natureza económica, como instrumento de realização de

AS IPSS e o "terceiro sector" ou "sector de economia social" 225

fins sociais. Entre nós, a tripartição (e distinção) constitucional dos sectores da economia em público, privado e cooperativo e social (art. 82.º, da CRP) parece, de algum modo, favorecer esta conclusão.

Deste modo, do terceiro sector ou sector da economia social farão parte a generalidade das pessoas colectivas privadas sem fins lucrativos, quer as de fins imanentes quer as de fins transcendentes (associações, incluindo as associações mutualistas, cooperativas, e também as fundações, estando naturalmente aberto ao aparecimento de outras organizações sem fins lucrativos), podendo ainda abranger outras manifestações não necessariamente personificadas – é o que sucede entre nós com as formas de exploração comunitária e de gestão colectiva por trabalhadores, desde que as mesmas não estejam integradas no sector público[318].

Por outro lado, a distinção entre organizações de "benefício mútuo" e de "benefício público" ou de "utilidade social" feita, a este propósito, pela literatura norte-americana, para excluir as primeiras do âmbito do terceiro sector, parece-nos improcedente, dado não estar excluída a existência de organizações cuja utilidade social é inegável, muito embora a sua actividade se dirija prioritariamente aos respectivos membros. Entre nós, a própria designação constitucional – sector cooperativo e social – aponta no sentido aqui defendido, e os dados do direito ordinário mais recente apenas confirmam o sentido do texto constitucional[319]. A isto acresce o facto de a Constituição, à semelhança do que sucede como outros textos constitucionais

---

[318] Acentuado a diversidade de organizações que podem fazer parte do terceiro sector, vide VITAL MOREIRA, *Auto-Regulação Profissional e Administração Pública*, Almedina, Coimbra, 1997, pág. 33.

[319] É o que sucede, por exemplo, com o Programa de Desenvolvimento Cooperativo (PRODESCOOP), criado pela Portaria n.º 52-A/99, de 22 de Janeiro, de forma a cumprir "o imperativo constitucional que comete ao Estado a tarefa de estimular e apoiar a criação e a actividade das cooperativas", através de medidas específicas "de discriminação positiva e de apoio à dinamização do sector", conforme consta da Portaria n.º 1160/2000, de 7 de Dezembro, que define o regulamento daquele programa. Para além disso, já anteriormente se previa a possibilidade reconhecimento do estatuto de utilidade pública pelo menos a algumas espécies de cooperativas. Na verdade o DL n.º 425/79, de 25 de Outubro prevê que "as cooperativas que não prossigam fins económicos lucrativos, nomeadamente as cooperativas culturais, as que prossigam iniciativas no âmbito da segurança social e as de consumo que negociem exclusivamente com os respectivos associados podem ser declaradas de utilidade pública nos termos do disposto no DL n.º 460/77, de 7 de Novembro".

226 As Instituições de Solidariedade Social

europeus, impor limites ou requisitos expressos quer às cooperativas – estas terão de obedecer aos princípios cooperativos –, quer às associações mutualistas – a ausência de fins lucrativos[320]. Aquela distinção poderá, isso sim, ser útil para outros efeitos, designadamente para efeitos de reconhecimento da utilidade pública, regalias, benefícios ou isenções fiscais, subvenções públicas, etc., mas não para a delimitação jurídico-conceitual do terceiro sector[321].

Pelo que no terceiro sector surge-nos uma realidade jurídica e institucional multiforme e heterogénea, composta por entidades ou organizações constituídas sob diversas formas jurídicas ou por outras formas de manifestação colectiva, que, sem fins lucrativos, irradiam a sua actuação por actividades de diferente natureza (económica, cultural, social, científica, etc.), a justificar eventualmente a existência e autonomização de diversos subsectores, não redutíveis exclusivamente aos que merecem reconhecimento constitucional[322],

---

[320] É o caso da Constituição italiana, que, no seu art. 45.º, subordina o reconhecimento da função social da cooperação à presença de dois elementos: um, positivo, concretizado no carácter de mutualidade; outro, negativo, expresso na ausência de fins de especulação privada. Cfr. ROBERTO ROMBOLI, *Problemi Constituzionali della Cooperazione*, in *RTDP*, 1977, ano XXVII, págs. 105-149.

[321] Para A. SANTOS LUÍS, *A Política da Acção Social em Portugal, ob. cit.,* pág. 264, propõe que, mesmo no quadro das IPSS e para os efeitos referidos no texto, deveria fazer-se uma distinção entre as entidades que "prossigam actividades de âmbito particular e egoísta com tarefas que visem pessoas que não se situem no âmbito das obrigações fundamentais do Estado prestar apoio."

[322] O subsector cooperativo e social compreende, nos termos as alíneas a), b) e c), do n.º 4 do art. 82.º, da CRP, o subsector cooperativo ou subsector da propriedade cooperativa, subsector da propriedade autogerida ou de exploração colectiva por trabalhadores, subsector propriedade comunitária ou cívica, e hoje também o subsector da propriedade solidária, na designação que lhe é dada por CASALTA NABAIS, *Algumas considerações...,* pág. 156 e nota 30. Vide, ainda, GOMES CANOTILHO e VITAL MOREIRA, *Constituição da República Portuguesa Anotada...,* anotação ao art. 82. Referindo-se ao último subsector, M. J. COUTINHO DE ABREU fala num subsector social, abrangendo aí as empresas de entidades colectivas sem carácter lucrativo e com fins de solidariedade social, designadamente empresas de associações mutualistas (*Curso de Direito Comercial,* vol. I, ..., pág. 238, e notas 169 e 170, e *Da Empresarialidade– As Empresas no Direito,* Almedina, 1996, págs. 187-195), e considera o sector cooperativo e social como um «tertium genus», composto por pessoas colectivas que, apesar de não serem pessoas colectivas públicas, têm especificidades bem significativas – nuns casos, o regime cooperativo (al. a), do n.º 4, do art. 82.º); nos outros, um regime parcialmente jurídico-administrativo (als. b), c) e d)), sendo que esta última alínea abrange [também] as instituições particulares de solidariedade social.

AS IPSS e o "terceiro sector" ou "sector de economia social" 227

mas que têm como elemento comum e caracterizador a ausência de fins lucrativos[323].

---

[323] Por este segmento da noção, as organizações não ficam impedidas de prosseguir acessoriamente um fim lucrativo, podendo, portanto, praticar actos de comércio, como, aliás, é aceite, em geral, pela doutrina civilista. Em segundo lugar, não exclui as entidades cujo objecto é constituído por uma actividade de natureza produtiva, económica e financeira, como é o caso de algumas espécies de cooperativas (por ex., cooperativas de comercialização, crédito, etc.) – aliás, as cooperativas podem exercer qualquer actividade económica, desde que não proibida por lei (art. 4.º, relativo aos ramos cooperativos, e art. 7.º, relativo à iniciativa cooperativa, ambos do Código Cooperativo) –, assim como não exclui as associações mutualistas, que, sob o ponto de vista funcional, não deixam de desenvolver uma actividade que inclui operações de natureza económica. Quanto às cooperativas, essencial é que constituam formas institucionais que, através da cooperação e entreajuda dos seus membros, e em obediência aos princípios cooperativos, visem a satisfação, sem fins lucrativos, das necessidades económicas, sociais ou culturais destes, podendo realizar operações com terceiros (n.os 1 e 2, do art. 2.º, do Código Cooperativo). Ao eleger a ausência de fins lucrativos como elemento essencial do conceito de cooperativa, afastando, assim, clara e inequivocamente, qualquer pretensão com escopo lucrativista, o Código acolheu uma concepção não mercantilista ou comercialista de cooperativa. Não obstante o capital ser assumido como um dos seus elementos constitutivos, as cooperativas não deixam de ser uma sociedade de pessoas. As cooperativas, na noção de L. Brito Correia, *Enciclopédia Polis*, vol. I, termo *Cooperativa*, págs. 1315-1318, são, pois, pessoas colectivas sui generis, de tipo associativo, distinguido-se das sociedades essencialmente porque estas tem por objectivo a obtenção de um lucro ou ganho a realizar no património da própria sociedade e a distribuir entre os sócios, em regra na proporção da respectiva entrada de capital, enquanto a cooperativa tem um fim mutualista, isto é, visa, realizar um ganho ou evitar uma perda no próprio património dos cooperadores (fornecendo bens ou serviços a preços mais baixos, dando-lhes trabalho mediante retribuição, etc.). Segundo o terceiro princípio cooperativo fornecido pelo art. 3.º do actual Código – participação económica dos membros – as cooperativas realizam, de facto, excedentes, podendo estes ser objecto eventual (que não necessário) de distribuição pelos membros na proporção das suas transacções com a cooperativa, obtendo, assim, os cooperadores um beneficio patrimonial. Só que o excedente não se confunde com o lucro. A actual redacção da Constituição, na parte da organização económica, destaca claramente o sector público, o sector económico (privado) lucrativo e o sector cooperativo e social (n.ºs 3 e 4, do art. 82.º, aliás, na sequência do art. 61.º), que constituem até um limite material da revisão da Constituição (art. 288.º, al. f)). Para além disso, o sector cooperativo goza ainda de especial protecção constitucional por estar em causa não só a liberdade de iniciativa, mas também a liberdade de associação ou de organização colectiva. Contudo, há determinadas formas de apoio ou protecção que só se tornam líquidas atendendo aos fins específicos das cooperativas, e designadamente à ausência de fins lucrativos – art. 85.º, da Constituição, parcialmente concretizado na Lei n.º 85/98, de 16 de Dezembro, que aprovou o Estatuto Fiscal Cooperativo. Para além disso, existem hoje cooperativas cuja finalidade exclusiva é a produção de bens ou a prestação de serviços à comunidade em geral, tidos de inegável relevância pública. É o que sucede em Itália com as

228   *As Instituições de Solidariedade Social*

O elemento da iniciativa privada ou particular terá, sobretudo, a virtualidade de distinguir as entidades e organizações criadas pelos particulares das suas congéneres criadas pelos poderes públicos,

---

cooperativas de solidariedade social. De fora do terceiro sector ficam naturalmente as cooperativas que não obedeçam aos princípios cooperativos ou que se pautam, no exercício das suas actividades, por concepções comercialistas, por se orientarem predominante ou mesmo exclusivamente por objectivos ou fins lucrativos, como, aliás, ainda acontece em algumas legislações da Europa comunitária, o que, segundo alguns autores, representa uma deformação do espírito cooperativo originário. Por outro lado, as cooperativas, ao estarem habilitadas para o exercício de qualquer actividade económica, poderão, potencial ou efectivamente, interferir no mercado, embora não orientadas pela lógica característica deste – a obtenção do lucro. Por isso, a interferência das cooperativas no mercado não pode constituir, só por si, um óbice à sua inclusão no terceiro sector. No sentido do texto, vide J. M. COUTINHO DE ABREU, *Da Empresarialidade...,* 1996, págs. 181-183, e *Curso de Direito Comercial*, vol. I, Almedina, 1999, 238-242, e HANS MUNKNER, *Cinco Lecciones de Derecho Cooperativo*, Ed. Fundação Friedrich-Ebert, 1977, págs. 23-24. Sobre o sector cooperativo e social e os princípios cooperativos geralmente aceites e objecto de consagração na Declaração da Aliança Internacional Sobre Identidade Cooperativa, e que se encontram, na sua generalidade, consagrados no actual Código Cooperativo, vide GOMES CANOTILHO e VITAL MOREIRA, *Constituição da República Portuguesa Anotada*, 3.ª ed. revista, Coimbra – Editora, 1993, anotações aos artigos 61.º e 82.º; GOMES CANOTILHO, *Direito Constitucional e Teoria da Constituição...,* pág. 1008, que os considera objecto de uma recepção constitucional formal; RUI NAMORADO, *Os Princípios Cooperativos*, Fora do Texto, Coimbra, 1995; NUNO SÁ GOMES, *Notas sobre a Função e Regime Jurídico das Pessoas Colectivas Públicas de Direito Privado*, in *Ciência e Técnica Fiscal*, n.º 153, 1987, págs. 157 e segs., embora à luz do anterior Código Cooperativo; SÉRVULO CORREIA, *Elementos de um Regime Jurídico da Cooperação, Separata de ESC*, ano V, n.º 17, 1966, págs. 36-37, onde o autor afirma que a empresa cooperativa transforma o mecanismo de repartição do lucro, sendo esta uma das suas notas distintivas relativamente às demais empresas, mas salientando que não deve confundir-se, como muitas vezes sucede, escopo de empresa com escopo lucrativo de empresário. Quanto às associações mutualistas, o facto de visarem a concessão de benefícios aos seus associados, no âmbito dos regimes complementares de protecção social e na saúde, assim como o facto de gerirem um capital constituído pelas quotizações dos respectivos associados, não impede a sua qualificação como instituições sem fins lucrativos. O que elas visam não é a obtenção de um lucro, mas a gestão de um capital tendo em vista a concessão de um benefício social aos associados. O capital constitui aqui o instrumento ou o suporte da prática da solidariedade social. Aliás, é o facto de as associações mutualistas terem por elemento constitutivo um capital indeterminado, assim como o facto de o gerirem, utilizando instrumentos e técnicas financeiras, actuando, assim, numa actividade que, por natureza não é avessa ao mercado mas que não funciona segundo a lógica deste, que justifica a sua inclusão, no âmbito da Constituição económica, no sector cooperativo e social (art. 82.º, n.º 4, al. d)). A prática ou a prossecução de fins de auxílio recíproco no interesse dos respectivos associados constitui, não só o princípio historicamente caracterizador do mutualismo, mas também o princípio que perpassa todo o regime do actual Código das

AS IPSS e o "terceiro sector" ou "sector de economia social" 229

como é o caso das entidades administrativas privadas, segundo a designação de Vital Moreira. Estas associações e fundações, criadas pelos poderes públicos segundo o direito comum, ou utilizando mesmo regimes especiais, como é o caso das que (já) são criadas no âmbito da solidariedade social e até sob a forma de IPSS, a que já se fez referência (utilização, para o efeito, do Código das Associações Mutualistas), constituem uma forma de privatização da organização administrativa, fazendo parte, pelo menos sob o ponto de vista material, da organização administrativa[324]. Mais problemático se afigura neste âmbito o caso das situações mistas, isto é, aquelas situações em que a Administração e os particulares surgem congregados na constituição de associações ou cooperativas e na instituição de fundações.

Associações Mutualistas, aprovado pelo Decreto-lei n.º 72/90, de 3 de Março. A prossecução de fins de auxílio recíproco, enquanto prática de solidariedade social no domínio da segurança social e da saúde, legitima a qualificação das associações mutualistas ou associações de socorros mútuos como instituições de solidariedade social. Ao que acresce o facto de as associações mutualistas poderem ainda desenvolver, entre nós, actividades ou serviços nas áreas da saúde, para além da concessão de prestações pecuniárias (arts. 3.º e 4.º, do Código das Associações Mutualistas). Quanto às fundações, não obstante o património constituir o seu elemento constitutivo caracterizador, não vemos, ao contrário da orientação tradicional, razões para serem excluídas do designado terceiro sector, dado que a sua criação representa também uma afirmação e concretização da autonomia privada e, portanto, uma afirmação da liberdade individual, podendo até ter uma relevância social superior às organizações colectivas. É o que sucede, por ex., em Espanha, no âmbito da assistência social. Pelo que, quer as fundações comuns (fundações regidas pelo Código Civil), quer as fundações de solidariedade social, incluindo as legalmente denominadas fundações de segurança social complementar, admitidas pelo Dec. Lei n.º 225/89, de 6 de Julho, devem ser inseridas no designado conceito de terceiro sector. Por esta razão não podemos concordar com aqueles autores que propõem, como designação alternativa, o conceito de economia associativa, como é o caso de Franco Archibugi e Mathias Koenig-Archibugi, *ob. cit.,* pág. 19. Do mesmo modo, ao terceiro sector deverão ainda pertencer as instituições canonicamente erectas, reconhecidas na ordem jurídico-civil. Pelo menos, e seguramente, dele hão-de fazer parte as que, para além de fins puramente religiosos, prossigam também outros fins. De fora do terceiro sector ficam as instituições privadas que, muito embora possam ser qualificadas de pessoas colectivas de interesse público, tenham, no entanto, um fim lucrativo, e de que constituem exemplo as sociedades de interesse colectivo, nas diversas formas ou espécies que podem assumir, segundo a lição de Freitas do Amaral, *Curso...,* págs. 558 e segs.

[324] Como já se referiu anteriormente, no sector da solidariedade social existem já associações e fundações constituídas, financiadas e geridas quer pelo Estado, quer pelos Municípios. Sobre as entidades administrativas em geral, vide Vital Moreira, *Administração Autónoma...,* págs. 285 e segs., e João Caupers, *As fundações e as associações públicas de direito privado..,* Coimbra, 2000.

230 *As Instituições de Solidariedade Social*

Como se referiu, o Programa Johns Hopkins, que propõe uma noção restrita de terceiro sector, é em relação a este tipo de situações bastante generoso, não excluindo a possibilidade de entidades públicas participarem na administração das organizações sem fins lucrativos, desde que em minoria, e os princípios da economia social francesa também não afastam, em absoluto, tal possibilidade, desde que não haja desvio aos mencionados princípios. Em nosso entender, dada o irrecusável dado histórico de interpenetração entre a sociedade e o Estado, a inclusão destas entidades no terceiro sector só será de admitir num quadro de cooperação entre as entidades do terceiro sector e a Administração, e apenas quando e na medida em que representem ainda uma expressão organizada da vontade dos particulares, quer na sua constituição, quer no seu funcionamento, aparecendo a Administração apenas como mais um elemento. Esta posição pressupõe, por princípio inderrogável, uma influência reduzida desta entidade nos órgãos sociais. Quando assim não suceder, estes organismos deverão considerar-se um desmembramento jurídico-formal da organização pública sob forma privada[325]. O sector privado não

---

[325] Naturalmente que a posição firmada no texto não esconde o facto de se tratar de uma zona nebulosa, e, portanto, de uma matéria avessa por natureza a delimitações conceituais rígidas. Qualquer posição que se adopte terá sempre de se mover na esfera do tendencial. É o fatal destino das zonas cinzentas ou híbridas em que se inserem as referidas "situações mistas". Por isso, continuarão sempre a subsistir situações problemáticas, como são em geral os casos em que o Estado ou outro ente público menor participa na constituição e administração da pessoa colectiva privada, ou no respectivo capital. É o que sucede com as cooperativas de interesse público (régies cooperativas) – artigo 82.º, n.º 4, al. a), *in fine*, da CRP, artigo 6.º do Código Cooperativo, e Decreto-Lei n.º 31/84, de 21-1). Para alguns autores, mais fiéis a uma concepção genuína do sector cooperativo e de terceiro sector, este tipo de entidades não integrariam não integrariam o movimento cooperativo devido à sua ligação ou penetração no sector público, conforme nos diz JOAQUIM LOURENÇO, *Enciclopédia Polis*, termo *Cooperativismo*, págs. 1323-1327. Acresce ainda o facto de a sua natureza jurídica ser discutida, variando entre a sua qualificação como associação pública de entidades públicas e privadas (cfr. JORGE MIRANDA, *As associações públicas no direito português*, pág. 21, opinião partilhada por FREITAS DO AMARAL, *Curso ....*, vol. I, pág. 405, e MARCELO REBELO DE SOUSA, *Lições de Direito Administrativo*, Lex, 1999, vol. I, pág. 314) ou como pessoa colectiva privada (VITAL MOREIRA, *Administração Autónoma...*, pág. 301--302). Quanto à sua natureza jurídica, a inserção destas entidades no Código Cooperativo, o qual, em certos termos, também lhes é aplicável, parece abonar a favor da tese defendida por VITAL MOREIRA. Contudo, julgamos que estas cooperativas só em casos limitados poderão ser integradas no sector cooperativo: tal só deve suceder quando a participação pública seja

AS IPSS e o "terceiro sector" ou "sector de economia social" 231

lucrativo deve constituir uma esfera de afirmação da liberdade e da autonomia privada, manifestadas através do pluralismo e da diversidade de formações sociais criadas e geridas pelos particulares. Por isso, as situações mistas devem, em princípio, ser dele excluídas, sob pena de a autonomia institucional e jurídica do sector privado não lucrativo se diluir numa espécie de sector misto ou numa nova forma de Administração[326].

---

diminuta ou reduzida e estejam garantidos os princípios cooperativos relativamente aos cooperadores privados (designadamente, adesão voluntária e livre, gestão democrática, participação económica), e a autonomia e independência da cooperativa não sejam afectadas pela intervenção estadual. Nos restantes casos, as régies cooperativas deverão, não obstante a sua natureza jurídica privada, ser incluídas no sector público, designadamente quando o capital subscrito for maioritariamente público. Tendo em conta o que se dispõe no art. 8.º – participação nos órgãos das cooperativas na proporção do respectivo capital, e no art. 12.º – número de votos proporcional ao capital que tiver sido realizado –, esta conclusão parece-nos aconselhável. Quanto à sua inclusão no terceiro sector, em nosso entender, o facto de serem qualificadas de interesse público não constitui, só por si, óbice à sua inclusão no mesmo, pois, caso contrário, seríamos forçados a colocar sérias dúvidas sobre pertença de certas entidades, indiscutivelmente privadas, a este sector, também qualificadas ou reconhecidas de interesse público. Por outro lado, e quanto à participação das entidades públicas no seu capital e gestão, a nossa posição sobre esta matéria decorre já do texto: independentemente da sua pertença ou não ao sector público, e de saber se os limites da organização administrativa coincidem ou não com os do sector público, consideramos, aliás, na sequência do pensamento de VITAL MOREIRA, *Administração Autónoma ....*, págs. 285-287, que as régies cooperativas constituem uma das variantes em que se podem concretizar as designadas entidades administrativas privadas, sendo, portanto, uma das facetas que pode assumir a "administração em forma privada" ou "entidades administrativas em forma privada". Pelo que a sua pertença ao terceiro sector só será de admitir quando a participação pública seja insignificante ou substancialmente reduzida, de modo a que o ente cooperativo seja sobretudo expressão organizada da vontade dos cooperadores privados e não da vontade estadual ou pública.

[326] A este propósito convirá referir que não deixa de ser sintomático o facto de as designadas "organizações sociais" brasileiras, não obstante a sua qualificação legal como pessoas colectivas privadas sem fins lucrativos (art. 1.º, da Lei n.º 9.637, de 15-5-98), serem excluídas do elenco das Organizações da Sociedade Civil de Interesse Público (art. 2.º, ponto IX, da Lei n.º 9. 790, de 23-3-1999, que a aprovou a disciplina sobre as Organizações da Sociedade Civil de Interesse Público e os Termos de Parceria com a Administração), não sendo, consequentemente, abrangidas pelo âmbito destes Termos de Parceria com a Administração Pública previstos nesta lei. Uma das razões que pesará nesta exclusão, a que já nos referimos noutro lugar, não deixa de ser o facto de os seus órgãos sociais, com funções directivas, deverem, na sua composição, integrar necessariamente "vinte a quarenta por cento de membros natos representantes do poder público", sob pena de não lhes ser reconhecida utilidade pública (art. 3.º), bem como o facto de os associados apenas

Mas note-se que o requisito em análise não exclui a possibilidade de as entidades ou organizações criadas pelos particulares desempenharem, normalmente segundo formas de colaboração ou de cooperação com a Administração, tarefas públicas ou funções públicas, isto é, de lhe serem delegadas pelos poderes públicos missões de serviço público, nem exclui as que são financiadas pelos recursos públicos (o financiamento público é, como se referiu, um dado comum à generalidades dos países) para realizarem os seus fins ou as missões de serviço público que lhe sejam confiadas (gestão de estabelecimentos ou a prestação de serviços aos beneficiários e/ou utentes). A entender-se o contrário muitas das instituições privadas sem fins lucrativos, designadamente da generalidade dos países europeus, e sobretudo as que prosseguem fins de assistência social, teriam forçosamente de ser excluídas do terceiro sector ou sector da economia social. Em nosso entender, o forte financiamento público a determinadas entidades privadas significa sobretudo o reconhecimento da importância que assumem para os poderes públicos, auxiliando-os ou substituindo-os na realização de tarefas públicas, não legitimando uma qualquer

---

poderem ter uma quota mínima de representantes por si eleitos no órgão máximo de gestão, a qual não deve ultrapassar 10% da totalidade dos membros. A imposição de tais limitações, que, no primeiro caso, representa um autêntico e amplo lugar cativo do Estado numa entidade associativa que é qualificada como privada, funcionando tal reserva como pressuposto de reconhecimento de utilidade pública, para além de outras limitações à liberdade de organização e funcionamento, afasta estas entidades do terceiro sector, deslocando-as para o seio da organização administrativa. Na verdade, ponderado o peso da representação estadual e a diminuta influência dos associados nos destinos ou no comando da associação, só por favor se poderá dizer que estamos perante uma organização que é expressão genuína e autêntica da vontade da sociedade civil, enquanto vontade ou iniciativa de particulares exercida e compreendida à luz da liberdade de associação, pelo menos nos termos em que a configura o nosso texto constitucional. Por isso, o que aqui verdadeiramente se nos apresenta, como também já referimos noutro lugar, é uma forma particular de Administração, uma espécie de entidade criada por particulares mas que nasce administrativizada, na medida em que é criada por privados mas para ser fatalmente ou (quase fatalmente) comanda directamente por públicos. No fundo, acaba por ser mais um modo de o Estado se servir de meios jurídico-privados para desmembrar a sua organização administrativa, aguardando a iniciativa dos privados, para, no mesmo acto, se apropriar dela e a comandar. Pelo que no caso específico das organizações sociais brasileiras nem se verifica uma verdadeira privatização, nem uma terceirização. Em sentido diferente do aqui defendido, vide P. E. GARRIDO MODESTO, ob. cit. págs. 242 e segs., que, não obstante o registo de algumas diferenças, equipara estas entidades às verdadeiras pessoas colectivas de utilidade pública.

AS IPSS e o "terceiro sector" ou "sector de economia social"   233

"apropriação pública" destas entidades. Contudo, isto não significa que estas entidades não coloquem problemas particularmente complexos, quer sob o ponto de vista do regime jurídico, quer do ponto de vista organizativo (relação com o sistema público de prestações e com a organização administrativa), a justificar, como veremos, um tratamento especial no quadro global das organizações sem fins lucrativos.

De qualquer forma, julgamos que a breve incursão comparada sobre o conceito de terceiro sector ou sector da economia social, mesmo ao nível europeu, está ainda longe de assumir uma significação unívoca, sendo, pelo contrário, objecto de enquadramentos teóricos e jurídicos diversos porque fortemente influenciados pelas características peculiares de cada país. Contudo, tal não implica que o mesmo, apesar da hibridez e das dificuldades em delimitar os seus contornos, não apresente características típicas que lhe conferem identidade e autonomia próprias em face dos tradicionais sectores (sector privado-
-sector público). A visão dicotómica tradicional deve hoje, pois, dar lugar a uma tricotomia de sectores[327]. Como veremos, a relevância económico-social de algumas das suas organizações fornecem indicações que permitem sustentar esta conclusão.

Em todo caso, e dadas as ambiguidades ou incertezas científicas ainda dominantes, talvez se afigure preferível, em termos metodológicos, estudar, autonomamente e sob cada um dos ângulos científicos pertinentes, as diferentes organizações sociais, muitas pré – existentes à formação do Estado, e como potencialmente pertencentes ao designado terceiro sector ou sector da economia social. De facto, antes de se pretender inserir sob a mesma capa conceitual diferentes realidades sociais, económicas e jurídicas – movimento cooperativo, mutualidades, associações e cooperativas de solidariedade social, e demais associações relevantes, etc. – talvez se afigure vantajoso (e até necessário) descobrir as motivações históricas, políticas e sociais do surgimento de cada uma das organizações sociais em causa, a sua função económico – social, o espírito que as anima, as características

---

[327] Cfr. VITAL MOREIRA, *Auto-Regulação Profissional e Administração Pública*, pág. 33, onde, não obstante salientar que o terceiro sector surge ainda com contornos não incontroversos, refere que o mesmo "não deixa de apresentar identidade suficientemente definida, constitui um híbrido dos sectores público e privado."

234 *As Instituições de Solidariedade Social*

típicas das actividades desenvolvidas e as finalidades predominantemente prosseguidas, a relevância social-pública destas finalidades, a entidade criadora das organizações, o seu enquadramento jurídico – estatutário, o quadro das suas relações com a Administração e com a sociedade civil. Pela nossa parte, estamos, neste trabalho, a seguir, na medida do possível, esta metodologia.

2. A relevância económico-social do sector privado sem fins lucrativos, em especial das instituições particulares que actuam na área social

Como quer que seja, e sem embargo das dificuldades que continuam a persistir, o certo é que da aplicação dos critérios do Programa Johns Hopkins acabou por resultar uma enumeração tendencial das áreas ou domínios potenciais ou privilegiados de actuação das organizações sem fins lucrativos: educação e investigação; saúde; serviços sociais; entidades promotoras ou intermediárias de actividades filantrópicas e promoção do voluntariado; cultura, desporto e lazer; ambiente; serviços jurídicos de apoio e defesa de direitos; actividades internacionais; sindicatos e associações profissionais.

Naturalmente que a sua aplicação terá de ser adequada à configuração específica que as organizações assumem em cada país considerado, assim como o elenco de algumas das áreas enumeradas constituem, em muitos casos, objecto de associações públicas, como é o caso de associações profissionais[328].

---

[328] Assim, por ex., a aplicação dos critérios do Programa em França, onde o designação terceiro sector é, como já se referiu, sinónimo do termo economia social, levou a considerar como pertencentes ao sector sem fins lucrativos as seguintes organizações: as fundações, entidades promotoras ou intermediárias de actividades filantrópicas ou gestoras de estabelecimentos de diversa natureza; associações (incluindo aqui associações mutualistas) gestoras de estabelecimentos de saúde, médico-sociais e sociais; cooperativas escolares e certas cooperativas de habitação; as associações, à excepção daquelas que não sejam independentes (por, por ex., dependerem fortemente do financiamento exterior), e as associações que tenham por objecto a gestão de estabelecimentos de ensino privado (sem sujeição a regime de natureza contratual). Em França, as associações constituem a forma jurídica predominante do sector sem fins lucrativos. Cfr. EDITH ARCHAMBAULT, *Le secteur sans but lucratif dans le monde*, in *Une seule solution, l'associatin? Socio-économie du fait associatif, La Revue du M.A.U.S.S.*, n.º 11, 1.º semestre, 1998, págs. 84 e segs.

De todo modo, um facto resulta, desde já, inegável: as instituições não lucrativas, independentemente da forma que assumam, criadas pela sociedade civil, com ou sem estímulo ou apoio do Estado, desempenham um papel fundamental não só na generalidade dos países do continente europeu, mas também em países de outros continentes, e de que são exemplo elucidativo os Estados Unidas da América.

As áreas de actuação dominante na generalidade dos países, segundo os dados comparativos do Programa, são constituídas pelas áreas da saúde, serviços sociais, educação e investigação, cultura, desporto, lazer e aproveitamento dos tempos livres.

Uma breve amostra de dados relativos a alguns países revela-nos, com alguma clareza, a sua importância económico-social.

França, país em que o designado terceiro sector é revelador de experiências exemplares, constitui o berço do nascimento anual, segundo os dados relativos à última década, de cerca de 70.000 novas organizações sem fins lucrativos, constituídas principalmente sob a forma de associação[329].

Este dinamismo, que tem variado ciclicamente, vem desde há anos, designadamente a partir da lei de 1901, que consagrou a liberdade de associação, tendo assumido proporções significativas a partir dos anos sessenta[330].

Após a assunção monopolista da gestão dos interesses públicos pelo Estado, que nacionalizou ou estatizou estabelecimentos de assistência ou beneficência, escolas, hospitais fundados e geridos por corporações religiosas ou laicas, seguiu-se a partir de 1901, e designadamente, a partir dos anos sessenta a criação de inúmeras associações com a finalidade predominante ou exclusiva de realizar interesses públicos em diversas áreas (designadamente em áreas novas, como a protecção ou promoção social, saúde, cultura, desporto, qualidade de vida, lazer e mesmo matéria de acção económica), e em muitos casos por delegação dos próprios poderes públicos[331]. O processo de inserção

---

[329] Cfr. EDITH ARCHAMBAULT, *Le Secteur Sans But Lucratif, Associations et Fondations en France*, Ed. Economica, 1996, pág. 177.

[330] Mas convém referir que já no século XIX se assistiu ao nascimento de inúmeras associações, designadamente de associações mutualistas.

[331] Neste sentido, vide CHARLES DEBBASCH e JACQUES BOURDON, *Les Associations, Que sais-je?* Presses Universitaires de France, 2.ª ed., 1987, págs. 27-28., e também JACQUES CHEVALLIER, *L'Association entre Public et Privé*, págs. 896 e segs.

236   *As Instituições de Solidariedade Social*

ou de incorporação das associações (e outras entidades) na esfera pública estava definitivamente lançado[332].

Do número total de associações constantes, em 1995, da base de dados SIRENE (225.600)[333], 3.465 prestam cuidados de saúde, e 28.115 tem por objecto a promoção ou a prestação de serviços sociais[334], destas 7.000 têm a missão específica de gestão de estabelecimentos ou equipamentos.

Quanto às fundações, que, à semelhança do que sucede na generalidade dos diversos países, também em França eram tradicionalmente excluídas do designado terceiro sector, o seu número cifra-se em cerca de 1.000, e seu relevo nas áreas referidas é relativamente reduzido[335].

---

[332] Neste sentido, vide JACQUES CHEVALLIER, *ob. cit.*, págs. 896 e segs., designando, precisamente, este fenómeno por incorporação das associações na esfera pública.

[333] Mas note-se que França existirão cerca de 700.000 associações, sendo que cerca de 100.000 têm por objecto actividades de saúde e de acção social. Cfr. MICHEL BORGETTO e ROBERT LAFORE, *ob. cit.*, pág. 91. No texto apenas se referem as associações que constam dos ficheiros ou da base de dados SIRENE (principal base de dados francesa de registo de empresas e organizações), que apenas regista as associações que paguem salários, que liquidem IVA ou que recebam fundos do Governo Central, conforme nos diz conforme EDITH ARCHAMBAULT, *Le Secteur Sans But Lucratif, Associations et Fondations en France* ..., pág. 114. No entanto, o autor adianta que cerca de 500.000 associações recebem apoio financeiro público. Em sentido parcialmente coincidente, vide ANA PAULA SANTOS QUELHAS, *ob. cit.*, pág. 151.

[334] De referir que só estas duas grandes categorias de associações detêm, em termos percentuais, 8,7% e 35,8% dos 1.160.073 postos de trabalho oferecidos pelas 225.600 organizações, conforme dados fornecidos por ANA PAULA SANTOS QUELHAS, *ob. cit.*, pág. 151.

[335] Segundo EDITH ARCHAMBAULT, *Le Secteur Sans But Lucratif, Associations et Fondations en France* ..., pág. 164, o número de fundações existentes em França com relevo no âmbito da filantropia, subvencionando organizações sem fins lucrativos, é relativamente escasso. Por a sua actividade consistir sobretudo no financiamento de fins sociais prosseguidos por outras organizações são designadas por intermédiaires philanthropiques, ou grant-giving foundations, na terminilogia anglo-saxónica. A maior parte das fundações francesas desempenham funções de gestão (sendo, por isso, designadas por Operating foundations). Cabe-lhes a gestão de museus, de estabelecimentos de saúde, de protecção ou defesa do ambiente, o desenvolvimento de actividades científicas. De referir que só recentemente foi criado em França um regime específico para as fundações, que anteriormente eram muitas vezes confundidas com outras figuras jurídicas sem fins lucrativos, como as associações sem personalidade jurídica. Fundamentalmente esse regime consta da Lei de 23 de Julho de 1987, sobre o desenvolvimento do mecenato, e da Lei de 4 de Julho de 1990, sobre as fundações criadas por empresas para financiar as suas actividades de mecenato (fondation d'enterprise), cuja criação tem vindo a ser fortemente estimulada pelos poderes

AS IPSS e o "terceiro sector" ou "sector de economia social" 237

Tal como sucedeu entre nós, também em França, as actividades de assistência ou beneficência desenvolvidas pelas entidades privadas no âmbito da prestação de cuidados de saúde e de assistência social precedeu a formação (e acção) do Estado e das colectividades locais, continuando as associações (entidades sem escopo lucrativo) a assumir um papel preponderante naqueles domínios, designadamente na área social, chegando mesmo em algumas situações a ter o monopólio (ou quase) da gestão dos serviços, estabelecimentos ou equipamentos[336]. Daí que se justifique o facto de terem ganho o estatuto de associações colaboradoras ou auxiliares da Administração no desenvolvimento das missões de serviço público. A participação

---

públicos, registando-se, inclusivamente, a criação de fundações por iniciativa de empresas públicas ou sob controlo estatal (por ex., France Telecom, Gaz de France, GAN, Crédit Cooperation, Macif). Pelo que em França temos duas grandes categorias de fundações, respectivamente: as fundações reconhecidas de utilidade pública (fundações criadas exclusivamente por particulares) e as fundações de empresas, que em muitos casos não deixarão de se aproximar da figura das entidades administrativas privadas. Os dados referidos foram recolhidos na obra, já citada, de EDITH ARCHAMBAULT, págs. 165-166.

[336] Existem associações que actuam no domínio da reabilitação de deficientes físicos, no domínio da educação especial para crianças inadaptadas, desenvolvendo aqui programas de educação especial segundo esquemas de colaboração contratual com os poderes públicos, e recentemente regista-se o surgimento de associações especialmente dedicadas às doenças genéticas e de luta contra o SIDA, quer no domínio da prevenção, da gestão de serviços de apoio social, designadamente na no âmbito do apoio social domiciliário (hospitalização domiciliária), e outros tipos de assistência. De facto, no domínio dos serviços sociais e médico-sociais, o sector sem fins lucrativos (sobretudo através de associações com fins de saúde e de acção social) desempenha um papel predominante: as associações gerem cerca de 55% dos estabelecimentos ou serviços sociais; 92% e 91% dos estabelecimentos para crianças e adultos com deficiências ou com outro tipo de dificuldades (por ex., a inadaptação), respectivamente, sendo que nestes dois casos o financiamento público cobre a quase totalidade das despesas. Mais reduzida parece ser a actuação destas entidades no domínio da gestão hospitalar, em virtude da criação e existência de um monopólio público deste sector (sector público hospitalar). No entanto, as leis de 31 de Dezembro 1970 e de 31 de Julho de 1990 prevêem, ao abrigo do princípio da complementaridade, a possibilidade de a gestão dos hospitais ser delegada em associações e outras organizações sem fins lucrativos, com financiamento público em condições de paridade com os primeiros, mas sob apertado controle do Estado, quer quanto à criação, quer quanto às condições de funcionamento, sendo-lhes inclusivamente aplicáveis as regras dos hospitais geridos directamente pelo Estado, designadamente sobre o exercício da actividade, deixando no entanto autonomia decisória e de gestão às associações. Cerca de 15,5% dos hospitais franceses são geridos por associações. A par destas situações, aquelas leis prevêem ainda a existência de hospitais privados lucrativos. Cfr. EDITH ARCHAMBAULT, *ob. cit.*, págs. 150-152.

de entidades privadas sem fins lucrativos no desenvolvimento de missões de serviço público é estimulada e incentivada pela Administração[337].

Por isso, também não admira que seja um terreno propício para o confronto de concepções que se dividem entre um pendor mais estatista e os princípios da complementaridade, da concorrência ou até mesmo da subsidariedade do Estado nos domínios referidos[338].

No âmbito do sector não lucrativo predominam fortemente as associações que têm por objecto a prestação de serviços na área da Segurança Social (exercício da assistência ou da acção social sob diversas formas – serviços de apoio ao domicílio, centros de acolhimento, creches, etc.) e a promoção ou prestação de cuidados de saúde, e ainda as que actuam na área da educação, assumindo a responsabilidade de prestar tais serviço através de acordos com os poderes públicos (Estado e colectividades locais)[339], aparecendo, por isso, "fortemente associadas à acção pública, nomeadamente no domínio da acção social, constituindo exemplos mais recentes as designadas políticas de inserção e de desenvolvimento local"[340].

Quanto à área da previdência, o destaque vai indubitavelmente para as associações mutualistas, emergindo já como um dos instrumentos de previdência colectiva de adesão obrigatória para os trabalhadores de determinadas empresas, associações e estabelecimentos

---

[337] CHARLES DEBBASCH e JACQUES BOURDON, *Les associations,* págs. 29-30, abrangendo ainda naquela designação, e para além das associações que prestam cuidados de saúde e desenvolvem actividades de Segurança Social, as associações que colaboram com a Administração nas áreas da educação, cultura, desporto, lazer, urbanismo, e associações que cooperam até em matéria fiscal (por ex., centros de administração ou gestão criados pelas profissões liberais).

[338] Cfr. EDITH ARCHAMBAULT, *ob. cit.,* pág. 146. De referir que as associações que actuam nas áreas mencionadas no texto constituíram, em 1947, uma entidade representativa comum – L'UNIOPDSS (Union nationale interfédérale des oeuvres privées sanitaires et sociales) – que agrupa a quase totalidade de associações de ambos os sectores.

[339] Estes acordos passaram, na linguagem legal, a ser designados por contratos de utilidade social, na sequência da deliberação do Conselho de Ministros francês, de 1 de Outubro de 1982, que teve por objecto específico o enquadramento jurídico das relações entre o Estado e as associações (cfr. SOLANGE PASSARIS, *Les Associations*, Editions la Découverte, 1984, pág. 76).

[340] Cfr. MICHEL BORGETTO e ROBERT LAFORE, *ob. cit.,* pág. 90.

AS IPSS e o "terceiro sector" ou "sector de economia social"   239

públicos de carácter industrial e comercial[341]. Característica que as aproxima das associações públicas.

A grande fatia do financiamento das actividades desenvolvidas tem por origem o orçamento dos poderes públicos (Estado e colectividades locais), variando entre 50% a 85%[342].

Daí não se estranhar que, em virtude do peso do financiamento público, haja a tentação de considerar as associações caritativas que actuam nas áreas referidas como quase-públicas, semi-públicas ou para-públicas, designadamente aquelas que, por acordo com os poderes públicos, gerem estabelecimentos ou equipamentos, tendo até já sido designadas por "associações gestionárias", ou mesmo confrontadas com o epíteto de "operadores", para as distinguir do agente "regulador" do serviço público (o Estado)[343].

Ao financiamento directo acrescem os benefícios fiscais, privilégios, regalias, isenções, etc., reconhecidos à generalidades dos entes de utilidade pública, desde que observados certos requisitos, elencados pela designada "doctrine des oeuveres"[344]

---

[341] Cfr. MICHEL BORGETTO e ROBERT LAFORE, *ob. cit.*, pág. 93, e ANA PAULA SANTOS QUELHAS, *ob. cit.*, pág. 165.

[342] Assim, por exemplo, 84% das receitas orçamentadas pelas associações que desenvolvem actividades na área da saúde provêm das subvenções públicas; 60% nas que actuam na área social, sendo ainda que 90% do orçamento dos hospitais privados inseridos na rede pública de serviço hospitalar provém do financiamento público, e 73% para os hospitais privados não inseridos na rede de serviço público hospitalar, assim como para os estabelecimentos destinados a pessoas portadoras de deficiências ou especialmente desfavorecidas. Aliás, estes valores, não se afastam dos valores médios praticados para a generalidade das organizações incluídas no terceiro sector: 60.2% para as contribuições do Estado; 35% para os rendimentos próprios e 4.8% para o contributo das entidades privadas.

[343] As expressões são referidas por GILBERT VINCENTE, *Les associations du travail social, acteurs politiques*, in *Une seule solution, l'association? Socio-économie du fait associative*, *La Revue du M.A.U.S.S.*, n.º 11, 1.º semestre, 1998, págs. 295 e segs. Todos os dados estatísticos foram recolhidos na obra de EDITH ARCHAMBAULT, *Le secteur sans but lucratif...*, págs. 153.

[344] Requisitos esses que começaram a ser elaborados pela Administração Fiscal a partir de 1997, tendo vindo a ser objecto de posterior elaboração jurisprudencial, e que ficaria conhecida pela "doctrine des oeuveres". Os requisitos, de aplicação simultânea, são os seguintes: o ente ter um objecto de interesse geral; não distribuir lucros pelos dirigentes; fundadores, membros, etc.; a actividade económica eventualmente exercida tem de estar subordinada ao objecto social de interesse geral; o lucro não pode constituir o escopo da organização; e se existir um saldo positivo deve ser reinvestidos na actividade de interesse geral desenvolvida (cfr. EDITH ARCHAMBAULT, *Le secteur suns but lucratif....*, pág. 176).

240 *As Instituições de Solidariedade Social*

Na Itália, nos últimos anos, tem-se assistido também a um crescimento visível de organizações sem fins lucrativos, não obstante a falta de legislação nesta matéria, recentemente colmatada com a publicação da Lei n.º 266, de 1991, sobre o regime do voluntariado, e o Decreto-Lei n.º 460, de 14 de Dezembro de 1997, sobre o regime fiscal do terceiro sector, faltando ainda, no entanto, um regime normativo que enquadre as novas exigências postas por estas organizações, designadamente quanto ao seu modo de funcionamento e gestão[345].

Do conjunto de entes agrupados no sector sem fins lucrativos, o destaque vai para as organizações com fins sociais, a grande maioria constituídas tradicionalmente sob as formas de associação e fundação (cerca de 1/3 são associações religiosas e as fundações representam cerca de um terço das organizações com fins assistenciais), sendo de registar, a partir da década de 70/80, o aparecimento de novas "empresas sociais" sem fins lucrativos, designadamente as cooperativas de solidariedade social, hoje elementos imprescindíveis na política social italiana por assumirem, pela via contratual, a gestão de um grande número de equipamentos e serviços nas áreas da saúde e da acção social, e mais recentemente a criação de organizações com funções de articulação, coordenação e regulação das diferentes entidades, podendo aqui vislumbrar-se a formação de entidades com funções reguladoras, de que constitui exemplo a Federsolidarietà – federação nacional das cooperativas de solidariedade social, que agrega as milhares de cooperativas do ramo[346]. Em termos económicos,

---

[345] Provavelmente esta situação não deixará de estar relacionada com o facto de apenas 25% das associações italianas se encontrarem registadas, sendo que as associações não reconhecidas continuam a constituir a grande fatia do sector associativo deste país. No entanto, as associações não reconhecidas são, do mesmo modo, consideradas formações sociais para efeitos do artigo 2.º da Constituição, isto é, como "corpo social intermédio entre o indivíduo e o Estado", pois que não deixam de constituir um "instrumento pelo qual o homem realiza a sua própria personalidade", daí que os respectivos associados gozem, nessa qualidade, da protecção constitucional reconhecida aos direitos fundamentais, e sejam aplicáveis às associações não reconhecidas as normas previstas para as associações legalmente constituídas (cfr. FRANCESCO GALGANO, *Le Associazini Le Fondazioni i Comitati*, Padova, CEDAM, 1987, págs. 1 e segs., e 65 e segs.).

[346] Cfr. STEFANO LEPRI, *Le cooperative di solidarietá sociale in Itália: caratterisriche generali e fonti di finanziamento,* in *Terceira Conferência Europeia de Economia Social*, Instituto António Sérgio do Sector Cooperativo, vol. IV, 1992, págs. 150 e segs. Tomando por base os dados de 1996, encontram-se registadas cerca de 4.000 cooperativas sociais.

AS IPSS e o *"terceiro sector" ou "sector de economia social"* 241

o sector sem fins lucrativos representa 2% do PIB italiano, e no seu orçamento o financiamento público ocupa uma fatia preponderante (varia entre 43% a 60%), sendo que as áreas dos serviços sociais, saúde e educação consomem a maior parte desse financiamento[347]. O financiamento remanescente provém sobretudo da comparticipação dos utentes. Refira-se, por último, que a dimensão e a importância das organizações não lucrativas em Itália justifica o seu tratamento específico em alguma literatura recente do Direito Público da Economia[348].

Na Alemanha, onde as despesas com o sector sem fins lucrativos representavam, em 1990, 3,6% do PIB, as organizações sem fins lucrativos produzem e prestam uma grande fatia dos serviços de saúde e sociais. A gestão e a prestação de uma grande parte dos cuidados de saúde e dos serviços sociais está a cargo do sector não lucrativo (designadamente das mutualidades), sendo este financiado

---

Estas encontram-se regulamentadas na Lei n.º 381/91, e têm por fim promover a integração social dos cidadãos vítimas de marginalização (menores e jovens, toxicodependentes, doentes mentais, idosos, alcoólicos, desempregados de longa duração, etc.) através da gestão de serviços sócio-sanitários e educativos ou do desenvolvimento de actividades diversas (agrícolas, industriais, comerciais ou de serviços) tendentes à inserção no trabalho de pessoas diminuídas ou marginalizadas (ex-presidiários, imigrados, portadores de deficiência, desempregados de longa duração). Na Itália, as organizações criadas pelos particulares com fins sociais podem, fundamentalmente, agrupar-se em seis espécies: organizações de voluntariado, de inspiração laica ou religiosa, cujo fim é a satisfação de necessidades dos mais carenciados e desfavorecidos sob o ponto de vista económico-social; empresas sociais, onde se incluem todo o tipo de empresas sem fins lucrativos, que tenham por objecto a produção ou a prestação de serviços destinados a grupos de risco ou que envolvam grupos socialmente excluídos desses serviços; associações que desenvolvem actividades sociais e culturais a favor dos respectivos membros; associações ou federações que têm por fim desenvolver actividades de articulação das restantes organizações da sociedade civil e a formação dos indivíduos que nelas participam; associações de representação cívica, cujo objecto essencial é a representação dos cidadãos na defesa de interesses específicos; e organizações profissionais, constituídas também com o escopo da representação e defesa dos interesses dos respectivos associados (cfr. ANA PAULA SANTOS QUELHAS, *ob. cit.,* págs. 155-156).

[347] Cfr. CONSTANZO RANCI, *Oltre il welfare state*, pág 186 e 194, e EDITH ARCAMBAULT, *Une seule solution, l'associatin?....,* págs. 90 e 92.

[348] A título de exemplo, vide PAOLO DE CARLI, *Lezioni ed Argomenti di Diritto Pubblico dell' Economia*, CEDAM, 1995, especialmente as págs. 305 e segs., ELISABETTA BANI, *Il mercato della solidarietà : servizi di interesse collettivo, imprese sociali e «volontariato»* , in *Diritto Pubblico dell' Economia*, a cura di Mauro Giusti, CEDAM, 1994, págs. 379 e segs.,

na ordem de 68% pelo orçamento público (Estado federal, os Lander, e a Segurança Social), resultando o remanescente de quotizações e taxas ou comparticipações.

Poderá, pois, dizer-se que a gestão do sistema de segurança social e do serviço nacional de saúdo tem vindo a ser delegado ao sector não lucrativo, designadamente às mutualidades, o mesmo tendo sucedido na Bélgica e na Holanda. As organizações não lucrativas assumem uma função substitutiva dos poderes públicos na gestão e prestação daqueles serviços.

Pelo menos em relação à Alemanha, tal facto justifica-se ou parece relacionar-se com o princípio da subsidiaredade, que justificará um forte financiamento público dos hospitais e estabelecimentos sem fins lucrativos, muitos deles geridos por instituições religiosas. Ou seja, o Estado só deve intervir quando uma instituição privada ou as colectividades menores (territoriais ou institucionais) não puderem satisfazer os interesses colectivos[349].

Existem ainda outros motivos que explicam tal facto, designada-mente, o que se relaciona com o modelo bismarckiano de segurança social, assente numa forte componente de base profissional, bem como a forte concorrência existente entre as Igrejas católica e protes-tante, introduzindo uma forte componente de confessionalidade ao sector. Por isso não é de estranhar que as grandes organizações não lucrativas que prestam serviços nas áreas social e da saúde tenham uma inspiração religiosa – é o caso da federação alemã da Caritas (Deutscher Caritasverband), que é uma organização católica, e da agência de serviço da Igreja protestante alemã (Diakonisches Werk der Evangelischen Kirche in Deutschland). Das organizações não confessionais destacam-se as associações de trabalhadores com fins sociais (Arbeitwohlfahrt Bundesverband), nas quais predomina a

---

[349] Cfr. EDITH ARCHAMBAULT, *Une seule solution, l'association? ....*, pág. 91, e tam-bém em *Le secteur suns but lucratif...*, pág. 207. Em sentido aproximado, vide ANA PAULA SANTOS QUELHAS, *ob. cit.*, pág. 163. Considerando também o princípio da subsidiaredade como princípio tradicional na regulação das relações entre os poderes públicos ou entre o sector público e o terceiro sector, vide RUDOLPH BAUER, *Il terzo settore e el nuove politiche social in Germania: uno studio di caso*, tradução para italiano de LUCIA BOCCACIN, in *Terzo settore, stato e mercato nella transformazione delle plitiche sociali in europa*, a cura di Giovanna Rossi, Tipomanza, Milano, 1997, pág. 98.

AS IPSS e o "terceiro sector" ou "sector de economia social"

perspectiva corporativa ou de classe[350]. Aliás, os estudos mais recentes salientam que as maiores organizações lucrativas da Alemanha, pela sua composição, importância especial na sociedade, e pelo seu estatuto jurídico, incluindo o seu estatuto constitucional, assumem uma posição ou um "papel excepcionalmente importante", constituindo, pelo menos no âmbito da União Europeia, um "caso especial", ou mesmo um "caso sem termo de comparação"[351].

De registar ainda a crescente importância das fundações de interesse público (na Alemanha existem mais de 7.000), que assumem um papel considerável quer no financiamento, quer na gestão de estabelecimentos de diversa natureza.

Também na Alemanha (no que é acompanhada pela Áustria, Bélgica e Holanda), as grandes organizações sem fins lucrativos são consideradas públicas ou quase-públicas, considerando-se que elas se encontram integradas no sistema de protecção social do Estado, a que se associa o facto de o financiamento ser essencialmente público, assim como os largos aspectos públicos do seu regime jurídico[352].

O modelo anglo-saxónico, de que fazem parte o Reino-Unido, a Irlanda, a Austrália, a Nova Zelândia, os Estados Unidos e o Canadá, assenta sobretudo em organizações que repousam numa longa e histórica tradição de beneficência provinda da iniciativa privada.

Nos Estados Unidos, onde se estima que existam, a dados de 1990, cerca de 1.400.000 organizações sem fins lucrativos, predominam as designadas "public charitable organizations" (organizações de caridade pública, de benefício público, que correspondem, grosso modo, às instituições de utilidade pública do nosso direito), assim designadas devido à relevância pública, colectiva ou comunitária dos seus fins. Trata-se de instituições sem carácter corporativo, uma vez que se encontram vinculadas ou têm por fim exclusivo a prestação de serviços ao exterior, isto é, a terceiros ou ao conjunto dos cidadãos, não pertencentes, portanto, às instituições ou às associações[353].

---

[350] Cfr. RUDOLPH BAUER, *ob. cit.*, págs.88 e segs.

[351] Cfr. RUDOLPH BAUER, *ob. cit.*, pág. 91, e autores aí citados.

[352] Cfr. EDITH ARCHAMBAULT, *Une seule solution, l'association?...*, págs. 94-95.

[353] Conforme dados fornecidos por ROY SPARROW e VALERIO MELANDRI, *Las organizaciones sin ánimo de lucro en los Estados Unidos: entre la historia y la política, ob. cit.*, págs. 109 e segs, e ainda, na mesma obra, ALCESTE SANTUARI, *Una mirada global a las experiências extranjeras*, págs. 65 e segs.

244 — *As Instituições de Solidariedade Social*

São os casos dos entes e associações que se movem no campo da solidariedade social, designadamente as organizações de assistência social ou de beneficência (designadas por Social Welfare, segundo o Código Fiscal Americano), de educação (educação pré-escolar, educação infantial) e as que têm por fim a prestação de cuidados de saúde, que consomem 52,6% das despesas totais do sector sem fins lucrativos, justificando-se tal facto em virtude da inexistência de um Estado-providência à semelhança dos países europeus. Estas instituições, também conhecidas por organizações não governamentais caritativas ou de caridade pública, gozam desde 1894, data em que foram emitidas as primeiras leis sobre estas instituições, de um estatuto especial reconhecido pelos governos federais – o estatuto de public charities[354].

O seu reconhecimento tem como consequência imediata a concessão de subsídios calculados em função dos serviços prestados, isenções e benefícios fiscais e outras regalias públicas. Em contrapartida, ficam vinculadas legalmente não só a prestar determinados serviços, mas também a fazê-lo gratuitamente numa percentagem de 5% do global dos serviços prestados, de forma a que os cidadãos de mais escassos recursos possam ter acesso a estes serviços. A imposição legal (e não contratual) destas obrigações é particularmente importante em determinados domínios, designadamente nas áreas acima referidas (maxime na educação infantil, creches, pré-escola), pois que os governos municipais, na sua grande maioria, devolveram por completo às organizações sem fins lucrativos a prestação de serviços em tais áreas. Nestes casos, a terceirização é quase total, mas com a particularidade de ser acompanhada com a imposição legal de deveres públicos de prossecução obrigatória – 5% dos serviços totais

---

[354] O significado jurídico do termo "caridade" desde há muito que vinha sendo delimitado pela via jurisprudencial, tendo recentemente sido objecto de delimitação legal, através do Código Fiscal Americano. Do ponto de vista subjectivo, são consideradas organizações de caridade as que prestam serviço aos pobres, desamparados, desprivilegiados ou desfavorecidos, as que promovem a assistência social em diversas áreas, as que protegem as comunidades marginalizadas e combatem a delinquência juvenil, as que protegem os direitos humanos e de cidadania legalmente garantidos, as que concedem assistência à religião, as que promovem a melhoria da educação, entre outras. Cfr. SIMONE DE CASTRO TAVARES COELHO, *Terceiro Setor, Um Estudo Comparado entre o Brasil e Estados Unidos*, Editora Senac, São Paulo, 2000, pág. 87.

AS IPSS e o "terceiro sector" ou "sector de economia social" 245

devem ser prestado gratuitamente, e devem ser prestado aos grupos mais desfavorecidos. Para as secretarias de educação municipal (Board of Education) fica a obrigação de subsidiar as organizações, privilegiando com uma maior percentagem as que se dirigem às classes mais desfavorecidas[355].

Por isso se justificará, de algum modo, a teoria que vê nas instituições não lucrativas (ou pelo menos em grande parte delas) produtores privados de bens públicos, que, em primeira linha, caberia à Administração garantir.

Por este conjunto de razões se justificará também a inserção destas entidades numa zona de fronteira entre o público e o privado, e que, pelos seus limites incertos e indefinidos, merece a designação de zona cinzenta ou zona confusa.

A terceirização aqui referida representa apenas o culminar de um processo iniciado há décadas: na década de 60 cerca de 56% dos serviços de sociais, educação e saúde directamente financiados pelo governo, numa percentagem de 50% dos respectivos custos, eram já geridos/prestado pelas instituições sem fins lucrativos[356].

De referir que as despesas do sector sem fins lucrativos representam, nos Estados Unidos, 6,3% do PIB, empregam 7 milhões de pessoas em regime profissional (cerca de 6.9% dos 12 milhões de pessoas que trabalham em regime profissional no sector sem fins lucrativos nos países industrializados), e o financiamento público, ao contrário da generalidade dos países europeus, ocupa uma fatia menor: cerca de 50% das receitas são próprias, provenientes sobretudo das comparticipações dos utentes, e o financiamento público varia entre 30% e 50%, em função do tipo de serviços, e geralmente é atribuído pela via contratual.

No Reino Unido o destaque vai indiscutivelmente para a área da educação, que consome 42.2% das despesas totais do sector sem fins lucrativos, seguindo-se as actividades culturais, o desporto e os tempos livres (20,5%), e os serviços sociais (11,5%). Quanto às fontes de financiamento, convém referir que as subvenções públicas não ultrapassam a média dos 40% das receitas totais do sector, sendo atribuídas,

---

[355] Refira-se que alguns dos serviços referidos são também entregues a outras entidades privadas. Cfr. SIMONE DE CASTRO TAVARES COELHO, *ob. cit., págs.* 160-161.

[356] Cfr. SIMONE DE CASTRO TAVARES COELHO, *ob. cit.,* págs. 176.

designadamente na área dos serviços sociais, através da fórmula contratual, sobretudo pelas colectividades públicas locais[357].

Merece também destaque o papel decisivo que as fundações e trusts desempenham em ambos os casos (só nos Estados Unidos existem 32.000 fundações cuja finalidade predominante é financiar organizações sem fins lucrativos (fondations distributrices, segundo a terminologia francesa, fondazione finanziara, na terminologia italina, ou grant-giving foundations, por contraposição às fundações que desempenham funções de gestão directa de equipamentos ou serviços sociais, designadas por operative foundations, na terminologia anglo--saxónica, ou por fondazioni operanti na terminologia italiana)[358]. Relevo especial merecem ainda, nos Estados Unidos, as fundações

---

[357] Caso particular neste sistema parece ser a Irlanda: entre 1922, data da sua indepen-dência, e a década de sessenta, o sistema de protecção social assentava essencialmente sobre o papel da família e as organizações sociais, sob forte tutela da Igreja Católica, surgindo o Estado em último lugar, aliás, por expressa opção da sociedade civil (ou da própria resistên-cia da Igreja). A partir da década de sessenta, altura em que o Estado começou a assumir papel predominante nas políticas sociais, deixando, assim, as organizações sem fins lucrati-vos de constituir os núcleos centrais no âmbito da política social, para passarem a ter um papel complementar do sistema público de protecção social e da prestação de cuidados de saúde. Contudo, ainda hoje 85% dos cidadãos Irlandeses dão donativos a estas organiza-ções, não obstante a inexistência de legislação que incentive e regulamente a atribuição destes benefícios. Aliás, o sector sem fins lucrativos irlandês, apesar de continuar a funcio-nar como pólo privilegiado de ligação entre a sociedade civil e o Estado, debate-se com algumas dificuldades ou pelo menos com algumas lacunas: não existe uma entidade confederadora que garanta ou coordene e articule (e represente), a nível nacional, a actuação das diversas organizações; ausência de um quadro normativo que defina com suficiente clareza o leque de entidades que devem pertencer ao sector sem fins lucrativos, ou mesmo, e em termos mais gerais, ao terceiro sector, a que se associa também a ausência de legislação que defina os pressupostos, os termos e os processo de concessão de financiamentos às organizações, dando esta situação origem a relações dúbias ou menos claras entre os pode-res públicos e as organizações ou, pelo menos, à concessão de apoios de forma facilitada, não se estranhando, por isso, que a larga maioria das organizações beneficie de um forte apoio financeiro público, representando a grande fonte de receitas das instituições. Segui-mos de perto ANA PAULA SANTOS QUELHAS, ob. cit., págs. 152-153.

[358] Os números foram uma vez mais recolhidos de EDITH ARCHAMBAULT, Une seule solution, l'association?..., págs. 88 a 96, e ainda do mesmo autor, Le secteur suns but lucratif ..., págs. 164 a 166. Naturalmente que o fim de utilidade pública na fondazioni finanziaria resulta por via mediata, na medida em que constitui um instrumento directo de apoio ao desenvolvimento das actividades da fundação financiada (Cfr. FRANCESCO GALGANO, ob. cit., pág. 394).

AS IPSS e o "terceiro sector" ou "sector de economia social"   247

de tipo comunitário (community foundations), que são (ou também são) consideradas "public charities"[359]. Quanto ao trust, especial relevo merece o designado trust público ou colectivo (public trust ou charitable trust), em que os beneficiários são um grupo de pessoas ou uma colectividade identificada, podendo ter diversos fins que vão desde a assistência social aos necessitados, o desenvolvimento educativo até à protecção do meio ambiente[360].

---

[359] Seguindo CARLOS BLANCO DE MORAIS, *ob. cit.*, pág. 556, nos Estados Unidos a doutrina distingue as "Independent Foundations" – tipo fundacional intrinsecamente privado, abrangendo as fundações familiares e as fundações constituídas por empresas (as "company sponsored foundations"), as "Operative Foundations" – fundações instituídas por privados, mas que visam, em regra, fins sociais, abrangendo uma multiplicidade de "charities" beneficiadas por isenções e regalias fiscais da "tax law" (do "International Revenue Code" de 1969 e de legislação de 1986), e as Community foundations" – fundações tidas como públicas em virtude do facto de os seus instituidores serem múltiplos e de se dedicarem a obras de relevo público ou comunitário. Contudo, o seu estatuto de "public charities" não lhes outorga carácter estatal, significando apenas que fazem apelo a doações ao público, permitindo-lhes ainda o máximo índice de dedução para efeitos fiscais.

[360] O trust designa um património vinculado ou afectado ao cumprimento de um fim alheio, constituindo uma figura jurídica, provavelmente com origem no direito canónico, de uso muito frequente no Reino Unido. Cfr. JAVIER MARTINEZ-TORRON, *Derecho Angloamericano y Derecho Canonoco. Las raices canonicas de la "common law"*, Editorial Civitas, 1991, pág. 135). Em sentido estrito, trust é uma estrutura com suficiente organização que permite ao fundador (settlor) encarregar uma ou várias pessoas de confiança (trustees) de gerirem uma quantidade de bens a favor de um ou vários beneficiários segundo as cláusulas e as condições estabelecidas nos estatutos ou no acto da fundação. As fundações constituídas para a prática ou a realização de obras de beneficência, apesar de não terem personalidade jurídica distinta dos seus administradores, sendo estes responsáveis pelos acordos que celebram com terceiros, podem ser registadas sob a forma de "sociedade de obra de beneficência", isto é, como entidades que têm por objecto a realização de obras de beneficência, assumindo assim o estatuto de charities. Cfr. obra colectiva sob a direcção de ELIE ALFANDARI, *Les Associations et Fondations en Europe – Régime Juridique et Fiscal*, Editions Juiris Service, 1990, págs. 340. Sobre as diversas modalidades de trusts, vide ROLAND SÉROUSSI, *Introdución al Derecho inglés y norteamericano*, Ariel Derecho, 1998, págs. 55 e segs. Sobre a tipologia das fundações anglo-saxónicas, pode ver-se, entre nós, a síntese de CARLOS BLANO DE MORAIS, *ob. cit.*, págs. 555-556. Para uma visão no direito comparado, vide MICHEL POMEY, *Traite des Fondations d'utilité Publique*, Presses Uinv. France, 1980. Segundo LUÍS CARVALHO FERNANDES, *Pessoas Colectivas...*, pág. 345, o trust tem por base uma relação de confiança (fidúcia), dado que se traduz em atribuir a uma pessoa individual, na base de uma relação de confiança, a gestão de interesses alheios, quando estes sejam colectivos. Para este autor, o nosso direito fornece institutos funcionalmente idênticos ou análogos, como será o caso das figuras civis da cláusula modal ou dos negócios fiduciários. Em sentido coincidente, vide C. A. MOTA PINTO, *Teoria Geral...*, pág. 275,

A compreensão das características típicas das organizações sem fins lucrativos inglesas só é possível remontando ao seu estatuto histórico – Charitable Uses Act – concedido por Isabel I, em 1601. Aí radica ainda o seu estatuto-base, cujas respectivas normas continuam, em parte, a aplicar-se. O requisito fundamental para que uma organização possa ser qualificada como charity é a prossecução de um benefício público, de um fim público, isto é, a sua constituição há-de ter como escopo a prossecução de um benefício para a comunidade. Aliás, a experiência inglesa constitui um dos exemplos históricos mais ricos e elucidativos sobre a importância social destas organizações e o correspectivo reconhecimento dessa importância por parte dos poderes públicos. A tradição britânica está indelevelmente marcada pela procura, por parte dos poderes públicos, de relações de colaboração com as organizações sem fins lucrativos, designadamente com as de fins assistenciais, que, aliás, e à semelhança do que sucede na generalidade dos países da Europa continental, são as mais antigas e as de maior tradição. Exemplo daquele reconhecimento parece ter sido o facto de, desde cedo, surgir como prática corrente a concessão, pelos poderes públicos, de personalidade jurídica a paróquias e hospitais, de forma a facilitar a titularidade e gestão dos bens imóveis que possuíam, e o regime de responsabilidade, fomentando, deste modo, a actividade de pessoas jurídicas privadas consideradas de interesse geral. A este propósito, há mesmo autores que vêem nas instituições de assistência medievais do common law inglês a raiz do modo de organização dos serviços de interesse geral nos E. U. A., precisamente por, desde cedo, se ter começado a atribuir ou a conceder personalidade jurídica a organizações com fins benéficos. Este modelo teria sido mais tarde importado para os E.U.A., e aí generalizado, ainda no século XIX, concedendo-se personalidade jurídica privada, para além das organizações benéficas, ao conjunto de colonos situados em zonas de fronteira, passo prévio da organização de municípios e outras estruturas políticas, a colégios, universidades,

---

onde considera a fundação fiduciária uma manifestação típica de liberalidades com cláusula modal em que o fim de utilidade pública é determinante, e MARIA JOÃO ROMÃO CARREIRO VAZ TOMÉ e DIOGO LEITE CAMPOS, *A Propriedade Fiduciária (Trust), Estudo para a sua Consagração no Direito Português,* Almedina, 1999, especialmente as págs. 247 e segs.

AS IPSS e o "terceiro sector" ou "sector de economia social" 249

bibliotecas, e também ao sector empresarial[361]. Embora neste último caso a influência venha do common calling, designação atribuída aos profissionais que ofereciam a prestação de um serviço com fins lucrativos, e que parece estar na origem da noção de serviço público americana (public utilities)[362].

Recentemente, a partir dos anos 80, com o governo thacheriano, o interesse das autoridades públicas pelas organizações de beneficência (charities) parece ter assumido contornos sem precedentes, considerando-as entidades capazes de desenvolver serviços e fins de utilidade pública que o Estado dificilmente, ou só de forma imperfeita, consegue ministrar. Este reconhecimento em breve se converteria em estratégia política no domínio da gestão dos serviços públicos de saúde e assistência social nacionais.

Com o fim de reduzir o papel dos poderes públicos na prestação destes serviços, e de forma a diminuir a dimensão do aparelho administrativo da Administração Pública central e local, em 1990, foi emitida uma lei, designada por National Health Service and Community Care Act, que transferiu ou confiou cerca de 85% do total da prestação de serviços sociais a cargo das autoridades locais para o chamado sector independente, constituído pelas organizações sem fins lucrativos (organizações de beneficência e sociedades cooperativas). A partir desta data, estas organizações deixaram definitivamente de assumir um papel adicional ou complementar do serviço prestado pelos poderes públicos, para assumirem um estatuto substitutivo da intervenção estatal no domínio da prestação directa de serviços sociais às pessoas, especialmente aos grupos mais desfavorecidos ou necessitados[363].

---

[361] Cfr. JUAN JOSÉ MONTERO PASCUAL, *Titularidade privada de los servicios de interés general. Origens de la regulación económica de servicio público en los Estados Unidos. El Caso de las telecomunicaciones*, in *REDA*, n.º 92, Outubro-Dezembro, 1996, especialmente as págs. 574 e segs.

[362] Cfr. JUAN JOSÉ MONTERO PASCUAL, *ob. cit.,* especialmente as págs. 574 e segs.

[363] De facto, as associações no Reino Unido desempenhavam tradicionalmente um papel adicional no fornecimento de serviços. Contudo, nos anos mais recentes, com a institucionalização do que ficou conhecido pelo "contrato cultural" dos anos 80, a situação alterou-se, podendo dizer-se que foi mesmo invertida. Através dos chamados "novos acordos de Protecção Comunitária", as organizações voluntárias competem e providenciam serviços em vez das autoridades locais. Esta alteração foi acompanhada por uma mudança radical nas técnicas de financiamento público: a tradicional técnica da subvenção foi substituída pela

250   *As Instituições de Solidariedade Social*

Mas convém notar que algumas destas organizações resultam da iniciativa ou pelo menos de um envolvimento ou influência directa dos poderes públicos, centrais ou locais. Por isso, em certos casos, o que verdadeiramente se nos apresentará será mais um fenómeno próximo da privatização da organização pública, através da criação de "organizações administrativas", que, muito embora, possam não apresentar todas as características de entidades privadas, pelo menos surgem destacadas dos poderes públicos tradicionais, sendo intencionalmente criadas, com ou sem a participação de entidades privadas, com o fim de se substituírem ao Estado na gestão dos serviços sociais. A designação que é atribuída a algumas destas organizações – quango ou qualgo (quasi-non governmental organizations e quasi--governmental organizations) –, para traduzir, pela negativa no primeiro caso, a sua ligação à Administração Pública, central ou local, pretende apenas significar o carácter formalmente distinto do governo central ou do poder local, fazendo-se, assim, realçar a natureza não governamental das organizações. A ideia de que, em muitos casos, se tratará apenas de um expediente para reduzir a dimensão ou a visibilidade da organização pública parece ter também aqui um campo fértil de aplicação[364/365].

---

celebração de contratos de prestação de serviços específicos, actuando o financiamento como forma de custear as despesas desta prestação (e não, obviamente, como remuneração pelo serviço prestado). A forma do *contracting out* tornou-se no instrumento jurídico que comanda o relacionamento institucional entre as organizações voluntárias e os poderes públicos. Para além disso, esta mudança implicou outra consequência e que toca directamente com as organizações: a introdução de técnicas de gestão empresarial e diversificação das formas de angariação de receitas para suportar as despesas não cobertas pelas receitas obtidas das autoridades públicas pelo via contratual. Por isso, muitas organizações viram-se obrigadas a assumir um papel empresarial, obtendo fundos em lojas, catálogos postais, etc. Cfr. NIGEL TARLING, tradução portuguesa da comunicação apresentada à Terceira Conferência Europeia de Economia Social, sob o título *Le role of good management in business strenghtening,* publicação do Instituto "António Sérgio" do Sector Cooperativo, vol. IV, 1992, págs. 61 e segs.

[364] A propósito da organização administrativa britânica, CARLO DESIDERI, num estudo de 1982, intitulado *Esplorazioni del governo e degli studiosi britannici nella terra dei quangos,* in *RTDP,* ano XXXII, págs. 191 e segs., baseando-se num estudo de CHRISTOPHER HOOD (*The rise and rise of British Quango,* in *New Society,* 1973, págs. 386-388), fazia notar, num dos pontos aí abordados – "il machinery of government problem ed i quangos" –, que só uma parcela da actividade do governo britânico era directamente desenvolvida pelo civil service, sendo que 35% da despesa do governo central era transferida para organismos

AS IPSS e o "terceiro sector" ou "sector de economia social" 251

Como quer que seja, o certo é que a deslocação de tarefas sociais para as organizações sem fins lucrativos não deixa de ser tratada no âmbito mais geral das privatizações na Grã-Bertanha, sur-

---

externos (out-side bodies) e 15% era destinada a "contracts state" com organismos privados. Na área social, a actividade desenvolvida pelos non departamental-central bodies era cerca de três vezes superior à do civil service.

[365] A origem do acrónimo quangos está na expressão quasi-non-governmental organizations, a qual, por sua vez, parece ter nascido, nos anos sessenta nos Estados Unidos, para designar as organizações, também de natureza privada, a quem era confiado, numa base contratual, a prossecução de uma finalidade pública. Mais tarde, a expressão qng ou quango, viria a ser introduzida na linguagem jurídica britânica, designadamente através de duas conferências anglo-americanas, realizadas em 1969 e 1971. Nessas conferências acentuou-se a necessidade de fazer a distinção entre a figura quasi-governmental organizations – organizações em que os ministros conservam alguns poderes (por exemplo, os de nomear membros para os órgãos dirigentes (appointments), de controlo e (também) de direcção) – da quasi-non-governmental organizations, figura que, como reconhece CARLO DESIDERI, *ob. cit.*, pág. 204, não é fácil de definir, não só pela ausência de características típicas, mas porque estas assumem pouca importância (incluindo a natureza pública ou privada), relevando sobretudo a actividade desenvolvida e a relação estabelecida com o governo. Por isso, esta designação desprendeu-se do seu significado original, herdado dos Estados Unidos, passando, na linguagem corrente da Grã-Bertanha, a designar indiferentemente toda uma larguíssima faixa de estruturas ou organizações de algum modo conexas com o governo ou com elementos de ligação ao governo, embora variando a tipologia destes elementos. Contudo, esta distinção não é pacífica, até porque a designação quango é, por natureza, ambígua, e até, como refere o próprio autor, um pouco mítica, sendo, por isso, avessa a uma arrumação num conceito comum, pelo que a imensa diversidade de situações apenas serão susceptíveis de uma descrição analítica. Daí que alguns autores tenham proposto a designação de quasi-autonomous-national-governmental-organizations para abranger "tuti i bodies nei confronti dei quali i ministri hanno il potere di nominare persone negli organi dirigenti (appointments)". Mais difícil se torna ainda explicar a origem do termo bodies, que anda, pelo menos do ponto de vista funcional, de mãos dadas com o termo quango, ao ponto de se usar indistintamente ambos os termos. Segundo CHRISTOPHER HOOD, citado pelo mesmo autor, várias têm sido as teorias explicativas, indo desde a "teoria manageriale" ao fenómeno do "political patronage", que tem subjacente a neutralidade política das decisões, até às mais variadas explicações de natureza burocrática. Como quer que seja, o problema subjacente é inevitavelmente a organização administrativa, daí que o autor (pág. 209) constate "che gli studiosi (...), esplorando l`accidentata e misteriosa terra dei quangos – o fringe bodies – continuamente si imbattono nei nodi fondamentali della vita delle organizzazini pubbliche contemporanee". Deste modo, não admira que o governo Tatcher, com o propósito de redução da despesa pública, tenha promovido, em 1980, um estudo sobre o conjunto destas organizações, designado por Report on Non-Departmental Public Bodies, onde se conclui, entre outras coisas, pela necessidade de controlar administrativa e politicamente estas entidades (respondendo perante o Parlamento directa ou indirectamente,

252   *As Instituições de Solidariedade Social*

gindo neste quadro a estratégia da cooperação como meio de mobilizar e envolver o sector privado na esfera pública, no desempenho de tarefas anteriormente a cargo da organização pública. A estratégia de associação (partnership) de entidades privadas à realização de tarefas públicas, para além de conceder aos privados o estatuto de associado (partner), converte-os em verdadeiros agentes de políticas públicas ou dos programas políticos, dando, assim, origem a uma nova realidade, formando uma espécie de "mosaico" ou mesmo um "sector misto", com fronteiras e poderes indeterminados, porque caracterizado pela extensa gama de organizações, e pela diversidade e até indefinição jurídica do seu estatuto. As "voluntary organizations" constituem exemplo paradigmático deste novo complexo organizacional[366].

---

isto é, pela via do ministro responsável, ou sem a sua interposição), até porque o financiamento público rondava os 50% do seu orçamento. Neste relatório distinguem-se essencialmente dois tipos de "bodies" (embora aí se inclua um terceiro tipo – "tribunals"): executive bodies e advisory bodies, abrangendo-se no primeiro caso a gestão de actividades meramente executivas, não necessitadas de uma imediata ou directa responsabilidade ministerial na sua gestão quotidiana; e no segundo caso, organizações constituídas por representantes de organismos públicos e privados (associações, sindicatos, utentes de serviços, etc.), com funções variadas (consultivas, decisórias, fiscalizadoras, sancionatórias e de regulação). Diga-se ainda que neste relatório ao termo quango foi oficialmente atribuída a qualificação de quasi autonomous non governmental organization, dando aos "bodies" uma natureza não governamental. Num estudo mais recente, Vincent Wright, *Le privatizzazioni in gran bretagna, RTDP*, ano XXXVII, 1988, págs. 87 e segs., afirma que a intenção inicial do programa – reduzir a despesa pública pela reforma ou supressão destes organismos, designadamente os executive bodies – não viria a concretizar-se, vindo os quangos, pelo contrário, a ser inseridos nas estratégias privatizadoras dos anos seguintes, quer no domínio da prestação de serviços, quer no desempenho de funções de regulação. Aliás, no direito anglo-saxónico, e designadamente no domínio destas última função, as quangos surgemnos, a par com as independent regulatory agencies, como organizações dotadas do estatuto de autoridades administrativas.

[366] Cfr. Vincent Wright, *ob. cit.* págs. 87 e segs., e 104, referindo mesmo que o dualismo público-privado é, hoje, uma falsa questão, dado que ambos intervêm numa constante e complexa ligação, produzindo um vasto "mixed sector", uma zona híbrida, com poderes e fronteiras indeterminadas, composto por numerosos organismos com poderes de regulação, de auto-regulação, organizações de beneficência, incluindo as quangos e outros agentes de políticas públicas. No entanto, o autor (pág. 102) não deixa de colocar em questão o facto de esta situação provocar problemas legais, metodológicos (designadamente a dificuldade de identificação e definição das suas características), políticos (a responsabilidade política), administrativos (designadamente, a coordenação das actividades), e económicos (que têm a ver com a escolha entre os custos da intervenção pública directa e a "delegação financiada" da prestação de serviços públicos).

A importância tradicionalmente reconhecida às organizações sem fins lucrativos que actuam nas áreas social e da saúde, e que agora se viu reforçada, levou, para efeitos de regime, ao seu destacamento no contexto das instituições que, em geral, são integradas no sector da economia social ou terceiro sector, também designado por sector independente, autonomizando-se, assim, um ordenamento jurídico específico para o sector do voluntariado (voluntary sector, consumido em grande parte pelas associações de voluntários e de solidariedade, que são cerca de 180.000, registadas na Charity Commission, sendo, por isso, registadas como Charities), que, dado o seu particular estatuto (charitable), gozam de vantagens fiscais e para-fiscais mais favoráveis (ou mesmo não reconhecidas a outras organizações do designado terceiro sector), correspondente, em média, a um milhão de libras estrelinhas por ano[367].

Por outro lado, a dimensão e a relevância das organizações sem fins lucrativos na Grã-Bretanha, designadamente das que desenvolvem tarefas na área social e da saúde, levou à criação de um órgão público – a Charity Commission –, com poderes administrativos de regulação e controlo das organizações não lucrativas, assim como sobre a actividade por elas desenvolvida[368].

---

[367] Mas note-se que há outras áreas onde as organizações sem fins lucrativos desenvolvem funções de relevo, como é caso da construção de habitações – cerca de 10% do parque habitacional inglês constitui resultado da iniciativa destas organizações. Refira-se ainda que, tomando por base dados de 1992, existiam no Reino Unido cerca de 500.000 organizações sem fins lucrativos, registadas sob a forma de associação (cfr. NIGEL TARLING, ob. cit., pág. 61), mas nem todas gozam do estatuto das Charities.

[368] Cfr. ALCESTE SANTUARI, Uma mirada global a las experiencias extranjeras, ob. cit., pág. 73 e segs. No entanto, e sem embargo da importância reconhecida às organizações sem fins lucrativos na Grã-Bretanha, actualmente tem vindo a discutir-se vivamente, mesmo a nível político, sobre as vantagens em manter os benefícios fiscais destas instituições, assim como a própria existência de um órgão público para o sector – a Charity Commission, dado que uma das funções principais deste órgão é exercer um controlo sobre a actividade das instituições para efeitos de apurar se se justifica ou não a manutenção das regalias públicas que lhe são concedidas. Função que não tem vindo a ter a eficácia desejada, uma vez que muitas das organizações, em vez de cumprirem os fins para que foram criadas – socorrer os mais necessitados ou desfavorecidos –, constituem apenas instrumentos de acumulação de riqueza. Coloca-se mesmo a hipótese alternativa de extinguir os benefícios fiscais destas instituições, deslocando tais montantes directamente para as pessoas necessitadas ou, quando tal se justifique, isentando-os de qualquer imposto como forma de auto-ajuda. O debate actual toca com as funções destas organizações, a filosofia que lhe preside, as características da sua acção, a sua operatividade efectiva no contexto da sociedade.

Para além da Charity Commission existe ainda uma outra organização, representativa do designado sector independente, o que, aliás, também sucede nos Estados Unidos, fazendo lembrar as agências reguladoras existentes noutros domínios[369].

De facto, quer nos Estados Unidos, quer no Reino Unido, existem organizações que asseguram parcialmente a (auto)regulação do sector, produzindo regularmente dados estatísticos sobre o conjunto das organizações e respectivas actividades desenvolvidas, emitindo regras de carácter ético, deontológico, de disciplina e (auto)controle. No primeiro caso designa-se por Independent Sector, e no segundo por Charities Aid Foundation.

Tal como nos restantes países, também nos Estado Unidos ao financiamento directo acrescem os benefícios fiscais, privilégios, regalias, isenções, concedidos à generalidades dos entes sem fins lucrativos.

No Quebeque, as organizações sem fins lucrativos que actuam nas áreas da Saúde e dos Serviços Sociais são (também) vistas como meio de aliviar os poderes públicos. No entanto, tentam ainda conservar uma função supletiva ou complementar dos serviços oferecidos pelo sector público através de uma resistência continuada, perante os poderes públicos, de integrar nos seus objectivos e missões a responsabilidade de resolver ou remediar as lacunas daquele sector, por recearem que aqueles se libertem das responsabilidades de que estão incumbidos.

De qualquer forma, e não obstante aquela resistência, o desenvolvimento das actividades em consonância com os modelos, programas, orientações e políticas públicas, para além de constituir um dado objectivo da sua integração no espaço dos serviços públicos, afirma-se como um pressuposto necessário para o acesso aos fundos públicos. Pelo que o respeito pelas orientações e políticas governamentais, pelos critérios estabelecidos pelo Estado e a apresentação de garantias de estabilidade na gestão e permanência ou continuidade na prestação dos serviços parecem constituir o caminho incontornável para obter os recursos financeiros necessários, não só para a prestação de serviços, mas também para a própria sobrevivência das organizações.

---

[369] Sobre estas agências, vide VITAL MOREIRA, *Administração Autónoma...*, págs. 126 e segs.

Esta situação, que não é privativa do caso agora considerado, tem o condão de denunciar ou revelar a reorganização do papel do Estado no domínio social: confiar às organizações privadas a prestação directa de serviços de saúde e de assistência social (apoio domiciliário, vítimas de violência conjugal, desempregados, menores desprotegidos e, em geral, o apoio à infância e jovens, toxicodependentes, famílias em dificuldades, terceira idade, etc.), mas, através de uma pressuposta cooperação, envolve as organizações privadas num lógica de institucionalização ou de quase oficialização (financiamento público, programas públicos, controlo público, etc.), acabando mesmo por as confinar cada vez mais a um papel de prestadores de serviços e entidades gestoras de fundos públicos [370].

Quanto ao modelo escandinavo, que abrange a Suécia, Noruega, Finlândia e Dinamarca, não obstante a forte dimensão do modelo de Estado-providência, que fornece a quase totalidade dos serviços de educação, saúde, segurança social (este último uniforme e universal, por ter sido concebido com base no plano beveridgie), tem-se registado recentemente um forte dinamismo das organizações privadas não lucrativas (associações e fundações), como sucede na Suécia e na Finlândia, ficando tal facto a dever-se sobretudo à estreita colaboração com os poderes públicos, sendo já apontados como exemplos paradigmáticos de articulação/coordenação entre o Estado e as orga-

---

[370] Cfr. SUZIE ROBICHAUD, *O voluntariado no Quebec: direcção e gestão*, in *Intervenção Social*, ano IX, n.º 20, Dez. 1999, págs. 117 e segs. Segundo a autora, o facto de as organizações serem responsáveis pela gestão de fundos públicos conduz a um apertado controlo, vigilância (a autora fala em direito de vigilância) e avaliação das actividades desenvolvidas pelas organizações, tendo em vista a garantia de uma sã gestão financeira. Daí que o Ministério da Saúde e os Serviços Sociais exijam anualmente vários relatórios de actividades e dados estatísticos; as condições de admissibilidade e de financiamento sejam reguladas com base nas orientações e políticas governamentais; as rubricas orçamentais devam conter a certificação de um contabilista legalizado; apresentação de um retrato claro e fiável dos beneficiários das instituições como requisito indispensável para avaliar a utilidade dos subsídios e evitar duplicação de serviços no mesmo espaço social ou em relação à mesma população alvo, etc. Segundo a autora, a satisfação do conjunto destas exigências tem vindo a transformar as organizações de voluntariado em estruturas profissionalizadas, dado que os compromissos assumidos perante os poderes públicos e perante as populações exigem recursos humanos permanentes, e uma gestão rigorosa e quotidiana de todas as acções.

nizações sem fins lucrativos[371]. Este fenómeno não deixará também de andar associado ao declínio do modelo de Estado-providência[372]

Na Suécia, não obstante a grande maioria das organizações prosseguir fins em benefício dos seus próprios associados, membros ou promotores (organizações de fins imanentes, organizações em que os promotores coincidem com os beneficiários) tem-se registado nos últimos anos uma crescente transferência de tarefas públicas para as organizações sem fins lucrativos, sobretudo para as de âmbito local, não sendo, por isso, de admirar que a maior fonte de financiamento na área dos serviços sociais provenha do Estado (mais de 50%), tendo as organizações que actuam nas restantes áreas (cultura, desporto, actividades recreativas) um apoio financeiro público na ordem dos 29%, provindo as restantes receitas das actividades por si desenvolvidas (os donativos particulares são escassos)[373].

À semelhança do que sucede nos demais países escandinavos, também na Finlândia os elevados níveis de protecção social tem vindo a ser conseguidos na base da articulação entre o Estado e as organizações sem fins lucrativos, envolvendo-se estas não só no plano operativo da respectiva execução, mas também na sua definição.

A grande maioria das organizações existentes prossegue também fins que interessam directamente aos respectivos associados ou membros, e o seu financiamento conta com o apoio estatal em cerca de 32%, provindo o restante das actividades desenvolvidas pela mesmas[374].

---

[371] Assim sugere ANA PAULA SANTOS, *ob. cit.*, pág. 157. Em sentido parcialmente coincidente, EDITH ARCHAMBAULT, *Une seule solution, l'association?...*, pág. 96, que destaca o papel que as organizações sem fins lucrativos desempenham nos países escandinavos nas áreas em que os serviços públicos estaduais são insuficientes ou lacunosos, falando a este propósito na inversão do princípio da subsidiariedade.

[372] Cfr. EDITH ARCHAMBAULT, *Une seule solution, l'association?....*, pág. 96.

[373] Cfr. ANA PAULA SANTOS QUELHAS, *ob. cit.*, pág. 159, e EDHIT ARCHAMBAULT, *Une seule solution, l'association?...*, págs. 92 a 96. Diz-nos aquela autora que, na Suécia, estima-se que existirão entre 160.000 a 180.000, sendo responsáveis por 4% do produto bruto do país, a dados de 1992. De salientar também o dinamismo das fundações. Cfr. EDITH ARCHAMBAULT, *Une seule solution, l'association?...*, pág. 96.

[374] Estima-se que existem na Finlândia cerca de 105.000 associações, para além do dinamismo que se tem registado na criação de fundações, que são regulamentadas por uma lei própria (Lei das Fundações), existindo também uma lei própria das associações. O peso das organizações sem fins lucrativos no produto nacional bruto do país ronda os 14%. Seguimos de perto ANA PAULA SANTOS QUELHAS, *ob. cit.*, págs. 157-158

Em síntese, e fazendo a média dos diversos países, o financiamento das actividades desenvolvidas pelos entes privados sem fins lucrativos, nas áreas da saúde e social, ronda os 50%, seguindo-se as associações de defesa dos direitos dos cidadãos (47%), e a educação e investigação com 43%[375]. Nas restantes áreas que constituem domínios típicos da actuação dos entes sem fins lucrativos, o financiamento privado parece ser o predominante, não obstante a existência, nalguns casos também substancial, de financiamento público.

Por último, vejamos o que sucede em Portugal, na área específica que nos ocupa[376].

À semelhança da maioria dos países atrás referidos, também em Portugal se impôs ao Estado a obrigação constitucional de criação de um sistema de segurança social público, uniforme e universal, revelando, assim, influências do já referido "Plano Beveridge"[377].

Contudo, no domínio da acção social, o Estado demitiu-se praticamente da prestação directa de serviços, tendo, em sua vez, surgido, nesse espaço, as instituições de solidariedade social, substituindo, assim, o Estado nas respostas sociais que, por princípio, lhe caberia constitucionalmente desenvolver. Em face da ausência de criação de equipamentos e serviços por parte dos poderes públicos, dando cumprimento a uma obrigação constitucional que impunha a formulação de respostas essencialmente ou predominantemente públicas, ou pelo menos a criação de um sistema de acção social público destinado a proteger as pessoas perante os riscos sociais e, em geral, perante todas as situações de carência económico e social, foram surgindo as iniciativas particulares, umas já herdadas outras criadas de novo. E são as organizações criadas pelos particulares que, hoje, assumem quase totalmente a prossecução, em concreto, de uma tarefa constitucional, pensada e dirigida essencialmente para o Estado.

O quadro geral que a seguir se apresenta cremos, que revela com suficiente clareza como a insuficiência ou a omissão dos poderes públicos se pode converter num forte instrumento de delegação de tarefas públicas nos privados.

---

[375] Cfr. EDITH ARCHAMBAULT, *Une seule solution, l'association?....,* pág. 93.

[376] Falta em Portugal um estudo de conjunto sobre o sector não lucrativo.

[377] Sobre este Plano, vide MARQUES GUEDES, *O plano beveridge,* Editorial Século.

258   *As Instituições de Solidariedade Social*

Os dados estatísticos recolhidos em 1996, relativamente ao território continental, confirmam a afirmação precedente: o Estado presta serviços de acção social através de 187 estabelecimentos (estabelecimentos geridos directamente pelos Estado ou por IPSS ao abrigo de acordos de gestão), correspondendo a 7% do total. Pelo que cerca de 93% da acção social, prestada com base ou a partir de equipamentos ou estabelecimentos, fica a cargo das IPSS, que perfazem o total de 2975, constituídas sob forma de misericórdia (312), ou sob as outras formas admitidas na lei, sendo de registar que a grande fatia destas últimas se encontra constituída sob a forma de fundação ou de instituto canonicamente erecto (cerca de 40%). Tendo em conta a configuração institucional ou forma jurídica assumida, a Direcção-Geral da Acção Social, actualmente Direcção-Geral da Solidariedade e Segurança Social, distribui as instituições do seguinte modo: 49% sob a forma de associação de solidariedade social (sendo que 0,2% são uniões/federações, que também são consideradas, e para todos os efeitos, associações de solidariedade social), 39,4% sob a forma de fundação de solidariedade social ou de tipo fundacional (sendo que 4,5% são fundações de solidariedade social de natureza jurídica exclusivamente civil, 28,3% assumem a forma de centro paroquial, que é equiparado a fundação, e 6,6% sob o forma de organização religiosa, que também é equiparada a fundação)[378], e 11% sob a forma de irmandade de misericórdia, que são equiparadas a associações de solidariedade social[379].

---

[378] Refira-se que, entre nós, a fundação mais antiga data de 1651. Em relação às fundações em geral é de registar que, segundo os dados estatísticos recolhidos na obra *As Fundações Portuguesas*, pág. 94, cerca de 60% da maioria das fundações reconhecidas pelo Ministério da Administração Interna – as quais constituíram objecto da investigação constante daquela obra – foram constituídas a partir da década de 80, sendo ainda de registar que a média anual do reconhecimento das fundações quase duplicou do período de 87/92 (5,8) para o período de 93/98 (14,6), aumento confirmado pelos 15 reconhecimentos efectuados em 1999. O reconhecimento das fundações de solidariedade, por força do art. 79.º, n.º 1 do DL n.º 119/83, e do DL n.º 152/96, de 30 de Agosto, cabe ao ministro competente em razão da matéria. De qualquer modo, convém assinalar (*ob. cit.,* pág. 25) que 203 das 344 fundações que se encontram registadas naquele ministério e que responderam aos 800 inquéritos feitos declararam ser IPSS.

[379] Dados estatísticos da então Direcção-Geral da Acção Social (actualmente Direcção-Geral da Segurança Social), ano de 1996, e fornecidos por ANTÓNIO LUÍS SILVESTRE, *Análise das assimetrias da acção social em Portugal*, in *As Instituições Não-Lucrativas e a*

No âmbito da prestação de cuidados de saúde encontram-se registadas, a dados de 1999, 174 IPSS[380].

Do conjunto de global, cerca de 50% são pessoas colectivas canonicamente erectas.

Por sua vez, no âmbito do sector cooperativo, como já se referiu, o Decreto-Lei n.º 51/96, de 7 de Setembro, que aprovou o Código Cooperativo, veio a admitir, na al. m), do seu art. 4.º, uma nova categoria de cooperativas – as cooperativas de solidariedade social – criando, assim, uma nova espécie de IPSS. Pelo que ao lado das tradicionais associações, fundações, institutos e centros paroquiais, temos hoje uma nova categoria de instituições de solidariedade social – justamente, as cooperativas de solidariedade social. Em 1998 encon-

---

Acção Social em Portugal, Editora Vulgata, Lisboa-1997, pág. 279, e pelos Serviços de Apoio Jurídico às IPSS, 1997. O número de IPSS referido no texto não corresponde ao número de IPSS registadas, que serão cerca de 3101, a dados de 1996. O que significa que algumas delas podem estar temporária ou definitivamente desactivadas. Por outro lado, os dados do registo central apenas é fiável a partir de 1988, data em que se institui, pelo Despacho Normativo n.º 12/88, de 12 de Março, o registo obrigatório das IPSS, centralizado na Direcção-Geral da Acção Social. Este registo funciona como condição essencial ou obrigatória para a celebração dos acordos de cooperação e inerente financiamento público. Deverá ainda referir-se que aos números apresentados no texto acrescem as IPSS registadas no Ministério da Educação e no Ministério da Saúde, com a recente criação de um registo em cada um destes ministérios. Os dados apresentados também podem ver-se na obra *Entre o Estado e o Mercado, As fragilidades das instituições de protecção social em Portugal,* de PEDRO HESPANHA e outros, Quarteto, 2000, págs. 155 e segs. Refira-se ainda que as IPSS têm ao seu serviço, a dados de 1999, mais de 50.000 trabalhadores (a que acrescem cerca de um milhar trabalhadores/funcionários dos equipamentos geridos por IPSS ao abrigo de acordos de gestão). Dados que nos foram fornecidos pela Direcção-Geral da Acção Social. Diga-se ainda que, segundo estes últimos dados, o número de IPSS em actividade, no ano de 1999, é de 2.865, embora o número de IPSS registadas até 31 de Dezembro de 1999 seja de 3458, sendo que 1828 são associações de solidariedade social, 149 fundações de solidariedade social e 942 assumem a forma de Centro Social Paroquial (legalmente equiparados a fundação de solidariedade social), 202 a de outros institutos de organizações religiosas (também legalmente equiparados a fundações de solidariedade social), 332 a forma de irmandades de misericórdia, 5 uniões/federações/confederações (legalmente equiparadas a associações de solidariedade social).

[380] Conforme dados fornecidos pela então Direcção-Geral da Acção Social. Das 174 IPSS registadas, 158 assumem a forma de associação de solidariedade social, 13 a de fundação de solidariedade social, e 3 a de outros institutos de organizações religiosas (legalmente equiparados a fundações de solidariedade social).

travam-se credenciadas pelo INSCOOP 60 cooperativas, correspondendo a 2.3% do total do sector cooperativo nacional[381].

Do conjunto das cooperativas de solidariedade social destacam-se as cooperativas de educação ou ensino especial, constituídas por utentes ou seus representantes, que, sem finalidade lucrativa, prosseguem ou desenvolvem actividades de acção social do âmbito da segurança social. Dentro destas salientam-se os Centros de Educação Especial, constituídos sob a forma de cooperativa, e sobretudo as CERCIS – Cooperativas de Educação e Reabilitação de Crianças Inadaptadas –, que perfaziam, em 1998, o número de 52, tendo, aliás, constituído a principal motivação legislativa para a autonomização do ramo do sector cooperativo da solidariedade social no novo Código Cooperativo, conforme o reconhece o próprio legislador no Preâmbulo do Decreto-Lei n.º 7/98, o qual lhes é naturalmente aplicável (art.10.º)[382].

Ainda no domínio da acção social, e quanto às casas do povo, referira-se que, em 1983, data da publicação do novo estatuto das IPSS, existiam em Portugal cerca de 1070 Casas do Povo, congregando cerca de um milhão e seiscentos mil associados, e dispondo de centenas de equipamentos de apoio à infância e aos idosos.[383/384]

---

[381] Conforme número fornecido pelo Instituto António Sérgio do Sector Cooperativo (INSCOOP), in *As maiores empresas cooperativas*, Editando, ed. 1999.

[382] Originariamente as CERCIS tinham por objecto exclusivo (ou quase exclusivo) a educação especial dirigida a crianças portadoras de deficiências mentais, suprindo a omissão dos poderes públicos nesta área. Algo de semelhante sucedia com os Centros de Educação Especial. Por isso, se compreendia a sua integração no ramo do ensino. Hoje, designadamente, as CERCIS, desenvolvem actividades relevantes no domínio da acção social, estendendo a sua acção por diversas áreas ou valências, que vão desde a integração profissional à formação, ao apoio domiciliário, até ao atendimento ocupacional e residencial (cfr. Preâmbulo do DL n.º 7/98, de 15 de Janeiro, e também FLÁVIO PAIVA, *CERCI's: Cooperativas de solidariedade social,* in *As Instituições Não-Lucrativas e a Acção Social em Portugal*, Editora Vulgata, Lisboa, 1997, págs. 139 e segs., especialmente pág. 152). Daí que se justifique a sua integração no grupo das instituições de solidariedade social. As CERCIS congregam hoje cerca de 3000 famílias, 20000 membros, asseguram cerca de 2000 postos de trabalho e atendem cerca de 5000 utentes (cfr., FLÁVIO PAIVA, *ob. cit.,* pág. 147).

[383] Cfr. dados fornecidos pelo Instituto de Emprego e Formação Profissional, *As iniciativas locais de emprego em Portugal, enquadramento no terceiro sector,* in *Estudos,* n.º 4, págs. 146 e segs.

[384] Como já se referiu, outras instituições sem fins lucrativos e sem o estatuto de IPSS podem, para determinados efeitos, ser equiparadas a IPSS, desde que desenvolvam

AS IPSS e o "terceiro sector" ou "sector de economia social"   261

O Estado, aproveitando este movimento, e estimulando até o seu crescimento, apercebeu-se que a protecção social, na vertente da acção social, poderia passar principalmente ou quase exclusivamente pelas IPSS.

Daí o estímulo público à sua criação. Daí o forte apoio financeiro que o Estado tem prestado, sobretudo pela via da contratualização, a estas instituições – no início da década variava entre os 60% e 70%, estabilizando, a partir de 1994, nos 70% do total da despesas correntes da acção social (em 1999, a dotação orçamental prevista para os acordos de cooperação ultrapassava os 95 milhões de contos[385]). Em subsídios eventuais o valor ronda os 120 milhões de contos anuais, a dados de 1995. Ambos os tipos de subsídios constituem transferências directas do orçamento da acção social.

Em termos médios, os custos da actividade das IPSS são financiados em cerca de 60% a 75% pelo Estado, representando a comparticipação dos utentes entre 20% a 30% daquele custo. A estes valores acrescem os que resultam de outras formas de apoio financeiro, designadamente à construção, remodelação ou restauro dos equipamentos físicos que servem de suporte ao apoio social desenvolvido pelas IPSS, através do Programa PIDAC (transferência que ronda o valor anual de 60 milhões de contos, a dados de 1995)[386].

As formas ou os métodos de atribuição de subsídios coincidem, regra geral, com o quadro legal que rege a articulação entre o Estado e as IPSS, a saber:

---

alguma actividade de relevo no domínio da solidariedade social. Aliás, o próprio texto constitucional (art. 63.º, n.º 5) refere-se expressamente a "outras instituições sem fins lucrativos".

[385] Conforme dados fornecidos pela então Direcção-Geral da Acção Social. Refira-se que os montantes das comparticipações financeiras da segurança social, previstas nos acordos, são fixadas anualmente através de protocolos celebrados entre o Governo e as uniões representativas das IPSS ou por despacho ministerial, mas a prática tem concedido prevalência absoluta ao primeiro (n.º 4, da Norma XXII, do Despacho Normativo n.º 75/92, D.R. n.º 116, I Série – B, de 25-5-92).

[386] A dimensão dos fluxos financeiros das IPSS (e outras entidades privadas) já levou ILÍDIO DAS NEVES a dizer que seria útil a sua inclusão, em anexo, na conta anual da segurança social, de modo a permitir avaliar o movimento financeiro global da acção social (cfr. ILÍDIO DAS NEVES, *Crise e Reforma da Segurança Social, Equívocos e Realidades*, Edições Chambel, 1998, pág. 37, nota 7). Em nossa opinião, tal inclusão justificava-se até por uma razão de controlo político dos dinheiros públicos.

262   *As Instituições de Solidariedade Social*

- cooperação formalizada por via de acordos de cooperação e acordos de gestão;
- apoio à construção, remodelação e recuperação de equipamentos, em cerca de 80% do seu custo, financiado através do programa PIDAC;
- execução de programas (por ex., os Programas PER, Quadro Comunitário de Apoio II, Hélios II, ainda que promovidos por outras áreas governamentais;
- Subsídios eventuais, onde se incluem também os concedidos por outras entidades públicas (por ex., Municípios e Freguesias);
- outros instrumentos de apoio financeiro às IPSS de menor dimensão pecuniária, como seja o Fundo de Socorro Social (visa acorrer às situações de calamidade pública ou apoiar as Instituições nas situações de dificuldades absolutamente excepcionais – regulamentado pelo Despacho de 31-12-96, D.R., II Série, de 20-2-97, e pelo Despacho publicado no D.R., II Série, de 20 de Fevereiro de 1997)[387].
- Benefícios fiscais de diversa ordem[388].

Para além destas formas relativamente tipificadas, há ainda a considerar os designados acordos atípicos, normalmente utilizados na concessão de apoios ao desenvolvimento de novos projectos, que em face das suas especificidades não se quadram com a regulamentação vigente.

O apoio financeiro do Estado prestado no âmbito da cooperação ou a título eventual é feito às instituições em função da valência e dos lugares ocupados sem considerar a situação sócio-económica do beneficiário[389/390].

---

[387] Cfr. A. SANTOS LUÍS SILVESTRE, *ob. cit.,* págs. 245 e 262. No âmbito das fontes de receita haverá ainda que contar com as receitas privadas resultantes da comparticipação dos utentes pelos serviços prestados pelas IPSS, e as doações, legados e outras deixas testamentárias.

[388] Em termos fiscais, o desconto para a segurança social, apesar da insistência das IPSS para a sua abolição, acaba por ser o encargo que mais onera as IPSS.

[389] Esta conclusão é confirmada por CARLOS BARROS, *O financiamento da acção social em Portugal,* in *As Instituições Não-Lucrativas e a Acção Social em Portugal,* págs. 315 e segs., onde, aliás, critica o processo de financiamento. Em sentido aproximado, ANTÓNIO LUÍS SILVESTRE, *Análise das assimetrias da acção social em Portugal*, in *As Instituições Não-Lucrativas e a Acção Social em Portugal,* págs. 267 e segs.

AS IPSS e o "terceiro sector" ou "sector de economia social"   263

Por sua vez, e no quadro dos esquemas de protecção social complementares de segurança social, para além das novas "fundações de segurança social complementar", há a salientar, sobretudo, as associações de socorros mútuos, hoje legalmente designadas por associações mutualistas. A União das Mutualidades Portuguesas congrega hoje cerca de 120 mutualidades em todo o país, reunido ao todo 700.000 pessoas[391] (sendo que o Montepio Geral foi criado em 1840, tendo, em 1844, sido criada a Caixa Económica, que funciona anexa àquela instituição).

Como se referiu, as mutualidades actuam no sector da previdência social complementar, concedendo benefícios vários aos seus associados, em regra, traduzidos na protecção às famílias (pensões de sobrevivência, subsídios por morte e de funeral), na protecção em situações de incapacidade para o trabalho (subsídios ou comparticipações nas despesas com assistência médica e medicamentosa), na protecção aos idosos e deficientes (pensão de reforma por velhice, pensão de invalidez)[392]. Mas têm ou podem ter uma finalidade mista,

---

[390] Para além dos apoios financeiros para a realização de obras, aquisição de edifícios e equipamentos, a que já fizemos referência em nota, da leitura dos dados estatísticos de natureza financeira a que tivemos acessos não é liquido que os mesmos abranjam a totalidade dos financiamentos públicos às cooperativas de solidariedade social. No entanto, e especificamente em relação às CERCIS, conforme refere FLÁVIO PAIVA, *ob. cit.*, págs. 146 e segs., as transferências financeiras do Estado rondam tradicionalmente os 28% do orçamento anual das CERCIS, a que se associa o destacamento de professores, comparticipação nos salários dos técnicos, etc. Aliás, o apoio público ao sector cooperativo em geral resulta directamente do texto constitucional (actual art. 85, que pela LC/89 era o art. 86.º). O legislador ordinário tinha já consagrado esse apoio através do DL n.º 441-A/82, de 6 de Novembro (art. 25.º). Naturalmente que com o reconhecimento da qualidade de cooperativas de solidariedade social, o financiamento público poderá vir a aproximar-se dos valores mencionados no texto.

[391] A União das Mutualidades constitui o organismo central que difunde conhecimentos, assumindo sobretudo a funções de representação, de articulação e de coordenação das mutualidades associadas, bem como uma função de orientação técnica, por exemplo, dando orientações sobre a aplicação dos planos contabilísticos, utilização racional dos meios informáticos, etc. Os dados do texto são fornecidos por COSTA LEAL, *As Mutualidades e o futura da acção social em Portugal*, em *As Instituições Não-Lucrativas e a Acção Social em Portugal*, Editora Vulgata, Lisboa 1997, págs. 339-342.

[392] As associações mutualistas desempenham, entre nós, uma função mais limitada do que em outros países, designadamente na Bélgica, Holanda e Alemanha, países em que, por ex., a gestão do serviço nacional de saúde compete às próprias mutualidades; noutros

264   *As Instituições de Solidariedade Social*

dado que também dispõem ou gerem (por ex., ao abrigo de acordos de gestão com o Estado – arts. 37.º e segs. do Código das Associações Mutualistas) serviços e equipamentos, concedendo, através deles, protecção ou apoio social e de saúde à infância e juventude, à família, deficientes e idosos, e desenvolvem actividades ligadas ao ensino infantil e pré-escolar, podendo a concessão destes apoios ser prestada a utentes não associados, ao abrigo de acordos de cooperação com instituições públicas (art. 42.º).

3. Síntese conclusiva: a progressiva terceirização do Estado social. Proposta de autonomização de um (sub)sector da solidariedade social

Com este breve apontamento, foi nossa intenção fornecer uma visão, tão ampla quanto possível, sobre a dimensão e importância sociológica, económica, institucional e de regulação social de uma realidade organizacional a que o direito (e designadamente o direito

---

países, como é o caso da França, Dinamarca, Irlanda e Luxemburgo, as associações mutualistas desenvolvem dispositivos complementares aos sistemas públicos de segurança social e saúde; no Reino Unido, na Espanha e em Portugal, em virtude da existência de um serviço nacional de saúde e de uma segurança social públicas, funcionam como esquemas meramente complementares aos oferecidos pelos serviços públicos. Para um estudo comparado sobre o tema, vide ANA PAULA SANTOS QUELHAS, *ob. cit.,* pág. 163. No entanto, entre nós, o novo Código das Associações Mutualistas parece ter vindo a reforçar a componente complementar do sistema público de segurança social. Nesta sequência, a nova Lei de Bases da Segurança Social, na linha do que já se encontrava previsto na que a precedeu (art. 64.º, da Lei n.º 28/84, de 14 de Agosto) abre caminho para a iniciativa privada no âmbito dos regimes complementares – únicos em que é admitida –, permitindo que entidades do sector cooperativo e social – portanto sem fins lucrativos, não necessariamente limitadas às associações mutualistas –, bem como entidades do sector privado (companhias seguradoras e sociedades gestoras dos fundos de pensões) possam desenvolver, de acordo com as Directivas n.ºs 77/187/CEE e 80/987/CEE, do Conselho das Comunidades Europeias, esquemas complementares (de base individual, sócio-profissional ou interprofissional) do regime público de segurança social (arts. 94.º e segs., da Lei de Bases do Sistema de Solidariedade e de Segurança Social, aprovada pela Lei n.º 17/2000). O quadro normativo da gestão dos regimes profissionais complementares por instituições particulares de solidariedade social – associações mutualistas e fundações de solidariedade social, que a lei designa por fundações de segurança social complementar, e que são as únicas entidades legalmente credenciadas para o efeito – encontra-se previsto no Dec. Lei n.º 225/89, de 6 de Julho.

AS IPSS e o "terceiro sector" ou "sector de economia social"   265

administrativo) e a ciência jurídica, por isso mesmo e definitivamente, não podem ficar alheios[393].

E sendo o direito iminentemente prático, não nos podemos dispensar de um olhar atento sobre os dados empíricos, sob pena de se trabalhar sob ou com puras abstracções teórico-conceituais divorciadas do mundo e das necessidades vitais.

E os dados expostos permitem, desde já, e a título de ideia preliminar, concluir que existem inúmeras tarefas de inegável relevância colectiva cuja prossecução ou prestação directa aos cidadãos não cabe hoje ao Estado, e designadamente à forma de Estado social, mas sim a um conjunto de entidades cuja criação é fortemente estimulada pelos poderes públicos, funcionando nuns casos como instituições que prestam serviços alternativos aos fornecidos pelo sistema públicos, noutros serão complementares dos serviços prestado pela Administração ou funcionando mesmo como entidades que se substituem ao Estado na prestação desses serviços, suprindo ou colmatando as lacunas do sistema público, e noutros ainda, o que é cada vez mais frequente, como delegatárias de tarefas ou serviços que, pela via contratual, em regra, lhes são confiados pela Administração. A assistência social constitui, sem dúvida, um dos exemplos mais elucidativos, senão mesmo o mais importante.

Independentemente das divergências conceituais acerca da sua qualificação – terceiro sector, se se preferir a designação de pendor mais anglo-americano, sector da economia social se se preferir a de origem francófona –, o certo é que parece não poder negar-se que se trata hoje de um dos "mecanismos mais estimulados para permitir uma desoneração das tarefas públicas do Estado"[394], designadamente

---

[393] As diversas dimensões referidas no texto – sociológica, económica, institucional e de regulação social – têm vindo a ser postos em relevo na literatura jurídica italiana mais recente. Conduto, o relevo destas dimensões não tem deixado de suscitar alguns problemas quanto à determinação dos limites à autonomia privada e uma dificuldade acrescia na interpretação do artigo 18.º da Constituição, relativo à liberdade de associação, designadamente quanto à sua aplicação directa no âmbito das relações jurídico-privadas, conforme nos diz GUIDO ALPA, *Nuove frontiere del modello associativo*, *RTDPC*, ano XL, 1986, págs. 184 e segs. Relativamente a este último problema, faremos o seu tratamento específico no âmbito específico das IPSS (Capítulo IV).

[394] Cfr. MARIA MANUEL LEITÃO MARQUES e VITAL MOREIRA, *Instrumentos e Formas de Desintervenção do Estado*, in *Economia & Prospectiva, O Estado a economia e as empresas*, Ministério da Economia, vol. II, n.º 3 /4, Out. 98/Março 99, pág. 138.

266   *As Instituições de Solidariedade Social*

em algumas das tarefas nuclearmente caracterizadoras do Estado Social. Os dados fornecidos confirmam, segundo cremos, a justeza desta conclusão. Por isso, parece legítimo, antecipar, desde já, a seguinte conclusão: em certas áreas ou domínios estamos perante um fenómeno de terceirização do Estado social, no sentido de que algumas das funções caracterizadoras do Estado social, e que este se propôs concretizar, são hoje desenvolvidas, não directamente pela Administração, mas por entidades integradas no terceiro sector. Independentemente da designação formal atribuída aos instrumentos técnico-jurídicos para o efeito usados, podendo variar de país para país (acordo, contrato, convénio, etc.), uma característica parece ressaltar como comum a todos eles: a sua funcionalidade. Contra o financiamento dado pela Administração, seja sob a forma de subvenção ou de subsídio para a prestação de serviços, regista-se a assunção, pelas organizações, de um cada vez maior número de tarefas, designadamente na área da assistência social. À ideia original de mera complementaridade das organizações em relação aos serviços prestados directamente pela Administração, parece suceder, em certos domínios característicos do Estado social, a ideia de substituição dos próprios poderes públicos.

Daí que não seja de estranhar que o terceiro sector, designadamente no domínio da política social e da prestação dos serviços de acção social, seja mesmo apontado como fórmula de compensação da crise do Estado social, fazendo emergir um sem número de teorias que procuram fundamentar e explicar a existência e o crescimento das instituições sem fins lucrativos[395].

---

[395]A crise do Estado social (ou as suas lacunas em certas zonas de actuação), e que alguns autores traduzem pela teoria das falhas institucionais ou teoria das falhas do sector público, tem sido apontada como uma das mais fortes razões para o crescimento das organizações sem fins lucrativos, designadamente nas áreas da assistência social, saúde e educação. Por isso, a solução tem passado pela convocação da solidariedade horizontal: o estado convoca a colaboração economicamente desinteressada dos indivíduos e grupos sociais, mobilizando-os para a realização daqueles direitos sociais ou dos direitos sociais daqueles destinatários relativamente aos quais a actuação estadual, ou mais amplamente a actuação de carácter institucional, não está em condições de satisfazer (cfr. CASALTA NABAIS, *Algumas considerações ...*, págs. 153-154, e GIORGIO VITTADINI, *Utilidade del sector sin ánimo de lucro: más sociedad, menos Estado,* in *La economia del non profit, Libre expresión de la sociedad civil,* Encuentro Ediciones, 1999, pág. 239). Contudo, associadas ou não à crise

AS IPSS e o "terceiro sector" ou "sector de economia social"   267

Por outro lado, a crescente importância, dimensão e espírito que animam as instituições de reconhecido interesse público sem fins lucrativos, tornaria legítima e justificada a autonomização de um outro sector privado, para além do sector cooperativo – um sector solidarista, autonomizado como quarto sector – coexistindo ao lado do sector público e do sector privado lucrativo, porque animado de um espírito próprio e distante do sector público e com objectivos também distantes e inconfundíveis com os do sector privado lucrativo. Estaríamos, assim, perante um sector privado não lucrativo, de fins altruístas, que se entrega a actividades humanitárias, culturais e de solidariedade social, constituindo um dos mais sólidos esteios da sociedade civil, autónoma perante o Estado, e indispensável à

---

do Estado social, muitas outras teorias têm procurado fundamentar e explicar não só a existência de instituições não lucrativas, mas também o seu progressivo crescimento, abrangendo teorias de pendor mais económico, como é o caso da teoria dos bens públicos, de origem norte americana (teoria segundo a qual as instituições não lucrativas funcionam como produtores de bens públicos), da teoria do fracasso contratual, também conhecida pela teoria das falhas do sector capitalista, (as instituições não lucrativas produzem bens que o sector privado lucrativo não é capaz ou não quer produzir), e da teoria dos subsídios e isenções (o estímulo e o apoio dos poderes públicos funciona como forte incentivo na criação destas instituições), ou de natureza mais vincadamente política, de que constituem exemplo a teoria da complementaridade (as organizações voluntárias estariam em melhores condições do que os serviços administrados pelo Estado e das empresas lucrativas para trabalhar conjuntamente e/ou de complementar os recursos das famílias), a teoria da "boleia" (teoria segundo a qual, em democracias políticas, tanto organizações governamentais como voluntárias fornecem bens públicos, funcionando frequentemente em paralelo, daí se justificando que a concessão de benefícios colectivos possa e deva ser deixada às instituições não lucrativas), a teoria do constrangimento político (o Estado encontra limites jurídico-políticos na sua actuação que não são extensivos às instituições não lucrativas), a teoria da diversidade (as instituições não lucrativas reflectem de forma mais fiel as diferentes realidades sociais e culturais, sendo, neste sentido, portadoras de uma democracia mais saudável do que o Estado), a teoria da experimentação (as instituições não lucrativas funcionam como factor de certeza das políticas governamentais, apontando-se como exemplo mais elucidativo as associações ambientalistas, que inicialmente eram apenas apoiadas por fundações privadas, e hoje recebem fortes apoios financeiros públicos), e a teoria da burocratização (teoria segundo a qual a flexibilidade das instituições não lucrativas leva o Estado a subsidiar estas organizações para o desempenho de funções de alguma maneira substitutivas do papel do governo). Cfr. ANTÓNIA SAJARDO MORENO, *Fundamentación económica del terceiro sector*, in *La economia del non profit, Libre expresión de la sociedad civil*, Encuentro Ediciones, 1999, 170 e segs.. No mesmo sentido, vide MARIA VIRGÍNIA BRÁS GOMES, *As Organizações Não-Governamentais, Seminário de Salzburg de 1992*, in *Relatório*, Lisboa, 1996.

existência de uma ordem democrática e pluralista (FREITAS DO AMARAL)[396]. O cerne deste quarto sector ou sector social estaria nas pessoas colectivas de utilidade pública (MARCELO REBELO DE SOUSA)[397]. Proposta esta que ganhará ainda mais consistência se aos argumentos destes autores adicionarmos a importância social e económica das organizações sem fins lucrativos e a sua imensa heterogeneidade.

Contudo, e sem embargo de reconhecermos que a autonomização de um sector solidarista ou de um sector social se afigura inteiramente justa e legítima – aliás, na sequência do propósito firmado neste ponto do nosso trabalho, e que foi a compreensão das IPSS no âmbito de um movimento universal ou quase universal e a identificação de uma característica comum a este movimento, capaz de sustentar uma noção jurídica que o autonomize do sector público e do sector privado lucrativo –, entendemos que o sector solidarista, no âmbito do qual se movem as IPSS, pode e deve ser autonomizado, mas como subsector de um sector mais vasto, e que sob o ponto de vista jurídico, é conceitualmente autonomizável como sector sem fins lucrativos. O reconhecimento da utilidade pública destas entidades ou de algumas delas nem sempre se pautará por critérios estritamente jurídicos, dependendo não raras vezes ou das orientações políticas vigentes ou das concepções dominantes sobre o que é ou deve ser qualificado como actividade relevante sob o ponto de vista do interesse público.

Na verdade, a ausência de fins lucrativos apresenta-se como o traço que une a pluralidade e diversidade de entidades do designado terceiro sector, pelo que, em termos operativos, poderá identificar e caracterizar melhor o conjunto ou o infindável universo de entidades

---

[396] Cfr. FREITAS DO AMARAL, Curso..., pág. 577. A este propósito há autores que propõem, em vez de um quarto sector, a existência de um terceiro sector em sentido amplo e de um terceiro sector em sentido restrito, abrangendo no primeiro conceito todas as entidades sem fins lucrativos, e no segundo apenas as que prosseguem fins transcendentes, isto é, as entidades cuja actividade se destina a satisfazer as necessidades de terceiros ou da sociedade em geral, excluindo, portanto, as instituições de fins imanentes, isto é, aquelas em que os directos (e, regra geral, únicos) beneficiários das suas actividades são apenas os respectivos membros. Esta proposta pode ser operativa no plano didáctico, mas, pelas razões já apontadas aquando da apresentação de uma noção de terceiro sector, não nos parece que deve proceder sob o ponto de vista jurídico.

[397] Cfr. MARCELO REBELO DE SOUSA, Lições..., vol. I, pág. 417.

aí presentes, independentemente do possível reconhecimento da sua utilidade pública.

Para além disso, assiste-se hoje a uma utilização crescente, no domínio da solidariedade social, de entidades tradicionalmente identificadas, pelo menos formalmente, com o sector cooperativo. O caso da Itália constitui o exemplo mais elucidativo, e mesmo entre nós, embora em moldes diferentes do italiano, as cooperativas são hoje admitidas como instituições particulares de solidariedade social.

Por último, há entidades que sem deixarem de ser qualificadas como instituições sem fins lucrativos, e de serem mesmo qualificadas como IPSS, e, portanto, como pessoas colectivas de utilidade pública, têm no capital um dos seus elementos legalmente caracterizadores. É o que sucede com as associações mutualistas. Para além de que, em alguns países, podem, inclusivamente, funcionar, directa ou indirectamente, como entidades actuantes no mercado, inclusivamente no mercado bolsista, como sucede já hoje em França[398], não estando excluído in limine que o mesmo possa suceder entre nós, como, aliás, já fizemos referência[399].

Por este conjunto de razões julgamos que é de manter a nossa proposta – a existência de um sector não lucrativo, a que se pode chamar terceiro sector, como forma de reforçar a sua autonomização perante os dois sectores tradicionais: sector público e sector privado lucrativo.

Contudo, tal não invalida que, no âmbito daquele sector, não possa (e deva) ser autonomizado um subsector social ou subsector da solidariedade social. De facto, pela relevância económico-social cada

---

[398] Cfr. ALINE ARCHINBAUD, intervenção sobre o *Financiamento da economia social*, Terceira Conferência Europeia de Economia Social, publicação do Instituto "António Sérgio" do Sector Cooperativo, vol. IV, 1992, págs. 166 e segs. E note-se que entre nós é hoje possível destacar, como já se referiu, um subsector da propriedade solidária, na designação de CASALTA NABAIS, ao lado dos demais subsectores (art. 82.º da CRP, especialmente a al. d), do n.º 4).

[399] Efectivamente, cremos que, por ex., uma associação mutualista, como meio de rentabilização das poupanças capitalizadas, não está impedida de participar numa sociedade cujo capital social seja subscrito em acções, com as consequências que a emissão deste título comporta. O art. 55.º do respectivo Código, designadamente, na al. d), fala em títulos, obrigações e acções, etc. Em relação às cooperativas, a remissão do Código Cooperativo para o Código Comercial não deixa de ser, neste aspecto, sintomática.

vez mais notória e universal das instituições que têm por fundamento ético e jurídico o princípio da solidariedade, a que acrescem as particularidades do regime destas entidades, designadamente no seu relacionamento com a Administração, julgamos que, no âmbito do sector sem fins lucrativos, pode e deve, como se disse, ser autonomizado um subsector – o subsector da solidariedade social. O destaque que a Constituição confere, no âmbito do sector cooperativo e social, à "propriedade solidária" (CASALTA NABAIS) parece-nos confirmar o entendimento aqui exposto.

De qualquer forma, e independentemente de qual seja o seu real posicionamento no quadro dos sectores, uma coisa parece segura: definitivamente o Estado deixou de ser um Estado de monopólio fiscal, no sentido de que só a ele cabe aplicar os recursos financeiros obtidos pela via dos impostos. Deixou de ser o Estado de prestação de todos os serviços, de ter o monopólio da administração prestadora, e ao Estado de providência parece estar a suceder uma "sociedade-providência", ou noutra fórmula também já usada, ao "Welfare state" parece suceder o "Welfare pluralism" ou um "Walfare misto"[400], ou numa visão mais geral do sistema político, a "democracia de participação tenderá a substituir a democracia de representação ou de delegação"[401].

O Estado, no domínio específico que nos ocupa – a assistência social –, iniciou um processo cuja evolução tenderá para a sua conversão numa espécie de agência reguladora do sector, sendo ao mesmo tempo a sua agência financiadora. Ou seja, a acção social é prestada por instituições privadas, mas sob regulação – regulação dos pressupostos, formas e processos da prestação do serviço de acção social – financiamento e controlo do mesmo agente – a Administração Pública[402]. Os dados fornecidos permitem, de facto, dizer

---

[400] Sobre o uso desta terminologia, vide ADALBERT EVERS, *Tipi diversi di «welfare pluralism». Il nuovo scenario delle politiche sociali in Europa*, in *Terzo Settore, Stato e Mercato nella transformazione delle plitiche sociali in europa*, a cura di Giovanna Rossi, Francoangeli, Milano, 7.ª ed., 1997, págs. 13 e segs.

[401] Cfr. ROBERT BRICHET, *Le Rôle des associations privées dans la vie administrative*, *AJDA*, n.º 3, 1980, pág. 123.

[402] A regulação estatal de que se fala no texto ultrapassa, como veremos à frente, o conceito de regulamentação, enquanto actividade produtora de normas. A função de "direcção" ou de indirizzo do Estado manifesta-se também ou fundamentalmente nas funções de

que o Estado se transformou numa Administração de incentivo, financiadora e reguladora da assistência social produzida/prestada por organizações particulares, sendo esta uma das razões por que se justificará, pelo menos entre nós, a coexistência de um "Estado – providência fraco com uma sociedade – providência forte"[403].

Decididamente, nem as análises económico-sociais, nem a ciência do direito poderão continuar a dividir o universo das organizações em dois compartimentos estanques – sector público/sector privado, ou em duas categorias de agentes – agentes públicos e agentes privados. Ou dito de outra forma: uma leitura deste fenómeno não poderá assentar numa visão bipolar do Estado-Administração e da sociedade civil, correspondendo-lhe concomitantemente ou forçosamente dois modos de ser do direito, respectivamente o direito público e o direito privado, como se se encontrassem ontologicamente ligados a dois universos distintos – o poder do Estado, por um lado, e o poder do indivíduo, por outro.

Para além de que a existência deste fenómeno social, corporizado na existência ou na institucionalização de formas de organização e regulação (ou auto-regulação) da vida colectiva, não constitui uma novidade pós-moderna, nem mesmo da época moderna. Regulação esta que se manifesta de diversos modos e conteúdos, segundo o contexto histórico e a etapa civilizacional considerados, não se dissolvendo nem se confundindo com os mecanismos mais ou menos institucionalizados de regulamentação[404]. Pelo que os termos catalo-

---

orientação, coordenação, incentivo, apoio, aproveitamento de iniciativas, audição, etc. Neste sentido, vide VIEIRA DE ANDRADE, *Grupos de interesses, pluralismo e unidade política*, *BFD*, *supl.* XX, pág. 127.

[403] Cfr. BOAVENTURA DE SOUSA SANTOS, *O Estado, as relações salariais e o bem-estar social na semiperiferia: o caso português*, *Oficina do CES*, n.º 32, Julho 1992. Pág. 52, onde, aliás, refere (pág. 55) que alguns sociólogos dos países centrais da Europa ocidental têm vindo a propor o conceito de sociedade – providência para discutir a crise do Estado – providência, sendo que uma das soluções passa, justamente, pela re-expansão da política social assente em organizações privadas incentivadas pelos poderes públicos, de que constituem exemplo as instituições de beneficência, ou por um terceiro sector, um sector de utilidade pública independente do Estado e do sector capitalista privado.

[404] As IPSS enquanto entidades "produtoras" de regulação, exercem este poder não apenas numa actividade de produção normativa, que também possuem, mas também no ou através do conjunto de manifestações ou fenómenos (actividades, influências, poder normativo e social, controle, etc.) que, de algum modo, manipulam "alguns dos factores que, num

272 *As Instituições de Solidariedade Social*

gados (terceiro sector, economia social, etc.), independentemente da sua natureza (jurídica, económica ou social), não são mais do que tentativas para agrupar conceitualmente uma "velha realidade", anterior ao Estado e ao próprio mercado, como, aliás, cremos ter ficado demonstrado na I Parte deste trabalho.

O que nos legitima dizer, acompanhando CASALTA NABAIS, que "estamos perante o regresso, em novos moldes, de um fenómeno antigo", cujo carácter de novidade decorrerá sobretudo, e em primeiro lugar, do facto de ele se inscrever agora, e adaptando ao caso o pensamento de ORLANDO DE CARVALHO, "num certo mundo, num certo grau de civilização e de consciência"[405], pois ele aparece agora "inserido no quadro do estado, mais especificamente do estado social" (CASALTA NABAIS)[406], e, em segundo lugar, "do tipo de papel que o terceiro sector é hoje chamado a desempenhar, concretamente no domínio da protecção social, onde deverá articular a sua actuação com outras formas de regulação"[407].

A novidade estará, pois, no facto de o Estado ter assumido como tarefas próprias a produção do bem-estar em geral e também a assistência social, a qual se vê agora integrada, embora com menos visibilidade, numa estratégia global do Estado social, concretizada na desoneração daquelas tarefas, as quais, aliás, haviam legitimado o nomen de Estado Social e/ou Estado de bem-estar[408].

---

dado sistema social, contribuem para a manutenção dos equilibrios internos" (cfr. JOÃO CAUPERS, *A Administração Periférica do Estado, Estudo de Ciência da Administração*, Aequitas, Editorial Noticias, 1994, pág. 421). Em sentido coincidente, vide VIEIRA DE ANDRADE, *Grupos de interesses*, pág. 127, e JACQUES CHEVALLIER, *Les Politiques de Déréglementation*, in *Les Déréglementations, Etude comparative*, Edição Económica, 1998, págs. 11 e segs., e especialmente págs. 44-45. Sobre o conceito de regulação e as modalidades de regulação, vide VITAL MOREIRA, *Auto-Regulação Profissional e Administração Pública*, Almedina, Coimbra, 1997, 34 e segs.

[405] Cfr. ORLANDO DE CARVALHO, *Para um Novo Paradigma Interpretativo: O Projecto Social Global, BFDC*, vol. LXXIII, 1997, pág. 13.

[406] Cfr. CASALTA NABAIS, *Algumas considerações...*, pág. 167.

[407] Cfr. ANA PAULA SANTOS QUELHAS, *ob. cit.*, pág. 162, nota 210.

[408] Em sentido convergente, vide CASALTA NABAIS, *Algumas considerações...*, págs. 167-168. Embora referindo-se especificamente ao voluntariado, que é apenas uma parte do fenómeno, refere o autor que o auge do voluntariado parece surgir em momentos de declive do Estado social ou, pelo menos, de desmantelamento do Estado de bem-estar. O que, segundo o mesmo autor, parece inscrever-se numa estratégia do Estado social em, por um

O problema é que aquele regresso parece envolver também sinais de retrocesso a níveis que fazem lembrar o modelo liberal do Estado mínimo. De facto, perante a frieza dos números, designadamente dos países mais desenvolvidos que (também) adoptaram o modelo de Estado social, não deixará de ter sentido perguntar se um tal fenómeno não exprime o "desmantelamento do Estado social"[409] ou "uma certa desvinculação da Administração" em relação aos serviços sociais ou assistenciais[410] e, consequentemente, o lançamento de dúvidas sobre a própria subsistência do actual modelo constitucional de Estado social[411], legitimando-se, assim, porventura, construções acerca do surgimento ou de um novo Estado ou, pelo menos, de um novo modo de ser, de uma nova forma de Estado ou de mais um momento na sua história – o momento do Estado pós-social[412]. Evolução esta a implicar um novo paradigma para o pacto ou contrato social[413].

É neste quadro global em que se apontam sinais ora de crise, de retrocesso, de evolução ou de transição do Estado que se situam e se

---

lado, devolver ao mercado as funções rentáveis e, por outro, entregar ao voluntariado as funções sociais não rentáveis, continuando a controlar estas e a utilizá-las como meio de integração social.

[409] Cfr. CASALTA NABAIS, *Algumas considerações...*, pág. 167. No entanto, o autor não deixa de advertir (pág. 165) para o facto de a solidariedade não poder ser vista como sucedânea ou como uma compensação para o desmantelamento do Estado social.

[410] Cfr. ELISENDA MALARET I GARCIA, *Servicios públicos, funciones públicas, garantías de los derechos de los ciudadanos: perennidad de las necesidades, transformación del contexto, RAP*, 145, 1998, pág. 64.

[411] A conclusão do texto não deixa de lançar um desafio sobre a superlativa actualidade da valia jurídico-constitucional da cláusula constitucional do Estado social, e, designadamente, do princípio da proibição do retrocesso social, que, aliás, refira-se, não constituem um limite material expresso ao poder de revisão. No entanto, cremos que devem configurar--se como verdadeiros limites materiais. É esta a posição de GOMES CANOTILHO, *Direito Constitucional e Teoria da Constituição...*, págs. 325-326.

[412] Cfr. VASCO PEREIRA DA SILVA, *Em Busca do Acto Administrativo Perdido*, Almedina 1996, págs. 122 e segs. Para uma abordagem geral sob o ponto de vista da Teoria do Estado, vide A.J. PORRAS NADALES, *Introducción a una Teoria del Estado Postsocial*, PPU, 1988.

[413] Cfr. NOBERTO BOBBIO, *Le Contrat Social, Aujourd'hui, in Le Public e le Privê, Actes du Congrès – Vénise*, de 1978, Roma, Instituto di Studi del Filosofici, 1979, especialmente as págs. 61 e segs., escreve a este propósito que o Estado contemporâneo é, no plano interno, muito mais um mediador dos conflitos de interesses entre as organizações que constituem os organismos intermediários que asseguram o pluralismo nas formações sociais complexas do que um ente soberano dotado de poder monocrático de império.

movem as IPSS. E como as conclusões anteriores já deixam subentender, a novidade do fenómeno IPSS, pela importância que tem
vindo assumir, estará, para além de outras vertentes, nas dificuldades
do seu enquadramento no seio de uma organização política e administrativa que foi talhada entre dois mundo autónomos e separados –
o Estado/sociedade civil.

Na verdade, elas ocupam um espaço ou uma esfera que constitui, ao mesmo tempo, um epicentro de ligação, de articulação ou
mesmo de interpenetração ou de associação entre os dois universos
tradicionais de conceber a vida colectiva organizada em Estado – o
privado e o público –, sendo que, verdadeiramente, nem pode reduzir-se a um negócio integralmente privado nem é, por outro lado,
integralmente público[414].

O problema reside, pois, na procura de um espaço que verdadeiramente identifique e dê autonomia jurídica e institucional a este
novo universo perante os dois pólos tradicionais de conceber a sociedade ocidental.

Terá este fenómeno, nos tempos que correm, verdadeira autonomia jurídica e institucional perante os poderes públicos? Não se tratará, antes, da formação de novos centros de poder perante os quais
haverá também a necessidade de proteger os destinatários da sua
actuação? Centros de poder estes que, por conviverem quasi indistintamente com a organização pública – convivência favorecida ou
potenciada pela existência de uma "miscigenização política em áreas
como a saúde e a solidariedade social"[415] –, poderão dar origem a
um novo sector – uma espécie de "sector misto", a destacar do
terceiro sector ou do sector da economia social?[416] Sector que, por
isso, se torna propício a que as IPSS corram o risco (ou que tenham
até eventualmente a pretensão) de surgir ou de se apresentar com a
imagem e o poder de instituição pública?[417] Ou não estaremos a

---

[414] O fenómeno de associação entre público e privado é posto em relevo, em tese
geral, por GIORGIO BERTI, *Associazione tra publico e privato,* in *JUS, Rivista di scienze
giuridiche,* 2, ano XLI, Maio-Agosto, 1994, págs. 221 e segs.

[415] Cfr. J.C. VIEIRA DE ANDRADE, *Interesse público, DJAP,* vol. V, pág. 279.

[416] A expressão "sector misto" é utilizada por VINCENT WRIGHT, *ob. cit.,* pág. 101

[417] De algum modo, a preocupação subjacente a esta questão não deixou também de
ser colocada, embora noutro contexto, por VIEIRA DE ANDRADE na sua obra *Grupos de
interesses...,* págs. 2 e segs.

AS IPSS e o "terceiro sector" ou "sector de economia social" 275

assistir, na linha do pensamento de FREITAS DO AMARAL, à consolidação de um novo sector – o sector da solidariedade social, que assim se autonomizaria como um quarto sector, a destacar, portanto, do terceiro sector ou do sector da economia social? Sector que poderá representar uma manifestação ou um patamar que pretende ser uma expressão qualificada do actual Estado social, que assim se converteria num (efectivo) Estado social?[418] Ou, por último, tratar-se-á apenas e tão só de um genuíno "sector da sociedade civil"[419], isto é, de uma genuína forma de a sociedade civil se afirmar como categoria jurídico-social (e política) autónoma perante os poderes públicos e o sector do mercado, colaborando ou corresponsabilizando-se também ela na prossecução de tarefas públicas que, primária ou principalmente, cumprirá à Administração desenvolver ou prosseguir?

A algumas das perguntas formuladas julgamos já ter respondido neste ponto do trabalho. Contudo, o problema central mantém-se: tentar descobrir se existe ou poderá existir um espaço jurídico – institucional para as IPSS, colocando designadamente em realce o quadro da sua relação com a Administração, identificando o conteúdo ou as características típicas desta relação. Questão cujo esclarecimento passará pela procura da sua localização no quadro da organização social global, através da identificação das suas principais características genéticas (a génese da sua criação jurídica), institucionais e funcionais (os principais aspectos da sua organização constitucional – a estática do fenómeno, e do seu funcionamento interno e externo – a sua dinâmica). Nesta análise, iremos ponderar dois aspectos essenciais: por um lado, a vertente das relações destas instituições com a Administração Pública, pondo em relevo a sua dimensão e a importância no quadro das tarefas do Estado social, retirando daqui as consequências relevantes para o Direito Administrativo (por ex., a relevância de princípios jurídico-administrativos no ordenamento jurídico das IPSS, os deveres e poderes de direito administrativo destas entidades, o regime dos contratos celebrados com o Estado, o financiamento, o controlo, etc.), e, num plano mais global, para a organização

---

[418] Cfr. CASALTA NABAIS, *Algumas considerações...*, pág. 170.

[419] A expressão cabe a LESTER M. SALOMON e HELMUT K. ANHEIER, *Le secteur de la société civile: une nouvelle force social,* in *Une seule solution, l'association? Socio-économie du fait associatif, Revue du Mauss,* n.º 11, 1998, pág. 99.

da Administração Pública (a relevância e os elementos de contacto das IPSS com a organização administrativa, e, especificamente, com a organização administrativa prestadora, designadamente da segurança social); por outro lado, procuraremos abordar as relações das IPSS com os directos beneficiários da sua acção, pondo nomeadamente em relevo a dimensão prática que aqui podem assumir alguns dos princípios estruturantes do seu ordenamento jurídico, assim como retiraremos consequências do seu regime jurídico, maxime, para efeitos de determinação do regime jurídico dos seus actos (individuais ou normativos) e da correlacionada jurisdição competente.

O âmbito do trabalho dirige-se sobretudo às IPSS que têm por objecto de actividade a acção social, sem dúvida o sector que consome a esmagadora maior destas entidades, e dentro delas as que se constituem para prestar serviços a terceiros, que são também a esmagadora maioria. Contudo, alguns dos aspectos da nossa análise não deixarão também de ser válidos para as IPSS caracterizadas pela auto-ajuda ou pela entreajuda dos respectivos membros (mutualidades e cooperativas).

Tentaremos, neste âmbito, portanto, compreender o universo jurídico-institucional plural das IPSS. Compreensão esta que, possivelmente ou até talvez decididamente, não se conjugará com as estruturas metodológicas e racionais herdadas, porque também aqui se cruzam ou "sucedem duas épocas e misturam-se dois mundos, o que torna o terreno naturalmente movediço e ainda mal determinado"(VIEIRA DE ANDRADE)[420]. Pelo que a respectiva teorização, ao nível da ciência do direito administrativo, poderá escapar à aplicação de figuras jurídicas já adquiridas e assentes, lançando desafios e interrogações perturbadoras não só sobre as formas jurídicas de organização social e respectiva regulação, mas também sobre a própria organização administrativa e as suas funções nas sociedades contemporâneas.

Desafios e interrogações que implicam sempre ou necessariamente alguma dose de problematização e de risco, designadamente por se tratar de um espaço em que a "diluição das fronteiras entre o direito público e o direito privado, entre entes públicos e privados"[421]

---

[420] Cfr. VIEIRA DE ANDRADE, *Grupos de interesses...*, pág. 2.

[421] Cfr. MARIA MANUEL LEITÃO MARQUES e VITAL MOREIRA, *Instrumentos e formas jurídicas de desintervenção do Estado...*, pág. 151.

surge com particular intensidade, accionada por uma espécie de evolução e mistura inflacionada de regimes, desafiando sobretudo a tentadora fuga para o trabalho analítico, provavelmente em substituição de um esforço conceitual (quase) fatalmente infrutífero e, por isso, inglório.

CAPÍTULO III

As IPSS e a organização administrativa da segurança social: o sistema de acção social
O modelo de gestão do sistema

Para uma melhor compreensão e fundamentação das conclusões já firmadas, vamos, no presente ponto, tentar compreender as IPSS no quadro global da Administração de prestação, e, especificamente, no âmbito da Administração social.

Para o efeito, tentaremos caracterizar e delimitar o objecto predominante das IPSS – a acção social. Esta caracterização não dispensa uma abordagem sobre o seu relevo no quadro das funções do Estado. E aqui tentaremos descortinar se constitui uma tarefa característica de uma certa forma de Estado – ou seja, do Estado social. No âmbito da resposta a esta questão tentaremos qualificar, sob o ponto de vista administrativo, essa tarefa – isto é, saber se reúne, designadamente sob o ponto de vista material, as características que podem fazer dela um serviço público do (nosso) Estado social.

Para isso, havemos de partir quer de uma ideia ou concepção aproximada de serviço público, quer dos dados imediatamente fornecidos pelo Direito Constitucional positivo, a que associaremos a concretização que é feita dos mesmos, e desde logo, pela via legislativa. Teremos também em conta, ainda que abreviadamente, alguns momentos do processo histórico da institucionalização da segurança social e da assistência social como actividade da Administração.

Seguidamente, e no caso de a resposta ser afirmativa iremos ponderar as consequências jurídicas relevantes que daqui resultam para a compreensão do estatuto das IPSS. Os dados constitucionais serão aqui mais uma vez relevantes. Mas não só. O direito legislativo e regulamentar será, nesta matéria, um auxiliar precioso, pois o regime

280 *As Instituições de Solidariedade Social*

nele consagrado há-de permitir o avanço de algumas conclusões não negligenciáveis, designadamente sob dois aspectos: do ponto de vista do enquadramento das IPSS em relação ao constitucionalmente designado por sistema de segurança social, na sua dimensão de assistência social, e em relação aos modelos ou modos de gestão dos serviços públicos.

1. A acção social como fim constitucional do Estado: fundamento constitucional da existência de um serviço público social. A acção social como tarefa pública. A justiça social e a justiça redistributiva

Como se referiu no ponto anterior, o domínio da assistência ou da acção social constitui um dos exemplos mais elucidativos do sector não lucrativo, e que tende progressivamente a assumir um papel cada vez mais relevante na generalidade dos países desenvolvidos, e dentro destes, particularmente, naqueles que adoptaram o Estado social como forma ou modelo fundamental de organização política. E é sobretudo no contexto destes últimos países que o fenómeno ganha um significado acrescido, dado que a adopção daquela forma de Estado denuncia, só por si, um certo significado político e jurídico.

Entre nós – que também adoptámos o princípio do Estado social como princípio estruturante do modelo constitucional de Estado –, é, do mesmo modo, no domínio da acção social que as entidades sem fins lucrativos, designadamente as IPSS, ganham cada vez maior dimensão e importância, aliás, na linha de uma tradição secular.

Por isso, a sua compreensão global, designadamente no quadro do Estado de direito social, não dispensa uma caracterização prévia do objecto predominante da sua actuação: a segurança social, e dentro dela a acção social, enquanto actividade caracterizadora da mencionada forma de Estado.

Na primeira parte deste trabalho, vimos que a beneficência ou a assistência social surge, historicamente, como uma actividade originariamente privada, no sentido de que consistia numa actividade própria de organizações civis e religiosas, sendo, portanto, exercida em "regime de monopólio natural" pela sociedade.

As IPSS e a organização administrativa da segurança social   281

Contudo, especialmente por força da Reforma, nos países protestantes, e a desamortização, nos países católicos, a que se associou o processo de construção do Estado moderno, que subtraiu à Igreja, embora não completamente, a função ou a influência tradicionalmente desenvolvida nesta área, determinaram o surgimento de estabelecimentos públicos de assistência ou de beneficência. O nascimento da beneficência ou da assistência como serviço público parece ter aqui o seu marco histórico fundamental, constituindo um dos primeiros serviços públicos a implantar-se – precedendo, portanto, o surgimento dos modernos sistemas de segurança social, inicialmente consagrado na legislação social de Bismarck (1881), baseada numa concepção laborista ou comutativa, a que se sucedeu a sua consagração nas constituições dos países que adoptaram o modelo de Estado social –, e ocupando uma posição de vanguarda na progressiva evolução do Estado moderno em Estado prestador de serviços[422].

---

[422] Neste sentido F. GARRIDO FALLA, *La accion administrativa sobre la beneficencia privada, y en especial sobre las fundaciones de este caracter,* in *Centenario de la ley del notariado, estudos jurídicos varios,* vol. IV, Madrid, 1963, pág. 345, baseando-se, aliás, em A. BARKER, *Los servicios públicos en Europa,* trad. Esp., Barcelona, 1948. A este propósito diz-nos MANUEL AZNAR LÓPEZ, *En torno a la beneficencia y su régimen jurídico, REDA,* n.º 92, Out/Dez., 1996, pág. 556, que se esquece com frequência o facto de a beneficência constituir um dos primeiros serviços públicos a implantar-se, acrescentando que foi a partir de meados do século XVIII que, como consequência da secularização de determinados serviços eclesiásticos e da sua abertura ao público, apareceram os serviços públicos de saúde, educação, e a beneficência. No mesmo sentido, vide VILLAR EZCURRA, *Servicio Público y técnicas de conexion,* Madrid, Centros de Estudios Constitucionales, 1980, págs. 25-28. Relativamente ao "Programa Social" de Bismark, refira-se que o mesmo viria a ser objecto de consagração constitucional na Constituição Weimar, de 1919. O período moderno da segurança viria a ter por base as concepções de Roosevelt e de Beveridge – assegurar a garantia de um mínimo social a todos os cidadãos (concepção distributiva). Em 1942 viria a ser publicado, em Inglaterra, o Plano de Segurança Social, conhecido, precisamente, por Plano Beveridge, que propunha a institucionalização de um seguro nacional e universal, baseado mais nas necessidades do que no risco, e um serviço de assistência nacional, baseado na solidariedade nacional (financiado pelas receitas fiscais). Ao nível do direito positivo, os seus reflexos imediatos encontram-se numa lei americana de 1935, designada por Social Security Act, e nas leis homólogas publicadas na Nova Zelândia em 1938, a que se sucedeu a Carta do Atlântico, de 1941, e a Declaração dos Direitos do Homem, de 1948, a convenção de Genebra, da O.I.T, 1952, sobre a norma mínima de segurança social, e mais tarde o Código Europeu de Segurança Social (Conselho da Europa – 1967), para além da sua consagração no direito interno de diversos Estados. Sobre a evolução e o processo de afirmação e autonomização progressiva da segurança social no

Entre nós, muito embora já existissem precedentes recentes que indiciavam a afirmação da assistência como serviço do Estado, e de que constitui exemplo a criação, em 1788, da Casa Pia de Lisboa por Pina Manique, assim como o facto de a Carta Constitucional de 1822 impor, no seu art. 240.º, que "as Cortes e o Governo terão particular cuidado da fundação, conservação, e aumento das casas de misericórdia e hospitais civis e militares (...), e de quaisquer outros estabelecimentos de caridade", foi em 1835-37 que se estabeleceu, definitivamente, o carácter oficial da beneficência pública em Portugal, tendo, então, sido instituído o Conselho Geral de Beneficência e criados alguns estabelecimentos públicos, designadamente asilos. Pouco tempo depois, a saúde e a beneficência seriam objecto de uma reorganização, ficando administrativamente unidas numa só direcção – Direcção-Geral de Saúde e Beneficência –, e de uma regulamentação do seu exercício através do regulamento geral dos serviços de saúde e beneficência, de 1901. Este processo de institucionalização e organização dos serviços de saúde e assistência/beneficência continuaria a ser objecto de uma preocupação frequente do poder político[423].

âmbito da ordem jurídica, vide SÉRVULO CORREIA, *Teoria da Relação Jurídica de Seguro Social – I*, in *ESC*, ano VII, n.º 27, págs. 15 e segs.

[423] A descrição pormenorizada deste processo é exposta, sob o título Serviços de Saúde e Assistência, por ALFREDO MENDES DE ALMEIDA FERRÃO, *Serviços Públicos no Direito Português*, Coimbra Editora, 1962, págs. 196 e segs. Descrição esta que é feita à luz de um conceito orgânico de serviço público (pág. 1): "organismos criados pelo Estado e por ele geridos ou fiscalizados, destinados à satisfação de interesses gerais e necessidades imediatas da Nação". Para o autor, a assistência fica definitivamente organizada como serviço público a partir de 1911. Todo este processo não deixa de revelar uma certa sensibilidade social quer do legislador constituinte liberal, quer da Administração, a denunciar que "a existência de preocupações sociais no Direito do Estado é anterior ao século XX" (cfr. PAULO OTERO, *O Poder de Substituição...*, vol. II, Lex, Lisboa, 1995, pág. 527) Refira-se ainda que, para além da saúde e da assistência, foram, entretanto (1870-1905), também criadas algumas caixas de pensões ou de reforma, e constituídas, ainda no século XIX, designadamente na sua segunda metade, diversas associações de socorros mútuos. Aliás, o século XX é tido por excelência como o século do mutualismo, tendo sido criadas entre nós cerca de 800 associações mutualistas, cuja finalidade mais usual era a atribuição de subsídios de funeral e de luto (sobre este movimento, ANA PAULA SANTOS QUELHAS, *ob. cit.*, págs. 23 e segs., e VASCO ROSENDO, *A evolução do Mutualismo no Portugal Contemporâneo*, in *O Mutualismo Português: Solidariedade e Progresso Social*, obra elaborada por CARLOS PESTANA BARROS e J. C. GOMES SANTOS, Vulgata, Lisboa, 1998, págs. 59 e segs.). À força deste movimento não é estranho o facto de não existir um sistema público de seguros sociais, coisa que, e ao

As IPSS e a organização administrativa da segurança social   283

Significa isto que, entre nós, a assistência (e também a saúde) passou a ser assumida gradualmente pelo Estado moderno como tarefa sua, pelo menos desde a primeira metade do século XIX, tendo, para a sua concreta prossecução, procedido à criação, ainda que de forma incipiente, quer de estruturas orgânicas de gestão, controle e administração, quer de serviços de prestação directa ao público, cujo estudo era, inclusivamente, já inserido nos manuais escolares do século XIX, e do início do nosso século[424].

Mais tarde (1919) surgiriam os primeiros sistemas públicos de seguros sociais obrigatórios e a previdência social[425].

A assunção de um serviço público social, agregando a saúde, a assistência social e a previdência, tem aqui as suas origens mais imediatas.

---

contrário do sucedido com a assistência social, só ter dado os seus primeiros passos a partir de 1919 com a institucionalização de alguns seguros sociais obrigatórios (doença, acidentes de trabalho, velhice, invalidez, sobrevivência, e com a criação do Instituto de Seguros Sociais Obrigatórios e de Previdência Social. Sobre a evolução deste processo, vide SÉRVULO CORREIA, *Teoria da Relação Jurídica de Seguro Social –I* ..., págs. 19 e segs., ILÍDIO DAS NEVES, *Direito da Segurança Social, Princípios Fundamentais numa Análise Prospectiva*, Coimbra Editora, 1996, págs. 149 e segs.

[424] A este propósito, vide JUSTINO ANTÓNIO DE FREITAS que, no seu *Ensaio sobre as Instituições de Direito Administrativo Português,* por ANTÓNIO GUILHERME DE SOUSA, Coimbra, Imprensa da Universidade, 1859, págs. 179-180, considerava como "atribuições" (...) da "direcção geral da administração civil" a gestão dos "asylos de mendicidade e de infância, roda de expostos", "socorros geraes", etc., para acudirem ao "pauperismo", "classes desgraçadas", e em geral, aos "sem meios para se sustentarem...". E na 2.ª ed. da mesma obra, de 1861, reunia "todos os deveres da Administração – na segurança – bem-estar material – desenvolvimento moral e intellectual – e beneficência pública; o que tudo deve constituir as bases immutaveis das boas leis administrativas." Por sua vez, GUIMARÃES PEDROSA, *Curso de Ciência da Administração, e Direito Administrativo, Introdução e Parte I e Parte II*, Coimbra, Imprensa da Universidade, 1908 e 1909, respectivamente, embora reconhecendo que não existia uma organização geral de beneficência pública, mas sim institutos de iniciativa particular, que o autor considera institutos de utilidade pública (Parte II, pág. 8), não deixava de tratar a saúde e a beneficência no capítulo sobre o estudo dos órgãos de execução (Parte II, pág. 70), e no seu organigrama sobre a actividade do Estado (Parte I, pág. 175) não deixava de incluir na "actividade social" do Estado a "assistência pública e obras pias". À crescente relevância da beneficência se refere também MAGALHÃES COLLAÇO, *Direito Administrativo*, obra coligida por CARLOS MOREIRA, 2.ª ed., Imprensa do Norte, Porto, 1924, pág. 120, dizendo que "durante o século XIX tomaram grande incremento os serviços de instrução, beneficência, etc., que até a esta época estavam quasi exclusivamente a cargo dos particulares".

[425] Cfr. SÉRVULO CORREIA, *Teoria da Relação Jurídica de Seguro Social – I* ..., pág. 19.

Sob o ponto de vista doutrinal caberia, entre nós, a MARCELLO CAETANO a elaboração de um conceito de serviços públicos sociais ou de segurança social, distinguindo-os, sob o ponto de vista do objecto e da retribuição das prestações, dos serviços públicos económicos e dos serviços públicos culturais[426].

No conceito de serviços públicos sociais ou de segurança social, MARCELLO CAETANO abrangia a previdência – serviços de previdência eram todos os relativos a seguros sociais obrigatórios, funcionando estruturalmente num sistema de mutualidade –, e a assistência, definindo esta última como "o amparo da colectividade a cada um dos seus membros quando este não possa, pelos seus próprios meios, ocorrer a dificuldades temporárias ou permanentes". Para o autor, o objecto dos serviços assistenciais era entendido em sentido amplo, pois neles incluía os estabelecimentos hospitalares, os hospícios, os asilos e outros análogos, os quais podiam ser objecto de uma gestão indirecta ou de uma gestão por delegação. Conceito com que o autor traduzia o acto pelo qual uma pessoa colectiva de direito público confia ou entrega o funcionamento de um seu serviço – apenas os serviços assistenciais ou culturais – a certa entidade privada de utilidade pública, mediante o pagamento de subsídios[427].

É certo que MARCELLO CAETANO parte, na elaboração da sua teoria sobre os serviços públicos, de uma acepção subjectiva ou institucional de serviço público (o seu estudo cabe no âmbito da organização administrativa)[428], mas não deixa de reconhecer que na origem deste conceito está sempre a ideia de uma actividade que, por oposição à decorrente da iniciativa privada (serviço privado), é exercida pelo sector público com apoio na autoridade, sendo esta "ideia de uma actividade" (acepção objectiva) que lhe permite destacar os serviços

---

[426] Cfr. MARCELLO CAETANO, *Manual...*, vol. II, págs. 1069-1070. O autor define os serviços públicos sociais ou de segurança social como "os destinados a valer aos indivíduos na doença, na velhice, na invalidez, a amparar aqueles que, não podendo por eles próprios granjear meios de subsistência, hajam perdido o suporte familiar ou a ajudar os indivíduos a vencer dificuldades pessoais relacionadas com interesses de ordem geral".

[427] Cfr. MARCELLO CAETANO, *Manual...*, vol. II, págs. 1070-1075. O autor distinguia entre concessão e delegação, reservando o primeiro conceito para as actividades económicas, e o segundo para as actividades assistenciais e culturais (pág. 1072).

[428] Cfr. MARCELLO CAETANO, *Manual...*, vol. I, págs. 237 e segs.

As IPSS e a organização administrativa da segurança social   285

públicos dos serviços administrativos e distinguir, dentro daqueles, diversos tipos de serviços públicos[429].

Nos nossos dias, e sem embargo da conclusão a que atrás chegámos – a progressiva terceirização do Estado social –, julgamos que (ainda) tem todo o cabimento falar de (e autonomizar) um serviço público social. Tal justificar-se-á por maioria de razão, em virtude do facto de este serviço surgir agora num contexto político e jurídico--constitucional bem diferente daquele que caracterizava quer o constitucionalismo liberal, quer o constitucionalismo corporativo – ali vigorava o princípio do Estado mínimo, aqui o princípio da supletividade ou da subsidiariedade da intervenção do Estado (pelo menos nas actividades não exclusivas do Estado ou em que era permitida a concorrência dos particulares)[430], e hoje, enquanto princípio estruturante da forma de Estado, o princípio do Estado social. Pelo que será através ou a partir deste princípio, atento o grau da sua concretização constitucional, que, em nosso entender, se poderá, hoje, compreender e caracterizar juridicamente a existência de um serviço público social, e, consequentemente, a actividade de acção social ou de assistência social. Numa palavra, o princípio do Estado social será aqui o ponto de partida para a qualificação da segurança social, da assistência social e da saúde como serviços públicos. Dada a sua irredutível unidade axiológica – a protecção da pessoa humana – e jurídico-constitucional – o princípio do Estado social como princípio político e jurídico fundante da sua existência –, julgamos que se justificará a autonomização conceitual de um serviço público social, integrado,

---

[429] Cfr. MARCELLO CAETANO, *Manual...*, vol. II, pág. 1069-1070. O autor incluía os serviços públicos propriamente ditos – serviços de prestação ao público – nos modos de actividade administrativa, aparecendo geralmente como serviço administrativo destinado à prestação de utilidades concretas aos indivíduos, facultando os meios idóneos para a satisfação de uma necessidade colectiva individualmente sentida. Para MARIA DA GLÓRIA FERREIRA PINTO, *Serviço Público,* in *Enciclopédia Polis*, 5, pág. 724, MARCELLO CAETANO terá mesmo abandonado a feição institucional do conceito para abraçar a material, opondo serviço público à Polícia e apresentando ambos como os dois modos possíveis de actuação da Administração. Sobre a origem e as diferentes concepções e acepções em que pode ser tomada a expressão serviço público, vide as sínteses de MARIA DA GLÓRIA FERREIRA PINTO, *Serviço Público,* in *Enciclopédia Polis*, 5, págs. 717-726, e de JOSÉ PEDRO FERNANDES, *Serviço Público, DJAP*, págs. 390 e segs.

[430] Cfr. MARCELLO CAETANO, *Manual...*, vol. II, págs. 1065 e 1075 e segs.

sob o ponto de vista do seu objecto, pela segurança social (o sistema previdencial), pela acção social e pela saúde, formando, em sentido objectivo, o conjunto de "prestações (bens e serviços) ministrados directamente pela Administração, ou por delegação sua, para a satisfação de necessidades individualmente consumíveis"[431].

Neste ponto, vamos ater-nos fundamentalmente ao estudo da acção social, considerando a sua relevância enquanto actividade no contexto mais global da segurança social.

E aqui, de algum modo, cremos já resultar do nosso percurso que a segurança social e a assistência social constituem, no nosso sistema constitucional, uma tarefa fundamental do Estado e da sua Administração. E julgamos que é legítimo e juridicamente sustentável, designadamente no âmbito do Estado de Direito social, a elaboração de um conceito de serviço público social enquanto tarefa nuclearmente caracterizadora desta particular forma de Estado e da sua Administração. Entre nós pode mesmo dizer-se que constitui uma tarefa constitucionalmente prevista e imposta como incumbência concreta e permanente do Estado – do Estado-legislador e do Estado-Administração –, dirigida à satisfação de necessidades colectivas individualmente sentidas, sendo, por isso, havida como uma tarefa de interesse público.

Esta ideia prévia e genérica sugere, desde logo, uma noção objectiva ou material de serviço público. E supomos que uma noção mais próxima da concepção material de serviço público se adequa melhor, não só à natureza da tarefa em causa, atendendo sobretudo à sua inserção no quadro do Estado de Direito social, mas também à configuração jurídico-normativa desta mesma tarefa no quadro do nosso texto constitucional.

Contudo, mesmo que o nosso ponto de partida se baseasse numa perspectiva mais próxima de uma concepção orgânica ou subjectiva de serviço público, a conclusão não deixaria, pelo menos entre nós, e como poderá concluir-se da exposição seguinte, de ser fundamentalmente a mesma. Na verdade, é a própria Constituição a

---

[431] Conforme noção de serviço público em sentido objectivo sugerida por VITAL MOREIRA nos *Sumários do Curso de Mestrado, 1998-99*, disciplina de Direito Administrativo II, capítulo IV.

impor a institucionalização de uma organização pública de segurança social, e a actual lei de bases da segurança social, na sequência do que sucedia já na anterior – estabelece expressamente a existência de uma segurança social (e de uma acção social) pública, e sob gestão pública. Este facto revela ou tem subjacente, só por si, uma certa valoração jurídica ou mesmo uma qualificação jurídica de uma necessidade social como necessidade colectiva com "intensidade suficiente"[432] para, desde logo, no plano jurídico-constitucional, ser assumida como tarefa do legislador e da Administração.

O nosso ponto de partida para a compreensão da assistência social como serviço público será, pois, essencialmente estribado numa noção objectiva ou material de serviço público. O tópico será a relevância da actividade e menos o elemento estrutural-orgânico, no sentido de serviço, departamento ou organização personalizada concebidos e instalados com o fim de desenvolver esta mesma actividade. E isto por duas razões fundamentais: em primeiro lugar, porque é a qualificação de uma determinada matéria ou tarefa como de interesse público, que à Administração caberá desenvolver como sua, como responsabilidade sua, que deve constituir, por princípio, o pressuposto da criação de pessoas colectivas públicas ou da instalação de departamentos; em segundo lugar, porque podem ser concebidas políticas e programas públicos, cuja execução directa e, portanto, a concreta realização das prestações ao público, permitidas ou facultadas por aquelas políticas e por estes programas, fica imediatamente a cargo de entidades privadas, isto é, sem a mediação da organização pública, em virtude da sua inexistência ou da sua insuficiência e, portanto, da inexistência ou insuficiência de serviços públicos entendidos em sentido orgânico ou subjectivo. Ora, este segundo aspecto poderá justificar uma aproximação de regimes, cuja fundamentação e justificação só poderá residir no conceito de interesse público, e mais especificamente no de serviço público. Como veremos, é isto que, de alguma forma, não deixa de suceder no domínio da acção social.

Numa aproximação necessariamente rudimentar, partiremos, assim, de uma noção de serviço público enquanto tarefa ou missão imputável directamente às entidades públicas – ao legislador pelo texto

---

[432] A expressão é de FREITAS DO AMARAL, *Curso..*, pág. 31.

constitucional (quando este impõe concretamente, por ex., a criação de estruturas), e à Administração pela mediação legislativa. Partiremos, pois, de um conceito de serviço público enquanto actividade que à Administração cumpre prosseguir, e que esta assume como tarefa própria, como atribuição e responsabilidade suas, destinada à satisfação de necessidades colectivas individualmente sentidas, podendo a sua concreta realização ser reservada em exclusivo à Administração, ou ser por esta confiada, por acto jurídico-público (acto normativo, acto administrativo ou contrato), praticado com base na lei, a outras entidades, lucrativas ou não lucrativas. Esta noção não implica necessariamente a existência de qualquer monopólio constitucional ou legal a favor da Administração, tendo, por conseguinte, utilidade mesmo nos casos em que as matérias ou as actividades em causa possam ser objecto de uma prossecução concorrente, alternativa ou complementar pelos particulares. O fundamental é que a Administração assuma a tarefa como atribuição sua, como responsabilidade que lhe cumpre prosseguir e garantir, independentemente de esta assunção ou formalização ser ou não acompanhada da criação ou instalação de unidades orgânicas e serviços de prestação directa ao público.

E é, pois, ou sobretudo, à luz desta noção genérica e aproximada de serviço público que vamos pautar a nossa exposição sobre a qualificação da assistência social como serviço público.

E nesta matéria não podemos deixar de reconhecer que tanto os fins ou missões da Administração, como a concreta organização dos meios para os satisfazer, são contingentes e variáveis, uma vez constatada a sua dependência em relação às concepções dominantes sobre os papéis que a sociedade e o Estado devem desempenhar.

Contudo, tal não invalida um esforço ou uma tentativa, ainda que breve e porventura superficial, de identificação de um interesse público que, por imposição directa do texto constitucional, a Administração deva prosseguir. E deva prosseguir como interesse seu ou como atribuição ou tarefa própria.

É certo que uma coisa é o reconhecimento constitucional das missões, fins ou tarefas fundamentais que o Estado deve prosseguir, outra, bem diferente, é o modo concreto de organização e gestão dos meios e dos serviços que hão-de tornar efectivos tais fins ou missões.

Aqui estamos num outro grau ou nível: o grau ou nível a que corresponde o modo e os processos de concretizar, realizar ou tornar efectivas as prestações administrativas que efectivem os direitos sociais dos administrados consagrados nos textos constitucionais. A distância entre a proclamação dos princípios, fins, tarefas e imposições constitucionais e a organização dos correspondentes serviços públicos para satisfazer os direitos dos cidadãos constitui, para este efeito, uma precisão fundamental: as missões ou os fins de interesse geral que o Estado deve prosseguir são estabelecidos pela Constituição; a lei ordinária estabelecerá os meios e a organização dos serviços públicos económicos e assistenciais requeridos pelo cumprimento das missões estabelecidas[433]. Ou seja, a Constituição demarca ou estabelece os fins da acção estadual, e impõe aos poderes públicos deveres ou obrigações de agir tendentes ao seu cumprimento. Contudo, não desenha, em geral, a forma concreta pela qual devem cumprir-se aqueles fins, delegando ou deixando ao legislador um grau maior ou menor de flexibilidade ou de liberdade de conformação na eleição das medidas que se afigurem mais adequadas ou apropriadas à satisfação do mandato constitucional, tendo em conta o conjunto de circunstâncias ou o contexto ideológico, económico, cultural e social vigente ou dominante em cada momento histórico.

Apenas para concretizar o raciocínio exposto, poderá dizer-se, seguindo João Carlos Espada, que a versatilidade dos direitos sociais básicos está na origem de debates intermináveis sobre os procedimentos a utilizar para os concretizar, constituindo, por isso, um campo privilegiado para o confronto político e ideológico. É assim que numa perspectiva mais liberal prefere-se que os benefícios de segurança social (welfare benefits), sejam pagos em dinheiro e não em serviços, de forma a reduzir o aparelho burocrático e permitir ao beneficiário a liberdade de escolher a melhor forma de utilizar a ajuda que recebe. O sistema de vales constituiria uma alternativa válida à prestação directa de serviços pelos poderes públicos, nas áreas da segurança social, saúde e educação, sendo que a prestação

---

[433] Cfr. F. Garrido Falla, *El concepto de servicio publico en decrecho espanhol*, in *RAP*, 135, Setembro-Dezembro, ano 1994, págs. 26-27. A este propósito, também João Carlos Espada, *Direitos Sociais de Cidadania*, Imprensa Nacional Casa da Moeda, 1997, pág. 88.

dos próprios serviços de segurança social poderia ser assegurada pelo mercado numa lógica de concorrência. As pessoas necessitadas destes serviços seriam directamente subsidiadas por meio de vales[434]. O mercado seria, também neste domínio, o mandamento miraculoso de estruturação da ordem social, acreditando-se, assim, nas suas virtualidades para funcionar como mecanismo redistributivo – e, portanto, como meio de alcançar e garantir a justiça social ou distributiva –, que eliminaria ou atenuaria as desigualdades do ponto de partida.

Uma tal perspectiva esquece que a construção de uma autêntica cidadania social não é redutível apenas a serviços e subsídios titulados por vales ou algo semelhante, pressupondo-se que já existam as possibilidades de exercício da liberdade de escolha, quando, precisamente, e não raras vezes, são as próprias disfunções de ordem social e pessoal que não permitem o exercício de qualquer liberdade de escolha. Por isso, neste domínio – no domínio da acção ou da assistência social, predominantemente virada para a prevenção e remédio de situações sociais mais graves –, o discurso não pode ser apenas concretizado num simples "dar o peixe" para que o destinatário seleccione alternativas, pois que, antes disso, e numa fórmula que pecará também por redutora, coloca-se o problema do "ensinar a pescar" e do como "ensinar a pescar". O problema "não é dar alternativas, é proporcionar escolhas"[435].

A multiplicidade das situações de carência e de disfunção social exigem adequadas respostas que, em caso algum, poderão (apenas) reduzir-se à oferta de títulos, pressupondo-se que o seu titular tem plena liberdade de escolha entre alternativas possíveis que o mercado colocaria à sua disposição[436]. De facto, a intervenção nas múltiplas

---

[434] Cfr. João Carlos Espada, *Direitos Sociais de Cidadania – uma crítica a F. A. Hayek e R. Plant*, Imprensa Nacional Casa da Moeda, 1997, pág. 88. Mas convém notar, como, aliás, o próprio autor refere, que a perspectiva exposta no texto não é contrária à ideia de universalidade da prestação de serviços de segurança social, dando como exemplo disso o rendimento mínimo garantido, que "parece ter surgido precisamente para satisfazer o requisito da aplicação geral independente de circunstâncias específicas".

[435] Cfr. Paula Guimarães, *Direito, Direitos e Idades da Vida*, in *Intervenção Social*, ano IX, n.º 20.Dezembro de 1999, pág. 87.

[436] Sobre as limitações do mercado enquanto mecanismo social ou estruturante da ordem social, vide Celso Lafer, *Liberalismo, Contratualismo e Pacto Social*, in *Revista Brasileira de Filosofia*, XXXIV, 137, págs.18-20.

situações de carência, de risco e/ou de disfunção social impõe uma "intervenção correctiva e não meramente paliativa", colocando "ao Direito o imperativo de um olhar particularmente focalizado em determinados grupos de cidadãos", pelo que a diferenciação constituirá aqui um "instrumento de verdadeira igualdade". De outra forma, "a igualdade rígida e aritmética agudizaria as exclusões, cavando, ainda mais, o fosso, entre aqueles que se encontram em situação de desfrutar, livremente, das prerrogativas legais ao seu alcance e aqueles que, por desconhecimento ou obstáculos endógenos ou exógenos, se situam fora do perímetro de privilégio que, queiramos ou não, isola os excluídos de um pleno usufruto do direito e dos direitos"[437].

É que não pode esquecer-se que pela concretização efectiva dos direitos sociais, enquanto património integrante da esfera jurídica dos cidadãos, a par dos direitos civis e políticos, passa também a construção ou pelo menos o enriquecimento de um novo conceito de cidadania: uma autêntica cidadania social, mais profunda e vasta que a mera cidadania política, capaz de fundamentar um direito à integração efectiva na sociedade, em que o crédito do sujeito jurídico não se dirige apenas à satisfação das necessidades sociais, enquanto beneficiário do sistema, mas à plena participação na constituição desses sistema[438].

Por isso, a efectiva realização dos direitos sociais não significa apenas aceder aos serviços de saúde, aos regimes ou às prestações de protecção social ou ao acolhimento em equipamentos de saúde e/ou sociais; significa combater as consequências negativas das desigualdades sociais e funcionais a fim de "conservar ou devolver a todo o cidadão (...) o seu lugar na cidade"[439], de modo que todos os membros partilhem "um mesmo chão comum"[440]. E o primeiro garante da

---

[437] Cfr. PAULA GUIMARÃES, *ob. cit.*, pág. 84. Sobre as formas de exclusão social do nosso tempo e sua especificidade, BRUTO DA COSTA, *Exclusões Sociais*, Gradiva, Lisboa, 1998.

[438] Cfr. JEAN PAUL FITOUSSI e PIERRE ROSANVALLON, *A Nova Era das Desigualdades*, Oeiras, Celta Editora,1997, citados por PAULA GUIMARÃES, *ob. cit.*, pág. 81,

[439] Cfr. PAULA GUIMARÃES, *ob. cit.*, pág. 85, citando NICOLE DELPEREE, *Psychiatrie et vieillissement: du droit civil au droit social*, in *Revue belge de Securité Social*, 1.º trimestre, 1999, pág. 90.

[440] Cfr. CASALTA NABAIS, *Algumas Considerações...*, pág. 164. Ainda segundo CASALTA NABAIS (pág. 164, nota 47), JOÃO CARLOS ESPADA, na sua obra *Direitos sociais de cidadania – uma crítica a F. A. Hayek e R. Planto*, in *Análise Social*, vol. XXX, n.os 131-132,

292   *As Instituições de Solidariedade Social*

conservação ou da devolução a todo o cidadão do seu lugar na cidade deve ser o próprio Estado.

Cremos que é esta perspectiva que perpassa e dá unidade de sentido à nossa Constituição Social. Dir-se-á mesmo que ela representa uma das concretizações fundamentais do princípio do Estado de direito social ou da democracia social (art. 2.º). Por isso se afirma que a cláusula constitucional de bem-estar ou de Estado social é inerente ao actual modelo de Estado, cuja concreta implementação é confiada pela Constituição à Administração Pública, enquanto tarefa fundamental (art. 9.º, al. d)) ou incumbência prioritária do Estado (art. 81.º, al. a))[441], sendo, por isso, havida como uma das principais "missões da administração" (JOÃO CAUPERS) ou como uma das "atribuições principais do Estado" (FREITAS DO AMARAL)[442]. Daí que a consagração formal do princípio do Estado social ou da democracia social não signifique apenas uma tarefa administrativa do Estado, perfilando-se antes como um princípio estruturante do próprio Estado (GOMES CANOTILHO E VITAL MOREIRA)[443].

Deste modo, a configuração do Estado como Estado social não deixar de implicar necessariamente, logo ao nível constitucional, consequências jurídicas em relação à posição dos poderes públicos perante a satisfação das necessidades sociais: do princípio do Estado social resulta, como consequência directa, o dever jurídico do Estado de dispor e gerir um sistema social, pelo menos na forma de acção

---

págs. 265 e segs., tendo fundamentalmente por base a literatura anglo-saxónica, identifica o "mesmo chão comum" com a satisfação estadual das necessidades básicas, ou seja, aquelas necessidades cuja privação impedem o indivíduo de agir como agente moral, de realizar a sua vocação moral como ser autónomo e livre. Necessidades que, naturalmente, não podem ser definidas em abstracto ou de uma vez por todas, pois dependem de considerações contingentes relativas seja ao nível de capacidade financeira da correspondente comunidade, seja às eventuais disfunções ou efeitos perversos que a ajuda social passa a convocar nos beneficiários, como contribuir para situações de estadodependência ou incentivar condutas anti-sociais. Contudo, e como refere CASALTA NABAIS, os problemas começam quando se pergunta: quais as necessidades ou quais os níveis de satisfação que hão-de ter-se por básicos numa dada comunidade; quais os meios ou instrumentos a utilizar na satisfação dessas necessidades ou desses níveis (se o Estado, directamente ou através dos cidadãos, ou se o mercado); e qual o nível de tutela dos direitos sociais (se hão-de ser vistos e tutelados à maneira do clássico direito dos direitos – o direito de propriedade –, se obedecendo a outro ou outros paradigmas). Algumas destas questões não deixam de estar subjacentes ao nosso trabalho.

social[444]. Se, para além disso, a própria Constituição impuser directamente o mecanismo concreto que os poderes públicos devem criar e gerir para realizar os fins que a mesma estabelece, reduzindo, assim, a margem de liberdade de conformação do legislador, então o Estado social envolve também a garantia institucional da existência de uma Administração social. O art. 63.º da Constituição representa, a este nível, uma das concretizações mais significativas.

De facto, aí se declara que todos têm direito à segurança social (n.º 1), sendo que a concretização deste direito social passa pelo cumprimento da obrigação ou imposição legiferante dirigida ao Estado de organizar, coordenar e subsidiar um sistema de segurança social unificado e descentralizado (n.º 2), de modo a proteger os cidadãos na doença, velhice, invalidez, viuvez e orfandade, bem como no desemprego e em todas as outras situações de falta ou diminuição de meios de subsistência e incapacidade para o trabalho (n.º 3), e ainda pela definição e prossecução de políticas dirigidas aos objectivos conformes aos direitos sociais[445].

---

[441] Sobre o conceito da cláusula de bem-estar ou de Estado Social, vide PAULO OTERO, *Vinculação e Liberdade de Conformação Jurídica do Sector Empresarial do Estado*, Coimbra, 1998, págs. 13 e segs.

[442] Na verdade, a segurança social, e dentro dela a acção social ou a assistência social (ou ainda integração social), tem sido apontada como uma das missões fundamentais da Administração, quer seja catalogada dentro das "missões sociais" (cfr. BERNARD GOURNAY, *Introdução à Ciência Administrativa*, Publicações Europa América, 3.ª ed. revisa, tradução de CASCAIS FRANCO, 1978, págs. 24 e segs.), ou das "atribuições sociais" (cfr. FREITAS DO AMARAL, *Curso...*, pág. 225), ou ainda dentro das "missões de prestação" (cfr. JOÃO CAUPERS, *Estudos de Ciência da Administração....*, pág. 422)

[443] Cfr. J. J. GOMES CANOTILHO e VITAL MOREIRA, *Fundamentos da Constituição*, Coimbra Editora, 1991, pág. 86.

[444] Neste sentido, vide HANS-JULIUS WOLFF, *ob. cit.*, pág. 368, onde refere expressamente que do princípio do Estado social deriva o dever jurídico de o Estado gerir uma Administração social, pelo menos na forma de ajuda (apoio) social. No entanto, o autor acrescenta (pág. 369) que a garantia institucional das formas fundamentais por que se pode concretizar a protecção social – segurança social, sustentação social, ajuda social – não pode extrair-se da cláusula do Estado social, pelo que a formação orgânica e institucional da Administração social cai na reserva ou na liberdade de conformação do legislador.

[445] Cfr. J. J. GOMES CANOTILHO e VITAL MOREIRA, *Fundamentos da Constituição....*, pág. 130, onde distinguem a dimensão objectiva dos direitos sociais, expressa na obrigação ou incumbência imposta ao Estado, da dimensão subjectiva, consubstanciada no direito público subjectivo fundamental, de que é titular cada cidadão (ou pelo menos uma determinada

294   As Instituições de Solidariedade Social

Daqui decorre directamente a afirmação de uma função própria do Estado: assegurar a protecção social de todos os cidadãos. A consagração de direitos de natureza social – direitos que exigem do Estado uma acção positiva – constitui um mandato constitucional positivo, que se impõe, directa e primariamente, ao legislador, no sentido de lhes dar concretização.

Quer isto dizer que as exigências ou imposições decorrentes do princípio do Estado de direito social dispensam, neste domínio, mais incursões acerca da natureza de serviço público da segurança social, e, consequentemente, do seu subsistema de acção social – a sua natureza de serviço público deriva directamente do texto constitucional, sobrando apenas para o legislador a liberdade de conformação e

---

classe ou categoria de cidadãos), distinguindo-se das liberdades clássicas pelo seu objecto: aqui estamos perante direitos que exigem essencialmente uma abstenção ou omissão dos poderes públicos (direito negativos); ali, pelo contrário, são direitos positivos, isto é, direitos a certa actividade ou prestação estadual.. Mais desenvolvidamente, vide J. J. GOMES CANOTILHO, *Direito Constitucional e Teoria da Constituição*, Almedina, 1998, págs. 432 e segs., e *Constituição Dirigente e Vinculação do Legislador*, Coimbra Editora, 1982, especialmente as págs. 363 e segs., e ainda VIEIRA DE ANDRADE, *Os Direitos Fundamentais na Constituição de 1976*, Almedina, Coimbra, 1987, págs. 200 e segs., e 300 e segs., que define os direitos sociais como direitos a prestações jurídicas ou materiais não vinculadas, mas não deixa de referir (pág. 304) que "a nossa Constituição acompanha a previsão dos «direitos sociais» da imposição de tarefas legislativas destinadas a obter as condições materiais e institucionais necessárias à sua realização, chegando por vezes ao ponto de mencionar a própria estrutura fornecedora de prestações que o Estado deve criar", fornecendo como exemplos o sistema de segurança social e o serviço nacional de saúde. Sobre a dupla dimensão – objectiva e subjectiva – dos direitos fundamentais em geral, VIEIRA DE ANDRADE, *ob. cit.,* págs. 47 e 143 e segs. Refira-se, por último, que, ao falarmos no texto em imposições legiferantes, referimo-nos às imposições constitucionais de carácter permanente e concreto, isto é, às imposições que vinculam os órgãos constitucionais, e desde logo o legislador, de uma forma permanente e concreta, ao cumprimento de determinadas tarefas, podendo, inclusive, fixar directivas materiais (de que constitui justamente exemplo a incumbência constitucional de criação do sistema de segurança social), as quais se distinguem das normas determinadoras de fins e tarefas do Estado por constituírem preceitos constitucionais que, de uma forma global e abstracta, fixam os fins e as tarefas prioritárias do Estado (ex.: arts. 9.º e 81.º). Cfr. J. J. GOMES CANOTILHO, *Direito Constitucional e Teoria da Constituição...*, págs. 1044 e segs., e *Constituição Dirigente...*, págs. 364 e segs. Sobre a tipologia de normas constitucionais, vide ainda JORGE MIRANDA, *Manual de Direito Constitucional,* Tomo II, Coimbra Editora, 1991, págs. 238 e segs.

As IPSS e a organização administrativa da segurança social   295

de organização do sistema de serviços, à semelhança, aliás, do que sucede com a educação e a saúde[446].

Embora a sua concreta modelação ou configuração dependa da liberdade do legislador, a verdade é que a criação de um sistema público ou de uma rede pública de serviços de acção social ou de assistência social constitui uma imposição constitucional directa; resulta directamente da Constituição. Neste sentido, o texto constitucional impõe uma reserva que onera directamente os poderes públicos, e desde logo o legislador: a missão de assegurar a cobertura ou satisfação de necessidades sociais no âmbito da segurança social constitui uma responsabilidade pública indisponível. Responsabilidade pública esta que é um dado comum à generalidade dos textos constitucionais europeus[447] e documentos normativos de Direito

---

[446] Cfr. J. J. Gomes Canotilho. O autor, na obra citada, pág. 1044, alude, precisamente, aos limites que as imposições constitucionais provocam na liberdade de conformação do legislador, podendo convertê-la em simples discricionaridade legislativa. Conceito que o mesmo autor desenvolve na sua obra Constituição Dirigente..., págs. 215 e segs. No sentido da limitação da liberdade de conformação do legislador, vide ainda Elisenda Malareti i Garcia, ob. cit., pág. 75, e F. Garrido Falla, El concepto de servicio publico en derecho espanhol, in RAP, 135, 1994, págs. 23 e segs. Do mesmo autor, La administrativizacion de la gestion de la seguridade social, in RAP, n.º 140, 1996, págs. 7 e segs. Também António Cândido de Oliveira, A Administração Pública de Prestação e o Direito Administrativo, in Scientia Ivridica, Tomo XLV, n.os 259/261, 1996, pág. 108, considera que certos serviços públicos estão efectivamente ligados a direitos fundamentais dos cidadãos, direitos de conteúdo positivo, que exigem uma acção positiva do Estado.

[447] Na Lei Fundamental da República Federal da Alemanha, não obstante não conter uma Constituição social com o catálogo de direitos sociais nos moldes da Constituição Portuguesa, consagra-se a existência de uma assistência social pública (n.º 7, do artigo 74.º) – o que em face da redacção do artigo 30.º constitui uma atribuição dos poderes públicos ("a prossecução das atribuições públicas incumbem aos estados, salvo...") -, que não se confunde ou não se esgota no sistema de seguros sociais consagrado no n.º 12 do mesmo artigo, nem nos organismos de previdência social, que a Constituição também qualifica como públicos. Na Constituição italiana consagra-se a realização do direito à manutenção e à assistência social como tarefa fundamental do Estado (artigo 38.º). Do mesmo modo, a Constituição espanhola (artigo 41.º) impõe aos poderes públicos a criação de um sistema de segurança social, onde inclui a assistência social, dispondo em sentido semelhante a Constituição holandesa (artigo 20.º). Em França, a Constituição de 1958, que manteve em vigor o Preâmbulo da Constituição de 1946, estabelece como princípio social – parágrafo 9.º do Preâmbulo – que todo o ser humano incapaz de trabalhar por causa da idade, do estado físico ou mental e da situação económica tem o direito de obter da colectividade meios convenientes de subsistência. Ao texto citado da Constituição Francesa, embora aparentemente vago,

Internacional[448]; sinal claro da sua importância como elemento caracterizador do Estado social. E mesmo nos países onde a noção de serviços públicos sociais não tem tradicionalmente identidade ou não é havida como categoria jurídica com autonomia própria no âmbito do Direito Administrativo, sendo abrangida pelas noções de serviços administrativos e/ou serviços constitucionais, de que constitui exemplo a França, não deixa de haver quem trate autonomamente a segurança social e a acção social, discutindo-se, sob o ponto de vista jurisprudencial e dogmático, a existência ou até mesmo a autonomização de uma categoria designada por serviços públicos sociais – ao lado do serviço público administrativo e do serviço público industrial e comercial[449].

---

tem sido recusada, pela própria jurisprudência do Conselho Constitucional francês, a natureza de norma meramente programática, fundamentando, pelo contrário, e nos termos daquela jurisprudência, a obrigatoriedade de criação de um serviço público constitucional, isto é, de um serviço público cuja existência e funcionamento são exigidos pela Constituição. Cfr. MICHEL BORGETTO e ROBERT LAFOR, *ob. cit.,* págs. 37-40. Para uma visão geral da relevância da acção social no sistema público de protecção social dos diversos países da Europa continental, vide ELIE ALFANDARI, *ob. cit.,* págs. 130 e segs.

[448] Ao nível do Direito Internacional ver, a título de exemplo, o art. 25.º da Declaração Universal dos Direitos Humanos, o art. 11.º do Pacto Internacional de Direitos Económicos, Sociais e Culturais, para além de outras previsões específicas constantes do Estatuto de Refugiados de Genebra, e das convenções e recomendações da Organização Internacional de Trabalho e de outras organizações internacionais. Ao nível da Europa comunitária, sublinhem-se os diversos programas de natureza social (programas de luta contra a pobreza, programas de integração social de deficientes, programas para os idosos), para além das previsões específicas constantes dos tratados instituidores. Refira-se ainda, e ao nível do Conselho da Europa, a Carta Social Europeia, designadamente os n.ºs. 12), 13) e 14), da Parte I, e arts. 12.º, 13.º e 14.º.

[449] A noção de serviços sociais, enquanto categoria jurídica, não tem tradicionalmente identidade ou autonomia própria no âmbito do Direito Administrativo, uma vez que é abrangida pelas noções de serviços administrativos e/ou serviços constitucionais. A discussão, em França, sobre a natureza dos serviço sociais residia (ou reside) sobretudo na sua ambiguidade, por se considerar que "todo o serviço público é, por essência «social»", existindo, em consideração do seu objecto, "diversos serviços públicos sociais: segurança social, acção social, acção sanitária, etc." (cfr. JEAN-FRANÇOIS LACHAUME, *Grands services publics,* Masson, 1989, págs. 76-77). A base da discussão tocava mais uma vez com o regime aplicável (direito comum ou direito administrativo) e com a repartição de competências jurisdicionais (tribunais comuns ou tribunais administrativos). O seu ponto de partida e posteriores desenvolvimentos jurisprudênciais tiveram por génese o Acórdão do Tribunal de Conflitos, de 1955, conhecido por "arrêt Naliato". A ideia geral da jurisprudência aí

As IPSS e a organização administrativa da segurança social 297

Se é assim, então podemos concluir que a acção social ou a assistência social constitui também uma tarefa administrativa ou uma atribuição própria da Administração. Razão suficiente para se poder dizer que estamos num domínio (ainda típico) de serviço público[450].

No actual modelo de Estado, dir-se-á, pois, que a qualificação de serviço público deriva da própria relevância que a assistência social assume no contexto do Estado social: a acção social ou a assistência social constitui uma tarefa administrativa de inegável interesse público; uma tarefa que é confiada, desde logo pelo texto constitucional, às entidades públicas – ao legislador e à Administração – por, naturalmente, se entender que deve ser desenvolvida e gerida segundo uma lógica de interesse público. E aquela natureza deriva directamente do texto constitucional, não tendo o legislador qualquer liberdade de qualificação. E enquanto tarefa administrativa, o serviço público está naturalmente vinculado ao interesse público. Ao legislador apenas fica a liberdade, exercida dentro dos limites constitucionais, de modelação ou organização deste serviço público. A questão será, pois, neste caso, adaptando o pensamento de GIANNINI, mais um

---

vertida considerava que a orientação já fixada para os serviços públicos industriais e comerciais deveria também estender-se aos serviços sociais, desde que não exibissem características específicas e distintas dos organismos privados similares. Isto significava remeter aqueles serviços para o direito comum ou privado e devolver a competência contenciosa aos tribunais judiciais. Contudo, os desenvolvimentos jurisprudenciais posteriores não confirmariam aquela orientação, dado que em relação aos serviços criados, organizados ou prestados pelas pessoas colectivas públicas, existe uma verdadeira presunção de que o serviço público em causa não funciona nas mesmas condições que as actividades similares (e relevantes) de pessoas ou instituições privadas, sendo, por isso, conveniente aplicar o direito público. Isto significa colocar, em princípio, as actividades de «natureza social» sob a veste do direito administrativo e devolver a competência para a resolução dos conflitos ao contencioso ou à jurisdição administrativa. Vide, ainda, o Acórdão do Tribunal de Conflitos de 4 de Julho de 1983, mencionado por JEAN-FRANÇOIS LACHAUME, *ob. cit.*, págs. 76-77. Sobre esta evolução jurisprudencial e o conceito de serviço público social, ANDRÉ DE LAUBADÈRE *et alli*, *Traité de Droit Administratif*, Tomo I, 15.ª ed., LGDJ., 1999, págs. 928 e segs., JEAN RIVIERO, *Direito Administrativo*, tradução de ROGÉRIO SOARES, Almedina, Coimbra, 1981, págs. 193 e 200. Especificamente sobre o tema, entre outras, as obras de ELIE ALFANDARI, *ob. cit.*, e de MICHEL BORGETTO e ROBERT LAFOR, *ob. cit.*.

[450] Considerando a acção social como uma das áreas típicas dos serviços públicos oficiais, vide MARIA MANUEL LEITÃO MARQUES e VITAL MOREIRA, *ob. cit.*, págs. 137 e págs., 152.

problema relativo ao modo de gestão do que a resolução do problema da sua pertença à esfera pública[451].

Conclusões que as sucessivas leis de bases da segurança social tem confirmado. Assim é que na actual lei de bases /Lei n.º 4/2007, de 16 de Janeiro) se dispõe que "a presente lei define as bases gerais em que assenta o sistema de segurança social, adiante designado por sistema, bem como as iniciativas particulares de fins análogos" (artigo 1.º), sendo que à sua instituição preside o princípio do primado da responsabilidade pública (artigos 5.º e 14.º), concretizado no dever do Estado de criar as condições necessárias à efectivação do direito à segurança social, designadamente através do cumprimento da obrigação constitucional de organizar, coordenar e subsidiar um sistema de solidariedade e de segurança social público, competindo ao Estado a gestão do sistema (artigos 14.º e 24.º, n.º 1). Sistema este que engloba o "subsistema de protecção social de cidadania, o subsistema de protecção à família e o subsistema previdencial" (art. 23.º), configurando-se a acção social como um dos regimes do primeiro dos subsistemas, dado que, nos termos do art. 28.º, o sistema de protecção social de cidadania engloba o subsistema de acção social, tendo este por objectivos fundamentais "a prevenção e reparação de situações de carência e desigualdade sócio-económica, de dependência, de disfunção, exclusão ou vulnerabilidade sociais, bem como a integração e promoção comunitárias das pessoas e o desenvolvimento das respectivas capacidades, assegurando ainda especial protecção aos grupos mais vulneráveis, nomeadamente crianças, jovens, pessoas com deficiência e idosos, bem como a outras pessoas em situação de carência económica ou social.pessoas em situação de carência, disfunção e marginalização social" (art. 29.º). Para além disso, o exercício público da acção social é efectuado directamente pelo Estado, pelas autarquias e por instituições privadas sem fins lucrativos, de acordo com as prioridades e os programas definidos pelo Estado e em consonância com os princípios e linhas de orienta-

---

[451] Cfr. MASSIMO SEVERO GIANNINI, *Il público potere: Stati e amministrazioni pubbliche*, Bolonha, Il Mulino, 1986, pág. 99. Acentuando também a importância do texto constitucional na definição dos interesses públicos, impondo, assim, limites à liberdade do legislador, PIERRE MOOR, *Droit Administratif*, vol. I, Editions Berne, 1988, págs. 333 segs., e especialmente pág. 355.

ção definidos nos números seguintes" (art. 31.º, n.º 1). Como se vê, o processo de formalização de um determinado interesse como interesse público e a imputação da responsabilidade pela sua prossecução à Administração resultam directamente da lei. Tanto basta, pois, para concluir que a acção social constitui uma "tarefa administrativa que a lei atribui a um ente público"[452] (o Estado-Legislador e o Estado-Administração), podendo, por isso, ser qualificada como serviço público.

É certo que o exercício da solidariedade social não é apenas um dever do Estado. É também um dever individual e colectivo. O princípio da solidariedade é um princípio universal, e não apenas estadual. Mais do que um dever de natureza ética, moral ou cívico de cada cidadão, o exercício da solidariedade constitui, porventura, uma das afirmações mais ricas do direito de participação na vida colectiva, que, no caso, se poderá consubstanciar no direito de (ou a) ser solidário ou na liberdade de ser solidário, que pode ser objecto de exercício individual ou colectivo. O seu reconhecimento constitucional expresso no n.º 5 do artigo 63.º, embora com formulações diferentes, à semelhança do que sucede na generalidade dos textos constitucionais europeus, fornece ao princípio da solidariedade uma dimensão jurídica de valor constitucional, que se soma às (suas) dimensões ética, moral e política[453].

---

[452] Cfr. PEDRO GONÇALVES, *A Concessão de Serviços Públicos*, Almedina, 1999, pág. 108.

[453] Muito embora dos textos constitucionais consultados a redacção da Constituição portuguesa nos pareça a mais precisa, quer quanto às entidades que podem desenvolver fins coincidentes com os da Administração, quer quanto aos poderes que sobre elas o Estado pode exercer, o certo é que a generalidade das constituições europeias não deixam, de algum modo, de lhe fazer uma referência directa. É assim que no n.º 2 do artigo 38.º da Constituição Weimar, mantido em vigor pela actual Lei Fundamental da República Federal da Alemanha, se garante a liberdade de exercício da beneficência às associações religiosas (que, aliás, assumem, neste domínio, uma importância fundamental na Alemanha), deduzindo-se ainda ou também, *a contrario* ou em conjugação com o n.º 1 do artigo 9.º (onde se consagra a liberdade de associação), do n.º 7 do artigo 74.º, relativo à assistência social pública. Também a Constituição Italiana (artigo 38.º), depois de impor como tarefa fundamental do Estado a concretização do direito à assistência social, dispõe que a assistência privada é livre, adiantando, contudo, que as instituições auxiliadas pelo Estado realizam as mesmas tarefas previstas neste artigo, ou seja, as tarefas que constitucionalmente cabem ao Estado. Próxima da redacção utilizada pela nossa Constituição anda a usada no artigo 41.º da Constituição de Espanha, admitindo que a assistência e as prestações complementares podem

300   *As Instituições de Solidariedade Social*

Mas quer se entenda como dever moral ou cívico[454], quer como direito, o seu exercício dependerá, neste domínio, sempre e irredutivelmente da autonomia da vontade de cada cidadão ou do seu exercício espontâneo pela sociedade.

Contudo, o dever do Estado é constitucionalmente imposto, independentemente da contribuição individual e colectiva da sociedade civil. O ideal será a afirmação da "cidadania solidária" (CASALTA NABAIS)[455], através do exercício de uma solidariedade activa pela comunidade social ou sociedade civil, que, aliás, a Constituição valoriza, e que a própria Administração deverá fomentar, estimular e fortalecer.

Quer isto dizer que a ideia e a realização do Estado social e da justiça social passam também por uma autêntica "solidariedade horizontal" (CASALTA NABAIS)[456], que perpassa a sociedade civil, contribuindo através de iniciativas individuais e colectivas para a sua realização e consolidação, para além da concretização que o princípio da solidariedade já encontra na contribuição financeira dos cidadãos pelo via do pagamento de impostos, dado que todas as pessoas podem vir a estar numa situação de carência social num futuro desconhecido "e, portanto, todas (...) têm motivos razoáveis para aceitar o princípio de dar apoio àqueles que se encontram numa situação de miséria (...) ou privação"[457].

---

ser exercidas livremente. A afirmação da solidariedade como princípio jurídico e político, cuja realização passa quer pela comunidade estadual, seja enquanto comunidade política, seja enquanto comunidade social, quer pela sociedade civil ou comunidade cívica, encontra-se incindivelmente ligada ao processo de formação dos direitos fundamentais de solidariedade, quer dos direitos de terceira geração ou direitos sociais, quer sobretudo dos direitos fundamentais de quarta geração, designados por direitos ecológicos, sendo com estes últimos que a solidariedade se configura como algo de novo, como um *apport* digno de destaque (cfr. CASALTA NABAIS, *Algumas considerações...*, págs. 147-149).

[454] Dever que, naturalmente, não se confunde com o dever jurídico específico de auxílio, com relevância na lei penal e civil, dever de colaboração em situações de calamidade, etc., cujo incumprimento é susceptível de desencadear mecanismos sancionatórios.

[455] Cfr. CASALTA NABAIS, *Algumas considerações...*, pág. 163, onde distingue três níveis, dimensões ou etapas de cidadania: cidadania passiva (Estado liberal); cidadania activa ou participativa (Estado democrático); cidadania solidária ou responsavelmente solidária (que se poderá associar ao Estado social, ou, numa fórmula mais acabada deste, ao Estado solidário).

[456] Cfr. CASALTA NABAIS, *Algumas considerações...*, pág.150 e segs.

[457] Cfr. JOÃO CARLOS ESPADA, *ob. cit.*, pág. 89.

As IPSS e a organização administrativa da segurança social 301

Aliás, é própria Constituição, como se referiu, que apela para a contribuição da iniciativa privada, quando reconhece o papel que as IPSS e outras entidades sem fins lucrativos poderão desenvolver na área da assistência social e das prestações complementares dos regimes de segurança social (e também no domínio do ensino e da saúde).

Só que uma coisa é o reconhecimento constitucional da iniciativa privada, que, independentemente de ser movida por um sentimento de solidariedade individual ou colectiva (mesmo que eventualmente movida por um altruísmo interessado), pode contribuir, em maior ou menor grau, para a realização efectiva do Estado social, outra, bem diferente, é a responsabilidade pública resultante de uma imposição constitucional directa.

Tratando-se de uma actividade de carácter tradicionalmente não económico, e que pela sua natureza apela à prática de valores com indubitáveis fundamentos éticos, morais ou religiosos – o amor ao próximo, a solidariedade com o próximo, entreajuda ou ajuda mútua, a caridade, etc. –, a que naturalmente se associa a inapagável riqueza histórica do exercício privado da assistência ou da beneficência, a Constituição não poderia, a não ser por razões políticas, ocultar uma realidade que lhe é pré-existente, quer no plano histórico, quer no plano sociológico. O exercício da assistência social, de modo espontâneo pela sociedade, representa uma afirmação de um valor insusceptível de apropriação e de monopólio estatal – o valor da solidariedade enquanto valor ético-cultural. Por isso, a consagração constitucional (artigo 63.º, n.º 5) do exercício da solidariedade pelos particulares, através de formas ou de modos institucionalizados, constitui o reconhecimento simultâneo deste valor e das suas vantagens sociais. A Constituição nega, pois, expressamente, o monopólio estatal do exercício institucional da assistência. Neste domínio, qualquer monopólio estatal, para além das limitações impostas à liberdade de associação e também, dizemos nós, à liberdade de criação de fundações, do pluralismo e de participação dos cidadãos na vida colectiva, representaria uma medida contra os impulsos naturais da sociedade.

Contudo, as ideias de cidadania solidária e de solidariedade não podem servir de pretexto para uma demissão das responsabilidades públicas constitucionalmente assumidas e, por isso, constitucionalmente impostas. O mesmo é dizer que a "solidariedade não pode ser vista como um sucedâneo, uma compensação, para o desmantelamento do Estado social"[458], convertendo-se, assim, num argumento manipulável e ao serviço de discursos (e práticas) legitimadores da transição das funções do Estado para a sociedade civil, seja por pressão do mercado, seja porque a sociedade civil reúne "condições naturais" para melhor satisfazer certas necessidades colectivas[459].

Segundo julgamos, a valia jurídica e prática de um princípio nuclear, estruturante e caracterizador da actual forma de Estado – o princípio do Estado social –, concebido para garantir e dar satisfação aos "mais elementares direitos à sobrevivência"[460], não poderá ficar inteiramente dependente ou à mercê da contribuição de elementos que, por mais valiosos que sejam, não deixam de ter, de algum modo, um carácter acidental, conjuntural e incerto, porque... a qualquer momento podem deixar de existir.

Por isso, a qualificação de um determinado assunto da vida colectiva ou de um interesse geral como interesse público e como serviço público não pode ficar dependente do problema de saber se, sob o ponto de vista constitucional ou legal, existe uma reserva a favor do sector público ou se, sob o ponto de vista da sua titularidade, ele constitui ou não um monopólio da Administração Pública[461].

---

[458] Cfr. CASALTA NABAIS, *Algumas considerações...*, pág. 165.

[459] A este propósito, e tendo como pano de fundo a crise do Estado social, MARIA DA GLÓRIA FERREIRA PINTO DIAS GARCIA, *Organização Administrativa*, in *DJAP*, págs. 235 e segs., não obstante chamar a atenção para o facto de o vasto intervencionismo do Estado ter gerado no cidadão um forte sentimento de confiança, e de ter transformado a cultura política ao ponto de converter solicitações antes politicamente inaceitáveis em exigências jurídicas perante o Estado – situação que converteu o Estado em instância de apelo e de resolução de todas as situações apoquentadoras dos cidadãos, gerando nestes um sentimento de apatia ou mesmo de demissão, ficando assim na inteira dependência do Estado, com a consequente demissão do seu contributo para o progresso económico e social da vida colectiva, e até para o seu próprio progresso pessoal – terreno que leva à conversão do Estado em Estado-de-Justiça-Total -, a autora não deixa de realçar que a resposta para a crise do Estado social não está no regresso a um conceito liberal de Estado mínimo, que delega nos cidadãos a criação de todo o bem estar individual e colectivo.

[460] Cfr. J. J. GOMES CANOTILHO e VITAL MOREIRA, *Constituição da República Portuguesa Anotada...*, anotação ao art. 63.º, pág. 338.

[461] Note-se que este problema é discutido pela doutrina espanhola, constituindo a assistência social, a saúde e a educação os motivos dessa discussão, uma vez que a sua prossecução não exclui a participação dos privados. Este facto leva GARRIDO FALLA à conclusão de que nestes domínios não se poderá, quanto ao modo de gestão, falar, em termos

Assim como não pode ficar dependente do facto de haver organizações criadas pelos privados que, ao lado do Estado ou em colaboração com o Estado, ou em complementaridade ou até em concorrência com o Estado, estejam autorizados a prosseguir os mesmos fins da organização administrativa estadual.

A contribuição para a realização de fins colectivos, de fins ou interesses públicos no sentido de que interessam a toda a comunidade e, portanto, também ao Estado, não tem necessariamente, sobretudo no quadro de uma sociedade aberta e pluralista, de constituir monopólio da administração pública[462], assim como a "atribuição a um ente público do encargo de efectivar determinados interesses não significa necessariamente a construção de um monopólio oficial" (VIEIRA DE ANDRADE)[463]. Também aqui, adaptando o raciocínio que João Caupers faz a outro propósito, o único monopólio existente é o da lei na definição do interesse público – não o do Estado na sua

---

rigorosos, numa verdadeira concessão de serviços públicos, dado que, precisamente, esta só surge quando a Administração se reserva a "titularidade de uma actividade com proibição aos particulares do livre exercício da mesma", *El concepto de servicio público en derecho espanhol...*, pág. 23. Ideia já anteriormente afirmada pelo mesmo autor no artigo *La accion administrativa sobre la beneficencia privada, y en especial sobre las fundaciones de este caracter...*, pág. 345, quando afirma que devido ao carácter não económico, mas sim assistencial, deste serviço, a ideia de monopólio fica de antemão frustrada. Daí que o Estado não tenha inconvenientes, até pelo contrário, em admitir a existência de actividades paralelas dos particulares, actividades que qualquer que seja o grau da sua regulamentação, não são explicáveis juridicamente acudindo à ideia concessória. Embora concordemos, em geral, com o autor, cremos, como se verá, que devem distinguir-se duas coisas: uma, é a actividade levada a cabo, nos termos da lei, pelos particulares, que, muito embora coincida com a da Administração, é fruto da sua exclusiva e espontânea iniciativa e da sua inteira responsabilidade; outra, é a actividade ou o serviço prestado directamente pela Administração ou que esta assume e tem a responsabilidade de garantir e prestar, e que, em certo momento e através de determinado instrumento jurídico (por lei, contrato ou acordo), delega a sua gestão nos particulares que, no caso, desenvolvem actividades ou prestam os mesmos serviços, ou que, de algum modo, se faz substituir pelos privados na sua prestação, subsidiando, para o efeito, as suas actividades.

[462] Neste sentido, JORGE MIRANDA, *Direitos Fundamentais, Introdução Geral (apontamentos da aulas)*, Lisboa, 1999, pág. 188, que, a propósito dos direitos económicos, sociais e culturais, fala numa efectivação não autoritária e não estatizante, sendo, portanto, aberta à promoção pelos próprios interessados e às iniciativas da sociedade civil.

[463] Cfr. VIEIRA DE ANDRADE, *Interesse público*, in *DJAP*, vol. V, págs. 275 e segs., falando a este propósito em "miscigenização política em áreas como a saúde e a solidariedade social".

prossecução[464]. Até porque, no plano sociológico ou metajurídico, o real titular dos interesses é a colectividade ou o conjunto dos cidadãos.

Por isso, tanto a Administração como os particulares poderão (desde que Constituição ou a lei o não proíbam) contribuir para a realização de tarefas de interesse público. Só que outra coisa, bem diferente, é saber se a Constituição ou a lei impõe à Administração o dever de prosseguir uma certa tarefa, independentemente da maior ou menor relevância da contribuição da actividade dos privados.

O fundamental, para o efeito, é que a Constituição (ou a lei com base na Constituição) forneçam elementos ou indícios suficientes que permitam a qualificação de uma certa tarefa ou actividade como tarefa administrativa, atribuindo à Administração o dever de a prosseguir, sem que tal signifique, como se referiu, necessariamente monopólio, e, consequentemente, proibição ou desvalorização das eventuais iniciativas e actividades dos privados.

No domínio da segurança social, a acção ou a assistência social não constitui, nos termos do próprio texto constitucional, um monopólio da Administração Pública. E não é com certeza por este facto que as tarefas que a própria Constituição e a lei lhe devolvem neste domínio não poderão ser qualificadas como serviço público (ou deixam de assim poder ser qualificadas por efeito de uma eventual extinção do regime de monopólio)[465].

Se as noções de serviço público, Estado social e de Administração de prestações surgiram para caracterizar o papel de uma Administração activa, constitutiva ou transformadora (ROGÉRIO SOARES)[466],

---

[464] Cfr. JOÃO CAUPERS, *Administração Periférica do Estado...*, pág. 214. O autor expõe o raciocínio citado na relação entre o Estado e as autarquias.

[465] Por isso, não concordamos definitivamente com as posições de alguns autores que, para identificação de uma actividade como serviço público, não dispensam o requisito do monopólio ou titularidade pública exclusiva, com o fundamento de que se assim não fosse o serviço público tornar-se-ia algo de indefinido, e, portanto, um conceito inútil para o direito. Parece ser esta a posição de ARIÑO ORTIZ, *Servicio público y liberdades públicas,* in *Actualidades y perspectivas del Derecho Público a fines del siglo XX. Homenaje al professor Garrido Falla*, Vol. II, Editora Completense, Madrid, 1992, págs. 1315 segs., e de JULIÁN VALERO TORRIJOS, *El concepto de servicio público a la luz de la constitutión, RDA*, n.º 2, Abril-Junho, 1997.

[466] Cfr. ROGÉRIO SOARES, *Princípio da legalidade e Administração constitutiva*, BFD, vol. LVII, 1981, págs. 169 e segs.

então a acção social – enquanto instrumento que visa assegurar o desenvolvimento da personalidade humana e a construção de uma sociedade onde dignidade humana e igualdade social e de oportunidades não sejam apenas etiquetas constitucionais – há-de surgir neste contexto como uma tarefa inegavelmente caracterizadora do actual modelo constitucional de Estado. E se tivermos ainda em conta o facto de esta tarefa se dirigir também à prevenção e remédio de disfunções sociais, funcionando como meio de integração social de cidadãos marginalizados do ou pelo progresso, então a política social, ou mais especificamente a política de acção social, surge como um instrumento insubstituível de promoção e construção da coesão social[467]. A acção social assume-se no Estado contemporâneo como uma via imprescindível para prevenir e remediar disfunções, desequilíbrios e desigualdades sociais. Pelo que os valores básicos da Constituição exigem um sistema público de acção social (também designados, pelas ciências deste domínio, por serviços sociais)[468].

Neste sentido, a assistência social poderá, pois, considerar-se uma daquelas necessidades colectivas "cuja satisfação é assumida como tarefa fundamental pela colectividade", pelo que não pode deixar de constituir um dever, uma obrigação ou uma responsabilidade própria da Administração (art. 199.º, al. g), CRP)[469]. Isto, indepen-

---

[467] J. CHEVALLIER, na sua obra *Sciencie Administrative*, Paris, 1986, pág. 530, realça, precisamente, a ideia de que o serviço público foi concebido para reduzir as desigualdades sociais, embora acrescente que, às vezes, produz o efeito contrário: em vez de as reduzir, amplia-as. Realçando a ideia de coesão social como elemento caracterizador do serviço público, ELISENDA MALARET I GARCIA, *ob. cit.*, págs. 61 e segs., A. SANTOS LUÍS, *Política da Acção Social em Portugal, ob. cit.*, pág. 231, onde sublinha a importância da política de acção social como instrumento de coesão social, dado que, para o autor, a coesão social é um bem público fundamental na manutenção das comunidades, sendo, assim, inquestionável a obrigação do Estado de adopção de instrumentos para a sua prossecução, sendo que um desses instrumentos é a acção social. Por isso, terá de manter-se no domínio público enquanto obrigação do Estado.

[468] Cfr. M.ª DEL CARMEN ALEMÁN BRACHO, *Régimen Jurídico de los Serviços Sociales en Espanha*, in *Administración Social: Serviços de Bienestar Social*, obra colectiva, Siglo Veintiuno Editores, (sem data), pág. 60.

[469] A frase citada é de FREITAS DO AMARAL, *Curso...*, vol. I, pág. 29. Refira-se que o autor inicia a sua obra precisamente com a frase citada, mas acrescenta que a satisfação das necessidades a que se refere (segurança, necessidades de natureza social, cultural, económica, etc.), tanto podem ser satisfeitas através de serviços "organizados" pela própria colectividade

dentemente de saber se a referida satisfação deve ser assegurada, em exclusivo, directamente pela organização administrativa, ou se a mesma poderá ser delgada noutras entidades, ou exercida em regime de livre iniciativa por entidades privadas (de forma concorrencial, alternativa, complementar, etc.).

No domínio da segurança social é a própria Constituição a impor a criação de um sistema público e de uma organização pública da segurança social, que comporta também, como já se referiu, a acção ou assistência social. Pelo que também sob o ponto de vista orgânico, a acção ou assistência social há-de constituir um dos serviços públicos do Estado de direito social.

Deste modo, quer se parta de uma concepção mais material, funcional, técnica ou de uma concepção mais orgânica de serviço público, parece-nos que, no caso, o conceito constitucional de segurança social e de assistência social, a que se associam os valores constitucionais que se destina a realizar, preenche as características nucleares de ambos, constituindo um dos domínios típicos da Administração de prestação dos nossos dias, a justificar eventualmente a autonomização do conceito de Administração social[470/471].

---

como por esta "mantidos". O que pode muito bem abranger, ou pelo menos não excluir, serviços prestados por entidades privadas mas financiados pela colectividade. A este propósito diga-se ainda que o "interesse geral", as "necessidades colectivas da população", a "importância da actividade para a colectividade", ou as "necessidades colectivas individualmente sentidas", ou ainda "necessidades colectivas que integram o interesse individual de cada cidadão" (ou de uma determinada categoria de cidadãos), etc., aparecem, em geral, como o grande denominador comum do serviço público (cfr. J. F. LACHAUME, *Grands services publics,* Paris, 1989, especialmente págs. 24 e segs.).

[470] O conceito de Administração social é autonomizado por HANS-JULIUS WOLF, *ob. cit.,* págs. 360-361, que a define como sendo a que se "preocupa por assegurar a existência dos membros da comunidade enquanto indivíduos, mediante a segurança social, a sustentação social, e a ajuda (ou apoio) social". Estas duas últimas formas correspondem, grosso modo, ao nosso conceito de acção social ou de assistência social, embora não se esgote nele.

[471] A posição que defendemos no texto cremos que não deixa de ser também válida mesmo para os autores que partem de um conceito de serviço público de pendor mais orgânico, como é o caso, entre nós, de FREITAS DO AMARAL, *Curso...,* vol. I, págs. 618 e segs., que define os serviços públicos como "organizações humanas criadas no seio de cada pessoa colectiva pública com o fim de desempenhar as atribuições desta...". Contudo, como salienta JOSÉ PEDRO FERNANDES, *Serviço público...,* especialmente as págs. 390 e segs., a criação de pessoas colectivas públicas e de órgãos administrativos pressupõe uma ideia prévia de natureza material, identificadora do conjunto de tarefas que hão-de ser

As IPSS e a organização administrativa da segurança social 307

Em suma, não obstante o serviço público se apresentar como uma expressão ambígua, quer na sua doutrina, quer na sua prática[472], ou mesmo como uma noção difusa, de limites pouco determinados e inclusivamente mais sociológica do que jurídica[473], e a solidariedade se apresentar como um dever da comunidade (CASALTA NABAIS)[474], cremos que a acção social ou a assistência social, enquanto actividade consubstanciada na adopção e/ou concretização de medidas e na prestação de serviços destinados a fornecer as condições existênciais mínimas – de natureza social, económica, e hoje também ou cada vez de âmbito psicossomático – exigidas ou inerentes à dignidade humana e ao desenvolvimento da personalidade, assume, no quadro do Estado de direito social, a qualidade de actividade pública, sendo, pois, uma tarefa pública. Pelo que a "actividade social do Estado é, assim, uma actividade necessariamente pública e objectivamente pública" (GOMES CANOTILHO)[475].

---

prosseguidas por estas entidades. Aliás, FREITAS DO AMARAL, *Direito Administrativo, vol. II*, Lisboa, 1998, polic., págs. 63 e segs. e pág. 79, aquando do estudo do princípio da legalidade da Administração, autonomiza, ao lado do conceito de Administração agressiva, o conceito de Administração de prestação ou prestadora de serviços, incluindo nela (pág. 65) o serviço de segurança social. Refira-se que a Administração prestadora, Administração-serviço público, etc., é hoje claramente autonomizada e tratada ao lado da clássica Administração de autoridade ou agressiva, reduzida a "esquadra de polícia e repartição de finanças" (cfr. VIEIRA DE ANDRADE, *O ordenamento jurídico administrativo português*, in *Contencioso Administrativo*, Braga, 1986, pág. 37.), sendo apresentada pela generalidade da doutrina jus administrativa como uma nota distintiva da Administração Pública contemporânea (cfr. ANTÓNIO CÂNDIDO DE OLIVEIRA, *A Administração Pública de Prestação e o Direito Administrativo*, in *Scientia Ivridica*, Tomo XLV, n.os 259/261, 1996, págs. 97 e segs., onde fornece uma síntese da administração de prestação na bibliografia nacional e estrangeira). Sobre a distinção dos conceitos de Administração ordenadora, Administração interventora, Administração prestacional e de Administração promotora, vide HANS-JULIUS WOLF, *ob. cit.*, págs. 351 e segs.

[472] Cfr. MARCELLO CAETANO, *Manual...*, vol. II, pág. 1067.

[473] Cfr. PEDRO ESCRIBANO COLLADO, *El usuario ante los serviços publicos: precisiones acerca de su situacion juridica*, in *RAP*, 82, Enero-Abril, 1977, pág. 113.

[474] Cfr. CASALTA NABAIS, *Algumas considerações...*, págs. 150 e segs., onde o autor distingue a solidariedade vertical, solidariedade pelos direitos ou solidariedade paterna, que envolve quer os direitos sociais, impondo-se directa e essencialmente ao Estado de forma a dar concretização àqueles direitos, quer os direitos de quarta geração ("direitos ecológicos"), da e solidariedade horizontal, ou solidariedade pelos deveres ou solidariedade fraterna, que envolve os deveres de solidariedade que cabem à comunidade social ou sociedade civil, entendida esta em contraposição à sociedade estadual ou política.

[475] Cfr. J. J. GOMES CANOTILHO, *Direito Constitucional e Teoria da Constituição*, pág. 323.

308 *As Instituições de Solidariedade Social*

Neste sentido poderemos, portanto, falar de um serviço público social enquanto tarefa ou actividade que, no âmbito do Estado de direito social, implica a garantia institucional da existência de um sistema de protecção social, cuja concreta conformação poderá variar em função do grau de liberdade do legislador, destinado a concretizar os direitos sociais, envolvendo a existência de regimes de segurança social (entre nós, os regimes contributivo e não contributivo), e a acção social, enquanto conjunto de prestações sociais – bens e serviços, pecuniárias e em espécie – dirigidas primordialmente ou especialmente aos cidadãos ou ao conjunto dos cidadãos social e economicamente mais desfavorecidos, ou afectados (ou em risco de serem afectados) por qualquer fenómeno de exclusão social, promovendo, através do apoio, da prevenção e remédio das situações de carência, disfunção e marginalização social, a sua integração social e/ou a obtenção de condições mínimas de existência que possibilitem a progressiva realização da igualdade social[476/477]. Isto, repita-se, independentemente de saber se a respectiva actividade é de titularidade exclusivamente pública ou constitui monopólio público, se coincide ou não com as fronteiras do sector público ou da organização pública, e se a sua gestão e prestação directa pela Administração são também exclusivamente públicas, ou ainda se a sua satisfação e prestação não poderá ser feita através ou em colaboração com outras entidades.

Em síntese, do texto constitucional (art. 63.º), e da lei que imediatamente o concretiza – a lei que aprova as bases gerais do sistema de segurança social –, resultam três ideias fundamentais que nos permitem qualificar a acção social como serviço público:

---

[476] A ideia de cidadão mais prejudicado ou desfavorecido e, portanto, mais susceptível de se tornar vítima dos riscos inerentes à sua condição social surge como ideia nuclear no conceito de serviço público social fornecido por ANDRÉ DE LAUBADÈRE *et alli*, *Traité de Droit Administratif*, Tomo I, 15.ª ed., L. G. D. J., 1999, pág. 929.

[477] Contra o defendido no texto poderá objectar-se que a existência de um serviço público social depende da realidade constitucional ou da dinâmica social (condições políticas, económicas, sociais ou, enfim, da "reserva do possível"). Só que, segundo julgamos, devem distinguir-se duas coisas: uma é a responsabilidade que, para os poderes públicos (e, desde logo, para o legislador) deriva directamente do princípio do Estado social – o seu conteúdo há-de compreender, no mínimo, o dever jurídico de criação de medidas e serviços destinados a concretizar os direitos sociais; outra, bem diferente, tem a ver com o processo, o grau e o modo de concretização daquele dever jurídico. Este último aspecto é que depende das condições fácticas e das opções políticas.

As IPSS e a organização administrativa da segurança social   309

- a ideia de interesse público, enquanto necessidade colectiva que, em primeira linha, cabe às entidades públicas – legislador e Administração – prosseguir e satisfazer;
- a imputação directa às entidades públicas – legislador e Administração – da responsabilidade e garantia da sua satisfação;
- a responsabilidade e a garantia públicas não excluem a eventual participação ou colaboração de certas organizações ou formações sociais privadas na prossecução da mesma tarefa, mas, no plano jurídico-constitucional e legal, aquelas obrigações existem por si e são independente da maior ou menor relevância da contribuição destas organizações ou formações sociais. Problema diferente é já o de saber se esta colaboração pode ou não envolver a delegação da gestão e/ou da prestação directa dos serviços de assistência social que, em primeira linha, cabe à Administração prosseguir, ou até mesmo a substituição da organização pública na respectiva prestação (substituição de centros e equipamentos públicos inexistentes), ou ainda a aplicação de um regime a tais organizações que encontrará o seu fundamento último no conceito de interesse público ou no próprio conceito de serviço público, a justificar, eventualmente, a existência de um sistema de serviço social que extravasa as fronteiras do sector público. Questão que abordaremos no ponto seguinte.

2. A acção social como objecto predominante das IPSS. O sistema de segurança social e o (sub)sistema de acção social. Caracterização geral do (sub)sistema de acção social

A acção social, tal como no passado, constitui ainda hoje o objecto predominante das IPSS, como, aliás, já demonstrámos pelos dados fornecidos no capítulo II.

Por isso, e depois de analisada a sua configuração constitucional, e de concluirmos que a sua consideração como serviço público resulta directamente do texto constitucional, vamos agora proceder a uma caracterização geral do sistema de segurança social, realçando a posição que neste ocupa a acção social, de forma a melhor localizarmos a relação das IPSS com a Administração da Segurança Social.

Daí que se torne necessário esclarecer, ainda que de forma breve, o que deve entender-se por acção social, procurando situá-la no contexto global do sistema de segurança social instituído, de modo a compreender o seu real posicionamento no âmbito deste sistema, assim como a relação das IPSS com o mesmo. Para o efeito, iremos utilizar os dados positivos fornecidos pela CRP e pela lei que aprova as bases gerais do sistema de segurança social (Lei n.º 4/2007, de 16 de Janeiro).

Sob o título "segurança social e solidariedade", a CRP, no n.º 1, do art. 63.º, consagra o direito à segurança social. Trata-se de um típico direito positivo, cuja realização exige o fornecimento de prestações, por parte do Estado, impondo-lhe verdadeiras obrigações de fazer[478]. A própria Constituição indica os objectivos do sistema – sistema de segurança social – por que há-de passar a concretização deste direito (n.º 3): este há-de ser constituído por um corpo de normas que visem a protecção dos cidadãos na doença, velhice, invalidez, viuvez e orfandade, e em todas as situações de falta ou diminuição de meios de subsistência ou de capacidade para o trabalho. O sistema de segurança social surge, assim, como um complexo normativo destinado a concretizar o direito à segurança social. A concretização deste direito passa, pois, pela institucionalização de um sistema moldado pelo legislador.

O legislador ordinário, seguindo a indicação contida no título do art. 63.º, da CRP, veio reformular, através daquela lei, as bases gerais em que assenta o sistema de segurança social, bem como as iniciativas particulares de fins análogos (art. 1.º), sendo objectivo do sistema concretizar e efectivar o direito à segurança social (art. 3.º, n.º 2, da lei de bases). Pelo que a fixação do conteúdo e do âmbito deste direito, enquanto direito a prestações positivas, requer a mediação de um sistema normativo e institucioonal, justamente designado por sistema de segurança social.

Quanto à sua composição, o sistema é composto ou engloba (art. 23.º, da lei de bases): o sistema de protecção social de cidadania; o sistema previdencial; e o sistema complementar.

---

[478] Cfr. J. J. Gomes Canotilho e Vital Moreira, *Constituição da República Portuguesa Anotada*, 3.ª ed., anotação ao art. 63.º, pág. 338.

As IPSS e a organização administrativa da segurança social   311

O subsistema previdencial baseia-se na obrigação legal de contribuir (princípio da contributividade), abrangendo no seu âmbito de aplicação pessoal ou subjectivo, e na qualidade de beneficiários, os trabalhadores por conta de outrem e os trabalhadores independentes (arts. 50.º, 51.º, 53.º e 54.º). A regra universal é, pois, a da adesão obrigatória aos regimes previdenciais oferecidos pelo sistema (regimes de inscrição obrigatória), sem prejuízo da adesão facultativa aos mesmos (regimes de inscrição facultativa – arts. 51.º, n.º 2 e 53.º)[479]. Estes regimes não impedem a existência dos legalmente designados regimes complementares de iniciativa particular, que têm por objectivo conceder prestações complementares das garantidas por aqueles regimes (art. 81.º). Os regimes complementares, colectivos ou singulares, são de iniciativa privada e de constituição facultativa, podendo a sua gestão ser feita por entidades privadas (entidades do sector cooperativo e social e do sector privado, designadamente as associações mutualistas), e por entidades públicas. É no âmbito destes regimes que se movem as legalmente denominadas fundações de gestão dos regimes complementares, neste caso de base profissional ou sócio-profissional, e designadamente as associações mutualistas, que podem ter por objecto a gestão de modalidades colectivas ou singulares.

Por sua vez, o sistema de protecção social de cidadania visa assegurar direitos básicos e tem por objectivos garantir direitos básicos dos cidadãos e a igualdade de oportunidades, bem como promover o bem-estar e a coesão sociais (art. 26.º), competindo-lhe a efectivação do direito a mínimos vitais dos cidadãos em situação de carência económica; a prevenção e a erradicação de situações de pobreza e de exclusão; a compensação por encargos familiares; e a compensação por encargos nos domínios da deficiência, não dependendo a sua concessão de carreira contributiva.

Em função das situações ou eventualidades a proteger, este sistema subdivide-se em em três subsistemas: o subsistema de acção social (arts. 29.º e segs.); o subsistema de solidariedade (arts. 36.º e segs.); e o subsistema de protecção familiar (arts. 44.º e segs.).

---

[479] Nos termos do n.º 2, do art. 51.º, as pessoas que não exerçam actividade profissional ou que, exercendo-a, não sejam, por esse facto, enquadradas obrigatoriamente no âmbito do sistema previdencial, podem aderir, facultativamente, à protecção conferida por este subsistema.

O subsistema de solidariedade destina-se a assegurar, com base na solidariedade de toda a comunidade, direitos essenciais por forma a prevenir e a erradicar situações de pobreza e de exclusão, bem como a garantir prestações em situações de comprovada necessidade pessoal ou familiar, não incluídas no sistema previdencial e pode também abranger, nos termos a definir por lei, situações de compensação social ou económica em virtude de insuficiências contributivas ou prestacionais do sistema previdencial.

Quanto ao âmbito material, o subsistema de solidariedade abrange as seguintes eventualidades: falta ou insuficiência de recursos económicos dos indivíduos e dos agregados familiares para a satisfação das suas necessidades essenciais e para a promoção da sua progressiva inserção social e profissional; invalidez; velhice; morte; e insuficiência das prestações substitutivas dos rendimentos do trabalho ou da carreira contributiva dos beneficiários. Este subsistema abrange ainda as situações de incapacidade absoluta e definitiva dos beneficiários do sistema previdencial, na parte necessária para cobrir a insuficiência da respectiva carreira contributiva em relação ao correspondente valor da pensão de invalidez, podendo ainda abranger os encargos decorrentes de diminuição de receitas ou de aumento de despesas, sem base contributiva específica.

Qunanto aos regimes, o subsistema de solidariedade abrange, designadamente, o regime não contributivo, o regime especial de segurança social das actividades agrícolas, os regimes transitórios ou outros formalmente equiparados a não contributivos.

Por sua, o subsistema de protecção familiar (arts. 44.º e segs.), visa assegurar a compensação de encargos familiares acrescidos quando ocorram as eventualidades legalmente previstas. E quanto ao seu âmbito pessoal abrange a generalidade das pessoas, cobrindo, quanto ao seu âmbito material, nomeadamente, as seguintes eventualidades: encargos familiares; encargos no domínio da deficiência; e encargos no domínio da dependência.

A protecção nas eventualidades previstas no âmbito do subsistema de protecção familiar concretiza-se através da concessão de prestações pecuniárias, podendo ser alargada no seu âmbito pessoal, de modo a dar resposta a novas necessidades sociais, designadamente no caso de famílias monoparentais, bem como às que relevem, especificamente, dos domínios da deficiência e da dependência. A lei

As IPSS e a organização administrativa da segurança social 313

pode ainda prever, com vista a assegurar uma melhor cobertura dos riscos sociais, a concessão de prestações em espécie.

Por último, a acção social surge nos textos legais dos nosso dias com a pretensão de substituir o secular termo de assistência social, mas o seu uso pelo legislador pretende sobretudo reflectir uma nova concepção político-ideológica da protecção social ou da política social, em contraposição às concepções herdadas do Estado Novo, e menos uma distinção jurídico-conceitual, dado que os elementos do conceito de acção social recobrem, no essencial, os do conceito de assistência social, embora o uso deste último tenha sido alargado ainda pelo legislador do Estado Novo, nalguns casos impropriamente, a outras formas de protecção social[480].

---

[480] No sentido de que o sistema de segurança social compreende, no plano constitucional, a acção social, J.J. GOMES CANOTILHO e VITAL MOREIRA, *Constituição da República Anotada...*, 2.ª ed., anotação ao art. 63.º, pág. 339. Sobre os conceitos de segurança social, assistência social e de acção social, vide A. SANTOS LUÍS, *Política social em Portugal, ob. cit.,* pág. 123, 232 e 234 e 258, onde relaciona aqueles conceitos com o de política social, considerando a acção social como uma das formas de realização da política social (contudo, a acção social tende a ser encarada como forma autónoma ou complementar dos regimes contributivos, conforme a perspectiva dos autores). Para este autor (págs. 239 e segs.), não obstante o n.º 3 da CRP dar abertura suficiente para a acção social, o certo é que a interpretação do texto sugere, aparentemente, estar votado para o sistema contributivo. Por isso, de forma a abranger no sistema a acção social, considera o autor que o art. 63.º deve ser conjugado com outros artigos constitucionais, nomeadamente com os arts. 67.º, 69.º, 71.º e 72.º). Para ILÍDIO DAS NEVES, *Direito da Segurança Social...,* 1996, 125, 243 e segs., 250-254, 278 e segs., o conceito de acção social não compreende a assistência económica. Para este autor (pág. 125), a acção social caracteriza-se por quatro grandes pontos: pela definição dos objectivos, traduzidos fundamentalmente no combate à exclusão sócio-familiar; pela afirmação do papel a desempenhar pelas famílias, de corresponsabilidade, embora subsidiária; pelo reconhecimento do princípio da articulação da responsabilidade do Estado com as iniciativas da sociedade civil; pela afirmação de alguns princípios orientadores (princípios da consideração das necessidades básicas, da diversificação dos apoios sociais, da igualdade de tratamento e da eliminação de sobreposições de respostas e de assimetrias sociais). Ainda segundo o mesmo autor (pág. 282) o princípio fundamental do direito à assistência social radica na ideia de que as pessoas que, por força da aplicação das técnicas previdenciais, são excluídas da protecção pela segurança social ou são por esta insuficientemente protegidas, segundo determinados padrões de garantia de um rendimento mínimo, devem beneficiar de prestações adequadas à sua situação económico e social. Esta complementaridade essencial dos objectivos visados torna ambas as realidades jurídicas estruturalmente diferentes, mas, ao mesmo tempo, intrinsecamente necessárias. Ainda sobre a mesma distinção, vide SÉRVULO CORREIA, *Teoria da Relação Jurídica de Seguro Social – I, in ESC,*

314 As Instituições de Solidariedade Social

Fundamentalmente, os elementos da acção social são os seguintes: quanto ao seu âmbito material de aplicação, abrange a prevenção e reparação de situações de carência e desigualdade sócio-económica, de dependência, de disfunção, exclusão ou vulnerabilidade sociais, bem como a integração e promoção comunitárias das pessoas e o desenvolvimento das respectivas capacidades, assegurando ainda especial protecção aos grupos mais vulneráveis, nomeadamente crianças, jovens, pessoas com deficiência e idosos, bem como a outras pessoas em situação de carência económica ou social.

Os objectivos da acção social concretizam-se, designadamente através de: serviços e equipamentos sociais; programas de combate à pobreza, disfunção, marginalização e exclusão sociais; prestações pecuniárias, de carácter eventual e em condições de excepcionalidade; e prestações em espécie.

A acção social surge-nos, assim, como parte de um sistema global ou de um macro-sistema de realização do direito à segurança social. Não obstante no plano doutrinal se afigurar assaz intrincada a distinção entre previdência social e assistência, hoje dita acção social (SÉRVULO CORREIA)[481], julgamos que, pelo tipo de situações abrangidas (âmbito material de aplicação – situações de pobreza, marginalização ou exclusão social); pelo grupo ou a categoria de destinatários a que se dirige (âmbito pessoal de aplicação – os grupos de cidadãos mais

---

ano VII, n.º 27, Jul.-Set., especialmente as págs. 26 e segs.; JORGE MIRANDA, *Notas para um Conceito de Assistência Social,* in *Informação Social,* vol. III, n.º 12, Lisboa, Out.-Dez., 1968, págs. 33-65; ANTÓNIO DA SILVA LEAL, *O Direito à Segurança Social,* In *Estudos Sobre a Constituição,* vol. II, Petrony, 1978, págs. 335-372; MARIA JOÃO ROMÃO CARNEIRO VAZ TOMÉ, *Segurança Social (Direito de), DJAP,* 1998, 1.º Suplemento, págs. 439-458; FERNANDA RODRIGUES, *Assistência Social e Políticas Sociais em Portugal,* Centro Português de História e Investigação em Trabalho Social, 1999; CARLOS DINIS DA FONSECA, *Assistência Particular, Assistência Pública, Assistência Social,* in *DJAP,* vol. I, 2.ª ed., págs. 550-561; FERNANDO MAGALHÃES CARDOSO, *Conceitos Fundamentais da Assistência Social,* in *BAS,* ano 13.º, n.ºs 119 e 120, Jan.-Junho, 1955, págs. 57-79, ELIE ALFANDARI, *Action et Aide Sociales...,* MICHEL BORGETTO e ROBERT LAFOR, *ob. cit.,* e JORDI GARCÉS FERRER, *Administración Social Pública: Bases para el Estudio de los Serviços Sociales,* Tirante lo Blanch, Valência, 1992.

[481] Cfr. SÉRVULO CORREIA, *Teoria da Relação Jurídica de Seguro Social...,* pág. 26. No mesmo sentido, A. SANTOS LUÍS, *Política da Acção Social em Portugal, ob. cit.,* pág. 230, onde salienta também a ausência de uma forte teorização sobre o conceito e a técnica da acção social.

As IPSS e a organização administrativa da segurança social   315

necessitados ou carenciados); pela específica teleologia que o enforma (a protecção ou a satisfação de necessidades básicas ou condições essenciais de sobrevivência e a promoção da segurança sócio-económica dos indivíduos e das famílias e o desenvolvimento e integração comunitárias); pelos específicos métodos e princípios por que se orienta (os princípios da consideração das necessidades básicas, da personalização, diversificação e flexibilidade das respostas, apoios e prestações sociais, da igualdade de tratamento e da diferenciação positiva), e pelos meios ou tipo de prestações fornecidas (assistência prestada através ou a partir de equipamentos, programas de inserção social e comunitária, assistência sócio-económica, apoio social individualizado ou personalizado, a assistência sócio-familiar e sócio-comunitária)[482], é possível configurá-la como um verdadeiro subsistema de protecção social, dotado de um regime específico e autónomo em relação ao sistema previdencial, e não apenas como uma função meramente complementar, residual ou integradora das suas insuficiências. Pelo que poderá sustentar-se a sua autonomia conceitual e sistémica[483].

Em síntese, o macro-sistema de protecção social surge-nos, nas palavras de ILÍDIO DAS NEVES, como um sistema heterogéneo, compreendendo um elemento objectivo – os regimes de protecção social, que envolvem o subsistema previdencialista, com origem na técnica dos seguros sociais, e um subsistema de natureza assistencialista, que está na base do modelo solidarista – e um elemento subjectivo, que é o aparelho administrativo da segurança social, constituído pelas instituições de segurança social, pessoas colectivas de direito público, sendo estas instituições que têm a obrigação legal (obrigação admi-

---

[482] Relativamente aos modos ou formas que podem assumir as respostas de acção social, A. SANTOS LUÍS, *Política social em Portugal, ob. cit.,* pág. 232. Em sentido parcialmente divergente, ILÍDIO DAS NEVES, *Direito da Segurança Social,* 1996, pág., que, como já se referiu, exclui do conceito de acção social a assistência económica.

[483] No sentido de que há dois sistemas de protecção distintos – o de segurança social (regimes) e o de acção social -, diferenciados em termos de objectivos a atingir, de técnicas de intervenção a utilizar e de legislação de enquadramento, embora estreitamente ligados em termos de política global de protecção social e conjuntamente geridos pelas instituições de segurança social, vide ILÍDIO DAS NEVES, *Direito da Segurança Social...,* pág. 119.

nistrativa) de gerir os regimes e de exercer a acção social destinada, segundo o autor, a completar e suprir a protecção garantida[484].

A concepção e estruturação do macro-sistema de protecção social assenta num conjunto de princípios. E a acção social, enquanto modo ou técnica de protecção social de um sistema de protecção social global, e sem prejuízo dos fundamentos e das suas finalidades específicas, há-de obedecer aos princípios estruturantes daquele sistema. São estes princípios, decorrentes do texto constitucional, que lhe concedem unidade substancial e coerência lógico-sistemática, assumindo-se como verdadeiros princípios jurídico-constitucionais orientadores da política social, da responsabilidade do legislador e da actuação da Administração social[485].

Do conjunto dos princípios, elencados nos arts. 5.º e segs. da lei de bases, destacamos aqui, pelo relevo directo que assumem no âmbito deste trabalho, os princípios da universalidade; da igualdade; da equidade social e da diferenciação positiva; da subsidiariedade; da complementaridade; da unidade ou princípio da boa administração do sistema e o princípio do primado da responsabilidade pública.

O princípio da universalidade implica o acesso de todos os cidadãos à protecção social conferida pelo sistema. A assunção da segurança social como serviço público está na origem do modelo universalista. O direito à segurança social é um direito de todos, é um direito geral, por isso o âmbito de aplicação do sistema deve abranger todos os cidadãos. A este princípio associa-se o princípio da protecção integral, que também podemos designar por princípio da plenitude das formas de protecção social: o sistema há-de abranger "todas as situações de falta ou diminuição de meios de subsistência (n.º 3, do art. 63.º, da CRP).

O princípio da igualdade é aqui entendido não só enquanto objectivo do sistema, ou seja, enquanto objectivo a realizar pela

---

[484] Sobre a origem e evolução dos sistemas de protecção social, ILÍDIO DAS NEVES, *Crise e Reforma da Segurança Social...*, págs. 27 e segs.

[485] Sobre o relevo dos princípios directamente decorrentes do art. 63.º, que os autores designam por os "cinco requisitos constitucionais" do sistema de segurança social, vide J. J. GOMES CANOTILHO e VITAL MOREIRA, *Constituição da República Anotada...*, 2.ª ed., anotação ao art. 63.º, págs. 338-339, e ILÍDIO DAS NEVES, *Direito da Segurança Social...*, 1996, , págs. 32 e segs. 34 e segs., 58 e segs., 80 e segs. , 116 e segs.

As IPSS e a organização administrativa da segurança social

eliminação de quaisquer discriminações, mas também enquanto princípio materialmente vinculativo do modus operandi do sistema. Neste sentido, o princípio da igualdade desdobra-se numa vertente formal, a implicar a não discriminação dos beneficiários em razão do sexo, da religião, da raça, etc., numa vertente material, traduzido no tratamento igual de situações iguais e no tratamento diferenciado de situações desiguais e segundo a medida da sua desigualdade, o que pode exigir uma autêntica diferenciação positiva (art. 7.º, da lei de bases), na medida em que reclama uma flexibilização das prestações em função das necessidades e das especificidades sociais de grupos de cidadãos e de riscos a proteger, nos termos definidos na lei. Nesta perspectiva, o sistema, para ser justo, revela-se necessariamente selectivo[486].

O princípio da solidariedade entendido enquanto responsabilização da colectiva dos cidadãos entre si, no plano nacional, laboral e intergeracional, na realização das finalidades do sistema, envolvendo o concurso do Estado no seu financiamento. O princípio da solidariedade pressupõe ou requer a possibilidade de os interessados tomarem iniciativas, terem capacidade de escolha, assumirem determinadas responsabilidades e participarem no funcionamento das instituições[487].

Em relação directa com o princípio da solidariedade está o da subsidiariedade, enquanto expressão ou afirmação do papel a desempenhar pelas famílias e pelas iniciativas das instituições da sociedade civil em geral, designadamente através da actuação das instituições de solidariedade social. Ao princípio da subsidiariedade está também subjacente a ideia de corresponsabilização na realização dos fins do sistema, e que a lei designa hoje, justamente, por sistema de solidariedade e de segurança social.

O princípio da participação que envolve a responsabilização dos interessados na definição, no planeamento e gestão do sistema e no acompanhamento e avaliação do seu funcionamento.

---

[486] Sobre a relevância do princípio da selectividade no domínio da acção social, ILÍDIO DAS NEVES, *Direito da Segurança Social...*, pág. 281. Este princípio toca com a própria justificação constitucional dos direitos sociais, e estes "pressupõem um tratamento preferencial para as pessoas que, em virtude de condições económicas, físicas ou sociais, não podem desfrutar destes direitos". Cfr. J. J. GOMES CANOTILHO, *Direito Constitucional e Teoria da Constituição...*, 1998, pág. 329.

[487] Cfr. ILÍDIO DAS NEVES, *Direito da Segurança Social...*, pág. 92.

As Instituições de Solidariedade Social

O princípio do primado da responsabilidade pública enquanto princípio que impõe ao Estado o dever de criar condições necessárias à efectivação do direito à segurança social, designadamente através do cumprimento da obrigação constitucional de organizar, coordenar e subsidiar um sistema de solidariedade e de segurança social público.

Contudo, a consagração deste princípio não prejudica, como, aliás, já resulta dos princípios anteriores, a existência de outras formas de protecção social, que a lei designa por cooperativas e sociais. O princípio da complementaridade impõe a articulação das várias formas de protecção – públicas, cooperativas e sociais –, com o objectivo de melhorar a cobertura das situações abrangidas e promover a partilha contratualizada das responsabilidades, nos diferentes níveis ou patamares de protecção social[488]. A lei associa a colaboração das entidades cooperativas e sociais à concretização do princípio da plenitude das formas de protecção social, acima referido.

Por último, o princípio da unidade enquanto garantia da boa gestão e administração do sistema, sendo que ao Estado compete garantir a boa administração e gestão do sistema público, bem como a fiscalização e supervisão dos sistemas complementares (art. 24.º, da lei de bases).

Como já se salientou, a acção social constitui o campo privilegiado das IPSS. A própria lei de bases realça ou traduz expressamente a importância destas instituições na realização da acção social, designadamente quanto à articulação da actividade da Administração com a actividade das instituições não públicas (arts. 31.º, n.º 3 e 32.º), à organização de um sistema nacional de equipamentos (art. 31.º, n.º 4), e ao exercício público da acção social (art. 31.º). A mesma ideia é expressamente salientada pelo legislador no Preâmbulo do Estatuto das IPSS, quando aí refere que no contexto global das IPSS há instituições que apenas prosseguem objectivos sociais complementares dos que integram esquemas oficiais de protecção social e do sistema

---

[488] Ao princípio da complementaridade se refere também a Lei de Bases do Enquadramento Jurídico do Voluntariado (art. 6.º, n.º 5) – Lei n.º 71/98, de 3 de Novembro –, mas realçando que o voluntariado não deve substituir os recursos humanos considerados necessários à prossecução das actividades das organizações promotoras estatutariamente definidas. No sentido de que a solidariedade social há-de assumir uma feição claramente complementar, vide CASALTA NABAIS, *Algumas Considerações...*, pág. 165.

As IPSS e a organização administrativa da segurança social   319

de saúde, dando como exemplo as associações mutualistas, havendo outras que representam ou assumem a intervenção principal, precisamente o caso das instituições que actuam na área da acção social, em particular no que se refere a equipamentos.

3. As IPSS e a gestão do (sub)sistema de acção social: o modelo de cooperação como instrumento de gestão do serviço de acção social. O problema da sua admissibilidade constitucional

A concepção da segurança e da acção social ou assistência social como tarefas públicas, isto é, como sistema organizado de prestações da incumbência dos poderes públicos tem, no âmbito do trabalho que nos ocupa, inegável interesse por duas razões fundamentais.

Em primeiro lugar, porque estamos perante um sistema organizado e prestacional que, quanto aos regimes de segurança social, abandonou progressivamente o direito social laboral ou até de cariz tributário em virtude do seu sistema de quotas, e quanto à assistência social deixou de ser vista como uma mera prática de caridade ou de cumprimento das obras de misericórdia, para ingressarem definitivamente no direito público e, especialmente, no Direito Administrativo, o que, naturalmente, traz consequências fundamentais para o respectivo regime jurídico, quer substantivo e procedimental, quer contencioso. Processo este que GARRIDO FALLA designou justamente por "administrativização da gestão da segurança social"[489], o que só por si poderá justificar a autonomização de um "Direito Administrativo Social" (FREITAS DO AMARAL)[490].

Em segundo lugar, porque é de fundamental importância para a localização das IPSS neste âmbito, sendo a própria Constituição a admitir a relevância das IPSS neste sector de actividade, sinal do interesse público da actividade destas instituições, que assim é objecto de reconhecimento constitucional directo ou imediato. E aqui o interesse prático reside essencialmente no seguinte: se admitimos, como é o caso, que a acção social pode e deve ser qualificada como um

---

[489] Cfr. F. GARRIDO FALLA, *La administrativizacion de la gestion de la seguridade social...*, págs. 7 e segs.

[490] Cfr. FREITAS DO AMARAL, *Curso...*, vol. I, págs. 164-165.

tarefa administrativa, então temos de nos interrogar sobre a verdadeira função das IPSS. Ou seja, tratar-se-á apenas de entidades que, por prosseguirem fins coincidentes com o sistema, sem qualquer escopo lucrativo, merecem da Administração o reconhecimento de utilidade pública? Ou não se tratará, antes, de entidades que, por delegação da Administração, assumem e desenvolvem também actividades que a esta cabe prosseguir? Ou seja: será que neste universo não iremos encontrar os dois tipos de situações, tratando-se, neste caso, de situações mistas? Sob o ponto de vista analítico, não será possível distinguir situações em que as IPSS funcionam como verdadeiras delegatárias de tarefas públicas, agentes de execução de políticas e de programas públicos, e agentes concretizadores de programas e iniciativas genuínas ou próprias, em geral, ditas da sociedade civil?

Naturalmente que da resposta a estas perguntas dependem importantes consequências ao nível do regime jurídico aplicável, quer do ponto de vista substantivo, quer adjectivo, assim como nos impõe a análise da relação entre a Administração e as IPSS, e respectivos instrumentos jurídicos que a estruturam.

Por isso, a formulação de tais perguntas só ganha verdadeiro sentido se a acção social for qualificada como tarefa pública, isto é, como actividade que à Administração cabe desenvolver como tarefa sua. Da exposição feita no ponto anterior cremos ter resultado a indicação da nossa resposta: a acção social, enquanto subsistema de um sistema global – o sistema de solidariedade e segurança social – constitui, no âmbito do Estado de Direito Social, um dos fins nucleares da Administração de prestações, cuja titularidade e responsabilidade públicas resultam directamente da Constituição.

Contudo, tal conclusão não responde à pergunta sobre o modo concreto de gestão deste serviço. Isto é, saber se a sua gestão e prestação aos destinatários de serviços de acção social podem ou não ser delegadas em entidades privadas sem fins lucrativos. No domínio específico da acção social, como se referiu no Capítulo II da II Parte deste trabalho, a resposta, partindo dos dados empíricos – conforme dados sociológicos, estatísticos e financeiros aí expostos – parece ser inegavelmente afirmativa.

As conclusões aí firmadas parecem ganhar ainda mais consistência se tivermos em conta os dados da lei de bases do sistema de segurança social. De facto, e como já se referiu, aí se dispõe que o

As IPSS e a organização administrativa da segurança social   321

direito à segurança social é efectivado pelo sistema, ao qual preside o princípio do primado da responsabilidade pública, traduzido no cumprimento da obrigação constitucional de o Estado organizar, coordenar e subsidiar o sistema de solidariedade e de segurança social público.

Especificamente no domínio da acção social, tal implica, entre outras coisas, a organização de uma rede nacional de serviços e equipamentos sociais de apoio às pessoas e às famílias, sendo através deles que se materializa ou concretiza o exercício público da acção social, competindo ao Estado a boa administração e gestão do sistema público[491]. Partindo do princípio de que o conceito de serviço público se refere a uma tarefa administrativa de prestação, ou seja, a uma actividade de prestações em relação à qual existe uma responsabilidade administrativa de execução[492], então a acção social não pode deixar de ser considerada uma concretização deste conceito.

Contudo, para o cumprimento da reafirmada obrigação constitucional do Estado, o legislador apela à participação e cooperação das IPSS e de outras entidades de reconhecido interesse público. Daí que disponha no art. 31.º, n.º 6, que o "desenvolvimento da acção social concretiza-se, no âmbito da intervenção local, pelo estabelecimento de parcerias, designadamente através da rede social, envolvendo a participação e a colaboração dos diferentes organismos da administração central, das autarquias locais, de instituições públicas e das instituições particulares de solidariedade social e outras instituições privadas de reconhecido interesse público", e no n.º 1 do mesmo artigo que a "acção social é desenvolvida peloa Estado, pelas autarquias e por instituições privadas sem fins lucrativos, de acordo com as prioridades e os programas definidos pelo Estado e em consonância com os princípios e linhas de orientação definidos nos números seguintes".

---

[491] A este propósito refira-se a diferença entre a redacção constante da lei aprovada e da proposta de lei apresentada à Assembleia da República: ali, diz-se que ao Estado compete garantir a boa administração e gestão do sistema público, na proposta impunha-se de forma imperativa que a gestão do sistema competia ao sector público (art. 19.º, n.º 3, da Proposta de Lei).

[492] Cfr. PEDRO GONÇALVES, A Concessão de serviços públicos, Almedina, Coimbra, 1999, pág. 109.

O legislador limita-se, pois, a reconhecer e legitimar formalmente uma realidade de facto, elegendo a cooperação como modelo de gestão e execução de uma tarefa que assume e qualifica como pública. O legislador não diz, por exemplo, que o Estado "cria e organiza uma rede de equipamentos e serviços", preferindo antes dizer que o desenvolvimento da acção social é efectuado directamente pelo Estado (*regie directa*), ou em cooperação com as IPSS e outras entidades de reconhecido interesse público (gestão delegada). Os dados legais traduzem, pois e apenas, uma realidade de facto preexistente: que a concreta prestação de serviços de acção social tem cabido, a título principal, às IPSS.

Contudo, e não obstante a força dos factos se impor ao legislador, isso não significa a inexistência ou a eliminação de possíveis problemas jurídicos, desde logo ao nível jurídico-constitucional e designadamente em matéria de organização e gestão da acção social.

Na verdade, se a prestação de serviços ou o desenvolvimento de tarefas de índole social pelo Estado colocam, por si só, particulares ou especiais problemas organizatórios ou de organização administrativa, determinados pela necessidade de flexibilizar a sua acção sem lhe retirar a dimensão de poder, tais problemas agudizam-se quando, num Estado que tende cada vez mais a ser um Estado-Administração, às tarefas de prestação começam a crescer as de conformação da sociedade[493]. Se a isto associarmos o facto de, no domínio específico da acção social, pelo menos a execução directa das específicas prestações aos utentes estar hoje, na sua grande percentagem, sob a responsabilidade das IPSS, então os particulares problemas organizativos deixam de ser apenas uma questão do Direito Administrativo, para se elevarem a problemas organizatórios de relevância jurídico--constitucional.

E o problema aqui consiste em saber se isto é constitucionalmente admissível: se a Constituição atribui à Administração o dever de organizar um sistema de segurança social universal, e, portanto, também um sistema de acção social, sem prejuízo de complementarmente reconhecer a importância que as IPSS podem desenvolver

---

[493] Cfr. Maria da Glória Ferreira Pinto Dias Garcia, *Organização Administrativa*, in *DJAP*, vol. VI, pág. 237.

As IPSS e a organização administrativa da segurança social 323

neste domínio, será constitucionalmente legítimo que o Estado-Administração devolva às IPSS a principal responsabilidade na prestação directa dos serviços de acção social? Está, pois, em causa saber se a Constituição permite a delegação da gestão e execução das tarefas de prestação de serviços de acção social que à Administração cabe prosseguir.

A esta questão poderá ainda associar-se uma outra: será constitucionalmente legítimo que o Estado, em alternativa à criação de estruturas próprias, confie e financie, na sua maior percentagem, a prestação dos serviços de acção social a entidades criadas pela iniciativa privada, em vez de o fazer através dos seus próprios serviços?

Ou seja, o facto de a Constituição impor aos poderes públicos o dever de "organizar, coordenar e subsidiar um sistema de segurança social", onde se inclui, como vimos, a acção social, impede que a Administração se faça assistir, na gestão dos serviços de acção social, por entidades privadas sem fins lucrativos que prossigam os mesmos fins? Existirá neste sector uma reserva constitucional de Estado ou reserva de gestão pública directa? Ou, utilizando a fórmula constitucional usada no n.º 5, do artigo 63.º, estará a Administração impedida de delegar a gestão e a prestação de serviços de acção social em instituições particulares de solidariedade social "com vista à prossecução de objectivos de solidariedade social consignados, nomeadamente, neste artigo..."?[494]

E admitindo que isto é possível, há que saber como e em que medida tal delegação é constitucionalmente legítima. Ou seja, saber se, neste caso, a Constituição não autoriza ou não habilita o legislador

---

[494] Convém a este propósito não confundir o significado jurídico (e sociológico) da expressão "objectivos de solidariedade social" usada no n.º 5, do art. 63.º da Constituição, com a nova terminologia usada na Lei de Bases da Segurança Social quando se refere ao regime de solidariedade enquanto regime do subsistema de protecção social de cidadania (art. 24.º). Na Constituição fala-se em solidariedade social enquanto, podemos dizê-lo, verdadeiro princípio jurídico concretizador do princípio estruturante que é o princípio do Estado de direito social, abrangendo, assim, os diversos domínios ou sectores em que a presença material deste princípio se faça sentir, designadamente no âmbito dos direitos sociais. No último caso, o regime de solidariedade refere-se apenas a um dos aspectos particulares de protecção social dos cidadãos e de concretização dos seus direitos sociais, definindo simultaneamente o regime jurídico das específicas prestações sociais a conceder aos cidadãos que reunam os pressupostos da sua aplicação (artigo 25.º e segs.).

324   *As Instituições de Solidariedade Social*

a estabelecer um regime jurídico, de natureza substantiva e também organizatória, particularmente exigente e até sui generis, que enforma estruturalmente o ordenamento jurídico das IPSS. Questão que abordaremos em capítulo posterior.

As perguntas que formulamos já eram, segundo cremos, suscitadas, em face da redacção do n.º 3 do mesmo artigo do anterior texto constitucional, por GOMES CANOTILHO e VITAL MOREIRA, as quais, refira-se não deixam, naturalmente, de ser legítimas, mesmo na hipótese, como é o caso, de vigorar neste sector um princípio de liberdade de criação de instituições sem fins lucrativos que prossigam objectivos de solidariedade social.

Sobre este problema, e em face da anterior redacção do n.º 3, do art. 63.º, da CRP – onde, repita-se, se previam expressamente os objectivos de solidariedade social que podiam ser prosseguidos pelas IPSS –, diziam aqueles autores que era questionável se a especificação de objectivos constitucionalmente estabelecida implicava uma proibição das organizações que visassem prosseguir outros objectivos (v. g., saúde), ou se o sentido da norma não seria antes o de admitir que quanto aos domínios indicados no n.º 3 do artigo 63.º (segurança social, apoio a crianças e à família – art. 67.º, apoio à infância – art. 69.º, apoio à juventude sobretudo através do aproveitamento de tempos livres – art. 70.º, n.º, al. d), protecção de deficientes – art. 71.º, apoio à terceira idade – art. 72.º) o Estado poderia, de algum modo, fazer-se assistir pelas instituições particulares (apoiando-as para esse efeito), enquanto que não poderia fazê-lo em outros domínios, tendo de garantir por si mesmo a satisfação integral dos competentes direitos[495].

É certo que os autores apenas utilizam a expressão "assistir", não falando em delegação de tarefas, funções, nem em privatização da gestão ou outra fórmula de sentido análogo. Contudo, dada a imposição constitucional de um sistema público, independentemente da maior ou menor relevância da iniciativa privada nos domínios referidos, cremos que no pensamento dos autores não deixou de perpassar a hipótese que aqui consideramos.

---

[495] Cfr. J. J. GOMES CANOTILHO, *Constituição da República Portuguesa Anotada*, 3.ª ed., anotação ao artigo 63.º, pág. 340. Mas os autores já colocavam a mesma questão na 2.ª ed., de 1984, pág. 341.

A referida possibilidade levantada pelos autores no comentário ao texto constitucional, viria a ser recentemente confirmada por MARIA MANUEL LEITÃO MARQUES e VITAL MOREIRA, que, a propósito dos "instrumentos e formas jurídicas de desintervenção do Estado", aludem justamente ao sector da assistência social, enumerando-o como um dos casos em que se regista uma delegação de tarefas públicas, mantendo o Estado a sua titularidade ou responsabilidade[496].

Contudo, não deixam aí de chamar a atenção para os limites constitucionais e legais à privatização de serviços públicos ou mesmo à sua simples delegação a entidades privadas, pois a Constituição ou a lei podem estabelecer reservas de Estado ou reservas de gestão pública directa. Uma dessas reservas ou limites é, precisamente, o "Estado social" e os direitos económicos e sociais (e culturais), dado que a Constituição impõe limites mais ou menos precisos à desintervenção do Estado na organização da prestação dos bens e serviços necessários para respeitar o princípio do Estado social e a realização dos direitos económicos, sociais (e culturais), que ao Estado incumbe realizar. Acrescentando que não é de estranhar que, entre nós, a discricionaridade política, nestas matérias, e ao contrário de outros países, seja menor quanto à privatização e desresponsabilização dos poderes públicos pelos tradicionais serviços públicos de âmbito nacional e local, na medida em que eles constituem garantias incontornáveis da realização dos referidos direitos sociais, nomeadamente o direito à saúde, à educação, à habitação, à segurança social, etc. E os autores vão mesmo mais longe, dizendo que a possibilidade de entregar à gestão privada os estabelecimentos e serviços públicos não é ilimitada, constituindo os serviços públicos constitucionalmente obrigatórios (o Serviço Nacional de Saúde, o sistema público de

---

[496] Cfr. MARIA MANUEL LEITÃO MARQUES e VITAL MOREIRA, *ob. cit.,* pág. 137. No entanto, convém notar que, não obstante os autores, no caso específico da assistência social, considerem ser um dos domínios em que se regista a desintervenção do Estado – desintervenção entendida como abrangendo todos aqueles mecanismos pelos quais o Estado deixa total ou parcialmente de ser produtor de bens e serviços, gestor e fornecedor de serviços públicos, regulador da actividade privada, confiando tais tarefas ao sector privado ((*lato sensu*) – adiantam, contudo, que o que aí existe verdadeiramente, não é um fenómeno de privatização, em sentido estrito, "mas uma cooperação ou parceria entre o Estado e as entidades privadas" (pág. 137).

326 As Instituições de Solidariedade Social

segurança social, o sistema público de ensino e o sistema de rádio e televisão) outros tantos limites à privatização[497].

Em sentido convergente vai PAULO OTERO, quando afirma que a cláusula constitucional de bem-estar ou de Estado social, inerente ao actual modelo de Estado e cuja implementação está confiada pela Constituição à Administração Pública, enquanto tarefa fundamental ou incumbência prioritária do Estado, determina que, sem prejuízo da possível concorrência da iniciativa privada na satisfação de alguns de tais interesses, exista um conjunto de áreas de intervenção da Administração Pública que são, por definição, insusceptíveis de privatização integral, verificando-se que deparamos aqui com tarefas impostas pela Constituição a cargo do Estado em termos de lhe criarem um responsabilidade directa pela respectiva execução ou satisfação: a educação, a saúde, a segurança social são, segundo o autor, alguns desses exemplos ilustrativos[498].

Os limites constitucionais existentes entre nós parecem não encontrar o mesmo eco em outros países.

Assim, e excluindo o caso da Grã-Bretanha, onde, como vimos no Capítulo II, tais barreiras constitucionais e legais nem sequer se questionam, não existindo aí um "reduto de actividade pública que não seja susceptível de privatização[499], aparecendo a assistência social

---

[497] Cfr. MARIA MANUEL LEITÃO MARQUES e VITAL MOREIRA. O mesmo princípio é, segundo os autores, aplicável às autarquias, encontrando-se estas impedidas de alienar ou delegar a gestão dos serviços públicos que a lei lhes imponha prestar directamente. Mas note-se que os autores não negam que, em princípio, cabe aos poderes públicos escolher o modo de organização e prestação de serviços, podendo estes optar livremente pela delegação da sua produção a entidades privadas ou a parcerias público-privadas (*ob. cit.,* pág. 152). O problema prévio que os autores colocam reside em saber se há ou não limites constitucionais (e legais) a esta liberdade.

[498] Cfr. PAULO OTERO, *Coordenadas jurídicas da privatização da Administração Pública*, págs. 31-32, texto de uma conferência efectuada no "IV Colóquio Luso-Espanhol de Direito Administrativo", realizado em Coimbra, a 6 e a 7 de Abril de 2000, subordinado ao tema "Os Caminhos da Privatização da Administração Pública". O autor reafirma ou desenvolve, de algum modo, o pensamento que já havia expresso no seu trabalho *Vinculação e Liberdade de Conformação Jurídica do Sector Empresarial do Estado*, Coimbra, 1998, págs. 13 e segs.

[499] Cfr. F. J. VILLAR ROJAS, *Privatización de Grandes Serviços Públicos* (inédito), comunicação apresentada no IV Colóquio Luso-Espanhol de Direito Administrativo, sobre "Os Caminhos da Privatização da Administração Pública", realizado em Coimbra, nos dias 6 e 7 de Abril, de 2000.

O novo estatuto jurídico – constitucional das instituições...	327

apontada como um dos exemplos de privatização ou pelo menos de associação das entidades privadas à execução de tarefas públicas[500], tanto em Espanha, como em Itália, França e Alemanha, a delegação de tarefas administrativas de prestação de natureza social, e especificamente de acção social, parece não constituir um problema constitucional inultrapassável.

Em Espanha, não obstante a imposição de um sistema público de segurança social, a mais recente jurisprudência do Tribunal Constitucional admite que a "privatização" das suas prestações não é contrária ao art. 41.º da Constituição, considerando que a colaboração privada na gestão e financiamento de prestações de segurança social é constitucionalmente legítima[501]. Mas convém referir que a questão não é pacífica, uma vez que a Constituição, no domínio da segurança social, a par com a educação (e já não com a saúde), limita a liberdade dispositiva do legislador, impondo-lhe a criação de uma rede pública de estabelecimentos, que pode coexistir ou funcionar em paralelo com a actividade privada, que não pode ser impedida. Por conseguinte, a possibilidade de delegar a gestão ou a prestação dos respectivos serviços a organizações privadas enfrenta limites constitucionais[502].

Na Itália, onde também existe a obrigação constitucional de criação de um sistema público de assistência social, a delegação da gestão de serviços sociais ou assistenciais e educativos é hoje admitida (e incentivada) pela lei. O recente e notável desenvolvimento das cooperativas de solidariedade social (ou cooperativas sociais ou ainda cooperativas de serviços sócio-assistenciais) está, precisamente, ligado ao facto de a lei sobre o estatuto destas cooperativas – Lei n.º 381/1991 –, ter vindo a permitir que, através da forma contratual, lhes pudesse ser delegada a gestão de serviços sociais ou assisten-

---

[500] Cfr. VINCENT WRIGHT, *Le privatizzazioni in Gran Bertanha...*, págs. 100 e segs.

[501] Cfr. Acórdão do Tribunal Constitucional n.º 37/94, citado por F. J. VILLAR ROJAS, *Privatización de grandes serviços públicos*, Comunicação..., 2000. A questão de fundo subjacente à decisão referida no texto relaciona-se com o facto de a lei impor às entidades patronais a obrigação de suportar as prestações pecuniárias de segurança social durante os primeiros 15 dias de baixa dos trabalhadores.

[502] Neste sentido, vide ELISENDA MALARET I GARCIA, *ob. cit.*, pág. 75.

328   *As Instituições de Solidariedade Social*

ciais e educativos, designadamente dos entes locais. Sendo que esta delegação pode até envolver funções de disciplina e regulação[503].

Na Alemanha, não obstante a imposição constitucional de existência de assistência social pública, em paralelo com o esquema dos seguros sociais (art. 74.º da Constituição), o facto de grande parte da assistência social estar a cargo de entidades de cariz religioso, parece não levantar problemas, sendo, pelo contrário, fortemente estimulada, designadamente sob o ponto de vista financeiro, pelos poderes públicos. A prossecução de fins beneficentes constitui, aliás, um direito constitucional das organizações religiosas (art. 138.º, n.º 2). Contudo, as instituições das organizações religiosas são aqui constitucionalmente qualificadas como sujeitos de direito público, e o princípio da subsidiariedade da intervenção do Estado parece constituir uma justificação política e jurídica suficientemente legitimadora[504].

Na França, não obstante pairar ainda a interrogação acerca da existência de um conceito específico e autónomo de serviço público social, a delegação de tarefas nas áreas da saúde e social a entidades privadas sem fins lucrativos constitui um dado já adquirido no Direito Administrativo, atingindo também a própria área da previdência. As mutualidades deixaram de ter um cunho meramente territorial e de adesão facultativa, para assumirem definitivamente um âmbito profissional, e o princípio da adesão voluntária e facultativa foi, em certos casos, substituído pelo da adesão obrigatória dos trabalhadores de certas organizações a determinada associação mutualista[505]. Facto

---

[503] Cfr. CONSTANZO RANCI, *Oltre il welfare state, Terzo settore, nuove solidarietà e transformazzioni del welfare,* Studi e Ricerche, 1999, págs. 169-170, 194-195, e 253 e segs. Trata-se, por definição, de cooperativas que têm por escopo social a prestação, com fins de solidariedade, de serviços sociais/assistenciais. No entanto, relembre-se a este propósito que se as entidades privadas que desenvolvem este tipo de actividades auxiliadas pelas entidades públicas (por ex., financeiramente) ficam directa e imediatamente vinculadas, por força do próprio texto constitucional, à prossecução das tarefas constitucionalmente previstas e impostas aos poderes públicos (art. 38.º, da Constituição italiana).

[504] Cfr. EDITH ARCHAMBALT, *Une seule solution l'association?* ...., pág. 91, e também em *Le secteur suns but lucratif...,* pág. 207. Em sentido aproximado, vide ANA PAULA SANTOS QUELHAS, *ob. cit.,* pág. 163.

[505] Assim sucede pelo menos com os organismos de segurança social, estabelecimentos públicos de carácter industrial e comercial e com as associações com mais de 50 trabalhadores. Cfr. MICHEL BORGETTO e ROBERT LAFORE, *ob. cit.,* pág. 93, e ANA PAULA SANTOS QUELHAS, *ob,. cit.,* pág. 165.

As IPSS e a organização administrativa da segurança social 329

que é tido como uma devolução de uma missão de serviço público às associações mutualistas[506].

Como referimos ainda no Capítulo II, o quadro na generalidade dos países europeus não difere muito deste panorama, sendo até o caminho já traçado mesmo por aqueles países onde os sistemas de protecção social públicos teriam atingido índices de inigualável perfeição e completude (caso exemplar da Suécia).

Entre nós, a lei de bases do sistema de segurança social, aliás na sequência das anteriores, abriu uma porta à gestão dos regimes complementares por entidades privadas, quer sem fins lucrativos (associações mutualistas, fundações de solidariedade social, designadas pela lei como "fundações de gestão dos regimes complementares", e outras entidades sem fins lucrativos), quer mesmo com fins lucrativos (por ex., seguradoras, empresas gestoras do fundo de pensões). Contudo, subsiste sempre o sistema público, que envolve os regimes contributivo e não contributivo, e que continua a ser objecto de uma reserva legal de gestão pública directa[507]. Para além disso, a adesão àqueles subsistemas complementares continua a ser necessariamente livre e individual, e não substitui as garantias dos regimes públicos. Neste domínio – regimes contributivo e não contributivo da segurança social – existe um sistema integralmente público e sob reserva de gestão exclusivamente pública. Os demais regimes permitidos pela lei – regimes complementares –, abertos à iniciativa privada, não funcionam como esquemas de protecção alternativo, concorrencial ou substitutivo do sistema público: trata-se apenas e tão só de um complemento que acresce à oferta pública, e de que os particulares podem, por sua livre vontade, lançar mão. Pelo que neste âmbito, as IPSS – no caso, as associações mutualistas e as fundações de gestão dos regimes complementares – prosseguem um fim apenas coincidente com o da Administração, colaborando com esta na melhoria, diversificação e aumento da oferta dos esquemas de protecção social.

---

[506] Neste sentido, vide ELIE ALFANDARI, *ob. cit.*, pág. 221.

[507] E dizemos reserva legal e não constitucional, dado que a Constituição não proíbe o legislador de se fazer assistir na gestão dos regimes por outras entidades. O que a Constituição impõe ao Estado é a organização de um sistema de segurança social, o que não significa necessariamente que a Administração não possa fazer-se assistir na sua gestão por outras entidades.

Já no domínio da assistência ou da acção social o mesmo não sucede. Aqui o papel reservado à Administração na prestação directa de serviços foi ocupado, como já se demonstrou, pelas IPSS: cerca de 93% dos estabelecimentos ou equipamentos sociais existentes no país pertencem às IPSS e são por estas geridos, sendo que o remanescente, isto é, os estabelecimentos públicos, ou estão sob a sua gestão ou podem ser por elas geridos, e a execução de políticas e de programas públicos de assistência social passa inevitavelmente pelas IPSS.

A distinção que aqui fazemos é expressamente assumida pelo legislador no Estatuto das IPSS, onde distingue as instituições que prosseguem objectivos sociais complementares dos que integram esquemas oficiais de protecção social (caso típico das associações mutualistas e outras instituições relativamente aos regimes de segurança social e ao sistema de saúde), das que representam a intervenção principal no sector (caso das instituições que actuam nas áreas de acção social, em particular no que se refere a equipamentos), sendo que o Estado é o superior garante do cumprimento de tais objectivos sociais (Preâmbulo do DL n.º 119/83).

Nesta perspectiva, as IPSS que têm por objecto de actividade a acção social não poderão ser apenas consideradas como entidades que desenvolvem actividades de interesse geral e, portanto, não dotadas de uma natureza pública típica. Sem dúvida que as IPSS desenvolvem actividades que interessam a toda a colectividade, fazendo-o numa "coexistência concorrencial", ou melhor, numa "coexistência colaborante" (FREITAS DO AMARAL) com iguais actividades prosseguidas pelas entidades públicas. A relevância social desta actividade, na medida em que interessa a toda a colectividade, constitui o fundamento para o reconhecimento de interesse público ou utilidade pública das instituições (associações, fundações, cooperativas). Por isso, as tarefas ou actividades desenvolvidas por estas entidades são apenas actividades de utilidade pública desenvolvidas por particulares, não podendo, enquanto tais, ser reconduzidas ao exercício privado de funções públicas. Existirá, isso sim, o exercício privado ou cooperativo de actividades concorrenciais e que, pela sua relevância social, merecem um tratamento especial da Administração[508]. Contudo, o

---

[508] Cfr. PAULO OTERO, *O Poder de Substituição em Direito Administrativo...*, vol. I, págs. 54-55, e FREITAS DO AMARAL, *Curso...*, vol. I, 2.ª ed., pág. 551.

facto de estas instituições, designadamente as associações e fundações com fins de acção social, terem a seu cargo a gestão de estabelecimentos públicos, e de assumirem, através de acordos de cooperação com a Administração, a execução de projectos ou de programas de apoio social elaborados ou definidos pela Administração, e a concessão ou a prestação de apoio social, seja através ou a partir de equipamentos próprios ou de equipamentos públicos, poderá, segundo julgamos, alterar, de algum modo, aquele quadro jurídico. E os dados atrás expostos (Capítulo II) parecem apoiar esta conclusão: a Administração tem vindo a confiar às IPSS o exercício da acção social, desonerando-se, assim, do exercício directo ou da prestação directa deste serviço.

Deste modo, e como naturalmente já vai subentendido, se a hipótese levantada por GOMES CANOTILHO e VITAL MOREIRA não tiver um mínimo de suporte constitucional, ou se não for constitucionalmente admissível, então grande parte da acção do Estado neste domínio será seguramente inconstitucional. E o problema poderá complicar-se se tivermos em conta o aviso lançado por alguns autores, quando realçam o facto de o predomínio do sector privado no exercício da acção social constituir uma originalidade portuguesa, tanto mais que tal situação não se integra nas recentes estratégias de privatização dos serviços públicos, mas tão somente, na posição assumida pela Administração, com origem no Estado Novo, de assumir um papel meramente secundário no apoio às situações de pobreza e exclusão social[509].

A resolução do problema aqui suscitado passa, segundo julgamos, por saber se a Constituição impõe um modelo único, um modelo de reserva de gestão pública directa, em que a Administração surge simultaneamente como agente regulador, financiador e prestador dos serviços. Ou se pelo contrário apenas impõe ao Estado que crie as condições necessárias – políticas, jurídicas e financeiras – à implantação de um sistema de acção social e ao seu desenvolvimento, podendo a concreta gestão ou a prestação da acção social aos beneficiários ser devolvida a entidades privadas sem fins lucrativos.

---

[509] Cfr. JULIAN LE GRAND, *Quasi-Markets and Social Policy,* in *Economics Journal,* 101 (Setembro), citado por A. SANTOS LUÍS, *A Política da Acção Social em Portugal, ob. cit.,* pág. 231.

332 As Instituições de Solidariedade Social

Por sua vez, esta questão relaciona-se com uma outra: saber o modo como a nossa Constituição configura as IPSS que têm por objecto de actividade o exercício da acção social. Ou mais especificamente, passa por descortinar qual o papel que a Constituição reserva às IPSS no âmbito de uma das dimensões ou subsistemas do Sistema de Segurança Social – o (sub)sistema de acção social. Tudo depende, pois, do entendimento constitucional do sistema de acção social, e do estatuto que às IPSS é reservado no âmbito deste sistema.

E aqui julgamos que é a própria Constituição que fornece suficientes sinais de abertura. Sinteticamente, podem enumerar-se alguns argumentos interpretativos.

3.1. *Alguns argumentos justificativos da admissibilidade constitucional da cooperação enquanto modelo de gestão/delegação de tarefas públicas*

a) Os elementos de interpretação das normas constitucionais

Em primeiro lugar, o elemento histórico. Servindo-nos da análise de CASALTA NABAIS, é indubitável que a evolução do texto constitucional (art. 63.º, n.º 3, hoje n.º 5) reflecte uma progressiva valorização da ideia de solidariedade social. O art. 63.º passou de uma mera não exclusão das instituições particulares de solidariedade social não lucrativas com objectivos de segurança social, na primeira versão (1976), objectivos estes especificados como sendo de segurança social, de criação de creches e outros equipamentos de apoio à família e à terceira idade, de ocupação de tempos livres da juventude e de apoio aos cidadãos portadores de deficiência e à terceira idade, na segunda versão (1982), ao reconhecimento do direito à constituição de tais instituições com os mencionados objectivos, na terceira versão (1989), e finalmente, ao apoio e à consagração de uma (verdadeira) lista aberta dos objectivos dessas instituições, na quarta versão (1997)[510].

---

[510] Cfr. CASALTA NABAIS, *Algumas Considerações ...,* págs. 154-155. Para comprovar a conclusão firmada no texto, o autor serve-se do elemento literal, confrontando as alterações por que passou a redacção do art. 63.º, n.º 3. Assim: no n.º 3, do art. 63.º, da versão

As IPSS e a organização administrativa da segurança social   333

A evolução do texto constitucional apela à colaboração das IPSS e de outras instituições particulares de interesse público para a realização de objectivos de solidariedade social. Sinal de que se assiste a uma "(re)convocação pública, ou melhor estadual" (CASALTA NABAIS)[511] da colaboração dos indivíduos e dos grupos sociais, que, organizados através de formas institucionais, podem contribuir para a efectiva realização de objectivos constitucionais de solidariedade social, o mesmo é dizer, para a efectiva concretização dos direitos sociais, auxiliando ou suprindo a insuficiência da actuação estadual, designadamente em relação aos direitos sociais daqueles destinatários relativamente aos quais a actuação pública se tem revelado insatisfatória.

Esta (re)convocação pública pode envolver não apenas uma mera colaboração das instituições, concretizada na prossecução de fins coincidentes com os da Administração, mas também uma colaboração expressa na realização de tarefas delegadas pela Administração.

Sintomático da revalorização do papel das instituições é ainda o facto de, com a revisão de 1997, o sector cooperativo e social da propriedade dos meios de produção compreender também, e especificamente, "os meios de produção possuídos e geridos por pessoas colectivas, sem carácter lucrativo, que tenham como principal objectivo a solidariedade social". No sector da propriedade cooperativa e social temos agora constitucionalmente reconhecido e garantido também um "subsector de propriedade solidária" (CASALTA NABAIS)[512].

---

original, dizia-se que "a organização da segurança social não prejudicará a existência de instituições privadas de solidariedade social não lucrativas, que serão permitidas, regulamentadas por lei e sujeitas a fiscalização dos Estado"; na versão de 1982 especificaram-se os objectivos de solidariedade social, dizendo-se que "a organização da segurança social não prejudicará a existência de instituições particulares de solidariedade social não lucrativas, com vista à prossecução dos objectivos de segurança social consignados neste artigo, na alínea b) do n.º 2 do artigo 67.º, no artigo 69, na alínea d) do n.º 1 do artigo 70.º e nos artigos 71.º e 72.º, as quais são permitidas, regulamentadas por lei e sujeitas à fiscalização do Estado"; por último, na versão de 1997 (n.º 5), consagrou-se o direito (constitucional) ao apoio do Estado, pois "o Estado apoia e fiscaliza, nos termos da lei, a actividade e o funcionamento das instituições particulares de solidariedade social e de outras de reconhecido interesse público sem carácter lucrativo, com vista à prossecução de objectivos de segurança social consignados, nomeadamente, neste artigo, na alínea d) do n.º 2 do artigo 67.º, no artigo 69.º, na alínea e) do n.º 1 do artigo 70 e nos artigos 71.º e 72.º'".

[511] Cfr. CASALTA NABAIS, Algumas considerações ..., pág. 154.
[512] Cfr. CASALTA NABAIS, Algumas Considerações..., pág. 156

334 As Instituições de Solidariedade Social

Por sua vez, a utilização do elemento sistemático constitui também um forte elemento de apoio, pois a conjugação do n.º 5, do art. 63.º, com outras disposições constitucionais sugere uma adesão das IPSS ao sistema de acção social. No n.º 5, do art. 63.º, diz-se que o Estado apoia a actividade e o funcionamento das instituições com vista à prossecução de objectivos de solidariedade social, sendo que a prossecução de alguns destes objectivos passa pela "criação de uma rede nacional de creches e de outros equipamentos sociais", pela promoção de uma "política de terceira idade" (al. b), do n.º 2, do art. 67.º), concretizada esta última em medidas de carácter económico e social (art. 72.º, n.º 2), e pela implementação de uma política nacional de prevenção e de tratamento, reabilitação e integração dos cidadãos portadores de deficiência e de apoio às suas famílias (art. 71.º, n.º 2).

A Constituição ao indicar expressamente como objectivos de solidariedade social das IPSS os previstos nos artigos referidos, não deixa de significar um reconhecimento do papel que estas instituições podem desempenhar na efectiva concretização do programa constitucional de acção social e da política social desenhada pelo legislador ordinário para este sector, em concretização daquele programa. Pelo que a Constituição, ao inserir expressamente as IPSS neste contexto, deixa aberta a possibilidade de a sua colaboração ser também extensiva à concretização de programas públicos de acção social que a Administração lhe venha a delegar.

Este reconhecimento não encontra eco, pelo menos de forma tão expressiva, em outras áreas constitucionais, como, por exemplo, a saúde e a educação (arts. 64.º, e 74.º, respectivamente). Domínios em que a Constituição também impõe a existência de sistemas públicos.

Se conjugarmos aquelas disposições com o art. 267.º, n.os 1, 2, 3 e 6, designadamente o n.º 1, onde se consagra uma habilitação genérica de exercício de tarefas administrativas por particulares, pois a lei deverá "assegurar a participação dos interessados na (...) gestão efectiva" dos serviços, então está legitimada constitucionalmente a conclusão acima vertida: a (re)convocação pública dos particulares para a realização dos direitos sociais pode também passar pela assunção de tarefas administrativas, enquanto tarefas da responsabilidade da Administração. Aliás, neste domínio, a Constituição até parece favorecer as IPSS: pois, enquanto o art. 267.º da CRP consagra uma

As IPSS e a organização administrativa da segurança social 335

credencial genérica de delegação de tarefas públicas (e de poderes públicos) nos particulares, autorizando os necessários mecanismos de fiscalização (cfr. n.º 7), o art. 63.º n.º 5 consagra uma credencial específica de delegação de tarefas públicas nas IPSS, assim como legitima a delegação dos poderes públicos necessários ao cumprimento de tais tarefas.

A conclusão a que aqui chegamos é ainda auxiliada pelo elemento teleológico: a ideia fundamental da Constituição é a criação de um sistema sem lacunas, de um sistema onde todos encontrem ajuda social, cabendo ao poder político e à Administração garantir esse sistema e o seu funcionamento (princípio da plenitude das formas de protecção social). Neste sentido, para a Constituição o fundamental é a garantia de que os objectivos de solidariedade social, ou se se quiser, o programa de acção social sejam efectivamente concretizados (princípio da máxima efectividade das normas constitucionais). E neste programa, que a lei converte em (sub)sistema, há, desde logo, um lugar ou uma espécie de "reserva constitucional" para a participação das IPSS. Se a lei ordinária faz apelo ao dever de cooperação das IPSS, a Constituição garante-a e enforma desde logo essa cooperação, no sentido de que fornece (algumas) das linhas jurídicas gerais por que há-de passar a participação das IPSS na realização dos objectivos do sistema (por ex., os objectivos constitucionais de criação de uma rede nacional de equipamentos sociais, de realização ou implementação de uma política de apoio social aos idosos, etc.).

Dir-se-á, pois, que há uma espécie de abertura constitucional do sistema. Ou seja, a própria Constituição não recusa, antes estimula, o aproveitamento e a participação de organizações sociais especialmente qualificas para a realização de funções administrativas. Parte do princípio de que a participação das IPSS na realização dos fins do sistema de acção social constitui um valor de dignidade constitucional. Ao evidenciar o papel das IPSS, a Constituição procura envolver formas institucionais privadas de reconhecida idoneidade no cumprimento de um objectivo comum – a acção social –, de forma a dar o melhor cumprimento aos objectivos constitucionais e às respectivas políticas legislativas concretizadoras. Por isso, a Constituição, para além de ela própria estimular essa participação, confere às IPSS (e hoje também a outras entidades sem fins lucrativos), um autêntico direito de participação na realização dos objectivos constitucionais.

Ao legislador (e à Administração) caberá o dever de fomentar essa participação, definir os requisitos de idoneidade e credenciação e enquadrar o modus operandi participativo. Cabe, por isso, ao legislador e à Administração concretizar as directrizes constitucionais. Isto é, concretizar os modos, as formas e os termos pelos quais ou através dos quais as IPSS podem colaborar ou cooperar na realização de uma tarefa administrativa constitucionalmente prevista.

Tudo isto constitui sinal de que a Constituição abre, neste domínio, caminhos para a participação dos cidadãos na realização de tarefas administrativas, colaborando ou cooperando com a Administração na realização dessas tarefas através de formas institucionais organizadas.

Conclusões que se harmonizam com a referida afirmação e revalorização constitucional da ideia de solidariedade social. Aliás, a esta valorização não é alheio um reconhecimento implícito do legislador constitucional: o reconhecimento de que o Estado-Administração demonstrou não ser capaz, só por si, de concretizar, neste domínio, as tarefas constitucionais de que é incumbido. A evolução da redacção do n.º 3.º (actual n.º 5), do art. 63.º, não deixa a este propósito de ser significativa.

b) Os princípios da solidariedade, da subsidiariedade, da participação e da cooperação

O princípio da solidariedade implica o reconhecimento do exercício de uma cidadania solidariamente responsável. O exercício desta solidariedade é canalizado através de organizações criadas pelos particulares. Estas organizações são habilitadas pela Constituição a prosseguir objectivos de solidariedade social, envolvendo, por conseguinte, a ideia de participação na realização de interesses colectivos. A realização da solidariedade social constitui um domínio em que, por excelência, o Estado pode dinamizar o contributo da sociedade civil, associando-a ao desempenho de tarefas que, sem deixarem de ser públicas, constituem, no entanto, tarefas abertas a uma autêntica solidariedade institucional entre o Estado e as organizações particulares.

Por sua vez, o princípio da subsidiariedade (ou da subsidiariedade social), em termos amplos, implica o reconhecimento de que a organização social superior ou máxima, no caso o Estado, não deve

As IPSS e a organização administrativa da segurança social 337

assumir ou fazer aquilo que melhor pode ser feito por uma organização ou por uma sociedade mais elementar[513]. As IPSS, por que nascidas no seio das comunidades e por terem métodos de actuação menos institucionais, poderão constituir um instrumento de aproximação dos serviços às populações, aos grupos excluídos e marginalizados (art. 267.º, n.º 1 da CRP). A tradição histórica que escasseia ao Estado sobra às IPSS, o conhecimento e a informação disponível sobre os problemas localizados dos indivíduos, das famílias e dos grupos sociais chega mais facilmente a estas instituições do que à Administração, porque, precisamente, as IPSS surgem do (e no) seio desses problemas, à actuação burocrática e de carácter mais institucional da Administração contrapõem as IPSS uma actuação mais informal e humana ou humanizada, e, por isso, mais propícia à concretização de um dos métodos por que se deve reger a prestação de

---

[513] Sobre o princípio da subsidariedade (ou da supletividade) da acção do Estado, entre outros autores, VIDE J. BAPTISTA MACHADO, *Administração, Estado e Sociedade*, Caderno II, Universidade Católica Portuguesa, Porto, 1980, págs. 175-178; VITAL MOREIRA, *A Ordem Jurídica do Capitalismo*, 3.ª ed., Coimbra, 1978, págs. 218 e segs.; J. C. VIEIRA DE ANDRADE, *Supletividade do Estado e Desenvolvimento*, Seperata da Obra «*Gaudium et Spes*», edição Rei dos Livros, 1988, págs. 113-124; PAULO OTERO, *O Poder de Substituição em Direito Administrativo...*, vol. I, págs. 66-69. Para este autor (pág. 67), a Constituição, ao consagrar que a República Portuguesa se baseia no respeito da dignidade da pessoa humana (art. 1.º), acolhe o princípio da subsidariedade ou da supletividade no quadro das relações do Estado com a sociedade civil. Sobre o princípio da subsidariedade no domínio específico da Administração social, vide HANS-JULIUS WOLFF, *ob. cit.*, págs. 368-369, e págs. 372-373, onde, aliás, considera o princípio da subsidariedade um princípio geral de direito, derivado directamente da ideia de direito e sendo, também, um dos elementos do princípio do Estado de Direito (págs. 372-373), e MAITE BAREA e GIORGIO VITTADINI, introdução à obra *La Economia del Non Profit,* Encuentro Ediciones, tradução espanhola do título original *Il Non Profit Dimezzato*, Madrid, 1999, págs. 13-16. Refirase ainda que o princípio da subsidariedade teve a sua formulação originária na encíclica *Quadragésimo Anno*, de Pio XI, constituindo um dos esteios da doutrina social da Igreja. Nos termos desta doutrina, é à luz deste princípio que se devem desenvolver as relações entre o Estado e as forças sociais ou corpos intermédios. A este propósito, João Paulo II reclamou recentemente dos poderes públicos uma nova atitude em relação aos entes não lucrativos com finalidades de utilidade social, devendo tomar medidas de carácter legislativo e administrativo destinadas a valorizar as acções destas entidades. Sobre a evolução deste princípio na doutrina da Igreja, vide a síntese de MAITE BAREA Y GIORGIO VITTADINI, in *La Economia del Non Profit*, págs. 13 e segs.

serviços de acção social: a personalização ou individualização das prestações e dos apoios (cada caso é um caso)[514].

O princípio da subsidiariedade constitui, neste sentido, um princípio de afirmação da liberdade de participação nos assuntos públicos e de responsabilidade dos cidadãos pelos destinos colectivos, ganhando, deste modo, o significado de um verdadeiro "princípio regulativo" (VIEIRA DE ANDRADE)[515] de organização, enquanto princípio estruturante da relação entre o Estado e a sociedade, ou mais especificamente entre aquele e as organizações particulares de interesse público[516]. O princípio da subsidiariedade implica o respeito do Estado pelas diversas formas de expressão da sociedade – famílias, grupos, comunidades e organizações personalizadas – e pela autonomia e liberdade das suas manifestações.

No domínio da acção social, o princípio da subsidiariedade foi transformado pela prática legislativa e pela actuação da Administração em princípio de repartição de responsabilidades, uma vez que a Administração tem vindo a devolver às organizações sociais (associações, cooperativas e fundações) o principal papel na prestação de serviços de acção social, reservando-se aquela para uma função reguladora e subvencionista. Neste domínio, a Administração, por incapacidade sua ou por estratégia deliberadamente definida, desde há

---

[514] Como salienta CASALTA NABAIS, *Algumas Considerações...*, págs. 153-154, muitas vezes a Administração não está em condições de satisfazer as necessidades sociais dos indivíduos, não porque lhe falte a capacidade técnica, humana ou financeira, mas sobretudo porque lhe falta aquele ou aqueles elementos de humanidade que só a sociedade civil e cada um dos seus membros, individual ou colectivamente, estão em condições de proporcionar. Pois não podemos esquecer que alguns dos problemas que hoje convocam a nossa solidariedade, designadamente os colocados em sede de algumas exclusões sociais do nosso tempo, requerem, mais do que prestações pecuniárias ou mesmo em espécie do Estado ou de outras instituições, o contacto e o calor humanos que promovam a recuperação do sentido útil da vida, reconduzindo os excluídos ao seio da família, ao mundo do trabalho, ou ao exercício duma actividade útil inclusivamente em sede de voluntariado social.

[515] Cfr. VIEIRA DE ANDRADE, *Supletividade do Estado...*, pág. 119. Aliás, já antes, J. BAPTISTA MACHADO, *Administração, Estado e Sociedade*, Caderno II, págs. 176, se referia ao princípio da subsidiariedade como princípio regulativo.

[516] O princípio da responsabilidade encontra expressa consagração na actual lei de base do sistema de solidariedade social e de segurança social (art. 38.º, n.º 2). Aí se diz que "o exercício público da acção social não prejudica o princípio da responsabilidade dos indivíduos, das famílias e das comunidades na prossecução do bem-estar social".

As IPSS e a organização administrativa da segurança social   339

muito que assumiu, pois, a máxima de aquilo que pode ser feito a um nível inferior não deve ser feito a um nível superior, isto é, pela Administração. Pelo que o princípio da subsidariedade parece ter ganho, neste âmbito, força jurídica estruturante, orientando a política de acção social da Administração[517]. O papel complementar do sistema público de acção social que era reconhecido às IPSS, converteu-se em principal. E o que inicialmente era constitucionalmente reservado à Administração ou predominantemente reservado à sua actuação foi devolvido a estas entidades, recolhendo-se o Estado para uma função política de definição de prioridades e de estratégias, de programas sociais e para uma função reguladora dos modos e processos institucionais de actuação, e também para uma função financeira. A evolução do texto constitucional não é naturalmente alheia a esta situação: se inicialmente a garantia constitucional era dirigia à não exclusão das IPSS pela existência do sistema de segurança social (versão do texto constitucional de 1976), hoje o que se reconhece é o apoio público à actividade por elas desenvolvida (versão de 1997). E note-se que a Constituição não diz que "apoia as instituições", preferindo, antes, referir-se directamente à actividade ("o Estado apoia a actividade das instituições (...) com vista à prossecução de objectivos de solidariedade social"), constituindo o apoio ao seu funcionamento uma garantia do desenvolvimento das actividades. A ideia de prossecução de uma tarefa predomina sobre a ideia de organização.

Este quadro completa-se com a actual lei de bases, que elege o princípio da subsidariedade como princípio orientador do exercício da acção social: "o exercício da acção social rege-se pelo princípio da subsidariedade, considerando-se prioritária a intervenção das entidades com maior relação de proximidade com as populações"[518].

---

[517] O que se diz no texto mereceu recentemente acolhimento legal expresso. De facto, o princípio da subsidariedade foi decididamente assumido no plano legislativo como princípio estruturante da política social, constituindo um dos princípios basilares da actuação desenvolvida no âmbito da rede social, e que é definido do seguinte modo: "subsidariedade activa, não transferindo para instâncias de âmbito mais amplo o que pode ser resolvido nas de âmbito mais reduzido e, por outro lado, não recusando a estas todo o apoio possível" (art. 25.º, al. d), da Resolução do Conselho de Ministros n.º 197/97, 18-11-97, DR n.º 267, IS-B).

[518] O princípio da subsidariedade, na formulação que lhe é dada pela lei, abrange entidades públicas e privadas (por ex., as autarquias locais e as IPSS). A lei refere o princípio da subsidariedade, precisamente, quando trata das formas de gestão do "exercício

340   *As Instituições de Solidariedade Social*

Deste modo, podemos dizer que a função que CHEVALLIER preconiza para o princípio da subsidariedade, quando afirma que o mesmo pode comandar a repartição de competências entre o Estado e as associações – a Administração não deve assumir as responsabilidades que as associações são capazes de acolher, devendo neste caso ser deixadas sob a sua gestão –, encontra também acolhimento no domínio que nos ocupa[519].

Na verdade, a opção político-administrativa por um modelo de Administração constitutiva e interventora não significa a consagração de modelos totalitários da acção administrativa[520]. No âmbito de um Estado de Direito democrático, a Administração tem de respeitar a esfera de autonomia e de liberdade dos cidadãos e das suas formações sociais. Isto implica uma nova concepção do modelo de organização e de estruturação da Administração – o modelo burocrático terá de ceder o seu lugar a um "modelo pluralista e participado" (PAULO OTERO)[521/522]. Deste modo, o princípio da subsidariedade, en-

---

público da acção social", convocando as IPSS e outras entidades cooperativas e sociais a cooperar com a Administração neste exercício.

[519] Cfr. J. CHEVALLIER, *L'Associations entre Public et Privé...*, pág. 905, onde refere também as diversas funções desempenhadas pelas associações: uma função de informação, de esclarecimento e de crítica (associações do consumidor, de protecção da natureza e do ambiente, que operam como força critica, interpelativa e contestatária do poder); uma função participativa (quer concorrendo, através da realização dos interesses colectivos de que são portadoras, para a realização dos interesses gerais a cargo da Administração, quer funcionando como órgãos de consulta, quer participando directamente e de forma institucionalizada na tomada de decisões em órgãos de concertação); e uma função de gestão de actividades ou de interesses que não interessam às empresas privadas por não serem lucrativos (sector não lucrativo) e que ao mesmo tempo não relevam directamente das atribuições do Estado ou que podem ou devem ser prosseguidos pelas associações por força do princípio da subsidariedade. Em sentido próximo, vide C. DEBBASCH E J. BOURDON, *Les Associations...*, 28 e segs.

[520] Mas note-se que a defesa de um princípio da subsidariedade não significa (ncm pode significar) a retoma do sentido que tradicionalmente lhe era atribuído no quadro de uma concepção de Estado mínimo, em que a Administração, por força deste princípio, tinha apenas uma função acessória ou complementar na conformação da vida económica e social. O que se pretende demonstrar no texto é que a acção administrativa do Estado não significa a exclusão de uma esfera de liberdade e de responsabilidade dos cidadãos, podendo esta liberdade passar pela participação na gestão de tarefas públicas.

[521] Cfr. PAULO OTERO, *O Poder de Substituição em Direito Administrativo...*, vol. I, pág. 51.

quanto manifestação de uma concepção democrática do modelo de organização administrativa, constitui a garantia da existência de uma esfera efectiva de liberdade da sociedade civil, emergindo, por isso, como um elemento ou um subprincípio concretizador do princípio do Estado de Direito[523/524]. E aquela esfera de liberdade há-de ser também uma esfera de participação. Pelo que, numa Administração aberta e pluralista, a participação dos particulares, individual ou colectivamente, na gestão dos assuntos colectivos há-de constituir uma das suas manifestações mais expressivas (art. 267.º, n.º 1, da CRP)[525].

No domínio específico da acção social, a ideia de participação é pressuposta pela (re)valorização do ideal de solidariedade social. E se esta é indissolúvel da ideia de cidadania social, então a participação há-de, por sua vez, constituir o meio de afirmação desta cidadania. Por conseguinte, as IPSS surgem, neste domínio, não só como um instrumento jurídico de realização da cidadania social, mas também como uma estrutura organizada de participação dos cidadãos nos assuntos da vida colectiva.

Contudo, esta participação há-de ser naturalmente normalizada. No domínio específico das IPSS, a cooperação surge como o modelo institucional e juridicamente estruturante da participação das IPSS no

---

[522] Sobre o modelo burocrático da Administração Pública, vide a síntese de JACQUES CHEVALLIER e DANIÈLE LOSCHAK, *A Ciência Administrativa*, tradução portuguesa de Cascais Franco do título original *La Science Administrative*, Publicações Europa-América, 1980, págs. 83-86, e IDALBERTO CHIAVENATO, *Introdução à Teoria Geral da Administração*, Makron Books, 4.ª ed., 1993, págs. 419 e segs.

[523] Considerando o princípio da subsidariedade como um dos elementos do princípio do Estado de Direito, HANS-JULIUS WOLFF, *ob. cit.*, págs. 372-373. Também GOMES CANOTILHO, *Direito Constitucional e Teoria da Constituição...*, 1998, pág. 322, se refere ao princípio da subsidariedade como princípio constitucional, afirmando que o princípio da democracia económica e social justifica e legitima a intervenção do Estado no sentido da realização e concretização dos direitos sociais, mas não exclui o princípio da subsidariedade.

[524] A relevância do princípio da subsidariedade como garantia efectiva da esfera de liberdade da sociedade civil num Estado de Direito democrático é expressamente salientada por PAULO OTERO, *O Poder de Substituição em Direito Administrativo...*, vol. I, pág. 51.

[525] Considerando a relevância do princípio da subsidariedade no domínio da organização administrativa, PAULO OTERO, *O Poder de Substituição em Direito administrativo...*, vol. I, pág. 51. Refira-se também que o autor (pág. 51) considera o exercício privado de funções públicas uma manifestação de um princípio de subsidariedade da organização administrativa, enquanto corolário da própria subsidariedade da intervenção do Estado.

exercício da acção social. A institucionalização do modelo cooperativo na realização da acção social enquanto tarefa pública resulta da própria Constituição. De facto, da conjugação do art. 63.º, n.º 5, com outros artigos da Constituição, designadamente com os arts. 67.º, n.º 2, al. b) (relativo à criação de uma rede nacional de equipamentos sociais), 71.º (sobre a realização de uma política nacional de reabilitação e integração de cidadãos portadores de deficiência e de apoio às suas famílias), e 72.º (sobre a política da terceira idade), que constituem objectivos de solidariedade social das IPSS directamente especificados pelo texto constitucional, podem deduzir-se duas indicações juridicamente relevantes: uma, de natureza político-constitucional, a outra, tem a ver com a realização dos objectivos da política social.

Quanto à primeira, a ideia fundamental é estimular a participação da cidadania na gestão da coisa pública através do desenvolvimento de uma política de cooperação (e de coordenação) entre a Administração e as organizações da sociedade civil. Com a segunda, que é indissociável da primeira, pretende-se alargar o mais possível a realização dos objectivos sociais, de forma a que os cidadãos ou grupos sociais mais desfavorecidos tenham efectivamente acesso aos serviços de acção social. Sob o ponto de vista constitucional, a ideia essencial é, pois, o desenvolvimento de uma política de acção social que dê concretização aos direitos sociais. O modelo de cooperação entre a Administração e as IPSS constitui um dos instrumentos que pode conceder à acção social a eficácia inerente a um sistema institucionalizado de protecção social. Ou seja: o aumento da eficiência dos serviços sociais oferecidos (ou financiados) pelo Estado, de forma a possibilitar, alargar ou a ampliar o seu acesso aos mais desfavorecidos. Os arts. 37.º e 38.º, n.º 1, da lei de bases do sistema de solidariedade e de segurança social, já citados, limitam-se, segundo cremos, a concretizar este modelo. E o princípio geral da plenitude da protecção social constitui também um ponto de apoio ao modelo cooperativo no exercício da acção social.

Pelo que no domínio específico em causa pensamos que, para a Constituição, o essencial não é a criação de uma espécie de estatismo social; o fundamental é que o legislador e a Administração prossigam uma política social concretizadora da Constituição Social, podendo a prestação directa do serviço ser delegada, contra financiamento, em entidades privadas idóneas ou até mais idóneas do que a própria Administração, suprindo as deficiências e as insuficiências dos serviços desta. O que se impõe é que o Estado que crie as condições necessárias – políticas, jurídicas e financeiras – à implantação de um sistema de acção social e ao seu desenvolvimento, podendo a concreta prestação da acção social ser devolvida a entidades privadas sem fins lucrativos. Sob o ponto de vista constitucional, essencial é, pois, que o programa constitucional não seja subvertido, dado que é ao Estado que cabe criar as condições adequadas à realização efectiva dos direitos económicos e sociais, de forma a que os princípios estruturantes do próprio sistema constitucional e orientadores da política – legislativa não sejam postergados: a procura da igualdade social para criar uma real igualdade de oportunidades é um dever constitucional do Estado, e este dever é constitucionalmente indelegável.

Em síntese, o relevo do papel desenhado pelas IPSS no domínio da acção social encontra, pois, directo fundamento constitucional. A concreta prestação (e gestão) de serviços de acção social da directa responsabilidade da Administração pode ser confiada às IPSS, constituindo estas uma das formas adequadas de descongestionamento da actividade administrativa (art. 267.º, n.º 2, da CRP).

Contudo, no plano geral da organização administrativa, e especificamente no domínio da Administração social, o princípio da subsidariedade implica não só uma mudança profunda do lugar da Administração na sociedade – de prestador directo passa a agente de regulação, de financiamento, de orientação e de controlo –, mas também uma nova concepção – uma concepção social e juridicamente valorizadora – do papel e do estatuto das organizações do terceiro sector. A consagração de um direito ao apoio do Estado (art. 63.º, n.º 5) e o reconhecimento do subsector da propriedade solidária (art. 82.º, n.º 4, al. d)) constitui um exemplo elucidativo dessa valorização.

3.2. *Os limites ou condicionamentos constitucionais à cooperação enquanto modelo de gestão/delegação de tarefas (públicas) de acção social*

Se a cooperação constitui o modelo institucional e juridicamente estruturante de associação das IPSS às entidades públicas para a realização de tarefas públicas, isso não significa (nem pode significar) uma abertura à desresponsabilização administrativa. O (sub)sistema de acção social é de titularidade pública. A responsabilidade e a garantia do seu funcionamento cabem à Administração. Esta é uma matéria indelegável. Há, pois, limites. Vejamos alguns deles.

a) A regulação pública dos direitos

Em primeiro lugar, e desde logo, a reserva de uma regulação exclusivamente pública dos direitos. O sistema de acção social constitui um instrumento de realização dos direitos sociais. A concreta concessão dos apoios sociais ou a realização das prestações pode ser feita directamente pela estrutura administrativa ou, sob financiamento público, por intermédio das IPSS – e outras instituições particulares de interesse público – segundo os termos específicos do regime de cooperação instituído (arts. 31.º, 32.º e 33.º da lei de bases). O sistema social, enquanto sistema normativo, há-de conferir conteúdo concreto aos direitos sociais. Está aqui, pois, em causa a definição do conteúdo dos direitos sociais. E esta é uma matéria sob reserva legislativa, não podendo, por isso, ser confundida com a responsabilidade administrativa de execução.

b) Os limites ao princípio da subsidariedade

Em segundo lugar, há que assinalar limites ao princípio da subsidariedade. Como se referiu, este princípio encontra no âmbito da Administração social um campo privilegiado de aplicação. A eficácia e a eficiência do sistema de acção social faz apelo à intervenção das organizações sociais do sector privado sem fins lucrativos. Para além disso, como sublinha Gomes Canotilho, a existência de um Estado socialmente vinculado não significa a eliminação do princípio da auto-responsabilidade, dado que o livre desenvolvimento cultural,

As IPSS e a organização administrativa da segurança social 345

social e económico dos cidadãos é um processo público aberto às mediações de entidades privadas (instituições particulares de solidariedade social, associações desportivas, cooperativas de habitação). Contudo, o mesmo autor não deixa de sublinhar que o princípio da democracia económica e social constitui uma imposição constitucional conducente à adopção de medidas existenciais para indivíduos e grupos que, em virtude de condicionalismos particulares ou de condições sociais, encontrem dificuldades no desenvolvimento da personalidade em termos económicos, sociais e culturais. Por isso, o princípio da subsidariedade não pode servir como argumento legitimante para que as intervenções socialmente constitutivas do Estado se dissolvam numa ideia de facultatividade de acção do Estado conducente a actividades meramente supletivas em sectores de rasgada carência no plano social[526]. Também ILÍDIO DAS NEVES chama a atenção para o facto de as necessidades sociais no domínio específico da acção social resultarem precisamente de limitações e incapacidades das estruturas familiares[527], não sendo, portanto, possível (nem legítimo) apelar aqui para o arquétipo do «Grande-Pai»[528]. Por conseguinte, o princípio da subsidariedade não pode, nesta matéria, ser utilizado como um instrumento de desresponsabilização da Administração. A Constituição impõe a existência de um sistema de protecção social. A responsabilidade e a garantia do cumprimento dos fins do sistema cabem à Administração. Por isso, o princípio da subsidariedade e a (salutar) cooperação não podem servir como pretexto para a transferência da titularidade, responsabilidade, garantia e controle para outros sujeitos. A titularidade, responsabilidade e a garantia de funcionamento do sistema são constitucionalmente indelegáveis.

A lei de bases do sistema de solidariedade e segurança social apoia, de algum modo, a posição por nós defendida. O princípio do primado da responsabilidade pública impõe o cumprimento da obrigação constitucional de organizar, coordenar e subsidiar um sistema de solidariedade e de segurança social público. Isto, sem prejuízo de

---

[526] Cfr. J. J. GOMES CANOTILHO, *Direito Constitucional e Teoria da Constituição..*, 1998, pág. 323.

[527] Cfr. ILÍDIO DAS NEVES, *Direito da Segurança Social...,* pág. 125.

[528] A expressão é de GOMES CANOTILHO, *Direito Constitucional e Teoria da Constituição...,* 1998, pág. 323.

o exercício público da acção social poder ser delgado, ao abrigo de acordos de cooperação, nas IPSS. Contudo, ao Estado continua a caber a garantia da boa administração e gestão do sistema público (art. 24.º).

Contra o que aqui defendemos poderá contra-argumentar-se com o princípio da complementaridade, na medida em que este princípio sustenta uma articulação das várias formas de protecção social, públicas, cooperativas e sociais, com o objectivo de melhorar a cobertura das situações abrangidas e promover a partilha contratualizada de responsabilidades. Contudo, como refere ILÍDIO DAS NEVES, muito embora dirija sua opinião especificamente para os regimes de segurança social, os regimes privados complementares são de facto complementares dos regimes legais[529]. Ora, no domínio da acção social, mediante a técnica da cooperação, o que se nos depara é uma subrogação das IPSS à Administração, e não apenas uma mera complementaridade.

Poderá ainda argumentar-se que defendemos uma concepção estatizante da acção social. Mas aqui haverá que distinguir planos ou níveis: um, tem a ver com a responsabilidade pública da organização e manutenção de um sistema de acção social; outro, bem diferente, tem a ver com a possibilidade de a Administração convocar outras entidades, talvez mais idóneas do que esta, que, com o apoio financeiro do Estado, se responsabilizem pela prestação dos serviços de acção social.

O Estado, como referimos, não está impedido de escolher o modo de organização e gestão da acção social enquanto tarefa administrativa, podendo, em regime de cooperação, confiar a gestão e a prestação de serviços de acção social a entidades privadas oficialmente credenciadas, mas com os limites assinalados. O princípio da subsidiariedade não pode ser utilizado como instrumento jurídico de desresponsabilização do Estado, ou como forma de converter uma actividade pública em integralmente privada.

A posição aqui sufragada julgamos não se afastar da que é defendida por VITAL MOREIRA e MARIA MANUEL LEITÃO MARQUES, que,

---

[529] Cfr. ILÍDIO DAS NEVES, *Direito da Segurança Social...*, pág. 842, aliás, seguindo a opinião de autores de outros países, que cita ex professo.

As IPSS e a organização administrativa da segurança social   347

referindo-se à importância da cooperação (ou parceria) entre o Estado e as entidades privadas como instrumento de "delegação" de tarefas públicas, sublinham o facto de se manter no Estado a sua titularidade ou responsabilidade[530].

c) Os princípios da democracia social, da proibição do retrocesso social e a salvaguarda dos princípios do sistema de acção social

De acordo com GOMES CANOTILHO, a Administração Pública está socialmente vinculada à estruturação de serviços fornecedores de prestações sociais (por ex., saúde, segurança social). Neste sentido, o princípio da democracia social assume-se como princípio organizatório da prossecução de tarefas pelos poderes públicos. Contudo, aquela vinculação social não proíbe que as prestações sociais sejam asseguradas por esquemas organizatórios privados, mas desde que observados os limites impostos pelo princípio da democracia social: o acesso aos bens públicos não pode implicar a violação do núcleo essencial dos direitos sociais já efectivados. Por isso, o princípio da universalidade de acesso das pessoas aos bens indispensáveis, a um mínimo de existência, constitui um pressuposto inultrapassável. Ao Estado cabe Estado assegurar a vigência deste princípio[531].

Deste modo, no caso concreto da assistência social, a delegação de tarefas públicas nas IPSS, ao abrigo da cooperação e sob financiamento público, não pode significar uma desresponsabilização da Administração pela garantia dos direitos sociais já efectivados, devendo também continuar a assegurar o acesso às prestações sociais de todos os que reunam os requisitos legalmente previstos. Está em causa a salvaguarda dos direitos dos beneficiários. E isto é válido quer para o legislador, quer para a Administração, sob pena de pela via adminis-

---

[530] Cfr. MARIA MANUEL LEITÃO MARQUES e VITAL MOREIRA, ob. cit., págs. 137, 138, 143, 144 e 152.

[531] Cfr. J..J. GOMES CANOTILHO, Direito Constitucional e Teoria da Constituição..., 1998, pág. 325. A opinião do autor refere-se ao princípio da democracia económica, social e cultural como princípio organizatório. Mas ela é igualmente válida para o princípio da democracia social considerado autonomamente, e com o sentido e a relevância que lhe é dada pelo mesmo autor (págs. 329-330).

348 *As Instituições de Solidariedade Social*

trativa se desmantelar um sistema – o sistema de acção social – constitucionalmente imposto e legalmente concretizado. O princípio da proibição do retrocesso social não vale apenas para o legislador; enquanto princípio constitucional ele é igualmente vinculativo para a Administração[532].

E o problema aqui em causa toca directamente com a estruturação, funcionalidade e teleologia do sistema de acção social. Este, é por natureza, um sistema destinado a prevenir e remediar situações sociais de carência grave. Por isso, à Administração cabe assegurar as finalidades e o cumprimento dos princípios que o enformam: desde logo, o princípio da igualdade, quer na sua vertente formal (enquanto igualdade dos cidadãos perante a lei, ou, mais concretamente, enquanto princípio da não discriminação dos beneficiários por qualquer motivo – sexo, raça, religião, etc. – art. 13.º, da CRP, e art. 6.º, da Lei de Bases do Sistema de Solidariedade e de Segurança Social), quer enquanto princípio que impõe uma diferenciação positiva relativamente aos indivíduos, famílias e grupos mais vulneráveis. É para esta categoria de cidadãos que se justifica constitucionalmente a existência de um sistema de acção social. Por isso, os princípios e finalidades fundamentais que o enformam não podem sofrer fracturas conforme o serviço seja directamente prestado pela Administração ou, na vez desta, por uma outra entidade que, ao abrigo de acordos de cooperação ou de gestão e sob financiamento público, assumiu a responsabilidade de os prestar.

A Administração tem o dever constitucional de garantir que o serviço seja prestado, e que seja prestado em condições de igualdade, de universalidade, de imparcialidade e de transparência. Pelo que a delegação da prestação de serviços de acção social nas IPSS, substituindo a Administração na concreta prestação dos serviços, é constitucionalmente admissível, mas desde que a titularidade e a responsabilidade pela manutenção do serviço continuem a manter-se na Administração, que o sistema continue a ser concebido à luz dos seus princípios constitucionais estruturantes, e seja garantido, ao nível da execução dos serviços, um conjunto de princípios que assegurem

---

[532] Sobre a eficácia do princípio da proibição do retrocesso social ou princípio do não retrocesso social, vide J. J. GOMES CANOTILHO, *Direito Constitucional e Teoria da Constituição...*, 1998, págs. 320-322, e 436-437.

As IPSS e a organização administrativa da segurança social 349

o cumprimento das suas finalidades. Está em causa a justa aplicação (e repartição) dos recursos financeiros públicos, condição essencial para dar cumprimento efectivo aos desígnios da justiça social e da justiça redistributiva. A conquista destes desígnios não impede ou não tolhe uma reorientação das suas funções: poderá não ser (como de facto não é) o prestador directo por excelência dos serviços de acção social, mas nunca poderá demitir-se do cumprimento da obrigação constitucional de conceber, desenvolver e garantir, em concreto, a realização do programa da Constituição Social, sob pena de se descaracterizar como Estado social de direito. O art. 31.º, n.º 1, da lei de bases, pretende justamente, e segundo julgamos, salvaguardar os princípios aqui expostos, dado que: "a acção social é desenvolvida pela Estado, pelas autarquias e por instituições privadas sem fins lucrativos, de acordo com as prioridades e os programas definidos pelo Estado e em consonância com os princípios e linhas de orientação definidos nos números seguintes".

4. Participação, co-decisão e cooperação contratualizada na gestão do serviço de acção social. O predomínio das relações contratuais de cooperação entre a Administração e as IPSS: a multifuncionalidade da cooperação

4.1. *A participação das IPSS nos procedimentos decisórios e em órgãos administrativos*

Um outro elemento que reforça a dimensão e a importância das IPSS no domínio da acção social concretiza-se ou na participação nos procedimentos decisórios, desde o plano nacional (por ex., elaboração de programas ou planos nacionais de acção social) ou numa ligação orgânica à Administração pública, isto é, no desempenho de múltiplas funções administrativas em órgãos colegiais da Administração directa (central e periférica), e da Administração indirecta, ou em Comissões permanentes (Comissões de acompanhamento e de avaliação da execução de projectos, programas ou acordos de cooperação e de gestão, etc.).

350   *As Instituições de Solidariedade Social*

E participam por direito próprio, que lhes é directamente concedido pela lei, através dos seus mecanismos institucionais de representação, nacionais ou locais – Uniões, Federações e Confederações.

A participação de entidades sem fins lucrativos, designadamente as que actuam nos sectores da acção social e da saúde, no procedimento de formação das decisões político-administrativas e, sobretudo, como membros de órgãos administrativos não constitui uma originalidade portuguesa. De facto, trata-se de um dado comum à generalidade dos países europeus, constituindo o caso francês um exemplo paradigmático. Em França, as instituições que colaboram com a Administração, designadamente quando essa colaboração se traduz também no desenvolvimento de tarefas públicas ou quando as instituições também são investidas no exercício de uma missão de serviço público, especialmente as que actuam nas áreas mencionadas, designadas por instituições de solidariedade, desempenham também múltiplas funções administrativas de natureza consultiva, em organismos consultivos nacionais e locais de carácter social, ou em órgãos colegiais da mais diversa espécie (conselhos nacionais, comités, comissões departamentais de educação social, grupos de trabalho, etc.)[533]. A participação das associações em órgãos públicos de reflexão, consulta e de decisão é hoje tida como indispensável, variando as formas de investidura entre a designação directa e a eleição[534].

---

[533] Como refere PHILIPPE LIGNEAU, *Les relations des associations de solidarité avec les pouvoirs publics et la sécurité sociale,* in *Faire Société, les associations au coeur du social,* Syros, 1999, pág. 80, "...as associações de solidariedade social encontram-se hoje representadas nos grandes organismos consultivos nacionais de carácter social: Conselho económico e social, Conselho nacional consultivo das pessoas deficientes, Conselho superior da adopção, Conselho superior de ajuda social, Conselho nacional de luta contra a pobreza e a exclusão, etc., fazendo também representar-se no Conselho económico e social europeu e participam em numerosos grupos de trabalho junto das instituições de Bruxelas".

[534] Cfr. PHILIPPE LIGNEAU, *ob. cit.,* pág. 81, e ROBERT BRICHET, *ob. cit.,* págs. 123-124. Devendo acrescentar-se que também em França, e à semelhança do que já vai sucedendo entre nós, a participação de entidades privadas em órgãos administrativos com funções consultivas pode ainda abranger um leque alargado de associações, para além das que actuam nas áreas da saúde e da acção social. Por exemplo: as associações que desenvolvem actividades na área da educação, formação profissional, cultura, desporto, ocupação de tempos livres, lazer, turismo, defesa do ambiente, do consumidor, de protecção da natureza, urbanismo, passando pelas associações de jovens e de educação cívica, até às associações das áreas da indústria e da economia, e até mesmo do domínio fiscal (os designados centros

As IPSS e a organização administrativa da segurança social   351

Entre nós, os órgãos de que fazem parte as IPSS desempenham sobretudo funções consultivas. Mas o desempenho de funções decisórias, incluindo de natureza jurisdicional, e de funções regulativas de planeamento e coordenação vão sendo cada vez mais cada vez mais comuns[535].

---

de gestão acordados ou convencionados, que colaboram com os serviços financeiros do Estado), etc., poderão participar em órgãos administrativos com funções consultivas, mas desde que entre as associações e os poderes públicos exista um acordo prévio ("agrément") ou uma qualquer forma de habilitação, cujo respectivo regime jurídico varia em função do sector de actividade em que se insere a associação. Só com base neste acto formal e prévio é que uma associação ganha o estatuto formal de associação colaboradora com a Administração. No fundo, trata-se de um sistema de credenciação.

[535] De entre as incontáveis situações, podemos, a título meramente exemplificativo, enumerar algumas das que têm estado presentes nos diplomas dedicados à acção social. Desde logo, a participação nas decisões políticas em matéria de acção social, presente nas sucessivas leis de bases da segurança social. No âmbito do Pacto de Cooperação para a Solidariedade Social, o presidente de cada uma das Uniões das IPSS foi designado membro membro da Comissão de Acompanhamento e Avaliação do mesmo Pacto, criada pela Resolução do Conselho de Ministros n.º 21/97, D. R. n.º 21/97, IS-B, de 12-2-97, podendo delegar as competências de que eram titulares. O mesmo sucede com a Comissão de Acompanhamento e Avaliação dos Protocolos e Acordos de Cooperação e da Comissão Arbitral, constituída para decidir as questões com a interpretação e aplicação da disciplina aplicável (Despacho Normativo n.º 20/2003, de 10 de Maio de 2003, e Norma XXXII, do Despacho Normativo n.º 75/92). A última das Comissões referidas exerce funções de natureza jurisdicional, dado que deve decidir, sob o ponto de vista do direito, as questões que lhe sejam postas por aquela Comissão. Refira-se que das suas decisões cabia recurso para os tribunais administrativos nos termos do art. 47.º, n.º 1, da Lei n.º 28/84, de 14 de Agosto, que aprovou as bases da segurança social, que as posteriores leis de bases não mantiveram. As IPSS sempre fizeram parte das designadas Comissões Sociais de Freguesia (da qual também faziam parte outras instituições privadas sem fins lucrativos interessadas, e desde que também prossigam fins de acção social), dos Conselhos Locais de Acção Social e da Comissão de Cooperação Social, funcionando esta junto do Ministro da Segurança Social (todas elas criadas pela Resolução do Conselho de Ministros n.º 197/97, DR n 267, IS-B, de 18-11-97). Nos termos desta Resolução, incumbia às entidades públicas e privadas, enquanto membros dos órgão mencionados, "elaborar" propostas ou planos, "emitir" pareceres, "propor" soluções, "dinamizar" respostas, "apreciar" e "encaminhar" para os centros regionais as diversas questões sociais que lhe seja submetidas, "dinamizar" e "articular" iniciativas das diversas entidades, "apresentar ao Governo propostas de medidas de política", etc. As IPSS fazem ainda parte, desde 1999, da Comissão alargada e da Comissão restrita de Protecção de Crianças e Jovens, criada pela Lei n.º 147/99, de 1 de Setembro, sendo que a última tem poderes deliberativos, do Conselho Nacional para a Terceira Idade (DL n.º 248/97, de 19 de Setembro), das Comissões Locais de Acompanhamento e da originária Comissão Nacional do Rendimento Mínimo Garantido (Lei n.º 19-A/96, de 29 de Junho),

352 — As Instituições de Solidariedade Social

As IPSS, através dos seus representantes, assumem a qualidade de membros dos órgãos públicos, sendo, assim, investidos no exercício de funções públicas. Por assumirem aquela qualidade não se pode falar, nestes casos, em exercício privado de funções públicas. Aqui regista-se uma inserção ou integração orgânica na Administração pública.

De qualquer modo, este fenómeno revela que o sistema de acção social integra, como seus elementos constitutivos, as próprias IPSS, não só como agentes prestadores do serviço, mas também como elementos co-definidores e co-gestores do próprio sistema, emergindo a acção social como um espaço de cooperação não só ao nível da gestão ou da prestação concreta dos serviços, mas também ao nível da própria programação e decisão políticas, criando uma espécie de administração partilhada ou co-administração em dois níveis – o da decisão e o da execução. Por isso, não se estranha que às IPSS seja também apontada uma função socialmente legitimadora da acção do Estado e da sua Administração, ou uma função mediadora no exercício do poder regulador e de conformação social da Administração sobre a "sociedade civil estranha"[536].

---

sendo que no âmbito do procedimento de atribuição desta prestação pecuniária podiam ser-lhes conferidos poderes de recepção dos requerimentos (DL n.º 196/97, de 31 de Julho – arts. 22.º, 27.º, 29.º).

[536] Sobre a função legitimadora das IPSS relativamente à acção do Estado no domínio da acção social, vide BOAVENTURA DE SOUSA SANTOS, *Sociedade-Providência ou Autoritarismo Social?*, in *Revista Crítica de Ciências Sociais*, n.º 42, Maio de 1995. Para este autor, o fenómeno IPSS tem, sob o ponto de vista da Administração, um relevo considerável, pois, através das IPSS, a Administração assume uma função reguladora e orientadora da sociedade civil. Num só lance a Administração consegue um duplo efeito: por um lado, aproveita as entidades privadas para realizar interesses públicos, delegando-lhes o cumprimento de missões estatais. Para tal, conforma este espaço social, por via da sua regulação, orientação e controlo; por outro, através destas entidades – que o autor inclui no espaço da "sociedade civil íntima"-, a Administração regula também a sociedade exterior – a "sociedade civil estranha", ou pelo menos a menos "íntima", neste caso, os mais carenciados sob o ponto de vista social, económico ou psicossomático, satisfazendo as suas necessidades de sobrevivência e de integração social. Desta forma, a Administração consegue manter um contacto com a sociedade civil, respondendo aos seus apelos ("in puts"), mas em que as respostas ("out puts"), são dadas, não directamente pelo aparelho administrativo, mas por aquelas entidades. Daí que CHEVALLIER, referindo-se especificamente ao fenómeno associativo, diga que as associações, ao assumirem a gestão de assuntos socialmente úteis, prolongam a acção administrativa, correndo o risco de, no limite, alterarem a su

As IPSS e a organização administrativa da segurança social   353

Contudo, a referida participação, pela sua dimensão e relevância, não deixa, em tese geral, de suscitar algumas interrogações de ordem constitucional, designadamente quando as "parecerias orgânicas", pela indefinição legal dos seus limites, se podem convolar em manchas de "promiscuidade"[537].

---

a própria natureza, em virtude quer do sem número de deveres e obrigações exorbitantes do direito comum que as oneram ou que lhes são impostos, quer do controlo a que estão sujeitas por parte da Administração. Cfr. J. CHEVALLIER, L`Associations entre Public et Privé..., Julgamos que a este mesmo risco se pretende referir BOAVENTURA DE SOUSA SANTOS, *ob. cit.*, pág. VI, quando lança as seguintes perguntas: " em que medida é que a nova providência comunitária será uma forma de regulação social que aponta para novos paradigmas de emancipação social? Em que medida é que ela significará uma nova forma de autoritarismo social, desta vez em estreita articulação com a regulação estatal, uma espécie de face privada do autoritarismo estatal?"

[537] Sobre os problemas constitucionais levantados pela participação dos grupos sociais organizados na definição e execução da política e da administração económica e social, vide VITAL MOREIRA, *Neocorporativismo e Estado de Direito democrático*, in *Questões Laborais*, n.º 14, ano VI-1999, págs. 175-188 (especialmente as págs. 183-187). Quanto às IPSS, a dimensão e relevância que assume a sua participação aos mais diversos níveis da política social (definição, execução e coordenação) não deixa, em tese geral, de suscitar algumas interrogações constitucionais, designadamente à luz do princípio democrático. De facto, a legitimidade procedimental das IPSS, quer ao nível da participação nos procedimentos decisórios, quer na qualidade de membros de órgãos administrativos, não lhe advém do facto de serem portadoras de interesses próprios ou corporativos (à excepção das associações mutualistas, das cooperativas de solidariedade social e também das fundações de gestão dos regimes profissionais complementares). Nestes casos, a legitimidade tem por fundamento directo a participação dos interessados nas decisões que lhe dizem respeito. Contudo, as IPSS que fundamentalmente nos ocupam prosseguem fins em benefício da colectividade ou de uma determinada categoria de cidadãos beneficiários dos serviços de acção social, e os interesses e direitos destes prevalecem sobre os das próprias instituições. Neste sentido, as IPSS não são portadoras de interesses próprios, mas dos beneficiários da sua actuação. Quem participa directamente nos procedimentos públicos não são os reais ou efectivos interessados – os beneficiários. E as IPSS influenciam (ou podem influenciar) decisivamente a própria definição política e a gestão administrativa da acção social, sem que tenham a cobertura de uma qualquer legitimidade democrática formal. As decisões assim tomadas não são apenas autovinculativas; elas atingem fundamentalmente os reais ou potenciais beneficiários (que não são os associados, embora estes também possam ter aquela qualidade). As decisões dizem respeito a todos e não apenas às IPSS. Por isso, a sua legitimidade só poderá encontrar fundamento enquanto "representantes" de um público que justifica sociologicamente a sua existência jurídica – os mais carenciados e desfavorecidos –, e enquanto elementos imprescindíveis à efectiva realização da política de acção social. Sobre as tendências actuais do procedimento administrativo, designadamente sob o ponto de vista da função democrática e função de Estado de direito atribuída à procedimentalização

354 *As Instituições de Solidariedade Social*

4.2. *As formas contratuais de gestão da acção social: os acordos de gestão e os acordos de cooperação. Sua qualificação, natureza jurídica e função.*

Nas palavras de BOAVENTURA DE SOUSA SANTOS, se num Estado heterogéneo a primeira estratégia deve ser a da normalização contratual, o que pressupõe a existência de actores sociais organizados dispostos a dialogar e a aceitar um pacto social[538], então o domínio que nos ocupa tem encontrado nas IPSS um dos sujeitos privilegiados.

Também JACQUES CHEVALLIER se refere à importância da forma contratual como instrumento fundamental de normalização das relações entre o Estado e as associações[539], e CELSO LAFER alerta para o facto de a compreensão das novas relações entre o Estado e o cidadão e as organizações sociais só ser possível no quadro de um novo entendimento do pacto social. E é neste âmbito que integra, embora sob a perspectiva da procura do consenso político-social global, as novas relações contratuais entre o Estado e os particulares, através das quais o Estado usa os recursos públicos para transformar a relação hobbesiana de troca de protecção do soberano pela obediência do súbdito numa relação de clientela, privatizando-se o público através da concessão de serviços e de vantagens que assegurem, precisamente, o consenso[540].

E de facto, como referimos no Capítulo II (Parte II), as formas contratuais (ou quase-contratuais) constituem, na generalidade dos países, o instrumento típico de normalização das relações entre as organizações sem fins lucrativos e a Administração. É através da fórmula contratual que se instituem e normalizam as relações de

---

das actividades de direito público, vide J. J. GOMES CANOTILHO, *Procedimento Administrativo e Defesa do Ambiente,* in *RLJ,* ano 23, n.º 3794, 1990, págs. 134-137, n.º 3795, págs. 168-169, e n.º 3798, págs. 266-270. Sobre as formas de participação, funções da participação e critérios de legitimação procedimental, DAVID DUARTE, *Procedimentalização, Participação e Fundamentação: Para uma Concretização do Princípio da Imparcialidade Administrativa como Parâmetro Decisório,* Almedina, Coimbra, 1996, págs. 109 e segs.

[538] Cfr. BOAVENTURA DE SOUSA SANTOS, em *"O Estado, as relações salariais....",* pág. 31.

[539] Cfr. JACQUES CHEVALLIER, , *L'Associations entre Public et Privé...,* pág. 907,

[540] Cfr. CELSO LAFER, *ob. cit.,* pág. 20, apoiando-se em NOBERTO BOBBIO, *Le Contrat Social, Aujourd'hui,* in *Le Public e le Privê, Actes du Congrès – Vénise,* de 1978, Roma, Instituto di Studi del Filosofici.

As IPSS e a organização administrativa da segurança social — 355

cooperação, que as instituições ganham o estatuto de colaboradoras ou auxiliares da Administração, que se disciplinam ou concretizam as formas de apoio financeiro e técnico, que são habilitadas a desenvolver missões de serviço público, eventualmente acompanhadas com a investidura ou a delegação de prerrogativas públicas. É, enfim, através do instrumento contratual que se concretiza a disciplina relativa às formas de colaboração, de apoio financeiro e de sujeição das organizações a um controlo especial. Pode variar o figurino, a forma, a designação e até o seu conteúdo, regime e objecto específicos e o respectivo grau de vinculação jurídica – contrato, acordo, convenção, ou simplesmente pacto ou protocolo –, mas, sob o ponto de vista funcional, há uma característica comum que os agrupa: é através deles que se instituem e disciplinam as relações de colaboração com a Administração, permitindo, utilizando uma fórmula próxima da francesa, e já por diversas vezes mencionada, o reconhecimento do estatuto de ente colaborador da (ou com) a Administração, com as consequência inerentes à concessão de tal estatuto. Sintomático deste aspecto é o facto de em França, na sequência da deliberação do Conselho de Ministros, de 1 de Outubro de 1982, que teve por objecto específico o enquadramento jurídico das relações entre o Estado e as associações, se utilizar a designação genérica de contratos de utilidade social[541].

Para além do domínio económico, também nas actividades de carácter social a instituição contratual evoluiu no sentido da sua utilização como veículo de colaboração e/ou cooperação de distintos sujeitos. Contudo, convém assinalar aqui uma diferença, que é, aliás, uma grande diferença: enquanto no primeiro caso o fim do colaborador é, regra geral, a obtenção do lucro pela via da realização de um interesse público de que é contratualmente incumbido, no segundo, os interesses gerais ou colectivos constituem não só o leit motiv da

---

[541] Cremos que estas razões não deixaram de estar subjacentes à deliberação do Conselho de Ministros francês, de 1 de Outubro de 1982. Naquela deliberação adoptou-se um por um esquema contratual plurianual (cinco anos), sugestivamente denominado por "contrato plurianual de utilidade social". Aliás, este tipo de contrato foi mesmo considerado como ponto de viragem nas relações entre os poderes públicos e as associações, podendo através dele distinguir-se também as "boas" e as "más" associações" (cfr. SOLANGE PASSARIS, Les Associations..., págs. 76-77).

criação das entidades públicas e privadas, mas também o fim que as identifica ou une materialmente. Há uma comunhão de interesses na criação dos entes e na actividade desenvolvida. Aqui a fórmula contratual é muito mais do que a mera concertação de interesses, no sentido de que a Administração encontra no empresário um modo de realização de interesses públicos e este, por sua vez, encontra na realização daqueles um modo de obtenção de um benefício privado (o lucro).

E mesmo no domínio específico das relações entre o Estado e as organizações do terceiro sector, designadamente as organizações que actuam nos sectores da saúde, educação e da acção social, a fórmula contratual não é apenas o instrumento normal de gestão de actividades típica do Estado contemporâneo; ela representa o quadro jurídico estruturante e regulador da relação entre a Administração e aquelas organizações. As recentes tentativas de teorização do conceito de "contract welfare" (que de forma ampla e não literal poderemos traduzir por nova cultura contratual) pretendem justamente reflectir uma nova filosofia política e jurídica das relações entre o Estado e aquelas organizações, e onde avultam determinados princípios basilares, como a transparência e publicidade, responsabilidade e autonomia das organizações, apoio (designadamente financeiro) e controlo públicos. Os primeiros credibilizam social e juridicamente a relação do Estado com as organizações; os segundos salvaguardam um espaço efectivo de liberdade destas últimas (a autonomia e independência), mas ao mesmo tempo terão de exibir requisitos de credenciação perante os poderes públicos (a responsabilidade na gestão dos serviços e dos recursos, capacidade técnica); os últimos representam o reconhecimento da importância que as organizações assumem para a realização das políticas públicas na área social (nomeadamente por se considerar que as instituições do terceiro sector introduzem maior eficiência e eficácia na sua gestão e execução), embora sob vigilância do titular das políticas e do serviço.

Está assim criada a base teórica que sustenta o crescimento das instituições não lucrativas que actuam na área social (mas a teoria é válida para o terceiro sector em geral), e, portanto, o reconhecimento da sua capacidade e idoneidade para gerirem, com mais eficiência e eficácia, as tarefas que o Estado assumiu (tarefas de que o Estado é titular). Para além disso, está também justificada a razão pela qual se fala numa interdependência funcional entre o Estado as organizações do terceiro sector, ou em interdependência entre políticas públicas e terceiro sector, designadamente no plano financeiro e operativo – o financiamento a cargo do Estado e a execução dos programas públicos a cargo das instituições. Está, assim, instituída uma modalidade inovadora e original de gestão e distribuição dos recursos públicos. Esta interdependência tem mais relevância em relação às instituições cujo objecto de actividade é a prestação de serviços nas áreas da acção social, saúde e da educação (e, nesta última, especialmente ao nível da educação pré-escolar e da educação especial), mas a tendência é para o seu alargamento à generalidade das instituições do terceiro sector. Interdependência esta que justificará também o reconhecimento de um estatuto jurídico a estas organizações – o estatuto de sujeitos primários das políticas públicas[542].

E no domínio da acção social, a utilização da fórmula contratual constitui, de facto, o mecanismo institucional que suscita e apela à colaboração e à iniciativa dos particulares. O seu uso é hoje um dado comum à generalidade dos países, incluindo daqueles que teriam atingido um nível de satisfação pública pleno. Neste último caso, o contrato parece surgir como um instrumento inegável de delegação de tarefas que a Administração assumiu como próprias.

E um dos instrumentos contratuais particularmente em voga é o chamado *contracting out*. No sector da acção social, a Administração, através da utilização deste tipo contratual, confia a uma entidade exterior, normalmente uma entidade sem fins lucrativos e que desenvolve actividades coincidentes com as da Administração, a prestação ou gestão de um serviço ou actividade de natureza social, financiando ou suportando ela própria a totalidade ou parte dos respectivos custos[543].

---

[542] Para uma visão geral da "nova cultura contratual" de que se fala no texto, vide CONSTANZO RANCI, *Oltre il Welfare State...*, págs. 242-243, 260-265, 272-276.

[543] Sobre a relevância que a utilização do *contracting out* vem assumindo no domínio da assistência social, vide CONSTANZO RANCI, *Oltre Welfare State...*, págs. 260 e segs, e *Servizi Publici Locali e Cooperative Social*, obra colectiva coordenada por ISABEL PERTILE e outros, Cispel – Confederazione Italiana dei Servizi Pubblici Locali, (sem data), onde é feita a leitura do regime introduzido pela Lei n.º 381/91. Sobre as cooperativas de solidariedade social, vide GIORGIO VITTADINI, *Utilidad del Sector sin Ánimo de Lucro: Más Sociedade, Menos Estado,* in *La Economia del Non Profit...*, págs. 238-239, baseando-se em G. P. BARBETTA, *Sul Contracting out nei Servizi Social,* in *Non-Profit e Sistema di Welfare*, La Nuova Italia Scientifica, Roma, 1996, págs. 106 e segs., e ainda PAOLO DE CARLI, *ob. cit.,* págs. 355-359, ELISABETTA BANI, *ob. cit.,* págs. 382 e segs.

A Administração tem a responsabilidade financeira e a entidade contratada a gestão do serviço. A entidade exterior converte-se, deste modo, num prestador de serviços da responsabilidade da Administração. No domínio do serviço social, este contrato tem a particularidade de o preço pago pela Administração não representar uma remuneração para a entidade servidora, mas apenas uma forma de financiamento da actividade ou da prestação dos serviços que a Administração delegou na entidade gestora ou prestadora através do mesmo contrato[544]. Mas note-se que a Administração apenas confia a gestão da actividade ou a prestação do serviço, eventualmente acompanhada da delegação de poderes públicos, incluindo de disciplina e regulação, mantendo-se intacta a titularidade (e a responsabilidade) do serviço ou tarefa pública. O Estado delega a gestão do serviço e financia os custos da mesma, mas a sua titularidade – a titularidade do serviço – mantém-se intocável[545]. Por esta razão, e por a sua utilização surgir no quadro de uma actividade comum à Administração e ao contratado, será ajustado inserir a utilização deste tipo contratual no âmbito das relações de cooperação entre o Estado e as entidades privadas[546].

---

[544] No texto, limitamo-nos a mencionar a importância do contracting out no sector da acção social. Contudo, o seu âmbito de aplicação é extensivo a outros sectores, serviços ou actividades complementares ou instrumentais das tarefas públicas. Neste sentido, vide MARIA MANUEL LEITÃO MARQUES e VITAL MOREIRA, ob. cit., págs. 137-138. A noção dada àquele contrato por estes autores é a seguinte: o contracting out consiste na contratação de serviços ou prestações pelas entidades públicas a entidades privadas. Com este contrato o Estado recorre, pois, à prestação externa de serviços ou actividades complementares ou instrumentais das suas tarefas públicas, sendo uma das formas pela qual o Estado deixa de ser operador de serviços públicos, confiando ou "delegando", no quadro de uma relação de cooperação ou parceria, a sua gestão a entidades privadas.

[545] Na verdade, no domínio da acção social, a titularidade do serviço pela Administração, o financiamento público, a responsabilidade da Administração e a gestão do serviço, que é confiada a entidades privadas sem fins lucrativos, são apontadas como características essenciais ou nucleares do contracting out. Neste sentido, vide CONSTANZO RANCI, Oltre Welfare State..., págs. 253 e segs., GIORGIO VITTADINI, Utilidad del Sector sin Ánimo de Lucro..., ob. cit., págs. 238-239, este último na sequência da opinião de G. P. BARBETTA, Sul Contracting out nei Servizi Social, ob. cit., págs. 106 e segs. Referindo-se à utilização, em geral, do contracting out no direito inglês, diz-nos BARBARA MAMELI, Servizio Pubblico e Concessione, Giuffrè Editore, 1998, pág. 568, nota 88, que "com o contracting out é transferida somente a gestão de uma actividade, não o exercício próprio da actividade".

[546] Cfr. MARIA MANUEL LEITÃO MARQUES e VITAL MOREIRA, ob. cit., pág. 137. Realçando também esta nova forma de colaboração entre a Administração e as instituições não

As IPSS e a organização administrativa da segurança social   359

Mas esta circunstância não lhe retira a natureza de contrato administrativo. E trata-se de um contrato administrativo revestido de características particulares, designadamente quanto à sua eficácia: os efeitos produzidos não são apenas *inter partes*. Isto é, o facto de por este contrato a Administração recorrer a uma entidade exterior, confiando-lhe a prestação de um serviço ou a gestão de uma actividade, não reduz o estatuto da contratada a mera fornecedora de serviços à Administração. Isto será correcto para as actividades meramente instrumentais (actividades meio ou actividades recurso) das tarefas públicas[547]. Contudo, a sua utilização na área social releva-se também (ou sobretudo) como um instrumento regulador da gestão do serviço e da sua prestação aos utentes ou beneficiários (administrativos). Deste modo, o contrato gera e regula as relações entre a Administração e a entidade contratada e desta com os utentes ou beneficiários dos serviços prestados. A entidade contratada fica habilitada a estabelecer relações com terceiros (os utentes administrativos), na medida em que, precisamente, é contratada para prestar os serviços objecto do contrato, substituindo-se, assim, à Administração. E fica obrigada a prestá-los de certo modo, podendo os utentes ou beneficiários do serviço exigir o cumprimento das cláusulas contratuais. O contracting out é, neste sentido, um contrato com eficácia em relação a terceiros (contrato com efeitos normativos). A não exclusão, em princípio, da autonomia (normativa) das entidades contratadas, incluindo o uso de poderes de disciplina e regulação que a Administração nelas possa delegar por via do contrato, só confirma aquela hipótese[548].

Atendendo às vantagens que a sua utilização tem revelado, designadamente por se assumir como um modelo concretizador dos

---

lucrativas, vide Constanzo Ranci, *Oltre il Welfare Stat...*, págs. 270 e segs., apoiando-se em L. S. Salamon, *Partners in Public Service: The Scope and Theory of Government-Nonprofit Relations,* in *Powell*, 1987, págs. 99-116.

[547] Convém a este propósito referir que em relação às actividades instrumentais, a utilização do contracting out poderá confundir-se com o designado outsorcing, que é um tipo contratual autónomo e normalmente usado na cadeia de produção ou de distribuição de um determinado produto ou serviço. Motivos de especialização e de gestão dos recursos e dos factores produtivos estão na origem da utilização deste contrato.

[548] Referindo-se expressamente, e para o caso italiano, à delegação de funções públicas, Constanzo Ranci, *ob. cit.,* pág. 244

360   *As Instituições de Solidariedade Social*

princípios atrás referidos[549], o contracting out ultrapassou as fronteiras do domínio económico e técnico ou das actividades-meio ou actividades-recurso, para ingressar também na administração de prestações, sendo hoje usado no domínio da gestão e prestação de serviços sociais, execução de programas (por ex., programas de reinserção, prestação serviços de apoio domiciliário, prestação de serviços de saúde, etc.), gestão de actividades e prestação de serviços em equipamentos públicos (creches, jardins, centros de pré-escola, parques infantis, centros de acolhimento, etc.). Por isso, também não é de estranhar que tenha ultrapassado as fronteiras anglo-americanas, sendo hoje adoptado por outros países, também como instrumento de delegação de tarefas públicas, e até de poderes públicos.

Tradicionalmente, as instituições sem fins lucrativos do Reino Unido desempenhavam um papel adicional ou complementar no fornecimento de serviços de acção social. Contudo, nos anos mais recentes, com a institucionalização do que ficou conhecido pelo "contrato cultural" dos anos 80, a situação alterou-se, podendo dizer-se que foi mesmo invertida. Através dos chamados "novos acordos de Protecção Comunitária", as organizações voluntárias prestam os serviços que anteriormente estavam a cargo das autoridades locais. Esta alteração foi acompanhada por uma mudança radical nas técnicas de financiamento público: a tradicional técnica da subvenção foi substituída pela celebração de contratos de prestação de serviços específicos, funcionando o financiamento como forma de custear as despesas da gestão e da prestação dos serviços (e não como remuneração do serviço prestado). A forma do contracting out tornou-se o instrumento jurídico que estrutura o relacionamento institucional entre as organizações voluntárias e os poderes públicos[550].

Nos Estados Unidos da América, o uso deste instrumento contratual tem na sua origem a celebração de um pacto através do

---

[549] Sobre as vantagens financeiras, de transparência e controle, entre outras, que andam associadas ao uso do *contracting out*, vide CONSTANZO RANCI, *Oltre il Welfare State...*, págs. Contudo, o autor (pág. 268) não deixa alertar para o facto de uma institucionalização pura do sistema de compra e venda de serviços poder resvalar para uma progressiva comercialização do terceiro sector.

[550] Cfr. NIGEL TARLING, *ob. cit.*, págs. 61 e segs. Sobre a relevância do contracting out no direito inglês, vide BARBARA MAMELI, *ob. cit.*, 1998, págs. 567-569, e bibliografia aí citada.

As IPSS e a organização administrativa da segurança social 361

qual uma das partes ajusta com a outra a prestação de determinados serviços, por se entender que está em melhores condições para o fazer. Mas, em contrapartida, exige-se a prestação de contas sobre a actividade desenvolvida e a aplicação dos dinheiros recebidos por parte da entidade contratada. A sua transposição para o quadro relacional entre os poderes públicos e as organizações fundamenta a criação de uma relação jurídica especial, em que a responsabilidade, seriedade e transparência são tidas como algumas das suas notas jurídicas dominantes, e que se traduzem num princípio comum – *accountability*[551].

Na Itália, a celebração de acordos casuísticos, de comprovada deficiência, arbitrariedade e até envoltos em suspeição, tendem a ser substituídos pela generalização do uso do contracting out nos sectores dos serviços sociais, saúde e educação. Hoje, 80% das cooperativas de solidariedade social prestam serviços à Administração. O instrumento regulador básico (e já dominante) da prestação destes serviços é o *contracting out*[552/553].

---

[551] Sobre as raízes do princípio de accountability no direito americano, e a sua relevância no domínio das relações entre o Estado e o terceiro sector, SIMONE DE CASTRO TAVARES COELHO, *Terceiro Sector...*, págs. 172-175. Este princípio terá na sua origem a outorga de um mandato. Isto é, partindo-se do princípio de que várias actividades têm um custo muito alto e são muito complexas para serem realizadas apenas por um agente, este contrata com outro sujeito, que possui os conhecimentos, a habilidade e o reconhecimento necessários para o bom desempenho dessas actividades. Adaptando esta técnica às relações entre o Estado e as organizações do terceiro sector, aquele seria o mandante e estas as entidades contratadas.

[552] Sobre o a utilização deste contrato após a publicação da lei sobre as cooperativas de solidariedade social (Lei n.º 381/91, de 8 de Novembro), vide *Servizi Publici Locali e Cooperative Social*, obra colectiva coordenada por ISABEL PERTILE e outros, Cispel – Confederazione Italiana dei Servizi Pubblici Locali, (sem data), e CONSTANZO RANCI, *ob. cit.*, págs. 171 e 194. Para uma visão geral do regime da lei n.º 381/91, vide a síntese de DAMIANO FLORENZANO, *La normativa applicabile agli appalti pubblici di servizi di importo inferiore alla soglia di rilievo comunitario*, in *Appalti Pubblici di Servizi e Concessioni di Servizio Pubblico*, a cura di Franco Mastragostinho, CEDAM, 1998, págs. 321 e segs., onde o autor qualifica as "convenzioni" para o fornecimento de serviços previstas naquela lei como um instrumento paracontratual. Sobre o regime das cooperativas sociais, vide DIDIA LUCARINI OTROLANI, *Organizzazioni di Volontariato, Cooperative Sociali e Sistema Codicistico dei Fenomeni Associativi*, in *RDC*, ano XCI, 1993, págs. 161 e segs.

[553] Refira-se também que, no direito brasileiro, a recente lei sobre as organizações da sociedade civil de interesse público (Lei n.º 9.790, de 23 de Março), embora não tenha

362 As Instituições de Solidariedade Social

A mesma evolução tem vindo a registar-se na Alemanha, no âmbito da prestação de serviços sociais e de saúde, ao ponto de, inclusivamente, se dizer que a utilização do *contratcting out* está a colocar em causa o princípio tradicional – o princípio da subsidariedade, desde sempre considerado como juridicamente estruturante das relações entre as organizações não lucrativas e o sector público. A consequência mais imediata desta alteração parece relacionar-se com a perda de privilégios e de vantagens competitivas das organizações do terceiro sector em face dos fornecedores privados com fins lucrativos ou comerciais. Efectivamente, a recente orientação da política social dos finais da década de oitenta e da década de noventa alterou em alguns domínios (casos da saúde, com a lei de reforma da saúde de 1989, e do serviço social, com a reforma da lei federal de subsídio social) o sistema de financiamento: o tradicional sistema de subvenção ou de subsídio concedido às organizações não lucrativas tem vindo a ser substituído por procedimentos negociados, ajustando-se contratualmente a prestação dos serviços segundo determinados critérios, à cabeça dos quais estão a maior eficiência nessa prestação e a certificação da qualidade. Para este efeito, a utilização do modelo do contracting out é expressamente previsto naquelas leis[554/555].

---

adoptado a designação formal de contracting out, o certo é que das suas disposições resulta a sua introdução naquele direito, e com algum carácter sistemático, uma vez que ele surge no âmbito da disciplina do "Termo Parceria" constante do mesmo diploma. Aliás, uma das formas pelas quais as instituições realizam os seus fins passa, precisamente, "pela prestação de serviços intermediários de apoio (...) a órgãos do sector público que actuem em áreas afins" (parág. único do art. 3.º).

[554] Cfr. RUDOLPH BAUER, *ob. cit.,* págs. 96 e segs.

[555] Na verdade, o *contracting out* parece oferecer vantagens em relação ao tradicional sistema de subvenção, surgindo como uma fórmula equilibrada, desde logo porque a utilização deste tipo contratual revela com meridiana clareza que a tarefa ou o serviço social ou de saúde delegado nos particulares – em geral, organizações não lucrativas, mas a utilização deste contrato não exclui entidades com fins lucrativos – é público e que a entidade pública mantém a responsabilidade (pública) do financiamento dos respectivos custos. Aos particulares é atribuída a tarefa de organização e/ou a responsabilidade do fornecimento de bens ou da prestação do serviço aos cidadãos. A Administração liberta-se da gestão directa, que é confiada a outros sujeitos (havendo, portanto, um serviço que é objecto de delegação), mas mantém ou conserva a titularidade do serviço e a responsabilidade do financiamento, podendo aplicar ou fixar uma tarifa aos utentes. Com o termo contracting out pretende, pois, traduzir-se o comportamento da Administração Pública, estadual ou local, que, em vez de utilizar os seus próprios meios (pessoal e serviços em sentido orgânico) para fornecer

As IPSS e a organização administrativa da segurança social   363

Em síntese, o contracting out manifesta um processo ou uma tendência generalizada, e que a linguagem económica traduz pela transferência da provisão de bens e serviços públicos do Estado para as organizações do terceiro sector. Fenómeno que é também lido pela mesma ciência como uma descentralização dos mecanismos de redistribuição dos recursos públicos através de uma maior participação da sociedade civil neste processo[556].

Entre nós, já na lei de bases da segurança social (Lei n.º 28/84, de 14 de Agosto) estabelecia-se que "o contributo das instituições particulares de solidariedade social para a prossecução dos objectivos da segurança social e o apoio que às mesmas é prestado pelo Estado concretizam-se em formas de cooperação a estabelecer mediante acordos", devendo a "lei definir os termos em que será garantido o cumprimento das obrigações decorrentes dos acordos de cooperação

---

determinados bens ou serviços aos cidadãos, prefere contratar uma organização privada – non profit ou for-profit –, a quem delega a tarefa ou missão do fornecimento do bem ou serviço. Portanto, no *contracting out* a Administração recorre a serviços externos; no sistema da subvenção supre-se uma insuficiência do serviço público. Em segundo lugar, deve existir uma pluralidade de potenciais fornecedores privados, de forma a instituir um processo de selecção transparente e competitivo. A existência deste processo tem, para além disso, a vantagem de evitar que as organizações non-profit surjam, aos olhos dos utentes, como agentes da Administração no fornecimento do serviço. Em terceiro lugar, e independentemente da concreta modalidade de financiamento – financiamento directo às instituições ou entrega aos beneficiários que depois escolherão o serviço fornecedor -, é seguro que no sistema do contracting out existe um direito do cidadão ao serviço, coisa que não resulta, pelo menos de forma tão clara ou explícita, do sistema de subsídio ou subvenção. Em quarto lugar, com o modelo do contracting out a organização privada fornecedora do serviço fica vinculada ou obrigada a observar critérios de acesso ao serviço, isto é, a Administração determina com suficiente precisão as características do bem ou serviço objecto de contratação, daqui resultando que os serviços prestados aos utentes, ao abrigo do contracting out, pelas organizações particulares são por conta da Administração. Contrariamente, no sistema do subsídio ou subvenção as organizações particulares fornecem geralmente os serviços livremente, ou seja, segundo critérios autonomamente definidos, uma vez que a Administração, em regra, não estabelece com precisão as características do objecto do contrato, reservando-se para uma função de controle e regulamentação das organizações. Para uma comparação entre o sistema de contracting out e o sistema de subsídio, vide GIAN PAOLO BARBETTA, *Sul contracting out nei servizi sociali*, in *Non-profit e sistemi di welfare*, Carocci Editore, 1998, págs. 105 e segs.

[556] Cfr. JOÃO ESTÊVÃO, *Causas Micro e Macroeconómicas do Crescimento do Terceiro Sector,* in *As Instituições Não-Lucrativas e a Acção Social em Portugal*, Editora Vulgata, 1997, pág. 55.

364 As Instituições de Solidariedade Social

celebrados entre o Estado e as instituições particulares de solidariedade segurança social ou através de outras entidades particulares sem fim lucrativo (...), previamente convencionadas."

Para além disso, as IPSS podem encarregar-se, mediante acordos, da gestão de instalações e equipamentos pertencentes ao Estado ou a autarquias locais (art. 4.º, n.º 4, do Estatuto das IPSS).

Também na sequência das anteriores leis de bases, diz-se na actual lei que a acção social é desenvolvida pelo Estado, pelas autarquias e por instituições privadas sem fins lucrativos de acordo com as prioridades e os programas definidos pelo Estado e em consonância com os princípios nela mencionados[557].

---

[557] A propósito do que se faz nota no texto, refira-se que as leis de bases da segurança social foram, ao que julgamos saber, dos primeiros instrumentos legislativos a utilizar, entre nós, o termo parceria com um significado jurídico intencional, sendo ainda de aplaudir a lei pelo uso do termo parceria, evitando o neologismo partneriado, de uso já tão comum. Sobre o conceito de parceria, num sentido amplo, pode dizer-se que abrange quer as relações construídas na base de contratos de colaboração, quer as que têm por base os contratos de cooperação ou contratos de atribuição. Portanto, a parceria incluirá também o fenómeno da colaboração dos particulares na gestão e prestação de serviços públicos do domínio económico e industrial. Do seu âmbito de aplicação fica excluída a privatização propriamente dita. É este o conceito brasileiro de parceria. Cfr. ARNOLDO WALD e outros, *O Direito de Parceria e a Nova Lei de Concessões*, Editora Revista dos Tribunais, 1996, págs. 28-34. A parceria, figura contratual de raiz civilística, designadamente nos contratos de exploração de bens agrícolas (entre nós, no domínio da pecuária – arts. 1121.º e segs. do C. Civ.), surge no Direito Administrativo, em termos amplos, como uma técnica que disciplina a utilização de recursos privados no financiamento e gestão de bens e serviços públicos, fundando uma relação, em geral duradoura, baseada no consenso contratual entre o Estado e a iniciativa privada, em substituição da tradicional relação de comando e de autoridade. A pareceria constitui, pois, e sobretudo, um instrumento jurídico-organizatório de modelação, regulação e programação de intervenções conjuntas e congregadas entre as diversas entidades; será o modelo privilegiado de conjugação de esforços entre as diversas entidades, na utilização eficiente dos recursos, de coordenação de acções, de gestão combinada de produção e oferta de serviços, podendo a estrutura orgânica/institucional consistir na pertença das diversas entidades a um órgão público, ou consistir na criação de uma nova entidade, personalizada ou não, por via da qual se congregam e se aproveitam de forma conjunta e cooperante as sinergias com vista à realização de um e mesmo fim de que todas as entidades comungam – a realização do interesse público que é a acção social. A parceria poderá, assim, no domínio da política social, constituir o instrumento jurídico fundante de uma espécie de mini-pacto social entre as organizações da sociedade civil e a Administração.

Portanto, a participação das IPSS na realização dos objectivos da segurança social concretiza-se através da cooperação. As normas reguladoras da cooperação entre as IPSS e o Estado constam do Despacho Normativo n.º 72/92, D. R. n.º 116, IS-B, de 25-5-92, alterado pelo Despacho Normativo n.º 31/2000, DR, IS-B, de 31-7[558]. Os legalmente denominados acordos de gestão e acordos de cooperação constituem os instrumentos normativos de institucionalização e disciplina das relações de cooperação entre o Estado e as IPSS.

A este propósito convirá dizer que esta é uma matéria onde, para além dos aspectos relativos à sua disciplina, se impõe, sob o ponto de vista formal e material, uma intervenção legislativa. As relações de cooperação entre o Estado e as IPSS são regidas por um instrumento normativo ilegal e inconstitucional. Em primeiro lugar, a cooperação encontra-se prevista numa lei de bases (a lei de bases da segurança social). Estas carecem de uma intervenção legislativa primária do Governo e não de uma intervenção administrativa. O destinatário de uma lei de bases da Assembleia da República é o Governo no uso de competências legislativas, e não enquanto órgão administrativo. Em segundo lugar, a matéria em causa é de dignidade legislativa, não se admitindo aqui qualquer fenómeno de deslegalização. Qualquer intervenção administrativa inovadora é, pois, constitucionalmente ilegítima. A responsabilidade administrativa deve reservar-se para uma actuação concretizadora. Está em causa a organização e gestão de um sistema público de acção social, acompanhada da delegação de tarefas públicas e, eventualmente, de prerrogativas públicas.

De qualquer modo, é aquele diploma que tem vindo a disciplinar (e ainda disciplina) as relações de cooperação entre o Estado e as IPSS, tendo em vista um objectivo fundamental: o "desenvolvimento de serviços e actividades, que ao Estado incumbe prioritariamente garantir" (conforme Preâmbulo do Despacho). Daí que a cooperação tenha por finalidade essencial a concessão de prestações sociais (Norma II do Despacho).

---

[558] No texto utilizamos a palavra Estado num sentido amplo, abrangendo também a Administração indirecta, dado que no caso concreto as pessoas colectivas públicas subscritoras dos acordos são os Centros Distritais de Segurança Social.

Para o efeito, e de acordo com o referido Despacho Normativo, temos dois tipos ou formas típicas de acordos:

a) os acordos de cooperação que têm por objectivo (Norma III):
  – a prossecução de acções, por parte das instituições, que visem o apoio às crianças, jovens, deficientes, idosos e à família, bem como a prevenção e a reparação de situações de carência, de disfunção e marginalização social e o desenvolvimento das comunidades e a integração e promoção social;
  – o apoio e o estímulo às iniciativas das instituições que contribuam para a realização dos fins de acção social.

b) os acordos de gestão visam confiar às instituições a gestão de instalações, serviços e estabelecimentos que devam manter-se afectos ao exercício das actividades do âmbito da acção social, quando daí resultam benefícios para o atendimento dos utentes, interesse para a comunidade e um melhor aproveitamento dos recursos disponíveis.

4.2.1. **Contratos (administrativos) ou meros convénios?**

Segundo alguma doutrina, os acordos de vontade entre as instituições de utilidade pública e a Administração devem assumir a forma ou a designação de convénio e não de contrato[559]. A utilização da fórmula contratual (caso dos contratos de gestão ou de cooperação) é, pois, imprópria ou surge desviada do seu espaço natural. Isto, por duas razões fundamentais: em primeiro lugar, porque nas áreas típicas de actuação daquelas instituições (assistência social, saúde, educação) não há qualquer impedimento à execução global do serviço pelo particular, pois trata-se de actividade livres à iniciativa privada, fomentada ou financiada pelo Estado, mas não da sua (exclusiva)

---

[559] Os convénios são também uma das formas que pode assumir a colaboração dos particulares na realização de funções administrativas, mas difere do contrato administrativo (clássico) por a actividade desenvolvida ao abrigo dos mesmos não ser nem do ponto de vista da sua titularidade nem do seu conteúdo um serviço ou uma competência administrativa. Neste sentido, MARTIN BASSOLS COMA, *ob. cit.,* págs. 99 e segs.

titularidade; em segundo lugar, por se tratar de domínios em que, mediante o instrumento do convénio, a lei admite uma maior colaboração de entidades sem fins lucrativos, com interesses coincidentes com os da administração pública, não sendo estabelecida qualquer remuneração pela gerência do serviço, nem reciprocidade de obrigações (pelo menos no sentido técnico do termo). Daí, também, a justificação da inexistência de procedimento público com vista à selecção das instituições.

Portanto, a figura do contrato seria reservada para um outro modo de prestação de serviços por particulares nas áreas acima referidas ou em algumas delas. Neste caso, estaríamos perante o particular-empresário contratado pela Administração para prestar serviços instrumentais, operacionais ou ancilares (serviços de vigilância, manutenção, limpeza, transporte, seguro, etc.) das actividades-fim (a saúde, educação, serviços sociais).

O interesse da Administração é a satisfação daqueles serviços, e o interesse do particular e a obtenção de um ganho. Estamos, pois, perante o esquema clássico do contrato – a satisfação de interesses antagónicos ou divergentes. A figura contratual será, pois, inadequada para os casos em que os interesses são comuns ou convergentes.

Está, assim, justificada, no plano doutrinal, a remissão de importantes domínios da vida colectiva para um campo próximo do direito informal ou alternativo.

Esta tese, muito divulgada em alguns países[560], é refutada pelos factos e pela própria técnica jurídica.

Como julgamos ter demonstrado, a utilização da fórmula contratual constitui hoje o mecanismo de eleição de tendência universal no relacionamento institucional e jurídico entre as organizações do terceiro sector e a Administração. E no domínio específico da acção social, a fórmula contratual constitui o mecanismo ou instrumento jurídico regulador da participação ou colaboração daquelas instituições na realização de interesses públicos, sendo também o modo já dominante de delegação de tarefas públicas.

---

[560] É o caso, por ex., do Brasil. Cfr. P. E. GARRIDO MODESTO, *ob. cit.,* pág. 249, e autores aí citados.

368   *As Instituições de Solidariedade Social*

O contrato constitui um instrumento de gestão de interesses, sejam eles privados ou públicos, e tenham eles natureza económica ou não. E enquanto instrumento de gestão de interesses, o contrato assume-se também como uma via flexível de integrar ou conjugar vontades concorrentes, não redutíveis à estrutura clássica do sinalagma contratual, enquanto via de equilíbrio ou intercâmbio de prestações patrimoniais – prestação de um serviço ou coisa contra um preço certo[561]. Isto é, de conjugação de vontades orientadas por interesses próprios e divergentes.

Por outro lado, o facto de nestes domínios não estar instituída como regra geral o procedimento do concurso público de selecção de colaboradores não retira ao acordo de vontades a natureza de contrato. Para além disso, não está excluída a hipótese de a Administração poder seleccionar, por meio de concurso, as melhores organizações, tendo em vista a prestação de determinados serviços, ou de introduzir mecanismos procedimentais que dotem os instrumentos contratuais de transparência, publicidade e imparcialidade[562]. E esta é hoje, como se referiu, uma das preocupações fundamentais no relacionamento entre o Estado e as organizações do terceiro sector. No âmbito do direito da Europa comunitária poderá surge ainda o pro-

---

[561] Neste sentido, vide MARTÍN BASSOLS COMA, *ob. cit.,* pág. 73.

[562] Neste contexto, refira-se que na área da saúde, através da Portaria n.º 704/94, de 29-7, foi aprovado o programa de concurso e o caderno de encargos tipo do contrato de gestão de instituições, partes funcionalmente autónomas e serviços do Serviço Nacional de Saúde. Aliás, os contratos de gestão têm obrigatoriamente de ser precedidos de concurso público (n.º1 do art. 29.º do DL n.º 11/93, de 15 de Janeiro, que aprova o Estatuto do Serviço Nacional de Saúde). Diferente é o regime instituído pelo DL n.º 97/98, de 18 de Abril para a celebração de convenções para a prestação de cuidados de saúde destinados aos utentes do Serviço Nacional de Saúde, que se prefigura ou aproxima dos contratos de adesão, uma vez que a contratação dos cuidados de saúde em regime de convenção inicia-se com a adesão do interessado aos requisitos constantes do clausulado tipo de cada convenção (n.º 1 do art. 4.º). Este diploma revogou, assim, a norma do n.º 4, do art. 35.º daquele estatuto, onde se previa a obrigatoriedade de realização de concurso público. De qualquer modo, também aqui são previstos mecanismos destinados a assegurar um mínimo de publicidade, uma vez que as administrações regionais de saúde ficam obrigadas a proceder à fixação das listas de entidades convencionadas, bem como à sua publicação na 2.ª série do D.R. (art. 12.º). Preocupação análoga não a vemos presente no domínio da acção social, quer no caso da contratação de entidades para a gestão de estabelecimentos públicos, quer no caso de essa contratação se dirigir à prestação de serviços de acção social. As entidades são aqui remuneradas pelos utentes ou pelas entidades que os têm a seu cargo.

As IPSS e a organização administrativa da segurança social

blema da harmonização com os critérios definidos por este direito para a contratação de serviços ao exterior por entidades públicas[563].

[563] Em Itália, desde 1995, que, na sequência da aplicação da Directiva CEE/92/50, se estabeleceram determinados requisitos procedimentais na contratação de serviços ao exterior pela administração local, incluindo no sector dos serviços sociais, desde que o valor dos serviços ultrapasse determinados montantes. Por sua vez, a Lei n.º 381/91, sobre as cooperativas sociais, estabeleceu expressamente os procedimentos e os critérios para a celebração de contratos. De entre eles está a credibilidade do fornecedor, que passa pela exibição de credenciais técnico-profissionais de forma a garantir a qualidade dos serviços prestados à população, para além do «accreditamento» das instituições pelos órgãos da Região, a que se associa a exibição de requisitos organizacionais, de responsabilidade, capacidade e eficiência na gestão. Na sequência desta lei, forma também estabelecidos modelos contratuais típicos. Cfr. CONSTANZO RANCI, *ob. cit.,* págs. 257-265, que aponta o carácter inovador deste sistema no direito italiano, designadamente no sector dos serviços sociais/assistenciais. De qualquer modo, a jurisprudência do Tribunal de Justiça da CE tem vindo a considerar que as entidades em que é confiada a gestão do serviço público de segurança social, pelo menos no âmbito do regime obrigatório de segurança social, desempenham uma função de carácter exclusivamente social e a sua actividade não tem finalidade lucrativa e baseia-se no princípio da solidariedade nacional, não sendo, pois, uma actividade económica, pelo que as entidades encarregadas da mesma não constituem empresas no sentido do art. 85.º e 86.º do Tratado. Portanto, aqui estamos ainda em face de uma actividade que constitui, para este efeito, monopólio do direito interno ou nacional de cada Estado membro. Contudo, diferente é já a posição do mesmo Tribunal em relação às entidades gestoras dos regimes voluntários (ou facultativos) de segurança social, uma vez que considera dominar aqui o carácter económico da actividade (a menos que aquelas entidades não visem a obtenção de benefícios com o exercício de tal actividade), devendo, assim, ser tratada para efeitos de aplicação das regras comunitárias, independentemente da natureza do organismo em causa, podendo, inclusivamente, tratar-se de fundações. Não vale aqui, pois, a invocação do princípio da solidariedade social como limite à aplicação das regras comunitárias. Sobre esta jurisprudência vide SANTIAGO MUÑOZ MACHADO, *Servicio público y mercado, I. Los fundamentos*, Civitas, 1998, págs. 164-167. Refira-se a este propósito que a existência de um grupo de serviços públicos aos quais não se aplicam as condições previstas no art. 90.º do Tratado foi já expressamente reconhecida pela primeira Comunicação da Comissão sobre esta matéria, *Os serviços públicos de interesse geral na Europa* (96/C281/03), 12, de 26 de Setembro de 1996. Nesta sequência, e especificamente em relação aos contratos celebrados pelas IPSS com a Administração para a prestação de serviços no domínio da acção social, convirá dizer que, no plano do direito comunitário, não se encontram preenchidos os pressuposto do âmbito de aplicação (objectivo) da directiva sobre a contratação pública de serviços (Directiva 92/50/CE, do Conselho, de 18 de Junho de 1992, alterada pela Directiva 97/52/CE, do Parlamento Europeu e do Conselho, de 13 de Outubro), dado exigir-se aí que o contrato público de serviços celebrado entre o Estado membro e o prestador do serviço seja oneroso. Ora, no caso das IPSS, mesmo quando nas relações *ad intra* esteja apenas em causa a prestação de um serviço daquelas entidades à Administração, o financiamento público recebido por aquelas entidades tem apenas por finalidade suportar os custos da própria prestação do serviço aos

370   *As Instituições de Solidariedade Social*

Finalmente, a figura do convénio também não será a mais adequada para aquelas situações em que as organizações assumem a gestão de estabelecimentos públicos ou ainda deveres específicos de

utentes/beneficiários, nunca representando uma contrapartida remuneratória para as instituições, e eventual preço cobrado aos utentes também não assume tal natureza. Mas note-se que isto não significa que os serviços sociais (e de saúde) não sejam abrangidos pelo âmbito de aplicação daquelas directivas, como, aliás, resulta do anexo I B da Directiva 97/52/CE, desde que se preencham os respectivos pressupostos – desde logo, a existência de um contrato público de serviços oneroso. Só que, repete-se, coisa diferente reside em saber se, no plano do direito interno, existem ou não razões que justifiquem a existência de concurso público para a celebração de acordos de gestão e de cooperação. Desde logo, haveria mais garantias de imparcialidade da Administração na selecção das instituições, ficando estas mais protegidas para reagir contenciosamente; depois porque a Administração ficava em melhores condições para escolher ou eleger a instituição com melhor idoneidade para a gestão de estabelecimentos ou de programas (públicos); e, por último, as garantias de transparência, publicidade e de boa distribuição e gestão de subvenções sairiam reforçadas. Para além disso, e nos casos em que os acordos constituam (ou também constituam) um instrumento de delegação de tarefas públicas e de disciplina da gestão do serviço público de acção social, é inegável que os acordos hoje celebrados pelas IPSS com a Administração constituem uma excepção à regra geral ou dominante no âmbito dos contratos de gestão de serviços públicos – precisamente, a regra do concurso público. De qualquer modo, o CPA não excluía a existência de contratos que não sejam precedidos de concurso público (art. 183.º, do CPA). É o que podia suceder, por exemplo, com os contratos de cooperação e de atribuição. Sendo ainda de adiantar que nem sempre se afiguraria fácil a observância cega da regra do concurso público, sendo legítimo o recurso à adjudicação directa (por ex., a abertura de um concurso público para a adjudicação do contrato de gestão de um estabelecimento quando na zona geográfica em que o mesmo se localiza exista apenas uma IPSS). Aliás, convirá referir que num outro plano – o plano da relação directa dos órgãos comunitários com as designadas organizações não governamentais – o problema da elegibilidade das instituições também não se afigura de fácil solução. Na verdade, e não obstante as ONGs serem expressamente reconhecidas pelos órgãos comunitários como instituições fundamentais para a prossecução de fins comunitários (por ex., no domínio do consumo, do ambiente, assim como da intervenção pacífica em conflitos internacionais, inclusive na própria mediação, na realização de acções humanitárias, onde é reconhecida às ONGs o estatuto de parceiros), a verdade é que o quadro jurídico da relação órgãos comunitários – ONGS ainda se encontra por definir, como o reconheceu a Comissão numa Comunicação recente intitulada *A Comissão e as Organizações não governamentais: o reforço da parceria,* (COM/2000/11, de 18 de Janeiro). De facto, neste documento, a Comissão pondera rever integralmente o problema das relações entre as instituições comunitárias e as ONGS, propondo uma refundação dessas relações, o que passará pela transparência procedimental no financiamento (a transparência na atribuição de subvenções concedidas directamente pelas instituições comunitárias ou pelos Estados membros é considerada crucial), criação de mecanismos de controle (por ex., através de programas, relatórios), existência de critérios de elegibilidade, criação de mecanismos de acreditação, etc.

As IPSS e a organização administrativa da segurança social   371

execução de um serviço que a Administração assumiu como tarefa administrativa. O facto de estas organizações prosseguirem fins ou tarefas coincidentes ou concorrentes com as da Administração não pode excluir, in limine, a consideração destas hipóteses. Ou seja, a tese do convénio não favorece, bem pelo contrário, um esforço analítico de forma a tentar descortinar as situações em que estamos perante actividades próprias das instituições e o exercício de tarefas públicas delegadas. Ou dito de outro modo, tal tese não favorece a distinção entre actividade objectivamente pública e actividade privada, ou entre acção social pública (a acção social enquanto serviço público) e acção social privada, no sentido de actividade própria das instituições particulares. Ora, o esforço desta distinção afigura-se-nos essencial, pois dos seus resultados dependem, desde logo, importantes questões de regime, designadamente sob o ponto de vista das instituições e dos naturais utentes/beneficiários do serviço público de acção social.

Para além disso, a aplicação dos elementos da técnica jurídica apoia a tese da contratualidade.

Na verdade, a circunstância de estarmos perante entidades que prosseguem interesses comuns ou convergentes não significa que os modelos usados não possam ser compreendidos ou integrados no contexto de uma relação contratual verdadeira e própria, ainda que esta possa apresentar características específicas. Ou seja, aquele facto não obsta à presença dos elementos normais da relação jurídica (contratual): os sujeitos, o facto jurídico, objecto e a garantia.

No caso específico dos acordos de cooperação e dos acordos de gestão do direito português, regulados pelo Despacho Normativo n.º 72/92, a conclusão a tirar parece-nos ser apenas uma: da análise da sua disciplina resulta tratar-se de duas figuras contratuais.

De facto, há um acordo de vontades, um acto jurídico bilateral, aí se encontrando também previstos os direitos e obrigações ou os poderes e os deveres jurídicos de ambas as partes (designadamente, as Normas XVI a XXII), o objecto dos acordos (Normas II e segs.), e a sanção para o eventual incumprimento ou violação da disciplina aplicável (Normas XXV e XXVI – especificamente a disciplina reguladora dos acordos e, em geral, a disciplina reguladora da cooperação). O facto de aí se prever apenas a denúncia e a suspensão dos acordos, para os casos em que, de forma grave e reiterada, forem violadas, por qualquer das partes, as disposições dos acordos e demais legislação aplicável, não retira à relação instituída o elemento da garantia. Aqueles mecanismos constituem, precisamente, uma salvaguarda do cumprimento dos acordos. Uma garantia ténue, mas ainda uma garantia. Contudo, e como veremos, a Administração não fica impedida de usar outros meios.

Por outro lado, o facto de às obrigações das IPSS não corresponder uma contraprestação remuneratória não retira à relação o carácter tipicamente contratual ou a natureza de relação contratual. O negócio jurídico gratuito constitui também um instrumento que o direito coloca à disposição das pessoas singulares e colectivas.

Portanto, a relação jurídica criada pelos acordos de cooperação (designação genérica dos acordos de gestão e de cooperação) é estruturalmente uma relação contratual.

Contudo, falta ainda determinar a natureza – administrativa ou civil – dos acordos de cooperação. É o que veremos de seguida.

4.2.2. Os acordos de cooperação como contratos administrativos com efeitos regulamentares. Contratos de atribuição, de colaboração (subordinada) ou de "concerto"? A autonomização, no âmbito da acção social, dos contratos de cooperação – a cooperação contratualizada

Relativamente aos acordos de cooperação entre o Estado e as IPSS pronunciou-se, entre nós, SÉRVULO CORREIA.

Para este autor, os acordos em causa são contratos administrativos. E dentro destes, autonomiza-os como contratos administrativos de atribuição, dado que, nestes acordos, a prestação essencial não consiste na actividade das instituições ou, mais precisamente naquelas suas actividades que constituam objecto dos acordos, a qual sempre poderá ter lugar independentemente da respectiva celebração, mas sim no apoio prestado pelo Estado[564]. A "causa-função"[565] destes contratos residirá, pois, no apoio prestado pelo Estado às actividades desenvolvidas pelas instituições.

---

[564] Cfr. SÉRVULO CORREIA, *Legalidade e Autonomia Contratual...*, pág. 427.
[565] Cfr. SÉRVULO CORREIA, *Legalidade e Autonomia Contratual...*, pág. 420 e pág. 421.

As IPSS e a organização administrativa da segurança social   373

Em relação à qualificação dos acordos como contratos administrativos, seguimos em pleno o autor. Contudo, já em relação à sua qualificação como puros contratos de atribuição, julgamos que o assunto pode merece alguns esclarecimentos adicionais.

Quanto à primeira questão, convém esclarecer alguns aspectos que justificam a conclusão firmada, uma vez que a mesma não resulta expressa e conclusivamente da lei .

E não resultando da lei a sua expressa qualificação, teremos, com vista à determinação da sua natureza administrativa, de caracterizar a relação jurídica criada por aqueles acordos. Sem prejuízo das dificuldades que, em tese geral, podem ser levantadas relativamente à distinção entre contrato administrativo e contrato de direito privado, e designadamente, de contrato de direito privado da Administração, julgamos que há elementos suficientes que nos permitem chegar a uma conclusão afirmativa. Isto é, que estamos perante contratos administrativos[566]. Senão vejamos.

Os órgãos administrativos, na prossecução das atribuições da pessoa colectiva em que se integram, podem celebrar contratos administrativos, salvo se outra coisa resultar da lei ou das relações a estabelecer. É o princípio da livre utilização do contrato ou da autonomia pública contratual, a implicar a exclusão da taxatividade ou de um numerus clausus de contratos administrativos: contratos administrativos serão todos os contratos celebrados pela Administração que preencham determinados requisitos[567].

Teremos, pois, de partir dos critérios geralmente aceites para a identificação da administratividade de um contrato, o que significa procurar os elementos caracterizadores da relação jurídica administrativa.

---

[566] Sobre o problema da distinção entre contrato administrativo e contrato de direito privado da Administração, vide MARIA JOÃO ESTORNINHO, *Requiem pelo Contrato Administrativo*, Almedina, Coimbra, 1990, págs. 151 e segs.

[567] Cfr. PEDRO GONÇALVES, *Contrato Administrativo*, Coimbra, 1998, pág. 28-29. Considerando o contrato administrativo como figura de utilização geral pelas entidades administrativas, vide VIEIRA DE ANDRADE, *As Novas Regras da Actividade Administrativa*, Centro de Estudos e Formação Autárquica (CEFA), 1993, pág. 101.

a) Os acordos de gestão

Relativamente aos acordos de gestão julgamos que não se suscitam problemas de maior relativamente à sua qualificação como contratos administrativos. O critério do objecto do contrato é aqui nuclear: os acordos de gestão visam confiar às instituições a gestão de instalações, serviços e estabelecimentos que devam manter-se afectos ao exercício das actividades do âmbito da acção social (Norma IV).

O objecto imediato nestes contratos é a realização de uma prestação pelas IPSS: estas obrigam-se a adoptar um determinado comportamento consubstanciado, precisamente, no conjunto de actos e operações em que se traduz a gestão de um estabelecimento público. A gestão é o objecto imediato da relação jurídica; o estabelecimento, o equipamento, as instalações ou os serviços (aqui tomados em sentido orgânico) são o seu objecto mediato; o fim tido em vista com a gestão destes bens é assegurar a manutenção, regularidade e a continuidade da prestação (no ou a partir dos estabelecimentos) de um serviço público que continua na titularidade e sob responsabilidade da Administração – a prestação de apoio social ao público ou a um determinado público (os beneficiários administrativos, especialmente os mais carenciados e desfavorecidos).

A gestão do serviço, das instalações ou do estabelecimento é, pois, um instrumento de realização de um serviço público – a acção social –, sendo os respectivos custos financiados directamente pela Administração e, eventualmente, através da cobrança de tarifas aos utilizadores/beneficiários do apoio social aí prestado[568/569].

Deste modo, se o estabelecimento é público, se o serviço prestado no mesmo é um serviço público, e se a sua gestão estava sob a directa responsabilidade da administração (o estabelecimento estava, pois, sob gestão pública), e se o financiamento é também público, então o

---

[568] E dizemos "eventualmente" porque, tendo em conta a especial categoria de sujeitos a que se dirige a acção social – os mais carenciados e desfavorecidos social e economicamente –, pode não haver lugar à cobrança de qualquer tarifa.

[569] Ao aspecto eminentemente instrumental dos contratos de gestão de estabelecimentos públicas se refere PEDRO GONÇALVES, ob. cit., pág. 161, qualificando-os, por isso, como contratos de meios por contraposição a contratos congéneres, como a concessão de serviços públicos, que o autor designa por contratos de enquadramento uma vez que a Administração procede à alienação ou à disposição da gestão do próprio serviço público.

principal efeito do acordo só pode ser a criação de uma relação jurídica de direito administrativo (uma relação jurídica administrativa).

Contudo, pode suceder que o acordo não seja um puro contrato de gestão, na medida em que não tenha apenas por objecto a transferência para as IPSS da gestão do estabelecimento já em funcionamento. De facto, pode suceder que o estabelecimento ainda não se encontre em funcionamento (embora pronto a funcionar) ou esteja apenas em funcionamento parcial (as valências ou as actividades de apoio social a desenvolver no estabelecimento ainda não se encontram em funcionamento ou existem apenas em parte – o n.º 2, da Norma IV do Despacho não exclui esta possibilidade). Nestes casos, a entidade contratada assume também a obrigação de instalar (total ou parcialmente) o próprio serviço ou actividade (actividade administrativa) a desenvolver. E quando assim suceder estaremos perante um contrato misto, isto é, um contrato que contém ou conjuga cláusulas próprias ou específicas dos contratos de gestão com elementos ou obrigações de um contrato de instalação de serviços ou actividades, devendo tal ocorrer em obediência ao "programa funcional" definido pela Administração para o estabelecimento, e continuando a responsabilidade financeira do contrato a pertencer à Administração.

Refira-se ainda que o facto de se prever, como efectivamente sucede, a realização (futura) de obras nos estabelecimentos não transforma a natureza deste contrato. A possível realização de obras é meramente eventual, e a ocorrer ainda se poderá considerar, no caso de se tratar de pequenas reparações, um acto normal (isto é, um acto de administração ou de gestão ordinária) decorrente dos poderes de gestão ou administração do estabelecimento que a Administração conferiu à entidade contratada. De qualquer modo, nos contratos de gestão em causa toda e qualquer obra é da responsabilidade da entidade contratante – os centros regionais de segurança social (Norma XX do Despacho)[570].

---

[570] Coisa semelhante se passa com os funcionários afectos aos estabelecimentos, e que aí continuem em funções em regime de destacamento. Sem prejuízo da subordinação funcional aos gestores do estabelecimento, a aplicação de qualquer sanção disciplinar é da exclusiva competência dos órgãos dos centros regionais. Já em relação ao pessoal admitido pelas instituições gestoras, segundo os critérios contratualmente fixados, a competência sobre o mesmo pertence a estas instituições, que a exercem nos termos do direito privado laboral.

376   *As Instituições de Solidariedade Social*

Portanto, o acordo de gestão previsto no Despacho n.º 72/92 configura um verdadeiro contrato de prestação de serviços (prestação de serviços da IPSS contratada à Administração), sendo que esta prestação se concretiza, precisamente, na gestão de um estabelecimento público. A Administração, pela via contratual, investe o co-contratante numa especial posição ou estatuto jurídico – o estatuto de gestor de um estabelecimento público. O facto de as IPSS prosseguirem fins legais e estatutários coincidentes com os da Administração, comprovados pela autoridade pública, embora constituindo um título de credenciação, não significa, só por si, uma habilitação para a gestão ou administração de um serviço ou estabelecimento público. Não há, neste sentido, uma habilitação originária. É que não pode confundir-se a vocação sociológica, técnica ou até legal ou mesmo jurídico-estatutária, com o poder ou o direito à própria gestão estabelecimento público[571]. Aquela habilitação (específica) e este direito terão de decorrer de outro título, precisamente, dos acordos de gestão de estabelecimentos públicos.

Pelo que no sector da acção social, a Administração, através destes contratos, transfere, pois, para as IPSS a gestão ou administração de instalações, serviços, estabelecimentos e equipamentos públicos de apoio social, normalmente já em funcionamento, com a obrigação da entidade gestora de assegurar, em nome próprio mas sob financiamento público, a manutenção, regularidade e continuidade da prestação dos serviços aos beneficiários de acordo com a disciplina específica da actividade administrativa neles desenvolvida, contratualmente fixada ou legalmente prevista[572/573]. Os contratos de gestão de estabe-

---

[571] Vocação que, aliás, constitui um dos pressupostos objectivos necessários, pelo menos, à celebração dos acordos de gestão, dado que nos termos do n.º 2, da Norma IV, do Despacho Normativo n.º 75/92, estes acordos só podem ser "celebrados com as instituições em cujos objectivos estatutários se enquadrem as actividades desenvolvidas ou a desenvolver nas instalações e estabelecimentos que sejam objecto de acordo."

[572] No sentido de que o elemento nuclear nos contratos de gestão é a transferência para uma entidade privada dos poderes de gestão do estabelecimento ou as "operações de gestão e manutenção do estabelecimento ou serviço público já em funcionamento", MARIA MANUEL LEITÃO MARQUES e VITAL MOREIRA, *ob. cit.,* pág. 143. No mesmo sentido, vide PEDRO GONÇALVES, *A Concessão...,* págs. 160-162. Para este autor (pág. 162), referindo-se especificamente aos contratos de gestão no sector da saúde, "o gestor do serviço de saúde não explora nem gere uma «actividade administrativa»; ele administra ou gere um estabelecimento

As IPSS e a organização administrativa da segurança social   377

lecimentos de apoio social não têm apenas eficácia bilateral[574]. São contratos com um efeito misto, contendo cláusulas com efeitos restritos à partes contratantes, mas determinando também deveres e direitos para os utentes/beneficiários (por ex., o direito de exigir a fixação das comparticipações de acordo com os critérios oficiais). São, portanto, contratos com efeitos normativos ou regulativos.

Por isso, também por esta razão, nem sempre será fácil traçar os limites deste contrato com a gestão do próprio serviço público prestado nos estabelecimentos. E particularmente nos contratos que nos ocupam, dada a extensão dos poderes das entidade gestora à própria prestação do serviço. A delegação da gestão do estabelecimento (delegação em sentido orgânico) parece ser acompanhada da gestão do próprio serviço. Contudo, restará sempre um elemento e que, no caso, é um elemento nuclear – é que a Administração não aliena ou dispõe da gestão do serviço público, isto é, da responsabilidade pela gestão do serviço público enquanto actividade própria da Administração. Por isso, não há aqui uma concessão em sentido técnico[575].

---

público". Contudo, o mesmo autor não deixa de salientar (pág. 162) que a entidade gestora assume também "o dever de prestar serviços a terceiros".

[573] No texto dizemos "sob financiamento público" e não "sob remuneração" porque no contrato de gestão de serviços ou estabelecimentos públicos em causa o risco económico-finaceiro é suportado ou deve ser suportado pela Administração. Aquele financiamento destina-se a financiar directamente a própria prestação dos serviços, isto é, a custear as despesas de funcionamento do estabelecimento e os custos próprios da prestação de serviços aos utentes administrativos, e não a remunerar a actividade do gestor.

[574] Negando também a eficácia meramente bilateral dos contratos de gestão de estabelecimentos ou serviços de saúde, vide PEDRO GONÇALVES, A Concessão..., pág. 162. Aliás, aqui é a própria a lei a dizê-lo (art. 31.º, do DL n.º 11/93, de 15 de Janeiro), ao contrário do que sucede com o sector da acção social, onde, como já referimos no texto, não existe qualquer acto com valor legislativo a regular a matéria de que aqui tratamos. Mas convém notar que não é uma característica comum a todos os contratos de prestação de serviço, nem especificamente de todos os contratos de gestão de estabelecimentos (por ex., os contratos de gestão de estabelecimentos onde não sejam realizadas prestações ao público, como sucede, por ex., com a recolha de resíduos).

[575] Neste sentido, vide PEDRO GONÇALVES, A Concessão, págs. 161-162. Aliás, no caso concreto dos acordos de gestão, julgamos que a conclusão do texto é ainda reforçada pela Norma XXVII, do Despacho n.º 75/92, na medida em que aí se prevê que "a celebração de acordos de gestão confere prioridade às instituições gestoras na realização de acordos para a manutenção dos estabelecimentos ou serviços cuja gestão tenha sido cedida pelos centros regionais." Refira-se que estes acordos vigoram pelo período mínimo de três anos, automática e sucessivamente renovável por igual período (n.º 2, da Norma XXIV).

378   *As Instituições de Solidariedade Social*

Este último aspecto, embora não seja o objecto nuclear do contrato (o seu objecto imediato é, como se referiu, a gestão ou a administração do estabelecimento), é, contudo, um aspecto essencial dele. Embora a Administração apenas transfira ou "disponha da gestão ou administração da instituição ou serviço"[576], não podemos esquecer que os acordos de cooperação "têm por finalidade a concessão de prestações sociais" (Norma II do Despacho), e os estabelecimentos constituem apenas o suporte físico e funcional do cumprimento desta finalidade.

A concessão de prestações sociais constitui o conteúdo da actividade desenvolvida no estabelecimento. E esta não foi objecto de um acto de disposição; ela continua na titularidade e sob responsabilidade da Administração. E as prestações sociais destinam-se a satisfazer os direitos sociais dos sujeitos beneficiários. O conteúdo destes direitos, como já referimos, resulta da lei. São direitos subjectivos públicos. E a sua natureza não se transfigura consoante as instalações, serviços ou estabelecimentos que se destinam a dar-lhes realização efectiva estejam sob gestão directa da Administração ou sob gestão (privada) de uma IPSS.

Por isso, as regras de admissão dos beneficiários, de fixação concreta das tarifas (aquilo a que a lei chama eufemisticamente "comparticipações dos utentes e das famílias") e demais disciplina relevante, pelo menos de natureza substantiva, são regras públicas. E estas são de aplicação uniforme, independentemente da entidade gestora dos estabelecimentos. Por conseguinte, esta disciplina há-de ser a mesma que vigora para os estabelecimentos sob gestão pública. Trata-se de uma exigência inderrogável do princípio da igualdade.

Sendo assim, e não obstante a gestão do estabelecimento ser agora privada, as entidades gestoras, na medida em que também assumem o dever de prestar serviços a terceiros, ficam vinculadas à observância de regras públicas.

E a este propósito convém esclarecer o seguinte aspecto: o facto de a titularidade do serviço público se manter na Administração, bem como a responsabilidade da sua gestão e da prestação do serviço, isso não significa que a entidade contratada não actue em nome

---

[576] Cfr. PEDRO GONÇALVES, *A Concessão...*, pág. 162.

próprio, e, portanto, que os actos por elas praticados não lhes sejam imputáveis. Nas relações jurídicas estabelecidas com os beneficiários surge como parte a instituição gestora, que actua em seu próprio nome. Por isso, serão imputáveis à entidade gestora os actos concretos de admissão ou não admissão dos beneficiários, tal como os actos normativos de fixação das tarifas e os actos concretos de fixação e cobrança a cada um dos beneficiários. As comparticipações dos utentes ou de suas famílias destinam-se a financiar o funcionamento de um estabelecimento público. Trata-se de uma receita que assume o carácter ou a natureza de receita parafiscal.

Do mesmo modo, e por maioria de razão, ser-lhes-ão imputáveis os regulamentos que emita relativamente à gestão do estabelecimento.

Com a celebração do acordo de gestão, a Administração delega poderes de regulação, quer em relação à gestão do estabelecimento, quer em relação ao próprio serviço prestado no (ou a partir do) estabelecimento.

E esta questão toca com uma outra, e que tem a ver com a natureza – pública ou privada – deste poderes.

A regra deve ser a de que a relação da entidade gestora do estabelecimento com os beneficiários se processe segundo o direito privado. O estabelecimento está sob gestão privada. Contudo, isso não significa que a entidade gestora não possa ser investida de algumas prerrogativas públicas. É o que nos parece suceder no caso. A entidade gestora, na fixação dos critérios de admissão dos utentes e na fixação dos valores das comparticipações daqueles ou suas famílias, apenas fica contratualmente vinculada a observar os critérios vigentes para os estabelecimentos sob gestão pública (al. b), do n.º 2, da Norma XVI). Mas o acto de fixação daqueles critérios e daqueles valores é imputável à instituição gestora. Este acto tem por fonte orgânica a instituição. E esta fá-lo em nome próprio, tendo sido contratualmente investida nesse poder. E a instituição fixa os critérios e os valores unilateralmente. As suas normas são dotadas de eficácia vinculativa em relação a terceiros (utentes administrativos). A heteronomia normativa destes actos parece-nos patente. Os contratos celebrados com cada um dos utentes são contratos de direito privado (contratos que normalmente apresentarão uma configuração mista – contratos de hospedagem e contratos de prestação de serviços, outras vezes serão apenas contratos de prestação de serviços). Mas antes deles e a conformá-los está um conjunto de normas unilateralmente fixadas pela instituição gestora, e está ainda o acto individual e concreto de admissão do utente. Portanto, há aqui dois níveis distintos: o nível da imposição unilateral, quer de comandos normativos gerais e abstractos, quer individuais e concretos; e o nível contratual. No primeiro nível, julgamos que não se tratará apenas de um caso de eficácia ou de mera heteronomia normativa de normas jurídicas privadas. E com a seguinte particularidade: é que o exercício destes poderes jurídicos não se dirige essencialmente aos membros ou associados (embora também possa abrangê-los, mas estes, designadamente no caso das associações ou mesmo das cooperativas, legitimaram, pelo voto, os órgãos dirigentes, ou têm sempre a possibilidade de participar nas deliberações das respectivas assembleias), mas sim aos beneficiários ou utentes[577].

b) Os acordos de cooperação

Estes acordos, como se referiu, têm por objectivo (Norma III):

– a prossecução de acções, por parte das instituições, que visem o apoio às crianças, jovens, deficientes, idosos e à família, bem como a prevenção e a reparação de situações de carência, de disfunção e marginalização social e o desenvolvimento das comunidades e a integração e promoção social;
– o apoio e o estímulo às iniciativas das instituições que contribuam para a realização dos fins de acção social.

Também nestes acordos a finalidade essencial da cooperação é a concessão de prestações sociais (Norma II do Despacho). Os acordos constituem um meio regulador dos modos e dos processos por que se realiza esta finalidade.

Em relação a estes acordos, julgamos que o seu estudo deverá, hoje, ser conjugado com a nova lei de bases do sistema de solidarie-

---

[577] A questão abordada no texto só vem confirmar o que por diversas vezes já foi referido: a necessidade de uma intervenção legislativa, não só no sentido de conceder unidade, coerência e sistematicidade aos contratos celebrados entre a Administração e as IPSS, mas também por estes poderem envolver a transferência de prerrogativas públicas. Ora, isto é matéria de lei, ou pelo menos terá de ser autorizada por lei.

As IPSS e a organização administrativa da segurança social   381

dade e de segurança social. No art. art. 38.º, n.º 1, sob o título "exercício público da acção social" diz-se que o exercício da acção social é efectuado directamente pelo Estado, através da utilização de serviços e equipamentos públicos, ou em cooperação com as entidades cooperativas e sociais e privadas não lucrativas, de harmonia com as prioridades e os programas definidos pelo Estado...".

E tendo em conta esta disposição, cremos que podem ser autonomizados dois tipos específicos de acordos de cooperação. Esta autonomização nem sempre será fácil, dadoestarmos numa zona cinzenta, um espaço propício à "miscigenização política"[578] e administrativa, desafiando os limites da abstracção e delimitação conceitual da realidade[579]. Contudo, partindo de alguns elementos, umas vezes fornecidos pela lei, outras vezes fornecidos pela específica disciplina que enforme os acordos[580], julgamos que será possível detectar algumas diferenças susceptíveis de conceder a estes acordos uma configuração específica, isto é, uma tipicidade e funcionalidade específica que nos permita dizer que nuns casos estamos perante uma determinada espécie de acordos de cooperação, tendencialmente distinta e autónoma da de outros acordos de cooperação.

Assim, poderá haver situações em que a Administração, através destes acordos, delega nas IPSS a concreta execução de programas ou projectos ou acções de natureza social. O programa é público, a responsabilidade pela sua gestão é pública, e os recursos financeiros também são públicos. A tarefa é, pois, administrativa, constituindo uma atribuição ou uma responsabilidade própria e directa da Administração. Contudo, para a sua concreta realização o Estado convoca as IPSS.

As actividades a desenvolver com base no programa, ou as prestações específicas que constituem o seu conteúdo, sempre poderiam ser prosseguidas pelas IPSS, desde que incluídas no âmbito dos

---

[578] Cfr. VIEIRA DE ANDRADE, *Interesse público, DJAP*, vol. V, pág. 279.

[579] Neste sentido, vide PIERRE MOOR, *Droit Administrative...*, vol. 3, 1992, págs. 52-53.

[580] Relembramos que são celebrados muitos acordos que não obedecem à disciplina base instituída pelo Despacho n.º 75/92, para além de que o regime aqui consagrado deixa margem para a celebração de acordos atípicos, ou pelo menos com um regime específico em relação ao alí consagrado. Esta, mais uma razão para, definitivamente, se consagra legalmente um regime base e uniforme para cada tipo contratual.

seus fins. Isto é, objectivamente as IPSS sempre poderiam prosseguir aquelas actividades independentemente da existência do programa público. As IPSS já se encontram credenciadas para prosseguir actividades de acção social. Por isso, neste aspecto, a existência de um programa público (por ex., um programa nacional de apoio domiciliário, ou de apoio a idosos, ou de combate à exclusão social de grupos minoritários, ou de reinserção social de toxicodependentes, etc.) nada traz de novo. Contudo, não é esta a circunstância essencial do acordo de cooperação. O facto de as IPSS (as IPSS que se tenham associado à execução do programa), prosseguirem fins materialmente iguais aos que dele constam ou de desenvolverem actividades iguais às ali previstas ou em que aquele se virá a concretizar constitui um pressuposto ou uma condição objectiva da celebração dos acordos.

Mas nestes casos, como se referiu, não é este o aspecto nuclear do acordo. Nem tão pouco constitui objecto dele o programa em si, isto é, enquanto bem autonomamente considerado, dado que a Administração não aliena o programa, nem parcelas dele. A Administração é o titular do programa. Isto é, a Administração não aliena ou dispõe do serviço público consubstanciado naquele programa. E com a celebração do acordo a Administração não aliena esta posição, nem para uma só entidade, nem para cada uma das entidades que celebrem acordos de cooperação com a Administração. E também não constitui objecto do acordo a gestão do programa em causa. Ou seja, a Administração, com a celebração do contrato, não se "desfaz" da responsabilidade pela sua gestão. A Administração está constitucionalmente impedida de reduzir a sua responsabilidade a uma mera função de garante. A Administração não pode, neste domínio, reduzir-se a uma função de garantia de cumprimento dos deveres por parte do prestador dos serviços. O Estado não pode transformar a acção social em objecto de concessão (concessão propriamente dita).

O elemento nuclear do acordo é a obrigação assumida pela entidade contratada perante a Administração de praticar os actos ou desenvolver as actividades previstas ou necessárias à execução daquele programa. Ou seja, a entidade contratada celebra com a Administração um contrato de prestação de serviços que tem por objecto o desenvolvimento, em nome próprio, de actividades destinadas à execução de um determinado programa público de acção social, assu-

As IPSS e a organização administrativa da segurança social 383

mindo a entidade contratada o dever de prestar a terceiros (utentes/ /beneficiários administrativos), os serviços previstos naquele programa, sendo, para o efeito, financiada, em certos termos, pela Administração. Diríamos, acompanhando VINCENT WRIGHT, que estamos aqui perante uma espécie de "delegação financiada" de prestação de um serviço público[581].

Este tipo de acordos, na medida em que a entidade co-contratante assume o dever de prestar serviços a terceiros, também não têm apenas eficácia meramente bilateral. E como a actividade desenvolvida à sombra do programa é uma actividade administrativa destinada a dar realização efectiva aos direitos sociais dos beneficiários (dos beneficiários que reunam os pressupostos legalmente previstos), valem também, quanto a ela, as observações que fizemos relativamente aos serviços prestado no âmbito dos acordos de gestão. Por outro lado, ele tanto poderá comportar uma obrigação de meios, como uma obrigação de resultados. Tudo depende da natureza concreta da tarefa em causa. Se a tarefa consiste no apoio domiciliário a idosos ou no acolhimento deste grupo etário em instalações, a obrigação será de resultado. Mas se se tratar de um programa de reinserção social dirigido a um grupo ou a uma categoria específica de indivíduos, a obrigação assumida será apenas de meios.

Por sua vez, o financiamento, embora seja um elemento essencial, não é, contudo, o elemento nuclear do contrato. O financiamento destina-se, passe a redundância, a financiar uma actividade administrativa, cuja execução foi delegada ou devolvida às IPSS.

Portanto, através destes acordos a Administração associa as IPSS à execução de um serviço público, delegando-lhes a "responsabilidade" pela concreta prestação daquele serviço aos utentes. Isto é, delega nas IPSS a realização da concreta prestação dos serviços aos utentes/beneficiários abrangidos pelo âmbito pessoal de aplicação daquele programa.

Pelo que nestes acordos há algo de novo, e a novidade não reside no financiamento, pois este é uma característica comum a todos os acordos celebrados entre a Administração e as IPSS, nem, por outro lado, reside numa especial autorização ou habilitação para

---

[581] Cfr. VINCENT WRIGHT, *ob. cit.*, pág. 102.

a prossecução das actividades contempladas no programa, dado que estas sempre poderiam ser prosseguidas, *iure proprio*, pela IPSS contratada, desde que constantes dos fins específicos de solidariedade social estatutariamente consagrados. Isto é, aquelas actividades não são uma atribuição exclusiva da Administração, nem a sua prossecução é reservada à Administração. O carácter de novidade está, isso sim, no facto de a entidade privada assumir, perante a Administração, a obrigação de desenvolver, com base no programa público e nos termos constantes deste (eventualmente desenvolvidos no acordo celebrado), as actividades destinadas à execução de um serviço que a Administração assumiu como próprio, e para cuja execução convoca, precisamente, as IPSS. Por isso, a novidade está aqui na especial natureza do serviço prestado, e de que as IPSS são contratualmente incumbidas de executar. Trata-se de um serviço que foi objecto de uma especial qualificação pela Administração, não tendo apenas a natureza de interesse geral relevante, cuja utilidade social seja reconhecida pela Administração e que, por isso, incentiva e apoia. Por isso, o seu regime há-de ser o que é "próprio" da actividade administrativa cuja execução foi delegada.

Em suma, os acordos de cooperação que apresentem esta específica configuração, não se limitam a conferir à entidade contratada uma especial vantagem ou uma especial situação jurídica vantajosa ou favorável. Pelo que o essencial nestes acordos não é apenas a prestação da Administração – concretizada, no caso, no financiamento público –, mas sim a especial obrigação assumida pela entidade contratada de prestar aos beneficiários os serviços (públicos) previstos no programa. Deste modo, os acordos de cooperação que apresentem esta tipicidade não poderão ser qualificados como puros contratos de atribuição. Eles são, isso sim, contratos de prestação de serviços que têm por objecto a execução de um serviço público. Nestes acordos há, assim, elementos que indiciam a sua pertença à família dos contratos de delegação de serviços públicos, mas sem que haja a alienação da titularidade ou da responsabilidade da gestão[582].

---

[582] Admitindo que a cooperação poderá constituir um instrumento de delegação de funções públicas (e até de funções autoritárias), vide GABRIELE LEODINI, *ob. cit.* págs. 83.

As IPSS e a organização administrativa da segurança social   385

Aliás, e bem vistas as coisas, ao assinalar esta específica relevância aos acordos de cooperação, limitamo-nos, no fundo, a desenvolver a tese adiantada por Vital Moreira, embora limitando a sua opinião aos acordos de cooperação celebrados entre a Administração e as Casas do Povo. A disciplina que tem regido estes acordos é, por aplicação extensiva, precisamente a mesma que rege os celebrados entre a Administração e as IPSS[583].

Contudo, outros acordos de cooperação existem (e porventura serão estes os predominantes) em que, de facto, o financiamento das actividades desenvolvidas pelas IPSS pode surgir como a causa imediata dos acordos. Nestes casos, os programas são próprios das IPSS. As acções e as actividades desenvolvidas são da sua exclusiva iniciativa e responsabilidade. O Estado reconhece utilidade social a estas acções. Por isso, apoia-as, financiando o seu desenvolvimento. Nestes acordos a "causa-função" imediata parece, de facto, ser o financiamento. Isto é, a atribuição de uma vantagem, neste caso financeira, às entidades contratadas.

Simplesmente, mesmo nestas situações, a Administração não se limita a financiar as actividades desenvolvidas pelas IPSS. Ajusta contratualmente com estas entidades o modo de prestação dos serviços financiados, incluindo os termos ou o cálculo desse financiamento[584]. A actividade desenvolvida pelas IPSS é uma actividade própria, uma actividade sua e da sua exclusiva iniciativa e responsabilidade: é uma

---

[583] Sobre a relevância dos acordos de cooperação como instrumento de delegação de tarefas públicas nas Casas do Povo, vide VITAL MOREIRA, *Administração Autónoma...*, pág. 558.

[584] Como se referiu no capítulo II, o apoio financeiro prestado pelo Estado no âmbito da cooperação ou a título eventual é calculado em função da valência e dos lugares ocupados sem considerar a situação sócio-económica do beneficiário. Para uma crítica a esta fórmula de cálculo, vide CARLOS BARROS, *O financiamento da acção social em Portugal, ob. cit.,* págs. 315 e segs., onde, aliás, critica o modo global do processo de financiamento. Em sentido aproximado, ANTÓNIO LUÍS SILVESTRE, *Análise das assimetrias da acção social em Portugal, ob. cit.,* págs. 267 e segs., e A. SANTOS LUÍS, *A Política da Acção Social, ob. cit.,* pág. 260 e segs. onde refere expressamente que o quadro legal vigente permite privilegiar a admissão ou a prestação de serviços a pessoas de maiores rendimentos, beneficiando, em simultâneo, do apoio do Estado. De qualquer modo, e sem embargo da oportunidade destas críticas, a própria fórmula de cálculo do financiamento constitui um elemento auxiliar da conclusão a que chegamos no texto: a contribuição pública não significa uma mera operação de técnica financeira ou um apoio às instituições; pelo contrário, significa que o elemento essencial de cálculo é o serviço prestado.

386 *As Instituições de Solidariedade Social*

actividade programada, projectada ou planeada pela própria entidade. Neste sentido é uma actividade integralmente privada. Contudo, a entidade parte no acordo de cooperação aceita desenvolver essa actividade sob certas condições. Isto é, sob obrigações e princípios em tudo semelhantes aos que regem a actuação administrativa ou a actuação das IPSS quando tenham assumido a gestão de estabelecimentos públicos ou a prestação de um serviço público. Dir-se-á que há aqui o ajuste contratual de obrigações próprias da prestação de um serviço público. De modo que o seu regime acabará por ser fundamentalmente o mesmo do dos acordos atrás referidos[585]. Ou seja, através destes acordos a Administração insere as IPSS nos princípios e objectivos do sistema. Circunstância que lhe confere uma grande similitude com os contratos de concerto[586].

Deste modo, acordos de cooperação em análise também não se limitam a atribuir uma especial vantagem às IPSS, ou a facilitar o cumprimento dos seus fins ou ainda a facilitar o cumprimento de obrigações que tenham assumido perante os seus beneficiários. A sua finalidade é mais vasta e complexa.

Na verdade, também nestas hipóteses o acordo de cooperação surge como um mecanismo regulador da prestação de um serviço,

---

[585] Cfr. PEDRO GONÇALVES, *A Concessão,* pág. 146....

[586] No direito espanhol os contratos de concerto são incluídos, a par da concessão e da gestão interessada, na modalidade de gestão desintegrada dos serviços públicos, sendo aí legalmente definidos como aqueles contratos através dos quais a Administração acorda com um particular (pessoa singular ou colectiva) que venha realizando prestações análogas às que constituem o serviço público de que se trate. Cfr. JOSÉ LUIS VILLAR EZCURRA, *Servicio Público y Técnicas de Conexion,* Centro de Estudos Constitucionales, Madrid, 1980, pág. 247. Especificamente sobre os concertos educativos, JOSE MANUEL DIAZ LEMA, *Los Conciertos Educativos,* pág. 44, refere expressamente a existência de uma equiparação no regime e funcionamento dos centros concertados aos centros públicos, sendo que o fundamento da equiparação reside, precisamente, na consideração de que aqueles centros contribuem para a prestação do serviço público da educação. Daí que o autor configure este tipo contratual do seguinte modo (págs. 79 e segs.): o contrato de concerto educativo é o mecanismo jurídico através do qual se canalizam as subvenções estatais para os centros de ensino privados, sendo que à subvenção está associada uma relação jurídica que incorpora uma série de vinculações jurídico-públicas que se impõem aos centros contratados ou subvencionados, cuja compreensão só pode residir na prestação de um serviço público por estes centros. Sobre estes contratos, vide, entre nós, PEDRO GONÇALVES, *A Concessão,* págs. 144, nota 130, 146, 168-169.

As IPSS e a organização administrativa da segurança social 387

assumindo as IPSS obrigações que não podem ser somente compreendidas no quadro de uma relação matemática da contrapartida do financiamento obtido. Ou seja, também nestes acordos as obrigações assumidas pelas IPSS constituem um elemento essencial, ficando o risco económico-finaceiro dos mesmos quase integralmente a cargo da Administração.

Cremos que alguns dos aspectos fundamentais da disciplina normativa dos acordos apoiam o sentido das nossas conclusões. Na verdade, e entre outros aspectos, destes deverão constar os critérios de comparticipação financeira dos utentes ou famílias, previamente estabelecidos (o Despacho fala em "consensualizados") entre os serviços do ministério da tutela e as uniões (respectivamente, a al. f), do n.º 1, da Norma XVIII, e al. c), do n.º 1, da Norma XVI); regras especiais sobre a concessão de prestações quando a complexidade dos serviços ou a emergência da situação o justifique (Norma XIX); o número de utentes efectivamente abrangidos (al. c), do n.º 1, da Norma XVIII, e al. b), do n.º 1, da Norma XXI); a comparticipação financeira da segurança social por utente/mês ou global (al. d), do n.º 1, da Norma XXI), sendo que esta comparticipação é fixada anualmente por despacho ministerial ou por protocolo celebrado com as uniões representativas das IPSS (n.º 4, da Norma XXII)[587], a qual deverá, aliás, ser anualmente ajustada em função da variação do número de utentes e da qualidade dos serviços prestados (n.º 6, da Norma XXII). Para além disso, as instituições obrigam-se a atribuir, no âmbito dos acordos, prioridade a pessoas e grupos social e economicamente mais desfavorecidos, a enviar aos centros regionais decisões que careçam de homologação, informações periódicas para análise ou avaliação qualitativa e quantitativa das actividades desenvolvidas, e a articular os seus programas de acção com os centros regionais (e com outros serviços e instituições) da área geográfica considerada, etc.

Por último, refira-se ainda que os conflitos surgidos no âmbito da execução dos acordos são submetidas a decisão de uma comissão arbitral, precedida de um parecer de uma comissão de avaliação (n.º 4,

---

[587] O que está de acordo com o período de vigência dos acordos – um ano –, embora automática e sucessivamente renovável por igual período (n.º 1, da Norma XXIV).

da Norma XXXII). Destas decisões cabe recurso para os tribunais administrativos[588].

Do conjunto global da disciplina aplicável a este tipo de acordos julgamos que lhes preside uma orientação fundamental: inserir a actividade (própria ou privada) desenvolvida pelas instituições no quadro global da prestação de serviços de acção social, vinculando-a aos princípios e objectivos que presidem ao sistema de acção social. Pelo menos assim sucederá em relação às actividades daquelas instituições que seja directamente financiada, nos termos referidos, pelo Estado. Isto é, estes acordos reflectem uma intenção política (da política social): integrar funcionalmente a actividade desenvolvida pelas instituições no sistema público de acção social, e não apenas fomentar ou incentivar o desenvolvimento de actividades consideradas de interesse público coincidentes com as da Administração. Os acordos de cooperação, pela disciplina jurídica concretamente instituída, ainda que esta padeça de ambiguidades e imperfeições, pretendem justamente servir de instrumento de realização da intenção política que lhe está subjacente: conciliar a actividade das instituições com a execução de uma tarefa administrativa. Por isso, ainda se poderá dizer que estes acordos constituem uma forma de exercício público da acção social. A Administração acaba por utilizar estes acordos como mais uma técnica ou modo de gestão/delegação de tarefas administrativas, ou mais precisamente, de execução ou prestação de um serviço público. Através deles a Administração utiliza ou mobiliza organizações externas para realizar as suas próprias tarefas. Os objectivos a atingir são, pois, de natureza pública: o exercício da acção social. Pelo que ainda nestes casos será legítimo concluir que a Administração exerce a acção social por intermédio das IPSS (art. 38.º, n.º 1, da lei de bases do sistema de solidariedade e segurança social). Conclusão que, aliás, não deixa de estar em consonância com a própria redacção do art. 63.º, n.º 5 da CRP. Aqui se diz que o Estado apoia a actividade e o funcionamento das instituições e não as instituições enquanto tais. Para a Constituição o que releva é realida-

---

[588] Na lei de bases da segurança social de 1984 o recurso para os tribunais administrativos estava expressamente previsto (art.47.º). No entanto, as posteriores leis de bases não mantiveram aquela disposição. Contudo, tal não significa a eliminação desta possibilidade.

de objectiva – a actividade desenvolvida e os meios para o efeito necessários.

Em síntese, do quadro global exposto julgamos que os instrumentos disciplinadores da cooperação entre as IPSS e a Administração não podem reduzir-se a modelos contratuais perfeitamente tipificados. Isto é, não podem reduzir-se nem a puros contratos de atribuição (independentemente da relevância dos elementos de paridade ou de subordinação), nem serão redutíveis à configuração típica dos contratos de colaboração, na medida em que, para além de não haver uma remuneração das entidades prestadoras, não há uma operação de transferência de uma responsabilidade pública para um particular[589]. Como se referiu, a Administração está constitucionalmente impedida de alienar esta responsabilidade. Contudo, não negamos que em alguns acordos possam prevalecer alguns elementos que os aproximem dos contratos de colaboração, designadamente quando as entidades contratadas assumam o dever específico de executar um serviço ou uma tarefa (formalmente) assumida como administrativa. Nestes acordos, prevalecerá sobretudo o elemento da prestação de serviços (da prestação de um serviço que a Administração assumiu como tarefa sua).

Por último, também não são redutíveis a meros convénios de colaboração, mesmo admitindo a possibilidade da aplicação subsidiária a estes acordos das normas do contrato administrativo, designadamente dos contratos relativos à gestão de serviços públicos[590]. O facto de se prever expressamente na Norma XXXII do Despacho n.º 75/92, a existência de uma comissão arbitral que, em primeira instância, deverá decidir as "questões suscitadas no âmbito da cooperação", tendo, portanto, competência para a resolução dos possíveis

---

[589] Cfr. SÉRVULO CORREIA, *Legalidade e Autonomia Contratual...*, pág. 420, onde aponta a remuneração como um dos elementos do contrato de colaboração, e PEDRO GONÇALVES, *A Concessão*, pág. 169, elege a "operação de transferência de um responsabilidade pública para um particular" como elemento distintivo do mesmo contrato. Refira-se que, nos termos da lei, os contratos de colaboração visam associar um particular ao desempenho regular de atribuições administrativas – art. 182.º, n.º 1, do CPA -, ficando o particular co-contratante num estado de sujeição em face do exercício de poderes públicos pela autoridade administrativa (por ex., prática de actos administrativos respeitantes à execução do contrato).

[590] Neste sentido, vide MARTIN BASSOLS COMA, *ob. cit.*, págs. 96 e segs., onde defende, inclusivamente, a aplicação do instituto da responsabilidade contratual (pág. 67).

390   *As Instituições de Solidariedade Social*

conflitos surgidos no âmbito das relações cooperação estabelecidas entre os centros regionais de segurança social as IPSS, é sintomático da natureza contratual destes acordos[591]. De resto, a existência de árbitros em matéria de contratos administrativos constitui, hoje, um princípio geral do Direito Administrativo.

Contudo, o que aqui interessa realçar é o facto de também entre nós a fórmula contratual surgir como um instrumento normal de gestão de uma certa actividade típica do nosso modelo de Estado – a acção social. Por isso, ela tenderá a ganhar cada vez mais o estatuto de quadro jurídico estruturante e regulador da própria relação entre a Administração e as organizações do terceiro sector que nos ocupam, funcionando como um modo regulador de papéis, de funções e de responsabilidades na gestão de recursos públicos, contribuindo, assim, para a prossecução simultânea de tarefas comuns à Administração e às instituições de solidariedade social – os fins de solidariedade social[592]. Os dados constitucionais apontam, como vimos, nesse sentido.

O domínio específico da relação em causa, a especial qualidade do co-contratante da Administração e a confluência de elementos diversos e de diferente natureza numa e mesma relação confere aos acordos em causa uma atipicidade característica, que não facilita a sua recondução aos esquemas clássicos e nominados do contrato administrativo.

---

[591] Previsão análoga era consagrada no artigo 47.º, n.º 1 da lei de bases da segurança social de 1984, mas que não foi mantida pelas leis posteriores.

[592] Relembramos que nos referimos às instituições que se constituem para prestar serviços a terceiros (beneficiários ou utentes). Contudo, as outras instituições – isto é, as que visam satisfazer os interesses dos próprios associados ou cooperadores, caso das associações mutualistas, casas do povo e cooperativas de solidariedade social – também podem, designadamente através da celebração de acordos, prestar serviços a terceiros. E é isso que efectivamente acontece, designadamente com as casas do povo e com as cooperativas de ensino especial (que também são qualificadas como cooperativas de solidariedade social). Isto, sem prejuízo de deverem distinguir-se as entidades que actuam em benefício da comunidade (dos beneficiários) das que prosseguem fins em benefício dos associados (mutualidades) ou dos cooperadores (cooperativas). É que nestes dois últimos casos o interesse é egoístico ou privado, embora coincidente com o interesse geral ou coincidente com os fins do sistema (por ex., da segurança social ou do ensino). Contudo, como é um fim do sistema ou um interesse do sistema podemos dizer que também exercem uma função administrativa. Neste sentido, MARTÍN BASSOLS COMA, *ob. cit.,* pág. 108.

No âmbito das relações entre a Administração e as IPSS, a coo-peração surge como um instrumento multifuncional, isto é, como um modelo flexível e aberto, capaz de permitir o exercício simultâneo de diversas funções, jurídicas e não jurídicas, e, por isso, nem sempre redutíveis a um entendimento puramente jurídico, ou pelo menos exclusivamente manejáveis através dos esquemas clássicos da técnica jurídica. O seu entendimento cabal fará também apelo a outras ciên-cias, como a Ciência da Administração ou a Sociologia da Adminis-tração.

De facto, a cooperação é um modelo aberto ao exercício de funções de regulação (regulação num sentido amplo, envolvendo a normatividade jurídica e não jurídica), de articulação de actividades ou de formas de actuação, de coordenação de meios, de planos e de programas, de controlo mútuo e de hetero-controle, propiciando tam-bém a delegação de tarefas públicas. Esta última função tende hoje a sobressair, dado que o Estado descobriu na cooperação um instru-mento que lhe permite "converter" as organizações do terceiro sector em agentes de prestação de serviços públicos.

O Estado, através da cooperação, não se limita a apoiar activida-des reconhecidas de interesse público. A cooperação é, hoje, mais extensa e complexa. Em relação às IPSS, a cooperação surge também como um instrumento por via do qual a Administração convoca as organizações da sociedade civil para o cumprimento de tarefas admi-nistrativas, habilitando-as ao exercício de interesses próprios (próprios da Administração) ou delegando-lhes a responsabilidade de executar ou prestar determinados serviços públicos. Por sua vez, as IPSS en-contram neste modo de cooperação um instrumento de realização dos seus próprios fins[593/594]. E neste sentido, podemos dizer, adaptan-

---

[593] Naturalmente que fora do âmbito e do sentido dos modos de cooperação a que nos estamos a referir ficarão as entidades cujas actividades não se integrem no âmbito das políticas de iniciativa pública ou não sejam directamente apoiadas pela Administração. Espa-ço que, aliás, acaba por reduzir-se às iniciativas próprias desenvolvidas por entidades priva-das sem fins lucrativos que não se insiram nos objectivos daquela política ou não sejam apoiadas financeiramente pela Administração, e às iniciativas privadas de fins lucrativos, ainda que a sua actividade possa ser materialmente qualificada como acção ou intervenção social, coincidindo, assim, com a acção desenvolvida pela Administração Pública e pelas IPSS.

[594] Convém referir que a tendência da cooperação é para o seu alargamento a outras realidades de carácter menos institucional, como é o caso das "Famílias de Acolhimento" e

do ao caso as palavras de S. Martín-Retortillo, que também através da cooperação os "particulares entram directamente dentro da esfera da Administração"[595]

Pelo conjunto de razões assinaladas impõe-se, entre nós, a elaboração de uma disciplina legal que, pelo menos, enquadre ou estabeleça os princípios ou as bases gerais da cooperação entre a Administração e as IPSS, de forma a que, por um lado, a matéria em causa ganha a dignidade legislativa que merece, e, por outro, se conceda às relações de cooperação um mínimo de unidade, coerência e sistematicidade.

Em suma, e em geral, julgamos que a relevância, a dimensão e a especificidade que tende a assumir o quadro das relações entre a Administração e as instituições do terceiro sector, e designadamente com as instituições reconhecidas de utilidade pública, legitimam a autonomização específica de uma categoria de contratos, que se poderá designar por contratos de cooperação entre o Estado e as instituições particulares de interesse público sem fins lucrativos. Enquanto figura aberta poderá permitir, no plano funcional, uma utilização flexível, embora sem prejuízo da existência de regimes diferenciados.

A institucionalização destes contratos poderá fundar uma espécie de mini-pacto social, afirmando-se como instrumento regulador daquelas relações. O Estado, em relação a estas instituições, tenderá abandonar mecanismos tradicionais de natureza autoritária que ainda conserva, mas que raras vezes exerce, para os substituir por um novo pacto social, em que os princípios da responsabilidade e da transparência assumam uma função estruturante do seu regime. Param além disso, a existência destes contratos não é incompatível com a preservação de mecanismos de fiscalização e controlo. As ideias de paridade ou de subordinação não terão de funcionar aqui necessariamente como instrumentos classificatórios decisivos.

---

das "Amas", onde podem também ser implementados esquemas contratualizados de cooperação, assumindo, pela via pela via contratual, e perante a Administração (e também perante as IPSS) a prestação de determinado tipo de serviços de acção social. Sobre estas figuras, vide A. Luís Santos, *A Política Social em Portugal, ob. cit.,* pág. 248.

[595] Cfr. S. Martín-Retortillo, *El derecho civil en la génesis del drecho administrativo y de sus instituciones,* Sevilha, 1960, págs. 140-141.

4.3. *A delegação ope legis ou por acto administrativo de tarefas públicas nas IPSS*

Os instrumentos contratuais de cooperação são, sem dúvida, os meios privilegiados de convocação das organizações particulares para o exercício de tarefas públicas. Ou dito por outras palavras: tal como em outros sectores da Administração de prestações, também no domínio da acção social a figura contratual, e sem prejuízo das particularidades que a caracterizam, constitui o meio normal ou mais frequente de delegação de tarefas públicas. Contudo, os casos de habilitação específica para o exercício de tarefas públicas, quer pela via legal, quer pela via administrativa, vão-se tornando cada vez mais frequentes.

De facto, nos anos mais recentes os casos de delegação *ope legis* ou mesmo por acto administrativo vão tornando-se também meios ou instrumentos cada vez mais usados. Assim, e para além do caso específico das associações de voluntários de acção social, que nascem legalmente vocacionadas/habilitadas para assumirem responsabilidades próprias das entidades públicas, e do que a este propósito dissemos sobre os contratos de cooperação, temos ainda outros modos de habilitação. Assim, e entre outras hipótese: a habilitação legal em matéria de adopção – o DL n.º 120/98, de 8 de Maio reconheceu ou habilitou as Instituições Particulares de Solidariedade Social a intervir nos procedimentos de adopção, impondo-lhe inclusivamente deveres específicos (art. 3.º); o Decreto Regulamentar n.º 17/98, de 14 de 3 Agosto, que regulou os termos, requisitos ou condições de que depende o reconhecimento da capacidade às IPSS para intervirem como organismos da segurança social nos procedimentos de adopção, concede-lhes uma série de poderes cuja natureza pública nos parece indiscutível (por ex., poderes de inscrição e selecção dos candidatos a adoptantes e de decidir sobre a sua confiança administrativa ou requerer a confiança judicial – arts. 2.º, 3.º, 15.º e 16.º)[596].

---

[596] Refira-se que ao abrigo dos diplomas referidos no texto foi já reconhecida por acto administrativo, embora precedido de requerimento da instituição, capacidade para intervir como organismo de segurança social em matéria de adopção ao Refúgio Aboim Ascensão, tendo, inclusivamente, sido delimitada a sua competência territorial à área do concelho de Faro. Sobre o problema da legitimidade para requerer a confiança judicial de menor adoptando,

394   *As Instituições de Solidariedade Social*

Refira-se ainda (embora, neste caso, sem base legal específica par o efeito, sendo, portanto, e nesta parte, inconstitucional) o regulamento que aprova as normas reguladoras das comparticipações familiares pela utilização de serviços de apoio à família em estabelecimentos de educação pré-escolar, que habilita as instituições a desenvolver as regras e os princípios estabelecidos naquele regulamento (Despacho Conjunto n.º 300/97, D. R. n.º 208, IIS, de 9-9-97), e o DL n.º 4/82, de 11-1, no seu art. 9.º, n.º 3, concede às casas do povo, no âmbito dos serviços públicos delegados, "poderes de autoridade não somente sobre os scus associados mas também sobre os restantes membros da categoria interessada" (VITAL MOREIRA)[597].

A delegação de tarefas públicas não se limita, pois, ao desenvolvimento de actividades de natureza material. Ela abrange também poderes jurídicos, incluindo o gozo de poderes normativos públicos.

A capacidade jurídica das instituições particulares de interesse público, tende, em alguns domínios, a diluir-se num misto cada vez mais indecifrável de capacidade jurídica de direito privado e de capacidade jurídica de direito público.

5. Consequências da adopção do modelo de cooperação na gestão da acção social: a integração das IPSS no sistema público de acção social

As ideias expostas ao longo deste capítulo cremos que nos autorizam, em jeito de síntese conclusiva, a formular, ainda que de forma genérica, uma ideia que consideramos fundamental. É o que passamos a fazer.

A CRP, no seu art. 63.º, n.º 1, atribui ao Estado a obrigação de organizar, coordenar e subsidiar um sistema de segurança social que proteja os cidadãos perante os riscos sociais em todas as situações de falta ou diminuição dos meios de subsistência ou de capacidade para

---

vide o Acórdão da Relação de Lisboa, de 7/12/95, emitido no Proc. n.º 10076, onde estava em causa a legitimidade da Santa Casa da Misericórdia de Lisboa para requerer a confiança judicial de um menor que tinha acolhido, tendo já concedido a confiança administrativa a terceiras pessoas, a quem o tinha entregue.

[597] Cfr. VITAL MOREIRA, *Administração Autónoma* ..., pág. 561.

As IPSS e a organização administrativa da segurança social 395

o trabalho. Como se referiu, este sistema, ou melhor, este macro-sistema, compreende também a acção social, sendo esta dotada de características e finalidades próprias que lhe concedem autonomia conceitual e sistemática. Por isso, a lei configura-a como um subsistema, o qual deve ser concebido e estruturado à luz das finalidades e princípios também já expostos. Quanto aos seus elementos constituintes, o (sub)sistema de acção social compreende um elemento objectivo – os regimes (a acção social enquanto conjunto estruturado de normas) – e um elemento subjectivo – as instituições públicas de segurança social. Contudo, para a realização das finalidades do sistema a Administração convoca entidades privadas por si oficialmente credenciadas. Estas entidades, ao abrigo dos instrumentos de cooperação e sob financiamento público, participam ou associam-se à Administração no exercício público da acção social, em conformidade com as prioridades e aos programas definidos pelo Estado. Significa isto que, através da cooperação, as IPSS são funcionalmente integradas no sistema público de acção social. Na verdade, a política social é definida pelo Estado, as prioridades de intervenção e os específicos programas de concretização daquela política são também definidos pelo Estado, e os recursos financeiros tem por fonte directa as transferências do orçamento da segurança social. A política social é, obviamente, de natureza pública, os programas são públicos, e os recursos financeiros que hão-de custear a sua implementação também são públicos (pelo menos, a grande fatia, pois há a possibilidade de fixar uma comparticipação a cargo dos beneficiários) [598].

Portanto, não está apenas em causa uma coincidência de fins entre a Administração e as instituições particulares ou a prossecução de tarefas coincidentes, e que aquela estimula e incentiva através do reconhecimento do seu interesse público ou utilidade pública, com os consequentes benefícios legais. A coincidência de fins ou de tarefas é um pressuposto objectivo da cooperação, na medida em que só as entidades que se proponham prosseguir fins de solidariedade social é que poderão ser objecto de credenciação oficial. E, para além

---

[598] Sobre o conceito de política social, e sua delimitação em face de situações próximas, vide A. SANTOS LUÍS, *As Instituições Não-Lucrativas e a Acção Social em Portugal*, pág. 233.

396   *As Instituições de Solidariedade Social*

disso, só as entidades assim credenciadas poderão celebrar acordos de cooperação e de gestão com a Administração.

E, segundo julgamos, também não estará apenas em causa a "coexistência concorrencial", ou melhor, a "coexistência colaborante entre actividades públicas e privadas"[599] ou entre entidades públicas e privadas que desenvolvem iguais actividades, ou ainda a "coexistência cooperante e controlada entre umas outras"[600], na medida em que com esta fórmula se pretenda abranger apenas o desenvolvimento de uma actividade "puramente privada" pelas IPSS, mas cujo respectivo exercício seja articulado com a Administração.

Por sua vez, também não está apenas em causa o exercício de uma actividade privada de interesse geral coincidente com a actividade da Administração Pública que seja apenas desenvolvida com meios próprios, dado que o financiamento é (quase) integralmente público. Este é um elemento não negligenciável. O financiamento público, regular ou contínuo (na ordem dos 70% do orçamento das instituições), há-de, pelo menos, funcionar como índice revelador da natureza da actividade desenvolvida. É certo que poderá não funcionar como elemento decisivo, mas não poderá deixar de reputar-se como "elemento capital para detectar a presença de uma actividade administrativa"[601], designadamente quando, como é o caso, assume um significativo volume e um carácter contínuo ou regular[602].

---

[599] Cfr. FREITAS DO AMARAL, *Curso...,* vol. I, 2.ª ed., pág. 551.

[600] Cfr. MARCELO REBELO DE SOUSA, *Lições...,* vol. I, 1999, pág. 411.

[601] Cfr. MARTÍN BASSOLS COMA, *ob. cit.,* pág. 110. Este autor refere ainda que a doutrina não tem prestado suficiente atenção a este elemento, citando a este propósito CHALES DEBBASCH, *Finanças publiques et droit administratif,* in «*Mélanges Trotabas*», Paris, LGDJ, 1970, págs. 111-134, que reivindica a relevância do financiamento com fundos públicos como elemento determinante e conceptual do Direito Administrativo. Para este autor, podem qualificar-se como administrativas todas as operações ou actividades financiadas com fundos públicos, quer sejam levadas a cabo por pessoas colectivas públicas, quer por pessoas colectivas privadas (ou por intermédio destas). Deste modo se pode concluir, segundo o mesmo autor, que o direito administrativo é o ordenamento jurídico que regula as actividades financiadas com fundos públicos.

[602] Acentuando a importância da distinção, designadamente para efeitos de determinação dos poderes de tutela administrativa, entre as entidades privadas que apenas prosseguem interesses gerais e as que por "convention ou agrément" assumem a gestão de interesses na dependência directa ou indirecta duma entidade pública, vide PIERRE LANGERON, *La Tutelle Administrative sur les Fondations,* RFDA, 1988, ano IV, (Nov-Dez.), pág. 1016. A este

As IPSS e a organização administrativa da segurança social   397

Para além disso, e especificamente em relação às associações de voluntários de acção social, é a própria lei a estabelecer que estas se constituem para realizar tarefas ou responsabilidades próprias de entidades públicas. Nestes casos há uma expressa credenciação, ou melhor, uma habilitação legal de participação das instituições no exercício de tarefas públicas. Os acordos de cooperação disciplinam a assunção destas tarefas ou responsabilidades.

É inegável que existe uma coincidência de actividades entre a Administração e as IPSS. E também é certo que cooperação poderá servir apenas como modo de fomento e apoio das actividades desenvolvidas pelas IPSS e da sua articulação com actividades homólogas desenvolvidas pelas entidades públicas.

Esta amálgama ou este conjunto diverso e imperceptível de situações cria uma zona cinzenta, penumbrosa ou mista e de contornos jurídicos pouco claros e, por isso, resistente à operacionalidade de qualquer distinção conceptual. A realidade desafia aqui os limites das fórmulas ou das diferenciações conceptuais[603].

Contudo, tendo em conta a posição que defendemos acerca da acção social como tarefa pública, e os elementos fornecidos pela lei sobre a participação das IPSS no "exercício público da acção social"[604], julgamos que é possível, no âmbito daquele universo, autonomizar, pelo menos tendencialmente, as situações em que a cooperação poderá funcionar sobretudo como forma de associação das instituições particulares à Administração, disciplinando, articulando ou concertando os seus modelos de actuação com os das entidades públicas, para exercerem a sua actividade privada (o que não significa, como vimos, que seja uma actividade desenvolvida apenas com meios integralmente privados) em benefício dos utentes naturais da Administração (ou pelo menos dos que reúnem os pressupostos legais que lhe concedem esse estatuto – o estatuto de beneficiários ou utentes admi-

---

propósito o autor dá, precisamente, como exemplo, as fundações que actuam nas áreas social e da saúde.

[603] Reconhecendo a dificuldade afirmada no texto, vide PIERRE MOOR, *Droit Administratif,* vol. III, Editions Staempfli, 1992, pág. 92.

[604] Os elementos ou indícios fornecidos pela lei constituem sempre importantes pontos de apoio, embora não exclusivos.

nistrativos)[605/606], daqueloutras em que a cooperação poderá servir como um instrumento de delegação de tarefas públicas, no sentido de que a instituição particular assume o dever específico de desempenhar uma tarefa ou atribuição que a lei confia ou imputa inicialmente à Administração.

Contudo, em ambos os casos a cooperação revela uma função comum: suprir as carências ou insuficiências dos próprios serviços públicos[607]. E em ambos os casos os interesses e direitos dos benefi-

---

[605] Neste sentido, PEDRO GONÇALVES, *A Concessão...*, pág. 168. No entanto, o autor apenas se refere às hipóteses em que o particular coopera com a Administração com meios privados, próprios do particular. Ora, no nosso caso, dado haver um forte financiamento público, não será inteiramente acertado dizer que os meios são privados ou próprios do particular.

[606] A propósito do estatuto específico do destinatário dos serviços de acção social, no texto utilizamos indiferentemente o termo "utente" ou "beneficiário". Contudo, as expressões não se confundem: o estatuto de beneficiário é mais abrangente, envolvendo também a categoria de utente. Mas nem todo o beneficiário tem o estatuto de utente, dado que a atribuição deste estatuto pode envolver determinado tipo de efeitos, incluindo, eventualmente, a sujeição a uma relação especial de poder com a Administração. Neste sentido, FREITAS DO AMARAL, *Curso..*, vol. I, 2.ª ed., pág. 628-629. No sentido de que o estatuto de utente não envolve a sujeição a qualquer relação especial de poder, vide SÉRVULO CORREIA, *As relações Jurídicas de Prestação de Cuidados pelas Unidades de Saúde do Serviço Nacional de Saúde*, in *Direito da Saúde e Bioética*, AAFDL, Lisboa, 1996, págs. 48-50.

[607] Cfr. MARIA MANUEL LEITÃO MARQUES e VITAL MOREIRA, *ob. cit.*, págs. 137-138, 143-144, que, para além da hipótese referida no texto, falam também na criação de uma alternativa aos mesmos (serviços públicos). De facto, para estes autores, com os contratos de cooperação o que existe, no fundo, é uma "delegação" de tarefas públicas, constituindo, portanto, os contratos de cooperação uma das formas por que pode passar a desintervenção do Estado, isto é, uma das formas pelas quais a Administração pública, lato sensu, se desonera de tarefas no âmbito da actividade económica, dos serviços públicos e da própria regulação, especialmente pela sua transferência, total ou parcial, para entidades privadas. Também FREITAS DO AMARAL, *Curso...*, vol. I, 2.ª ed., pág. 628 admite que a lei pode autorizar, por meio de delegação, que a gestão de um serviço público seja confiada a uma associação ou fundação de utilidade pública, tratando-se neste caso de uma gestão indirecta privada. E já antes, MARCELLO CAETANO, *Manual...*, vol. II, 10.º ed., 4.ª reimp., pág. 1071, admitia expressamente que a uma associação ou fundação de utilidade pública podia ser entregue, mediante o pagamento de subsídios, um serviço assistencial ou cultural, falando a este propósito em gestão indirecta (a entidade pública actua por intermédio de entidades privadas). Aliás, MARCELLO CAETANO reservava a técnica da delegação para os serviços sociais e culturais (pág. 1072). Por sua vez, ILÍDIO DAS NEVES, *Crise e Reforma da Segurança Social, pág.* 37, nota 6, embora não integrando as IPSS no sistema público de acção social, não deixa de esclarecer que estas instituições não desenvolvem apenas uma acção complementar do sistema público, mas substitutiva da que o Estado exerceria directamente se não houvesse acordos de cooperação.

ciários prevalecem sobre os dos associados, fundadores e instituições (art. 5.º, n.º 1, do Estatuto das IPSS).

De qualquer modo, também no primeiro caso, as instituições particulares, no domínio da actividade vinculada (isto é, dos serviços prestados aos utentes administrativos), é objecto de uma integração funcional num dado sistema público da administração de prestações, estando aqui, portanto, implicada uma actuação particular em cooperação com a Administração Pública. Portanto, há uma "vinculação" do particular ao sector público, ou mais rigorosamente a um sistema desse sector, o que faz do particular uma instância funcionalizada para a prossecução de determinados interesses públicos[608]. No nosso caso, trata-se de uma integração funcional no sistema de acção social[609].

---

[608] Cfr. PEDRO GONÇALVES, A Concessão..., pág. 169

[609] A integração funcional no sistema público de que se fala no texto não sucede apenas no sector da acção social. De facto, coisa semelhante se passa nos sectores do ensino e da saúde. No primeiro caso, através dos "contratos de associação", "contratos de incentivo", "contratos de patrocínio", as escolas privadas sub-rogam-se às escolas públicas, passando a fazer parte do sistema público. No segundo caso, os instrumentos usados são os "contratos de gestão" (contratos através dos quais a Administração transfere para um entidade privada a gestão de um estabelecimento público de saúde) e as legalmente designadas "convenções" (n.º 2 da Base IV, conjugado com o n.º 2 da Base XXXVI, e Base XLI, da Lei n.º 48/90, de 24 de Agosto, que aprova a Lei de Bases da Saúde, e arts. 28.º a 38.º do Estatuto do Serviço Nacional de Saúde, aprovado pelo DL n.º 11/93, de 15 de Janeiro). Encontra-se também aprovada a disciplina que regula a contratação da prestação de serviços de saúde destinados a toxicodependentes, formalmente designados por convenções, e os acordos de cooperação que se destinam a promover o apoio ao desenvolvimento de actividades de apoio e reinserção social do mesmo grupo de cidadãos (DL n.º 72/99, de 15 de Março). As entidades contratadas ou convencionadas são funcionalmente integradas no sistema de saúde (n.º 1, da Base XII, da Lei de Bases da Saúde) ou na rede nacional de prestação de cuidados de saúde (art. 2.º, do DL n.º 11/93, de 15 de Janeiro). Por isso, este estatuto é aplicável às instituições e serviços que constituem o Serviço Nacional de Saúde e às entidades particulares e profissionais em regime liberal integradas na rede nacional de prestação de cuidados de saúde, quando articuladas com aquele Serviço (art. 2.º, do DL n.º 11/93). Sobre o sistema de saúde português, vide J..J. NOGUEIRA DA ROCHA, A Organização do Sistema de Saúde Português, Escola Nacional de Saúde Pública, 1993, e CORIOLANO FERREIRA, Administração da Saúde em Portugal, Apontamentos para Análise, in RAP, 29-30, ano VII, 1985. No âmbito da educação pré-escolar, a rede nacional de educação pré-escolar, aprovada pela Portaria n.º 482/99, de 1 de Julho, integra a rede pública e a rede privada, constituída pelos estabelecimentos de educação pré-escolar que funcionam em estabelecimentos de ensino particular e cooperativo, e pelos estabelecimentos que funcionam em instituições particulares de solidariedade social e em outras instituições sem fins lucrativos.

400   *As Instituições de Solidariedade Social*

Ponto fundamental é, pois, que sejam assegurados os princípios e objectivos fundamentais do sistema.

Portanto, há que distinguir o sistema enquanto estrutura orgânica-pública e enquanto estrutura funcional de prestação de serviços de apoio social. Ali, referimo-nos apenas a um dos componentes do sistema – o conjunto de entidades públicas (trata-se da Administração social em sentido organizatório ou técnico) –, no segundo caso referimo-nos ao sistema enquanto estrutura de prestação de serviços independentemente da natureza jurídica das entidades "concertadas" ou "delegadas", que assumem a responsabilidade ou o dever específico de desempenhar uma determinada tarefa que lhes é confiada pela Administração. Não é apenas o elemento orgânico ou a organicidade que sustenta e confere unidade e dignidade sistemática à acção social (o elemento orgânico é apenas um dos elementos do sistema), nem tão pouco que lhe confere a natureza de sistema público[610]. Esta deriva da sua funcionalidade, ou mais concretamente, da natureza dos serviços ou da tarefa de que o sistema é um instrumento de realização – a prestação de serviços de acção social como modo de efectivação concreta dos direitos sociais.

A integração dos estabelecimentos destas entidades na rede nacional resulta da celebração de acordos de cooperação com a Administração, de acordo com o previsto na Lei n.º 5/97, de 10 de Fevereiro, e no Decreto-Lei n.º 147/97, de 11 de Junho. Especificamente sobre os estabelecimentos de educação especial das IPSS, a Portaria n.º 776/99, de 30 de Agosto, e sobre ensino especial sem fins lucrativos desenvolvido por cooperativas e associações, a Portaria n.º 1102/97, de 3 de Novembro, entre outros diplomas. As normas reguladoras das comparticipações familiares pela utilização de serviços de apoio à família em estabelecimentos de educação pré-escolar das IPSS encontram-se estabelecidas no Despacho Conjunto n.º 300/97, D.R. n.º 208/97, IIS, de 9-9-97. Sobre o sistema de ensino superior, vide JORGE MIRANDA, *A Constituição da Educação e as Propinas no Ensino Superior,* in *Estudos em Memória do Professor Doutor João de Castro Mendes*, Lisboa (sem data), págs. 479-505, e sobre os instrumentos contratuais, vide MARIA MANUEL LEITÃO MARQUES e VITAL MOREIRA, *ob. cit.,* pág. 143, PEDRO GONÇALVES, *A Concessão...,* págs. 168-169, 161-163, e nota 6 da pág. 168, e sobre os "concertos educativos" no direito estrangeiro, J. M. DIAS LEMA, *Los Conciertos Educativos en el Contexto de Nuestro Derecho Nacional, y en el Derecho Comparado*, Marcial Pons, Madrid 1992, especialmente as págs. 43 e segs.

[610] Embora referindo-se ao regime jurídico da assistência no período do Estado Novo, JORGE MIRANDA, *Notas para um Conceito de Assistência Social...,* pág. 65, realçava a "necessária unidade da acção assistencial", o que justificava a sujeição da assistência pública e da assistência privada a uma disciplina comum, competindo ao Estado estabelecer os planos gerais para as actividades de assistência e orientá-las, coordená-las e fiscalizá-las.

As IPSS e a organização administrativa da segurança social 401

A concepção orgânica deverá aqui ser substituída por uma concepção que apelidaremos de organizacional-funcional, para traduzir a integração e a interactividade de elementos de diversa natureza – por exemplo, elementos objectivos (o sistema normativo), elementos subjectivos (as pessoas colectivas públicas e as pessoas colectivas privadas) –, que, pela sua actuação conjugada e coordenada, pretendem atingir um fim comum. Pelo que ao dizermos que as IPSS fazem parte do sistema público não significa a sua inserção automática na orgânica da Administração Pública, como meros elementos desta; significa, isso sim e apenas, que, por um acto de vontade própria, aquelas instituições se associam a um sistema organizado de prestações, compartilhando das vantagens e das vinculações que esta associação implica[611].

O sistema de acção social surge-nos, assim, como uma realidade complexa, multiforme e heterogénea, mas, enquanto sistema, é dotado de unidade funcional e teleológica[612].

---

[611] No sentido de que as IPSS se inserem na Administração Pública em sentido orgânico, vide JOÃO CAUPERS, *Introdução ao Direito Administrativo*, Âncora Editora, 2000, págs. 34, 91, 106 e 107. Contudo, a posição deste autor terá de ser compreendida à luz do conceito de Administração Pública em sentido orgânico que adopta. Sem prejuízo das reconhecidas dificuldades em fazer coincidir os conceitos de Administração Pública em sentido orgânico e Administração Público em sentido funcional, permitimo-nos discordar do autor quando insere todos os tipos de IPSS na administração autónoma (pág. 106), dado a grande maioria destas instituições, como cremos ter demonstrado, desenvolver fins não corporativos. E as tarefas públicas que lhes são delegadas são essencialmente tarefas estaduais. Aliás, julgamos que o princípio da prevalência dos direitos beneficiários – que não são (nem têm de ser) necessariamente associados (ou mesmo cooperantes, no caso das cooperativas que prestam serviços a terceiros) – apoia, de algum modo, esta posição. Sobre a problemática suscitada pelos conceitos de Administração Pública em sentido orgânico e de Administração Pública em sentido funcional, vide MARIA JOÃO ESTORNINHO, *A Fuga para o Direito Privado*, Almedina, Coimbra, 1996, págs. 47 e segs.

[612] No sentido exposto no texto, ILÍDIO DAS NEVES, *Crise e Reforma da Segurança Social...*, págs. 26 e segs., embora referindo-se ao sistema de segurança social globalmente considerado. Sobre o sistema de saúde e os correlacionados subsistemas de saúde, vide o interessante Parecer da PGR, n.º 774, relativo aos Serviços de Assistência Médico-Social do Sindicato dos Bancários (SAMS), publicado no DR n.º 213, de 13-9-96. Neste parecer conclui-se que "a indicação de que nos subsistemas de saúde se incluem as instituições particulares de solidariedade social, que são pessoas de natureza privada ainda que de interesse público, permite antever que a delimitação do conceito não enjeita outras pessoas de natureza privada".

402 *As Instituições de Solidariedade Social*

De outro modo, estaremos a admitir a formação de sistemas paralelos ou de parasistemas, incentivados e apoiados pelo Estado, e que no caso da acção social não seriam apenas sistemas meramente alternativos, complementares ou concorrentes, mas uma forma de o Estado desmantelar o seu próprio sistema ou um pretexto para se desonerar das suas obrigações constitucionais[613]. A natureza pública do serviço prestado não se transfigura só pelo facto de a sua prestação ser delegada em entidades privadas, nem, por outro lado, a Administração deixa de ser a primeira e a principal responsável por ele[614].

Em suma, e vistas as coisas deste modo, a responsabilidade constitucional do Estado de organização e financiamento de um (sub)sistema de acção social (art. 63.º, n.º 1, da CRP) mantém-se assegurada. Aliás, e especificamente em relação à acção social, a lei de bases do sistema de segurança social não diz que o Estado cria uma rede nacional de apoio ao nível da acção social, preferindo, antes, dizer que a acção social é desenvolvida pelo Estado, por autarquias e por instituições privadas sem fins lucrativos. A numerosa legislação avulsa confirma a conclusão a que aqui chegamos[615].

6. Privatização ou terceirização da acção social?

O crescimento do sector privado sem fins lucrativos é hoje uma realidade a que o direito, e designadamente o direito administrativo, não pode ficar indiferente.

O seu crescimento nas últimas décadas é, em grande parte, uma consequência do "emagrecimento" do sector público e da assunção de tarefas públicas por entidades privadas (VITAL MOREIRA)[616].

---

[613] Para uma visão geral do parasistema e mais especificamente do parasistema administrativo, vide AGUSTÍN A. GORDILLO, *La Administratión Paralela,* Ed. Civitas, reimp., 1995.

[614] Cfr. FREITAS DO AMARAL, *Curso...,* vol. I, 2.ª ed., pág. 628.

[615] Veja-se, por ex., a Resolução do Conselho de Ministros n.º 197/97, DR n.º 267, de 18-11-97, que cria a rede social, e que foi publicada na sequência do ano dedicado à "erradicação da pobreza", fazendo já parte integrante das finalidades do designado Pacto de Cooperação para a Solidariedade Social, designação atribuída aos acordos de cooperação celebrados anualmente entre a Administração e as organizações representativas das IPSS.

[616] Cfr. VITAL MOREIRA, *Auto-Regulação Profissional e Administração Pública...,* pág. 33.

As IPSS e a organização administrativa da segurança social 403

Tendo em conta o facto de o Estado ter vindo a devolver para determinadas organizações a prestação de serviços de assistência social ou de acção social, há autores que integram este fenómeno, como uma forma particular de privatização, no quadro mais geral da privatização dos serviços característicos do "Estado de bem-estar", ou mesmo como uma "alternativa ao Estado social", ou ainda como uma fenómeno que traduz o aparecimento de uma nova forma de Estado: um "Estado de bem estar misto" ou a forma de "Estado pós--social"[617].

Relativamente ao nosso país esta situação assumiria contornos específicos, em virtude do predomínio do sector privado no exercício da acção social constituir uma originalidade portuguesa, tanto mais que tal situação não se integraria nas recentes estratégias de privatização dos serviços públicos, mas, tão somente, da posição assumida pela Administração, com origem no Estado Novo, de assumir um papel meramente secundário no apoio às situações de pobreza e exclusão social[618].

Sobre esta questão, da investigação por nós feita, cremos que estamos autorizados a extrair algumas ideias essenciais.

Não obstante a privatização se apresentar como um conceito polissémico, cremos que a compreensão do fenómeno em causa não é inteiramente redutível ou explicável através dele[619].

---

[617] Para uma visão geral do problema no âmbito dos serviços de assistência social, vide COSTANZO RANCI, *ob. cit.*, págs. 201-236, e 254-257.

[618] Cfr. JULIAN LE GRAND, *Quasi-Markets and Social Policy,* in *Economics Journal*, 101 (Setembro), citado por A. SANTOS LUÍS, *A Política da Acção Social em Portugal, ob. cit.,* pág. 231.

[619] Sobre os diversos sentidos que pode assumir o termo privatização, vide PAULO OTERO, *Privatizações, Reprivatizações e Transferências de Participações Sociais no Interior do Sector Público*, págs. 11 e segs., *Coordenadas Jurídicas da Privatização da Administração Pública,* e a síntese de J. J. GOMES CANOTILHO e VITAL MOREIRA, *Fundamentos da Constituição,* pág. 169. Segundo estes últimos autores, o termo privatização é hoje um termo polissémico na literatura jurídica e económica, designando um variado conjunto de políticas públicas que transcende o sector empresarial do Estado, podendo atingir também a administração económica em sentido restrito e os serviços sociais em geral, ou a própria actividade administrativa tradicional. De entre os sentidos mais frequentes do termo privatização encontram-se os seguintes: a transferência total ou parcial da propriedade de empresas e/ou bens públicos para entidades privadas; a concessão a entidades privadas, mediante contratos, da gestão de empresas públicas ou de serviços públicos; a abertura à

Em primeiro lugar, o facto de o Estado delegar em certas organizações da sociedade civil a prestação de serviços de acção social não significa, como vimos, uma alienação da responsabilidade pela sua gestão, nem muito menos uma alienação da sua titularidade.

Em segundo lugar, aquela delegação também não significa necessariamente um menor empenhamento dos poderes públicos na definição de políticas e de programas sociais, destinados a concretizar os direitos sociais. O princípio geral nesta matéria é o princípio do primado da responsabilidade pública.

Em terceiro lugar, tal situação também não significa a redução dos gastos públicos com a área da assistência social, podendo, precisamente, suceder o contrário, muito embora não encontre visibilidade no crescimento do aparelho administrativo estadual.

Em quarto lugar, o fenómeno reúne determinado tipo de características que lhe concedem um cunho específico e autónomo em relação a outras situações que poderão ser consideradas similares.

Desde logo, o conjunto de organizações da sociedade civil convocadas pelo Estado para a prestação de serviços sociais são enformados por um espírito próprio e por finalidades distintas das demais entidades também constituídas por particulares.

Na verdade, à criação das organizações preside um espírito de solidariedade social. E a sua finalidade não é a obtenção do lucro, ainda que os resultados, em algumas delas, se possam traduzir em vantagens pessoais. O objecto marcante da sua actividade traduz-se na realização de fins que objectivam aquele espírito, genericamente designados por fins de solidariedade social. E mesmo que a realização destes objectivos se traduza em benefícios pessoais, é ainda a finalidade social que marca e distingue as organizações.

Estas características levam ao seu agrupamento num sector autónomo e distinto do sector privado mercantil, designado por terceiro sector.

---

iniciativa privada de sectores anteriormente explorados pelo sector público em regime de exclusivo; a contratação de entidades privadas de serviços anteriormente assegurados pelos próprios serviços públicos; a "desregulamentação", que consiste em as autoridades públicas deixarem de controlar ou aligeirarem o controlo da produção ou distribuição de um bem ou serviço; o processo de submissão dos serviços ou das empresas públicas a regras de gestão de natureza privada.

E são as organizações deste sector (ou determinadas organizações deste sector) que a Administração convoca para participar na realização de tarefas que assumiu como próprias.

A cooperação assume-se aqui como o instrumento que canaliza e disciplina aquela participação para a realização de fins públicos.

Através da cooperação, o Estado apoia, incentiva e delega nas organizações a realização da suas próprias tarefas. Estas, por sua vez, encontram na cooperação um modo de realização dos seus próprios fins. Fins estes que são comuns à Administração e às organizações – o que está em causa são sempre fins de interesse público.

Através da cooperação é instituída uma relação em que a responsabilização mútua, a permanência e a estabilidade são notas dominantes.

Com a cooperação, o que o Estado pretende é utilizar recursos ou meios privados para a realização de interesses públicos. Com a cooperação o que o Estado visa é mobilizar certas organizações da sociedade civil que prossigam fins análogos aos seus para, através dela, realizar as suas próprias tarefas, no caso, a acção social.

Pelo que o Estado não privatiza a responsabilidade, a regulação, a titularidade e o controle sobre a acção social, nem muito menos os poderes públicos de que é titular nesta matéria. Não há um fenómeno de transmissão em sentido próprio. Neste sentido, não há propriamente uma externalização de tarefas estaduais, nem a privatização da sua titularidade e gestão[620].

Trata-se, pois, de um fenómeno que não obedece (nem deve obedecer) à lógica do mercado. O escopo das entidades não se identifica com os objectivos empresariais de outras entidades que também colaboram com o Estado: o fim por que se orientam aquelas entidades não é satisfação do interesse próprio à custa da realização o interesse público[621]. E se há alguma originalidade neste fenómeno,

---

[620] Aliás, convirá referir que neste domínio, à semelhança do que sucede com a prestação de cuidados de saúde e com a educação, nunca poderia verificar-se uma privatização da actividade, dado que estamos perante uma actividade insusceptível de privatização por força da própria Lei Fundamental.

[621] Assim sucede, por exemplo, com a figura do concessionário, dado que este não prossegue no plano das motivações o interesse público; o único interesse que o move é o interesse próprio, privado, específico, isto é, a sua qualidade de empresário, ou seja, o interesse legítimo de obter o lucro. Cfr. PEDRO GONÇALVES, *A Concessão...*, pág. 169.

ela está mais do lado do Estado do que das IPSS. De facto, as entidades que têm hoje a seu cargo a realização de tarefas sociais assumidas pelo Estado precederam o próprio Estado na realização dessas mesmas tarefas. A constituição destas entidades para a prossecução de interesses públicos é uma característica permanente da sua história. E esta característica é prévia em relação à formação do Estado moderno e à assunção de tarefas sociais por este.

Por isso, quando utilizamos o termo terceirização pretendemos aludir ou traduzir este específico fenómeno: a participação das organizações do terceiro sector na execução de tarefas públicas, sendo essa participação organizada e disciplinada através de instrumentos jurídicos de cooperação (cooperação entre a Administração e aquelas organizações).

E ao dizermos isto expomos a nossa discordância em relação às teorias que negam em absoluto tratar-se de um fenómeno de terceirização, partindo do pressuposto de que se está num domínio livre de actuação das entidades privadas (a assistência social, a saúde e a educação constituem os exemplos típicos), podendo as organizações, mediante o financiamento público prestado através da celebração de convénios, assumir a execução global dos serviços, ao contrário do que sucede com a utilização da fórmula contratual nos mesmos domínios, que explicaria, isso sim, o fenómeno da terceirização, uma vez que aqui seria contratado o particular-empresário para, de forma empresarial ou lucrativa, prestar serviços meramente operacionais, ancilares dos serviços principais ou actividades-meio (serviços de vigilância, manutenção, limpeza, transporte, seguro, etc.)[622].

Esta concepção, para além de ter por subjacente um conceito de terceiro sector que não se identifica com o por nós adoptado, e de partir de uma noção de contrato preso a uma raiz individualista, caracterizado pela prossecução de interesses antagónicos ou contraditórios das partes, onde predominará a ideia de obtenção dc uma vantagem patrimonial, e identificando também serviço público com monopólio estatal, pode conduzir a dificuldades na delimitação de fronteiras entre terceirização e privatização propriamente dita.

---

[622] É esta a tese defendida em geral no Brasil, cuja síntese nos é apresentada por P. E. GARRIDO MODESTO, *ob. cit.*, págs. 248-249, e que o autor também adopta, seguindo MARIA SYLVIA ZANELLA DI PIETRO, *Parecerias na Administração Pública*, São Paulo, Atlas, 1996.

As IPSS e a organização administrativa da segurança social   407

Para nós, o fenómeno da terceirização, no domínio que nos ocupa, exprime, sob o ponto de vista jurídico, uma especial relação entre entidades particulares (ou determinadas espécies de entidades particulares) sem fins lucrativos integradas no terceiro sector e a Administração Pública, através da qual esta entidade convoca, estimula ou fomenta a colaboração ou a cooperação daquelas no intuito de melhor realizar determinado tipo de interesses públicos, podendo tal cooperação envolver a delegação de tarefas públicas, circunstâncias que justificam a aplicação de um regime jurídico especial às entidades cooperantes, relativamente à generalidade das pessoas colectivas de direito privado.

A utilização do termo "terceirização da acção social" deve-se, assim, e sobretudo, à especial qualidade, característica ou particular vocação das entidades nas quais a Administração confia, ao abrigo da cooperação, a concreta realização de interesses públicos, no caso, a prestação de serviços de acção social[623].

---

[623] Salientando, em relação à situação tratada no texto, a ideia da cooperação sobre a da privatização, MARIA MANUEL LEITÃO MARQUES e VITAL MOREIRA, *ob. cit.,* pág. 137.

CAPÍTULO IV

As vinculações jurídico-públicas da IPSS.
Os princípios estruturantes
do seu ordenamento jurídico

Fenómeno complexo e de algum modo contraditório é o facto de se assistir, sobretudo a partir da década de 80, a um processo paralelo que a doutrina tem vindo a designar por publicização do privado e privatização do público[624].

Em 1961, ROGÉRIO SOARES escrevia que a opção do Estado por novos modelos e formas de actuação, que vão desde as "antigas corporações privadas cujas finalidades podem agora ser exploradas a favor da comunidade nacional" a outros organismos que "têm a sua criação fomentada ou decretada pelo Estado (...), há-de projectar elementos perturbadores para os nossos dias, tanto na prática como na dogmática", tendo de aceitar-se que o "direito administrativo dos nossos dias cada vez se torna mais complexo e heterogéneo", percebendo-se, assim, que ao "aceitar-se esta conclusão se deixa escapar o critério tradicionalmente respeitado que permitia separar a actuação pública da actuação privada. Agora, entes para além do Estado podem reger-se pelo direito público – e o que mais interessa não é a qualificação formal, mas as consequências materiais que daí resultam e que se manifestam numa supremacia nas relações com outros sujeitos.

---

[624] Cfr. GRABRIELE LEONDINI, *ob. cit.,* pág. 96, referindo-se à complexidade (e também às contradições) deste fenómeno, afirma ser possível individualizar nele duas tendências, em parte convergentes, mas, em si, claramente distintas, e que a doutrina define como publicização do privado e privatização do público, constatando-se, assim, a existência de um processo com um duplo e simultâneo movimento mediante o qual o Estado se alarga à sociedade e esta, por sua vez, invade ou penetra no Estado.

Onde começa então o regime de direito privado?"[625]

Por sua vez, CHEVALLIER, e entre nós Boaventura de Sousa Santos, referindo-se especificamente ao fenómeno associativo, chamam a atenção para o facto de as associações apresentarem hoje uma dupla face, privada e pública, consequência inerente à sua passagem da esfera privada para a esfera pública, constituindo, assim, um suporte da expansão ou do alargamento da esfera pública, em vez de reforçar a consistência da sociedade civil face ao Estado[626].

---

[625] Cfr. ROGÉRIO SOARES, *Administração Pública, Direito Administrativo e Sujeito Privado,* Lição proferida na V Semana jurídica portuguesa em Santiago de Compostela, *BFDC,* vol. XXXVII, 1961, págs. 117 e segs..

[626] Cfr. J. CHEVALLIER, *L' Associations entre Public et Privé, RDPSP,* 1981, ano 97, págs. 898-899. Refira-se que o autor recusa uma necessária contradição neste processo – crescimento do movimento associativo e alargamento da influência do Estado –, preferindo antes vê-lo em estreita correlação. Por sua vez, BOAVENTURA DE SOUSA SANTOS, *O Estado, as relações salariais e o bem – estar social na semiperiferia: o caso português,* in *Oficina do CES,* Coimbra, n.º 32, Julho 1992, pág. 51, referindo-se especificamente às IPSS, diz que estas instituições integram aquilo a que ele próprio designa por "sociedade civil secundária" para frisar que através delas o Estado se reproduz em instituições não estatais, dado que, não obstante tratar-se de instituições privadas, a presença do Estado, quer na sua regulação, quer no seu financiamento, é tão forte que funcionam praticamente como instituições semi – públicas. Num outro artigo, *"o Estado, a Sociedade e as Políticas Sociais: o caso das políticas de saúde",* in *Revista Crítica de Ciências Sociais,* n.º 23, Setembro de 1987, pág. 40, o mesmo autor diz ainda que o Estado tem vindo a usar a sua capacidade produtiva e reguladora para criar espaços de actividade económica e social privada, orientando a sua actuação para o fortalecimento de agentes sociais privados não só no domínio do sector económico lucrativo, mas também no âmbito da produção privada de bens e serviços (por ex., as Misericórdias). Com estas medidas o Estado cria, pela sua actuação, espaços de sociedade civil, que o autor apelida de sociedade civil secundária para significar que, através delas, se inverte a concepção liberal das relações Estado/sociedade civil, concepção em que é a sociedade civil que cria o Estado, e não o Estado que cria a sociedade civil. Contudo, BOAVENTURA DE SOUSA SANTOS (*ob. cit.,* pág. 41) também não deixa de chamar a atenção para as contradições e os perigos deste processo, uma vez que o Estado, ao mesmo tempo que potencia a organização de certos interesses, planta obstáculos à organização ou corporativização de outros interesses, viciando assim o confronto social dos interesses sociais, impedindo o crescimento orgânico destes e nesta medida contribui para a desarticulação da sociedade civil, fomentando a dualização da sociedade civil em sociedade civil "íntima" do Estado e a sociedade civil "estranha" ao Estado, pelo que nestas condições perde valor analítico a distinção entre Estado e sociedade civil, sendo preferível falar de um conjunto de anéis sociais concêntricos no centro dos quais está o Estado. Nos anéis interiores dominam os mecanismos de integração e de trivialização; nos anéis exteriores dominam os mecanismos de repressão e de exclusão.

As vinculações jurídico-públicas da IPSS

Este fenómeno é, de facto, controverso, pois se, por um lado, a Administração se quer libertar das malhas do direito publico, para reger a sua actuação pelo direito privado, num processo que, como diz GIANNINI, parece "converter o direito privado em direito comum dos entes públicos e dos entes privados"[627], não menos verdade é o facto de, por outro lado, se assistir a uma crescente aplicação do direito público, designadamente do direito administrativo, a entes privados, parecendo assim converter-se o direito administrativo, num processo paralelo, também em direito comum dos privados (ou de uma determinada categoria de privados)[628]. Razão por que a excepção – a aplicação do direito administrativo a entidades privadas – poderá, em certos casos, ser substituída pela regra da sua aplicação, legitimando naturalmente a dúvida sobre qual dos dois direitos predominará.

No presente capítulo iremos, pois, abordar o problema das vinculações jurídico-públicas das IPSS, questão que entronca naquilo que a doutrina, especialmente a francesa, tem vindo a traduzir pela assunção de "deveres exorbitantes do direito privado". Todavia, tal fórmula, como veremos, não explica cabalmente o fenómeno.

Naturalmente que o problema em análise será inexplicável à luz de paradigmas políticos e jurídicos tradicionais.

Ele será, desde logo, incompreensível à luz do paradigma da construção do Estado liberal, concebido segundo o princípio da separação entre o Estado e a Sociedade, subsistindo ambos em dois mundos autónomos, distantes e fechados sobre si mesmos, correspondendo-lhe dois regimes jurídicos próprios e distintos: o direito público ao Estado; o direito privado à sociedade.

Assim como será incompreensível à luz de um postulado metodológico que parta do princípio de que as entidades de direito privado – só pelo facto de serem de direito privado – são integralmente regidas por este direito, a que se associa a distinção rígida entre instituições públicas e instituições privadas. Esta visão das coisas

---

[627] Cfr. M. SEVERO GIANNINI, in *Enciclopedia del Diritto,* XII, 1964, págs. 864 e segs.

[628] Verdadeiramente, e tendo em conta o que se disse na Parte I deste trabalho, a aplicação de regras jurídico-públicas a entidades de direito privado não constitui uma novidade do nosso tempo. O carácter de novidade estará sobretudo na utilização (ou no grau de utilização) do direito privado pela Administração.

412   *As Instituições de Solidariedade Social*

poderia ser concebível naquela forma de Estado, mas seguramente que não o é nos tempos que correm, dado que o "Estado- Providência atingiu um tal grau de interpenetração com a sociedade civil que a distinção entre Estado e sociedade civil deixa de ter sentido"[629], por, precisamente, haver "uma ausência absoluta de distinção entre o Estado e a sociedade"[630].

Com efeito, a partir do momento em que entidades privadas, designadamente as associações e fundações, começaram a participar, por exclusiva iniciativa de particulares ou com o apoio ou o estímulo dos poderes públicos, na realização de interesses públicos ou a gerir assuntos de interesse geral, um novo capítulo se abriu na vida destas organizações, sobretudo nas suas relações com a Administração, ao ponto de, relativamente às associações, legitimar a sua classificação em função de um critério que tem, justamente, por elemento essencial a relação (e o grau desta relação) com a Administração. Daí a propriedade de classificações como "associações auxiliares da Administração" ou de "associações colaboradoras da Administração"[631]. Tais designações podem, naturalmente, ser extensivas a outras entidades nas quais predomine o substracto patrimonial (ex., fundações ou entidades equiparadas a fundações).

A real compreensão deste fenómeno pressupõe ou só é possível se enquadrada no âmbito mais global do modelo de sociedade e de

---

[629] Cfr. Boaventura de Sousa Santos, em *"O Estado, a Sociedade e as Políticas Sociais: o caso das políticas de saúde"*, pág. 25.

[630] Cfr. Rogério Soares, *Lições de Direito Corporativo*, pág. 173.

[631] Neste sentido, cfr. Charles Debbasch et Jacques Bourdon, *ob. cit.,* pág. 28 e seg., onde referem a existência de diversas categorias de associações em função da sua relação com a Administração: associações como instrumento de defesa dos cidadãos contra os poderes administrativos (por ex., associações de defesa do ambiente ou dos consumidores); associações interlocutoras com a Administração (função esta institucionalizada no Conseil National de la Vie Associative); associações auxiliares da Administração (associações que desenvolvem funções ou actividades de interesse geral ou missões de serviço público em diversos domínios – social, sanitário, desportivo, cultural, urbanismo, etc.); e, por último, associações que "são simples camuflagens ou disfarces da Administração" ou "extensões dos serviços normais desta" (na terminologia de L. Bloch–Laime), do Estado, de colectividades locais ou até de estabelecimentos públicos. Trata-se aqui de uma utilização por parte da Administração da lei de 1901, para criar pessoas jurídicas de direito privado sob a forma de associação, fugindo assim às regras próprias de direito público na gestão de certos serviços. São, em geral, as designadas "entidades administrativas privadas".

As vinculações jurídico-públicas da IPSS

Estado que o tornou possível, ou, pelo menos, lhe concedeu visibilidade – o Estado social.

Na verdade, com o emergir do Estado social o princípio da separação entre este e a sociedade é substituído pela interpenetração ou imbricação, concretizadas num processo de interferências, fluxos e efeitos recíprocos que conduziram a uma "intensa publicização da vida"[632] ou à "socialização do Estado e à estatização da sociedade"[633]. Este embrenhamento entre o Estado e a sociedade significa hoje uma verdadeira interdependência, tornando, por isso, legítimo dizer que a sociedade e o Estado coexistem ou são partes integrantes de um sistema global, que só o esforço científico da análise poderá autonomizar em subsistemas, em função de determinados elementos predominantes.

Ao nível especificamente jurídico, o fenómeno é, em geral, traduzido pela publicização do direito privado e privatização do direito público.

No sector em análise, o problema ganha relevância mesmo que se parta do princípio de que as entidades exercem somente uma actividade privada de interesse público – o exercício da assistência ou da beneficência privada. A este propósito, embora limitando a sua ideia às fundações, sendo igualmente útil para outras entidades, diz-nos GARRIDO FALLA que o tema das fundações privadas de interesse público, as quais constituem em Espanha a fórmula principal através da qual a beneficência privada institucional se realiza, está, por sua natureza, situada numa zona de fronteira entre o Direito Civil e o Direito Administrativo, não se prestando, talvez por isso, a abordagens mais completas pelos especialistas de um e de outro campo[634].

Se, para além disso, a este quadro adicionarmos o facto de as entidades não raras vezes nascerem com o fito de colaborarem ou cooperarem no desempenho de missões constitucionais do Estado, seja pela via contratual, seja por via de delegação directa da lei, então a eliminação do binómio – público versus privado – parece convolar-se num imperativo de análise.

---

[632] Cfr. ROGÉRIO SOARES, *Lições de Direito Corporativo*, pág. 173.

[633] Cfr. ANTÓNIO FRANCISCO DE SOUSA, *Fundamentos históricos de Direito Administrativo*, Editores, Lisboa, 1995, pág. 383.

[634] Cfr. FERNANDO GARRIDO FALLA, in *Centenário de la ley del notariado – estudios jurídicos vários,* seccion terceira, vol. VI, Madrid, 1963, pág. 343.

Tal panorama acarreta, como já se referiu, consequências perturbadoras e confusas, dando origem ao aparecimento de situações híbridas, isto é, de entidades ou organismos que formam autênticos subsistemas sociais e institucionais, cujo regime e caracterização jurídica se revela avesso a bipartições e a pontos de partida já com fronteiras delimitadas.

Neste âmbito, as IPSS constituem, talvez, entre nós, um dos eixos mais exemplares desta encruzilhada, quer sob o ponto de vista histórico, quer no direito positivo vigente.

Por isso, deve dizer-se que o ponto que aqui vamos abordar pode embater no rigor da classificação, em abstracto, das pessoas colectivas – pessoas colectivas públicas e pessoas colectivas privadas. Contudo, tal qualificação em abstracto não é só por si determinante (ou pelo menos totalmente determinante) para, *a priori*, submeter as pessoas colectivas a um regime global, com exclusão ou afastamento, *ab initio*, e em concreto, de aspectos diferenciados de outros universos jurídicos ou regimes jurídicos, designadamente de direito administrativo, que implicam determinadas consequências jurídicas impensáveis numa perspectiva meramente lógico-dedutiva.

Apesar do regime jurídico aplicável se encontrar indissociavelmente ligado à natureza dos entes, tal não significa um impedimento inultrapassável à aplicação de aspectos particulares de direito administrativo, desde que constitucional e legalmente justificada. Isto é, desde que haja fundamento constitucional, e o regime se afigure necessário, exigível, adequado e proporcionado.

No caso concreto das IPSS, tendo em conta o percurso já feito, julgamos ser possível a construção de um conjunto de princípios estruturantes do seu ordenamento jurídico e vinculativos da sua actuação, independentemente de expressa extensão legal. Alguns dos princípios a que faremos referência resultam da aplicação das regras da técnica jurídica, isto é, a sua construção torna-se possível através da conjugação de aspectos particulares do seu regime jurídico, outros terão directamente a ver ou com a natureza dos interesses prosseguidos ou com a natureza das tarefas concretamente desempenhadas.

E tendo em conta a natureza destes interesses ou destas tarefas, a construção aqui intentada parece encontrar justificação constitucional, e, portanto, ainda admissível à luz dos princípios da liberdade de associação e da autonomia privada.

Na verdade, as IPSS nascem vocacionadas para ocuparem um espaço na esfera pública. São pessoas jurídicas privadas mas "com alma pública"[635] ou com "vocação pública"[636]. Nascem, não para prosseguir interesses privados, egoísticos (isto é, dos seus associados ou membros)[637], mas da comunidade, ou de um particular grupo de membros da comunidade. Os seus fins assumem uma relevância constitucional inquestionável. Trata-se de fins específicos – fins específicos de solidariedade social – e não apenas de meros interesse gerais. Na prossecução de fins específicos há a projecção de um interesse público específico, e não apenas a relevância de um mero interesse geral. Interesse este que não se identifica com os interesses de um grupo mais ou menos delimitado, ou mais precisamente com os interesses dos membros, associados ou fundador. Daí que os interesses e direitos dos beneficiários prevalecem sobre os das próprias instituições e sobre os dos associados e fundador. As IPSS prosseguem, pois, um interesse público em sentido jurídico[638].

E é a especial dimensão e relevância dos interesses prosseguidos que legitima um reconhecimento público imediato destas instituições. Daí serem declaradas de utilidade pública em seguida à sua constituição. Este reconhecimento confere-lhe o direito ao apoio público, de relevância constitucional (art. 63.º, n.º 5, da CRP), designadamente o

---

[635] Cfr. CARLA AMADO GOMES, *ob. cit.*, pág. 169

[636] Cfr. F. ROQUES, *La Fondation d'Utilité Publique au Croisement du Public et du Privé, RDPSP*, 1990, n.º 6, págs. 1762 (embora o autor apenas se refira às fundações de utilidade pública, mas a expressão é igualmente válida para o assunto que nos ocupa).

[637] Relembramos aqui que nos pretendemos referir às associações e fundações que têm por objecto a acção social e que se constituem para prestar serviços a terceiros. Contudo, o que se diz no texto também será válido para as casas do povo, associações mutualistas e para as cooperativas de solidariedade social, designadamente quando assumam, ao abrigo de acordos de cooperação, a obrigação de prestar serviços a terceiros. Em relação às casas do povo, como se referiu, existe disposição legal expressa nesse sentido. Aliás, refira-se que em relação às associações mutualistas, a lei (Código das Associações Mutualistas) estabelece um conjunto de princípios oriundos do direito público, o mesmo sucedendo em relação às fundações gestoras dos regimes complementares de natureza profissional. Alguns destes princípios são directamente impostos pela legislação comunitária sobre os regimes complementares de segurança social.

[638] Ao interesse público em sentido jurídico se refere ROGÉRIO SOARES, *Interesse Público, Legalidade e Mérito*, pág. 118, tomando-o como "interesse que o legislador reconheceu como tendo instrumentalidade imediata para a actualização do bem comum".

direito ao financiamento público, ao acesso imediato a um conjunto de regalias e benefícios de natureza fiscal e parafiscal e a outros benefícios.

Em contrapartida, e pelo regime geral das pessoas colectivas de utilidade pública (DL n.º 460/77), ficam, desde logo, sujeitas a um conjunto de deveres, mas são também investidas num conjunto de poderes exorbitantes do direito comum.

Mas aos direitos, regalias, poderes e deveres resultantes do regime geral, acrescem os previstos na legislação que lhes é especialmente aplicável. E este regime não releva do direito privado, mas sim do direito administrativo.

Por isso, este particular regime terá, assim, de encontrar fundamento numa categoria essencial do direito administrativo – o interesse público. E se a prossecução deste não é monopólio da Administração, pois "existem tarefas de interesse público que são confiadas a entidades privadas"[639], ou que os particulares podem prosseguir ao abrigo do "exercício do seu poder de autodeterminação"[640], então o direito administrativo não há-de ter apenas por objecto uma realidade orgânica designada por Administração.

Na verdade, é precisamente a circunstância de certas entidades privadas "prosseguirem fins qualificados como de interesse público que justifica o regime especial para elas definido por lei" ou a sua sujeição a um "estatuto de direito administrativo"[641].

Razão por que, no plano geral, se justifica, quer a existência de um regime diferenciado para determinada categoria de entidades de direito privado – pessoas colectivas de utilidade pública –, quer a sua vinculação a determinados aspectos de direito administrativo[642].

---

[639] Cfr. PAULO OTERO, *O Poder de Substituição,* vol. I, pág. 48. No mesmo sentido, VIEIRA DE ANDRADE, *Interesse Público*, pág. 279.

[640] Cfr. PEDRO GONÇALVES, *A Concessão*, pág. 166.

[641] Cfr. VIEIRA DE ANDRADE, *Interesse Público*, págs. 281-282. No mesmo sentido, FREITAS DO AMARAL, *Curso,* vol. I, 2.ª ed., pág. 552.

[642] No direito italiano mais recente, a existência de um regime diferenciado para determinado categoria de entidades – entidades privadas de interesse públicos –, assim como a sua sujeição a princípios de direito administrativo são justificadas, no plano doutrinal, por GABRIELE LEODINI, *Associazioni Private di Interesse Generale e Libertà di Associazioni,* vol. I, Cedam, 1998, FRANCESCO RIGANO, *La Libertà Assistita,* Cedam, 1995, e EMANUELE ROSSI, *Le Formazioni Sociali Nella Costituzione Italiana*, Padova, 1989, (especialmente págs. 156 e segs.).

As vinculações jurídico-públicas da IPSS

Contudo, mesmo ao nível destas entidades é possível (sendo até exigível) estabelecer graus, quer quanto à extensão, quer quanto à intensidade daquelas vinculações[643].

Como se referiu, as IPSS prosseguem fins específicos de solidariedade social com relevância constitucional. À realização destes fins ligam-se desígnios de justiça social e redistributiva. A dimensão e a importância destes fins assumem um relevo particular para a comunidade política. A Constituição elege as IPSS como entidades especialmente vocacionadas para a sua prossecução. Contudo, a sua participação na realização destes fins terá de ser articulada com os poderes públicos. Esta articulação, atendendo àqueles desígnios, não pode ser meramente espontânea ou ocasional. Ela pressupõe uma colaboração ou cooperação organizada ou formalizada. Pelo que não pode tratar-se apenas de uma colaboração espontânea no âmbito da qual o particular coloca a sua actividade ao serviço do interesse público e a Administração reconhece a importância pública dessa motivação pessoal. Terá de haver aqui, pois, um processo organizado de colaboração[644]. Deste modo, a "coexistência colaborante" (FREITAS DO AMARAL) ou a "coexistência cooperante" (MARCELO REBELO DE SOUSA) exigem procedimentos e modelos de organização das relações entre a Administração e as IPSS. Cabe ao direito administrativa regular aqueles procedimentos e estabelecer estes modelos.

Com efeito, as exigências de organização justificam também a submissão das IPSS a um regime de direito administrativo. Mas estas exigências não atingem apenas o plano funcional; elas fazem-se sentir, desde logo, no plano estatutário.

Como se referiu, as IPSS, logo que registadas nos termos legais, ficam habilitadas a celebrar acordos de cooperação com a Administração. Através da celebração destes acordos participam na realização de tarefas administrativas. Para o efeito, obtêm financiamentos públicos para a aquisição ou construção de equipamentos, e para suportar os custos correntes das suas actividades. Financiando a acti-

---

[643] Admitindo uma gradualidade nas vinculações jurídico-publicas das instituições particulares de interesse público sem fins lucrativos, vide MARCELO REBELO DE SOUSA, *Lições,* vol. I, 1999, págs. 408 e segs.

[644] Sobre os diferentes níveis e modos de colaboração dos particulares com a Administração, vide PEDRO GONÇALVES, *A Concessão,* págs. 166 e segs.

418 As Instituições de Solidariedade Social

vidade das instituições, o Estado desonera-se das suas tarefas. Por isso, não se trata de actividades que se mantenham fora da esfera ou da área pública. O facto de se tratar de entidades privadas que exercem actividades privadas (e mesmo que se entenda que apenas exercem uma actividade privada) não exclui que elas possam ser instrumentalizadas para a execução de tarefas administrativas[645]. Ao financiamento público preside, precisamente, esta finalidade. Os acordos de cooperação regulam os termos e os modos da participação das IPSS na execução daquelas tarefas.

Como vimos, à acção social preside o primado da responsabilidade pública, e o seu exercício é feito directamente pela Administração ou em cooperação com as IPSS. Um dos modos pelos quais o Estado concretiza o primado da responsabilidade pública é através do financiamento à rede de serviços e equipamentos e programas de acção social. As IPSS constituem-se para a realização de interesses públicos e são objecto de uma credenciação oficial que lhe permite colaborar na realização de tarefas públicas.

Ora, tendo em conta este conjunto de circunstâncias, julgamos ser constitucionalmente legítima a imposição legal/estatutária de um conjunto de requisitos organizatórios e procedimentais (ex., normas procedimentais destinadas a garantir um mínimo de transparência e publicidade dos actos, de imparcialidade na actuação, etc.). Deste modo, a tipificação legal de um modelo de organização capaz de garantir, desde logo, a observância daqueles princípios afigura-se-nos constitucionalmente admissível[646].

Como é natural, esta tipificação legal implica uma limitação à liberdade de associação, designadamente à liberdade de auto-organização[647]. Contudo, no caso, tal garantia afigura-se-nos necessária e

---

[645] Cfr. Pedro Gonçalves, *A Concessão*, pág. 167, nota 4. No mesmo sentido, vide Maria Manuel Leitão Marques e Vital Moreira, *Formas e Instrumentos de Desintervenção*, págs. 143-144. No sentido do texto, vide Gabriele Leodini, *ob. cit.*, vol. I; Francesco Rigano, *ob. cit.;* Emanuele Rossi, *ob. cit.*, especialmente págs. 156 e segs.

[646] No sentido de que em relação às IPSS se justifica a existência de um regime administrativo mais acentuado, vide Marcelo Rebelo de Sousa, *Lições*, vol. I, 1999, pág. 411.

[647] Sobre as diversas dimensões da liberdade de associação, vide Vital Moreira..., *Administração Autónoma*, págs. 398 e segs. e 427 e segs., e Leonor Beleza e Teixeira de Sousa, *Direito de Associação e Associações,* in *Estudos Sobre a Constituição*, 3.º vol., Lisboa, Liv. Petrony, págs. 121-194.

As vinculações jurídico-públicas da IPSS   419

exigível. Ponto fundamental é que as limitações à disponibilidade organizatória se mostrem adequadas e proporcionadas[648].

Com efeito, a superação definitiva de um modelo assente na separação Estado – sociedade e a aceitação realista da interpenetração destes dois universos tradicionais devem ser acolhidas pelo direito como fundamento para a adopção de soluções jurídicas adequadas às exigências colocadas por este novo quadro político-social.

Para além disso, e como referimos, não está excluído que, através da cooperação, a Administração delegue nas IPSS, pela via contratual, a gestão de estabelecimentos públicos ou execução ou prestação de serviços públicos. Assim como não está excluída, como vimos, a possibilidade de uma habilitação legal específica para o efeito, embora sujeita a um acto posterior de reconhecimento precedido de requerimento das instituições interessadas. As entidades são aqui investidas no exercício de funções públicas, incluindo o exercício de prerrogativas públicas, com a particularidade de o exercício destas atingir fundamentalmente os beneficiários da sua actividade (portanto, os não membros das entidades – por ex., beneficiários de apoio social e adoptandos). Aqui, o dado objectivo da actividade desenvolvida e dos poderes exercidos fundamenta e marca a aplicação de um regime administrativo[649].

Na verdade, o serviço público implica sempre um regime jurídico estatutário, no sentido de que hão-de existir sempre um conjunto ou núcleo mínimo de disposições jurídico-públicas, designadamente as relacionadas com os direitos dos beneficiários, os poderes de disposição e controlo administrativo do serviço, normas relativas à organização, funcionamento e condições de exercício do serviço. Quer isto dizer que o serviço público é criado segundo normas e processos

---

[648] Sobre a problemática das limitações à liberdade de associação, designadamente das associações que desempenham tarefas administrativas, vide VITAL MOREIRA, *Administração Autónoma...*, especialmente as págs. 558 e segs. No sentido do texto, vide GABRIELE LEODINI, *ob. cit.*, pág. 54 e segs. FRANCESCO RIGANO, *ob. cit.*, págs. 304 e segs., e EMANUELE ROSSI, *ob. cit.*, págs. 177 e segs. Naturalmente que o que se diz no texto não tolhe a possibilidade de os associados estabelecerem livremente a sua organização interna, dentro dos limites da lei, assim como não toca com a livre escolha das áreas de actividade e com a prossecução autónoma das respectivas acções (auto-governo), de resto garantidas na lei (art. 3.º, do Estatuto das IPSS).

[649] Neste sentido, vide PEDRO GONÇALVES, *A Concessão,* pág. 149, nota 143.

420 As Instituições de Solidariedade Social

jurídico-públicos, designadamente segundo princípios jurídico-administrativos que orientam e vinculam o legislador nesse processo. Pelo que geneticamente o serviço público encontra-se inevitavelmente estruturado segundo ou à luz de uma disciplina jurídico-pública. E o recurso a instrumentos ou a formas de direito privado para a sua concreta realização, ou até para a regulação de aspectos concretos do próprio serviço não altera a sua natureza originária.

Cumpre ainda referir um outro elemento cuja importância não deve ser descurada, e que tem a ver com o peso do financiamento público, que pode atingir a margem dos 70% do orçamento anual das instituições, como, aliás, tivemos oportunidade de demonstrar no ponto 2 do Capítulo II da Parte II deste trabalho.

Este elemento, para além de indiciar a presença de uma actividade administrativa, não pode deixar de determinar algumas consequências ao nível do regime jurídico dos actos relativos à sua gestão. Ora, deve caber ao direito administrativo pelo menos a regulação das condições jurídicas essenciais, designadamente de carácter procedimental, das actividades financiadas com fundos públicos, independentemente de a sua gestão ser prosseguida directamente pela Administração ou por particulares[650]. Assim sendo, neste caso, o direito administrativo não se poderá demitir de uma função constitucional também justificativa da existência deste ramo do direito: precisamente, a de garantir, por um lado, a existência de uma disciplina ou de uma gestão financeira transparente, e, por outro, que as modalidades de prestações sociais ou de (re)distribuição de bens sejam realizadas em condições de igualdade e com respeito pela dignidade humana dos seus destinatários[651]. Para o efeito terão de existir meios idóneos e adequados a garantir tal desiderato, assim como a verificar em

---

[650] Neste sentido, vide MARTIN BASSOLS COMA, *ob. cit.*, pág. 110-111. Como já salientámos, para este autor a doutrina não tem prestado suficiente atenção a este elemento. E cita a este propósito CHARLES DEBBASCH, *ob. cit.*, págs. 111-134, que reivindica a relevância do financiamento com fundos públicos como elemento determinante e conceptual do Direito Administrativo. Segundo este autor, podem qualificar-se como administrativas todas as operações ou actividades financiadas com fundos públicos, quer sejam levadas a cabo por pessoas colectivas públicas, quer por pessoas colectivas privadas (ou por intermédio destas). Deste modo se pode concluir, segundo o mesmo autor, que o direito administrativo é o ordenamento jurídico que regula as actividades financiadas com fundos públicos.

[651] Neste sentido, cfr. FRANCESCO RIGANO, *ob. cit.*, pág. 285.

concreto a sua observância. Isto, como se referiu, cabe ao direito administrativo regular.

Porém, a este conjunto de razões acresce ainda o facto de termos inserido as IPSS no sistema público de acção social, resultando daqui consequências para o seu ordenamento jurídico, designadamente as respeitantes às garantias de unidade, coerência e finalidades do sistema.

Estes três últimos aspectos não tocam com a própria estrutura das IPSS, isto é, não dizem respeito às suas características intrínsecas enquanto pessoas colectivas. É uma exigência externa, pressuposta pela natureza da actividade desenvolvida ou pelas obrigações contratualmente assumidas. De qualquer modo, no quadro a seguir apresentado sobre os princípios estruturantes do ordenamento jurídico das IPSS, não deixaremos de os ter em conta.

Apenas uma palavra final para realçar o seguinte aspecto: muitos dos princípios de que falaremos são aplicáveis às IPSS por expressa extensão legal ou deduzem-se de particulares aspectos do seu regime jurídico. Deste modo, cumpre-se o disposto no n.º 4 do art. 2.º do CPA. Contudo, mesmo que assim não sucedesse, julgamos que a sua aplicabilidade não estaria em causa. Na verdade, se as IPSS participam no exercício da função administrativa, podendo, no quadro geral da cooperação com as entidades públicas, assumir a execução de tarefas públicas, com a eventual delegação de poderes normativos públicos, a aplicação directa de determinados princípios inerentes ao desempenho das mesmas deve ter-se como uma exigência constitucional.

De facto, não é apenas o elemento orgânico ou a qualidade jurídico-pública das pessoas colectivas que determina a aplicação de princípios inerentes ao desempenho de funções administrativas. A natureza das funções ou a actividade desenvolvida também é para este efeito essencial. Na verdade, é a natureza das funções que determina a aplicação de um regime, e não o inverso.

Em face da redacção do n.º 4 do art. 2 do CPA, onde se pressupõe a existência de uma lei expressa que determine a aplicação das disposições do código (e, portanto, também dos seus princípios) aos órgãos das instituições particulares de interesse público, poderá, porventura, parecer forçada a tese aqui defendida.

422   *As Instituições de Solidariedade Social*

Mas pense-se, por exemplo, nos casos das uniões das IPSS, as quais, por despacho ministerial, podem receber até 70% do total das despesas previstas nos seus orçamentos. O Estado concedeu-lhe o poder de gestão/distribuição dos valores recebidos pelas respectivas delegações (Norma XXX, do Despacho n.º 75/92). O exercício deste poder, de âmbito nacional, não há-de ficar sujeito a regras que garantam a sua transparência, isenção e imparcialidade?

Por isso, entendemos, pelo menos no domínio específico em análise, não ser necessário que tal aplicação resulte expressamente da lei; basta que do respectivo regime e da sua teleologia resulte a necessidade de tal aplicação ou se deduza que foi intenção do legislador submeter tais entidades a certos princípios. Em relação às IPSS, pensamos que do regime instituído resulta a consagração expressa ou implícita de diversos princípios gerais da actividade administrativa.

Convirá ainda referir que a sujeição das organizações do terceiro sector, designadamente as que actuam nas áreas da assistência social, saúde e educação, começam a despertar, em geral, a atenção da doutrina e do legislador. Tal só revela a importância que estas organizações vêm conquistando no exercício de determinadas actividades de relevância colectiva[652].

Por último, apenas uma pequena nota para desfazer o que pensamos ser um equívoco. Entre nós, e também em outros países,

---

[652] Assim, por ex., em Itália, a doutrina mais recente aponta para uma exigência constitucional, designadamente em relação às instituições que auferam de subvenções públicas. Neste sentido, vide FRANCESCO RIGANO, *ob. cit.,* págs. 153 e segs., 283 e segs. e 295 e segs.; CONSTANZO RANCI, *ob. cit.,* págs. 253-257, embora este autor se refira especificamente às instituições que colaboram com a Administração na prestação de serviços sociais. Nos Estados Unidos, a observância de alguns princípios fundamentais constitui o suporte da estrutura relacional entre as organizações do terceiro sector e a Administração (designadamente com as Administrações federais). Cfr. SIMONE DE CASTRO TAVARES COELHO, *ob. cit.,* págs. 86 e segs., 149 e segs. e 171 e segs. Em Espanha, a recente lei sobre as fundações e incentivos fiscais à participação privada em actividades de interesse geral (Lei n.º 30/1994, de 24 de Novembro), previu expressamente a vinculação destas entidades a alguns princípios fundamentais (art. 21.º, al. c). Cfr. ALBERTO RUIZ OJEDA, *Las Fundaciones como Colaboradores de la Administración y el Régimen Jurídico del Património Fundacional: um comentário con ocasión de la nueva Ley de Fundaciones,* in *REDA,* 93, Jan-Mar., 1997, págs. 27 e segs. No Brasil, a lei sobre as Organizações da Sociedade Civil de Interesse Público (Lei n.º 9790, de 23 de Março de 1999), apenas reconhece esta qualidade às instituições cujos estatutos respeitem alguns princípios fundamentais (art. 4.º).

As IPSS e a organização administrativa da segurança social   423

alega-se que a sujeição destas entidades a uma disciplina jurídica que garanta a observância de um conjunto de princípios só traz consequências negativas, uma vez que "profissionaliza" ou "burocratiza" as instituições. Salvo o devido respeito, há aqui uma confusão entre as exigências do jurídico e as exigências específicas da gestão.

1. Vinculação das IPSS aos direitos fundamentais

O intróito justificativo da aplicação de um particular regime às IPSS não se relaciona directamente com este ponto. Ou seja, não estamos a pensar fundamentalmente na "eficácia externa" ou na eficácia horizontal dos direitos fundamentais. Contudo, cremos que este tema merece ser analisado neste contexto, pois é ainda uma vinculação de natureza pública que está em causa.

A sua análise fará ainda mais sentido se tivermos em conta a especial condição, fragilidade ou dependência do cidadão a que especialmente se dirige a acção das IPSS. A situação de dependência existencial constitui um campo particularmente aberto à criação de situações de facto dominantes ou à afirmação de poderes de facto ou de autoridade, podendo mesmo traduzir-se em posições de supra-infra-ordenação. Por isso, também aqui, e acompanhando o entendimento de Rogério Soares, aquilo que mais interessa não é forma de actuação, nem o sujeito que a protagoniza, mas as consequências que daí advém e que sempre se manifestam numa supremacia sobre os cidadãos-destinatários, no caso, os utentes ou beneficiários.

Na verdade, no campo da assistência social, o facto de estarmos perante uma tarefa da administração prestadora e não de polícia, domínio onde porventura mais se justificará o emprego da fórmula "Administração amiga do cidadão", não significa que não se assuma como um forte instrumento de controlo social, de afirmação de elementos de dependência (senão de direito, pelo menos de facto) sobre uma determinada categoria de cidadãos. Situação que a Sociologia da Administração tem, justamente, posto em relevo[653]. E o quadro

---

[653] Cfr. Renate Mayntz, *Sociolagia dell'amministrazione pubblica,* Società editrice il Mulino, Bologna, 1982, págs. 267 e segs., da edição original *Soziologie der offentlichen Verwaltung*, C. F. Muller, Juristischer Verlag, 1987, tradução de Alessandro Buoncompagni

424 *As Instituições de Solidariedade Social*

não mudará substancialmente de figura quando as tarefas prestadoras saiam do aparelho administrativo tradicional para serem desenvolvidas por outras (ou novas) entidades, públicas ou privadas.

Se no plano sociológico existem, em concreto, condições propícias à afirmação de poderes de facto ou de poderes sociais, então julgamos estar preenchido um dos requisitos fundamentais para fazer valer a aplicação dos direitos fundamentais entre privados[654].

Somos, por isso, de opinião que as IPSS se encontram directamente vinculadas aos direitos fundamentais. Independentemente da perspectiva de que se parte, existe um dado fornecido pela realidade que nos parece irrefutável: as IPSS constituem, entre nós, o pólo central da gestão de recursos e de prestação de serviços de acção social. Para os beneficiários, os bens geridos ou os serviços prestados por estas instituições, são os seus bens essenciais. A relação de dependência já existe, pois, no plano dos factos. A organização fornece-lhes apenas uma dimensão social ou institucional.

Seria, em nosso entender, incoerente defender que um beneficiário pudesse invocar os seus direitos fundamentais contra a direcção de um estabelecimento sob directa gestão da Administração, e já não o pudesse fazer contra a direcção de uma IPSS que, ao abrigo de um contrato de gestão, gere um estabelecimento daquela. Será, por exemplo, legítimo aos utentes de um estabelecimento de uma IPSS ou por si gerido invocar (directamente) a igualdade de tratamento (no caso de as circunstâncias concretas serem substancialmente semelhantes), ou respeito pela intimidade da sua vida privada (nas diversas concretizações que pode revestir).

---

e edizione italiana ao cuidado de Sabino Cassese, onde se salienta justamente que a existência de fortes elementos de dependência entre a oferta de serviços e o controlo social emerge claramente no caso da assistência social.

[654] A existência de condições propícias à afirmação de poderes de facto constitui, em geral, uma razão unânime entre os autores relativamente à eficácia horizontal dos direitos fundamentais. Neste sentido, entre outros, vide J. J. Gomes Canotilho e Vital Moreira, *Constituição da República Portuguesa Anotada,* 1993, anotação ao art. 17.º, págs., 147-148 (onde, aliás, criticam as teses que limitam a eficácia externa dos direitos fundamentais às relações de poder de facto ou de poder social entre particulares), Vieira de Andrade, *Os direitos fundamentais nas relações entre particulares,* in *Gabinete de Documentação e Direito Comparado,* 1981, 243-244, e do mesmo autor, *Os Direitos Fundamentais na Constituição Portuguesa,* págs. 284 e segs.

As vinculações jurídico-públicas da IPSS   425

Em caso de violação, os utentes ou beneficiários poderão invocar a invalidade dos actos que violem os seus direitos fundamentais, assim como responsabilizar civilmente os seus autores. Isto, independentemente da existência de lei. Pois se há circunstâncias de facto que, em concreto, justificam a força normativa dos direitos fundamentais entre privados, julgamos não ser correcto aguardar, também para estes casos, pela aplicação da doutrina da regulamentação das liberdades. Para além de que também aqui os juizes têm acesso directo à Constituição.

No caso específico das IPSS, pensamos até que, em algumas situações, o legislador não descurou o problema, acautelando ele mesmo a situação. Por isso, não deixou de estabelecer o respeito pela dignidade humana e pela intimidade da vida privada dos beneficiários, assim como a proibição de qualquer discriminação fundada em critérios ideológicos, políticos, confessionais ou raciais (art. 5.º, n.º 2, dos Estatutos), ou de, em geral, estabelecer a prevalência dos direitos dos beneficiários sobre os das instituições, dos associados ou dos fundadores (n.º 1, do art. 5.º).

2. Os princípios estruturantes do ordenamento jurídico das IPSS

Independentemente de os actos serem ou não praticados ao abrigo dos poderes públicos, ou de haver ou não a titularidade ou o exercício das tradicionais prerrogativas de autoridade por parte das entidades jurídico-privadas aqui tratadas, ou ainda independentemente da existência de qualquer elemento orgânico que indicie a inserção destas entidades no quadro global da organização administrativa, entendemos que o conjunto dos princípios a seguir enumerados devem, em nossa opinião, enformar a organização, o funcionamento e a actuação das IPSS. Assim, e para além do dever de cooperação com a Administração, inventariamos os seguintes princípios:

a) Princípio da prossecução do interesse público. As IPSS são instituições criadas pela iniciativa de particulares, e não por iniciativa da Administração ou por acto público. Portanto, a sua constituição está na inteira disponibilidade dos particulares. E constituem-se para prosseguir interesses públicos, ou pelo menos a actividade que se propõe desenvolver interessa à Administração, mesmo que aquela tenha por escopo imediato e primordial a satisfação de interesses privados. A (auto)satisfação destes interesses corresponde àqueles que a Administração poderia (ou seria obrigada a) satisfazer se fosse ela a prestar directamente o serviço (caso das casas do povo e cooperativas de solidariedade social, mas também as associações mutualistas e fundações de gestão dos regimes complementares).

Contudo, a prossecução destes interesses está na inteira disponibilidade dos particulares, que têm a liberdade de criar ou não criar as entidades que lhe dão corpo. Só que a partir do momento da constituição das entidades aqueles interesses ganham uma dimensão objectiva ou institucional. Por isso, e atendendo à relevância dos mesmos, a Administração investe as instituições de um especial status, através da declaração da sua utilidade pública. Esta declaração traz, como vimos, uma série de regalias e benefícios públicos. A partir deste momento, as instituições têm um dever legal específico de prosseguir os fins que motivaram a sua criação e fundamentaram a declaração de utilidade pública. A prossecução do interesse público voluntariamente assumida torna-se, assim, um fim de prossecução necessária. Uma espécie de dever-função. Por isso, existem mecanismos administrativos destinados a garantir o seu cumprimento e a actualizar (ou até mesmo alterar) os fins estatutários de forma a que actividade das instituições possa corresponder à satisfação das necessidades que estiveram na origem da sua criação (caso das fundações, e desde que esta actualização corresponda ainda à vontade presumível do fundador). E é ainda o interesse público, ou os desvios (ilegais) à sua prossecução, que poderá fundamentar, entre outras razões, a declaração de extinção das pessoas colectivas. As IPSS só subsistem com esta qualidade enquanto subsistir o regular cumprimento dos fins que motivaram a sua criação.

Não obstante a disponibilidade da existência jurídica da pessoa colectiva estar na esfera dos respectivos associados, cooperadores ou do fundador, pois a liberdade destes abrange a previsão estatutária de causas de extinção, o certo é que enquanto a (auto)extinção não se verificar, a prossecução de fins de interesse público, consagrados nos estatutos e legalmente reconhecidos, constitui um dever objectivamente imposto. No caso particular das entidades que se constituem

As vinculações jurídico-públicas da IPSS

para prosseguir a satisfação dos direitos e interesses dos naturais beneficiários da acção social, este dever assume uma manifestação mais visível.

E tanto assim é que as IPSS são constitucionalmente admitidas, como referimos, para prosseguir fins de solidariedade social com fundamento directo na CRP, especificados ou não expressamente por esta. A prossecução de fins de solidariedade social pelas IPSS, antes de ser uma exigência legal, institucional ou estatutária, é uma exigência constitucional. As IPSS prosseguem fins específicos de solidariedade social: a Constituição apenas as admite para a prossecução de fins específicos, ainda que possam prosseguir outros fins, secundários ou acessórios. A liberdade de escolha dos fins é, pois, limitada a um catálogo previamente fornecido pela Constituição ou pela lei.

b) Princípio da igualdade de tratamento, quer na admissão dos utentes ou beneficiários da actividade desenvolvida (na concessão de bens ou prestações de serviços), quer nas condições essenciais de funcionamento dos estabelecimentos ou equipamentos, independentemente das entidades gestoras. O que se pretende é garantir que as modalidades de prestações sociais ou de (re)distribuição de bens sejam realizadas em condições de igualdade e com respeito pela dignidade social e humana dos seus destinatários[655].

A natureza dos direitos do cidadão-utente perante o sistema não se transformam só pelo facto de a entidade que lhe fornece um bem ser privada ou pública. Em qualquer caso, mantém- se a sua posição de cidadão-administrado, dependente de um sistema de prestações cuja natureza pública não se transfigura só pelo facto de mudar a forma ou a natureza jurídica da entidade responsável pela sua produção ou oferta[656]. Designadamente, não se alterará a natureza do direito à igualdade de acesso e de tratamento. A igualdade é, desde logo, perante o sistema, independentemente da concreta modalidade orga-

---

[655] Neste sentido, FRANCESCO RIGANO, *ob. cit.*, pág. pág. 285; CONSTANZO RANCI, *ob. cit.*, págs. 255 e 259, onde aponta o financiamento público como fundamento da paridade de tratamento.

[656] Neste sentido, GIOVANNI MIELE, *La distinzione fra ente público e privato*, in *Rivista di Diritto Commerciale e del Diritto Generale delle Obligazioni*, vol. XL, 1942, pág. 105.

nizatória ou da natureza da entidade que preste os serviços por ele oferecidos aos (seus) naturais beneficiários[657].

Para além disso, proíbe-se a prática de toda e qualquer discriminação na relação das instituições com os beneficiários[658]. Para o efeito, é legítima a existência de meios idóneos, adequados e proporcionados a garantir tal desiderato, assim como a verificar em concreto a sua observância.

Este princípio parece-nos estar a ser posto em causa pela própria lógica que preside à estrutura de funcionamento do sistema. De facto, o apoio financeiro do Estado no âmbito da cooperação é feito às instituições em função da valência e dos lugares ocupados sem considerar a situação sócio-económica do beneficiário do serviço. Este quadro legal permite privilegiar a admissão ou a prestação de serviços a pessoas de maiores rendimentos, beneficiando, em simultâneo, do apoio do Estado. Ora, o apoio aos utentes deveria variar em função das necessidades sócio-económica das pessoas, podendo atingir o custo total do serviço de que beneficiam, para os mais pobres, ou serem excluídos do apoio aqueles que possuem rendimentos suficientes para suportar o respectivo custo[659]. A lógica que

---

[657] Neste sentido, diz-nos FRANCESCO RIGANO, *ob. cit.*, pág. 286, que o facto de existirem, neste domínio, elementos específicos, como a voluntariedade e a gratuitidade das prestações, não significa um consentimento ou uma autorização para eventuais ofensas aos direitos constitucionalmente garantidos dos destinatários da actividade. Por isso, assume, neste contexto, importância fundamental o princípio da igual dignidade social consagrado no art. 3.º da Constituição (italiana). E o autor, colocando este problema ao nível do próprio princípio do Estado social, adianta (pág. 295) que este princípio requer que a produção de serviços sociais seja feita segundo a linha de "indirizzo" definida pelo legislador, pelo que a tutela dos beneficiários dos serviços sociais deve ser análoga, independentemente da natureza privada ou pública da estrutura produtora dos serviços, até porque (pág. 296) a concepção objectiva de serviço público prestado torna irrelevante a natureza privada ou pública do gestor do serviço.

[658] No texto apenas está em causa a dimensão do princípio da igualdade na relação com os utentes. Mas naturalmente que ele valerá também no âmbito da própria definição do estatuto dos associados, proibindo a existência de estatutos diferenciados e discriminatórios dos associados. Neste sentido, FRANCESCO GALGANO, *Le Associazioni, Le Fondazioni i Comitati*, Padova, CEDAM, 1987, págs. 167 e segs.

[659] Esta conclusão é confirmada por CARLOS BARROS, *O financiamento da acção social em Portugal, ob. cit.*, págs. 315 e segs., onde, aliás, critica o processo de financiamento. Em sentido aproximado, ANTÓNIO LUÍS SILVESTRE, *Análise das assimetrias da acção social em Portugal, ob. cit.*, págs. 267 e segs. De facto, este aspecto é estrutural uma vez que põe em

preside ao sistema parece por claramente em risco as garantias de não discriminação das pessoas e dos grupos mais desfavorecidos. Um sistema de protecção social que não dê, desde logo, estas garantias dá aso a que as suas finalidades possam ser subvertidas.

c) Princípio da igualdade de tratamento entre utentes das IPSS e os utentes dos serviços oficiais, designadamente na imposição de tarifas ou outras onerações de índole pecuniária, de forma a evitar uma discriminação dos utentes, sem que existam razões de natureza económica ou familiar que a justifiquem. Defende-se, pois, um princípio de equiparação, de forma a evitar que ao abrigo de acordos de cooperação ou de gestão sejam permitidas imposições mais onerosas do que aquelas que eventualmente vigoram para (ou nos) estabelecimentos oficiais. Portanto, também aqui não deve haver qualquer discriminação ao nível da comparticipação dos utentes ou das suas famílias. Aliás, estas regras devem ser normativamente fixadas, tendo em conta as especificidades das concretas modalidades de acção social a desenvolver. Coisa que já sucede pelo menos em relação a algumas situações, como é o caso das regras relativas às comparticipações das famílias nos estabelecimentos de educação especial pré--escolar[660]. Trata-se, pelo menos, de evitar que as desigualdades sociais se prolonguem e perpetuem através dos sistemas de acção social.

---

causa a racionalidade do sistema e as suas próprias finalidades por ser permissivo à admissão preferencial de utentes que podem comparticipar até à totalidade dos custos, recebendo as instituições simultaneamente um subsídio que pode atingir os 70% desse custo, quando supostamente se destinaria, precisamente, a suportar a grande parte dos custos com utentes em situação de carência efectiva, ou cujas possibilidades de comparticipação nas despesas serão nulas ou quase nulas.

[660] A este propósito deve dizer-se que algumas Constituições europeias, nos domínios em que permitem o desenvolvimento de actividades de interesse público por particulares, em regime de concorrência com o sector público, de complementaridade ou de outra espécie, estabelecem expressamente o princípio de igualdade de tratamento ou de equiparação entre os utentes/destinatários dos serviços. Assim sucede, por ex., no âmbito do ensino, com a Constituição de Itália (art.33) e com a Lei Fundamental da República Federal da Alemanha (art. 7.º, n.º 4). Aqui é expressamente imposto que as escolas particulares só serão autorizadas se não for fomentada uma selecção entre os alunos segundo a situação económica dos pais. Sobre as vinculações jurídico-públicas no domínio do regime dos concertos educativos no direito espanhol e em direito comparado, vide José Manuel Dias Lema, *ob. cit.,* págs. 44 e segs. e 79 e segs.

Intimamente relacionado com o princípio da igualdade está o princípio da imparcialidade. O princípio da imparcialidade deverá ser observado na directa relação com os utentes – por ex., recolha de informação de natureza social ou económica, análise da situação económico-social dos candidatos aos apoios sociais, tratamento dos processos, tratamento dos utentes enquanto proibição do arbítrio ou de tratamentos arbitrários. Assim, na nossa perspectiva, seria incorrecto, por ex., não ponderar a aplicação deste princípio na inscrição e selecção de candidatos a adopção, na recolha de informação para efeitos de atribuição de prestações pecuniárias, como é o caso do rendimento mínimo garantido, ou na selecção de candidatos a apoios sociais em equipamentos (desde logo em equipamentos públicos sob gestão das IPSS), ou, em geral, quando o apoio social prestado seja directamente suportado com fundos públicos.

d) Princípio da proporcionalidade, visto aqui em duas vertentes: por um lado, as prestações, quer pecuniárias, quer em espécie (envolvendo estas a utilização de serviços e de equipamentos sociais), devem ser adequadas (princípio da proporcionalidade em sentido estrito) às eventualidades a proteger, tendo em conta a situação dos beneficiários e suas famílias. Por outro lado, as comparticipações financeiras dos utentes nos custos dos apoios sociais, a existirem, devem ser fixadas em função das efectivas possibilidades dos utentes ou das famílias. Não devem, neste sentido, ser desproporcionadas. O valor da comparticipação familiar ou dos utentes na utilização dos equipamentos e serviços deve ser determinada em função da composição e do rendimento do agregado familiar, podendo até não existir se a situação concreta o justificar. Por isso, não deixa de ser criticável o facto de o sistema facilitar, na prática, o apoio aos utentes/beneficiários exigindo-se-lhe, para o efeito, uma comparticipação mensal correspondente ou equivalente pelo menos à despesa, e simultaneamente seja recebido o apoio do Estado que pode ascender a 70% daquele custo. Ainda estaremos perante instituições sem fins lucrativos? Por outro lado, estruturalmente o sistema parece estar a favorecer não o princípio da selectividade no entendimento que a seguir lhe daremos, mas sim um princípio da selectividade invertido: as medidas tomadas acabam por beneficiar os cidadãos que dispõem de maiores rendimentos, ou pelo menos aqueles que podem efectivamente comparticipar nas despesas dos equipamentos e serviços.

e) Ao princípio da igualdade e da proporcionalidade se poderá associar um outro – o da selectividade. O sistema da acção social está teleologicamente orientado para acudir a situações de carência que atingem sobretudo os mais desfavorecidos sob o ponto de vista económico-social, muito embora os fenómenos de disfunção social não tenham necessariamente e apenas por causa razões económico-sociais[661]. Por isso, e por princípio, o acesso deve ser universal mas apenas ou preferencialmente orientado para a categoria de destinatários que se encontram nesta situação, o que implica o condicionamento do acesso aos apoios sociais, evitando-se que aufiram deste apoio cidadãos que efectivamente dele não necessitam[662]. O princípio da igualdade implica, neste caso, uma discriminação positiva justificada por fortes razões fácticas. Se o sistema não contiver mecanismos que permitam um mínimo de selectividade, então acaba por ser o princípio da igualdade que é posto em causa[663].

f) Princípio da tendencial gratuitidade dos bens e serviços prestados às famílias ou utentes social e economicamente mais carenciados, tendo em conta não só o facto de estas instituições exercerem a sua actividade no âmbito da acção social, mas também porque ela se deve dirigir aos mais desfavorecidos e carenciados. É esta a lógica do sistema, e é para este efeito que a Constituição reconhece e valoriza a existência das IPSS. A não observância deste princípio significará a introdução de uma lógica de mercado no âmbito da acção social,

---

[661] Sobre o princípio da selectividade no âmbito da acção social, ILÍDIO DAS NEVES, *A Crise e a Reforma da Segurança Social*, págs. 156-157, e *Direito da Segurança Social*, pág. 281. Segundo este autor, o direito à assistência social ou solidariedade social é definido mediante a aplicação do princípio da selectividade, no sentido de que a protecção social se destina a grupos específicos da sociedade ou a certas pessoas pertencentes a esses grupos, que se encontram «à margem» de um certo rendimento estipulado. Por isso, esta perspectiva implica uma considerável personalização das prestações ou, pelo menos, o seu ajustamento, mais ou menos elevado, à situação económica concreta.

[662] E assim se evitará a duplicidade de situações: cidadãos a auferir de regalias sociais por outras vias e simultaneamente a auferir de apoios sociais pela via da acção social.

[663] Como se disse no texto, o princípio da selectividade terá de ser entendido com as devidas cautelas, pois perante os novos fenómenos de marginalização e de disfunção social, ele não tem que estar necessariamente ligado a razões económico-socias. Problema diferente, isso sim, é o da determinação da comparticipação dos utentes para as despesas de utilização dos equipamentos e serviços e outros tipos de apoios.

com a consequente exclusão daqueles que, em primeira linha, deviam ser os destinatários dessa acção. Se as IPSS assumem perante o Estado e perante a sociedade um compromisso jurídico e institucional com a solidariedade social, então o seu princípio orientador deverá ser o princípio da solidariedade social. A sua substituição por uma lógica individualista, conduzirá à introdução de um elemento negocial ou económico na acção social, cujas fronteiras com a lógica de mercado se tornarão inevitavelmente ambíguas, deixando, consequentemente, à margem os grupos com mais escassos recursos.

g) Princípio da preferência ou prioridade do apoio para as pessoas ou grupos mais desfavorecidos e carenciados. Impõe-se aqui uma discriminação positiva que é justificada por condições fácticas de natureza social e económica. Este princípio decorre naturalmente das finalidades do sistema de acção social: a realização efectiva dos direitos sociais dos mais carenciados e vulneráveis.

h) Ao princípio anterior liga-se um outro: o princípio da prevalência dos interesses e direitos dos beneficiários sobre os das instituições, associados, membros ou fundadores. Este princípio vale sobretudo para as instituições que se constituem para prestarem serviços à comunidade em geral. E a razão de ser deste princípio é a seguinte: se as instituições são constitucionalmente admitidas e apoiadas é porque se considera serem um meio de realizar um interesse relevante para colectividade, designadamente porque se considera constituírem um meio privilegiado de realizar, em termos efectivos, os direitos sociais. Pelo que não podem converter-se num organismo corporativo de protecção, defesa e apoio dos interesses dos associados e seus familiares. A Constituição não reconhece as IPSS como uma forma institucional de protecção de interesses pessoais, de grupo, de classes ou de famílias. Pelo contrário, no domínio da acção social, são reconhecidas, admitidas e apoiadas para servir preferencialmente uma camada da população – a população que, perante a lei e os poderes públicos, tem direito a beneficiar de auxílio económico e social. Se, por decisão própria e autónoma, assumem, perante o Estado, o compromisso de se substituírem nesse auxílio, então a sua responsabilidade já não é apenas perante o Estado, mas também para com a sociedade em geral e, especificamente, para com os cidadãos que legalmente são considerados beneficiários, sejam ou não associados.

Este princípio encontra-se já, de algum modo, consagrado ou subjacente a algumas disposições do Estatuto das IPSS, designadamente ao art. 5.º (relativo, em geral, à prevalência dos interesses e direitos dos beneficiários), ao art. 6.º (relativo à actualização da vontade do fundador tendo em conta a melhor satisfação das necessidades do beneficiários), ao art. 36.º (a salvaguarda dos interesses dos beneficiários pode motivar a suspensão dos corpos gerentes), e ao art. 38.º (requisição administrativa dos bens das instituições em caso de grave prejuízo para os beneficiários).

i) Princípio da imparcialidade enquanto princípio organizatório. Este princípio deve, desde logo, ser garantido pela lei de organização das instituições, devendo impor-se a existência de regras estatutárias sobre a composição e funcionamento dos órgãos e de procedimentos decisórios, de forma a assegurar quer a democraticidade interna, quer a transparência da gestão. Assim, e designadamente, devem existir regras sobre impedimentos, acumulação de cargos, participação nas decisões que digam respeito aos próprios gerentes ou a familiares directos, etc.

Como referimos, este princípio leva a uma limitação da liberdade de (auto)organização das instituições. Contudo, as regras que concretizam este princípio impõem-se naturalmente pela necessidade de uma gestão sã e democrática das instituições. Por isso, devem considerar-se constitucionalmente admissíveis, desde que proporcionadas e adequadas. Aliás, em muitos casos a sua existência impõe-se como modo de assegurar o exercício da própria liberdade de associação, e designadamente os direitos dos associados.

Em relação às incompatibilidades na acumulação de cargos nos órgãos de gestão, a lei já acautelou tal situação proibindo que os membros dos corpos gerentes desempenhem simultaneamente mais do que um cargo na mesma instituição (art. 15.º n.º 2, do Estatuto das IPSS), estabelecendo ainda regras sobre incapacidades e impedimentos em matéria de participação nas decisões e de contratação com as instituições (artigo 21.º, n.ºs 1, 2, 3 e 4) [664].

---

[664] Concordamos, por isso, com a posição do Conselho Consultivo da Procuradoria-Geral da República, emitida no Processo n.º 98/90, D. R. n.º 14, II Série, de 18-1-93, onde se afirma que "depois de indagar a intencionalidade normativa do (...) art. 15.º, n.º 2, em

434 *As Instituições de Solidariedade Social*

De qualquer modo, se eventualmente tais regras não forem suficientes deverá proceder-se à aplicação das regras do CPA sobre esta matéria. Ou seja: na ausência de previsão legal (ou estatutária) expressa, entendemos que devem aplicar-se aqui as regras do CPA, pelo menos na parte em que as decisões toquem com o exercício de poderes públicos ou directamente com a gestão dos dinheiros públicos (art. artigo 44.º do CPA). Razões de transparência, publicidade e de isenção na gestão e nos procedimentos parecem-nos aconselhar tal aplicação.

Outras concretizações deste princípio registam-se ainda em matéria de votação em deliberações por parte dos próprios associados (artigos 55.º, n.º 5 e 56.º n.º 1), onde se impede que os associados votem em deliberações que lhe digam directamente respeito (salários, benefícios, regalias sociais, etc.), ou digam respeito a familiares directos ou equiparados. Trata-se de uma regra análoga à do artigo 176.º do C. Civil (privação do direito de voto), embora mais concretizada.

São ainda razões de transparência, associadas ao princípio democrático da renovação do exercício dos cargos associativos, que levam à limitação do número de mandatos dos corpos gerentes em qualquer órgão da associação (o máximo de dois mandatos consecutivos – art. 57.º, n.º 4).

No artigo 21.º, n.ºs 1 e 2, a lei estabelece ainda uma incapacidade para os membros dos corpos gerentes que, mediante processo judicial, tenham sido declarados responsáveis por irregularidades cometidas no exercício dessas funções ou removidos dos cargos que desempenhavam, sendo que esta incapacidade abrange a própria instituição ou qualquer outra instituição sob a forma de IPSS.

j) O princípio da transparência de gestão e de procedimentos. Este princípio leva também a uma limitação à liberdade de organização (pelo menos à liberdade de organização de procedimentos) e à liberdade contratual. Contudo, ele deverá, desde logo, ser assegurado

---

conjugação com outros normativos do Decreto-Lei n.º 119/83, de 25 de Fevereiro, nomeadamente o art. 21, n.º 4, constatou-se que a teologia de tais normas residia justamente na preocupação de obstar à acumulação de cargos nas instituições particulares de solidariedade social por parte dos membros dos respectivos corpos gerentes, objectivo que se fundamenta em razões de transparência na gestão e nos procedimentos dos titulares desses órgãos".

em matéria de realização de obras integral ou maioritariamente financiadas com fundos públicos, que devem ser precedidas de concurso,
pelos menos quando estejam em causa valores significativos, bem
como a alienação e o arrendamento de imóveis deverá seguir o mesmo
procedimento, ou em alternativa a hasta pública.

São finalidades de transparência, isenção e de correcta gestão
que presidem ao espírito do artigo 23.º do Decreto-Lei n.º 119/83,
onde se exige que as empreitadas de obras de construção ou grande
reparação, bem como a alienação e o arrendamento de imóveis pertencentes às instituições, obedeçam a concurso público, no primeiro
caso, e a concurso público ou a hasta pública, no segundo[665].

Esta exigência deve, sobretudo, ser observada para a salvaguarda
daqueles princípios, muito embora no espírito do legislador também

---

[665] Contudo, tal imposição não impede que possam ser efectuadas vendas ou arrendamentos por negociação directa, designadamente por motivos de urgência, devendo tais
motivos ser fundamentados em acta (n.º 2, do art. 23). Em qualquer caso, os preços e
rendas aceites não podem ser inferiores aos que vigoram no mercado normal de imóveis e
arrendamentos, de harmonia com os valores estabelecidos em peritagem oficial (n.º 3, do
art. 23.º). Deste regime ficam excepcionados os arrendamentos para a habitação, que
seguem o regime geral do arrendamento urbano. Acrescente-se apenas que uma regra deste
tipo não se encontra prevista para uma das pessoas colectivas de utilidade pública administrativa (em que o regime administrativo é tradicionalmente mais acentuado), e que é expressamente qualificada pela lei como tal – a Santa Casa da Misericórdia de Lisboa –, exigindo-se
em contrapartida (ou em substituição) a competente autorização das entidades tutelares,
conforme resulta dos respectivos estatutos, aprovados pelo DL n.º 322/91, de 26 de Agosto.
Refira-se ainda que, relativamente ao arrendamento de imóveis pelas IPSS para o exercício
das suas actividades, o Tribunal Constitucional, no seu Acórdão de 3-3-88, D.R. n.º 188, II
Série, de 16/8/88, não julgou inconstitucional a norma constante do n.º 1 do art. 22.º do
Estatuto das IPSS, aprovado pelo DL n.º 519-G2/79, de 29-12, que submete aqueles
arrendamentos ao regime jurídico dos arrendamentos destinados à habitação, mesmo tratando-se de arrendamentos pretéritos. Permitimo-nos duvidar da bondade jurídico-constitucional desta decisão, pois se o legislador não se encontra impedido de criar, por razões específicas e constitucionalmente justificadas, um regime adequado e particular para o arrendamento de imóveis pelas IPSS, já se nos afigura criticável que, pela via legislativa, se tente
impor aos particulares um sistema de solidariedade coactiva ou imposta. Os deveres de
cidadania responsavelmente solidária não podem, sem mais, constituir pretexto para a imposição legal de obrigações jurídicas que, no fundo, acabam por encobrir contribuições ou
financiamentos indirectos para o sistema de acção social, abrindo-se, assim, a porta para a
criação de um sistema de solidariedade coactiva, impondo-se pela força do poder a "lei da
solidariedade social" (utilizando uma expressão que fez história durante o regime do Estado
Novo).

436 *As Instituições de Solidariedade Social*

possam estar preocupações relativas à salvaguarda do património para o cumprimento dos fins estatutários, impondo como critério objectivo o preço praticado no mercado[666].

Relativamente ao procedimento de hasta pública, face à ausência de uma disciplina específica que o regule, haverá que recorrer supletivamente às normas da venda judicial em processo executivo (arts. 889 e segs. do Código de Processo Civil).

Em relação aos concursos públicos, e não obstante a lei utilizar a expressão "concurso público", o que só por si pode indiciar a administrativização do procedimento pré-contratual[667], o certo é que a lei não vincula as instituições a um regime procedimental específico, nomeadamente não as vincula ao regime dos contratos de empreitada e obras públicas, assim como não as vincula ao procedimento de realização de despesas com aquisição de bens e serviços, nem lhes impõe a observância de um regime similar, deixando, assim, a cada uma das instituições autonomia normativa para definir os procedimentos normativos aplicáveis. Para além disso, também não define, nem em termos quantitativos, o que deve entender-se por obras de "grande reparação", deixando a interpretação de tal fórmula ao critério de cada uma das entidades.

Contudo, e partindo do pressuposto realista de que a grande fatia do orçamento de despesas das IPSS é financiado pelo Orçamento da Segurança Social através da técnica orçamental da transferência directa, podendo equivaler tal despesa a 70% das despesas do Orçamento da Segurança Social na vertente da acção social, e que o financiamento das obras pode atingir a quase totalidade do seu custo, a existência de um procedimento público impõe-se como exigência constitucional.

---

[666] Era esta preocupação que presidia ao artigo 161.º do anterior Código Civil, onde se exigia a intervenção do Governo em todos os actos onerosos de aquisição, bem como em quaisquer actos de alienação. A mesma preocupação estava subjacente ao artigo 32.º do DL n.º 119/83, de 25 de Fevereiro, que sujeitava a autorização das entidades públicas competentes a aquisição a título oneroso, a alienação de imóveis a qualquer título e a realização de empréstimos. Tal autorização poderia ser dispensada em certos casos. Este artigo viria a ser revogado pelo DL n.º 89/85, de 1 de Abril, por se considerar que tal regime era incompatível com a liberdade de associação.

As vinculações jurídico-públicas da IPSS

A imparcialidade, a neutralidade e a isenção impõem neste domínio – matéria de aquisição de bens e serviços e de realização de obras – transparência e rigor, independentemente de os concursos se processarem pela via do direito público ou do direito privado. E sendo a transparência na aquisição de bens e serviços e realização de obras uma exigência resultante da imparcialidade na actividade administrativa (como, aliás, o impõe o art. 266.º, n.º 2 da CRP), ela também é exigível na actividade das pessoas colectivas de utilidade pública que desenvolvam actividades administrativas financiadas (pelo menos regular e maioritariamente) com dinheiros públicos[668], devendo, por isso, ser equiparadas, em certos domínios, à actividade administrativa.

A adopção de um regime uniforme, concretizado num conjunto de normas procedimentais, desde que adequado a garantir aquelas finalidades, torna-se necessária por um imperativo de racionalidade sistemática: garantir um mínimo de uniformidade de critérios e assegurar a transparência e a isenção nas despesas e investimentos financiados integral ou maioritariamente com dinheiros públicos, a que se associam razões de autocontrole e hetero-controle, administrativo ou jurisdicional, sem esquecer naturalmente as exigências decorrentes do plano internacional, em que a relação Estado – instituições, e a inerente responsabilidade política e financeira, pelo menos no domínio dos programas financiados ou cofinanciados com fundos comunitários, é substituída pela relação Estado – Comunidade Europeia.

---

[667] No sentido de que a utilização pela lei da expressão "concursos públicos", mesmo sem qualquer aditivo (não dispondo, por ex., que se trata de procedimentos jurídicos públicos ou privados), implica a exigência de um procedimento administrativo prévio para contratos administrativos de entes privados, vide MÁRIO ESTEVES DE OLIVEIRA e RODRIGUES ESTEVES DE OLIVEIRA, *Concursos e Outros Procedimentos de Adjudicação Administrativa. Das Fontes às Garantias*, Almedina, Coimbra, 1998, pág. 151.

[668] O requisito do financiamento parece-nos particularmente decisivo para o efeito, pois o facto de as pessoas colectivas de utilidade pública desenvolverem actividades de interesse público, não nos parece, só por si, suficiente para justificar uma tal limitação à autonomia contratual das pessoas colectivas e também à sua própria liberdade de auto-organização, dado que a (auto)definição de um procedimento contratual há-de ser sempre reflexo da autonomia de gestão e de organização da pessoa colectiva. O que pode (e deve) suceder é o critério do financiamento funcionar em conjunto com outros critérios.

Por este conjunto de razões, acompanhamos, para a situação em causa, MÁRIO ESTEVES DE OLIVEIRA e RODRIGO ESTEVES DE OLIVEIRA quando referem que a utilização pela lei da expressão "concurso público" tem, em geral, em vista assegurar ou proteger valores similares aos dos concursos públicos da Administração Pública[669].

Por isso, a aplicação do regime de empreitadas de obras públicas e de aquisição de bens e serviços deverá, em nosso entender, ser observado pelo menos naquelas situações em que o financiamento público seja maioritário[670].

Contudo, dada a tradicional ausência de um regime legal claro sobre esta matéria, o problema tem vindo a ser resolvido pela via administrativa[671]. O Governo, através da Portaria n.º 138/88, de 1 de Março (D. R. n.º 50, IS), introduziu algumas exigências procedimentais, recusando o financiamento de obras não sujeitas a concurso público, ou cuja adjudicação tenha sido feita a entidades em que qualquer dirigente da instituição estivesse ligado por laços familiares ou nela tivesse interesses. Recentemente, através da Portaria n.º 328/96, de 2 de Agosto (DR n.º 178/96, IS-B), foi determinado que o financiamento das obras ficava dependente da adjudicação das mesmas por concurso público, concurso limitado, concurso por negociação ou ajuste directo, nos termos do regime jurídico das empreitadas de obras públicas[672].

---

[669] Cfr. MÁRIO ESTEVES DE OLIVEIRA e RODRIGUES ESTEVES DE OLIVEIRA, *ob. cit.*, pág. 151.

[670] Refira-se que em relação aos estabelecimentos públicos cuja gestão tenha sido delegada nas IPSS o problema não se coloca, pelo menos em relação à realização de obras, dado que a competência nesta matéria continua a pertencer aos centros regionais de segurança social, como, aliás, teremos oportunidade de ver aquando do estudo dos acordos de gestão.

[671] Ausência referida no texto não impediu o STA de, em Acórdão de 27-10-83, emitido no Processo n.º 14669, considerar como concurso público de empreitada o procedimento tendente à celebração de um contrato de empreita por uma IPSS.

[672] Tais actos normativos de natureza regulamentar afiguram-se-nos ilegais e inconstitucionais, dado que não se limitam a concretizar ou a desenvolver um regime legal precedente, disciplinando ou impondo ex novo um determinado regime procedimental de natureza administrativa – precisamente o regime jurídico das empreitadas de obras públicas (ou aspectos particulares dele). Poderia entender-se que tais portarias se limitam a regulamentar o art. 23.º do Estatuto das IPSS, onde se estabelece a regra do concurso público. Contudo, o que aqui se prevê é apenas e tão só a exigência de concurso público para determinados casos, sem que se estabeleça a tipologia e o respectivo regime. E não obstante termos afirmado que a simples utilização pela lei da expressão "concurso público" indicia

As vinculações jurídico-públicas da IPSS 439

Com a publicação quer do regime jurídico de realização de despesas públicas com a locação e aquisição de bens e serviços, aprovado pelo DL n.º 197/99, de 8 de Junho[673], quer do regime jurídico das empreitadas de obras públicas, aprovado pelo DL n.º 59//99, de 2 de Março[674], julgamos, não obstante as dúvidas que podiam levantar-se em virtude da redacção dos diplomas, que foi intenção do legislador submeter certo tipo de despesas e de empreitadas realizadas por pessoas colectivas privadas ao seu regime.

Quanto ao primeiro dos diplomas referidos, cremos que as IPSS se encontravam sujeitas às "disposições especiais de natureza comunitária" previstas no Capítulo XIII, desde que preenchidos os pressupostos estabelecidos no n.º 2 do art. 3.º do mesmo diploma[675]. Ou seja, a extensão do âmbito de aplicação pessoal de tais disposições

um certo significado, o certo é que daí não se pode retirar que a Administração fica autorizada a submeter as IPSS, por mero diploma regulamentar, ao regime dos concursos públicos previstos em cada momento no ordenamento jurídico. Para além de que também os privados – e as IPSS são entidades privadas – podem fazer uso do concurso público na sua actividade económica. Sobre o uso do concurso público no domínio do direito privado, vide MENEZES CORDEIRO, *Da Abertura de Concurso para a Celebração de um Contrato no Direito Privado,* in *BMJ,* n.º 369, (1987), págs. 72 e ss.

[673] Aquele diploma, emitido ao abrigo da lei de autorização n.º 87-B/98, de 31 de Dezembro, transpôs para a ordem jurídica interna a Directiva n.º 97/52/CE, do Parlamento Europeu e do Conselho, de 13 de Outubro de 1997, revogando também o DL n.º 55/95, de 29 de Março.

[674] O DL n.º 59/99, de 2 de Março, para além de revogar os anteriores diplomas sobre a matéria, transpôs para a ordem jurídica interna, no âmbito dos contratos de empreitadas de obras públicas, a Directiva n.º 97/52/CE, do Parlamento Europeu e do Conselho, de 13 de Outubro de 1997, tendo ainda procedido à adequação, segundo as palavras utilizadas no respectivo Preâmbulo, da transposição da Directiva n.º 93/37/CE, do Conselho, de 14 de Junho de 1993.

[675] Dizia-se no n.º 2 do art. 3.º do DL n.º 197/99: "quando qualquer das entidades referidas no artigo 2.º ou no número anterior financie directamente, em mais de 50% um contrato de prestação de serviços de valor igual ou superior a 200 000 euros celebrado por outra entidade e relacionado com um contrato de empreitada de obras públicas, deverá reter esse financiamento ou exigir a sua restituição imediata, caso essa entidade não cumpra o disposto no capítulo XIII". Portanto, os requisitos eram fundamentalmente os seguintes: existência de um financiamento directo proveniente de entidades públicas ou das entidades abrangidas pelo n.º 1 do art. 3.º; esse financiamento represente mais de 50% da despesa realizada com um contrato de prestação de serviços de valor igual ou superior a 200.000 euros; e que esse contrato de prestação de serviços se relacione com um contrato de empreitada de obras públicas.

não resulta de um critério estatutário, mas sim da verificação de um conjunto de requisitos – os previstos no n.º 2 daquele art. – a analisar de forma casuística. O facto de a lei não se referir aí expressamente a entidades privadas, utilizando apenas a locução "outras entidades", não impedia esta conclusão, sob pena de se perder o sentido útil da previsão legislativa, dado que as entidades públicas encontram-se expressamente abrangidas pelo art. 2.º, e as entidades (privadas) criadas por entidades públicas serão abrangidas pelo n.º 1 do art. 3[676].

Quanto ao segundo, julgamos também que a sujeição das IPSS ao regime nele estabelecido não resultará de um critério estatutário, mas antes (embora não deva ser o único critério) de um dado objectivo de natureza financeira. Ou seja, o regime de empreitada de obras públicas só será de aplicar às empreitadas realizadas pelas IPSS quando sejam financiadas directamente, em mais de 50%, por qualquer das entidades referidas no art. 3.º do mesmo diploma (n.º 5, do art. 2.º do DL n.º 59/99, de 2 de Março)[677/678]. Decisivo na opção legal não era, pois, a qualidade da entidade financiada, nem a finalidade ou a natureza da obra ou o específico objecto da empreitada (por ex., um objecto público por natureza) ou ainda a natureza da actividade desenvolvida pelo ente em causa (o desenvolvimento de uma actividade objectivamente pública é, no caso, irrelevante para a lei)[679]. Ou seja, tal regime era aplicável não por as IPSS serem consi-

---

[676] O n.º 1 do art. 3.º estendia o âmbito de aplicação subjectiva do DL n.º 197/99 às pessoas colectivas sem natureza empresarial que se constituam para prosseguir fins de interesse geral e sejam financiadas maioritariamente por entidades públicas.

[677] No art. 2.º, do DL n.º 59/99, sob o título "âmbito de aplicação objectiva", dizia-se, no seu n.º 5, que "o regime do presente diploma aplica-se ainda às empreitadas que sejam financiadas directamente, em mais de 50%, por qualquer das entidades referidas no artigo seguinte".

[678] Afastamo-nos, assim, da posição expressa por MÁRIO ESTEVES DE OLIVEIRA e RODRIGUES ESTEVES DE OLIVEIRA emitida ainda na fase da elaboração do diploma. Para estes autores, a lei ao referir-se às "entidades (...) criadas para satisfazer de um modo específico necessidades de interesse geral..." (redacção do actual do n.º 2, do art. 3.º), pretenderia abranger uma categoria muito reduzida de pessoas colectivas de direito privado, como, por exemplo, as instituições particulares de interesse público, a que se refere o n.º 4 do art. 2.º do CPA. Cfr. MÁRIO ESTEVES DE OLIVEIRA e RODRIGUES ESTEVES DE OLIVEIRA, ob. cit., págs. 64-65, e nota 119 da pág. 65.

[679] Critérios que, aliás, mereciam ser ponderados, ao lado do critério do financiamento. Neste sentido, vide também MÁRIO ESTEVES DE OLIVEIRA e RODRIGUES ESTEVES DE OLIVEIRA, ob. cit., pág. 76.

As vinculações jurídico-públicas da IPSS   441

deradas donas de obras públicas no sentido do n.º 1 e 2.º do art. 3.º, mas por extensão e atendendo ao critério do montante do financiamento[680]. E partindo da letra do n.º 5, do art. 2.º – *"o regime do presente diploma aplica-se às empreitadas..."* – era de concluir que terá sido intenção do legislador estender a aplicação do regime jurídico-administrativo constante daquele diploma não apenas à fase procedimental de formação do contrato, mas também à própria relação contratual[681/682].

Existem ainda outras razões que explicam a existência de um regime transparente nesta matéria – a necessidade de evitar a prática de actos susceptíveis de delapidar o património das instituições através de alienações, onerações ou aquisições de bens e serviços que comprometam a prossecução das finalidades legais e estatutárias das instituições. Isto, pelo menos quando o capital investido tenha por fonte directa o financiamento público.

É certo que a liberdade de administração deverá ser a regra sacramental nas relações entre entes criados por entidades privadas e a Administração, ficando aqueles salvaguardados de interferências ou de intervenções intoleráveis dos órgãos governamentais. Esta,

---

[680] Sobre o problema da aplicação do regime das empreitadas de obras públicas às IPSS, vide o nosso artigo publicado nos *Cadernos de Justiça Administrativa*, n.º 55, 2005.

[681] Um problema que aqui se pode colocar consiste em saber qual a natureza dos actos praticados pelas IPSS ao longo do procedimento. Isto é, sem prejuízo de as IPSS não serem consideradas donas de obras públicas no sentido dos n.ºs 1 e 2 do art. 3, o facto de o regime do contrato de empreitada de obras públicas lhes ser aplicável por força de uma disposição legal significará a automática investidura das IPSS em poderes de autoridade, podendo alguns dos actos praticados por estas entidades assumir a natureza de actos administrativos (por ex., a adjudicação)? Embora, por princípio, tal só deva suceder quando a lei expressamente o autorize e/ou o preveja, julgamos que, no caso, a sujeição legal à totalidade do regime jurídico inserto no diploma, bem como os valores em presença, favorecem uma resposta afirmativa, com o limite dos poderes inerentes à posição jurídica do dono de obra pública.

[682] Convém esclarecer que as questões abordadas no texto não se confundem com as relacionadas ou colocadas pelos contratos de prestação de serviços celebrados entre as IPSS e a Administração, designadamente para efeitos de saber se a celebração de tais contratos devem estar sujeitos a concurso público, e se, para além disso, devem ou não estar sujeitos às regras comunitárias sobre a contratação pública de serviços pela Administração. Sobre estas questões veja-se o que se disse aquando do estudo dos acordos de gestão e de cooperação (Ponto 4.2.1., do Capítulo III, da Parte II, e que retomamos neste ponto a propósito do Código dos Contratos Públicos).

uma decorrência directa ou concretizadora dos princípios da autonomia privada e da liberdade de associação, que garantem a liberdade de autogoverno (de decisão e de gestão da vida das instituições). Daí que se compreenda a inexistência de qualquer mecanismo que imponha, em geral, e ao contrário do que sucede em outros ordenamentos jurídicos, a submissão a um regime de controlo prévio, por via de autorizações governamentais, dos actos de aquisição gratuita ou onerosa e de alienação ou oneração do património das IPSS[683].

Contudo, não menos verdade é o facto de a Administração não poder desinteressar-se, até por razões de ordem constitucional, da defesa da gestão patrimonial e financeira de tais entes privados contra actos eventualmente danosos, pois que tais actos afectam imediata ou mediatamente a realização de interesses públicos encabeçados em primeira linha pela própria Administração e cuja satisfação é, na sua grande percentagem, também financiada pela mesma entidade. Por isso, devem ter-se por legítimas medidas legais que, preventivamente, assegurem uma correcta e transparente gestão económico-financeira e patrimonial, ou que, pelo menos, sirvam de meio ou de garantia de conservação patrimonial[684].

Relacionado com a matéria que temos vindo a tratar coloca-se hoje a questão de saber se o Código dos Contratos Públicos é aplicável

---

[683] Em Itália, por ex., onde a liberdade de associação encontra também expressa consagração constitucional (artigo 18.º da Constituição), e onde o fenómeno associativo não tem deixado também de ser tradicionalmente encarado como um contrato ou como um facto ou um negócio de (auto)organização, para além do controlo público exercido na fase de reconhecimento, concretizado na verificação dos fins estatutários e dos meios patrimoniais para os prosseguir, há ainda a sujeição a um acto de controlo prévio (autorização) exercitado pelo governo, abrangendo quer os negócios de aquisição onerosa ou gratuita de bens imóveis, quer a aceitação de heranças, legados e doações (art. 17.º, do Código Civil). Nas associações de âmbito regional, esta competência cabe às autoridades regionais. Este controlo público, que abrange toda a espécie de entes morais sem escopo lucrativo, incluindo os entes eclesiásticos, vem já desde 1850, com a legge Siccardi, e que o Código Civil de 1942 viria a acolher. A sua justificação reside sobretudo em razões de política económica – evitar a acumulação dosdesignado bens de "manomorta", considerados supérfluos ou desnecessários à prossecução dos fins institucionais das associações. Cfr. Francesco Galgano, *ob. cit.*, págs. 107-140, e também G. Pescatore e C. Ruperto, *Codice Civile Anotato*, 10.ª ed., tomo I, anotação ao art. 17.º.

[684] Para além de que, e como é evidente, os actos de gestão ou disposição patrimonial têm desde logo como limite o princípio da especialidade do fim (art. 160.º do Código Civil).

aos contratos celebrados por estas instituições com terceiros. A solução deste problema passa por duas vias: se o financiamento das instituições (de cada instituição em concreto) for regular e maioritariamente público estaremos caídos no âmbito de aplicação do art. 2.º, n.º 2, al. a), subalíneas i) e ii); se, pelo contrário, o financiamento público se destinar apenas à celebração de determinados contratos haverá que ter em conta o regime do artigo 275.º.

Diferente da problemática referida é a questão de saber se o Código dos Contratos Públicos é aplicável às relações entre as IPSS e a Administração, designadamente aos contratos celebrados entre estas entidades. E isto a dois níveis: ao nível do regime procedimental, isto é, ao nível dos tipos de procedimentos previstos no Código; e ao nível do regime substantivo dos contratos administrativos.

Poderia ser-se tentado a concluir que todo o regime actualmente vigente, regulador daqueles contratos e da sua formação, estaria forçosamente revogado pelo Decreto-Lei n.º 18/2008, de 29 de Janeiro, que aprova o CCP, desde logo por força do n.º 2 do artigo 14.º, no qual se estabelece que *"é ... revogada toda a legislação relativa às matérias reguladas pelo Código dos Contratos Públicos, seja ou não com ele compatível"*.

Contudo, esta questão exige alguma ponderação.

Na verdade, nestes domínios, constitui nota tradicional e comum à generalidade dos países a não instituição, como regra geral, de um procedimento público de selecção de colaboradores da Administração Pública. Circunstância que, naturalmente, nunca excluiu a hipótese de a Administração poder seleccionar, por meio de concurso, as melhores organizações, tendo em vista a prestação de determinados serviços, ou de introduzir mecanismos procedimentais que dotassem os instrumentos contratuais de transparência, publicidade e imparcialidade. Esta é hoje, como já se referiu, uma das preocupações fundamentais no relacionamento entre o Estado e as organizações do terceiro sector ou sector social da economia.

Em alguns países, de que constitui exemplo a Itália, desde 1995, que, na sequência da aplicação da Directiva CEE/92/50, se estabeleceram determinados requisitos procedimentais na contratação de serviços ao exterior pela administração local, incluindo no sector dos serviços sociais, desde que o valor dos serviços ultrapasse determinados montantes. Por sua vez, a Lei n.º 381/91, sobre as cooperativas

444   *As Instituições de Solidariedade Social*

sociais, estabeleceu expressamente os procedimentos e os critérios para a celebração de contratos. De entre eles está a credibilidade do fornecedor, que passa pela exibição de credenciais técnico-profissionais de forma a garantir a qualidade dos serviços prestados à população, para além do «accreditamento» das instituições pelos órgãos das Regiões, a que se associa a exibição de requisitos organizacionais, de responsabilidade, capacidade e eficiência na gestão. Na sequência desta lei, foram também estabelecidos modelos contratuais típicos[685].

Entre nós, os acordos celebrados pelas IPSS com a Administração têm constituído uma excepção à regra geral ou dominante no âmbito dos contratos de gestão de serviços públicos – precisamente, a regra da existência de um procedimento público. De qualquer modo, o CPA não excluía a existência de contratos que não fossem precedidos de concurso público (art. 183.º, do CPA). É o que podia suceder, por exemplo, com os contratos de cooperação e de atribuição.

No âmbito do direito da Europa comunitária surge o problema da harmonização com os critérios definidos por este direito para a contratação de serviços ao exterior por entidades públicas.

Neste domínio, a jurisprudência do Tribunal de Justiça da CE tem vindo a considerar que as entidades em que é confiada a gestão do serviço público de segurança social, pelo menos no âmbito do regime obrigatório de segurança social, desempenham uma função de carácter exclusivamente social e a sua actividade não tem finalidade lucrativa e baseia-se no princípio da solidariedade social, não sendo, pois, uma actividade económica, pelo que as entidades encarregadas da mesma não constituem empresas no sentido do art. 85.º e 86.º do Tratado[686/687].

---

[685] Cfr. Constanzo Ranci, *ob. cit.,* págs. 257-265, que aponta o carácter inovador deste sistema no direito italiano, designadamente no sector dos serviços sociais/ assistenciais.

[686] Contudo, diferente é já a posição do mesmo Tribunal em relação às entidades gestoras dos regimes voluntários (ou facultativos) de segurança social, uma vez que considera dominar aqui o carácter económico da actividade (a menos que aquelas entidades não visem a obtenção de benefícios com o exercício de tal actividade), devendo, assim, ser tratada para efeitos de aplicação das regras comunitárias, independentemente da natureza do organismo em causa, podendo, inclusivamente, tratar-se de fundações. Não vale aqui, pois, a invocação do princípio da solidariedade social como limite à aplicação das regras comunitárias.

[687] Sobre esta jurisprudência vide Santiago Muñoz Machado, *Servicio público y mercado, I. Los fundamentos*, Civitas, 1998, págs. 164-167.

As vinculações jurídico-públicas da IPSS 445

Refira-se a este propósito que a existência de um grupo de serviços públicos aos quais não se aplicam as condições previstas no art. 90.º do Tratado foi já expressamente reconhecida pela primeira Comunicação da Comissão sobre esta matéria[688].

Em todo caso, a Comissão da União Europeia desde há algum tempo que tem vindo ponderar uma revisão integral do problema das relações entre as próprias instituições comunitárias e as designadas ONGS, propondo uma refundação dessas relações, o que passa pela transparência procedimental no financiamento: a transparência na atribuição de subvenções concedidas directamente pelas instituições comunitárias ou pelos Estados membros, que é considerada crucial; a criação de mecanismos de controle (por ex., através de programas, relatórios); a existência de critérios de elegibilidade; a criação de mecanismos de acreditação, etc.[689]

Feito este breve enquadramento, vejamos agora se os contratos que nos ocupam são ou não abrangidos pela Directiva n.º 2004/18/CE, relativa à coordenação dos processos de adjudicação dos contratos de empreitada de obras públicas, dos contratos públicos de fornecimento e dos contratos públicos de serviços, transposta para o direito interno português pelo Decreto-Lei n.º 18/2009, de 29 de Janeiro, que aprova o CCP.

Nos termos do seu artigo 1.º, a Directiva considera-se aplicável aos contratos públicos celebrados, título oneroso, entre um ou mais operadores económicos e uma ou mais entidades adjudicantes, que tenham por objecto a execução de obras, o fornecimento de produtos ou a prestação de serviços na acepção da presente directiva[690/691].

---

[688] Comunicação da Comissão sobre *Os serviços públicos de interesse geral na Europa* (96/C281/03), 12, de 26 de Setembro de 1996.

[689] Preocupações já reflectidas na Comunicação da Comissão, intitulada *A Comissão e as Organizações não governamentais: o reforço da parceria,* (COM/2000/11, de 18 de Janeiro).

[690] Nos termos do artigo 1.º, n.º 2, alínea d), da Directiva, os «Contratos públicos de serviços» são contratos públicos que não sejam contratos de empreitada de obras públicas ou contratos públicos de fornecimento, relativos à prestação de serviços mencionados no anexo II. Os serviços de carácter social encontram-se mencionados no ANEXO II B.

[691] Mas note-se que o CCP também se considera aplicável aos contratos sem valor (cfr. o artigo 21.º, n.º 2).

Quanto à dimensão onerosa da relação contratual, insistimos aqui numa diferença a que já nos referimos, e que consideramos uma nota marcante e distintiva dos contratos celebrados entre a Administração e as IPSS relativamente aos demais contratos celebrados por aquela com outras entidades privadas: enquanto no âmbito das actividades económicas o fim do colaborador é, regra geral, a obtenção do lucro pela via da realização de um interesse público de que é contratualmente incumbido, no caso das IPSS os interesses gerais ou colectivos constituem não só o *leit motiv* da sua criação, mas também o fim que as identifica ou une materialmente à Administração. Aqui, a fórmula contratual é muito mais do que a mera concertação de interesses, no sentido de que a Administração encontra no empresário um modo de realização de interesses públicos e este, por sua vez, encontra na realização daqueles um modo de obtenção de um benefício privado (o lucro).

No caso das IPSS, mesmo quando nas relações *ad intra* esteja apenas em causa a prestação de um serviço daquelas entidades à Administração, o financiamento público recebido por aquelas entidades tem apenas por finalidade suportar os custos da própria prestação do serviço aos utentes/beneficiários, nunca representando uma contrapartida remuneratória para as instituições, e eventual preço cobrado aos utentes também não assume tal natureza.

Pelo que, especificamente em relação aos contratos celebrados pelas IPSS com a Administração para a prestação de serviços no domínio da acção social, no plano do direito comunitário, não se encontram preenchidos os pressupostos do âmbito de aplicação (objectivo) sobre o regime da contratação pública de serviços, em virtude da ausência de onerosidade do contrato público de serviços celebrado entre a Administração e o prestador do serviço. Significa isto que a formação dos contratos a que nos referimos não se encontra abrangida pela Parte II do Código dos Contratos Públicos, relativa aos tipos de procedimentos de formação de contratos.

Mas tal não exclui a questão de saber se existem ou não razões que justifiquem a existência de um procedimento público para a celebração de acordos de gestão e de cooperação. Em nossa opinião, tal exigência resulta dos princípios gerais da actividade administrativa. Desde logo, haverá mais garantias de imparcialidade da Administração na selecção das instituições, ficando estas mais protegidas para reagir contenciosamente; depois porque a Administração fica em melhores condições para escolher ou eleger a instituição com melhor idoneidade para a gestão de estabelecimentos ou de programas (públicos); e, por último, as garantias de transparência, publicidade e de boa distribuição e gestão de subvenções saem também reforçadas. Para além disso, estes contratos podem ainda constituir (ou também constituir) um instrumento de delegação de tarefas públicas e de disciplina da gestão do serviço público de acção social.

É certo que nem sempre se afigura fácil a observância cega da regra do procedimento público de selecção – sendo, por isso, legítimo o recurso à adjudicação directa (por ex., será de exigir a abertura de um concurso público para a adjudicação do contrato de gestão de um estabelecimento quando na zona geográfica em que o mesmo se localiza exista apenas uma IPSS?) –, mas tal circunstância não pode impedir a existência de um conjunto de regras procedimentais que disciplinem a formação deste tipo específico de contratos. Mas, e justamente por isso, reafirmamos o que atrás já salientámos: tendo em conta a natureza específica deste quadro relacional, designadamente em função das entidades privadas contratantes em causa e das características *sui generis* dos contratos celebrados, entendemos que se justifica a criação de uma disciplina legislativa própria para este sector, que conceda uniformidade e sistematicidade procedimental e substantiva às relações de cooperação contratualizada estabelecidas entre a Administração e as IPSS, evitando-se, deste modo, a existência de regimes *ad hoc* estabelecidos e sempre pela via administrativa.

Por último, convirá notar que o facto de termos concluído que os contratos ora em questão não se encontrarem sujeitos à PARTE II do CCP, tal não significa que os mesmos se encontrem excluídos da PARTE III do mesmo, relativa ao regime substantivo dos contratos administrativos.

Na verdade, na disciplina que especificamente regula os contratos de gestão e de cooperação nem uma palavra existe sobre o regime da invalidade ou sobre o regime da respectiva execução. Entendemos, por isso, que tais contratos encontram-se abrangidos pelas disposições gerais da PARTE III do CCP[692], pelo menos quanto aos

---

[692] Aliás, o próprio CCP estabelece no seu artigo 280.º, n.º 1, que *"na falta de lei especial, as disposições do presente título* (Título I, da Parte III) *são aplicáveis às relações*

aspectos que não sejam incompatíveis com a natureza e a especificidade daqueles contratos[693]. O facto de as IPSS se encontrarem sujeitas a tutela administrativa e a poderes de fiscalização do Estado, em
nada invalida esta conclusão, pois, uma coisa são os poderes que o
Estado pode exercer ao abrigo da tutela administrativa, que têm de
estar expressamente previstos na lei, outra bem diferente são os direitos e deveres (e poderes) inerentes a uma relação contratual.

l) Princípio da compatibilização dos fins e das actividades das
instituições com os fins do sistema de acção social. A razão de ser
deste princípio reside no seguinte: em primeiro lugar, só podem ser
reconhecidas como IPSS aquelas entidades que, independentemente
da forma que assumam, prossigam um fim coincidente com os fins
constitucional e legalmente admitidos (exigência que é extensiva às
instituições que prosseguem fins no domínio dos regimes de segurança social, saúde, educação, ensino, formação profissional e da
habitação); em segundo lugar, deve haver uma articulação, pela via
contratual da cooperação, entre a Administração e as Instituições, a
qual deverá abranger a coordenação na implementação de programas, acções ou projectos. Esta última vertente do princípio resultará
do próprio dever de cooperação, enquanto dever que pressupõe articulação e coordenação de programas e actividades, sendo um princípio duplamente vinculativo, isto é, vinculativo quer para as IPSS,
quer para a Administração.

m) Princípio da qualidade dos serviços prestados e da eficácia e
da eficiência na gestão dos recursos financeiros. Os princípios da boa
gestão financeira também devem ter aqui aplicação, quer do ponto
de vista da Administração, quer do ponto de vista das IPSS. Isto não
só por estar em causa a gestão de dinheiros públicos, mas também
porque a aplicação destes princípios irá permitir uma avaliação efectiva do desempenho das instituições, constituindo assim a base para a
formulação e execução de uma política transparente e rigorosa de

---

contratuais jurídicas administrativas" e no n.º 5 do artigo 1.º dispõe que "o regime
substantivo dos contratos administrativos estabelecido na parte III do presente Código é
aplicável aos que revistam a natureza de contrato administrativo".

[693] Não fará sentido em relação aos contratos de gestão e de cooperação, por exemplo,
o regime estabelecido na PARTE III do Código sobre a caução.

As vinculações jurídico-públicas da IPSS 449

atribuição e distribuição de subsídios[694] segundo critérios objectivos dependentes dos resultados efectivamente obtidos, eliminando-se, assim, o casuísmo ou a discricionaridade (pelo menos a arbitrariedade) no apoio às instituições. Esta, uma exigência imposta por uma racionalização dos procedimentos e dos critérios de atribuição de subvenções. Se uma entidade privada aceita, de livre e espontânea vontade, participar ou colaborar na realização de um interesse público, implicando tal participação a gestão de recursos públicos, então deve ter-se por natural a observância do dever de boa gestão, dever este que comporta naturalmente a obrigação de diligente e sã gestão, pelo menos, dos recursos públicos[695].

n) Princípio da justiça do sistema, entendido aqui como um verdadeiro princípio de enformador do sistema. Este sistema existe para efectivar os direitos sociais. A definição do conteúdo destes direitos cabe ao legislador. Esta é uma matéria constitucionalmente indisponível e sujeita a reserva de lei. A definição do conteúdo dos direitos e interesses dos beneficiários do sistema há-de, pois, resultar da lei. É o princípio do Estado social que está em causa[696]. Por isso,

---

[694] Num âmbito próximo daquele que abordamos no texto está a obrigação que impende sobre as entidades públicas de publicitação dos subsídios, doações de bens registados em nome do Estado ou das autarquias locais e a concessão de outras regalias (por ex., isenções ou outros benefícios fiscais concedidos por contrato ou por acto administrativo), etc. A transparência e o rigor na gestão dos bens públicos constituem, entre outros, motivos suficientemente justificativos da imposição de tal dever, cujo regime essencial consta da Lei n.º 26/94, de 19 de Agosto.

[695] Também em Itália, onde o financiamento público de entes privados é um fenómeno difuso e pacífico, a garantia da correcta utilização do dinheiro de todos os cidadãos parece constituir uma exigência imperativa. Cfr. LEONARDO FERRARA, *Enti pubblici ed enti ptivati dopo caso I.P.A.B.: verso una rivalutazione del criterio sostanziale del distinzione?*, in *RTDP*, ano XL, 1990, 478. Refira-se ainda que a qualidade dos serviços prestados constitui hoje um critério geralmente aceite e consagrado na política de subvenções às instituições sem fins lucrativos, sendo mesmo um critério jurídico.

[696] Referindo-se ao art. 38.º, da Constituição italiana, FRANCESCO RIGANO, *ob. cit.*, pág. 295, e como já salientámos, diz a este propósito que o princípio do Estado social requer que a produção de serviços sociais seja feita segundo a linha de "indirizzo" definida pelo legislador, pelo que a tutela dos beneficiários dos serviços sociais deve ser análoga, independentemente da natureza privada ou pública da estrutura produtora dos serviços, até porque (pág. 296) a concepção objectiva do serviço público prestado torna irrelevante a natureza privada ou pública do gestor do serviço.

dizemos que se trata de um princípio conformador ou estruturante do sistema de acção social globalmente considerado, e que pretende, portanto, ser uma espécie de síntese do conjunto de princípios mencionados. É, neste sentido, um princípio de juridicidade do sistema. Este princípio ganha especial relevância em todas as situações em que as IPSS tenham autonomia para definir/aplicar autónoma e heteronomamente regras internas de fixação de comparticipações em execução da disciplina constante dos contratos de cooperação, dispositivos normativos gerais, e de definir regras de gestão e funcionamento dos estabelecimentos cuja gestão lhes seja delegada. Na medida em que as comparticipações se destinem a financiar a prestação dos serviços públicos delegados, deve entender-se que se trata de uma receita de natureza fiscal ou para-fiscal. Por isso, e nesta medida, impõe-se a observância da legalidade do sistema. Este mesmo princípio deverá ser observado quando esteja em causa a concessão de subsídios e de outras prestações. Aliás, a sua observância impõe-se em todos os casos em que as IPSS assumam, por delegação, poderes públicos.

E aqui cremos que se deve justificar um alcance mais arrojado deste princípio: este não deve apenas limitar-se ao exercício de poderes públicos por parte das IPSS, mas deve abranger todo o campo em que aceitem contratualmente a obrigação de prestar um serviço público. Desde logo, temos de considerar o princípio da legalidade financeira, não no sentido ou relevância que o princípio pode assumir sob o ponto de vista da regularidade contabilística (não há aqui contabilidade pública, embora haja uma contabilidade especial[697]), mas porque a utilização dos dinheiros públicos têm um fim predeterminado: a sua utilização na prestação de um serviço público, devendo os dinheiros públicos ser aplicados na realização dos fins assumidos, independentemente do respectivo título (lei, acto administrativo ou contrato). Neste sentido, poder-se-á dizer que estamos ainda perante despesas públicas, porque o financiamento é público (há a transferência directa do orçamento da segurança social), a sua aplicação é

---

[697] De facto, existe o chamado Plano de Contas das Instituições Particulares de Solidariedade Social, aprovado pelo DL n.º 78/88, de 3 de Março., que aprova plano de contas para as IPSS, tornando obrigatória a elaboração das contas e orçamentos anuais através de um conjunto de elementos sistematizados nos termos daquele Plano.

feita no exercício de uma tarefa administrativa, ou seja, o dinheiro é aplicado no âmbito de uma tarefa administrativa cuja execução foi delegada nas IPSS.

Por este conjunto de razões se justificará a existência de uma disposição com o conteúdo constante do art. 36.º do Estatuto das IPSS, na medida em que ela se destina, precisamente, a salvaguardar alguns dos fins e interesses mencionados: a protecção dos interesses dos beneficiários e do Estado concede legitimidade ao ministério público para requerer a suspensão judicial dos corpos gerentes e a nomeação de um administrador judicial.

Este conjunto de princípios poderá constituir um ponto de partida para a elaboração de um futuro quadro geral/legal da cooperação entre a Administração e as IPSS, devendo, enquanto tal não suceder, ser assegurado através da disciplina específica dos contratos de cooperação, de forma a que as próprias entidades públicas contratantes sejam também responsabilizadas pela sua efectiva observância.

A sujeição das instituições a estes princípios não deixa de ser problemática em face da liberdade de associação e da autonomia privada. Contudo, as razões inicialmente invocadas poderão constituir um ponto de partida para a sua justificação constitucional. Para além disso, e tendo em conta a nossa proposta – a autonomização dos contratos de cooperação entre a Administração e as IPSS –, a assunção de obrigações acrescidas por estas entidades decorre sobretudo pelo quadro contratual, ou são precedidas de um requerimento das interessadas, pelo que se mantém o essencial de um sistema de livre adesão ou aceitação (aliás, a imposição unilateral seria inconstitucional), sem prejuízo do dever de cooperação. Por último, a adesão voluntária à prossecução de interesses públicos ou à execução de tarefas administrativas terá sempre uma consequência: é que o interesse público objectivo ou as tarefas administrativas não mudam de natureza em conformidade com a natureza pública ou privada do sujeito gestor[698].

---

[698] Neste sentido, Francesco Rigano, *ob. cit.,* pág. 296, onde também refere que o problema essencial reside sobretudo na conciliação de alguns princípios com a liberdade de associação consagrada no artigo 18.º da Constituição Italiana.

Refira-se ainda que este conjunto de princípios podem servir de critério judicativo-decisório quer para os tribunais administrativos, quando os IPSS actuem ao abrigo de poderes públicos, quer para os tribunais comuns, podendo aqui ser invocados como fundamento da invalidade de contratos ou de outros actos (unilaterais) praticados pelas instituições. Assim como podem fundamentar a ilicitude dos mesmos actos para efeitos de responsabilidade civil.

CAPÍTULO V

O controlo administrativo
e jurisdicional da IPSS

1. O controlo administrativo

O controlo administrativo sobre as instituições particulares destinadas à realização de fins de interesse geral ou que colaboram com a Administração na realização de interesses públicos, independentemente da sua forma (associações, fundações ou cooperativas) parece ser um dado comum à generalidade dos países.

Em frança, o controlo administrativo releva sobretudo em relação às associações reconhecidas de utilidade pública, e particularmente em relação às associações subvencionadas, pois a partir do momento em que a Administração, por acordo ou por convenção, delega algumas das suas responsabilidades a uma associação ou lhe outorga certos privilégios de natureza jurídica ou financeira, reserva-se o direito de vigiar as actividades dessa mesma associação[699].

Em relação às primeiras, o controlo administrativo começa no procedimento de declaração de utilidade pública, o que para alguns autores limita, desde logo, "profundamente a liberdade de associação"[700].

---

[699] Cfr. JACQUES CHEVALLIER, *Les Associations entre Public et Privé...*, págs. 897-898. Para além da existência de um controlo ligeiro sobre as associações reconhecidas, onde o controlo se limita ao dever de informar a administração sobre as modificações estatutárias, mudanças de administradores, devendo também declarar todas as aquisições e vendas de imóveis, estão ainda sujeitos a um registo especial todos os actos essenciais à vida das associações, que devem ser presentes à Administração. De salientar ainda a obrigação de as associações afectarem pelo menos 50% do resultado da venda de objectos às actividades desenvolvidas, Cfr. CHARLES DEBBASCH et JACQUES BOURDON, *Les Associations...*, 2.ª ed., pág. 102.

[700] Cfr. CHARLES DEBBASCH et JACQUES BOURDON, *ob. cit.,* pág. 39.

O controlo administrativo, para além do que é feito na fase de reconhecimento de utilidade pública (controlo dos objectivos, das actividades exercidas anteriormente ao acto da declaração, prescrição de estatutos tipo, etc.), concretiza-se num duplo controlo.

Um, de carácter ocasional, que incide sobre as deliberações relativas ao regulamento interno, ou que tenham por objecto alienações de bens mobiliários ou imobiliários pertencentes a uma dotação legalmente imposta, sobre a constituição de hipotecas e de outros ónus ou encargos, modificações estatutárias e sobre os actos de dissolução das associações. Todos estes actos só serão válidos depois da aprovação pelo Ministro do Interior ou pela autoridade administrativa que, no caso, tenha poderes de tutela.

A outra forma de controlo assume carácter permanente, e comporta, designadamente: a obrigação de constituição de uma dotação, isto é, de um fundo patrimonial (que deve ser representado por títulos nominativos) que não pode ser objecto de negócios jurídicos sem uma autorização prévia da autoridade de tutela; o fornecimento de um relatório anual sobre a actividade exercida ao comissário da República, ao Ministro do Interior e aos ministros que relevem apenas em relação às associações sob o ponto de vista técnico; a aceitação do direito de visita do ministro do Interior, e dos ministros interessados, em razão da matéria, nas actividades das associações.

O incumprimento destas obrigações poderá ter como consequência imediata a revogação da declaração de utilidade pública.

O sistema de controlo administrativo assume formas mais intensas em relação às associações subvencionadas pelos poderes públicos (Estado ou colectividades locais). Estas subvenções são atribuídas através de acordos celebrados entre as entidades públicas e as associações. A celebração destes acordos pelas associações implica para estas a obrigação de fornecer à Administração uma série de elementos adicionais. No caso de o acordo ser celebrado com as colectividades locais, as associações devem ainda comunicar esse facto à entidade administrativa competente do Estado.

Sob o ponto de vista financeiro, as associações subvencionadas estão sujeitas a diversos tipos de controlo, designadamente de natureza contabilística e financeira, da competência das autoridades superiores do Tesouro e da Inspecção Geral de Finanças, assim como à

O controlo administrativo e jurisdicional da IPSS — 455

jurisdição de um órgão independente de natureza jurisdicional – o Tribunal de Contas[701].

Relativamente às fundações, os procedimentos e actos de controlo são ainda mais intensos[702].

Em Itália, onde a liberdade de associação encontra, tal como entre nós, expressa consagração constitucional (artigo 18.º da Constituição), para além do controlo público exercido na fase de reconhecimento dos associações (e também das fundações), concretizado na verificação dos fins estatutários e dos meios patrimoniais para os prosseguir (art. 16.º do Código Civil), há ainda o "exercício de uma permanente vigilância e um sistemático controlo sobre o património dos entes morais de forma a evitar a formação da «manomorta»"[703]. Esta vigilância concretiza-se, designadamente, através de actos de controlo prévio (autorizações) praticados pelo governo, que incidem quer sobre os negócios de aquisição onerosa ou gratuita de bens imóveis, quer sobre a aceitação de heranças, legados e doações (art. 17.º, do Código Civil). Nas associações de âmbito regional, esta competência cabe às autoridades regionais. A inexistência do acto público de autorização obsta à produção de qualquer efeito dos actos de aquisição de bens.

Refira-se ainda que o controlo administrativo abrange, em Itália, toda a espécie de entes morais sem escopo lucrativo, incluindo os entes eclesiásticos, e vem já desde 1850, com a Legge Siccardi, e

---

[701] Seguimos de perto CHARLES DEBBASCH et JACQUES BOURDON, ob. cit., págs. 101 e segs. Contudo, a doutrina francesa é unânime a este respeito. É certo que o sistema de controlo referido poderá ser facilitado pelo facto de em França a liberdade de associação não gozar de um estatuto constitucional expresso. Contudo, isso não impediu que o Conselho Constitucional, por decisão de 16 de Julho de 1971, viesse a erigir a liberdade de associação em princípio de valor constitucional, fazendo, portanto, parte do "bloco da constitucionalidade" e, como tal, ser utilizado como critério judicativo-decisório por aquele órgão jurisdicional. Cfr. JOSÉ CARDOSO DA COSTA, Relatório Geral da VII Conferência dos Tribunais Constitucionais Europeus, in Gabinete de Documentação e Direito Comparado, Abril, 1987, págs. 47 e segs. Por isso, os actos administrativos de controlo prévio de constituição de associações foram, na mesma decisão, julgados inadmissíveis porque contrários a este princípio. Cfr. CHARLES DEBASCH et JACQUES BOURDON, ob. cit., pág. 25.

[702] Sobre as formas e tipos de controlo administrativa das fundações em França, vide PIERRE LANGERON, La Tutelle Administrative sur les Fondations, RFDA, 1988, ano IV, (Nov-Dez.), pás. 994 e segs.

[703] Cfr. G. PESCATORE e C. RUPERTO, ob. cit., tomo I, anotação ao art. 17.º.

que o Código Civil de 1942 viria a acolher. A sua justificação reside, como se referiu, sobretudo em razões de política económica – evitar a acumulação dos designados bens de «manomorta», considerados supérfluos ou desnecessários à prossecução dos fins institucionais das associações e simultaneamente prejudiciais para a economia nacional[704].

A estas formas tradicionais de controlo haverá, ainda, que somar, em geral, o controlo da aplicação dos financiamentos públicos auferidos pelos designados enti di privilegio e, especificamente, o cumprimento das tarefas administrativas contratualmente assumidas perante a Administração. Controlo este que assume relevância ou natureza política (desde logo ao nível da distribuição das subvenções), administrativa e jurisdicional[705].

No Estados Unidos da América, o controle do governo sobre as organizações sem fins lucrativos constitui não só um dado já tradicional do direito positivo, como é um valor socialmente reclamado e culturalmente enraizado no quadro do relacionamento entre as organizações sem fins lucrativos e o Estado.

Ao relacionamento do Estado com as organizações preside uma espécie de distribuição de funções: às organizações cabe a função de prover ou prestar serviços, ao governo a função de financiamento e de regulação. O financiamento é combinado e ajustado aos vários tipos de prestação de serviços.

Para além do quadro legislativo existente sobre as organizações sem fins lucrativos, especialmente sobre as designadas organizações de caridade pública, o governo reserva importantes e extensas funções de regulação, fiscalização e controlo. O modelo regulador é bipartido: o quadro normativo sobre a constituição das organizações

---

[704] Cfr. FRANCESCO GALGANO, *ob. cit.*, págs. 107-*140*).

[705] Cfr. CONSTANZO RANCI, *ob. cit.*, págs. 260-262, e especialmente em relação ao financiamento público, FRANCESCO RIGANO, *ob. cit.*, págs. 153 e segs., onde distingue (págs., 171 e segs. e 217 e segs.) o controlo sobre a organização, enquanto suporte de credenciação das entidades, e sobre a actividade. Vide ainda as págs. 259 e segs. A designação de entes de privilégio abrange o conjunto de pessoas colectivas privadas objecto de um estatuto especial ou privilegiado, quer sob o ponto de vista dos incentivos económicos (directos ou indirectos), quer sob o ponto de vista dos poderes jurídicos que a lei lhes atribui. Regra geral, esta designação é reservada para as associações de direito comum.

é da competência do poder central; as restantes competências são dos governos federais.

O seu fundamento reside nos dinheiros públicos geridos pelas organizações. Toda a discussão sobre o controle, fiscalização, avaliação e institucionalização de parâmetros jurídicos de relacionamento embate sempre neste dado: mais do que a qualidade dos serviços prestados (que também é importante), o que está fundamentalmente em causa é a correcta aplicação dos recursos públicos ou do financiamento público. A sua explicação racional centra-se na transparência e na responsabilização pelas decisões tomadas e pelos procedimentos seguidos. Na verdade, a palavra-chave e juridicamente normalizadora do modelo de relacionamento entre os poderes públicos e as organizações, independentemente da sua forma (associativa ou fundacional) está no significado da expressão accountability. Ela tem, antes de mais, um significado pré-jurídico – traduz, no plano ético e social, a responsabilidade pelas próprias decisões, acções e omissões perante o exterior. A responsabilidade ética e social é aqui sinónimo de reputação e honra. No plano jurídico, esta expressão tem subjacente uma específica relação jurídica: na sua origem está a celebração de um pacto ou de um contrato através do qual uma das partes ajusta com a outra a prestação de determinados serviços. Mas, em contra--partida, exige a prestação de contas sobre a actividade desenvolvida e a aplicação dos dinheiros recebidos. Isto é, exige-se a responsabilidade pela gestão de dinheiros e valores públicos. A transposição do uso deste instrumento jurídico para o quadro relacional entre os poderes públicos e as organizações fundamenta a criação de uma relação jurídica especial.

De qualquer forma, e independentemente da relação contratual subjacente, entende-se que a actuação das entidades subsidiadas com verbas públicas deve ser comandada pelos princípios da neutralidade política, da incompatibilidade, de forma a evitar a confusão entre os interesses das organizações e interesses pessoais, políticos ou económicos dos seus membros ou de terceiros, da isenção, da não discriminação sob todas as formas, incluindo a religiosa, e do acesso de todos aos serviços prestados, sem prejuízo do tratamento mais favorável para os grupos mais desfavorecidos, que constitui, como vimos,

458   *As Instituições de Solidariedade Social*

uma obrigação legal das public charities[706]. Não obstante as diferentes concepções (serviços públicos e public utilities), a identificação de alguns destes princípios com os tradicionais princípios estruturantes do ordenamento jurídico dos serviços públicos da Europa continental não deixa de constituir um dado a reter. Por outro lado, registe-se ainda a sua correspondência, grosso modo, às vinculações jurídico-públicas que catalogámos para as IPSS.

Daí que se compreenda o dever de as organizações sem fins lucrativos entregarem nos departamentos federais um relatório detalhado sobre todas as suas actividades, incluindo as financeiras. Em caso de irregularidades são aplicadas multas, e nos casos mais graves, ou se persistirem, é cancelado o respectivo registo ou revogado o estatuto de organização de caridade pública. Daí que se compreenda ainda a existência de uma acção de avaliação das actividades de cada uma das organizações em cada três anos[707].

---

[706] Mas há outras razões adicionais: desde logo a defesa de um direito subjectivo do cidadão contribuinte de não querer subsidiar, pela via dos encargos fiscais que suporta, organizações de natureza política, e, portanto, muito menos, aquelas que, embora não o sendo, acabam por, directa ou indirectamente, funcionar como tal. Por esta razão se compreende a importância do imperativo da neutralidade política, de forma a evitar que as organizações violem a regra legal que as impede de participar em actividades públicas de natureza política, desviando dinheiros públicos para apoios ou promoções pessoais, políticas ou sociais.

[707] Entre outras exigências que devem constar do relatório de gestão, encontra-se o registo de todas as receitas, de todas as compras e vendas de imóveis, operações de leasing, empréstimos, transferências de receitas ou activos das instituições, identificação de cada doação individual recebida de valor superior a 5 000 dólares, salários pagos, fazendo uma fiscalização específica sobre os salários acima dos 50.000 dólares anuais, de forma a evitar abusos ou fraude á lei, através da distribuição de lucros sob a forma de salários, etc. Para além disso, os governos federais, como se referiu no texto, em cada três anos, realizam acções de fiscalização e avaliação das actividades de cada uma das organizações, e só as organizações que comprovem que pelo menos um terço dos seus rendimentos é proveniente de agências governamentais é que mantêm o estatuto de public charities. A razão desta medida está no seguinte: muitas das organizações, a pretexto da obtenção de receitas para financiamento dos seus fins, estavam a converter-se em autênticas entidades empresariais. A deturpação dos fins institucionais, o aproveitamento ilícito das subvenções e benefícios públicos, a violação das regras do mercado e da concorrência constituíam já uma prática frequente de muitas organizações. Cfr. SIMONE DE CASTRO TAVARES COELHO, ob. cit., págs. 90, 149 e segs., págs. 155, 169 e 171 e segs., baseando-se em LESTER SALAMON, *Government and the Voluntary Sector in an Era of Retrenchment: the American Experience,* Washington, D. C.: The Urban Institute Press, 1985, e ANNA CYNTIA DE OLIVEIRA, *Uma agenda para a reforma do marco legal,* Rio de Janeiro, Associação de Apoio ao Programa Comunidade Solidária, 1996, Série Marco Legal: terceiro Setor.

O controlo administrativo e jurisdicional da IPSS 459

Foram instituídos dois tipos de órgãos que centralizam os canais de relacionamento institucional e jurídico com as organizações: um deles, dirigido fundamentalmente para as instituições de assistência social e educação, funciona no âmbito da estrutura orgânica da designada Receita Federal e das secretarias de governo estaduais, tem a natureza de órgão permanente, e as suas competências nucleares são a regulação, a fiscalização da actividade e funcionamento das instituições; o outro, corporiza-se em comissões governamentais especificamente criadas para estudar os problemas de fundo, a revisão dos quadros legais, etc.

Contudo, nem todo o quadro é pacífico, existindo não raras vezes pontos de atrito, que têm a sua origem no facto de os poderes públicos confundirem a função de financiamento com a de prestação do serviço propriamente dito, pondo em risco a liberdade e a autonomia das organizações.

Em Espanha o quadro não muda muito de figura, residindo sobretudo divergências na qualificação jurídica da relação de controlo (tutela administrativa? Exercício de poderes de polícia? Ou um controle de outra natureza?)[708].

Na Grã-Bretanha o sistema de controlo foi centralizado numa comissão especificamente criada para o efeito – a Charity Commission –, com poderes administrativos de regulação e controlo das organizações não lucrativas, assim como sobre a actividade por elas desenvolvida, a que devem somar-se hoje os poderes das autoridades locais em virtude do novo "contrato cultural" da década de 80[709].

---

[708] Especificamente sobre o controle das fundações, sem dúvida as instituições mais representativas no sector da beneficência, vide, entre outros, RAFAEL DE LORENZO GARCIA, *La Organización y Atrbuiciones del Protectorado*, in *Las Fundaciones. Desarrollo Reglamentario de La Ley*, Dykinson, 1997, págs., 217 e segs.; F. GARRIDO FALLA, *La Acçion Administrativa sobre la Beneficencia Privada, y em especial sobre las Fundaciones de este carácter*, págs. 341 e segs.

[709] Cfr. ALCESTE SANTUARI, *ob. cit.,* págs. 73 e segs. No entanto, e como já tivemos oportunidade de referir, nos tempos mais recentes tem vindo a discutir-se, mesmo ao nível político, a própria existência da Charity Commission, dado que uma das funções principais deste órgão é exercer um controlo sobre a actividade das instituições para efeitos de apurar se se justifica ou não a manutenção das regalias públicas que lhe são concedidas. Função que não tem vindo a ter a eficácia desejada, uma vez que muitas das organizações, em vez de cumprirem os fins para que foram criadas – socorrer os mais necessitados ou desfavorecidos –, constituem apenas instrumentos de acumulação de riqueza.

Entre nós, como vimos, a existência de um controlo administrativo sobre as instituições particulares de interesse público constitui um dos traços históricos mais marcantes da relação destas instituições com a Administração.

E no direito positivo vigente, a existência de mecanismos de controlo administrativo encontra razões válidas que fundamentam não só a sua constitucionalidade, mas sobretudo a sua necessidade. Julgamos que as razões expostas ao longo dos Capítulos III e IV demonstram esta necessidade e justificam constitucionalmente a sua existência.

Aliás, entre nós, existe uma expressa e específica autorização constitucional para o efeito: o art. 63.º, n.º 5, da CRP prevê, em geral e expressamente, que o Estado apoia e fiscaliza, nos termos da lei, a actividade e o funcionamento das IPSS (e outras instituições de interesse público que também prossigam fins de solidariedade social).

A credencial constitucional até se afigura, para o efeito, bastante bondosa, pois abrange não só a actividade desenvolvida, mas também o funcionamento das instituições. Pelo que a Constituição remete, assim, o legislador para a observância dos princípios constitucionais, e para a observância dos requisitos das lei restritivas, sendo que a adequação e a proporcionalidade do controlo hão-de assumir aqui uma importância marcante, desde logo para o legislador ordinário. Neste domínio – domínio da liberdade de associação e da autonomia privada – mesmo que o controlo seja porventura uma excepção, tem de justificar-se constitucional e administrativamente. Tem de haver aqui uma ideia de proporcionalidade, isto é, de exigibilidade, necessidade e adequação. O controlo tem de ser exigível, necessário e adequado. A legitimidade do controlo tem, pois, de ser aferida de acordo com as regras constitucionais da justificação.

Mas existe ainda uma outra credencial constitucional: o art. 267.º, n.º 6 autoriza o legislador a instituir mecanismos de fiscalização em relação às entidades privadas que "exerçam poderes públicos". Fórmula que em termos literais nos parece restritiva, parecendo-nos mais adequado que os poderes de fiscalização devam abranger não só o exercício de prerrogativas de autoridade, mas o exercício de funções públicas em sentido amplo, envolvendo também a actividade material ou técnica (por ex., a delegação de funções no domínio da actividade de prestações).

O controlo administrativo e jurisdicional da IPSS   461

De qualquer modo, o legislador constitucional não distingue entidades, parecendo querer alargar o âmbito de aplicação subjectivo da norma a toda e qualquer entidade privada que, independentemente do título (lei, acto administrativo ou contrato), seja investida no exercício de funções administrativas.

Em relação às IPSS existe uma disposição constitucional específica que contém (pelo menos implicitamente) uma autorização para a delegação de funções públicas. Daí que se compreenda (e se justifique) o particular cuidado do legislador constitucional ao prever especificamente o exercício de poderes de fiscalização sobre as IPSS. Aliás, este cuidado parece até ser mais expressivo e abrangente do que aquele que é, em geral, previsto no art. 267.º, n.º 6, sobre a fiscalização de entidades privadas, dada a limitação ou o requisito do exercício de poderes públicos aqui previsto.

Deste modo, relativamente às IPSS, mesmo que não existisse qualquer outra disposição constitucional, tal poder de fiscalização já resultaria de uma autorização constitucional específica: precisamente o art. 63.º, n.º 5.

Aliás, as entidades privadas investidas no exercício de funções administrativas, devem, de acordo com VITAL MOREIRA, ser tratadas como se fossem pessoas colectivas públicas. Equiparação que se limita naturalmente ao exercício de funções administrativas[710]. Por isso, a admissão e o exercício de poderes de tutela sobre as entidades privadas (incluindo as associações) devem ter-se por constitucionalmente legítimos[711]. Contudo, ainda nesta situação os poderes admi-

---

[710] Cfr. VITAL MOREIRA, *Administração Autónoma...*, pág. 559. Refira-se que segundo VITAL MOREIRA (pág. 563) devem, quanto às associações, separar-se dois aspectos distintos no plano da liberdade de associação: um, tem a ver com a constituição e dissolução por acto público, a filiação obrigatória e os atentados ao autogoverno; o outro diz respeito à definição de requisitos em matéria de organização interna, bem como a medidas de tutela estadual quanto ao exercício de funções públicas. As primeiras devem ter-se por ilegítimas por atentarem contra a liberdade de associação, mas o mesmo já não sucede com as segundas, que não atentam contra a existência da associação nem contra a liberdade individual de filiação. Se a associação se forma para o exercício de tarefas administrativas, ou se aceita exercê-las por acordo com a Administração, são intocáveis tanto os requisitos estatutários que a lei estabeleça para as associações que se candidatem à investidura no exercício de tais funções como a tutela pública sobre a sua actividade atinente a tais funções. O autor limita os poderes de tutela ao exercício de funções públicas.

[711] Cfr. VITAL MOREIRA, *Administração Autónoma...*, pág. 563.

462   *As Instituições de Solidariedade Social*

nistrativos de controle terão de limitar-se ao necessário e ser propor-cionados. Isto é, ainda aqui deverão funcionar as regras constitucio-nais da sua justificação, pois os poderes de controlo hão-de limitar-se ao necessário para garantir a legalidade da actuação das entidades ou o exercício das tarefas e dos poderes delegados[712]. É que parece-nos haver aqui um dado fundamental: as entidades, ainda que investidas de funções administrativas, não deixam de ser entidades privadas (entidades criadas pelos particulares), não sendo transformadas em órgãos ou em elementos constitutivos da Administração em sentido orgânico. Por isso, este é um dado que o legislador deve irrecusavel-mente ter sempre presente na adopção de medidas autoritárias de controlo.

Em relação às IPSS, a lei estatutária, para além dos requisitos organizatórios já mencionados, estabelece diversos poderes de con-trolo e intervenção da Administração, aos quais haverá que adicionar outros poderes constantes de leis dispersas e não raras vezes de disposições de carácter regulamentar. Estes poderes abrangem o fun-cionamento e a actividade das instituições, e o seu exercício tem uma dupla finalidade: garantir o efectivo cumprimento dos objectivos das instituições no respeito pela lei e a defesa dos interesses dos beneficiá-rios da sua acção (art. 103.º, n.º 1, da lei de bases do sistema de solidariedade e de segurança social, e art. 34.º, dos Estatutos das IPSS).

Com a primeira finalidade pretende-se assegurar a legalidade e a licitude da actuação das IPSS, a segunda visa proteger os beneficiá-rios do sistema de acção social. A utilização da fórmula "interesses e direitos dos beneficiários" parece estar de acordo com a posição que defendemos: o utente ou o beneficiário é o vértice fundamental de um sistema, o qual se destina a tornar efectivos os seus direitos sociais. A utilização de tal fórmula parece, pois, ser suficientemente ampla para abranger interesse e direitos subjectivos, independente-mente da sua natureza ser privada ou pública.

Para o cumprimento daquelas finalidades, o legislador prevê dois tipos de poderes, que qualifica como poderes de tutela: os pode-res de inspecção e de fiscalização. Contudo, o apoio do Estado e a

---

[712] Cfr. Vital Moreira, *Administração Autónoma...*, pág. 402.

O controlo administrativo e jurisdicional da IPSS

respectiva tutela não podem constituir limitações ao direito de livre actuação das instituições (arts. 3.º, e 4.º, n.º 4, do Estatuto das IPSS). A lei garante a autonomia institucional, o autogoverno e, em geral, a liberdade negativa (liberdade contra interferências estaduais ilegítimas) e positiva (liberdade de definir e gerir autonomamente os objectivos e programas de actuação).

Mas, como se referiu, tal não impede a existência de poderes de controlo. Em relação às IPSS, a sua legitimidade tem um fundamento constitucional específico.

Em geral, a legitimidade da sua existência (e do seu exercício) advém, desde logo, do substancial apoio financeiro directo e indirecto de que as instituições são destinatárias: o financiamento público (a acção social a cargo das IPSS é assegurada, numa grande fatia, com base em transferências financeiras do Estado[713]; as isenções e benefícios fiscais e outros benefícios públicos constituem privilégios que implicam um desvio à normal ordenação constitucional da sociedade. Por isso, e para além da reclamarem um fundamento directo na Lei Fundamental, é também constitucionalmente exigível um controle do seu merecimento por parte das entidades beneficiárias. Daí que os poderes de controlo administrativos não devam limitar-se exclusivamente ao exercício de funções públicas. As entidades que gozam de um estatuto especialmente privilegiado devem justificar o seu merecimento perante a Administração e perante a comunidade.

---

[713] Sob o ponto de vista financeiro, a cobertura dos encargos com o sistema de segurança social do Estado depende fundamentalmente de dois regimes: *o regime geral ou contributivo*, que cobre, para os trabalhadores por conta de outrem ou os independentes, mediante a atribuição de prestações pecuniárias (pensões), as eventualidades de doença, maternidade, acidentes de trabalho e doenças profissionais, desemprego, invalidez, velhice, morte, encargos familiares, e outros previstos na lei, em muitos casos com obrigatoriedade de inscrição e com financiamento no todo ou em parte coberto pelos beneficiários e/ou pelas respectivas entidades empregadoras; *e o regime não contributivo,* que abrange a generalidade dos cidadãos, protegendo-os de situações de carência económica ou social não cobertas efectivamente pelo regime geral, e é financiado por transferências do Estado. Por sua vez, a acção social, como se refere no texto, é também assegurada com base em transferências do Estado. Sobre os regimes de segurança social e a problemática do financiamento do sistema da segurança social, vide A. L. DE SOUSA FRANCO, *Finanças Públicas e Direito Financeiro,* v. I, 4.ª ed., Almedina – Coimbra, 1992, págs. 172 e segs., ILÍDIO DAS NEVES, *Direito da Segurança Social, Princípios fundamentais,* págs. 655 e segs.

464 As Instituições de Solidariedade Social

Para além disso, as IPSS participam no exercício de uma importante função administrativa do Estado, detendo inclusivamente poderes públicos.

Deste modo, e tendo apenas em conta estas razões, diremos que grave não é a existência de controlo administrativo; a sua inadmissibilidade ou ausência é que seria constitucionalmente grave e preocupante. Grave, por significar, desde logo, o desleixo e a desresponsabilização do Estado em relação ao património financeiro público, que, no caso, tem por fonte de receita directa os impostos pagos pelo cidadão contribuinte. E grave ainda por o Estado reconhecer e conceder benefícios avultados, que funcionam como autênticas subvenções indirectas, e, portanto, ainda uma espécie de financiamento público, não podendo, por isso, também aqui deixar de existir uma justificação como prova do seu justo merecimento[714]. Preocupante, porque se do ponto de vista do princípio democrático já é questionável a delegação de poderes de autoridade em entidades privadas, então a ausência de qualquer controlo sobre o seu exercício tornaria tal situação constitucionalmente intolerável.

Portanto, a existência de um controlo administrativo não é apenas constitucionalmente legítima; é constitucionalmente exigível. Por isso, a omissão legislativa da sua regulamentação pode ser passível de sanção constitucional, e o seu não exercício pela Administração constituirá uma omissão ilegal. O Estado não pode "alienar" as suas funções, os seus poderes, reconhecer estatutos de privilégio, e, simultaneamente, demitir-se do exercício dos necessários e adequados poderes de controlo.

No caso das IPSS, e não obstante não se constatar a existência de uma disposição análoga às previstas para outras instituições particulares de interesse público[715], a verdade é que o legislador não tem,

---

[714] Neste sentido, FRANCESCO RIGANO, ob. cit., págs. 300 e segs., onde defende a existência de fundamento constitucional para o controlo sobre as entidades que gozam de subvenções indirectas.

[715] Assim, por exemplo, o legislador, na própria lei orgânica do Ministério do Trabalho e da Solidariedade Social, é claro ao dispor que este Ministério exerce, conjuntamente com o Ministro da Saúde, a superintendência e a tutela da Santa Casa da Misericórdia de Lisboa. Adiantando-se, ao contrário do que sucede com as IPSS, que a generalidade dos poderes do Estado sobre esta instituição se encontram expressamente previstos no respectivos

nesta matéria, pecado por omissão. Uma breve recolha permitiu-nos ensaiar o seguinte conjunto de poderes de controlo da Administração sobre as IPSS:

a) registo especial (registo central das IPSS) que, como vimos, desempenha uma tripla função (uma função de controlo do processo constitutivo, que deveria limitar-se um controlo de legalidade da constituição das instituições – fins, requisitos relativos à organização, número de associados –, mas abre também a porta para o exercício de um controlo de mérito; uma função credenciadora, e uma função de controlo das vicissitudes das instituições);

b) autorizações da competência dos centros regionais de segurança social para a realização de obras em estabelecimentos objecto de acordos de gestão;

c) homologação de actos ou decisões das instituições pelas mesmas entidades, no âmbito dos acordos de cooperação (al. g) da Norma XVI do Despacho n.º 75/92), embora não se indique o tipo de actos nem de decisões;

d) aprovação prévia, pelo Ministro do Trabalho e da Solidariedade, do caderno de encargos e do programa do concurso para adjudicação das obras (cfr. al. a) do Regulamento para a Atribuição de Comparticipações de Obras em Equipamentos de Acção Social, aprovado pela Portaria n.º 499/95, de 25 de Maio, D. R. n.º 121, de 25-5-1991, Anexo II, entretanto revogado pela Portaria n.º 328/96, de 2 de Agosto, DR n.º 178/96, IS-B);

e) respeito pelas recomendações técnicas emitidas, no âmbito da execução dos acordos de cooperação (al. h) do n.º 2 da Norma XVI do Despacho n.º 75/92), pelos ministérios da tutela (ministério do trabalho e da solidariedade, da saúde e da educação, este último no caso de a matéria respeitar a educação especial e pré-escolar);

Estatutos, aprovados por diploma legislativo. Sobre a questão vide, por ex., o art. 6.º dos Estatutos. Aliás, comentário semelhante se poderá fazer para outras entidades legalmente qualificadas como pessoas colectivas de utilidade pública administrativa, como são os casos da Cruz Vermelha Portuguesa e da Liga dos Combatentes, cuja tutela se encontra expressamente prevista na Lei Orgânica do Ministério da Defesa Nacional (art. 4.º do DL n.º 47/93, de 26 de Fevereiro), sendo que a generalidade dos poderes de tutela do Governo encontra-se também expressamente prevista nas leis orgânicas das instituições.

466   *As Instituições de Solidariedade Social*

f) sujeição aos poderes de inspecção e fiscalização decorrentes da lei (os poderes de inspecção são exercidos pela Inspecção-Geral do Ministério do Trabalho e da Solidariedade e os de fiscalização pelos Centros Distritais de Segurança Social – o âmbito destes poderes abrange a actividade e o funcionamento das instituições, não se limitando à verificação dos instrumentos contabilísticos de receitas e despesas)[716];

g) homologação de alguns tipos de acordos de cooperação pela Direcção-Geral da Segurança Social (Normas XV e XXIII do Despacho n.º 75/92);

h) controlo financeiro (controlo financeiro a priori – aprovação dos orçamentos das instituições que actuam na área social pelo Instituto de Gestão Financeira da Segurança Social (IGFSS), que poderá delegar esta competência nos centros regionais de segurança social, nos termos do Despacho Normativo n.º 69/91, DR n.º 178, II, de 5-8-91);

i) controlo financeiro a posteriori (aprovação, nos termos referidos na alínea anterior, das contas das instituições);

j) verificação de instrumentos de receita e de despesa por meio de inspecção, mesmo que, eventualmente, sejam dispensados de visto os orçamentos e contas das instituições inferiores a determinado valor, fixado por portaria.

Relativamente a estas três últimas alíneas, o seu fundamento legal decorre do art. 33.º, do Estatuto das IPSS. Aqui se refere que os orçamentos e as contas das instituições são aprovados pelos órgãos competentes das instituições mas carecem de visto pelos órgãos competentes[717]. Por sua vez, o DL n.º 78/88, de 3-3, que aprova plano de

---

[716] A Inspecção-Geral do Ministério do Trabalho e da Solidariedade é o serviço de inspecção e auditoria aos serviços, organismos e órgãos do Ministério, bem como às entidades privadas que prosseguem fins de apoio e solidariedade social, e ainda a outras entidades, podendo efectuar averiguações, inquéritos e sindicâncias e determinar o encerramento de estabelecimentos ou serviços das entidades inspeccionadas. Os poderes da Inspecção-Geral em relação às IPSS encontram-se expressamente previstos no art. 10.º (n.º 1 e al. c) do n.º 2), do DL 115/98, de 4 de Maio; nos arts. 3.º (al. a) do n.º 1, mas vide também a al. b) do mesmo n.º), e 4.º, n.º 2, do DL n.º 80/2001, de 6 de Março, que aprova a orgânica deste serviço da Administração central do Estado.

[717] Note-se que o controlo financeiro a que nos referimos no texto não se confunde com a obrigação de prestação de contas relativas aos comummente designados por legados

contas para as IPSS (designado por Plano de Contas das Instituições Particulares de Solidariedade Social), torna obrigatória a elaboração das contas e orçamentos anuais através de um conjunto de elementos sistematizados segundo aquele Plano, os quais serão analisados e sujeitos a aprovação pelos serviços da tutela, nos termos do Despacho 69/SESS/91, D.R. n.º 178, IIS, de 5-8-91. Está assim feita a interpretação administrativa da lei – a sujeição dos instrumentos de gestão a visto dos serviços competentes, prevista no art. 33.º, n.º 1, do Estatuto das IPSS, equivale hoje a aprovação. O acto do visto assume, pois, a natureza de uma a aprovação. O Despacho 69/SESS/91, D.R. n.º 178, IIS, de 5-891, não se limitou apenas a indicar a entidade competente para o efeito (IGFSS), fixando normativamente um certo tipo de acto num domínio em que deve caber à lei a determinação rigorosa dos poderes estaduais.

Em qualquer caso, o exercício deste poder, designadamente o controlo financeiro a priori, apenas se poderá considerar dentro dos limites constitucionais se o seu exercício abranger apenas a parte do financiamento público e se limitar à verificação da legalidade financeira ou à correcção económico-financeira das previsões orçamentais e funcionar apenas como um requisito condicionante da atribuição do financiamento. Orientações ou determinações de outra índole devem ter-se por constitucionalmente ilegítimas.

A este conjunto de poderes acrescem ainda as faculdades de pedir a destituição judicial dos corpos gerentes com fundamento na prática de actos de gestão prejudiciais aos interesses das instituições (art. 35.º), ou a suspensão dos mesmos desde que se verifique a necessidade urgente de salvaguardar interesses da instituição, dos beneficiários ou do Estado (art. 36.º), e ainda os poderes de determinar o encerramento de estabelecimentos com fundamento na ilegalidade do seu funcionamento ou que o mesmo se revele gravemente

---

pios, que o legislador mais antigo entendia em sentido amplo: legados pios seriam todos aqueles em que o testador tenha manifestado a sua devoção, destinando-os a fins religiosos ou à criação, manutenção ou desenvolvimento de obras de assistência, previdência e educação ou a fins análogos... (art. 1.º do DL n.º 39449, de 1953, D.G. n.º 261). Este diploma disciplina a obrigação de prestação de contas a que deve estar sujeita a pessoa ou entidade que tenha o dever de dar execução à vontade do instituidor, determinando também as entidades administrativas com poderes de controle para o efeito.

468 *As Instituições de Solidariedade Social*

perigoso para a saúde física ou moral dos beneficiários (art. 37.º), e de requisição dos bens afectos às actividades das instituições de forma a salvaguardar os direitos e interesses dos beneficiários, quando se verifique a extinção ou a suspensão do exercício de actividades das instituições e os beneficiários sejam gravemente prejudicados com esta situação (art. 38.º). A afectação dos bens requisitados terá o mesmo fim e será feita a favor de outras instituições ou serviços oficiais que desenvolvam actividades na mesma área. A requisição cessa logo que as instituições retomem a sua normal actividade ou os bens deixem de ser necessários para o exercício das acções a que se encontravam afectos.

Estes, em geral, os poderes que a lei reserva à Administração sobre as IPSS, devendo apenas acrescentar-se que em relação às casas do povo que, a qualquer título, exercem funções no domínio dos regimes de segurança social e às associações mutualistas há a previsão específica de poderes administrativos de controlo. Relativamente às primeiras vale o art. 116.º da lei de bases do sistema de solidariedade e de segurança social, e para as segundas valem os arts. 109.º a 120.º, do respectivo Código, sendo que alguns deles devem considerar-se inconstitucionais[718]. Naturalmente que em relação às actividades de acção social levadas a cabo por estas associações aplicar-se-á o disposto para as instituições que actuam especificamente nesta área.

---

[718] Relativamente ao extenso conjunto de poderes exercidos pelo Estado sobre as associações mutualistas, convém referir que alguns deles se nos afiguram inconstitucionais, pois envolvem o exercício de autênticos poderes de direcção, como é o caso, por ex., de o ministro da tutela poder determinar a apresentação de um programa adequado ao restabelecimento da legalidade e do equilíbrio financeiro (art. 112.º).

O controlo administrativo e jurisdicional da IPSS   469

1.1. *O problema da qualificação jurídica da relação de controle. A existência de actos típicos de uma relação de tutela. A insuficiência dos conceitos tradicionais para a completa compreensão da relação entre a Administração e as IPSS: o seu entendimento só é possível no quadro de uma relação jurídico-administrativa especial e complexa (relação jurídica administrativa de cooperação). Proposta de uma nova concepção político-administrativa das relações entre o Estado e as IPSS – um novo pacto social*

Do conjunto dos poderes catalogados, há desde logo a registar a inconstitucionalidade de muitos deles: o exercício de poderes com o âmbito e a natureza referida implicam sempre um constrangimento maior ou menor da liberdade de associação e da autonomia privada. Ora, alguns deles são estabelecidos de forma inovadora por dispositivos de natureza regulamentar. Mesmo que tais poderes sejam previstos para constar da disciplina contratual, e o seu exercício se limite à execução de tarefas públicas pelas instituições, a sede própria para a sua previsão (e regulamentação essencial) é a lei (lei formal ou decreto-lei autorizado).

Em segundo lugar, deve registar-se a diferença substancial entre o quadro referido e o regime geral previsto no DL n.º 460/77 para as categorias congéneres de pessoas colectivas de utilidade pública, designadamente em relação às geralmente designadas por pessoas colectivas de utilidade pública "stricto sensu". Regime geral que, na opinião de SÉRVULO CORREIA, dificilmente poderá ser considerado um regime administrativo, pois o que ali se prevê são deveres de prestação de informações e um muito genérico dever de colaborar com o Estado e as autarquias locais na prestação de serviços ao seu alcance e na cedência das suas instalações para a realização de actividades afins[719].

Em terceiro lugar, a existência de tão vasto conjunto de poderes reservados à Administração é irredutivelmente revelador da dimensão e importância que as instituições assumem para o Estado no cumprimento de uma das suas missões: a efectivação concreta dos direitos sociais.

---

[719] Cfr. SÉRVULO CORREIA, *Noções de Direito Administrativo*, vol. I, pág. 154.

470 *As Instituições de Solidariedade Social*

Em quarto lugar, refira-se que a extensão (e até a intensidade) dos poderes do Estado sobre as IPSS é maior, diríamos mesmo que em alguns casos é incomparavelmente maior, do que o geralmente previsto e exercido sobre pessoas colectivas cuja qualificação como públicas parece ser indiscutível. É o caso das associações públicas, deixando de parte as autoridades administrativas independentes. O elemento orgânico (inserção na Administração Pública) e a qualidade jurídico-pública das pessoas colectivas parecem, pois, não explicar só por si quer a existência de poderes de controlo, quer a determinação do seu âmbito e extensão. Aliás, convirá dizer que este aspecto surge na linha de um percurso histórico: a existência de uma relação permanente entre os poderes públicos e as instituições particulares, integrando o exercício de poderes de controlo por parte daqueles, precede a construção do Estado moderno e, por conseguinte, a relação jurídico-administrativa deste com os diversos sectores da organização administrativa.

Em quinto lugar, e como se referiu no ponto anterior, os poderes deferidos à Administração não são menores do que aqueles que, em geral, exerce sobre pessoas colectivas congéneres – as pessoas colectivas de utilidade pública administrativa.

Em sexto lugar, regista-se a existência de poderes que não se limitam à verificação do mero cumprimento da legalidade. Tal não significa que sejam, só por esse facto, inconstitucionais.

Em geral, a doutrina nacional e estrangeira insere o conjunto de poderes da Administração sobre as instituições particulares no conceito de tutela administrativa, no que tem sido acompanhada pela jurisprudência[720]. Orientação que, aliás, vem na linha da doutrina jus

---

[720] Sobre o tema em geral, e entre outros autores, vide Marcello Caetano, *Manual,* vol. I, 10 ed., págs. 230-233, e 296 e segs., e *Das Fundações,* págs. 109 e segs.; Afonso Rodrigues Queiró, *Lições de Direito Administrativo,* vol. I, 1959, págs. 266-269; Sérvulo Correia, *Noções de Direito Administrativo,* vol. I, págs. 150 e segs.; A. Barbosa de Melo, *As pessoas colectivas eclesiásticas católicas e o artigo 161.º do Código Civil,* págs. 397.; Marcelo Rebelo de Sousa, *Lições,* vol. I, págs. 404 e segs.; José Luis Pinar Manas, *ob. cit.,* págs. 217 e segs.; Pierre Langeron, *ob. cit.,* págs. 994 e segs.; Jacques Audibert, *Contribuition à L'Étude des Relations entre les Associations et L'Administration, RDPSP,* ano 94, págs. 141 e segs.; Françoise Roques, *La Fondation D'Utilité Publique au Croisement du Public et du Privé,* págs. 1808 e segs.; Serge Regourd, *L'Acte de Tutelle en Droit Administratif Français,* LGDJ, Paris, 1982, especialmente as págs. 279 e segs. De relevância sobre o tema, vide também os Pareceres da PGR, *in Pareceres,* Vol. VIII, págs. 5-190.

O controlo administrativo e jurisdicional da IPSS 471

administrativa do século XIX e início do nosso século, e de que fizemos eco na Parte I deste trabalho.

Contudo, tal qualificação não é inteiramente pacífica, bem como a determinação do seu âmbito e limites.

Entre nós, FREITAS DO AMARAL cinge os poderes da Administração a um mero controlo da legalidade[721], VITAL MOREIRA, colocando o problema no plano constitucional, refere que a tutela só pode incidir sobre o exercício de tarefas e poderes públicos e não pode implicar limitações da liberdade de associação (liberdade de criação, de extinção, de autogoverno), o que não excluirá de todo a possibilidade de um controle de mérito desde que seja observado aquele limite[722], e PAULO OTERO elege como elemento do conceito de tutela administrativa a exigência de a entidade tutelada se integrar na Administração Pública, pelo que as pessoas colectivas privadas não poderão ser destinatárias de actos de tutela administrativa[723].

A favor da opinião de PAULO OTERO poderá invocar-se o próprio texto constitucional, que reserva o termo tutela para as relações entre o Governo e a administração autónoma (art. 199.º, al. d), in fine), evitando o seu uso quer no n.º 5, do art. 263.º (relativo às IPSS), quer designadamente nas situações em que as entidades privadas sejam investidas de poderes públicos (art. 267.º, n.º 6).

Por sua vez, GARRIDO FALLA, em 1963, ao tratar especificamente do tema do protectorado sobre as fundações de beneficência, alertava para o facto de neste domínio se registarem fenómenos que seguramente autorizam uma revisão das categorias gerais (no que, aliás, é seguido por outros autores), preferindo, na senda de ENTRENA CUESTA, inclinar-se para um poder de vigilância administrativa[724], e

---

[721] Cfr. FREITAS DO AMARAL, *Curso,* vol. I, 2.ª ed., págs. 576-577 e 699 e segs.

[722] Cfr. VITAL MOREIRA, *Administração Autónoma...*, pág. 402.

[723] Cfr. PAULO OTERO, *Conceito e Fundamento da Hierarquia Administrativa,* Coimbra Editora, 1992, pág. 222, nota 3. Contudo, em relação às pessoas colectivas que exerçam funções administrativas, o autor, *Direito Administrativo, Relatório de uma disciplina apresentado no concurso para professor associado na Faculdade de Direito da Universidade de Lisboa,* Lisboa, 1998, pág. 315, considera que o artigo 267.º, n.º 6, da Constituição pode constituir "a base de uma postura integracionista", pelo que estaria assim preenchido um dos pressupostos para a existência de tutela administrativa sobre pessoas colectivas privadas.

[724] Cfr. F. GARRIDO FALLA, *La Acción Administrativa sobre la Beneficência Privada,* pág. 377. Segundo o autor, o Protectorado ainda poderia considerar-se uma manifestação de

472 As Instituições de Solidariedade Social

GIANNINI, a propósito dos entes privados de interesse público, salienta que, em alguns casos, são objecto de uma tutela reforçada ou de um controle mais ou menos intenso ou equivalente ao que incide sobre os organismos públicos, embora não deixe de referir que a matéria relativa ao controlo em geral entrou numa fase de análise e de reflexão[725].

Em nosso entender, há que reconhecer que a generalidade dos actos em causa são actos típicos de uma relação de tutela e são praticados no âmbito de uma relação constante ou permanente, inclusivamente sob o ponto de vista histórico (apenas variando na sua extensão e na intensidade do seu exercício).

Contudo, também julgamos que o conceito de tutela administrativa não traduz toda a densidade, riqueza e complexidade da relação em causa[726].

Na verdade, e de uma forma geral, os poderes da Administração abrangem o controlo da legalidade da actuação económico-financeira, jurídica e material das IPSS. Mas bem vistas as coisas, o controlo não se limita à apreciação da legalidade. O seu âmbito abrange também o exercício de verdadeiros poderes de apreciação numa outra sede, e que não é rigorosamente uma sede de mérito (a oportunidade ou conveniência das acções desenvolvidas, ou tão só a sua utilidade social delas). O problema em causa é mais vasto e profundo. Desde logo, o controlo financeiro, designadamente o controlo *a posteriori*, envolve também um juízo de proporcionalidade entre custos e resultados obtidos. Ou seja, o controlo financeiro não deixa de envolver

---

polícia administrativa, mas as profundas diferenças entre as faculdades de polícia ordinária e as do Protectorado afastam-no de tal inclinação. No sentido de que a função do Protectorado não obedece aos esquemas das categorias tradicionais, vide RAFAEL DE LORENZO GARCIA, *ob. cit.*, pág., PINAR MANAS, *Regimen Jurídico de las Fundaciones: Jurisprudência del Tribunal Constitucional Rafael y del Tribunal Supremo*, Colección Estudios, n.º 7, Madrid, 1992. Refira-se ainda que o conceito de vigilância é tradicionalmente autonomizado do conceito de tutela pelo direito italiano, sendo definidos autonomamente: o primeiro, refere-se ao controle de legalidade sobre os actos e controle jurídico sobre a actividade de serviço; e o segundo refere-se ao controle de oportunidade sobre os actos. Cfr. M. SEVERO GIANNINI, *Diritto Administrativo*, vol. I, 3.ª ed., pág. 332.

[725] Cfr. M. SEVERO GIANNINI, *Diritto Administrativo*, vol. I, 3.ª ed., págs. 226 e 331.

[726] Afastamos qualquer ensaio na aplicação do conceito de superintendência, por entendermos que a aplicação deste conceito deve ser reservada para a relação do Estado com a sua Administração indirecta.

um juízo sobre a eficiência e a eficácia económico-financeira da aplicação dos fundos directamente provenientes do orçamento do Estado (orçamento da segurança social). Para além disso, ao controle de eficiência está associada a verificação da concreta utilidade social das acções e programas financiados, assim como a qualidade dos serviços prestados. A eficiência (menores custos nos meios utilizados) e a eficácia (obtenção de melhores resultados com menores custos) são hoje palavras-chave no domínio da gestão dos recursos públicos, que a Ciência da Administração tem justamente posto em destaque.

Sob o ponto de vista técnico, o já referido acto de aprovação das contas não envolve apenas um juízo sobre a regularidade contabilística. Na parte em que estão envolvidos dinheiros públicos, a função do Estado não pode ser a de mera contabilista. Aquele acto deve envolver também juízos técnicos do domínio da gestão e das ciências económico-financeiras. É que, bem vistas as coisas, o que está em causa são ainda despesas públicas, embora realizadas por entidades privadas. E estas despesas (públicas) com a acção social são asseguradas através de transferências directas do orçamento da segurança social, e são, para todos os efeitos, despesas directamente imputadas ao mesmo orçamento.

Portanto, o que está em causa toca com um dos fundamentos económicos do controlo dos dinheiros públicos (e na parte em que esteja em causa dinheiro público) – evitar, pelo menos, o seu desperdício e a sua má utilização ou gestão. Daí a necessidade de existir um mínimo de racionalidade no sistema[727/728].

Como se vê, numa e mesma relação coexistem poderes de hetero-controle do cumprimento da legalidade em geral, e poderes de hetero-controle (especializados e não especializados) da legalidade e

---

[727] Cfr. A. L. DE SOUSA FRANCO, *Finanças Públicas e Direito Financeiro,* Vol. I, págs. 453.

[728] Mas note-se que o facto de falarmos no texto apenas de um controlo administrativo, no sentido de que traduz o exercício de poderes de autoridade por parte do executivo – controlo jurídico –, e de um controlo técnico – controlo económico-finaceiro –, não se poderá pôr de parte a relevância de um controlo político a exercer pelo parlamento sobre a definição da política de subvenções pelo Governo na medida dos seus poderes constitucionais, assim como sobre a execução dessa política em sede de execução orçamental (por ex., o controlo político da oportunidade e da conveniência das subvenções).

474   *As Instituições de Solidariedade Social*

da eficiência e eficácia económico-finaceira. Numa e mesma relação coexistem poderes de controlo genéricos de legalidade, de mérito (ex., a utilidade social das actividades desenvolvidas para efeitos de financiamento), e poderes de controlo específicos e especializados (ex., a apreciação da aplicação das verbas segundo as contas e subcontas previstas no plano oficial de contabilidade das IPSS, envolvendo esta operação o balanceamento entre custos-benefícios). Naturalmente que o conjunto destas operações terão de ter em conta a diferente natureza das actividades em causa.

Por este conjunto de razões temos utilizado o termo controlo numa acepção ampla, ou seja enquanto conceito que exprime um confronto entre as acções, actos ou omissões com um padrão de valoração ou de apreciação previsto na lei, podendo este o concreto juízo de controlo mover critérios exclusivamente jurídicos (controle de legalidade), de mérito ou ainda juízos técnicos especializados[729]. O controlo é, pois, um conceito polissémico ou multifuncional, tendo sempre como elemento nuclear, como salienta GIANNINI, um juízo de conformidade a regras previamente estabelecidas, que podem ser de diversa natureza (regras jurídicas, técnicas, de mérito, de gestão, de economicidade, de eficiência e eficácia, etc.)[730].

---

[729] Sobre as diversas acepções da noção de controle, vide A. L. DE SOUSA FRANCO, *Finanças Públicas,* vol. I, 1992, págs. 452 e segs., e do mesmo autor *"O controlo da Administração Pública em Portugal",* in *Revista dos Quadros Técnicos do Estado,* ano I, série I, 9, Nov. – Dez., 1987, págs. 16 – 23; JOSÉ TAVARES, *O Tribunal de Contas,* Almedina 1998, págs. 158 e segs., *Sistema Nacional de Controlo – Controlo interno e controlo externo,* in *RTC,* n.º 26, Jul. – Dez., 1996, págs. 68 – 69; FERNANDO ALVES CORREIA, *Do Ombudsman ao Provedor de Justiça, in Estudos em homenagem ao Prof. Doutor J. J. Teixeira Ribeiro, BFDUC,* número especial, Coimbra, 1980, págs. 148 – 150; M. SEVERO GIANNINI, *Diritto Administrativo,* vol. I, 3.ª ed., págs. 327-333; ANDRÉ DEMICHEL, *Le Controle de L` État sur les Organismes Privés,* tomo I e tomo II, LGDJ, Paris, 1966. Este autor, tomo I, págs. 3 e segs., apresenta o controle administrativo como um conceito jurídico autónomo: o controle do Estado tem por objecto o estabelecimento de uma ordem económico e social positiva e não somente a imposição ou a determinação de limites negativos ao exercício de uma actividade, e pressupõe a existência de relações permanentes entre o Estado e o organismo privado controlado, ao contrário do que sucede com a actividade de polícia. Refira-se que o autor inclui entre os entes objecto de controlo as entidades privadas de interesse geral ou organismos de fim desinteressado (págs. 128 e segs.).

[730] Cfr. M. SEVERO GIANNINI, *Diritto Administrativo,* vol. I, 3.ª ed., pág. 328 -329.

O controlo administrativo e jurisdicional da IPSS

Contra a posição que aqui defendemos poderá dizer-se que isto representa uma intromissão intolerável no domínio da liberdade de associação e da autonomia privada. Mas convém aqui distinguir duas coisas. A primeira, tem a ver com o controlo do erário público, não podendo o Estado expropriar esta responsabilidade, nem demitir-se do seu exercício. A segunda, tem a ver com a distinção entre o acto ou momento do controlo e o exercício da liberdade de autogoverno pelas instituições: estas autodeterminam os seus fins e os seus objectivos e autoadministram os seus recursos, incluindo os recursos públicos, sem prejuízo de, pela via da cooperação, articularem e coordenarem os seus programas e as suas actividades com as entidades públicas. Coisa bem diferente está em saber se, no domínio do autogoverno, as instituições gerem os recursos públicos segundo os critérios legais aplicáveis, e se aqueles recursos foram essencialmente canalizados para os objectivos previstos, e ainda se a sua aplicação obedeceu aos critérios de gestão geralmente aceites. Isto é, saber se existiu uma gestão minimamente cuidadosa e diligente, avaliada segundo critérios objectivos (por ex., custos, benefícios, qualidade dos serviços prestados).

Para além disso, não está excluído que as maiores ofensas à liberdade de associação ou à autonomia privada possam justamente provir dos actos de verificação do cumprimento da lei do que da verificação de documentos contabilíscos ou da eficiência económico-financeira das despesas realizadas.

Portanto, e em síntese, no originário visto (hoje administrativamente havido como aprovação) dos orçamentos e das contas das IPSS intervêm elementos jurídicos e não jurídicos, e cabe-lhe cumprir essencialmente duas funções. Por um lado, e *a priori*, verificar a regularidade da previsão de receitas e de despesas segundo os princípios e regras aplicáveis. Naturalmente, que a prática deste acto condiciona a atribuição do financiamento e, consequentemente, a celebração de acordos de cooperação (é através dos acordos de cooperação que o financiamento é atribuído, e nos termos a que já fizemos referência). Em segundo lugar, e *a posteriori*, permite verificar a regularidade do cumprimento daqueles princípios e regras, a legalidade da actuação das IPSS, no sentido de saber se os recursos públicos foram aplicados nos objectivos previstos e nos termos da disciplina

476   *As Instituições de Solidariedade Social*

aplicável, permitindo ainda fazer um controlo dos resultados (eficiência económico-financeira na aplicação daqueles recursos).

Só deste modo, a Administração fica em condições de apurar e desencadear duas coisas essenciais: em primeiro lugar, se da análise dos documentos resultarem indícios de actuação ilegal (por ex., ilegalidades financeiras), a Administração está obrigada a desenvolver as acções necessárias destinadas a provar a efectiva existência de ilegalidades, para efeitos de provocar, pela via judicial, a aplicação dos mecanismos sancionatórios previstos; em segundo lugar, se da mesma análise resultar o incumprimento dos objectivos inicialmente previstos e para a realização dos quais foi concedido apoio financeiro, e desde que esse incumprimento seja imputável aos órgãos de gestão das instituições, deverá condicionar a atribuição de futuros financiamentos. A Administração deve saber quais são as instituições elegíveis ou não elegíveis para efeitos de apoio financeiro público[731].

Estas, em geral, as funções e consequências do designado visto. Quanto à sua natureza, e com o sentido que lhe damos no texto, o visto surge-nos como um verdadeiro acto administrativo. De facto, não é um acto meramente instrumental: a sua recusa produz desde logo efeitos externos, quer no momento do controlo *a priori*, quer a posteriori, fixando e definindo uma situação concreta e desencadeando uma série de efeitos, positivos ou negativos para as instituições. Como acto administrativo que é poderá ser impugnado contenciosamente pelas respectivas instituições.

Refira-se que a posição aqui defendida, não se afasta dos procedimentos já seguidos em outros ordenamentos jurídicos, onde, como tivemos oportunidade de referir, o financiamento tem em conta, por ex., a quantidade e a qualidade dos serviços prestados, os níveis de bem-estar dos utentes, a eficiência de gestão, as valências adoptadas, a zona geográfica onde se situa a actividade e outros factores relevantes, designadamente para os beneficiários dos serviços. Entende-se

---

[731] No texto tomamos o todo pelas partes, dado que os órgãos e as entidades de controlo são variados, existindo uma verdadeira dispersão de órgãos e de competências: a Direcção-Geral da Solidariedade e Segurança Social; a Inspecção-Geral do Ministério do Trabalho e da Solidariedade; o Instituto de Gestão Financeira da Segurança Social, e os centros regionais de segurança social. Muitas das competências dispersas e exercidas pelos órgãos centrais poderiam caber ou ser delegadas nos centros regionais de segurança social.

que só assim podem ser valorizadas as instituições bem geridas e ser concedidos apoios técnicos adequados àquelas que se mostrem mais debilitadas.

Contudo, entre nós, o controle continua a ser essencialmente contabilístico, imperando sobretudo nas suas finalidades a lógica do resultado contabilístico ou a lógica do custo, não tendo em conta ou negligenciando-se factores essenciais como, por exemplo, a lógica social (os resultados sociais), a qualidade assistencial, a universalidade do acesso, etc. Ou seja, e em geral, negligenciam-se os factores que tocam com a real efectivação dos direitos sociais.

Em segundo lugar, consideramos que as categorias tradicionais são ainda inadequadas para explicar o quadro relacional Estado-IPSS em virtude da existência de outros elementos que deixam, de algum modo, na sombra o próprio elemento do controlo.

Na verdade, à relação entre o Estado e as IPSS preside uma política de incentivo, de fomento, de estímulo, de auxílio e de protecção. É uma relação de sentido essencialmente prospectivo. Através das relações de cooperação, o Estado alarga o espaço efectivo de liberdade das organizações da sociedade civil, na medida em que lhe abre horizontes de participação na gestão de assuntos públicos, retirando-as do seu espaço natural para as elevar a um grau mais elevado da esfera pública. Com a cooperação, o Estado promove e incentiva os cidadãos a participar, através das suas organizações, nos assuntos da Administração, abrindo simultaneamente a própria Administração à sociedade, criando um espaço de partilha e de co-gestão responsável de fins e interesses comuns.

Com a cooperação, o Estado abre a Constituição à sociedade, na medida em que promove a realização de direitos e princípios constitucionais: a participação na gestão dos assuntos públicos alarga o sentido dinâmico do princípio democrático, implicando, consequentemente, o alargamento do conceito de cidadania – a criação de uma autêntica cidadania social –, e confere ao princípio da subsidiariedade uma dimensão específica na relação Estado-sociedade, como, aliás, tivemos oportunidade analisar no Capítulo III, desta Parte II do trabalho.

Contudo, e como esta relação envolve também a participação na realização de tarefas públicas e na gestão de recursos públicos, há que criar mecanismos de responsabilização e de controlo. Garantias que não têm, pois, de ser necessariamente unilaterais e autoritárias.

As relações de cooperação não são inimigas da conservação de poderes típicos de um modelo de Estado autoritário, nem tão pouco o seu exercício é necessariamente incompatível com um quadro de cooperação contratualizado. Mas neste aspecto, os elementos de conservação parecem prevalecer sobre o novo ambiente cultural que marca as relações entre o Estado e as organizações da sociedade. Por isso, muitos dos poderes que o Estado conserva sobre estas organizações têm um percurso longínquo na História do Direito Português e Comparado.

E com isto não pretendemos dizer que o Estado não deva manter e exercer aqueles poderes sobre as organizações que nos ocupam. A sua manutenção e o seu exercício são conaturais à existência do próprio Estado. O que pretendemos dizer, isso sim, é que o seu exercício pode ser agora enquadrado num novo contexto político-social e na nova cultura constitucional da organização do Estado e da sociedade, sendo definitivamente abandonada a estrita e simplificada equação de agente controlador – agente controlado.

Por isso, entendemos que os poderes de controlo da Administração sobre as IPSS podem e devem ser compreendidos e exercidos no quadro de um novo pacto social, em que as relações contratuais de cooperação constituam o paradigma disciplinador não só da partilha de responsabilidades na realização de fins comuns, da delegação de tarefas públicas (que, no nosso caso, são essencialmente tarefas estaduais), mas também do exercício dos tradicionais poderes de controlo. As relações contratuais com a Administração e, portanto, também, as relações contratuais de cooperação, não são incompatíveis com a manutenção e o exercício de poderes de autoridade por parte da Administração. Se a cooperação é elcita como instrumento modelador das relações entre parceiros empenhados na realização dos mesmos fins, então os instrumentos de cooperação, legalmente tipificados, podem também servir como meios da disciplina conformadora, quer do exercício de poderes de controlo, quer do exercício de mecanismos de responsabilização. Deste modo, e sem prejuízo dos poderes de polícia que o Estado pode exercer sobre qualquer entidade privada, o controlo sobre as IPSS não tem de ser visto como uma manifestação desses poderes, nem como mais uma concretização típica dos poderes do Governo enquanto órgão superior da Administração Pública.

O controlo administrativo e jurisdicional da IPSS

Portanto, e em síntese, entendemos que a riqueza, a complexidade e o sentido socialmente programático e prospectivo da relação entre o Estado e as IPSS não são redutíveis a conceitos puros ou a categorias tradicionais, como a "tutela administrativa" ou a "vigilância administrativa" ou ainda, e em geral, à fórmula "administração pública de direito privado" que nos legou Zanobini. Trata-se de uma relação onde se misturam elementos de diversa natureza e com diferente funcionalidade, sendo que os elementos tradicionais de vigilância ou de controle constituem apenas um dos elementos dessa relação, que aqui designaremos por relação jurídica administrativa de cooperação, enquanto relação estabelecida entre determinado tipo de organizações sem fins lucrativos, criadas pelos particulares, e a Administração, tendo em vista a melhor prossecução de fins ou interesses comuns a ambas as entidades, disciplinada através de instrumentos de natureza contratual previstos na lei, sendo principalmente através deles que a Administração apoia, incentiva, fomenta e controla as actividades ou tarefas desenvolvidas por aquelas, próprias ou delegadas, funcionando também como meio de articulação e coordenação das actividades e das formas e modos de actuação. No seio desta relação, o exercício dos poderes de controlo ganha essencialmente um sentido dinâmico e prospectivo, enquanto mecanismo dirigido a garantir e a assegurar a legalidade e a eficiência da cooperação.

2. Sujeição das IPSS ao Tribunal de Contas

Dispõe o n.º 3 do art. 33.º do Estatuto das IPSS que as "contas das instituições não estão sujeitas a julgamento do Tribunal de Contas."

Relativamente a esta ponto há, em nosso entender, a realçar três ideias fundamentais.

Em primeiro lugar, existem razões constitucionais justificativas da sujeição das contas das IPSS à jurisdição do Tribunal de Contas, na parte dos financiamentos públicos.

Em segundo lugar, entendemos que nesta matéria deve vigorar um princípio fundamental: o instrumento definidor da competência daquele tribunal é a respectiva lei orgânica, e não instrumentos legislativos avulsos.

480 *As Instituições de Solidariedade Social*

Em terceiro lugar, o artigo citado apenas diz que as contas das IPSS não se encontram sujeitas a julgamento do Tribunal de Contas, não excluindo, portanto, o exercício da competência fiscalizadora relativa à verificação da legalidade e à eficiência económico-financeira das despesas realizadas.

Quanto ao primeiro ponto, e especificamente sobre a competência do Tribunal de Contas, GOMES CANOTILHO e VITAL MOREIRA, no que são acompanhados por outros autores, muito embora considerem o Tribunal de Contas como um órgão de julgamento das contas públicas, admitem expressamente a possibilidade de estender a competência deste Tribunal à apreciação das contas de entidades privadas, no caso de utilização de fundos públicos ou de serem beneficiários de privilégios ou vantagens públicos, salientando ainda que a intensidade do controlo deve ser particularmente cuidada quando estiverem em causa vantagens gratuitas para certos particulares, como as subvenções, «despesas fiscais» (isenções, perdões, etc.)[732]. Para os mesmos autores, a competência do Tribunal de Contas abrange quer o respeito das normas legais e da sua conformidade orçamental, quer o respeito das regras da boa gestão financeira dos recursos públicos. Por isso, um dos princípios fundamentais do Direito Financeiro (diremos mesmo do Direito Constitucional Financeiro) é a responsabilidade (accountability) de todos os gestores e entidades pela gestão de dinheiros, recursos e valores públicos. O dever de prestar contas é inerente à gestão de fundos públicos. A responsabilidade constitui, pois, um dever ou uma sujeição daqueles a quem foram confiados dinheiros públicos[733]. Por isso, o dever de prestar contas tem de abranger todas as despesas públicas. Trata-se de uma exigência inerente ou conatural a um Estado de direito, que compreende também a legalidade financeira.

E no domínio em análise, destinando-se o financiamento às IPSS a custear as despesas com a satisfação de uma necessidade pública, as despesas assim feitas assumem ainda natureza de despesa

---

[732] Cfr. J. J. GOMES CANOTILHO e VITAL MOREIRA, *Constituição da República Portuguesa Anotada,* 3.ª ed. revista, Coimbra Editora, anotação ao art. 216.º (actual art. 214.º), pág. 818.

[733] Cfr. A. DE SOUSA FRANCO, *Finanças Públicas e Direito Financeiro,* vol. I, págs. 468-469

pública[734]. Neste sentido, a concreta aplicação do dinheiro público cuja gestão é confiada às IPSS traduz-se na realização de uma despesa pública. Tanto mais que por este meio o Estado acaba também por financiar as suas próprias actividades, ou seja, o exercício público da acção social, utilizando a fórmula do art. 38.º da lei de Bases do sistema de solidariedade e segurança social.

Mas as IPSS gerem, em seu próprio nome, os valores públicos que lhes são confiados. São, pois, responsáveis pelos actos concretos da sua gestão, quer sob o ponto de vista da legalidade, quer sob o ponto de vista económico-financeiro.

Pelo que, sendo o Tribunal de Contas o órgão constitucional e legalmente vocacionado para fiscalizar os actos de aplicação dos dinheiros públicos, então a sua competência há-de ser materialmente extensiva a todos esses actos, independentemente das entidades responsáveis pela sua prática ou pela gestão daquele dinheiro. Os recursos financeiros são públicos, independentemente da natureza privada ou pública da entidade que o gere ou aplica. Se a sua gestão é ou não feita em termos de contabilidade pública é, para o efeito, irrelevante.

Portanto, as contas das IPSS devem, sob o ponto vista constitucional, estar sujeitas à fiscalização do Tribunal de Contas, na parte relativa aos financiamentos públicos.

Esta exigência não constitui, aliás, uma marca específica do direito português.

Em Itália, a doutrina é praticamente unânime quanto à necessidade de controlo, incluindo o controlo jurisdicional dos financiamentos públicos a entidades privadas ou das subvenções a actividades de entidades privadas, descortinando também aí fundamento constitucional (art. 100.º, n.º 2, da Constituição Italiana), e podendo essa fiscalização ser preventiva ou incidir sobre os resultados da actividade desenvolvida, envolvendo, deste modo, um juízo sobre a boa gestão das subvenções. Apenas se adianta que o artigo mencionado não se refere expressamente a entes privados, utilizando apenas o termo "enti", sem qualquer qualificação jurídica adicional, mas susceptível de ser interpretado no sentido de abranger quer entes públicos, quer entes privados, isto é, entes criados pela iniciativa particular, desde

---

[734] Sobre o conceito de despesa pública, vide A. Sousa Franco, *Finanças Públicas e Direito Financeiro*, vol. I, pág. 297.

que subvencionados pelos poderes públicos. Entende-se que o art. 100.º da Constituição fornece o fundamento geral que legitima o controlo financeiro dos entes que, a qualquer título, recebam subvenções públicas, defendendo-se inclusivamente a inconstitucionalidade da lei que isentasse de fiscalização ou de controlo as subvenções públicas (directas ou indirectas). Contudo, mesmo assim, o legislador ordinário não tem ido tão longe quanto o desejável[735].

Em França, como vimos, a sujeição das contas das instituições reconhecidas de utilidade pública (instituições que auferem também de regalias públicas) ao órgão jurisdicional competente é um dado adquirido no regime jurídico destas entidades. Aliás, neste país, basta que as instituições beneficiem de regalias para-fiscais ou de outros benefícios por parte do Estado ou qualquer outro organismo público.

Na Alemanha, a lei sobre o Tribunal de Contas federal e sobre os Tribunais de Contas federados autoriza o controle em relação a organismos não integrados na Administração federal, desde que recebam fundos públicos. O controlo, na sequência do que se dispõe no art. 114.º. 2, da Constituição, tem essencialmente por objectivo determinar se os fundos foram administrados à luz de critérios de eficiência económica e se tiveram uma aplicação conforme aos fins previamente estabelecidos[736].

Entre nós, a lei orgânica do Tribunal de Contas (Lei n.º 98/97, de 26 de Agosto, na redacção que lhe foi dada pela Lei n.º 48/2006, de 29 de Agosto) parece ser clara quanto à sujeição das entidades privadas financiadas com fundos públicos provenientes do Orçamento Geral do Estado ou das autarquias locais (caso das fundações – al. g), do n.º 2, do art. 2.º), ou beneficiárias, a qualquer título, de dinheiros ou outros valores públicos (n.º 3, do art. 2.º). Disposição que abrange qualquer instituição, independentemente da forma da sua constituição (associação, cooperativa). Pelo que, para além do fundamento constitucional invocado, existe hoje fundamento legal para a sujeição das IPSS à fiscalização do Tribunal de Contas.

---

[735] Cfr. FRANCESCO RIGANO, *ob. cit.,* págs. 296 e segs., e especialmente as págs. 298 e 302-303.

[736] Para uma visão do controlo das subvenções financeiras e dos benefícios fiscais no Direito Comparado, vide EDUARDO PAZ FERREIRA, *O Controlo das Subvenções Financeiras e dos Benefícios Fiscais*, in *RTC*, n.º 1, Jan-Mar, 1989, págs., 23 e segs.

Quanto ao modo de fiscalização, o Tribunal, no exercício das suas funções pode, a todo o tempo, realizar inquéritos, auditorias e outras acções de controle sobre a legalidade, incluindo a boa gestão financeira e o sistema de controle interno. Quer isto dizer que as IPSS, independentemente da forma da sua constituição, se encontram sujeitas a fiscalização sucessiva e concomitante do Tribunal Contas, na parte relativa aos fundos públicos por elas auferidos. A lei afasta a sujeição destas entidades ao sistema de fiscalização prévia.

Portanto, o Tribunal de Contas é soberano para, a qualquer momento, determinar a apresentação de contas às IPSS, e realizar auditorias e acções de fiscalização que, em concreto, entenda conveniente levar a cabo (é o sistema da fiscalização sucessiva e concomitante).

Quanto à finalidade do controlo, ela é essencialmente dupla, pois, no âmbito da fiscalização sucessiva, o Tribunal verifica as contas das entidades previstas no art. 2.º, avalia os respectivos sistemas de controlo interno, aprecia a legalidade, economia, eficiência e eficácia da sua gestão financeira e assegura a fiscalização da aplicação dos recursos financeiros oriundos da União Europeia.

Uma última nota apenas para referir que a sujeição, nos termos expostos, das contas das IPSS ao Tribunal de Contas poderá constituir uma limitação à autonomia de gestão das instituições.

Contudo, também aqui se impõe ponderar dois valores fundamentais: a exigência constitucional de transparência, legalidade e boa gestão dos fundos públicos com o princípio, também constitucional, da autonomia privada de gestão ou de autogoverno.

Neste aspecto, julgamos que o legislador foi ponderado: por um lado, não sujeitou as IPSS ao sistema de fiscalização prévio, e, por outro, deixou nas mãos do Tribunal o poder de decisão relativamente ao exercício da fiscalização sucessiva e concomitante.

À solução legislativa preside, assim, uma ideia de concordância entre valores em conflito, resolvida pela aplicação das regras constitucionais da justificação: a necessidade e a exigibilidade do controlo e a adequação do respectivo procedimento com vista a assegurar as finalidades que lhe estão subjacentes.

CAPÍTULO VI

Os utentes/beneficiários perante as IPSS: o contencioso dos actos e dos regulamentos das IPSS

Neste capítulo tentaremos analisar se todos os actos praticados pelas IPSS são actos jurídico-privados, no sentido de que se encontram sujeitos ao regime jurídico próprio destes actos, com a consequente submissão à competência dos tribunais comuns, ou se, pelo contrário, não existirá, no conjunto global dos actos praticados pelas IPSS, alguns ou alguma categoria, mais ou menos dispersa e indeterminada, que reclame uma outra qualificação e, por consequência, um regime jurídico diferente do oferecido pelo direito privado, ou pelo menos, não exclusiva ou predominantemente privatístico.

1. Sujeição das IPSS ao CPA e à jurisdição administrativa

Como se referiu, o regime regra das entidades privadas deve ser o direito privado; o exercício de poderes públicos deve caber, por regra, às entidades públicas. Por isso, em ambos os casos há sempre excepção – a aplicação do regime administrativo a entidades privadas deve ser excepção, e o exercício de poderes públicos por entidades privadas deve ser também excepção. Esta ideia deve ter-se como um princípio geral de direito administrativo.

Por isso, o regime administrativo dos actos, procedimento administrativo, contratos, responsabilidade, contencioso, controlo, etc. deve estar identificado na lei dado constituir, por princípio, uma excepção, ou deduzir-se do regime concretamente instituído, ou, eventualmente, de princípios constitucionais. Daí que se compreenda a solução legal estabelecida no n.º 4, do art. 2.º do CPA.

Contudo, e como já se salientou (ponto 4.º, do Capítulo III), as IPSS, legal ou ilegalmente, encontram-se investidas de poderes normativos públicos (poderes regulamentares e poderes para praticar actos individuais e concretos). Como vimos, na generalidade dos casos tal sucede ilegalmente, pois os poderes públicos só podem ser atribuídos pela lei ou com base na lei.

De qualquer modo, estamos perante mais uma situação em que há o exercício de poderes de autoridade por entidades privadas, de resto hoje constitucionalmente autorizado, pelo menos implicitamente (art. 267.º, n.º 6, da CRP)[737].

Mas, o regime regra de actuação das IPSS, e, portanto, da sua relação com os beneficiários ou utentes é o direito privado.

Em todo caso, e quando assim não suceder, o procedimento de formação dos actos individuais e concretos ou regulamentares deverá, pela sua própria natureza, ficar automaticamente sujeito ao regime próprios destes actos, e para todos os efeitos: aplicação das regras do procedimento administrativo, quer para os actos individuais e concretos, quer para os regulamentares, impugnação contenciosa junto dos tribunais administrativos e competência destes mesmos órgãos judiciais quanto à responsabilidade civil eventualmente resultante da prática destes actos.

Retomando a indicação dos actos de natureza jurídico-pública feita ao longo do ponto 4.º, do Capítulo III, e sem pretendermos ser exaustivos, julgamos que poderemos ensaiar, ainda que sinteticamente, um catálogo de actos de autoridade ou de poder público passíveis de exercício pelas IPSS, uns conferidos pela lei (devolução legal), outros por normas administrativas (devolução regulamentar) e outros ainda por contratos administrativos (devolução contratual)[738/739].

---

[737] Sobre o tema do exercício privado de funções públicas, vide GUIDO ZANOBINI, *L'esercizio privato delle funzioni e dei servizi publici*, in *Primo Trattaato Completo di Diritto Amministrativo*, a cura di V. E. Orlando, vol. II, parte III, Milão, Società Editrice Libraria, págs. 235 e segs., VITAL MOREIRA, *Administração Autónoma...*, págs. 541 e segs. (designadamente quanto ao exercício de funções públicas por associações privadas), e PAULO OTERO, *O Poder de Substituição em Direito Administrativo*, vol. I, págs. 49 e segs.

[738] Excluímos do catálogo de actos exposto no texto os contratos celebrados com os utentes, quer no âmbito dos acordos de gestão, quer no âmbito dos acordos de cooperação, por nos parecer tratar-se de contratos de direito privado.

Assim, e no âmbito dos acordos de gestão:

a) elaboração das normas regulamentares de exploração dos estabelecimentos públicos cuja gestão foi confiada às IPSS;
b) elaboração das normas regulamentares relativas ao fornecimentos dos serviços aí prestados;
c) fixação regulamentar da comparticipação dos utentes ou das suas famílias no âmbito dos mesmos acordos;
d) fixação concreta da comparticipação de cada um dos utentes;
e) recusa ou denegação de concessão de apoio social aos naturais beneficiários administrativos dos estabelecimentos geridos naqueles termos;
f) e, em geral, os actos unilaterais praticados ao abrigo daquelas normas regulamentares, pois os actos concretos de execução serão também actos de autoridade, por traduzirem a directa execução de normas públicas.

Menos claro já nos parece ser o caso dos acordos de cooperação. Contudo, e como referimos, através dos acordos de cooperação poderá ser confiada às IPSS a execução de um serviço público – o serviço público de acção social. Desde logo, porque o exercício público da acção social pode ser prestado directamente pelo Estado ou por intermédio das IPSS. Ora, em qualquer caso, a utilização de serviços e equipamentos sociais pode ser condicionada ao pagamento de comparticipações dos respectivos destinatários, tendo em conta os seus rendimentos e os dos respectivos agregados familiares. Caberia à lei fixar os critérios essenciais nesta matéria. Mas, na ausência dela, é através dos acordos de cooperação que se fixam, para determinados casos, as regras de concessão de prestações (n.º 1, da Norma XIX do Despacho n.º 75/92). Contudo, a disciplina dos acordos parece abranger todos as situações, pois compete às instituições "aplicar as normas de comparticipação dos utentes ou famílias, se-

---

[739] Deve esclarecer-se que em nenhum dos casos enumerados se prevê qualquer aprovação ou homologação pelos órgãos administrativos, que tenham por objecto os actos das IPSS. Apenas se estipula, na al. g) do n.º 1 da Norma XVI do Despacho n.º 75/92, relativa aos acordos de cooperação, a homologação, pelos centros regionais, de decisão ou actos que careçam de homologação. Contudo, em nenhum lado se identificam esses actos ou decisões, pelo que aquela previsão acaba por não ter qualquer eficácia prática.

gundo os critérios das instituições, desde que adequados aos indicativos técnicos aplicáveis para cada modalidade consensualizados entre os serviços do ministério da tutela e as uniões" (al. c), da Norma XVI, daquele Despacho).

Nesta disposição pressupõe-se a existência de normas, pois "aplicar" não é inovar, não é estabelecer ou definir primária ou originariamente. Pelo que tais normas, e na ausência de lei, deverão, no essencial, constar dos contratos de cooperação (a al. f), do n.º 1, da Norma XVIII, estabelece como pressuposto da celebração dos acordos, a fixação dos critérios de comparticipação financeira dos utentes e famílias).

Neste contexto, aplicar significa, no caso, executar as normas de um contrato administrativo. E mais do que isso, significa definir unilateral e concretamente a situação jurídica dos naturais beneficiários dos efeitos daquele contrato, os quais não participam nem na elaboração do contrato, nem na formação do acto que eventualmente lhe recuse a admissão num estabelecimento ou outra prestação social, que, repita-se, lhes são garantidas pelas normas contratuais, ou pela lei que defina os seus direitos sociais. Significa definir ainda, e nos mesmos termos, a sua comparticipação.

No contrato ficou definida a categoria tipo de utentes abrangida pelas normas contratuais. A categoria tipo dos naturais beneficiários da acção social a desenvolver ficou, pois, preestabelecida naquelas normas. E nele ficaram ainda definidas as regras de financiamento, calculadas por utente e por valências. Para além disso, a entidade pública, através do contrato, remete os seus naturais beneficiários (beneficiários residentes numa certa circunscrição territorial) para os serviços da entidade co-contratante.

Neste âmbito, as instituições terão (ou deverão) apreciar a situação pessoal e familiar do utente, e em função disso deferem ou não o seu pedido, e, em caso de deferimento, definem o preço da sua comparticipação.

Isto é, aquele acto manifesta o exercício de um poder em que a instituição contratante foi investida: o poder de, em concreto, recusar ou conceder prestações sociais. E mais do que isso: no acto da concessão da prestação vai implicada a fixação autoritária de uma comparticipação, a qual se destina "auxiliar" as despesas com a prestação do serviço público delegado nas IPSS.

Deste modo, a base ou o fundamento da prática deste(s) acto(s) é um conjunto de normas de direito administrativo, constantes dos contratos celebrados, que no caso tem natureza normativa ou efeitos normativos, e são praticados no âmbito do exercício de uma função administrativa delegada.

Por isso, pergunta-se: se estes mesmíssimos actos fossem praticados pela entidade administrativa co-contratante que qualificação assumiriam? Qual a diferença estrutural destes actos com os actos praticados, provavelmente com base nas mesmas normas, e com o mesmo conteúdo e efeitos, pela autoridade administrativa co-contratante? Qual é a diferença de vinculatividade entre um e outro acto? Segundo nos quer parecer, a diferença é apenas uma: ela reside tão somente no elemento orgânico. E na perspectiva do utente ou beneficiário que diferenças existirão entre aqueles actos?

Aliás, a analogia das situações descritas (embora pouco claras sob o ponto de vista da sua disciplina normativa) com as das casas do povo, as quais também são IPSS, parece-nos notória. A grande diferença estará no facto de a lei referir expressamente e especificamente que estas instituições podem assumir a execução de serviços públicos que lhes forem delegados, tal não sucedendo em relação às demais IPSS. Os instrumentos pelos quais se processa esta delegação são, precisamente, os acordos de gestão ou de cooperação atrás mencionados, e que lhe eram extensivos anteriormente à sua equiparação a IPSS, sendo que hoje lhes são plenamente aplicáveis por força desta equiparação.

Ora, também aqui as casas do povo recusam ou concedem prestações, fixam taxas ou comparticipações, estabelecem normas de acesso aos serviços, de fornecimentos dos serviços, de exploração dos serviços, etc. E com uma diferença em relação às demais IPSS: neste caso, e na medida em que os serviços se destinarem aos associados, estes podem participar nas respectivas decisões ou impugná-las, na qualidade de associados. Tal não sucede em relação às demais IPSS, por se destinarem a prestar serviços a não membros. De qualquer modo, também as casas do povo se podem obrigar contratualmente a prestar serviços a não membros (arts. 2.º, n.º 3, al. a), 9.º, n.º 3 e 16.º, n.º 1, al. b), do DL n.º 4/82, de 1-1-11).

490 *As Instituições de Solidariedade Social*

Quando tal ocorra as casas do povo "têm autoridade não somente sobre os seus associados mas também sobre os restantes membros da categoria interessada" (VITAL MOREIRA). Por isso, e continuando a seguir o mesmo autor, não vemos razões impeditivas da validade deste princípio para todas as situações semelhantes[740]. No nosso caso, as situações semelhantes podem ocorrer com todas as IPSS, independentemente da sua forma de constituição (associação, fundação, cooperativa), e do direito ao abrigo do qual se constituem (civil ou canónico).

Questão diferente, e que com esta não deve ser confundida, é a celebração posterior dos contratos de prestação de serviços ou de hospedagem com cada um dos utentes. Estes é que serão actos de direito privado, mas antes (e para além) deles ficam na sombra aspectos que são, sem dúvida, os decisivos para cada um dos beneficiários ou utentes. E mesmo assim será duvidoso que aqueles contratos sejam puros actos de direito privado, uma vez que terão também a conformá-los normas que relevam do direito administrativo. Desde logo, as resultantes da disciplina normativa dos acordos de cooperação e da legislação eventualmente aplicável.

Pelo conjunto de razões expostas propendemos para a qualificação dos actos praticados nas condições referidas como actos materialmente administrativos. Pelo que a competência jurisdicional deverá, também, ser determinada em função de um critério material[741].

Por isso, e em relação ao conjunto das situações descritas (acordos de gestão e de cooperação), julgamos que se afigura plausível a sujeição das instituições ao CPA e à jurisdição administrativa.

---

[740] Cfr. VITAL MOREIRA, *Administração Autónoma...,* pág. 561. Vide ainda págs. 560, e págs. 401- 403, e 541 e segs.

[741] Em frança, para as situações análogas às que aqui consideramos, a competência jurisdicional é também determinada em função de um critério material, pois existem certos actos de associações investidas de uma missão de serviço público. Se estes actos são praticados no exercício dessa missão de serviço público e ao abrigo de prerrogativas exorbitantes de direito comum, tais actos unilaterais são actos administrativos, pelo que a competência jurisdicional cabe ao juiz administrativo. Cfr. CHARLES DEBBASCH et JACQUES BOURDON, *ob. cit.,* págs. 78-79. Sobre o problema em geral, ver VITAL MOREIRA, *Administração Autónoma...,* págs. 541 e segs., e especialmente as págs. 553 e segs., e MÁRIO ESTEVES DE OLIVEIRA, *Anotação ao Acórdão do STA,* de 5 de Novembro de 1981, in *Direito Administrativo – Revista de Actualidade e Crítica,* n.º 10, Nov-Dez., 1981, págs. 285 e segs.

Os utentes/beneficiários perante as IPSS

A legitimidade processual dos naturais utentes ou beneficiários parece-nos indiscutível, assim como a competência dos tribunais administrativos (art. 3.º e art. 51.º, n.º 1, al. j), do ETAF).

Já em relação ao poder regulamentar, designadamente no âmbito dos acordos de gestão, vamos mesmo mais longe. É que não deve excluir-se, *in limine*, a possibilidade de sujeitar tais actos normativos à competência jurisdicional do Tribunal Constitucional. Isto é, deverá até entender-se que constituem actos normativos (e na medida em que o sejam) susceptíveis de ser submetidos à competência jurisdicional do Tribunal Constitucional, desde que preencham os demais requisitos para o efeito exigidos: (1) heteronomia normativa (que, indiscutivelmente, nos parecem assumir, pois são definidos unilateralmente e impõem-se também unilateralmente aos seus destinatários, não nos parecendo colher aqui uma argumentação fundada numa qualquer adesão voluntária ou auto-vinculação dos interessados ou uma simples força normativa heterónoma de actos privados ou emitidos ao abrigo de um poder normativo privado); (2) emitidos no âmbito do exercício de poderes normativos públicos e/ou na execução de uma tarefa pública; (3) preencham o requisito da imediação normativa; (4) seja o poder de emissão de tais actos reconhecido pelo poder público (o que no caso sucede, dado que o quadro normativo público permite ou autoriza às IPSS fixar regulamentos de acesso aos serviços e de fornecimento de bens e serviços- regulamentos de exploração dos serviços –, e a estabelecer as comparticipações dos utentes no âmbito do exercício de uma tarefa pública delegada); (5) e, por último, constituam tais actos normativos um critério judicativo-decisório para o julgador[742].

Neste contexto, relembramos dois aspectos que nos parecem essenciais.

---

[742] Situação análoga às referidas no texto vêmo-la prevista nos Estatutos da Santa Casa da Misericórdia de Lisboa, os quais "delegam" nos órgãos competentes da instituição a competência para fixar as comparticipações dos utentes dos serviços e estabelecimentos, tendo em conta as medidas de política geral adoptadas pelos Ministérios da tutela. Aqui existe expressa habilitação legal, o mesmo não sucedendo (por enquanto) em relação às IPSS. De qualquer modo, também estas instituições participam no exercício público da acção social de harmonia com as prioridades e os programas definidos pelo Estado.

Um primeiro, tem a ver com o facto de as comparticipações fixadas não terem por destinatários típicos os associados, caso em que estes ainda poderiam ou teriam a possibilidade de participar (pelo menos nas associações e cooperativas) nas respectivas decisões. Mas, no caso, o destinatário normal é um qualquer terceiro, utente ou beneficiário, que muitas vezes não terá alternativa de escolha no serviço oferecido, que reclama ou a que tem direito, pois ao abrigo dos acordos celebrados entre as IPSS e os centros distritais de segurança social os naturais utentes ou beneficiários deste serão naturalmente remetidos para os serviços da instituição co-contratante. Para além disso, não está excluído que os actos em apreço não possam restringir ou até denegar o acesso a um serviço ou bem social, que na perspectiva da categoria do utente a que especialmente se dirige, não deixará de ser considerado um serviço ou bem essencial, não raras vezes o seu mínimo de existência. E o utente/beneficiário é o epicentro do sistema de acção social público, independentemente da natureza da entidade prestadora. Por isso, a sua posição subjectiva está em directa relação com um sistema funcionalmente dirigido à prestação de um serviço. E se este serviço é qualificado como público, exige-se um esforço no sentido de reforçar a posição do utente/beneficiário, designadamente quando a prestação (e a gestão) de tal serviço é delegada pela Administração em outras entidades[743].

E este segundo aspecto tem, desde logo, a ver com o seguinte facto: na medida em que, no âmbito da execução dos acordos, a fixação destas comparticipações se destinem a financiar a prestação do serviço público delegado devem ser qualificadas com um preço público, o qual deve ser fixado, de forma a assegurar a equidade do sistema, em função das reais possibilidades económicas dos utentes, podendo, por este critério, não ser fixada qualquer contrapartida. A taxa, quota, comparticipação ou qualquer outra designação que se lhe atribua tem um fim – financiar, pelo menos parcialmente, o custo real da prestação de um serviço público. Por isso, o preço assim fixado deve ser considerado um preço público ou, em termos amplos,

---

[743] Aliás, o reforço que se fala no texto deve constituir uma preocupação geral, no sentido de que a posição do utente/beneficiário deve ser reforçada contra ou em face das novas formas de prestação de serviços públicos.

um preço administrativo. Nesta medida, as entidades privadas ficam, na parte respectiva, sujeitas a um regime de direito administrativo.

Por isso, os actos ou os regulamentos que fixem tais comparticipações, quando emitidos no exercício de tarefas públicas e ao abrigo de poderes públicos, são actos de natureza pública, e, como tal, sujeitos às regras de impugnação respectivas, sem excluir, como se referiu, a sua sujeição à jurisdição constitucional na medida em que se preencham os respectivos requisitos.

Em síntese, julgamos que as normas de carácter regulamentar emitidas nos termos apreciados, mesmo não sendo oficializadas ou estadualizadas pela via de actos de aprovação/homologação (em nenhum caso se estabelece uma previsão específica para este efeito), são normas de natureza ou carácter jurídico-público, devendo daqui retirar-se todas as consequências quanto ao seu regime substantivo e processual.

Por isso, os utentes ou beneficiários podem lançar mão dos recursos e dos pedidos de declaração de ilegalidade de tais normas regulamentares, assim como do recurso contencioso dos actos administrativos praticados nas mesmas condições, e das acções de responsabilidade civil resultantes da prática de actos de gestão pública.

A jurisdição competente é a administrativa.

Mas para além das situações analisadas, outras existem em que as IPSS são investidas no exercício de prerrogativas públicas (por lei ou por acto praticado com base na lei, ou tão só por regulamento administrativo):

a) habilitação legal para intervir como instituições de enquadramento do acolhimento familiar. Nos termos do art. 13.º, n.º 3, do DL n.º 391/91, de 10 de Outubro, as IPSS, a par dos centros distritais de segurança social e da Santa Casa da Misericórdia de Lisboa, são consideradas instituições de enquadramento do acolhimento familiar, sendo que, nos termos do art. 14.º, é deferido às instituições um conjunto de poderes (aí considerados como "competências das instituições de enquadramento"), de que damos os seguintes exemplos:
   – o poder de selecção das famílias de acolhimento (al. a), do n.º 1, do art. 14.º);
   – o poder de fiscalizar a situação do acolhimento familiar (al. f), do n.º 1, do art. 14.º);

494   *As Instituições de Solidariedade Social*

b) a habilitação legal em matéria de adopção. O DL n.º 120/98, de 8 de Maio reconheceu ou habilitou as Instituições Particulares de Solidariedade Social a intervir como mediadoras nos procedimentos de adopção, impondo-lhe inclusivamente deveres específicos (art. 3.º);

c) habilitação legal (ou concedida com base na lei) para actuarem como organismos de segurança social. O Decreto Regulamentar n.º 17/98, de 14 de Agosto, que regulou os termos, requisitos ou condições de que depende o reconhecimento da capacidade às IPSS para intervirem como organismos da segurança social nos procedimentos de adopção, concede-lhes uma série de poderes cuja natureza pública nos parece indiscutível (ex., poderes de inscrição e selecção dos candidatos a adoptantes, decidir da confiança administrativa ou requerer a confiança judicial – arts. 2.º, 3.º, 15.º e 16.º)[744]. E refira-se que gozam de autonomia decisória – a decisão de confiança administrativa do adoptando é uma decisão própria –, como, aliás, resulta da conjugação dos artigos 3.º e 15.º. Nesta matéria estão habilitadas a exercer funções iguais às dos centros regionais de segurança social;

d) Casos de habilitação regulamentar, de que constitui exemplo o regulamento que aprova as normas reguladoras das comparticipações familiares pela utilização de serviços de apoio à família em estabelecimentos de educação pré-escolar, aprovado pelo Despacho Conjunto n.º 300/97, D. R. n.º 208, IIS, de 9-9-97, nos termos do qual as instituições ficaram habilitadas a desenvolver as regras e os princípios nele estabelecidos: "os princípios e regras estabelecidas no presente despacho serão desenvolvidos em regulamentos internos dos estabelecimentos de educação pré-escolar, aprovados pelos órgãos competentes das entidades titulares dos mesmos" (art. 12.º).

---

[744] Ao abrigo dos diplomas referidos no texto foi já reconhecida por acto administrativo constante da Portaria n.º 1021/98, de 9 de Dezembro, DR n.º 283, IS-B, capacidade para intervir como organismo de segurança social em matéria de adopção ao Refúgio Aboim Ascensão, tendo, inclusivamente, sido delimitada a sua competência territorial à área do concelho de Faro.

Os utentes/beneficiários perante as IPSS 495

e) Os arts. 22.º, n.º 2, 29.º, do DL n.º 196/97, de 31 de Julho, concediam-lhe habilitação legal para recepcionar os pedidos para a concessão de rendimento mínimo garantido.

2. O contencioso dos acordos de cooperação e de gestão. A legitimidade processual activa dos utentes/beneficiários do sistema de acção social

No n.º 1 do art. 47.º da lei de bases da segurança social de 1984 dispunha-se o seguinte: "os conflitos surgidos entre as instituições de segurança social e as instituições particulares de solidariedade social sobre a *interpretação ou a execução* de cláusulas constantes de acordos de cooperação *bem como os conflitos surgidos entre qualquer dessas instituições e os titulares de um interesse directo no cumprimento de tais cláusulas, são obrigatoriamente sujeitos a julgamento de comissões arbitrais, de cuja decisão cabe recurso para os tribunais administrativos*"[745].

Em face desta disposição, a primeira ideia a retirar é a seguinte: no âmbito da execução dos acordos de cooperação, a lei coloca em pé de igualdade, em face dos utentes, os centros distritais de segurança social e as IPSS. Os utentes ou beneficiários podem exigir das IPSS o que exigiriam dos centros distritais. A disposição em causa também não deixa de lançar uma luz sobre a natureza dos actos de execução dos contratos.

Em segundo lugar, registe-se o acolhimento legislativo de um meio que, atendendo à sua composição – um membro designado pelos centros distritais, outro pelas instituições e um terceiro elemento independente, que preside (n.º 4, da Norma XXXII, do Despacho n.º 75/92) –, assume uma natureza mista: um meio conciliatório de reso-

---

[745] Nos n.ºs 2 e 3 do mesmo art. prevê-se o seguinte: n.º 2 – a composição e o funcionamento das comissões arbitrais previstas no número anterior são reguladas por lei; n.º 3 – podem interpor recurso para os tribunais administrativos de qualquer decisão das instituições de segurança social que lese a sua autonomia ou os seus interesses, com fundamento em violação ou excesso dos poderes da tutela e fiscalização previstos na lei." O funcionamento e a composição daquelas comissões viriam a ser estabelecidas por Despacho Normativo (Despacho n.º 75/97 – Norma XXXII).

496   *As Instituições de Solidariedade Social*

lução de conflitos, mas desempenhando funções materialmente jurisdicionais. A questão submetida a esta comissão é uma "questão de direito", e sua decisão fundamenta-se em critérios jurídicos, sendo vinculativa para as partes[746]. É, pois, materialmente uma decisão de carácter jurisdicional sobre os conflitos contratuais. Aliás, a lei fala expressamente em *"obrigatoriamente sujeitos a julgamento de comissões arbitrais"*[747]. Significa isto, portanto, que se trata de uma decisão de natureza jurisdicional sobre a interpretação e sobre as acções contratuais, pelo que o recurso para os tribunais administrativos é um recurso jurisdicional e não um recurso contencioso. O que se previa na disposição citada não era, pois, uma mera tentativa de conciliação, isto é, um meio de solução amigável sobre um conflito relativo à interpretação ou execução dos acordos de cooperação[748].

Em terceiro lugar, o facto de o artigo citado ter sido revogado pela actual lei de bases não elimina tudo quanto se disse acerca destes acordos. Isto é, esta circunstância não elimina só por si a caracterização que fizémos dos acordos de cooperação: trata-se de contratos com eficácia externa, com efeitos normativos ou eficácia

---

[746] Note-se que no domínio da arbitragem voluntária, o facto de os árbitros deverem decidir ou julgar segundo o direito constituído não significa, *in limine*, que não possam julgar segundo a equidade. Aliás, a lei não proíbe tal possibilidade (art. 22.º do DL n.º 31/86, de 29 de Agosto). Contudo, o recurso à equidade envolve a renúncia aos recursos (n.º 2, do art. 29.º, do DL n.º 31/86).

[747] O utilização do advérbio "obrigatoriamente" sugere estarmos perante um caso de arbitragem necessária, pois é a lei a submeter, em especial, estes conflitos a uma comissão arbitral, tal como se prevê no art. 1.º, n.º1, do DL n.º 31/86, de 29 de Agosto: "desde que por lei especial não estejam submetidos exclusivamente a tribunal judicial ou arbitragem necessária, qualquer litígio que não respeite a direitos indisponíveis pode ser cometido pelas partes, mediante convenção de arbitragem, à decisão de árbitros". Adiante-se ainda que o modo de escolha dos árbitros e do árbitro presidente está em consonância com o disposto no art. 7.º do DL n.º 31/86, que é supletivamente aplicável à arbitragem necessária, *ex vi* art. 1528.º do CPC (vide também art. 1526.º).

[748] Refira-se que os poderes deferidos por lei à comissão arbitral ultrapassam um dos limites tradicionalmente apontados à arbitragem no domínio dos contratos administrativos, ou seja, os limites subjectivos: a arbitragem só deve valer como meio de resolução dos conflitos que se suscitem entre as partes do contrato, razão por que os conflitos que, a propósito do contrato, venham a ocorrer entre uma das partes e terceiros, terão de ser resolvidos pelos meios da justiça administrativa estadual.

regulamentar, criando para terceiros, e sem o consentimento destes, direitos (ou obrigações) ou protegendo os seus interesses[749].

De igual modo, não elimina a legitimidade processual activa de terceiros, beneficiados ou prejudicados com as cláusulas contratuais. Por isso, e não obstante a revogação daquela disposição, deve ter-se por indiscutível a legitimidade dos titulares de um interesse directo, quer no cumprimento das cláusulas contratuais, quer no caso de os seus direitos ou interesses legalmente protegidos serem atingidos pelas disposições contratuais[750].

Obviamente que os principais interessados serão os utentes ou beneficiários abrangidos pelo âmbito de aplicação da disciplina contratual. E este interesse mantém-se actual.

Por isso, a revogação da disposição citada em nada prejudica o interesse na execução das cláusulas do contrato favoráveis a terceiros. Do contrato resulta, em face de terceiros, um dever regulamentar de actuação. A acção contratual destinada a obter a condenação da entidade responsável pelo seu cumprimento será, para o efeito, o meio processual idóneo[751]. A existência de um direito de denúncia ou de queixa junto da Administração não afasta o uso deste meio processual. Assim como não o exclui a eventual responsabilidade desta naquele incumprimento. A Administração tem o dever de garantir o cumprimento dos contratos por si celebrados.

Para além disso, o incumprimento das cláusulas contratuais ofende normas com eficácia para terceiros. Estas normas, são regras de direito administrativo. Pelo que os legítimos interessados não estão impedidos de usar o meio processual administrativo adequado.

---

[749] No texto utilizamos a expressão "eficácia regulamentar", e não "natureza regulamentar", dado que o contrato pode ter esta natureza e no entanto não ser dotado daquela eficácia.

[750] Admitindo a legitimidade de terceiros nas acções sobre contratos administrativos com efeitos regulamentares, cfr. VIEIRA DE ANDRADE, *A Justiça Administrativa (Lições)*, 2.ª ed., Almedina, 1999, pág. 143, e PEDRO GONÇALVES, *A Concessão...*, págs. 371-373.

[751] Trata-se, pois, de uma acção de condenação destinada o obter a execução das cláusulas contratuais. Naturalmente que esta espécie de meio processual não impede que se faça uso de outros, quando se preencham os respectivos pressupostos. Desde logo, as acções de condenação quer por responsabilidade civil contratual, em virtude de danos causados pelo incumprimento dos contratos ou de algumas das suas cláusulas, quer por responsabilidade civil extra-contratual.

498   *As Instituições de Solidariedade Social*

Com efeito, a legitimidade dos interessados deve, no caso, ser alargada a outras situações. Será a hipótese, entre outras possíveis, de as normas contratuais violarem algum dos princípios mencionados ou ofenderem direitos sociais (já) legalmente reconhecidos e densificados. Este quadro normativo é conformador da lei contratual, condicionando a sua validade. Por isso, também nestes casos, os utentes ou beneficiários serão titulares de um interesse directo, pessoal e legítimo, desde logo contra os centros distritais de segurança social. Pelo que poderão lançar mão do meio de impugnação próprio: acções sobre a validade dos contratos (nulidade ou anulabilidade), sem excluir a eventual acção de responsabilidade civil por danos causados.

A posição por nós defendida encontra hoje acolhimento no Estatuto dos Tribunais Administrativos e Fiscais (ETAF) e no Código de Processo nos Tribunais Administrativos (CPTA), que contêm diversas disposições relativas à sujeição de actos de entes privados à jurisdicção administrativa, designadamente: as alíneas d) e i) do n.º 1 do art. 4.º do ETAF, nos termos da qual cabe à jurisdicção administrativa a "fiscalização da legalidade das normas e demais actos jurídicos praticados por sujeitos privados (...), no uso de poderes administrativos", bem como as acções sobre a "responsabilidade civil extracontratual dos sujeitos privados, aos quais seja aplicável o regime específico da responsabilidade do Estado e demais pessoas colectivas de direito público"; o n.º 3 do art. 37.º do CPTA, segundo o qual "quando, sem fundamento em acto administrativo impugnável, particulares (...) violem vínculos jurídico-administrativos decorrentes de normas, actos administrativos ou contratos (...), qualquer pessoa ou entidade cujos direitos ou interesses sejam directamente ofendidos pode pedir ao tribunal que condene os mesmos a adoptarem ou a absterem-se de certo comportamento, por forma a assegurar o cumprimento dos vínculos em causa"; e o n.º 3 do art. 100.º, que equipara a "actos administrativos os actos dirigidos à celebração de contratos do tipo previstos no n.º 1 que sejam praticados por sujeitos privados, no âmbito de um procedimento pré-contratual de direito público".

3. Os princípios do sistema de acção social como parâmetros jurídico-decisórios para os tribunais comuns

Mesmo quando a apreciação jurisdicional de todos os actos e regulamentos das IPSS fosse exclusivamente remetida para os tribunais comuns, deverão este tribunais utilizar como critério de juízo judicativo-decisório as regras e princípios atrás mencionados, incluindo o princípio da vinculação aos direitos fundamentais. Isto, por três razões: em primeiro lugar, por serem estruturantes do sistema de acção social, pelo que validade dos actos concretos ou normativos há-de ser apreciada à luz daqueles princípios e regras – os princípios jurídicos estruturantes do sistema de acção social não deixam de ser válidos só pelo facto de se poder considerar que as IPSS, no âmbito da prestação de serviços ao abrigo de contratos administrativos, actuam (exclusivamente) pela via do direito privado –; em segundo lugar, por se considerar inadmissível que utentes ou beneficiários de um e mesmo sistema – o sistema público de acção social – possam ver os seus interesses e direitos disciplinados por ordens jurídicas diferentes, conforme sejam utentes dos serviços prestados directamente pela Administração, ou dos serviços prestados por outras entidades ao abrigo de acordos de gestão ou de cooperação; em terceiro lugar, porque o facto de as regras e os princípios considerados emanarem do direito administrativo não significa que não possam ser invocados como critério jurídico das respectivas decisões. Deste modo, e independentemente da competência jurisdicional, estão sempre em causa princípios de direito administrativo, os quais se invocam como fundamento da apreciação da legalidade ou da licitude daqueles actos, isto é, como fundamento da sua fiscalização jurisdicional.

Portanto, mesmo quando as funções públicas não impliquem o exercício de poderes públicos, o Estado tem sempre sobre si o dever não só constitucional de garantir que o serviço de acção social seja prestado, mas também que o seja em condições de igualdade, universalidade, imparcialidade, transparência, etc. A Administração é obrigada a garantir a prestação do serviço nestas condições. Pelo que o serviço de acção social mesmo que prestado ao abrigo de acordos de gestão ou de cooperação, não significa o completo abandono do direito administrativo. Este também não deverá ser abandonado se a competência geral na matéria couber aos tribunais comuns.

4. Breve apreciação da competência jurisdicional sobre as IPSS canonicamente erectas – a concorrência de duas ordens jurídicas e de três foros jurisdicionais (comum, administrativo e eclesiástico). A orientação jurisprudencial. Apreciação crítica

Antes de mais, o problema nuclear aqui em causa consiste em saber a qual das jurisdições – civil ou eclesiástica – compete decidir os eventuais conflitos endoassociativos ou das instituições com os seus associados ou daquelas com os utentes.

Tal questão tem interesse porquanto perpassa transversalmente a ordem jurídica canónica e a ordem jurídica comum. Isto, quer sob o ponto de vista substantivo, quer sob a óptica jurisdicional. Está em causa a soberania do direito do Estado em face da soberania do direito da Igreja, e, consequentemente, a delimitação da soberania de ambas as ordens jurídicas.

Em segundo lugar, porque a questão reveste uma importância jurídico-constitucional não despicienda. E em três planos: num primeiro plano, está em causa saber se a ordem jurídica estadual deve ou não sofrer aqui limites no âmbito da sua aplicação em face da ordem jurídica – canónica; num segundo plano, cumpre averiguar, na sequência da resposta dada ao plano antecedente, se a ordem jurisdicional comum é ou não competente para decidir os conflitos surgidos no seio destas instituições ou na sua relação com os utentes; num terceiro plano, está em causa determinar qual a importância assumida pelos direitos fundamentais nesta matéria.

4.1. *A orientação jurisprudencial*

Este problema já foi, de algum modo, objecto de apreciação e decisão pelo STJ, pelas Relações e em 1.ª instância.

Em Acórdão 11 de Julho de 1985 (Proc. n.º 72890), o STJ, ao confirmar o Acórdão da Relação de Coimbra, de 6-11-84, fixou a seguinte jurisprudência: "as irmandades das misericórdias constituem associações da Igreja Católica, no expresso reconhecimento do artigo 49.ª do Estatuto das Instituições particulares de solidariedade social (...)." E sendo "instituições da Igreja Católica estão submetidas à tutela da autoridade eclesiástica que, no tocante às de âmbito dioce-

Os utentes/beneficiários perante as IPSS

sano, é o competente ordinário, o qual as orienta, aprova os seus corpos gerentes e os relatórios e contas anuais respectivos (art. 48.º, do referido Estatuto). Competindo ao Ordinário da diocesano, por força do normativo legal, a aprovação dos corpos gerentes das Misericórdias, caber-lhes-á também, por necessária inerência, verificar a regularidade da eleição."

Pois, " (...) sem prejuízo da tutela do Estado (...), é de entender (...) que a fiscalização da observância das referidas regras não compete às autoridades civis no caso em apreço, no qual apenas está em causa o modo como se preparou, realizou e apurou o resultado da eleição para os cargos directivos (...)", pelo que as "(...) invocadas irregularidades não se situam no campo em que se faz exercer a tutela do Estado, não se compreendendo, assim, a ingerência do poder temporal; e, finalmente, porque aqueles actos não respeitam, sequer, ao fim assistencial ou de solidariedade social que a instituição se propõe realizar, mas à sua vida interna, cuja fiscalização deverá caber, pois, ao Ordinário competente face ao que se prescreve no art. 48.º."

Deste modo, "são, assim, incompetentes os tribunais comuns para apreciar as irregularidades alegadamente verificadas na eleição dos corpos gerentes de uma Misericórdia." [752]

Refira-se ainda que o Tribunal da Relação do Porto confirmou, por Acórdão, a sentença, de 3-7-1984, emitida em 1.ª instância pelo Tribunal Cível do Porto (5.ª Vara), onde se decidiu que nas santas

---

[752] Acórdão de 11 de Julho de 1985, in *BMJ*, n.º 349, 1985, pág. 432. Refira-se que o problema de fundo baseava-se no facto de uma das listas propostas à votação para os corpos gerentes da Misericórdia incluir alguns irmãos que já tinham ocupado cargos na mesma instituição na qualidade de membros dos corpos gerentes, nos últimos dois mandatos, o que constituiria uma violação ao disposto no n.º 4.º do art. 57.º do Decreto-Lei n.º 119/83, de 25 de Fevereiro, e que o presidente da mesa da Assembleia Geral teria endossado à própria assembleia a deliberação sobre inelegibilidade daquela lista e sobre a elegibilidade dos irmãos dela constante, os quais, a serem eleitos, exerceriam um terceiro mandato consecutivo, o que violaria o n.º 3 do art. 52.º do Compromisso, e, por último, que teriam sido tomadas deliberações que não constavam da ordem de trabalhos fixada na respectiva convocatória, sem que se encontrassem presentes pelo menos 2/3 dos irmãos que as votassem, com o que seria violado o art. 62.º do Decreto-Lei n.º 119/83, conjugado com o disposto no seu n.º 2 e alínea e) do n.º 1 do art. 58.º do mesmo diploma, e ainda que teriam participado na votação pessoas que não tinham qualquer relação estatutária com a Misericórdia.

502   *As Instituições de Solidariedade Social*

casas da misericórdia não há lugar a comissões de trabalhadores, comissões sindicais ou delegados sindicais[753].

4.2. *Apreciação crítica desta jurisprudência à luz da Constituição e do Estatuto das IPSS*

Como se referiu na Parte I deste trabalho, uma das principais finalidades da reforma quinhentista consistiu, precisamente, em o poder político colocar sob a sua alçada a generalidade das instituições de assistência, confiando, por esta via, a sua administração a leigos, isto é, à responsabilidade directa dos próprios irmãos. Esta orientação ficou, como vimos, expressamente consagrada nas Ordenações.

Contudo, tal orientação não significou a eliminação total dos conflitos entre o poder civil e o poder eclesiástico, nomeadamente quanto à prestação de contas. No entanto, tais conflitos foram sempre decididos a favor do poder civil. Assim, por ex., em 1524 o Vigário Geral de Lisboa exigiu à Mesa da Misericórdia a prestação de contas de um legado assistencial. A mesa reclamou directamente para o Rei, o qual disse expressamente que o vigário não tinha competência para tomar tais contas. O mesmo ocorreu entre o Vigário Geral de Leiria e a Misericórdia Local. A Mesa recorreu para o Senado da Suplicação, que emitiu sentença favorável[754].

Assim sendo, a constituição das misericórdias e a sua gestão (actividade social, contas, legados, doações, etc.) encontravam-se sob a alçada da jurisdição civil. As Ordenações consagravam esta orientação (Ordenações Filipinas, Livro I, Título LXII). Tal situação era mesmo extensiva aos casos em que os legados ou doações se destinassem às actividades religiosas e não assistenciais. A jurisdição civil abrangia matérias que podiam ser consideradas de natureza eclesiástica. Os poderes da jurisdição eclesiástica reduziam-se ao estrito campo do culto, e mesmo assim os provedores só atenderiam os

---

[753] Cfr. MANUEL LEAL FREIRE, *As Misericórdias e as IPSS em Geral, na História, na Legislação, na Jurisprudência e na Prática Administrativa*, Elcla Editora, 1995, pág. 238.

[754] Exemplos fornecidos por JOÃO MARADO, *Natureza Jurídica das Misericórdias*, 1990, págs. 58-62

Os utentes/beneficiários perante as IPSS

representantes da Igreja ou seus visitadores com expressa e prévia licença do Rei (conforme Ordenações Filipinas, Livro I, Título LXII, § 42), Isto, não obstante a constituição das instituições também ser objecto, por regra, de consentimento dado pelas autoridades eclesiásticas.

Por sua vez, o Código Administrativo de 1940 qualificava as misericórdias como pessoas colectivas de utilidade pública administrativa, submetendo-as ao respectivo regime.

Hoje, são associações canonicamente erectas e, por prosseguirem fins de solidariedade social, são reconhecidas como instituições particulares de solidariedade social. Portanto, são associações privadas canonicamente erectas, muito embora não seja esta a doutrina oficial da Igreja Católica[755].

Mas tal qualidade jurídica – as irmandades das Misericórdias constituírem associações ou instituições da Igreja Católica – não implica a incompetência dos tribunais comuns em razão da matéria para se pronunciarem sobre as irregularidades jurídicas verificadas no processo eleitoral dos corpos gerentes, ou a inadmissibilidade, no âmbito destas instituições, do exercício de funções sindicais.

A autonomia organizatória das instituições canonicamente erectas parece ter constituído a base da retórica argumentativa do STJ para concluir pela incompetência dos tribunais comuns.

De facto, segundo cremos, a interpretação do STJ é construída a partir do art. 48.º do Estatuto das IPSS, relativo à tutela das autoridades eclesiásticas em relação a estas instituições. Artigo que, pela sua redacção, pode, como vimos (Capítulo I, da Parte II), gerar interpretações discordantes em relação ao sentido geral do Estatuto, e designadamente em relação ao texto constitucional. É que nos parece suceder com os Acórdãos citados.

Por isso, as decisões atrás referidas merecem-nos algumas reservas, mesmo sob o ponto de vista jurídico-constitucional.

---

[755] De facto, com a aprovação do novo Código de Direito Canónico, de 1983, formou-se em diversos sectores da Igreja a doutrina que considera que as Misericórdias seriam associações públicas de fiéis, o que correspondia ficarem tais instituições submetidas à tutela administrativa da Hierarquia da Igreja, pois, segundo aquele Código, só as associações privadas de fiéis estão dispensadas de tal tutela. Esta posição veio a ser oficialmente assumida por todo Episcopado na decisão do Pontifício Conselho para leigos, emitida na cidade do Vaticano, em 30 de Novembro de 1992. Cfr. MANUEL LEAL FREIRE, *ob. cit.,* pág. 225.

504   *As Instituições de Solidariedade Social*

Na verdade, a doutrina expendida em tais decisões, uma vez generalizada, significaria a pura e simples declaração de incompetência da ordem jurisdicional do Estado relativamente a estas instituições. Significaria subtrair à soberania do Estado uma categoria de entes – nas quais, como vimos, o Estado descarrega tarefas administrativas –, devolvendo-as para a inteira soberania do direito canónico e para a exclusiva jurisdição das autoridades administrativas e jurisdicionais da Igreja.

Ainda que a mencionada autonomia seja um dado reconhecido pelo Estado português através de um tratado ou convenção internacional, não é forçoso concluir de tal modo, ou pelo menos, não deveremos retirar de tal reconhecimento uma incompetência alargada dos tribunais comuns, ou até mesmo subtrair tais realidades sociológico – jurídicas à penetração do direito comum, de que é exemplo o mencionado Acórdão da Relação do Porto.

Em primeiro lugar, há razões de ordem jurídico-constitucional impeditivas de tal subtracção.

Na verdade, a organização estatutária das associações, corporações e institutos canonicamente erectos, desde que se proponham também realizar fins de solidariedade social nos mesmos termos das demais IPSS, não pode deixar ser conformada à luz de uma lei civil, embora sem prejuízo do respeito pelas particularidades próprias das normas jurídicas da Igreja, que as enformam[756]. Está em causa a liberdade de associação, o estatuto dos associados (tradicionalmente designados por irmãos, mas sem perderem o estatuto de cidadãos só pelo facto de se associarem a uma organização religiosa), as garantias orgânicas e procedimentais necessárias para assegurar o exercício

---

[756] Relembramos que as instituições da Igreja Católica que se proponham realizar fins de solidariedade social podem assumir qualquer das formas previstas no artigo 2.º do DL n.º 119/83, de 25 de Fevereiro, aplicável por força do art. 49.º do mesmo diploma. Por isso, o que se diz no texto vale, obviamente, e da mesma forma, para as demais organizações da Igreja Católica que se proponham realizar os mesmos fins das Misericórdias (designadamente, centros sociais paroquiais, caritas diocesanas e paroquiais). É claro que o problema abordado não se coloca em relação às misericórdias ou santas casas da misericórdias constituídas anteriormente à emissão do DL n.º 119/83, desde que não se tenham convertido em Irmandades canonicamente erectas, conforme se prevê nos artigos 95.º e 96.º daquele DL, termos em que continuarão a ser consideradas associações de solidariedade social constituídas exclusivamente à luz da ordem jurídica do Estado.

daquela liberdade e, portanto, os direitos fundamentais dos associados. Estão também em questão os direitos fundamentais dos trabalhadores (maxime, quando existir uma relação jurídico – laboral), o funcionamento interno e externo destas entidades, os fins das instituições, o seu estatuto jurídico – fiscal, as regalias, os privilégios, o estatuto dos respectivos utentes, etc.

Ora, tudo isto constitui um complexo ou feixe de questões cuja dignidade jurídico-constitucional nos parece inquestionável.

Em segundo lugar, a actividade prestacional realizada pelas Misericórdias, sem prejuízo da dimensão ética, moral ou mesmo espiritual assumida, em nada difere, sob o ponto de vista substancial, da mesma actividade levada a cabo por outras instituições cujos estatutos não sejam aprovados pelas autoridades eclesiásticas. Quer isto dizer que esta actividade é integralmente laica, civil ou comum. Como tal e enquanto tal deve ser integralmente sujeita ao direito comum (civil ou administrativo).

Em terceiro lugar, se tal actividade for levada a cabo em directa execução de um contrato administrativo (acordo de gestão ou de cooperação), as regras deste contrato constituem a lei aplicável, tal como sucede com as demais organizações.

Consequentemente, o financiamento das actividades desenvolvidas ao abrigo destes contratos, assim como qualquer financiamento, deve submeter-se às leis civis (gerais ou especiais) aplicáveis. Do mesmo modo, os mecanismos e instrumentos de controlo devem ser conformados pela lei comum, cabendo a respectiva competência às autoridades administrativas.

Neste âmbito, seria constitucionalmente inadmissível que uma IPSS canonicamente erecta ficasse imune ao controlo administrativo – desde logo, o controle que tem por objecto o relatório de gestão e contas das IPSS em geral (embora restrito à parte dos financiamentos públicos, como se salientou em lugar próprio). Por isso, o facto de o art. 48.º do Estatuto das IPSS reconhecer, para o efeito, competência ao ordinário da diocese não significa, ao contrário do que decorre do Acórdão citado, uma renúncia do Estado às suas competências. De outro modo, como poderia defender-se, como propugnamos, a competência do Tribunal de Contas em matéria de financiamentos públicos, ou como poderia entender-se que as demais entidades vissem os seus relatórios e contas sujeitos a visto ou a aprovação pelas autoridades administrativas, e as instituições canonicamente erectas ficassem excluídas do âmbito destes poderes só porque o art. 48.º do Estatuto das IPSS também reconhece competência nesta matéria às autoridades eclesiásticas?

Na verdade, da circunstância de o art. 48.º reconhecer competência ao ordinário da diocese para a aprovação dos corpos gerentes e do relatório e contas não pode retirar-se um princípio geral de incompetência da jurisdição comum. O que se pretende com a previsão contida naquele artigo é tão só isto: identificar uma certa autoridade da Igreja que, no âmbito desta instituição, se repute mais idónea para praticar aqueles actos.

Tudo quanto se disse em nada é prejudicado pelo artigo 44.º do DL n.º 119/83, onde se dispõe que a aplicação do presente Estatuto às instituições da igreja católica é feita com respeito pelas disposições da Concordata[757]. Pelo contrário, esta disposição vem até confirmá-lo: pois a 2.ª parte do seu artigo IV devolve para o regime estabelecido na lei civil a competência para disciplinar as organizações religiosas que se dediquem também a fins de beneficência ou assistência.

Assim, e desde logo, as instituições canonicamente erectas, para serem havidas como IPSS, terão assumir uma das formas admitidas pelo Estatuto aprovado pelo DL n.º 119/83, a saber (artigo 49.º): associações de solidariedade social; associações de voluntários de acção social; associações de socorros mútuos; fundações de solidariedade social; irmandades da misericórdia. Ora, a partir do momento em que assumam tal qualificação ou forma, os respectivos "estatutos deverão (...) conformar-se com as disposições aplicáveis" da lei que aprova o Estatuto das IPSS (art. 46.º n.º 3 do DL n.º 119/83), incluindo a submissão à tutela do Estado nos mesmos termos das demais IPSS (art. 48.º do mesmo diploma, primeira parte)[758].

---

[757] E sempre assim teria de ser em face da superioridade hierárquico – normativa dos tratados internacionais sobre a legislação interna.

[758] Com efeito, no artigo 48.º diz-se que compete ao ordinário da diocese ou à conferência Episcopal a orientação das instituições, conforme estas tenham um âmbito limitado a cada uma das dioceses ou seja extensivo ao território nacional, o mesmo se aplicando quanto à aprovação dos corpos gerentes e dos relatórios e contas anuais. Contudo, esta competência e respectivo exercício não pode, em caso algum, ser interpretada no sentido de subtrair à jurisdição do Estado (civil ou administrativa) as matérias que a Constituição lhe reserva.

Pelo que a assunção de tal qualidade não pode dispensar o cumprimento dos requisitos legalmente estabelecido pela lei comum (requisitos substantivos, organizatórios e procedimentais).

No tocante à organização interna em caso algum poderá dispensar-se a observância das regras destinadas a assegurar a regularidade de constituição dos órgãos e do seu funcionamento, tendo em conta designadamente as garantias de democraticidade, transparência e isenção. A violação sistemática destas regras pode constituir fundamento de suspensão ou destituição judicial dos seus membros.

Todos estes requisitos terão obrigatoriamente de ser objecto de verificação pelos órgãos competentes do Estado, para efeitos de inscrição no registo próprio das IPSS e consequente reconhecimento da respectiva utilidade pública, assim como os demais actos com relevância para o efeito, mesmo que supervenientes (como resulta, aliás, expressamente do artigo 11.º da Portaria n.º 778/83, de 23 Julho, que aprovou o Regulamento do Registo das Instituições Particulares de Solidariedade Social).

Do mesmo modo, no plano externo das instituições – o desenvolvimento da sua actividade e a sua relação com os utentes ou beneficiários – impõe-se também a observância das regras e dos princípios a que se fez referência. A matéria que constitui objecto da sua actividade é comum. Razão por que a competência do Estado relativamente ao actos a ela respeitantes é irrenunciável.

Portanto, sob o ponto do regime aplicável, temos de ter presentes dois dados fundamentais: se as instituições canonicamente erectas pretendem apenas prosseguir uma actividade cultual ou religiosa, a competência cabe à jurisdição eclesiástica, por se tratar de matérias religiosas que interessam à Igreja; se pretendem prosseguir uma finalidade de solidariedade social então cessa aqui, e nesta parte, aquela jurisdição (*cessante rationes legis*, *cessat lex ipsa*), para dar o seu lugar à jurisdição do Estado, civil ou administrativa, por, precisamente, se tratar de matérias (administrativas) que interessam ao Estado.

Tal constitui uma exigência constitucional indeclinável: trata-se de uma exigência do princípio da igualdade perante a Constituição e a lei; de uma exigência do princípio da separação entre o Estado e as Igrejas; e de uma exigência do princípio geral que ilumina a separação material de jurisdições – no caso, a separação entre matéria espiritual

508 *As Instituições de Solidariedade Social*

e matéria de ordem temporal, fazendo apelo, aliás, a uma distinção historicamente invocada para estes mesmos fins.

Sobre esta matéria, a posição de autores como GOMES CANOTILHO e VITAL MOREIRA é peremptória: ficam também sujeitas ao regime das IPSS as organizações e instituições religiosas que, para além dos fins religiosos, se proponham prosseguir actividades especificadas no n.º 5, do art. 63.º da CRP, isto é, se dirijam à realização dos fins que podem ser prosseguidos pelas pessoas colectivas constituídas sob a forma de IPSS[759].

No mesmo sentido vai também a opinião de BARBOSA DE MELO quando, em 1970, se pronunciou *ex professo* sobre o tema. Este autor, ao interpretar o já mencionado artigo IV da Concordata, diz expressamente que a restrição introduzida na 2.ª parte do artigo consiste em abandonar ao legislador interno a faculdade de definir, dentro de certos limites, a capacidade jurídico – patrimonial e o regime de administração de que os entes nela referidos hão-de gozar no direito português. Esses limites cifram-se, quanto à capacidade, na obrigação de equiparar em vantagens a situação deles à das pessoas civis destinadas a atingir finalidades idênticas; e, quanto à administração, em exigir que o regime a aplicar se torne efectivo através do Ordinário competente. Observados estes limites, o legislador está autorizado a decidir discricionariamente[760].

Esta equiparação da situação jurídica dos entes civis e eclesiásticos deve, pois, como, aliás, adianta o mesmo autor, ser tida como natural, dado que uns e outros colaboram na realização da mesma tarefa pública, de alto relêvo na Administração moderna, sendo, igualmente, dominados por necessidades funcionais similares, em cuja satisfação o Estado toma posição de principal interessado.

As posições defendidas encontram apoio em ordenamentos jurídicos de outros países.

É o caso de Itália, onde a liberdade religiosa encontra também expressa consagração constitucional (artigo 7.º). Neste país, desde há muito que se faz uma distinção entre actividades de natureza eclesiástica

---

[759] Cfr. J. J. GOMES CANOTILHO e VITAL MOREIRA, *Constituição da República Anotada,* 3.ª ed., 1993, comentário ao art. 63.º, pág. 339.

[760] Cfr. A. BARBOSA DE MELO, *As Pessoas Colectivas Eclesiásticas Católicas e o Artigo 161.º do Código Civil*, págs. 394-395.

Os utentes/beneficiários perante as IPSS

e actividades não eclesiásticas (distinção que é particularmente importante em relação às associações religiosas católicas – Ordini, Congregazioni –, dada a sua maior dimensão e número relativamente às demais), sendo que esta distinção decorre dos princípios gerais delimitadoras da competência entre o Estado e a Igreja, mas, e para além disso, decorre directamente do direito positivo, existindo leis que expressamente estabelecem a referida distinção, pelo menos desde a Lei n.º 848, de 27 de Maio de 1929 (art. 5.º), confirmada pelo Acordo de alteração da Concordata (art. 7.º, n.º 3), do mesmo ano. Esta mesma matéria viria a ser clarificada recentemente através do Acordo assinado com a Santa Sé, em 1984, e com a Lei n.º 222/85, sobre as instituições e bens eclesiásticos.

Destas disposições decorre que o exercício de actividades de carácter educativo, assistencial ou qualquer outro de interesse social a favor de laicos (ou leigos), por entes de natureza religiosa, civilmente reconhecidos, está sujeito às leis estaduais que estabelecem os requisitos de autorização, capacidade jurídica e a necessidade de demonstração de outros requisitos instrumentais ou operacionais necessários ao exercício de tais actividades, assim como é aos órgãos do Estado que cabe exercer o controlo sobre o desenvolvimento de tais actividades, incluindo a autorização governamental sobre aquisições imobiliárias, aceitação de legados, heranças e doações[761].

---

[761] Cfr. GIUSEPPE DALLA TORRE, *Assitenza e Beneficenza*, in *Enciclopédia Giuridica*, 1988, pág. 8. A situação referida no texto parece ter-se mantido, no essencial, mesmo depois do acordo com a santa Sé, de 18/2/84, e da Lei n.º 222/85, sobre as instituições e bens eclesiásticos. Diga-se ainda que a Concordata celebrada com o Estado Italiano, ao contrário da Concordata celebrada com o Estado Português, ressalvou até a possibilidade de o Estado emitir legislação interna que defina o âmbito da sua intervenção mesmo em relação aos entes eclesiásticos que prossigam fins de culto ou religião, e não penas em relação aos que se proponham fins de assistência. Competência que o Estado Italiano exerceu com a mencionada Lei n.º 848, de 27 de Maio de 1929 e com a lei de 20 de Maio de 1985 (art. 7.º, parág. 6.º, da Lei n.º 222/85). Depois deste regime existem fundamentalmente dois modos de constituição/reconhecimento das instituições religiosas ou de inspiração religiosa-canónica: das organizações que tenham por objecto fins sociais em geral (assistência e beneficência, instrução, educação, etc.) podem obter o reconhecimento na ordem jurídico-civil nos termos do artigo 12.º do Código Civil, aplicando-se-lhe, portanto, integralmente o regime previsto para as demais associações; para as associações que prossigam fins de culto e de religião, valem as disposições do acordo estabelecido com a Santa Sé, e o regime previsto na Lei n.º 222/85, podendo obter também personalidade jurídica civil desde que exista acordo

510   *As Instituições de Solidariedade Social*

De facto, neste aspecto não há distinção entre entes civis e entes eclesiásticos, estando ambos sujeitos ao mesmo controlo público que, em geral, abrange quer a verificação, no âmbito do processo de constituição/reconhecimento, dos fins estatutários e dos meios patrimoniais para os prosseguir (incluindo, neste último caso, as próprias associações)[762], quer a sujeição a um acto de controlo prévio (autorização), exercitado pelo governo, o qual incide sobre os negócios de aquisição onerosa ou gratuita de bens imóveis, e sobre a aceitação de heranças, legados e doações (art. 17.º, do Código Civil)[763]. Aliás, este controlo público, que abrange, como já anteriormente se referiu,

---

prévio da autoridade eclesiástica, e desde que o Presidente da República, depois de ouvido o Conselho de Estado, lhe atribua tal reconhecimento através de decreto. O reconhecimento na ordem jurídico-civil é, pois, por concessão, não havendo, por isso, qualquer desvio à regra geral consagrada no Código Civil (art. 12.º), independentemente da forma que assumam (associação ou natureza fundacional). Mesmo em relação a estas organizações, estabeleceu-se a aplicação das leis gerais do Estado em matéria de aquisição de bens, gozam de um regime fiscal análogo as instituições de beneficência e instrução, e em relação às modificações estatutárias impõe-se um procedimento análogo ao do reconhecimento na ordem jurídico-civil. Relativamente às demais Igrejas ou orientações religiosas, foram também celebrados acordos individualizados, que, salvo algumas particularidades, são também submetidas às leis estaduais, designadamente quanto à prossecução de actividades de natureza social (cfr. GRAZIAMARIA DENTE, *Les associations «religeuses» en Itália,* estudo elaborado no âmbito do programa sobre associations et religion du Cerdic, em colaboração com G. BARBERINI, tradução de MICHÈLE JARTON, in *Praxis Juridique et Religion,* 5, 1988, págs. 107-125). Neste âmbito, as instituições cujo substracto pessoal seja formado por laicos (leigos), tradicionalmente conhecidas por confrarias, ou sendo apenas patrimonial, que prossigam fins cultuais e/ou fins de assistência e beneficência, constituem um caso particular. A Lei n.º 6972, de 1890, equiparou estas confrarias ou instituições de assistência e beneficência, de origem privada, às entidades públicas, transformando-as em instituições públicas de assistência e beneficência (I.P.A.B.) – o regime jurídico foi equiparado aos das entidades públicas, por ex., em matéria de obrigações de prossecução do fins públicos, de controle administrativo de actos e de gestão, etc. Nestas instituições, os fins cultuais são da exclusiva jurisdição das autoridades eclesiásticas, quanto ao resto a competência cabe exclusivamente às autoridades civis. No final da década de 80, com uma decisão da Corte Constitucional, os artigos daquela lei (artigo 1.º), que havíam publicizado estas instituições, declarando a sua natureza pública, foram considerados constitucionalmente ilegítimos: Cfr. LEONARDO FERRARA, *ob. cit.,* págs. 446 e segs.

[762] O elemento patrimonial não é essencial para a existência de uma associação, mas é indispensável para o seu reconhecimento, exigindo-se uma avaliação prévia do património afecto à realização dos fins prosseguidos pelas associações (art. 16.º do Código Civil).

[763] Tais limitações devem configurar-se como verdadeiras restrições à liberdade de associação consagrada no artigo 18.º da Constituição Italiana.

toda a espécie de entes morais sem escopo lucrativo (produtivo ou económico), tem, precisamente, as suas raízes ligadas aos entes eclesiásticos, que, no ano de 1850, com a legge Siccardi, viram o seu poder de disposição patrimonial limitado[764].

Naturalmente que sendo o direito estadual a disciplinar tais matérias, a competência administrativa e jurisdicional para dirimir os eventuais conflitos pertencerá ao próprio Estado.

Portanto, e em conclusão, se as entidades canonicamente erectas se constituem para prosseguir objectivos sociais, se funcionam no âmbito do sistema de acção social, se fazem parte de uma rede social, e se auferem por isso do reconhecimento, apoio e protecção estadual, não vemos razões para que as instituições não devam obedecer aos requisitos das restantes IPSS, incluindo a sua sujeição à jurisdição comum.

Nesta parte, as IPSS canonicamente erectas não podem furtar-se à aplicação do regime comum com o pretexto de serem associações religiosas, pois são associações ou fundações semelhantes às outras. Por isso, se pretenderem auferir da qualidade de IPSS, adquirindo automaticamente o estatuto de utilidade pública, com todas as consequências legais que daí advêm, então não poderão ser dispensadas dos requisitos que lei estabelece para o efeito. As IPSS canonicamente erectas (como qualquer outra associação religiosa) devem, nesta parte, funcionar perante o Estado como qualquer IPSS.

Deste modo, devem ser garantidos, sob o ponto de vista organizatório e funcional, os requisitos e as exigências que o próprio Estado impõe às outras IPSS[765]; os direito e deveres dos associados; os direitos e interesses dos beneficiários ou utentes; e devem ser reconhecidos e garantidos os direitos laborais e sindicais dos colaboradores/trabalhadores. A competência jurisdicional sobre esta matéria cabe naturalmente aos tribunais comuns. Isto, sob pena de também nestas paragens se tentar criar uma espécie de "acção social concor-

---

[764] Cfr. FRANCESCO GALGANO, *ob. cit.*, págs. 107-140, e G. PESCATORE e C. RUPERTO, *ob. cit.*, págs. 90-91.

[765] Sem prejuízo, repita-se, do respeito pelas particularidades das normas jurídicas da Igreja, que regem as instituições em causa. Mas uma coisa é o respeito por estas normas, outra bem diferente está em saber se as instituições, no âmbito da sua organização, devem também observar os requisitos organizatórios que a lei civil prevê para as IPSS.

datária"[766], em que haja a tentação de fazer valer o princípio da equiparação apenas ao nível do financiamento público, privilégios, regalias, isenções, funcionando tudo o resto à margem de qualquer controlo público, administrativo ou jurisdicional.

Deste modo, e quanto à repartição de competências jurisdicionais sobre as IPSS canonicamente erectas temos dois níveis de jurisdição competentes: a jurisdição eclesiástica da Igreja Católica e a jurisdição do Estado, sendo que nesta última a competência poderá, eventualmente, ser repartida entre a jurisdição civil e a administrativa, tudo dependendo da natureza dos poderes concretamente exercidos pelas pessoas colectivas em causa[767].

---

[766] Adaptamos aqui a expressão usada por VITAL MOREIRA no Jornal "O Público", do dia 13-4-2000, em artigo intitulado "A ficção do "ensino concordatário".

[767] Sobre a matéria tratada no texto, registamos com agrado a evolução jurisprudencial entretanto verificada, sendo disso exemplo o Acórdão do Tribunal Constitucional n.º 268/04, os Acórdãos do STJ de 17-5-05, emitido no Proc. n.º 5B116, de 26-4-07, emitido no Proc. n.º 7B723, e os Acórdãos do Tribunal da Relação do Porto de 12-12-2002, emitido no Proc. n.º 230934, de 5-5-2005, emitido no Proc. n.º 532475, de 5-6-2006, emitido no Proc. n.º 653050, e de 27-5-2009, emitido no Proc. n.º 8125340.

CAPÍTULO VII

As IPSS e as outras instituições particulares de interesse público

1. Os principais traços autonomizadores das IPSS em relação às outras instituições particulares de interesse público

Estamos agora em condições para destacar as características mais marcantes do regime jurídico das IPSS. Este regime confere às IPSS uma configuração especial que as distingue das congéneres pessoas colectivas de mera utilidade pública. Assim:

a) constituem-se para prosseguir fins específicos de solidariedade social expressamente especificados na Constituição ou na lei, embora também possam prosseguir secundariamente fins de interesse geral;

b) são declaradas de utilidade pública logo em seguida ao acto da sua constituição;

c) a cooperação com a Administração processa-se a um nível organizado ou formalizado, não sendo meramente pontual ou ocasional;

d) as relações com a Administração são caracterizadas pela continuidade, permanência e estabilidade no tempo (trata-se de uma nota histórica);

e) através da cooperação participam na execução de tarefas administrativas, seja por delegação directa da Administração, seja por acordos de vinculação ao sistema público de acção social;

f) a delegação de tarefas públicas também pode resultar directamente da lei ou de acto administrativo;

g) para o efeito gozam de um sistema de credenciação específico, que lhe fornece uma habilitação originária e genérica para participar na execução de tarefas administrativas, podendo, inclusivamente, aquela habilitação funcionar como uma espécie de atribuição de exercício obrigatório para determinadas instituições (caso das associações de voluntários de acção social que se constituem para assumirem responsabilidades próprias de entidades públicas e de outras entidades);

h) a sua participação passa também pela presença, cada vez mais frequente, em órgãos públicos de gestão política e administrativa da acção social;

i) gozam de diversas prerrogativas públicas ou de poderes públicos e a sua investidura no gozo destes poderes é cada vez mais frequente, gozando, inclusivamente, de poderes de regulação, embora quase sempre ilegalmente por ausência de fundamento legal;

j) encontram-se sujeitas ao CPA, e os seus actos individuais e concretos ou regulamentares, quando praticados no exercício de poderes públicos, podem ser impugnados nos tribunais administrativos;

l) enquanto participantes no sistema público de acção social encontram-se sujeitas a vinculações jurídico-públicas, em geral mais extensas (e intensas) do aquelas a que se encontram sujeitas as congéneres instituições particulares de interesse público;

m) mas as vinculações de natureza jurídico-pública encontram--se, desde logo, presentes no seu regime estatutário, que é transversalmente caracterizado por requisitos organizatórios e funcionais de natureza administrativa (regime de organização e funcionamento dos órgãos é claramente mais exigente do que o regime geral, envolvendo claros e extensos aspectos jurídico-administrativos, tendo fundamentalmente por objectivo fornecer garantias de transparência, publicidade, isenção e de imparcialidade no exercício da actividade);

n) o regime administrativo marca também a génese das instituições, e as causas da suspensão e destituição dos membros dos seus órgãos, assim como a extinção das instituições e a sucessão nos seus bens e obrigações (obrigações por elas assumidas especialmente perante os beneficiários);

As IPSS e as outras instituições particulares de interesse público   515

o) os interesses e direitos dos beneficiários prevalecem sobre os da instituição, associados e fundador, e em nome da protecção dos direitos e interesses dos beneficiários o Estado pode, em certas condições, requisitar os bens das instituições para serviços oficiais ou para outras instituições que realizem serviços semelhantes, e o destino dos bens das instituições extintas encontra-se legalmente vinculados à satisfação daqueles interesses – reversão a favor de instituições análogas ou de entidades públicas que prossigam os mesmo fins (característica esta que é tradicional no regime das pessoas colectivas de utilidade pública administrativa);

p) este facto revela que o objecto de actividade normal e predominante das IPSS (designadamente, das IPSS que actuam na área da acção social) é a satisfação de interesses da colectividade;

q) por isso, auferem de um financiamento público substancial e regular, que provém de transferências directas do orçamento da segurança social;

r) daí que a sua sujeição ao Tribunal de Contas surja, no âmbito do financiamento público, como natural;

s) e os poderes de controlo estadual sejam vários, de diversa natureza e particularmente intensos, designadamente se comparados com os que o Estado detém e exerce em relação a algumas categorias de instituições públicas (por exemplo, as associações públicas), sendo que o Estado pode intervir para salvaguardar os seus próprios interesses (tem legitimidade para interpor providências cautelares para, por exemplo, salvaguardar os bens das instituições adquiridos integralmente com financiamentos públicos). E no domínio das instituições vocacionadas para os regimes de segurança social, os poderes do Estado aproximam-se, em alguns casos, do tradicional poder de superintendência, senão mesmo do poder de direcção, podendo inclusive emanar determinações concretas e específicas. Assim sucede pelo menos com as associações mutualistas;

Estas particularidades do regime das IPSS em relação ao regime geral das instituições particulares de interesse público autonomiza-as claramente de uma das espécies do género – as designadas pessoas colectivas de mera utilidade pública, também ditas pessoas colectivas de utilidade pública "stricto sensu", e lança a legitima interrogação acerca da sua distinção em relação às pessoas colectivas de utilidade pública administrativa.

De facto, a relevância da actividade das IPSS para o Estado-colectividade não é menor hoje do que no passado, quando eram consideradas pessoas colectivas de utilidade pública administrativa, havendo até razões materiais que abonam a favor da sua valorização em virtude do novo contexto jurídico-constitucional em que se inserem – o Estado de direito social –, e, para além disso, também elas acabam por se substituir ao próprio Estado, colmatando as suas omissões ou lacunas, através da prossecução de fins específicos de solidariedade social e não apenas fins de interesse geral.

Por isso, neste último caso, o reconhecimento de estatutos jurídicos diferenciados resultará sobretudo de opções político-legislativas, por o legislador considerar mais oportuno ou conveniente a prossecução de certas actividades por determinadas pessoas colectivas privadas, submetendo-as, desde logo, a um regime estatutário mais apertado. A habilitação legal para o exercício de tarefas administrativas implica a imediata sujeição das instituições a um regime jurídico de natureza administrativa mais intenso, enquanto que nas IPSS a aplicação deste regime (regime administrativo mais intenso) fica condicionado a actos posterior de habilitação específica – habilitação legal ou por acto administrativo (cada vez mais frequentes, como vimos) e habilitação contratual.

SÍNTESE CONCLUSIVA

O trabalho que nos propusémos elaborar teve por preocupação nuclear o estudo do estatuto jurídico das IPSS. Neste estudo privilegiámos, sobretudo, a relevância que, para o Direito Administrativo, assume um determinado tipo destas instituições – as instituições constituídas com o fim de servir a colectividade ou a comunidade em geral. Contudo, as conclusões não deixam também de ser válidas para as demais instituições, designadamente quando cumulem a satisfação dos interesses dos associados ou cooperadores com a prestação de serviços a não membros.

Nesta breve conclusão é nosso propósito sintetizar as principais ideias que fomos formulando ao longo do trabalho, sendo que as mesmas terão de ser compreendidas à luz do ramo do direito mobilizado naquele estudo – o Direito Administrativo –, sob pena de, eventualmente, perderem parte do seu significado.

Assim, registamos do seguinte modo aquelas ideias:

1.º As IPSS são instituições privadas, constituídas ou fundadas por particulares, que, sem fins lucrativos, prosseguem fins específicos de solidariedade social previstos na Constituição ou na lei;

2.º A sua origem remonta, entre nós, às instituições criadas com finalidades sociais durante ao período da fundação da nacionalidade;

3.º A relevância destas instituições para o poder político é contemporânea da afirmação progressiva deste poder;

4.º Por isso, ainda durante a Época Medieval, os reis interferem no domínio da assistência, adoptando medidas de protecção dos fracos, autorizando, fomentando e participando na constituição destas instituições. Este aspecto tornava as instituições de assistência um centro privilegiado de disputa entre o poder temporal e o poder espiritual;

5.º Na época de Quinhentos, a assistência social é assumida pelo poder político como um bem ou um projecto colectivo que ao poder central cabe planear e controlar a sua prossecução. O processo de secularização da assistência social consolida-se definitivamente;

6.º Para a concretização desta intenção reformadora, o poder político empenha-se na mobilização das diversas forças sociais e religiosas, reorganiza os serviços existentes e cria elepróprio serviços;

7.º A administração ou a gestão dos estabelecimentos directamente fundados pelo poder central vem a ser entregue às instituições particulares, primeiro a algumas ordens religiosas e mais tarde às misericórdias. Os hospitais fundados pelo poder central constituem o exemplo mais elucidativo. Este processo haveria de terminar com a devolução às misericórdias, ao longo do século XVI, dos poder de "administração e governança" de todos os hospitais existentes;

8.º Estas entidades, cuja criação envolveu o directo empenho do poder central, vão constituir o modelo institucional privilegiado de concretização do projecto colectivo de reforma da assistência. O seu modelo estatutário generalizar-se-ia às demais instituições;

9.º O poder político regulamenta e autoriza a constituição destas entidades, fiscaliza o seu funcionamento, e nos momentos de crise intervém directamente na sua gestão. O conjunto de poderes que aí vemos normativamente consagrados vem mais tarde a ser adoptado pelos Códigos Administrativos de oitocentos como poderes integrantes do conceito de tutela administrativa;

10.º Mas para além disso, o poder político concede benefícios, isenções e prerrogativas públicas diversas, incluindo a concessão de poderes típicos da Administração da época;

11.º Por isso, também neste sector se pode concluir que a realização de interesses públicos e o exercício de funções administrativas por particulares tem raízes profundas no nosso direito;

12.º Assim como tem raízes profundas os conceitos posteriores de "corporações administrativas", "pessoas colectivas de utilidade pública administrativa" ou tão só de "pessoas colectivas de utilidade pública";

13.º Na Época Liberal as instituições não escapam à "concepção unitária, monolítica e centralizadora da Administração Pública" (VITAL MOREIRA), sendo objecto de uma interferência indiscriminada dos poderes públicos, que levou ou à sua estatização ou à sua redução

Síntese conclusiva 519

a elementos da organização administrativa. Aliás, os corpos intermédios ou se inseriam naquela concepção ou seriam eliminados;

14.º Contudo, tal não significou uma insensibilidade do poder político liberal em relação às questões sociais. O reconhecimento constitucional da importância das instituições de caridade e a oficialização da assistência são disso exemplo. O surgimento da assistência social como serviço público da Época Moderna tem aqui as suas raízes mais imediatas;

15.º No regime corporativo do Estado Novo procedeu-se a um aperfeiçoamento dos mecanismos de regulação e controlo sobre as instituições particulares de assistência, que haviam sido instituídos na época anterior;

16.º A integração das instituições na Administração Pública tinha directo fundamento constitucional; a lei limitava-se a estabelecer o seu regime, o qual contemplava o exercício de poderes típicos de tutela, superintendência e de direcção;

17.º A supletividade do Estado constitui o princípio orientador da "política social" do regime corporativo – a prossecução de fins de assistência social é uma "competência natural" dos organismos da sociedade;

18.º Com a Constituição de 1976 é inaugurada uma nova fase na vida das instituições. A Constituição impõe a reformulação do seu estatuto, dando origem à criação de uma nova categoria de pessoas colectivas – as instituições privadas de solidariedade social, hoje instituições particulares de solidariedade social;

19.º Estas instituições, que podem assumir diversas formas, prosseguem fins específicos de solidariedade social previstos na Constituição ou na lei;

20.º O seu estatuto jurídico, sem embargo dos inegáveis méritos, sofre de imperfeições e ambiguidades, para além ser inconstitucional sob o ponto de vista formal e de conter algumas normas que, sob o ponto de vista material, são de duvidosa constitucionalidade;

21.º Especificamente em relação às fundações, a previsão constitucional e legal dos fins de solidariedade social leva a uma redução no espaço de discricionaridade administrativa do acto do seu reconhecimento, para além de que é legítimo defender a dignidade constitucional do direito de constituir fundações;

22.º No âmbito daquele estatuto, o instituto do registo desempenha uma função de controlo e uma função credenciadora genérica, habilitando as instituições a celebrar acordos de cooperação e de gestão com as entidades públicas, e permite ainda a declaração da sua utilidade pública;

23.º Por sua vez, a compreensão do estatuto e da relevância das IPSS tem de ser integrada no novo contexto constitucional – o princípio do Estado social implica a consideração da acção social (fórmula substitutiva da anterior assistência social) como tarefa pública estadual;

24.º No entanto, as IPSS continuam a assumir o principal papel na prestação de serviços de acção social – a Administração confia também nestas instituições a execução das suas próprias tarefas;

25.º Para o efeito, a cooperação é eleita como modelo regulador da relação entre o Estado e as instituições – os acordos de gestão e os acordos de cooperação constituem os seus instrumentos jurídicos disciplinadores;

26.º Através destes acordos, que qualificamos como contratos administrativos, a Administração delega nas IPSS a gestão de estabelecimentos, a execução de tarefas da sua directa responsabilidades e associa-as também à execução das suas próprias tarefas, apoiando ainda financeiramente, e em certos termos, a actividade assim desenvolvida;

27.º A admissibilidade constitucional da cooperação como modelo de gestão da acção social só é legítima desde que observados certos limites – o princípio da subsidariedade não pode ser convertido num instrumento de desresponsabilização da Administração;

28.º Através da cooperação, as IPSS são também investidas, embora na generalidade dos casos ilegitimamente, no exercício de poderes de autoridade, que as mesmas exercem pela via regulamentar ou por actos individuais e concretos;

29.º Mas a habilitação legal ou por acto administrativo para o desempenho de tarefas públicas é cada vez mais frequente;

30.º Por isso, defendemos a sujeição das IPSS ao CPA e à jurisdição administrativa;

31.º No contexto da repartição das competências jurisdicionais assumem especial relevo as organizações canonicamente erectas. A orientação jurisprudencial dominante acaba por remeter em bloco estas instituições para a jurisdição eclesiástica. Contudo, entendemos

Síntese conclusiva 521

que tal remissão é inconstitucional – as organizações da Igreja Católica, enquanto IPSS, são organizações do direito comum, e é à luz deste direito e das suas autoridades competentes que devem ser apreciadas as eventuais irregularidades e decididos os eventuais conflitos internos e externos que relevem daquele direito;

32.º Em virtude do largo apoio financeiro público de que auferem, as instituições encontram-se também sujeitas a fiscalização sucessiva e concomitante do Tribunal de Contas;

33.º Por sua vez, a adopção do modelo de cooperação como instrumento de gestão da acção social tem como consequência a inserção das instituições no sistema público de acção social, enquanto instrumento de efectivação dos direitos sociais. Trata-se de uma integração funcional e não orgânica – a concepção organicista deverá ser aqui substituída por uma concepção organizacional ou funcional;

34.º E tem ainda como consequência a vinculação das IPSS ao conjunto de princípios estruturantes daquele sistema, de forma a assegurar a sua unidade e vocação teleológica – a efectivação dos direitos sociais;

35.º O controlo administrativo sobre as instituições surge, neste contexto, como uma decorrência natural, e o seu âmbito não se limita à verificação da legalidade, abrangendo também aspectos técnicos relativos à eficiência económico-financeira;

36.º A integral compreensão dos poderes de controlo da Administração sobre as instituições não é de todo possível através da utilização das categorias tradicionais, reclamando, antes, uma nova concepção das relações entre a Administração e as organizações sem fins lucrativos (ou pelo menos determinadas organizações desta categoria);

37.º Por isso, defendemos a sua compreensão no contexto de uma relação jurídica especial e complexa – a relação jurídica administrativa de cooperação entre o Estado e as organizações do sector privado sem fins lucrativos;

38.º A dimensão e a relevância económico-social, de dimensão universal, destas organizações justifica não só a autonomização de um sector com identidade própria e autónomo em relação aos sectores tradicionais – sector público e sector privado –, assim como um novo quadro regulador daquela relação;

39.º Por isso, e atendendo às especiais características destas organizações, julgamos que o facto de virem a desenvolver cada vez mais tarefas que a Administração assumiu como suas também não é integralmente compreendido através do conceito de privatização, não obstante a sua polissemia – o Estado não aliena a titularidade, a responsabilidade pela gestão dos serviços, a regulação e o controlo da respectiva execução;

40.º De facto, a cooperação entre as organizações do terceiro sector e a Administração, designadamente nos domínios da educação, assistencial social e saúde, assume uma dimensão multifuncional – a Administração fomenta, estimula e financia a actividade daquelas instituições, delegando-lhe simultaneamente a execução das suas próprias tarefas; por sua vez, as instituições, através da cooperação, realizam os seus próprios fins, os quais são comuns ou coincidentes com os prosseguidos pela Administração;

41.º O fenómeno terá uma compreensão mais adequada através da fórmula que designámos por terceirização – no caso, terceirização da acção social –, enquanto termo que traduz a especial participação de determinadas organizações do sector privado não lucrativo na execução de tarefas públicas, sendo que o quadro regulador desta participação é moldado através de instrumentos de cooperação celebrados entre a Administração e aquelas organizações, o que justificará a autonomização específica, neste âmbito, de um tipo de contratos administrativos – contratos de cooperação entre a Administração e as organizações do sector privado não lucrativo.

BIBLIOGRAFIA

ABREU, J. M. Coutinho de – *Curso de Direito Comercial*, vol. I, Almedina, 1999, e vol. II (inédito)
– *Da Empresarialidade – As Empresas no Direito,* Almedina, Coimbra, 1996
ALFANDARI, Elie – *Action et aide sociales,* 4.ª ed., 1989
– *Les Associations et Fondations en Europe – Régime Juridique et Fiscal,* Editions Juiris Service, 1990
ALMEIDA, André Ferrand de – *História de Portugal – No Alvorecer da Modernidade* (obra elaborada sob a direcção de José Mattoso), Editorial Estampa
ALMEIDA, António Ribeiro da Costa – *Elementos de Direito Público e Administrativo Portuguez,* Livraria Portuense, 1885
ALMEIDA, Fortunato de – *História da Igreja,* Coimbra 1915, Tomo II
AMORIM, J. Pacheco de – *Código do Procedimento Administrativo Anotado,* 2.ª ed., Almedina, 1997
ALPA, Guido – *Nuove frontiere del modello associativo,* in *RTDPC,* ano XL, 1986
AMARAL, Diogo Freitas do – *Curso de Direito Administrativo,* 2.ª ed., vol. I, Almedina, Coimbra-1996
– *Direito Administrativo,* vols. II, III, IV, Lisboa, 1989, policopiadas
ANDRADE, José Carlos Vieira de – *Direito Administrativo, Sumários ao Curso de 1995/96*
– *Interesse Público,* in *DJAP,* vol. V, 1993
– *Os Direito Fundamentais na Constituição Portuguesa de 1976,* Almedina, Coimbra, 1987
– *Autonomia Regulamentar e Reserva de Lei. Algumas reflexões acerca da admissibilidade de regulamentos das autarquias locais em matéria de direitos, liberdades e garantias,* in *Estudos em Homenagem ao Prof. Doutor Afonso Rodrigues Queiró, BFD,* n.º especial, Coimbra 1984
– *Grupos de interesses, pluralismo e unidade política,* in *BFD,* supl. XX, 1973
– *O ordenamento jurídico administrativo português,* in *Contencioso Administrativo,* Braga, 1986
– *Os direitos fundamentais nas relações entre particulares,* in (Gabinete de) *Documentação e Direito Comparado,* 1981, 243-244
– *A Justiça Administrativa (Lições),* 2.ª ed., Almedina, 1999
– *Supletividade do Estado e Desenvolvimento,* in *Gaudium et Spes* (separata), edição Rei dos Livros, 1988
– *As Novas Regras da Actividade Administrativa,* CEFA, 1993
ANDRADE, Manuel de – *Teoria Geral da Relação Jurídica,* vol. I e II, Coimbra, 1983,

524   *As Instituições de Solidariedade Social*

ARCHAMBAULT, Edith – *Le secteur sans but lucratif dans le monde,* in *Une seule solution, l'association? Socio-économie du fait associatif, La Revue du M.A.U.S.S.,* n.º 11, 1.º semestre, 1998,
  – *Le Secteur Sans But Lucratif, Associations et Fondations en France,* Ed. Economica, 1996

ARCHIBUGI, Franco/KOENIG-ARCHIBUGI, Mathias – *L'arte dell'associazione, Saggio su una prospettiva sindicale per il terzo settore,* Edizione lavoro, 1998,

ARCHINBAUD, Aline – *Financiamento da Economia Social,* in *Terceira Conferência Europeia de Economia Socia*l, publicação do Instituto "António Sérgio" do Sector Cooperativo, vol. IV, 1992

ARIÑO, Gaspar – *Economia y Estado. Crisis y reforma del sector público,* Marcial Pons, 1993

AUDIBERT, Jacques – *Contribuition à L'E tude des Relations entre les Associations et L'Administration,* in *RDPSP,* ano 94

BADURA, Peter – *L'Administration Allemande après la Réunificactin, Le cadre constitutionnel,* in *RFAP,* n.º 78, 1996

BANI, Elisabetta – *Il mercato della solidarietà : servizi di interesse collettivo, imprese sociali e «volontariato»* , in *Diritto Pubblico dell' Economia (* a cura di Mauro Giusti), CEDAM, 1994

BARBETTA, Gian Paolo/RANCI, Constanzo – *Terzo settore e nuova politiche sociali: il caso italiano,* in *Terzo settore, stato e mercato nella transformazione delle plitiche sociali in europa* (a cura di Giovanna Rossi*),* Tipomanza, Milano, 1997

BARKER, A. – *Los servicios públicos en Europa,* trad. Esp., Barcelona, 1948.

BARROS, Carlos Pestana – *O financiamento da acção social em Portugal,* in *As Instituições Não-Lucrativas e a Acção Social em Portugal,* Editora Vulgata, Lisboa, 1997

BARROS, Carlos Pestana/SANTOS, J. C. Gomes – *As Fundações Portuguesas,* Editora Vulgata, 2000

BARROS, Gama – *História da Administração Pública em Portugal nos Séculos XII a XV,* Tomo II

BASTO, A. Magalhães – *A Santa Casa da Misericórdia do Porto,* Porto-1934

BAUER, Rudolph – *Il terzo settore e el nuove politiche social in Germania: uno studio di caso (*tradução para italiano de Lucia Boccacin), in *Terzo settore, stato e mercato nella transformazione delle plitiche sociali in europa* (a cura di Giovanna Rossi), Tipomanza, Milano, 1997

BELEZA, Leonor/SOUSA, Teixeira de, *Direito de Associação e Associações,* in *Estudos Sobre a Constituição,* 3.º vol., Lisboa, Liv. Petrony

BERTI, Giorgio – *Associazione tra publico e privato,* in *JUS, Rivista di scienze giuridiche,* 2, ano XLI, Maio-Agosto, 1994

BETHENCOURT, Francisco – *História de Portugal (*sob a direcção de José Mattoso), vol. III

BIGOTTE, J. Quelhas – *A Situação Jurídica das Misericórdias Portuguesas,* Tese de Doutoramento em Direito Canónico, 1959
  – *As Misericórdias Portuguesas são Associações Privadas de Fiéis Cristãos,* 1989

BIROU, Alain – *Solidariedade,* in *Dicionário de Ciências Sociais,* Círculo de Leitores, 1988, págs. 295-296

BOBBIO, Noberto – *Le Contrat Social, Aujourd'hui, in Le Public e le Privê, Actes du Congrès – Vénise,* de 1978, Roma, Instituto di Studi del Filosofici, 1979

Bibliografia 525

BORGETTO, Michel/LAFORE, Robert – *Droit de L'Aide et de L'Action Sociales*, Montchrestien, 1996
– *Le Rôle des associations privées dans la vie administrative*, in *AJDA*, n.º 3, 1980
BRANCHO, M.ª del Carmen Alemán – *Régimen Jurídico de los Serviços Sociales en España*, in *Administración Social: Serviços de Bienestar Social*, obra colectiva, Siglo Veintiuno Editores (sem data)
– BRITO CORREIA, L. – *Cooperativa*, in *Polis, Enciclopédia Verbo da Sociedade e do Estado*, 1
CAETANO, Marcello, *História do Direito Português – Fontes-Direito Público, (1140-1495)*, 3.ª ed., Editorial Verbo
– *Das Fundações, Subsídios para Interpretação e Reforma da Legislação Portuguesa*, in *Colecção Jurídica Portuguesa*, Edições Ática, 1961
– *Manual de Direito Administrativo*, vol. I, 8.ª ed., Coimbra Editora, 1968
– *Manual de Direito Administrativo*, vol. II, 8.ª ed., Coimbra Editora, 1969
– *Manual de Direito Administrativo*, vol. I, 10.ª ed., Almedina, Coimbra, 1997
– *Manual de Direito Administrativo*, vol. II, 10.ª ed., Almedina, Coimbra, 1991
– *Corporações Administrativas – Notas sobre o seu conceito e regime jurídico*, in *O Direito*, ano 66.º, n.º 2, Fevereiro de 1934
– *As pessoas colectivas no Código de 1867,* in *O Direito*, ano XCIX, 1967
– *Parecer da Câmara Corporativa sobre a Proposta de Lei que aprovou o Estatuto da Assistência Social* – Lei n.º 1998, de 15 de Maio de 1944, in *BAS*, n.º 11 – Janeiro – 1944
CANOTILHO, J. J. Gomes – *Constituição Dirigente e Vinculação do Legislador*, Coimbra Editora, 1982
– *Direito Constitucional*, Almedina, 4.ª, ed., 1986
– *Direito Constitucional e Teoria da Constituição*, Almedina – 1998
– *Procedimento Administrativo e Defesa do Ambiente*, in *RLJ*, ano 23, n.º 3794, 1990, págs. 134-137, n.º 3795, págs. 168-169, e n.º 3798,
CANOTILHO, J. J. Gomes/MOREIRA, Vital – *Constituição da República Portuguesa Anotada*, 2.ª ed., vol. I, Coimbra Editora, 1984
– *Constituição da República Portuguesa Anotada*, 2.ª ed., 1.º vol., Coimbra Editora, 1984
– *Fundamentos da Constituição*, Coimbra Editora, 1991
CARDONA, Maria Celeste/SANTOS, José C. Gomes – *Apoio Fiscal do Estado às Instituições de Solidariedade Social*, in *As Instituições Não-Lucrativas e a Acção Social em Portugal*, Editora Vulgata, 1997
CARNEIRO, Bernardino da Silva – *Elementos do Direito Eclesiástico Português*, Coimbra 1896.
CARVALHO, Orlando de – *Teoria Geral do Direito Civil. Sumários*, Centelha, Coimbra, 1981
– *Para um Novo Paradigma Interpretativo: O Projecto Social Global*, in *BFDC*, vol. LXXIII, 1997
CASTRO, Catarina Sarmento e – *A Questão das Polícias Municipais*, Coimbra, 2000
CAUPERS, João – *Direito Administrativo I*, Guia de Estudo, Noticias Editorial, 4.ª ed., 1999
– *Introdução ao Direito Administrativo*, Âncora Editora, 2000
– *As fundações e as associações públicas de direito privado (inédito)*, Comunicação ao IV Colóquio Luso-Espanhol de Direito Administrativo, subordinado ao tema: "Os caminhos da privatização da Administração Pública", realizado em Coimbra nos dias 6 e 7 de Abril de 2000
– *A Administração Periférica do Estado, Estudo de Ciência da Administração*, Aequitas, Editorial Noticias, 1994

526   *As Instituições de Solidariedade Social*

CHAPUS, René – *Droit Administratif Général*, Tomo I, Paris, 1992
CHEVALIER, Jacques – *L'Association entre Public et Privé*, in *RDPSP*, n.º 224, ano 97.º, 1981
– *Les Politiques de Déréglementation*, in *Les Déréglementations*, Etude comparative, Edição Económica, 1998
– *Sciencie Administrative*, Paris, 1986
CHEVALLIER, Jacques e LOSCHAK, Danièle – *A Ciência Administrativa* (tradução portuguesa de Cascais Franco), Publicações Europa-América, 1980
CHIAVENATO, Idalberto – *Introdução à Teoria Geral da Administração*, Makron Books, 4.ª ed., 1993
COELHO, Simone de Castro Tavares – *Terceiro Setor, Um Estudo Comparado entre o Brasil e Estados Unidos*, Editora Senac, São Paulo, 2000
COLLAÇO, J. M. T. de Magalhães – *Direito Administrativo*, 2.ª ed., Imprensa do Norte, Porto, 1924, Lições coligidas por Carlos A. L. Moreira
COLLADO, Pedro Escribano – *El usuario ante los serviços publicos: precisiones acerca de su situacion juridica*, in *RAP*, 82, Jan.-Abril, 1977
COMA, Martín Bassols – *Consideraciones sobre los convenios de colaboracion de la administracion con los particulares para el fomento de actividades economicas privadas de interes publico*, in *RAP*, 82, Enero-Abril, ano 1977
Comité Económico e Social das Comunidades Europeias – *Les organizations coopératives, mutualistes et associatives dans la Communauté européenne*, Bruxelas, Editions Delta, 1986
CORDEIRO, A. Menezes – *O Levantamento da Personalidade Colectiva no Direito Civil e Comercial*, Almedina, 2000
– *Da Abertura de Concurso para a Celebração de um Contrato no Direito Privado*, in *BMJ*, n.º 369, 1987
CORREIA, A. Ferrer, – *Le régime juridique des fondations privées, culturelles et scientifiques*, in BFDUC, vol. XLVI, 1970
CORREIA, Fernando Alves – *Do Ombudsman ao Provedor de Justiça*, in *Estudos em homenagem ao J. J. Teixeira Ribeiro*, BFDUC, número especial, Coimbra, 1980
CORREIA, Fernando da Silva – *Origens e Formação das Misericórdias Portuguesas*, Henrique Torres-Editor, 1994
– *Estudos Sobre a História da Assistência*, in BAS, n.ºs. 10, 11 e 12, 1944
– *Algumas teses sobre a história da Assistência em Portugal (Comunicação apresentada ao Congresso do Mundo Português de 1940)*, in BAS, 3.º ano/n.ºs 29 e 30/Julho e Agosto/1945
CORREIA, Sérvulo – *Teoria da Relação Jurídica do Seguro Social – I*, in *ESC*, ano VII, n.º 27
– *Natureza jurídica dos organismos corporativos*, in *ESC*, ano II, n.º 8
– *Noções de Direito Administrativo*, vol. I, Lisboa, 1985
– *Legalidade e Autonomia Contratual nos Contratos Administrativos*, Almedina, Coimbra, 1987
– *Elementos de um Regime Jurídico da Cooperação*, in *ESC*, ano V, Janeiro a Março, n.º 17
– *As relações Jurídicas de Prestação de Cuidados pelas Unidades de Saúde do Serviço Nacional de Saúde*, in *Direito da Saúde e Bioética*, AAFDL, Lisboa, 1996
COSTA, Bruto da, *Exclusões Sociais*, Gradiva, Lisboa, 1998

Costa, Mário Júlio de Almeida – *História do Direito Português*, Almedina, Coimbra, 3.ª ed., 1996

Costa, José Cardoso da – *Relatório Geral da VII Conferência dos Tribunais Constitucionais Europeus,* in (Gabinete de) *Documentação e Direito Comparado*, Abril, 1987

Cruz, Sebastião – *Associações Religiosas,* in *DJAP*, vol. I, 2.ª ed.

Debbasch, Charles/Bourdon, Jacques – *Les Associations,* Que sais-je? Presses Universitaires de France, 2.ª ed., 1987

De Carli, Paolo – *Lezioni ed Argomenti di Diritto Pubblico dell' Economia*, CEDAM, 1995

Demichel, André – *Le Controle de L' État sur les Organismes Privés,* Tomo I, LGDJ, Paris, 1966

Dente, Graziamaria – *Les associations «religeuses» en Itália,* in *Praxis juridique et religion*, 5, 1988

Desideri, Carlo – *Esplorazioni del governo e degli studiosi britannici nella terra dei quangos,* in *RTDP*, ano XXXII

Duarte, David – *Procedimentalização, Participação e Fundamentação: Para uma Concretização do Princípio da Imparcialidade Administrativa como Parâmetro Decisório,* Almedina, Coimbra, 1996

Encinas, Emilio Eiranova – *Código Civil Alemán Comentado,* Marcial Pons, 1998

Estorninho, Maria João – *A Fuga para o Direito Privado*, Almedina, Coimbra, 1996
– *Requiem pelo Contrato Administrativo,* Almedina, Coimbra, 1990

Ezcurra, José Vilar – *Servicio Público y Técnicas de Conexion,* Centro de Estudios Constitucionales, Madrid, 1980

Espada, João Carlos – *Direitos Sociais de Cidadania – uma crítica a F. A. Hayek e R. Plant,* Imprensa Nacional Casa da Moeda, 1997

Estêvão, João – *Causas Micro e Macroeconómicas do Crescimento do Terceiro Sector,* in *As Instituições Não-Lucrativas e a Acção Social em Portugal,* Editora Vulgata, 1997

Evers, Adalbert – *Tipi diversi di «welfare pluralism». Il nuovo scenario delle politiche sociali in Europa,* in *Terzo Settore, Stato e Mercato nella transformazione delle plitiche sociali in europa* (a cura di Giovanna Rossi), Francoangeli, Milano, 7.ª ed., 1997

Falla, Fernando Garrido – *La accion administrativa sobre la beneficencia privada, y en especial sobre las fundaciones de este caracter,* in *Centenario de la ley del notariado, estudos jurídicos varios,* vol. IV, Madrid, 1963
– *El concepto de servicio publico en decrecho espanhol,* in *RAP,* 135, Setembro-Dezembro, ano 1994
– *La administrativizacion de la gestion de la seguridade social (con una alusión al «Estado de bienestar»),* in *RAP,* n.º 140, Maio-Agosto, 1996,

Fernandes, José Pedro – *Serviço Público,* in *DJAP,* vol. VII, 1996,

Fernandes, Luís Carvalho – *Teoria Geral do Direito Civil,* I, 2.º tomo, AAFDL, 1983
– *Teoria Geral do Direito Civil,* vol. I, 2.ª ed., Lex, Lisboa, 1995
– *Pessoa Colectiva,* in *DJAP,* vol. VI, 1994

Ferrão, Alfredo Mendes de Almeida – *Serviços Públicos no Direito Português,* Coimbra Editora, 1962

Ferrara, Leonardo – *Enti pubblici ed ente privati dopo il caso I.P.A.B.: verso una rivalutazione del criterio sostanziale di distinzione?,* in *RTDP*, ano XL, 1990

Ferreira, Coriolano – *Administração da Saúde em Portugal, Apontamentos para Análise,* in *RAP,* 29-30, Ano VII, 1985

528 *As Instituições de Solidariedade Social*

FERREIRA, Eduardo Paz – *O Controlo das Subvenções Financeiras e dos Benefícios Fiscais*, in *RTC*, n.º 1, Jan-Mar, 1989

FERREIRA, Rogério Manuel R. C. Fernandes – *Enquadramento Jurídico-Fiscal das Instituições Particulares de Solidariedade Social*, in *Fisco*, ano 3, n.º 34, Setembro 1991

FIALHO PINTO, A. U. – *Assistência social*, in *Polis, Enciclopédia Verbo da Sociedade e do Estado, 1*

FITOUSSI, Jean Paul/ROSANVALLON, Pierre – *A Nova Era das Desigualdades*, Oeiras, Celta Editora, 1997

FLORENZANO, Damiano – *La normativa applicabile agli appalti pubblici di servizi di importo inferiore alla soglia di rilievo comunitario*, in *Appalti Pubblici di Servizi e Concessioni di Servizio Pubblico* (a cura di Franco Mastragostinho), CEDAM, 1998

FONSECA, Carlos Dinis da – *História e Actualidade das Misericórdias*, Editorial Inquérito, 1996

FRANCO, António L. de Sousa – *Finanças Públicas e Direito Financeiro*, v. I, 4.ª ed., Almedina – Coimbra, 1992
— *O controlo da Administração Pública em Portugal*, in *Revista dos Quadros Técnicos do Estado*, ano I, série I, 9, Nov. – Dez., 1987

FREIRE, Manuel Leal – *As Misericórdias e as IPSS em geral, na história, na legislação, na jurisprudência e na prática administrativa*, Elcla Editora, 1995

FREITAS, Justino António de – *Ensaio sobre as Instituições de Direito Administrativo Português*, por António Guilherme de Sousa, Coimbra, Imprensa da Universidade, 1859, e 2.ª ed. da mesma Obra, de 1861
— *Instituições de Direito Administrativo Portuguez*, Coimbra, Imprensa da Universidade, 1857,

GALGANO, Francesco – *Le Associazini Le Fondazioni i Comitati*, Padova, CEDAM, 1987

GARCIA, Elisenda Malaret i – *Servicios públicos, funciones públicas, garantías de los derechos de los cidadanos: perennidad de las necesidades, transformación del contexto*, in *RAP*, 145, 1998

GARCIA, Maria da Glória Ferreira Pinto Dias – *Organização Administrativa*, in *DJAP*, vol. VI
— *Serviço Público*, in *Polis, Enciclopédia Verbo da Sociedade e do Estado, 3*
— *Da Justiça Administrativa em Portugal. Sua Origem e Evolução*, Universidade Católica Portuguesa, 1.ª ed., Lisboa, 1994

GARCIA, Rafael de Lorenzo – *La Organización y Atrbuiciones del Protectorado*, in *Las Fundaciones. Desarrollo Reglamentario de La Ley*, Dykinson, 1997

GARRIOU-LAGRANGE, Jean-Marie – *Recherches sur les Rapports des Associations avec les Pouvoirs Publics*, LGDJ, Paris, 1970

GIANNINI, M. Severo – *Il público potere: Stati e amministrazioni pubbliche*, Bolonha, Il Mulino, 1986
— *Diritto Amministrativo*, vol. I, 3.ª ed., Giuffrè, 1993

GODOLPHIM, Costa – *As Misericórdias*, Lisboa, 1897

GOMES, Carla Amado – *Nótula Sobre o Regime de Constituição das Fundações de Solidariedade Social*, in *RFDUL*, vol. XL, n.ºs 1 e 2, 1999, Coimbra Editora

GOMES, Manuel Saturino da Costa – *O Direito de Associação um Direito Fundamental na Igreja*, Didaskalia, *Revista da Faculdade de Teologia de Lisboa*, Universidade Católica Portuguesa vol. XIX, 1989

Bibliografia

GOMES, Maria Virgínia Brás – *As Organizações Não-Governamentais,* Seminário de Salzburg de 1992, Relatório, Lisboa, 1996

GOMES, Nuno Sá – *Notas sobre a Função e Regime Jurídico das Pessoas Colectivas Públicas de Direito Privado,* in *Ciência e Técnica Fiscal,* n.º 153, 1987

GONÇALVES, Pedro – *A Concessão de Serviços Públicos,* Almedina, Coimbra, 1999
 – *Contrato Administrativo,* Coimbra, 1998
 – *Código do Procedimento Administrativo Anotado,* 2.ª ed., Almedina, 1997
 – *Entidades Privadas com Poderes Públicos,* Almedina, 2005

GORDILLO, Augustín A. – *La Administratión Paralela,* Ed. Civitas, reimp., 1995

GOURNAY, Bernard – *Introdução à Ciência Administrativa,* Publicações Europa América, 3.ª ed. revisa, tradução de Cascais Franco, 1978

GUEDES, Marques – *Direito Administrativo,* Lições ao 2.º ano jurídico de 1956-57, AAFDL, 1957
 – *Direito Administrativo,* Ed. da Associação Académica da Faculdade de Direito de Lisboa, 1957
 – *O plano beveridge,* Editorial Século

GUIMARÃES, Paula – *Direito, Direitos e Idades da Vida,* in Intervenção Social, ano IX, n.º 20, Dezembro de 1999

HESPANHA, Pedro – *Entre o Estado e o Mercado. As fragilidades das instituições de protecção social em Portugal,* obra colectiva, Quarteto, 2000

HOOD, Christopher – *The rise and rise of British Quango,* in *New Society,* 1973

HORSTER, Heinrich Ewald – *A Parte Geral do Código Civil Português. Teoria Geral do Direito Civil,* Almedina, Coimbra, 1992

Instituto de Emprego e Formação Profissional – *As iniciativas locais de emprego em Portugal, enquadramento no terceiro sector,* in *Estudos,* n.º 4

JUSTO, A. Santos – *Direito Privado Romano – I,* in BFD, *Stvdia Ivridica,* 50, Coimbra Editora, 2000

LACHAUME, Jean-François – *Grands services publics,* Masson, 1989

LAFER, Celso – *Liberalismo, Contratualismo e Pacto Social,* in *Revista Brasileira de Filosofia,* XXXIV, 137

LARANJO, José Frederico – *Princípios e Instituições de Direito Administrativo,* Imprensa da Universidade, Coimbra, 1988

LANGERON, Pierre, *La Tutelle Administrative sur les Fondations,* in *RFDA,* 1988, ano IV, (Nov-Dez)

LAUBADÈRE et alli, André de – *Traité de Droit Administratif,* Tomo I, 15.ª ed., L.G.D.J., 1999

LAUBADÈRE/MODERNE/DELVOLVÉ – *Traité des Contrats Administratifs,* Paris, I, 1983 e II, 1984

LEAL, António da Silva – *Ruptura com o Corporativismo,* in *Estudos Sobre a Constituição,* 1976, vol. III
 – *Os Grupos e as Organizações na Constituição de 1976 – A rotura com o corporativismo,* in *Estudos Sobre a Constituição,* vol. III, 1979
 – *Comentário ao Acórdão do Supremo Tribunal Administrativo, de 15 de Dezembro de 1983,* in *RMP,* ano 5.º, 1984, vol. 17
 – *O direito à segurança social,* in *Estudos Sobre a Constituição,* vol. II, 1978

LEAL, Costa – *As Mutualidades e o futuro da acção social em Portugal,* in *As Instituições Não-Lucrativas e a Acção Social em Portugal,* Editora Vulgata, Lisboa 1997

530   As Instituições de Solidariedade Social

LEODINI, Gabriel – *Associazioni Private di Interesse Generale e Libertà di Associazioni,* vol. I, Cedam, 1998

LEPRI, Stefano – *Le cooperative di solidarietá sociale in Itália: caratterisriche generali e fonti di finanziamento,* in *Terceira Conferência Europeia de Economia Social,* Instituto António Sérgio do Sector Cooperativo, vol. IV, 1992

LIGNEAU, Philippe – *Les relations des associations de solidarité avec les pouvoirs publics et la sécurité sociale,* in *Faire Société, les associations au coeur du social,* Syros, 1999

LIMA, Pires de/VARELA, Antunes, *Código Civil Anotado,* vol. I, 4.ª ed.

LÓPEZ, Manuel Aznar – *En torno a la beneficencia y su régimen jurídico,* in *REDA,* n.º 92, Out/Dez., 1996

LOURENÇO, Joaquim – *Cooperativismo,* in *Polis, Enciclopédia Verbo da Sociedade e do Estado*

MACHADO, J. Baptista, *Administração, Estado e Sociedade,* Caderno II, Universidade Católica Portuguesa, Porto, 1980

MACHADO, Jónatas – *Tomemos a sério a separação das igrejas e do Estado, Comentário ao Acórdão do Tribunal Constitucional n.º 174/93,* in *RMP (separata),* n.º 58, Lisboa, 1994

– *Liberdade Religiosa numa Comunidade Constitucional Inclusiva,* Coimbra Editora, 1996

MACHADO, Santiago Muñoz – *Servicio público y mercado, I. Los fundamentos,* Civitas, 1998

MALTEZ, José Adelino, *Nova História de Portugal – Do Renascimento à Crise Dinástica* (sob a direcção de Joel Serrão e A. H. de Oliveira Marques, e coordenação de João José)

MAMELI, Barbara – *Servizio Pubblico e Concessione,* Giuffrè Editore, 1998

MARQUES, Maria Manuel Leitão/MOREIRA, Vital, *Formas e Instrumentos de Desintervenção do Estado,* in *Economia & Prospectiva, O Estado a Economia e as Empresas,* Ministério da Economia, vol. II, n.º 3 /4, Out. 98/Março99

MARTINEZ-TORRON, Javier – *Derecho Angloamericano y Derecho Canonico. Las raices canonicas de la "common law",* Editorial Civitas, 1991

MARTÍN-RETORTILLO, S. – *El derecho civil en la génesis del drecho administrativo y de sus instituciones,* Sevilha, 1960

MARTINS, Ives Gandra/PASSOS, Fernado – *Manual de Iniciação ao Direito* (obra colectiva), Pioneira, Brasil, 1999

MATOS, Fernando – *Actas do IV Congresso das Misericórdias,* 1959

MAYNTZ, Renate – *Sociolagia dell'amministrazione pubblica,* Società editrice il Mulino, Bologna, 1982, da edição original *Soziologie der offentlichen Verwaltung,* C. F. MULLER, Juristischer Verlag, 1987 (tradução de Alessandro Buoncompagni e ed. italiana a cura di Sabino Cassese)

MELÍCIAS, Victor – *As IPSS e o Futuro da Acção Social em Portugal – Intervenção,* in *As Instituições Não-Lucrativas e a Acção Social em Portugal,* Editora Vulgata, 1997

MELO, A. Barbosa de – *As Pessoas Colectivas Eclesiásticas Católicas e o artigo 161.º do Código Civil,* in *Separata da RDES,* ano XVI-N.ºs 1-2 e 3-4

MENDES, João de Castro, *Direito Civil – Teoria Geral,* vol. I, AAFDL, 1978

MERCHÁN, José Fernado Merino/FERNADÉZ, José Luis – *Cometarios a la Constitucion Espanhola de 1978,* Tomo II, Cortes Generales, 1997

MIELE, Giovanni, *La distinzione fra ente público e privato,* in *Rivista di Diritto Commerciale e del Diritto Generale delle Obligazini,* Vol. XL, 1942

MIRANDA, Jorge, *As Associações Públicas no Direito Português,* in *EDP,* n.º 10, Cognitio, 1985

– *Liberdade Religiosa, Igrejas e Estado em Portugal,* in *Nação e Defesa,* n.º 39, Julho-Setembro, 1986

– *Manual de Direito Constitucional,* Tomo II, Coimbra Editora, 1991,

– *Direitos Fundamentais, Introdução Geral (apontamentos das aulas),* Lisboa, 1999

– *A Constituição da Educação e as Propinas no Ensino Superior,* in *Estudos em Memória do Professor Doutor João de Castro Mendes,* Lisboa (sem data)

MODESTO, P. E. Garrido – *Reforma Administrativa e Marco legal das Organizações no Brasil,* – *As Dúvidas dos Juristas sobre os Modelos das Organizações Sociais,* in *BDA,* Brasil, Abril, 1998, págs. 248-249

Moncada, Cabral de, *Instituição,* in Polis, *Enciclopédia Verbo da Sociedade e do Estado,* vol. 10, col. 1557

MOOR, Pierre – *Droit Administratif,* vol.I Editions Berne, 1988, e vol. III, 1992

MORAIS, Carlos Blanco – *Da Relevância do Direito Público no Regime Jurídico das Fundações Privadas,* in *Estudos em Hmenagem ao Prof. Doutor Castro Mendes,* Lisboa (sem data).

MORATALLA, Agustín Domingo – *Ética y voluntariado, Una Solidariedade sin Fronteiras,* PPC, 1997

MOREIRA, Guilherme – *Da Personalidade Colectiva,* in *RLJ,* anos 40.º, 41.º e 42.º, 1907-1909, n.ᵒˢ 1732

MOREIRA, José Carlos Martins – *Direito Administrativo* (lições coligidas por Araújo Barros e Carlos Grilo), Ed. da Casa do Castelo, Coimbra, 1939

MOREIRA, Vital – *Direito Corporativo, Tópicos das lições do ano lectivo de 1971-72 na Faculdade de Direito de Coimbra,* Unitas, Cooperativa Académica de Consumo, Coimbra-1972

– *Administração Autónoma e Associações Públicas,* Coimbra Editora-1997

– *Sumários do Curso de Mestrado, 1998-99, disciplina de Direito Administrativo II, capítulo IV*

– *Neocorporativismo e Estado de Direito democrático,* in *Questões Laborais,* n.º 14, Ano VI-1999

– *Auto-Regulação Profissional e Administração Pública,* Almedina, Coimbra, 1997

– *O Governo de Baco. A Organização institucional do Vinho do Porto,* Edições Afrontamento, 1998

– *A Ordem Jurídica do Capitalismo,* 3.ª ed., Coimbra, 1978

– *A ficção do "ensino concordatário"* – in Jornal *"Público",* de 13-4-2000

MORENO, Antónia Sajardo – *Fundamentación económica del terceiro sector,* in *La economia del non profit, Libre expresión de la sociedad civil,* Encuentro Ediciones, 1999

MOTA, Jayme Arthur da – *Código Administrativo Anotado,* Coimbra – Imprensa da Universidade, 1896, Código Administrativo de 1896, aprovado por Carta de Lei de 4 de Maio de 1896, ed. Coimbra – Imprensa da Universidade-1896

MUNKNEr, Hans – *Cinco Lecciones de Derecho Cooperativo,* Ed. Fundação Friedrich-Ebert, 1977

532   *As Instituições de Solidariedade Social*

NABAIS, Casalta – *Algumas considerações sobre a solidariedade e a cidadania*, in *BFD*, vol. LXXV (separata), 1999
— *O Dever Fundamental de Pagar Impostos. Contributo para a compreensão constitucional do estado fiscal contemporâneo,* Almedina, Coimbra, 1998

NADALES, A. J. Porras – *Introducción a una Teoria del Estado Postsocial,* PPU, 1988

NAMORADO, Rui – *A economia social em questão,* in *Oficina do CES,* n.º 5, Centro de Estudos Sociais, Novembro de 1988
— *Os Princípios Cooperativos,* Fora do Texto, Coimbra, 1995

NÉGRIN, Jean-Paul – *L'Intervention des Persones Morales de Droit Privé dans L'Action Administrative,* LGDJ, Paris, 1971

NEVES, Ilídio das – *Direito da Segurança Social, Princípios Fundamentais numa Análise Prospectiva,* Coimbra Editora, 1996
— *Crise e Reforma da Segurança Social. Equívocos e Realidades,* Edições Chambel, 1998

NIGRO, Mario – *Amministrazione Púbblica,* in *Enciclopedia. Giuridica.* vol. II, 1988

OLIVEIRA, António Cândido de – *A Administração Pública de Prestação e o Direito Administrativo,* in *Scientia Ivridica,* Tomo XLV, n.ºs 259/261, 1996

OLIVEIRA, Mário Esteves de – *Direito Administrativo,* vol. I, Almedina, Lisboa, 1980
— *Anotação ao Acórdão do STA, de 5 de Novembro de 1981,* in *Direito Administrativo – Revista de Actualidade e Crítica,* n.º 10, Nov-Dez., 1981

OLIVEIRA, Mário Esteves de/GONÇALVES, Pedro/AMORIM, J. Pacheco de – *Código de Procedimento Administrativo Anotado,* Almedina, Coimbra, 1998

OLIVEIRA, Mário Esteves de/OLIVEIRA, Rodrigues Esteves de – *Concursos e Outros Procedimentos de Adjudicação Administrativa. Das Fontes às Garantias,* Almedina, Coimbra, 1998

ORTIZ, Ariño – *Servicio público y liberdades públicas,* in *Actualidades y perspectivas del Derecho Público a fines del siglo XX. Homenaje al professor Garrido Falla,* Vol. II, Editora Completense, Madrid, 1992

OTERO, Paulo – *O Poder de Substituição em Direito Administrativo,* vol. I, Lex, Lisboa, 1995
— *O Poder de Substituição no Direito Administrativo,* vol. II, Lex, Lisboa, 1995
— *Coordenadas jurídicas da privatização* (inédito), comunicação apresentada no "IV Colóquio Luso-Espanhol de Direito Administrativo", realizado em Coimbra, a 6 e 7 de Abril de 2000, subordinado ao tema "Os Caminhos da Privatização da Administração Pública"
— *Institutos Públicos,* in *DJAP,* 1993
— *Privatizações, Reprivatizações e Transferências de Participações Sociais no Interior do Sector Público,* Coimbra Editora, 1999
— *Vinculação e Liberdade de Conformação Jurídica do Sector Empresarial do Estado,* Coimbra, 1998
— *Conceito e Fundamento da Hierarquia Administrativa,* Coimbra Editora, 1992
— *Direito Administrativo, Relatório de uma disciplina apresentado no concurso para professor associado na Faculdade de Direito da Universidade de Lisboa,* Lisboa, 1998

OTROLANI, Didia Lucarini – *Organizzazioni di Volontariato, Cooperative Sociali e Sistema Codicistico dei Fenomeni Associativi,* in *RDC,* ano XCI, 1993

Bibliografia 533

Paiva, Flávio – *CERCI's: Cooperativas de solidariedade social,* in *As Instituições Não-Lucrativas e a Acção Social em Portugal,* Editora Vulgata, Lisboa, 1997

Pascual, Juan José Montero – *Titularidade privada de los servicios de interés general. Origens de la regulación económica de servicio público en los Estados Unidos. El Caso de las telecomunicaciones,* in *REDA,* n.º 92, Outubro-Dezembro, 1996

Passaris, Solange – *Les Associations,* Editions la Découverte, 1984

Pedrosa, Guimarães – *Exposição das lições sobre Tutela* (lições coligidas por João Maria de Magalhães Collaço), Livreiros-Editores, Coimbra, 1912
– *Curso de Ciência da Administração e Direito Administrativo, Introdução e Parte I e Parte II,* Coimbra, Imprensa da Universidade, 1908 e 1909

Perdomo, Jaime Vidal – *Derecho Administrativo,* 11.º ed., Temis, 1997

Pertile, Isabel – *Servizi Publici Locali e Cooperative Social,* obra colectiva, Cispel – Confederazione Italiana dei Servizi Pubblici Locali, (sem data)

Pescatore G./ Ruperto, C. – *Codice Civile Anotato,* decima edizione, tomo I

Pietro, Maria Sylvia Zanella Di – *Parecerias na Administração Pública,* São Paulo, Atlas, 1996

Pinto, Carlos Alberto da Mota, – *Teoria Geral do Direito Civil,* 3.ª ed. actualizada, Coimbra Editora, 1986

Pomey, Michel – *Traite des Fondations d'utilité Publique,* Presses Uinv. France, 1980

Ponzanelli, Giulio – *Le Non Profit Organizations,* in *Quaderni de Giurisprudenza Commerciale,* 69, Giuffrè, 1985

Queiró, Afonso Rodrigues – *Lições de Direito Administrativo,* vol. I, segundo as prelecções ao Curso do 2.º Ano Jurídico de 1957-1958

Quelhas, Ana Paulo Santos – *A Refundação do Papel do Estado nas Políticas Sociais – a alternativa do movimento mutualista,* Faculdade de Economia da Universidade de Coimbra, Coimbra, 1999

Ranci, Constanzo – *Oltre il welfare state, Terzo settore, nuove solidarietà e transformazioni del Welfare,* Studi e Richerche, 1999

Regourd, Serge – *L'Acte de Tutelle en Droit Administratif Français,* LGDJ, Paris, 1982

Ribeiro, Teixeira – *Lições de Direito Corporativo,* 1938,
– *Princípios e Fins do Sistema Corporativo Português,* in *BFD,* vol. XVI, 1939-1940

Ribeiro, Victor – *A Santa Casa da Misericórdia de Lisboa,* 1902

Rigano, Francesco – *La Libertà Assistita, Associazionismo privato e sostegno pubblico nel sistema costituzionale,* CEDAM, 1995

Riviero, Jean – *Direito Administrativo* (tradução de Rogério Soares), Almedina, Coimbra, 1981

Robichaud, Suzie – *O voluntariado no Quebec: direcção e gestão,* in *Intervenção Social,* ano IX, n.º 20, Dez. 1999

Rocha, J. J. Nogueira da – *A Organização do Sistema de Saúde Português,* Escola Nacional de Saúde Pública, 1993

Rocha, Manuel António Coelho da – *Ensaio sobre a História do Governo e da Legislação de Portugal para servir de Introdução ao Estudo do Direito Pátrio,* Coimbra, 1841

Romboli, Roberto – *Problemi Constituzionali della Cooperazione,* in *RTDP,* 1977, ano XXVII

Roques, Françoise – *La Fondation D'Utilité Publique au Croisement du Public et du Privé,* in *RDPSP,* 106, 1990

534 *As Instituições de Solidariedade Social*

ROSENDO, Vasco – *A evolução do Mutualismo no Portugal Contemporâneo*, in *O Mutualismo Português: Solidariedade e Progresso Social* (obra elaborada por Carlos Pestana Barros e J. C. Gomes Santos), Vulgata, Lisboa, 1998

ROSSI, Emanuel – *Le Formazioni Sociali Nella Costituzione Italiana*, Padova, 1989

SÁ, Isabel dos Guimarães – *Confrarias e Misericórdias*, in *História dos Municípios e do Poder Local [dos finais da Idade Média à União Europeia]*, ed. Círculo de Leitores

SABIANI, François – L'*Habilitation des Personnes Privées à Gerer un Service Public,*in *AJDA*, Janeiro, 1977

SALAMON/ANHEIER – «*In Search of The Non Profit Sector I: The Question of Definitions*», in *Working Paper of the Johns Hopkins University*, n.º 2, 1992

SALOMON, Lester M./ANHEIER, Helmut K. – *Le secteur de la société civile: une nouvelle force social*, in *Une seule solutin, l'association? Socio-économie du fait associatif, Revue du Mauss*, n.º 11, 1998

SANDULLI, Aldo – *Enti pubblici ed ente privati d'interesse pubblico*, in *Scitti Giuridici in Onore di Giovanni Salemi*, Giuffrè-Editore, 1961

SANTOS LUÍS, A. – *Política da Acção Social em Portugal*, in *As Instituições Não-Lucrativas e a Acção Social em Portugal*, Editora Vulgata, Lisboa 1997

SANTOS, Boaventura de Sousa – *O Estado, as relações salariais e o bem-estar social na semiperiferia: o caso português*, in *Oficina do CES*, n.º 32, Centro de Estudos Sociais, Julho 1992

– *Sociedade-Providência ou Autoritarismo Social?*, in *Revista Crítica de Ciências Sociais*, n.º 42, Maio de 1995, VI

– *O Social e o Político nas Pós – Modernidade, o Estado, a Sociedade e as Políticas Sociais: o caso das políticas de saúde*, in *Revista Crítica de Ciências Sociais*, n.º 23, Setembro de 1987

SANTUARI, Alceste, – *Uma mirada global a las experiencias extranjeras*, in *La economia del non profit, Libre expression de la sociedade civil* (obra dirigida por Giorgio Vittadini e Maite Barea), Colección Oikos Nomos, Encuentro Ediciones, 1999

SARAIVA, Alberto da Rocha – *Princípios de Direito Administrativo Português*, (lições coligidas por Jacinto Rodrigues Bastos, segundo as prelecções ao curso do 2.º ano jurídico 1932-1933), Lisboa, 1932

SÉROUSSI, Roland – *Introdución al Derecho inglés y norteamericano*, Ariel Derecho, 1998

SILVA, Suzana Maria Tavares da – *Actuações Informais da Administração – Verdade ou Mito?*, Coimbra, 1998

SILVA, Vasco Pereira da – *Em Busca do Acto Administrativo Perdido*, Almedina 1996

– *Património e Regime Fiscal da Igreja na Concordata*, in Direito e Justiça, vol. VI, 1992

SILVESTRE, António Luís – *Análise das assimetrias da acção social em Portugal*, in *As Instituições Não-Lucrativas e a Acção Social em Portugal*, Editora Vulgata, Lisboa-1997

SOARES, Rogério – *Lições de Direito Corporativo*, Coimbra-1968

– *Direito Administrativo*, Associação Académica da Universidade Lusíada, Porto-1992

– *Princípio da legalidade e Administração constitutiva*, BFD, vol. LVII, 1981

– *Administração Pública, Direito Administrativo e Sujeito Privado*, Lição proferida na V Semana jurídica portuguesa em Santiago de Compostela, in *BFDC*, vol. XXXVII, 1961

– *Interesse Público, Legalidade e Mérito*, Coimbra, 1955

– *Direito Público e Sociedade Técnica*, Atlântida Editora, Coimbra, 1969

SOUSA, António Francisco de – *Fundamentos Históricos de Direito Administrativo,* Editores, Lisboa, 1995

SOUSA, Marcelo Rebelo de – *Lições de Direito Administrativo,* I, 1994/95
– *Lições de Direito Administrativo,* Lex, vol. I, 1999

SOUSA, Marcelo Rebelo de/ALEXANDRINO, José de Melo – *Constituição da República Portuguesa Comentada,* Lex, 2000

SPARROW, Roy/MELANDRI, Valerio – *Las organizaciones sin ánimo de lucro en los Estados Unidos: entre la historia y la política, in La economia del non profit, Libre expresión de la sociedade civil,* Encuentro Ediciones, 1999

TARLING, Nigel – *Le role of good management in business strenghtening,* comunicação apresentada à Terceira Conferência Europeia de Economia Social, Instituto "António Sérgio" do Sector Cooperativo, vol. IV, 1992

TAVARES, José – *O Tribunal de Contas,* Almedina, 1998
– *Sistema Nacional de Controlo – Controlo interno e controlo externo,* in RTC, n.º 26, Jul. – Dez., 1996

TAVARES, José – *Princípios Fundamentais de Direito Civil,* vol. II, Porto-Livraria Portuense, 1928

TOMÉ, Maria João Romão Carreiro Vaz/CAMPOS, Diogo Leite – *A Propriedade Fiduciária (Trust), Estudo para a sua Consagração no Direito Português,* Almedina, 1999

TORRE, Giuseppe dalla – *Assitenza e Beneficenza,* in *Enciclopédia Giuridica,* 1988

TORRIJOS, Julián Valero – *El concepto de servicio público a la luz de la constitutión,* in RDA, n.º 2, Abril-Junho, 1997

VARELA, João de Matos Antunes – *Noções Fundamentais de Direito Civil, I, II,* 3.ª ed., Coimbra, 1955

VILLAR ROJAS, F. J. – *Privatización de grandes serviços públicos,* Comunicação apresentada ao IV Colóquio Luso-Espanhol de Direito Administrativo, subordinado ao tema "Os caminhos da privatização da Administração Pública", Coimbra, 6 e 7 de Abril de 2000.

VINCENTE, Gilbert – *Les associations du travail social, acteurs politiques,* in *Une Seule Solution, l'Association? Socio-économie du fait associative, La Revue du M.A.U.S.S.,* n.º 11, 1.º semestre, 1998

VITTADINI, Giorgio – *Utilidade del sector sin ánimo de lucro: más sociedad, menos Estado,* in *La economia del non profit, Libre expresión de la sociedade civil,* Encuentro Ediciones, 1999

WOLFF, Hans-Julius – *Fundamentos del Derecho Administrativo de prestaciones,* in *Perspectivas del Derecho Público en la segunda mitad del siglo XX, Homenagem a Enrique Sayagues-Laso,* Tomo V, Madrid, 1969

WALD, Arnoldo *et alli – O Direito de Parceria e a Nova Lei de Concessões,* Editora Revista dos Tribunais, 1996

WRIGHT, Vincent – *Le privatizzazioni in gran bretagna,* in RTDP, ano XXXVII, 1988

ZANOBINI, Guido – *Corso di Diritto Amministrativo,* vol. V, 2.ª ed., , Giuffrè-Editora, 1957,
– *L'esercizio privato delle funzioni e dei servizi publici,* in *Primo Trattato Completo di Diritto Amministrativo* (a cura di V. E. Orlando), vol. II, parte III, Milão, Società Editrice Libraria, págs. 235-682
– *L'amministrazione pubblica del diritto privato,* in *Scitti vari di Diritto Pubblico,* Milão, 1995

ÍNDICE

Nota prévia 7

Principais Abreviaturas 11

I – Introdução 13
  1. Objecto da dissertação e razões de escolha do tema 13
  2. O âmbito do tema e o método da sua abordagem 14

PARTE I
Origens, fundação, natureza, evolução histórica das instituições e sua relação com os poderes públicos

Capítulo I – Origens e fundação das instituições em Portugal 19
  1. Origens e fundação das instituições 19
  2. As instituições e os poderes públicos nos primeiros séculos da nacionalidade 25
    2.1. Síntese conclusiva 29
  3. As instituições e a reforma da assistência social na Época Moderna: a secularização
    da assistência e a relação das instituições com os poderes públicos 30
    3.1. A relação das instituições com os poderes públicos. Síntese conclusiva 35

Capítulo II – As instituições na Época Liberal 43
  1. As instituições na Época liberal: a sua integração na estrutura administrativa 43
    1.1. Síntese conclusiva 52

Capítulo III – As "instituições particulares de assistência" do regime corporativo
do Estado Novo 59
  1. A integração constitucional das instituições na Administração Pública 59
  2. As instituições e o princípio da supletividade (ou da subsidiariedade) do Estado 67
  3. A Administração Pública e as instituições 69
    3.1. Síntese conclusiva 72

PARTE II
A Constituição de 1976 e o novo estatuto jurídico das instituições particulares de assistência – as instituições particulares de solidariedade social

Capítulo I – O novo estatuto jurídico – constitucional das instituições
particulares de assistência 81
  1. O (novo) fundamento jurídico-constitucional das instituições: a criação
  de uma nova categoria de pessoas colectivas 81

538	*As Instituições de Solidariedade Social*

1.1. A pluralidade institucional de IPSS: o conceito constitucional e legal, tipos e formas de IPSS 89
1.1.1. A pluralidade e a heterogeneidade institucional 94
1.1.2. Análise de alguns aspectos do conceito constitucional e legal de IPSS 114
 a) As IPSS enquanto instituições sem fins lucrativos: significado, âmbito e limites desta qualificação 114
 b) As IPSS enquanto instituições particulares. Consequência: a inadmissibilidade constitucional de entidades administrativas privadas como IPSS. A verificação de uma prática inconstitucional 123
 c) Fundamento e delimitação jurídico-constitucional dos fins das IPSS: a prossecução de objectivos de solidariedade social. O conceito de solidariedade social. Crítica ao artigo 1.º do Estatuto das IPSS 131
  c-1) As IPSS e as (outras) instituições particulares de interesse público. A abertura constitucional da solidariedade social a outras instituições: possíveis implicações da nova redacção do n.º 5 do artigo 63.º da CRP no regime geral das pessoas colectivas de utilidade pública. Crítica a intervenções legislativas e administrativas precedentes 142
  c-2) A acção social como objecto predominante das IPSS. Os conceitos de segurança social e de acção social. Remissão para o ponto 2.º do Capítulo III (Parte II) 152
1.2. O regime especial das IPSS. A inconstitucionalidade do Estatuto das IPSS 154
1.2.1. A inconstitucionalidade (formal) do Estatuto das IPSS 156
1.2.2. As especificidades do processo de constituição e de extinção das IPSS: o controlo administrativo da legalidade do processo constitutivo das IPSS 157
 a) as associações de solidariedade social 157
 b) as fundações de solidariedade social: a prossecução de fins e solidariedade social e a discricionariedade administrativa do acto de reconhecimento 175
 c) as pessoas colectivas religiosas eclesiásticas: a ambiguidade e as imperfeições do Estatuto das IPSS 184
1.2.3. O reconhecimento da utilidade pública das IPSS: a autonomia entre o momento da constituição das IPSS e o momento da declaração da utilidade pública. O instituto do registo: funções e efeitos do registo 198
1.2.3-a) A função credenciadora do registo 205

Capítulo II – As IPSS e o "terceiro sector" ou "sector da economia social". A terceirização do Estado social. As IPSS como agentes concretizadores do princípio da democracia social 209
1. O conceito de terceiro sector 209
 1.1. Posição adoptada 224
2. A relevância económico-social do sector privado sem fins lucrativos, em especial das instituições particulares que actuam na área social 234

Índice 539

3. Síntese conclusiva: a progressiva terceirização do Estado social. Proposta de autonomização de um (sub)sector da solidariedade social 264

Capítulo III – As IPSS e a organização administrativa da segurança social: o sistema de acção social. O modelo de gestão do sistema 279

1. A acção social como fim constitucional do Estado: fundamento constitucional da existência de um serviço público social. A acção social como tarefa pública. A justiça social e a justiça redistributiva 280

2. A acção social como objecto predominante das IPSS. O sistema de segurança social e o (sub)sistema) de acção social. Caracterização geral do sub(sistema) de acção social 309

3. As IPSS e a gestão do (sub)sistema de acção social: o modelo de cooperação como instrumento de gestão do serviço de acção social. O problema da sua admissibilidade constitucional 319

3.1. Alguns argumentos justificativos da admissibilidade constitucional da cooperação enquanto modelo de gestão/delegação de tarefas públicas 332

a) Os elementos de interpretação das normas constitucionais 332

b) Os princípios da solidariedade, da subsidariedade, da participação e da cooperação 336

3.2. Os limites ou condicionamentos constitucionais à cooperação enquanto modelo de gestão/delegação de tarefas (públicas) de acção social 344

a) A regulação pública dos direitos 344

b) Os limites ao princípio da subsidariedade 344

c) Os princípios da democracia social, da proibição do retrocesso social e a salvaguarda dos princípios do sistema de acção social 347

4. Participação, co-decisão e cooperação contratualizada na gestão do serviço de acção social. O predomínio das relações contratuais de cooperação entre a Administração e as IPSS: a multifuncionalidade da cooperação 349

4.1. A participação das IPSS nos procedimentos decisórios e em órgãos administrativos 349

4.2. As formas contratuais de gestão da acção social: os acordos de gestão e os acordos de cooperação. Sua qualificação, natureza jurídica e função 354

4.2.1. Contratos (administrativos) ou meros convénios? 366

4.2.2. Os acordos de cooperação como contratos administrativos com efeitos regulamentares. Contratos de atribuição, de colaboração (subordinada) ou de "concerto"? A autonomização, no âmbito da acção social, dos contratos de cooperação – a cooperação contratualizada 372

a) Os acordos de gestão 374

b) Os acordos de cooperação 380

4.3. A delegação *ope legis* ou por acto administrativo de tarefas públicas nas IPSS 393

5. Consequências da adopção do modelo de cooperação na gestão da acção social: a integração das IPSS no sistema público de acção social 394

6. Privatização ou terceirização da acção social? 402

540   *As Instituições de Solidariedade Social*

Capítulo IV – As vinculações jurídico-públicas da IPSS. Os princípios estruturantes do seu ordenamento jurídico 409
1. Vinculação das IPSS aos direitos fundamentais 423
2. Os princípios estruturantes do ordenamento jurídico das IPSS 425

Capítulo V – O controlo administrativo e jurisdicional da IPSS 453
1. O controlo administrativo 453
   1.1. O problema da qualificação jurídica da relação de controle. A existência de actos típicos de uma relação de tutela. A insuficiência dos conceitos tradicionais para a completa compreensão da relação entre a Administração e as IPSS: o seu entendimento só é possível no quadro de uma relação jurídico-administrativa especial e complexa (relação jurídica administrativa de cooperação). Proposta de uma nova concepção político-administrativa das relações entre o Estado e as IPSS – um novo pacto social 469
2. Sujeição das IPSS ao Tribunal de Contas 479

Capítulo VI – Os utentes/beneficiários perante as IPSS: o contencioso dos actos e dos regulamentos das IPSS 485
1. Sujeição das IPSS ao CPA e à jurisdição administrativa 485
2. O contencioso dos acordos de cooperação e de gestão. A legitimidade processual activa dos utentes e beneficiários do sistema de acção social 495
3. Os princípios do sistema de acção social como parâmetros jurídico-decisórios para os tribunais comuns 499
4. Breve apreciação da competência jurisdicional sobre as IPSS canonicamente erectas – a concorrência de duas ordens jurídicas e de três foros jurisdicionais (comum, administrativo e eclesiástico). A orientação jurisprudêncial. Apreciação crítica 500
   4.1. A orientação jurisprudêncial 501
   4.2. Apreciação crítica desta jurisprudência à luz da Constituição e do Estatuto das IPSS 502

Capítulo VII – As IPSS e as outras instituições particulares de interesse público 513
1. Os principais traços autonomizadores das IPSS em relação às outras instituições particulares de interesse público 513

Síntese conclusiva 517

Bibliografia 523